Der Internationale Strafgerichtshof für Ruanda in Arusha/Tansania

BERLINER STUDIEN ZUR POLITIK IN AFRIKA

Herausgeben von Prof. Dr. Franz Ansprenger und Dr. Salua Nour

Bd./Vol. 19

PETER LANG
EDITION

Helmut Strizek

Der Internationale Strafgerichtshof für Ruanda in Arusha/Tansania

Eine politisch-historische Bilanz

PETER LANG
EDITION

Bibliografische Information der Deutschen Nationalbibliothek
Die Deutsche Nationalbibliothek verzeichnet diese Publikation in der Deutschen Nationalbibliografie; detaillierte bibliografische Daten sind im Internet über http://dnb.d-nb.de abrufbar.

Umschlagabbildung:
Hillary Clinton am Flughafen Kilimandscharo/Arusha am 25.3.1997 (Ausschnitt) ©AP/ Doug Mills
Jean-Paul Akayesu im Gefängnis in Mali im November 2002; © Robin Philpot

Gedruckt auf alterungsbeständigem, säurefreiem Papier.

ISSN 0930-7303
ISBN 978-3-631-66208-3 (Print)
E-ISBN 978-3-653-05209-1 (E-Book)
DOI 10.3726/978-3-653-05209-1

Peter Lang Edition ist ein Imprint der Peter Lang GmbH.

Peter Lang – Frankfurt am Main · Bern · Bruxelles · New York · Oxford · Warszawa · Wien

Diese Publikation wurde begutachtet.

www.peterlang.com

Vorwort der Herausgeber

Mit dieser Reihe gilt es, Afrikas wachsende Bedeutung im Kontext der internationalen Beziehungen des 21. Jahrhunderts zu dokumentieren. Schon vor rund fünfzig Jahren hatten die Afrika-Lehre und –Forschung am Otto-Suhr-Institut (OSI) für Politikwissenschaft der Freien Universität Berlin erkannt, dass die internationale Politik nicht mehr allein eine *Ost-West-Dimension* aufwies und von dem (glücklicher Weise auf Dauer kalt gebliebenen) *Kalten Krieg* geprägt wurde, sondern dass eine *Nord-Süd-Dimension* hinzu kam, die etwas mit dem Gegensatz von arm und reich zu tun hatte und der nunmehr ein wichtiger Platz im Betrachtungsfeld der politikwissenschaftlichen Forschung eingeräumt werden musste. Auf Initiative von Richard Löwenthal (1908–91), der bis zu seiner Emeritierung 1974 den Lehrstuhl für Theorie und Geschichte der Auswärtigen Politik innehatte, entstanden 1967 deshalb zwei Arbeitsstellen am OSI für die *Politik Afrikas* und die *Politik Chinas und Ostasiens.* 1979 kam eine Arbeitsstelle für die *Politik des Modernen Vorderen Orients* hinzu.

1975 begannen die Leiter der *Afrika-* und der *Ostasien-*Arbeitsstellen, Franz Ansprenger und Jürgen Domes (1932–2001), die Schriftenreihe ***Berliner Studien zur Politik in Afrika und Asien*** herauszugeben. 1986 schied Jürgen Domes, der keine Forschungsvorhaben an der FU mehr betreute, in beiderseitigem Einvernehmen als Herausgeber aus, der Titel der Reihe wurde fortan auf *Afrika* allein bezogen. Nach der Emeritierung Franz Ansprengers 1992 wurden sein Lehrstuhl sowie 1999 die von ihm geleitete *Arbeitsstelle Afrika* Opfer der Strukturplanung an Berliner Universitäten. Die politikwissenschaftliche *Afrika*-Lehre sollte nicht mehr am OSI, sondern nur noch an anderen Berliner Universitäten im Rahmen der dort durchgeführten *Area Studies* angeboten werden. Dennoch konnte die Tradition der *Afrika*-Lehre und –Forschung am OSI dank der Bemühungen einiger Privatdozenten, Honorar-Professoren und Lehrbeauftragten aufrechterhalten werden. Diese konnten den Bedarf der Studierenden der „*Generation 2000 folgende*" an den *Regionalstudien Afrika* selbst in Abwesenheit eines nachhaltigen institutionellen Kerns in diesem Bereich am OSI anhand eines *Minimal-Lehrangebots* bislang decken.

Auch diese Schriftenreihe, in der an der Freien Universität Berlin entstandene Dissertationen, Habilitationsschriften und wissenschaftliche Arbeiten mit Bezug auf Afrika veröffentlicht wurden, bestand fort. Ihr Profil passte sich allerdings den neuen Anforderungen an *Afrika*-Studien an, wenn diese das Kriterium der Relevanz erfüllen sollen: Die in die Reihe aufzunehmenden Studien sollten nicht mehr allein zuverlässige und wissenschaftlich begründete Auskünfte über die Innenpolitik afrikanischer Länder sowie die Nord-Süd-Dimension ihrer Einbindung in die internationalen Beziehungen geben, sondern auch Probleme ausleuchten, die sich sowohl für Afrika als auch für die Politikwissenschaft im neuen Jahrtausend in sich rasch verschärfender Weise stellen. Für Afrika sind diese die Probleme, die sich aus der Fragmentierung von Nationalstaaten bzw. aus der Zunahme des Einflusses subnationaler sowie internationaler Akteure auf das Geschehen in nationalstaatlichen Räumen und auch aus der fortschreitenden Ersetzung des *Völkerrechts* durch das *Recht des Stärkeren* ergeben. Für die Politikwissenschaft sind es die Probleme, die mit dem Abbau der Prinzipien des *Pluralismus* durch die fortschreitende Gleichschaltung analytischer Ansätze und Methoden im Sinne der *Mainstream*-Paradigmen einhergehen.

In die Reihe sollten seitdem nicht mehr allein Studien aufgenommen werden, die an der *Freien Universität Berlin* entstehen, sondern auch solche, die im deutschsprachigen Raum produziert werden, sofern sie den mit der Reihe nun verbundenen Zweck der Erschließung pluralistischer Zugänge zum Verständnis politischer Verhältnisse in Afrika erfüllen. Dazu gehören durch die Definition auch Arbeiten von Wissenschaftlern, die nicht auf die *Mainstream*-Modelle, Verfahren und Arbeitsfelder eingeschworen sind und mit denen aber höchst wertvolle Beiträge zur Erklärung reeller Wirkungszusammenhänge geleistet werden.

Das vorliegende beachtliche Werk von Helmut Strizek, dem vielleicht einzigen deutschen *Ikonoklasten* in Sachen Ruanda, der internationale Anerkennung für seine wissenschaftliche Arbeit mit Bezug auf die Tragödie in der Region der afrikanischen Großen Seen erworben hat, stellt eine im besonderen Maß gelungene Studie aus dieser Kategorie von Arbeiten dar.

Ruanda, das kleine ostafrikanische Land, das bis 1918 Teil des kaiserlich deutschen Kolonialreichs gewesen ist, kennt Helmut Strizek seit 1980, als das Bonner Bundesministerium für wirtschaftliche Zusammenarbeit (BMZ) ihn im Rahmen einer Personalkooperation mit der damaligen Kommission der *Europäischen Gemeinschaften* für eine Tätigkeit bei der *Delegation der Kommission* bzw. der EU-Vertretung in Kigali für drei Jahre beurlaubt hat. Später arbeitete er wieder im BMZ als Länderreferent für Ruanda. Seit 1994, als die gewaltsamen Auseinandersetzungen zwischen der vormals seit Jahrhunderten in Ruanda dominierenden ethnischen Minderheit der *Tutsi* und der Mehrheit der *Hutu*-Bevölkerung ausbrachen, meldet sich Strizek öffentlich zu Wort und stellt die weltweit vorherrschende Interpretation dieser Tragödie in Frage. Neben zahlreichen Aufsätzen im *Internationalen Afrikaforum*, das lange Jahre von Alois Graf von Waldburg-Zeil (1933–2014) herausgegeben wurde, erschien in 2011 beim *Verlag*

Peter Lang sein Buch *Clinton am Kivu-See – die Geschichte einer afrikanischen Katastrophe*. Darin hat er die globalen Zusammenhänge und Hintergründe der westlichen Politik in der Region der Großen Seen Afrikas aufgezeigt. Die Ergebnisse dieser Untersuchung bilden den Hintergrund für das hier vorgelegte Buch.

Seine Kenntnis des Landes hat Strizek bewogen, kritische Fragen zum offiziellen Narrativ zu stellen. Er hat mit Sorgfalt die zunächst meist in französischer Sprache erschienenen (und daher in Deutschland nur wenigen Forschern und Lesern zugänglichen) Publikationen zu diesem Thema ausgewertet und Informationen dazu aus dem Internet zusammengetragen. In jüngster Zeit sind auch im englischen Sprachraum zwei außerordentlich aufschlussreiche und lesenswerte Publikationen erschienen, die dieses Thema aus der gleichen Perspektive behandeln, die uns Strizek erschlossen hat: *Barrie Collins: Ruanda 1994 – The myth of the Akazu genocide conspiracy and ist consequences* und der von *Sebastian Chartrand und John Philpot* herausgegebene Sammelband: *Justice belied – The unbalanced scales of international criminal justice*. Strizek schreibt, dass er von der Übereinstimmung der durch diese Studien zu gewinnenden Erkenntnisse mit seinen Forschungsergebnissen selbst überrascht war.

Strizeks hier folgende Studie gilt dem **Internationalen Strafgerichtshof für Ruanda** mit Sitz in Arusha (Tanzania), der am 8. November 1994 vom UNO-Sicherheitsrat gegründet wurde und von dem die so oft beschworene „Internationale Gemeinschaft" sich seit Ende 1994 Aufklärung über die Ursachen der Tragödie mittels des Strafrechts erhofft. Nach Strizeks Meinung hat sich diese Hoffnung nicht erfüllt. Strizek dokumentiert alle Verfahren des Arusha-Gerichts und kommt zu dem deprimierenden Schluss, dass dieses Gericht nicht nur keinen Beitrag zur Wahrheitsfindung geleistet hat, sondern sich im Interesse westlicher Politik als Schutzschild der 1994 in Ruanda errichteten Diktatur erwiesen hat. So gut wie keine Verurteilung durch das *Arusha-Gericht* hält einer historisch-kritischen Bewertung stand.

Dem Fazit der Herausgeber im Sammelband von Chartrand und Philpot schließt Strizek sich an: *„The violations of the process and disclosure obligations, particularly in the case of the International Criminal Tribunal for Rwanda (ICTR) require remedies. In many instances, considering the extent of these violations and their implications on the totality of the evidence presented, cases of convicted persons should be re-opened (…). Sooner or later, when the Kagame government falls, a flood of new information and evidence is to be expected. In this light the ICTR or the United Nations through the residual Mechanism of International Criminal Tribunals (MICT) should provide for legal counselling for all convicted persons to* *assess the impact on their respective cases, with unrestricted access to the prosecutor files, to allow for appropriate remedies.*"

Wir freuen uns, Strizeks Studie in die von uns herausgegebene Reihe aufzunehmen und hoffen damit, eine in der deutschen Forschungs- und Medienlandschaft längst überfällige Diskussion anzustoßen, die durch die Sorge um Gerechtigkeit veranlasst wäre und mit der ein Beitrag zum besseren Verständnis der Tragödie in Zentralafrika sowie zur Eindämmung der Gefahr der Instrumentalisierung internationaler Rechtsinstanzen für politische Zwecke geleistet werden könnte.

Berlin, im Januar 2015

Franz Ansprenger — Salua Nour

Inhaltsverzeichnis

Zum Geleit 19

Summary 25

Übersichtskarte Afrika 29

Ruanda-Karte 30

Teil I: Das Arusha-Gericht
Hintergründe – Geschichte – Kontext 31

1. Überblick 33

2. Ruanda: eine Skizze 43

2.1 Territorium und Bevölkerung 43
2.2 Historischer Abriss 45
2.2.1 Vorkoloniale Zeit 45
2.2.2 Koloniale Herrschaft 47
2.2.2.1 Deutsche Kolonie 47
2.2.2.2 Belgische Herrschaft 49
2.2.3 Ruanda seit der wiedergewonnenen Souveränität 1962 50
2.2.3.1 Ära Grégoire Kayibanda (1962–1973) 50
2.2.3.2 Ära Juvénal Habyarimana (1973–1994) 51
2.2.3.3 Die RPF-Diktatur 55

3. Historische Wegmarken des Völkerstrafrechts 59

3.1 Der „Urvater“: Gustave Moynier 59

3.2 Völkerrecht vor dem Ersten Weltkrieg: Die Haager und Genfer Konventionen ... 59
3.3 Die völkerrechtlichen Bestimmungen des Versailler Friedensvertrags ... 60
3.4 Briand-Kellogg-Pakt ... 62

4. Der Nürnberger Kriegsverbrecher-Prozess 1945/1946 ... 65

4.1 Straftatbestände im Nürnberger Prozess gegen die Hauptbeschuldigten ... 66
4.2 Der Prozessverlauf ... 66
4.3 Die Urteile ... 68
4.4 Weitere Auswirkungen ... 70

5. Internationales Strafrecht seit den Nürnberger Prozessen ... 73

5.1 Die Völkermord-Konvention von 1948 ... 73
5.2 Bemühungen um einen Internationalen Strafgerichtshof ... 75
5.3 Der Strafgerichtshof für das ehemalige Jugoslawien 1993 ... 79

6. Der Internationale Strafgerichtshof für Ruanda ... 85

6.1 Politischer Hintergrund ... 85
6.1.1 Die Ruanda-Kriege vom 1. Oktober 1990 bis zum 4. August 1993 ... 87
6.1.1.1 Die Angriffe der *Ruandischen Patriotischen Front* (RPF) ... 87
6.1.1.1.1 Die RPF-Invasion am 1. Oktober 1990 ... 87
6.1.1.1.2 Der RPF-Guerilla-Krieg ab Januar 1991 ... 91
6.1.1.1.3 Der RPF-Angriff 1992 ... 91
6.1.1.1.4 Die „Internationale Untersuchungskommission“ vom Januar 1993 ... 93
6.1.1.1.5 Der RPF-Machteroberungsversuch vom 8. Februar 1993 ... 96
6.1.1.2 Innenpolitische Entwicklung bis zum Friedensvertrag vom 4. August 1993 ... 99
6.1.1.2.1 Demokratisierung ... 100
6.1.1.2.2 Ruandische Armee ... 102
6.1.1.2.3 Die internen Flüchtlinge ... 102
6.1.1.2.4 Die Opposition ... 102

6.1.1.2.5 Radio Télévision Libre des Milles Collines (RTLM) 103
6.1.2 Der Arusha-Friedensvertrag vom 4. August 1993 103
6.1.3 Die Ndadaye-Ermordung am 21. Oktober 1993 und die Etablierung der UNAMIR.. 105
6.1.4 Das Attentat vom 6. April 1994 und der RPF-Eroberungskrieg........ 107
6.1.4.1 Der UNO-Sicherheitsrat „opfert" die Inlands-Tutsi am 21. April 1994.. 113
6.1.4.2 Die französische Operation Türkis (Opération turquoise)................ 115
6.1.4.3 „Ein Volk verlässt sein Land" 118
6.1.5 Das Schicksal der Hutu-Flüchtlinge in Zaïre und die Diskussion um die amerikanisch-ugandisch-ruandischen Kriegsziele 122
6.2 Die Gründung des Ruanda-Strafgerichtshofs 126
6.2.1 Vor Gründung: Kanonisierung der offiziellen Lesart 128
6.2.2 Der Sicherheitsratsbeschluss vom 8. November 1994......................... 130
6.3 Die Struktur eines politischen Gerichts 132
6.3.1 Basistexte und Gerichtsstruktur... 134
6.3.2 Statut und Straftatbestände.. 134
6.3.3 Die Kammern 136
6.3.4 Chefankläger und Anklagebehörde.. 137
6.3.5 Prozessordnung.. 138
6.3.6 Die Gerichtsverwaltung (Registry/Greffe/Kanzlei)............................ 138
6.3.7 Verteidigung 139
6.3.8 Finanzierung.. 139
6.4 Akteure 139
6.4.1 Die Angeklagten.. 140
6.4.2 Die Ankläger.. 142
6.4.3 Die Richterinnen und Richter 145
6.4.3.1 „Der große Meron" 146
6.4.3.2 Weitere Richterinnen und Richter.. 148
6.4.4 Verteidigung 150
6.4.5 Zeugen... 153
6.4.6 Sachverständige 154
6.4.7 Gerichtsverwaltung... 157
6.4.8 Die Medien 157
6.5 Verfahrensinhalte.. 159
6.5.1 Das Attentat vom 6. April 1994.. 159
6.5.2 Hutu-Planung des Tutsi-Völkermords? 165
6.5.2.1 AMASASU... 166
6.5.2.2 Das Schreiben vom 3. Dezember 1993 an General Dallaire 167

6.5.2.3 „Jean Pierre" und das Dallaire-Fax vom 11. Januar 1994 ... 167
6.5.2.4 Namenslisten ... 168
6.5.2.5 Machetenkauf ... 169
6.5.2.6 Resümee zur Planungsfrage ... 170
6.5.3 Ein Angriffskrieg? ... 171
6.5.4 Verlauf des Tutsi-Völkermords ... 174
6.5.5 Wie viele Tutsi wurden getötet? ... 180
6.5.6 Wer hat die Tutsi getötet? ... 183
6.5.7 Die ethnische Frage vor Gericht ... 184
6.5.8 Kriegsverbrechen der RPF und der Gersony-Bericht ... 185
6.5.9 Die Behandlung der Interimsregierung im Arusha-Gericht ... 189
6.5.10 Die „Rechtsverbindlichen Feststellungen" (judicial notice) ... 193
6.5.11 Kriminelle Vereinigung (Joint Criminal Enterprise/ JCE) ... 197
6.5.12 Vorgesetztenverantwortung (superior responsibility) ... 200
6.5.13 Das Programm Zivilverteidigung (civil defence program) ... 201
6.5.14 Die Vergewaltigungsfrage ... 203
6.5.15 Die Begriffe Akazu, Interahamwe, Inyenzi, Gukora und Hutu-Power ... 205
6.6 Das *common law* ein Strukturproblem? ... 214
6.7 Ausgewählte Prozesse ... 218
6.7.1 Der Fall Frodouald Karamira ... 218
6.7.2 Der Prozess gegen Jean-Paul Akayesu ... 219
6.7.3 Der Fall Jean Kambanda (Regierung I) ... 221
6.7.4 Die Kibuye-Prozesse ... 224
6.7.5 Der Prozess gegen Georges Rutaganda ... 226
6.7.6 Das Verfahren Militär I (Prosecutor vs. Bagosora et al.) ... 228
6.7.7 Der Prozess Militär II ... 231
6.7.8 Der Fall Casimir Bizimungu im Verfahren Regierung II ... 234
6.7.9 Der Butare-Prozess (Prosecutor vs. Pauline Nyiramasuhuko et al.) ... 237
6.7.10 Der MRNDD-Prozess (Nzirorera, Karemera, Ngirumpatse) ... 239
6.7.11 Der Fall Gatete ... 241
6.7.12 Der Fall Juvénal Uwilingiyimana ... 242
6.7.13 Der Fall Augustin Ngirabatware ... 243
6.7.14 Der Medien-Prozess ... 246
6.8 Die Abschluss-Strategie und der Residual-Mechanismus (MICT) ... 253
6.9 Kurze Gesamtbewertung der Arbeit des Arusha-Gerichts ... 256

7. Exkurse ... 261
7.1 Völkermord-Strafverfahren in Ruanda ... 261
7.1.1 Tutsi-Völkermord-Verfahren vor regulären ruandischen Gerichten ... 261
7.1.2 Gacaca-„Graswurzel“-Gerichte ... 264
7.2 Ruanda-Prozesse weltweit ... 265
7.2.1 Belgien ... 266
7.2.2 Dänemark ... 268
7.2.3 Finnland ... 268
7.2.4 Frankreich ... 269
7.2.5 Großbritannien ... 274
7.2.6 Kanada ... 275
7.2.7 Niederlande ... 277
7.2.8 Norwegen ... 279
7.2.9 Schweden ... 279
7.2.10 Schweiz ... 280
7.2.11 USA ... 281
7.3 Ruanda-Prozesse in Deutschland ... 281
7.3.1 Deutsch-ruandische Beziehungen seit 1973 ... 281
7.3.1.1 Regierung und staatliche Stellen ... 281
7.3.1.2 Die Rolle der Parteien, der Kirchen und der Zivilgesellschaft ... 288
7.3.1.3 Die deutschen Medien ... 294
7.3.1.4 „Der Fall Köhler“ ... 299
7.3.2 Verlauf der Prozesse gegen Ruander in Deutschland ... 301
7.3.2.1 Der Prozess gegen Onesphore Rwabukombe vor dem Staatsschutzsenat des Oberlandesgerichts in Frankfurt/M ... 302
7.3.2.2 Verfahren gegen den FDLR-Vorsitzenden Ignace Murwanashyaka und seinen Stellvertreter Straton Musoni vor dem Staatsschutzsenat des OLG Stuttgart ... 324
7.3.2.3 Verfahren gegen mutmaßliche FDLR-Unterstützer vor dem OLG Düsseldorf ... 326
7.4 Erfahrungen mit dem Internationalen Strafgerichtshof ... 329

8. Zu guter Letzt: Über „Zauberlehrlinge“, „Brandstifter“, „weiße Lügner“ und eine Diktatur ... 335
8.1 Zauberlehrlinge ... 335

8.2 „Brandstifter“ und „blancs menteurs“ 339
8.3 Porträt einer Diktatur 346

Teil II: Dokumentation 365

A) Namensliste der Angeklagten des Arusha-Gerichts 367

B) Kurzaufzeichnungen zu allen Verfahren des Arusha-Gerichts 375

1) Anonym „GAA“ 375
2) Jean-Paul Akayesu 376
3) Emmanuel Bagambiki 379
4) Michel Bagaragaza 380
5) Ignace Bagilishema 381
6) Théoneste Bagosora 383
7) Jean-Bosco Barayagwiza 386
8) Jérôme-Clément Bicamumpaka 388
9) Simon Bikindi 389
10) Paul Bisengimana 390
11) Augustin Bizimana 391
12) Augustin Bizimungu 393
13) Casimir Bizimungu 395
14) Laurent Bucyibaruta 396
15) Sylvestre Gacumbitsi 397
16) Jean-Baptiste Gatete 399
17) Ildephonse Hategekimana 401
18) Samuel Imanishimwe 402
19) Gratien Kabiligi 404
20) Félicien Kabuga 405
21) Juvénal Kajelijeli 406
22) Callixte Kalimanzira 407
23) Jean Kambanda 409
24) Jean de Dieu Kamuhanda 412
25) Joseph Kanyabashi 414
26) Gaspard Kanyarukiga 416
27) Edouard Karemera 417

28) François Karera ... 419
29) Clément Kayishema ... 421
30) Fulgence Kayishema ... 422
31) Callixte Mbarushimana ... 423
32) Eugène Mbarushimana ... 424
33) Jean Mpambara ... 425
34) Protaïs Mpiranya ... 426
35) Justin Mugenzi ... 427
36) Léon Mugesera ... 429
37) Prosper Mugiraneza ... 430
38) Michaeli (Mika) Muhimana ... 431
39) Bernard Munyagishari ... 432
40) Yussuf Munyakazi ... 433
41) Pheneas Munyarugama ... 434
42) Wenceslas Munyeshyaka ... 435
43) Samuel Musabyimana ... 436
44) Alfred Musema ... 436
45) Tharcisse Muvunyi ... 439
46) Ferdinand Nahimana ... 441
47) Siméon Nchamihigo ... 443
48) Grégoire Ndahimana ... 445
49) Elie Ndayambaje ... 447
50) Aloys Ndimbati ... 448
51) Emmanuel Ndindabahizi ... 449
52) Augustin Ndindiliyimana ... 451
53) Hassan Ngeze ... 452
54) Augustin Ngirabatware ... 454
55) Matthieu Ngirumpatse ... 462
56) Eliézer Niyitegeka ... 463
57) Ildephonse Nizeyimana ... 465
58) Sylvain Nsabimana ... 467
59) Hormisdas Nsengimana ... 468
60) Anatole Nsengiyumva ... 469
61) Léonidas Nshogoza ... 470
62) Aloys Ntabakuze ... 472
63) Ladislas Ntaganzwa ... 473
64) André Ntagerura ... 474
65) Arsène Shalom Ntahobali ... 476
66) Elizaphan Ntakirutimana ... 477
67) Gérard Ntakirutimana ... 480

68) Dominique Ntawukulilyayo ... 481
69) Alphonse Nteziryayo ... 482
70) Aloys Ntiwiragabo ... 483
71) Bernard Ntuyahaga ... 484
72) Pauline Nyiramasuhuko ... 485
73) Joseph Nzabirinda ... 486
74) Callixte Nzabonimana ... 487
75) Joseph Nzirorera ... 489
76) François-Xavier Nzuwonemeye ... 490
77) Tharcisse Renzaho ... 491
78) Juvénal Rugambarara ... 493
79) Georges (Omar) Ruggiu ... 494
80) Emmanuel Rukundo ... 495
81) Léonidas Rusatira ... 497
82) Georges Rutaganda ... 498
83) Vincent Rutaganira ... 499
84) Obed Ruzindana ... 500
85) André Rwamakuba ... 501
86) Charles Ryandikayo ... 502
87) Innocent Sagahutu ... 503
88) Déogratias Sebureze ... 504
89) Laurent Semanza ... 505
90) Athanase Seromba ... 506
91) Joseph Serugendo ... 508
92) Omar Serushago ... 509
93) Ephrem Setako ... 510
94) Charles Sikubwabo ... 511
95) Aloys Simba ... 512
96) Maximilien Turinabo ... 513
97) Juvénal Uwilingiyimana ... 514
98) Jean-Bosco Uwinkindi ... 519
99) Protaïs Zigiranyirazo ... 520

C) Liste der Richterinnen und Richter des Arusha-Gerichts (ICTR) und ihre Verfahrensbeteiligung ... 523

D) Liste der Richterinnen und Richter des Residual-Mechanismus (MICT) ... 533

E) Zeittafel der Prozesse und wichtiger Ereignisse des Arusha-Gerichts 535

F) Deutsche Übersetzung von Kapitel 8 aus: Barrie Collins, *Rwanda 1994. The myth of the Akazu genocide conspiracy and its consequences* 543

Teil III: Anhänge 559

a) Abkürzungen 561
b) Herangezogene Literatur 565
c) Namens- und Sachregister 585

Zum Geleit

Am 10. August 2010 schrieb ich im Geleit zu meinem Buch *Clinton am Kivu-See. Die Geschichte einer afrikanischen Katastrophe*[1], mit dieser Arbeit würden meine Forschungen zu den Vorgängen im Gebiet der Großen Seen Afrikas seit 1994 *„zu einem gewissen Abschluss gebracht"*. Ich entschloss mich aber später, zur Abrundung meiner Untersuchungen eine politische Geschichte des *Internationalen Strafgerichtshofs für Ruanda* im tansanischen Arusha zu schreiben. Dieser UNO-ad-hoc Strafgerichtshof ist für das Verständnis der Vorgänge im zentralen Afrika wichtig. Bei vier Anhörungen als Gutachter der Verteidigung habe ich eigene Erfahrungen mit diesem Gericht gesammelt.

Dass die deutsche akademische juristische Welt sich mit dieser UNO-Institution wissenschaftlich bisher so gut wie nicht befasst hat,[2] hat mich zusätzlich in diesem Vorhaben bestärkt.

Ursprünglich wollte ich das Manuskript dieses Buches erst nach Abschluss aller Verfahren des Arusha-Gerichts abschließen.

Der Sicherheitsrat der Vereinten Nationen hatte das Mandatsende des Ruanda-Gerichts mehrfach verschoben und schließlich das Jahresende 2014 festgelegt. Es zeigte sich aber, dass sich die Nutznießer des Gerichts eine Lebensverlängerung gönnen wollten. Man erklärte, die Berufungsverfahren für die sechs in erster Instanz am 24. Juni 2011 im sog. Butare-Verfahren[3] gefällten Verurteilungen ließen sich nicht vor Mitte 2015 abschließen. Dies wollte ich nicht mehr abwarten.

Ich berücksichtige hier nur noch den Abschluss des Berufungsverfahrens im Fall des früheren ruandischen Planungsministers Augustin Ngirabatware am 18. Dezember 2014, mit dessen Fall ich mich seit seiner Verhaftung in Frankfurt/M. im Jahr 2007 genau befasst habe. Im Unterschied zu den Butare-Berufungsverfahren hatte man das zweitinstanzliche Urteil in seinem Fall schon dem 2010 gegründeten *Residual-Mechanismus (MICT)*[4] zur Abwicklung der

1 Strizek 2011.

2 Nur dem „Vergewaltigungsurteil" im Fall Akayesu, das im Abschnitt 6.7.2 ausführlich beschrieben wird, wurden einige zustimmende Beiträge gewidmet.

3 Dazu wird insbesondere auf Abschnitt 6.7.9 verwiesen.

4 Der Residual-Mechanismus der beiden UNO-ad-hoc Gerichte, mit dem sich neben dem Vorsitzenden Theodor Meron die *hardliner* des Arusha-Gerichts um den Chefankläger Hassan Bubacar Jallow und dem seit 1995 am längsten amtierenden tansanischen Richter William Hussein Sekule dauerhaften Einfluss gesichert haben, wird in Abschnitt 6.8 genauer beschrieben.

Gerichtsrestarbeiten zugewiesen. Gerade bei dem für höchste Staatsämter geeigneten Agustin Ngirabatware wollte man erschweren, dass sein Prozess später noch einmal aufgerollt werden kann. Denn dafür wäre der *Residual-Mechanismus* zuständig. Dass er einmal gegen sich selbst entscheidet, ist nicht zu erwarten. Die von Richter Theodor Meron am 18. Dezember 2014 verkündete u. a. vom deutschen Richter Christoph Flügge mitgetragene Bestrafung Ngirabatwares zu 30 Jahren Gefängnis hat mich erschüttert. Dass es sich um ein eklatantes Fehlurteil handelt, hat der südafrikanische Richter Bakone Justice Moloto in seiner abweichenden Meinung zum Mehrheitsbeschluss ausführlich bewiesen.[5] In seiner Schlussfolgerung heißt es:

„Unter diesen Umständen komme ich zu der Ansicht, dass die Kammer eine Fehlentscheidung getroffen hat (erred), als sie Ngirabatware wegen in seiner Heimatgemeinde Nyamyumba am 7. April 1994 begangener Anstiftung und Beihilfe zum Völkermord verurteilt hat. Deshalb stimme ich der Mehrheit der Berufungskammer, die seine Berufungsgründe verworfen und das Kammerurteil bestätigt hat, nicht zu. Nach meiner Ansicht hätte seiner Berufung stattgegeben werden müssen."

Da zu befürchten ist, dass auch die Ergebnisse dieser Untersuchung wie meine früheren Veröffentlichungen[6] von interessierter Seite als Leugnung des Tutsi-Völkermords in Ruanda 1994 dargestellt werden, will ich schon an dieser Stelle klar machen: Ich habe den Tutsi-Genozid niemals in Frage gestellt.

Ich habe immer nur die von der Clinton-Administration verbreitete Lesart der ruandischen Katastrophe 1994 als hochgradig interessengeleitet zurückgewiesen und kritisiert, dass eine Untersuchung des den Tutsi-Völkermord auslösenden Attentats vom 6. April 1994 von den bisherigen Regierungen der Vereinigten Staaten von Amerika und Großbritanniens (bei beredtem Schweigen aller deutschen Regierungen) unterbunden wurde.

---

5 Der englische Text der *Dissenting opinion of Judge Bakone Justice Moloto* vom 18.12.2014 befindet sich im Anhang zur Aufzeichnung zum Fall Ngirabatware unter Nr. B/54 in der Dokumentation.

6 Dazu zählen ferner: Strizek 1996, Strizek 1998 (mit einem noch immer mit Gewinn zu lesenden Vorwort von Alois Graf von Waldburg-Zeil) und Strizek 2006. Teil meines „Gesamtwerks" sind besonders auch die elf in der Zeitschrift *Internationales Afrikaforum* zwischen 1994 und 2004 erschienenen Aufsätze. Wichtig war auch die von Otmar Oehring 2003 bei Missio-Aachen in drei Sprachen herausgegebene Schrift *Zur Lage der Menschenrechte in Ruanda. Leben nach dem Völkermord.* (Strizek 2003b.)

Ich bin überzeugt: Ohne das Attentat vom 6. April 1994 hätte der Tutsi-Völkermord nicht stattgefunden. Noch schlimmer: man hätte ihn mit geringem militärischen Aufwand frühzeitig beenden können – so man dies gewollt hätte.

Das Gegenteil geschah. Mit dem Beschluss des UNO-Sicherheitsrats vom 21. April 1994 zum faktischen Abzug der zum Schutz der Bevölkerung nach Ruanda entsandten Blauhelmtruppen (UNAMIR/MINUAR) hat die Weltgemeinschaft in voller Kenntnis der Konsequenzen die Tutsi-Bevölkerung schutzlos ihren Häschern überlassen. Ein welthistorisches Verbrechen. Dass es begangen wurde, um einige Jahre nach dem Fall der Berliner Mauer eine vorgeblich im westlichen Interesse liegende „Diktatur Stalinschen Typs"[7] zu etablieren, bleibt für mich unfassbar.

Neben den im Literaturverzeichnis angeführten Schriften beruht dieses Buch in ganz besonderem Maße auf den öffentlich zugänglichen Datenbanken der internationalen Strafgerichte[8] und der Prozessberichterstattung des Informationsdienstes *Agence Hirondelle bzw. Hirondelle News Agency.*[9] Wenn nicht besonders gekennzeichnet, stammen Zitatübersetzungen ins Deutsche von mir.

Wie meine früheren Arbeiten wäre diese Untersuchung ohne vielfache Unterstützung und viele Gesprächspartner, die mir über Jahre Einsichten in die Probleme des Kontinents vermittelt haben, nicht möglich gewesen. Stellvertretend will ich den heute in Trier lebenden ruandischen Historiker Dr. Innocent Nsengimana[10] erwähnen. Ich habe nicht nur aus den Ergebnissen seiner wissenschaftlichen Tätigkeit, sondern auch aus den Gesprächen mit ihm großen Nutzen gezogen und ihm dafür zu danken. Viel gelernt habe ich auch von Joseph Bukeye, den ich als Ermittler für die Verteidigung von Anatole Nsengiyumva vor dem Arusha-Gericht kennen gelernt habe und zu dem der Kontakt seither nicht abgerissen ist.

Wichtig waren auch die Informationen der Publizisten und Verleger Gaspard Musabyimana, Eugène Shimamungu und Charles Onana. Eine wichtige

---

7 Das Stalinsche Herrschaftsmodell der mit Terror durchgesetzten „führenden Rolle der Partei" liegt auch der Kigali-Herrschaftsordnung zugrunde.

8 Die Informationen über die Ruanda-Verfahren sind in zwei Gerichtsdatenbanken verfügbar: a) unter *http://unictr.org* findet man die offizielle Website des Gerichts. Dort findet man die Anklage- und Urteilstexte und b) unter *http://trim.unictr.org* befindet sich die UN-ICTR Judicial Database. Sie beinhaltet alle öffentlichen Dokumente und Sitzungsberichte.

9 Im Internet zu finden unter: *http://www.hirondellenews.com.* Dieser Informationsdienst hat sich von einem Sprachrohr der offiziellen Lesart zu einer zuverlässigen Quelle über die Vorgänge im Arusha-Gericht entwickelt.

10 Siehe besonders seine Bücher Nsengimana 2003 und Nsengimana 2014 (deutsche Übersetzung von Nsengimana 2012).

Informationsquelle war das von Josepha Matata in Brüssel geleitete *Centre de Lutte contre l'Impunité et l'Injustice au Rwanda* (CLIIR). Über Jahre hin konnte ich auch die Arbeit von Rechtsanwalt Innocent Twagiramungu in Brüssel nutzen, der im Internet die Informations- und Diskussionsplattform *Democracy and Human Rights* (DHR) ins Leben gerufen hat und seither moderiert. Sehr inspirierend waren für mich auch die Begegnungen mit dem früheren ruandischen Botschafter und Verfasser wichtiger Darstellungen zur Ruanda-Katastrophe Jean-Marie Vianney Ndagijimana, dem belgischen Pater Serge Desouter, dem Kanadier Robin Philpot, dem Franzosen Pierre Péan, dem amerikanischen Juraprofessor Peter Erlinder und last but not least der New Yorker Anwältin Beth Lyons.

Kurz vor Manuskriptabschluss ist im Herbst 2014 das Buch von Barrie Collins *Rwanda 1994: The myth of the Akazu*[11] *genocide conspiracy and its consequences*[12] erschienen, das ich schon an dieser Stelle besonders erwähnen will. Ich hatte in den vergangenen Jahren verschiedentlich Gelegenheit, mich kurz mit ihm auszutauschen und kannte die Ergebnisse seiner Dissertation aus dem Jahr 2009 in groben Zügen, wusste also, dass wir die ruandische Katastrophe 1994 ähnlich beurteilen. In welchem Maße wir aber getrennt voneinander zu so weitgehenden Übereinstimmungen gekommen sind, war für mich bei der Lektüre seines Buch eine kleine Sensation, vor allem auch, weil es die erste ausführliche wissenschaftliche Widerlegung des offiziellen Narrativs in englischer Sprache ist. Ich komme vielfach auf dieses Buch zurück und bin Barrie Collins und dem Verlag Palgrave Macmillan für die Genehmigung dankbar, eine deutsche Übersetzung des zusammenfassenden Kapitels 8 als Teil F der Dokumentation in das vorliegende Buch aufzunehmen.

Meine Arbeiten wären ohne die seit 1994 andauernde Unterstützung durch den langjährigen Mitherausgeber des „*Internationalen Afrikaforums*", Alois Graf von Waldburg-Zeil (CDU-Bundestagsabgeordneter von 1980–1998), nicht möglich gewesen. Er ist am 14. Dezember 2014 im 82. Lebensjahr gestorben. Er war einer der ganz wenigen deutschen Politiker, die sich beharrlich für die demokratische Entwicklung in Afrika eingesetzt haben und für den die Menschenrechte auch in Afrika kein opportunistisches Lippenbekenntnis waren. Ich werde seiner immer mit Bewunderung und großem Dank gedenken.

Unter denjenigen, die mir in früheren Jahren mit Rat und Tat zur Seite gestanden haben, sei stellvertretend auch Prof. Dr. Peter Molt und Botschafter a.D.

11 Zum Begriff *akazu* verweise ich auf die Ausführungen in Abschnitt 6.5.15.

12 Collins 2014. Auf Deutsch etwa: Der Mythos der Völkermordplanung durch das *akazu* und seine Folgen.

Dr. Reinhart Bindseil gedankt. Posthum will ich auch dem im Jahr 2000 so früh verstorbenen Journalisten Walter Michler für sein Engagement bei der Suche nach der Wahrheit über die zentralafrikanischen Katastrophen[13] Mitte der 90er Jahre danken. Eine langjährige Mitstreiterin bei der Wahrheitssuche war auch Dr. Sabine Grund aus Berlin. Danken will ich auch Prof. Franz Ansprenger und Frau Priv. Doz. Salua Nour für die Aufnahme dieses Buchs in die von ihnen beim Verlag Peter Lang herausgegebene Reihe *„Berliner Studien zur Politik in Afrika"*.

Mit der Beschränkung auf diese wenigen Namen werden aber die vielen anderen Personen nicht vergessen, mit denen ich mich im Laufe der letzten zwanzig Jahre zu Afrika-Fragen austauschen konnte.

Wie bei allen früheren Arbeiten hat meine Frau Gisela Hammers-Strizek auch bei dieser Arbeit als Lektorin fungiert. Dafür sei ihr herzlich gedankt.

Aber es soll nicht unerwähnt bleiben, dass mir nicht nur Hilfe zuteil wurde. Die deutsche Politik war global nicht an der Aufklärung der tragischen Vorgänge im zentralen Afrika seit 1990 interessiert und hat mir das Leben nach Kräften schwer gemacht.

Deshalb gilt für dieses Buch noch mehr als bei meinen früheren Veröffentlichungen der Hinweis, dass in dem schwierigen Umfeld, in dem ich als politikwissenschaftlicher privater Forscher tätig war, Schwächen und Fehler nicht ausbleiben können. Sie sind allein mir anzulasten.

Erwähnen will ich auch noch, dass mich ein Vertreter der Generalbundesanwaltschaft (GBA) vor dem Oberlandesgericht in Stuttgart ungestraft als „Genozid-Apologeten"[14] verleumden durfte, weil ihm meine dem Gericht übermittelten kritischen Ausführungen zur offiziellen Lesart der Ereignisse missfallen haben. Diese vor dem Hintergrund meines langjährigen demokratischen und antirassistischen Engagements schwärende Wunde wird in der mir verbleibenden Lebenszeit wohl nicht mehr heilen. Ihr Verursacher hat auch in höchst aggressiver Weise das Verfahren gegen den früheren ruandischen Bürgermeister Onesphore Rwabukombe vor dem Staatschutzsenat des Oberlandesgerichts in Frankfurt/M. geprägt. Rwabukombes erstinstanzliche Verurteilung ohne belastbare Beweise zu 14 Jahren Gefängnis am 18. Februar 2014 hat mich sehr berührt.[15]

Bonn, am 31. Dezember 2014

---

13 Er hat sich auch sehr intensiv mit Somalia befasst.

14 Ich komme auf den Vorgang am Ende von Abschnitt 7.3.2 zurück.

15 Das Verfahren wird in Abschnitt 7.3.2.1 ausführlich beschrieben.

Summary

The idea to establish an international criminal court already emerged in the 1940s after the Nuremberg Trials; however, the Cold War prevented its implementation. It became more realistic when the former Allies against Hitler resumed their cooperation after the fall of the Berlin Wall in November 1989.

In this context the International Criminal Tribunal for Rwanda (ICTR) was established on 8 November 1994 by Resolution 955 of the United Nations Security Council "for the sole purpose of prosecuting persons responsible for genocide and other serious violations of International Humanitarian Law committed in the territory of Rwanda and Rwandan citizens responsible for genocide and other such violations committed in the territory of neighbouring States, between 1 January 1994 and 31 December 1994."

In proposing the establishment of the ICTR, Boutros Boutros-Ghali, the then Secretary General of the United Nations, sought to pursue all crimes falling under the mandate of Resolution 955. This was in opposition to the hidden agenda of certain permanent members of the Security Council from the Western hemisphere, who aimed, to pursue only crimes committed against the Tutsi population in 1994, in the interest of the newly established authorities in Kigali.

Upon Boutros-Ghali's proposition the UN Security Council decided on 22 February 1995 that the ICTR "shall have its seat at Arusha" in northern Tanzania.

This decision not to locate the ICTR in Kigali was against the wishes of Madeleine Albright, the United States Ambassador to the UN in New York at that time, and reinforced the intention of the Clinton administration to veto a second term in office for Boutros-Ghali and have him replaced by Kofi Annan.

The completion strategy decided upon by the Security Council already in 2003 will finally be implemented at the end of 2014. On 22 December 2010 the Security Council established the Residual Mechanism for International Criminal Tribunals (MICT) "to carry out a number of essential functions [of the ad hoc tribunals] *after the completion of their respective mandates."*

Part I of the publication describes the outcome of the Arusha tribunal in accomplishing[16] *its regular mandate in the 20 years since its inception. An excursus treats the trials conducted outside the ICTR concerning Rwandan matters. It provides a thorough description, mainly of the case of Onesphore Rwabukombe, the former Mayor of the Muvumba commune in northern Rwanda before the Higher Regional*

16 Only the Appeals Chamber is due to render six pending judgments in 2015.

Court of Frankfurt/Main. He was sentenced to 14 years imprisonment on 18 February 2014 following the same methods applied by the ICTR with witnesses from Rwanda. Part I ends with a lengthy presentation of the prevailing dictatorship in Rwanda and its supporters.

Part II contains a documentation of all the cases dealt with by the ICTR.

When assessing the ICTR as a whole it is important to point out that Kofi Annan merely followed the strict guidelines set by the United States during his two terms of office in New York.

Kofi Annan managed to:

a) prevent the ICTR investigating who was responsible for the murders of Rwandan President Juvénal Habyarimana and his Burundian counterpart Cyprien Ntaryamira, by downing the Rwandan president's aircraft over Kigali on the evening of 6 April 1994 upon his return from a conference in Dar es Salaam convened and initiated by the Ugandan President Yoweri Museveni. The terrorist act created the necessary political vacuum in Rwanda to allow the rebels of the Rwandan Patriotic Front (RPF) to resume their war to seize power in Rwanda – breaking the peace treaty signed on 4 August 1993. The foreseeable genocide against the Tutsi population of Rwanda took place during the ensuing campaign;

b) convince the ICTR not to deal with the large-scale massacres committed against Hutu civilians by the advancing RPF soldiers;

c) replace the ICTR Prosecutor Carla Del Ponte in 2003, at the request of Rwandan President Paul Kagame and his Western allies, with his Gambian friend Hassan Bubacar Jallow, because Del Ponte had a year earlier launched special investigations into the alleged war crimes committed by the RPF in 1994. Jallow suppressed these investigations immediately after taking office and 'obediently' played the role he had been called to fulfil namely by Washington and London.

From the point of view of its main 'sponsors' (the Clintons[17]*, Madeleine Albright, Tony Blair and Susan Rice) things at the ICTR went well. The Appeals Chamber's*[18] *ruling on 16 June 2006 that judicial notice be taken, in particular, made the narrative preached by the Anglophone world on the events that occurred in Rwanda in 1994 official. It states that the Tutsi genocide was planned and executed by a fictitious group of supposed extremist Hutu politicians and militaries called Akazu.*

17 The cover photo of Hilary Clinton shows her on her visit to the ICTR in 1997 during the trial of Jean-Paul Akayesu (the photo opposite to her), where she pressed the prosecution to include rape as a crime against humanity in all indictments.

18 Presided by Judge Mohamed Shahabuddeen with the participation of the Judges Mehmet Güney, Liu Daqun, Theodor Meron and Wolfgang Schomburg.

As Barrie Collins points out in detail the official narrative is "The Myth of the Akazu Genocide Conspiracy" [19].

On 18 December 2008 the Norwegian Judge Eric Møse however was apparently not convinced of this planning theory and surprised the world by declaring as Presiding Judge in Trial Chamber I of the ICTR that the prosecutor had not proven beyond reasonable doubt that the accused in the important trial called "Military I" had planned the Tutsi genocide [20].

After this alarming judgement the 'sponsors' of the ICTR insisted on appropriate measures being taken by the prosecutor.

Generally speaking the introduction of the accusation to be part of a Joint Criminal Enterprise fulfilled the expectations attributed to this juridical construction.

Altogether the judges of the ICTR were 'docile' and convicted most of the accused presented by the prosecutors in accordance with the Akazu myth. In 61 cases the judges accepted beyond reasonable doubt the evidence presented to them, mainly from witnesses produced by the new Rwandan order. Professor Nancy Combs summarised these proceedings in the title of her book "Fact-Finding without Facts"[21]. *However, in 14 cases the judges were not satisfied with the presented evidence and acquitted the defendants.*

Judge William Sekule from Tanzania, in particular, continued, despite the judgment in Military I, to render judgements suggesting that there was planning in the execution of the Tutsi genocide by members of the Interim Government established on 9 April 1994.[22]

The general conclusion of my research finds that a genocide against the Tutsi population in Rwanda occurred, but the ICTR did not contribute to discovering the truth as to how it was committed. The ICTR turned out to be an efficient instrument in protecting the dictatorial order established in July 1994 with the help of the Clinton administration and one that has since been defended by all US and British Governments and their close allies, even after at least 300,000 Hutu refugees were

---

19 So the subtitle of Collins 2014.

20 The defendants were acquitted of "conspiracy to commit genocide" but received high sentences for *superior responsibility*.

21 Cf. Combs 2010.

22 It is not surprising that the six accused sentenced by Judge Sekule in the initial trial of the important Butare case on 24 June 2011 have to wait for their appeal judgments until 2015. (In the meantime Judge Sekule has been appointed a member of the Appeals Chamber of the MICT and can prolong his influence on Rwandan matters in this body.)

massacred[23] *in Zaïre during the Rwandan-Ugandan invasion of the First Congo War in 1996/1997.*

I could not find – with the exception of the particular case of Georges Ruggiu, an Italo-Belgian – a single sentence that withstands critical analysis. The case of George Rutaganda is perhaps the most tragic of all. He died imprisoned in Benin on 11 October 2010 shortly before Amadou Deme published a book[24] *proving his innocence. The circumstances surrounding the murder of the indicted Juvénal Uwilingiyimana are also scandalous. His body was found in a Brussels canal on 17 December 2005 just weeks after his decision to stop cooperating with the prosecutor. I was also shocked when on 18 December 2014 the former Minister of Planning Augustin Ngirabatware was sentenced to 30 years of imprisonment by the newly established Appeals Chamber of the MICT presided by Judge Meron despite the fact that in his dissenting opinion Judge Bakone Justice Moloto proved that his colleagues erred in convicting him.*

The ICTR failed entirely to assume the duty – laid down in its statutes – to contribute to national reconciliation, with Rwandan society now more divided than ever. By applying victor's justice (Collins), the ICTR unfortunately discredited the main objective of international criminal justice to overcome impunity for all perpetrators of mass crimes.

---

23 This estimation was given by the UNHCR High Commissioner Sadako Ogata to Gérard Prunier in 2000 (cf. Prunier 2009, p. 147). Some observers think that it could be as many as 400,000 victims.

24 Cf. Deme 2010.

Übersichtskarte Afrika

Ruanda-Karte

Quelle: UNO (public domain)

Teil I: Das Arusha-Gericht
Hintergründe – Geschichte – Kontext

„Without a war in Rwanda,
genocide would not have happened"
Scott Straus[25]

1. Überblick

Zusammenfassung

Roma locuta – causa finita: Rom hat gesprochen, der Fall ist entschieden, soll der Kirchenvater Augustinus im Jahr 417 nach der Verurteilung der Pelagianer[26] durch Papst Innozenz I. gesagt haben.

In diesem Buch wird die Frage behandelt, ob sich die Erwartung des „neuen Rom" erfüllt hat, der Ende 1994 gegründete Internationale Strafgerichtshof für Ruanda werde die ruandische Katastrophe 1994 in seinem Sinne erklären und die so ermittelten Verantwortlichen einer gerechten Strafe zuführen. Zum formalen Ende des Arusha-Gerichts im Dezember 2014 lässt sich feststellen: causa non finita est.

Trotz der bis Ende 2014 letztinstanzlichen Verurteilung von 55[27] Angeklagten konnte das offizielle Narrativ der Ereignisse nicht bewiesen werden. Die von der siegreichen RPF und wichtigen Teilen der Internationalen Gemeinschaft gleichsam kanonisierte – historisch allerdings unhaltbare – Lesart lässt sich so resümieren: Eine Gruppe extremer Hutu aus dem als akazu bezeichneten inneren Machtzirkel um Präsident Juvénal Habyarimana habe das Präsidentenflugzeug am 6. April 1994 abgeschossen, um den der RPF gegenüber zu nachgiebigen Habyarimana aus dem Weg zu räumen und ihre seit langem vorbereiteten Pläne zur Beseitigung der Inlands-Tutsi umsetzen zu können.[28]

---

25 Straus 2006, S. 7. Gerade weil das Buch von Scott Straus von der die Ereignisse verschleiernden offiziellen Lesart geprägt und keineswegs Kagame-feindlich ist, ist diese Feststellung bedeutsam. Das gilt auch für seine Feststellung nach Befragung von 120 ruandischen Gefängnisinsassen: Hauptsächlich hätten „Gauner" (thugs) den Tutsi-Völkermord verbrochen (S. 119).

26 Die Pelagianer wiesen die Erbsünde-These zurück.

27 14 Freisprüche wurden ausgesprochen. 6 Berufungsverfahren werden erst Mitte 2015 abgeschlossen. Zwei Verfahren wurden ohne Prozess an Frankreich abgegeben und die Verfahren von zwei Angeklagten wurden nach Kigali überstellt. 9 gesuchte Personen sind flüchtig.

28 Die Eckwerte dieser Lesart wurden schon ein Jahr vor der Auslösung der Katastrophe von einer selbst ernannten, der RPF nahestehenden *„Internationalen Untersuchungskommission"* aufgestellt. Vgl. Abschnitt 6.1.1.1.4.

In der hier vorgelegten Untersuchung wird dargelegt, dass das Arusha-Gericht seiner Pflicht zur Aufklärung der Wahrheit nicht nachgekommen ist. Im Gegenteil

- *wurde die Untersuchung des Attentats vom April 1994 unterdrückt,*
- *ist der Verlauf des Tutsi-Völkermords nicht ermittelt worden und*
- *hat sich das Gericht zwingen lassen, die Kriegsverbrechen der vorrückenden Tutsi-Rebellen-Armee nicht zu behandeln.*

Das Arusha-Gericht war vornehmlich ein Instrument zur Stabilisierung einer Diktatur, die nach dem Ende des Tutsi-Völkermords im Juli 1994 von der westlichen Welt etabliert wurde und bis heute an der Macht gehalten wird. Dieses Gericht hat somit keinen Beitrag zur Etablierung der Macht des Rechts geleistet, sondern wurde zum Symbol für das Recht der Macht.[29]

Der großen Idee einer internationalen Gerichtsbarkeit zur Aufarbeitung und Ahndung von Menschheitsverbrechen haben Form und Umstände des Arusha-Gerichts geschadet.

Einzelergebnisse der Untersuchung

a) Völkerstrafrecht

Die Idee, im Krieg grenzüberschreitend begangene Verbrechen mit Hilfe internationaler Strafgerichte zu verfolgen, hat eine lange völkerstrafrechtliche Vorgeschichte. Erstmals hat 1864 der Mitgründer des Internationalen Komitees vom Roten Kreuz, Gutave Moynier, die Idee zur Einrichtung eines Internationalen Gerichts zur Ahndung von Verstößen gegen das Kriegs- und Völkerrecht lanciert. Beim Versailler Friedensvertrag wurde der Gedanke materiell-rechtlich mit der Anklage gegen den nach Holland geflohenen deutschen Kaiser Wilhelm II. wegen „schwerer Verletzung des internationalen Sittengesetzes und der Heiligkeit der Verträge" untermauert. Die Anklage blieb allerdings folgenlos, weil das Königreich der Niederlande ihm Asyl bot und einen Prozess verhinderte.

Auch die Prozesse vor dem Leipziger Reichsgerichtshof gegen deutsche Beschuldigte verliefen mehr oder weniger im Sand. Der Briand-Kellogg-Pakt aus dem Jahr 1928, mit dem Kriege als Mittel der Politik geächtet wurden, blieb wirkungslos, weil Hitler-Deutschland sich nicht darum scherte.

Wichtige Etappen zur Entwicklung eines Völkerstrafrechts wurden dann der Internationale Militärgerichtshof 1945/1946 in Nürnberg gegen die Hauptkriegs-

29 Bezug auf den Buchtitel *Vom Recht der Macht zur Macht des Rechts?* (Neubacher und Klein 2006).

verbrecher sowie die Nachfolgeprozesse gegen einzelne Berufsgruppen. Die UNO-Genozid-Konvention aus dem Jahr 1948 war das letzte Ergebnis der Kooperation der Anti-Hitler-Koalition. Der Kalte Krieg verhinderte weitere Schritte zur Etablierung eines weltweiten Strafrechtssystems.

Der Westen ließ unter den Bedingungen des Kalten Kriegs die deutsche juristische Ablehnungsfront der „Nürnberger Siegerjustiz" gewähren. Die USA sahen auch gelassen zu, wie die juristische Aufarbeitung der NS-Verbrechen in der Bundesrepublik Deutschland dilatorisch behandelt wurde.

Bewegung kam in die Überlegungen zur Gründung eines internationalen Strafgerichts erst nach dem Fall der Berliner Mauer 1989 und der Wiederaufnahme der Kooperation der Alliierten des Zweiten Weltkriegs.

Der Gründung des Internationalen Strafgerichtshofs in Den Haag im Jahr 2002[30] *gingen zwei der politischen Opportunität geschuldete UNO-ad-hoc-Strafgerichtshöfe a) für das ehemalige Jugoslawien in Den Haag (1993) und b) für Ruanda in Arusha (1994) voraus.*[31] *Hier wollten weder Russland noch die VR China die damals guten Beziehungen zur anglophonen Welt durch ein Veto im UNO-Sicherheitsrat stören.*

b) Politischer Hintergrund des Arusha-Gerichts

Das Arusha-Gericht ist die Folge der Katastrophe, die sich in Ruanda zwischen dem 6. April und dem 17. Juli 1994 unter den Augen der ganzen Welt[32] *abgespielt hat. Dabei haben sich*

- *ein vornehmlich durch marodierende Hutu-Banden begangener Völkermord an der Tutsi-Bevölkerung*[33] *und*

---

30 Eine große Mehrheit der Staaten ratifizierte das sog. Rom-Statut aus dem Jahr 1998, aber eine Koalition der Nicht-Ratifizierer von Washington über Moskau bis Peking begrenzt die universelle Bedeutung dieses Gerichts.

31 Das Strafgericht für das ehemalige Jugoslawien wurde durch Resolution 827 des UNO-Sicherheitsrats vom 25. Mai 1993 gegründet und wird in dieser Untersuchung nur insoweit behandelt, als es die Struktur des per Resolution 955 des UNO-Sicherheitsrats vom 8. November 1994 gegründeten Ruanda-Gerichts vorgab und gemeinsam mit dem Ruanda-Gericht als Teil des Residual-Mechanismus für die UNO-ad-hoc-Gerichte zu Ende gebracht werden soll.

32 Samantha Power, die heutige US-Botschafterin bei den Vereinten Nationen in New York, hat 2001 einen Artikel mit dem einprägsamen Titel *Bystanders to genocide* veröffentlicht (Power 2001).

33 Es sei ausdrücklich gesagt, dass es keine Tutsi-Völkermord-Leugnung bedeutet, wenn ich diesen Völkermord häufig als *Genozid sui generis* bezeichne. Die Genozid-

- *Massenmorde an der Hutu-Bevölkerung durch Tutsi-Rebellen der Ruandischen Patriotischen Front (RPF) während ihrer Machteroberung und nach ihrem Sieg*[34] *ereignet.*

Das Arusha-Gericht sollte aus der Sicht seiner anglo-sächsischen Gründungsinitiatoren ausschließlich dem Ziel dienen, „Hauptschuldige" für den Tutsi-Genozid abzuurteilen und Untersuchungen der Hutu-Massaker der RPF zu unterdrücken.

Als die dritte Chefanklägerin des Gerichts, die Schweizerin Carla Del Ponte, 2002 mit Sonderermittlungen zu mutmaßlichen Kriegsverbrechen der siegreichen RPF-Armee begann, gelang es Washington und London, den UNO-Generalsekretär Kofi Annan zu veranlassen, ihr diesen Posten zu entziehen. [35] *Ihr Nachfolger Hassan Bubacar Jallow folgte den „Direktiven" aus Washington und London immer. Von dieser Seite gab es also keine Überraschungen mehr.*

c) Gerichtsstatuten

Die Statuten und die Gerichtsstruktur des Ruanda-Gerichts folgten dem Vorbild des 1993 beschlossenen Internationalen Strafgerichthofs für Ex-Jugoslawien in Den Haag. Die Straftatbestände lehnten sich – mit der wichtigen Auslassung der Bestrafung von Aggressionskriegen – an das Nürnberger Militärtribunal von 1946 und die UNO-Genozid-Konvention von 1948 an.

Konvention von 1948 war vor dem Hintergrund der Shoah entstanden und geht implizit von einer staatlichen oder parastaatlichen Planung und Ausführung aus. Dies gerade ließ sich beim anarchischen Ablauf des Tutsi-Völkermords 1994 auch vom Arusha-Gericht nicht nachweisen. Barrie Collins spricht von einem *atypical genocide.* Denn: *„Genocides are usually state-run or overseen by a leadership that is able to draw upon the coercive authority of the state."* (Collins 2014, S. 8). Lange Zeit ging auch das Arusha-Gericht von staatlicher Planung durch die Interimsregierung und die ruandische Armee aus. Erst als sich diese Planung nicht nachweisen ließ und das Arusha-Gericht 2008 im Urteil des Verfahrens Militär I dies eingestand, erfand man mit dem *Joint Criminal Enterprise* eine neue Genozid-Erklärung.

34 Solche Verbrechen wurden schon im sog. Gersony-Bericht aus dem Jahr 1995 dokumentiert. (Auf Abschnitt 6.5.8 sei verwiesen).

35 Man beschloss 2003, für das Arusha-Gericht einen eigenen Chefankläger zu etablieren und mit einer sog. *Completion Strategy* die Beendigung des Gerichts einzuleiten. Mit dem Amtsantritt von Hassan Bubacar Jallow wurden die Sonderermittlungen eingestellt. Es wurden auch keine weiteren Haftbefehle mehr ausgestellt. Die gemeinsame Berufungskammer der beiden UNO-ad-hoc-Gerichte blieb bis zum Auslaufen ihrer jeweiligen Mandate bestehen.

Am 22. Februar 1995 wurde gegen den von Madeleine Albright unterstützten Widerstand des RPF-Chefs Paul Kagame, der das Gericht in Kigali unter Kontrolle haben wollte, der Sitz des Gerichts in Arusha/Tansania festgelegt.

d) Gerichtswirklichkeit und Verfahrensinhalte

Dass die politisierte – französische Staatsangehörige ausschließende – Auswahl der Richterinnen und Richter durch die Vereinten Nationen nicht eben eine Garantie für ihre Unabhängigkeit war, liegt auf der Hand. Man kann eine der offiziellen Lesart bedingungslos verpflichtete von einer ihr zumindest teilweise kritisch gegenüberstehenden und einer dazwischen stehenden Gruppe unterscheiden. Entsprechend sind die Urteile ausgefallen: Neben den vielen sehr „gehorsamen" Urteilen gab es auch sehr mutige Freisprüche.

Das Buch Fact-finding without Facts *der amerikanischen Wissenschaftlerin Nancy Combs*[36] *macht eine der Hauptschwächen des Arusha-Gerichts deutlich. Faktisch hat das Gericht ohne in der westlichen Gerichtstradition übliche dokumentarische Beweise nur auf der Basis von Zeugenaussagen Urteile gefällt. Dass diese Zeuginnen und Zeugen fast ausschließlich aus dem Herrschaftsbereich der neuen Ordnung in Kigali kamen, macht diese Beweislage noch fragwürdiger.*[37]

Insgesamt gelang es der statuarisch dominierenden Anklagebehörde, die Untersuchung des den Tutsi-Völkermord auslösenden Attentats vom 6. April 1994 zu verhindern und generell eine Untersuchung der mutmaßlichen Kriegsverbrechen der Invasoren mit quasi-juristischen Mitteln zu unterbinden.

Von größter Bedeutung war dabei die Entscheidung der Berufungskammer vom 16. Juni 2006. Mit Hilfe einer „Rechtsanweisung" (judicial notice)[38] *wurde den Kammern untersagt, Vorgänge zu untersuchen, die man für klar erwiesen erklärte. Dazu gehörte insbesondere die Feststellung, die Planung des Tutsi-Völkermordes durch Repräsentanten des Regimes des ermordeten Staatspräsidenten Juvénal Habyarimana und seiner in der am 9. April 1994 etablierten Interimsordnung versammelten Nachfolger sei von langer Hand vorbereitet worden. Dies sei so offenkundig wie die Tatsache, dass der Mond die Erde umkreist. Und es sei nur Zeit- und Ressourcenverschwendung sich mit der Planungsfrage weiter zu befassen.*

Eine Sensation war es dann, dass die I. Strafkammer unter dem Vorsitz des norwegischen Richters Eric Møse am 18. Dezember 2008 im Urteil zum zentralen

---

36 Combs 2010.

37 Dieser Praxis ist leider auch das Oberlandesgericht in Frankfurt/M. im Urteil gegen Onesphore Rwabukombe gefolgt (vgl. Abschnitt 7.3.2.1).

38 Siehe zum judicial notice insbesondere Abschnitt 6.5.10.

Prozess Militär I feststellte, die Anklage habe eine Völkermordplanung nicht beweisen können. Die dennoch ausgesprochene lebenslange Bestrafung des Hauptbeschuldigten Théoneste Bagosora wurde mit seiner vorgeblichen Vorgesetztenverantwortung begründet.

Damit ist auch ein weiteres Charakteristikum der Rechtsprechung des Arusha-Gerichts benannt. Man glaubte sich wohl auf der sicheren Seite, wenn man den in Nürnberg eingeführten Straftatbestand der Vorgesetztenverantwortung extensiv heranzog. Während es sich im Nürnberger Prozess nachweisbar um Vorgesetzte mit großer Befehlsgewalt handelte, hat man in Arusha in einer Situation des faktischen Staatsvakuums Durchgriffsmöglichkeiten der Angeklagten konstruiert, die in allen hier untersuchten Fällen tatsächlich nicht bestanden haben.

Der Interimsregierung wurde vom Gericht die Macht zugeschrieben, den Tutsi-Völkermord unterbinden und Recht und Ordnung im Lande herstellen zu können. Aber gerade daran wurde sie von der angreifenden RPF gehindert.

Als nun eine Kammer die Völkermordplanung für nicht beweisbar erklärt hatte, sah man sich gezwungen, eine andere Rechtskonstruktion zu finden, mit der man den Tatvorsatz zur Begehung des Völkermords glaubte nachweisen zu können. In den Urteilen nach 2008 taucht deshalb häufig die Bildung eines gemeinsamen kriminellen Unternehmens (Joint Criminal Enterprise JCE) als Verurteilungsgrund auf. Diese Konstruktion wurde zuerst vom Strafgerichtshof für das ehemalige Jugoslawien entwickelt, im Urteil Duško Tadić angewandt und dann vom Arusha-Gericht übernommen. Aber selbst Nancy Combs – obwohl Befürworterin dieses juristischen Hilfsmittels – konzediert, dass es vor allem in seiner zumeist angewandten erweiterten Form ein geringeres Maß an faktischen Beweisen erfordere und dadurch völlig spekulative Urteile möglich würden. *Es reichte, wenn es einen Anschein von Zusammenkünften von Verdächtigen gegeben hatte.*

e) Ausgewählte Prozesse

Von den in Abschnitt 6.7 beschriebenen Verfahren sind besonders erwähnenswert:

- *Die lebenslängliche Verurteilung des ehemaligen Bürgermeisters Jean-Paul Akayesu wegen Nicht-Verhinderung von Vergewaltigungen*[39],
- *die lebenslängliche Haftstrafe für den Ministerpräsidenten der Interimsregierung Jean Kambanda aufgrund einer erschlichenen Schuldanerkenntniserklärung,*

39 Hillary Clinton ist auf dem Titelbild neben Jean-Paul-Akayesu abgebildet, zu dessen Verurteilung wegen Vergewaltigung sie bei einem Besuch des Gerichts im März 1997 beigetragen hat. Vgl. hierzu Abschnitt 6.7.2.

- *die unverständlich geringe Strafreduzierung durch die Berufungskammer im sog. Medien-Prozess ohne Berücksichtigung der Aufhebung zentraler erstinstanzlicher Verurteilungsgründe*[40],
- *der Prozess Militär I mit der Feststellung der Unbeweisbarkeit der Völkermordplanung durch die Angeklagten,*
- *der letztendliche Freispruch für den Gendarmerie-General Augustin Ndindiliyimana im Prozess Militär II,*
- *die Freisprüche für alle drei angeklagten Mitglieder der Interimsregierung im Prozess Regierung II,*
- *die unentschuldbare Verurteilung von Georges Rutaganda, der seinen Gefängnisaufenthalt in Benin nicht überlebt hat,*
- *die politisch motivierten lebenslänglichen Haftstrafen gegen die Parteichefs des Mouvement Républicain pour le Développement et la Démocratie (MRNDD),*
- *die auf höchst fragwürdigen Zeugenaussagen beruhenden erstinstanzlichen Verurteilungen der sechs Angeklagten im sog. Butare-Prozess*[41] *– darunter der einzigen im Arusha-Gericht angeklagten Frau*[42] *– am 20. Juni 2011 nach 14-jähriger Verfahrensdauer,*
- *die besonders unglaubwürdige Begründung der Verurteilung des früheren Planungsministers Augustin Ngirabatware am 18. Dezember 2014, der erst 2007 in Frankfurt/M. verhaftet und mit Billigung des Bundesverfassungsgerichts 2009 an das Arusha-Gericht überstellt wurde.*

f) Ergebnis

Die vorliegende Untersuchung kommt zu dem ernüchternden Schluss, dass der Beweis der Planung des Tutsi-Völkermords durch die Angeklagten trotz größter Anstrengungen und eines enormen finanziellen Aufwands von sicher mehr als 3 Milliarden US-Dollar nicht erbracht werden konnte.[43]

Diese Form des Versuchs der Aufarbeitung einer großen Menschheitskatastrophe hat – mehr noch als der ad-hoc-Gerichtshof für das frühere Jugoslawien in Den

40 Die lebenslangen Haftstrafen für die drei Angeklagten im Kammerurteil wurden bei kaum noch signifikantem Schuldnachweis für Nahimana auf 30 Jahre, für Barayagwiza auf 32 Jahre und für Ngeze auf 35 Jahre reduziert.

41 Ihre Berufungsurteile wurden unter inakzeptablen Vorwänden bis zum Sommer 2015 hinausgezögert.

42 Die frühere Ministerin Pauline Nyiramasuhuko wurde im September 1997 erstmals einem Richter vorgeführt, ist somit ohne rechtskräftiges Urteil seit 17 Jahren im Gefängnis.

43 Eine vorläufige Analyse des Gerichts habe ich schon 2009 vorgelegt (Strizek 2009a).

Haag – die ersehnten Bemühungen um eine internationale Strafgerichtsbarkeit für Menschheitsverbrechen belastet. So wichtig der Kampf gegen Straflosigkeit bei Völkermord, Kriegsverbrechen und Verbrechen gegen die Menschlichkeit ist, so bedauerlich ist die Feststellung, dass das Arusha-Gericht wegen seiner Einseitigkeit und der Ausklammerung der Verbrechen der Aggressoren und späteren Sieger keinen Beitrag zur Herstellung des Rechtsfriedens in Ruanda leisten konnte.

Die ruandische Gesellschaft ist so zerrissen wie nie zuvor – auch wenn das Siegerregime unter Präsident Kagame, unterstützt von seinen wichtigsten „Schutzpatronen" Bill und Hillary Clinton, Madeleine Albright, Susan Rice[44]*, Kofi Annan und Tony Blair, beharrlich das Gegenteil behauptet.*[45]

Das Abschlusskapitel von Teil I des Buches beschreibt – nach Exkursen zu den Ruanda-Prozessen außerhalb des Arusha-Gerichts – die heutige Diktatur in Ruanda und zeichnet die Blutspur des Herrschers Paul Kagame nach.

Teil II des Buches ist vor allem einer ausführlichen Dokumentation der Urteile des Arusha-Gerichts gewidmet, aus der sich die deprimierende Schlussfolgerung ziehen lässt, dass keine letztinstanzliche Verurteilung einer historisch-kritischen Analyse standhält. Die Ausnahme der gerechtfertigten Verurteilung des Italo-Belgiers Georges Ruggiu für seine Hetzaufrufe in Radio RTLM nach dem 6. April 1994 bestätigt nur die Regel. Außer ihm wurden ausschließlich Hutu-Politiker hinter Schloss und Riegel gebracht, um mögliche Mitwirkungsansprüche beim Aufbau des Nach-Genozid-Staates auszuschließen.

Als den USA in den 90er Jahren des 20. Jahrhunderts nach der Selbstauflösung der Sowjetunion die Rolle der Weltführungsmacht zufiel, waren sie darauf nicht vorbereitet. Sie mussten in einem weltpolitischen Vakuum im Alleingang weitestgehende Entscheidungen treffen.

---

44 Susan Rice wurde Anfang 1997 Afrika-Staatssekretärin bei Außenministerin Albright und mit der Überwachung des ersten Kongo-Kriegs befasst, wurde bei Amtsantritt von Präsident Barack Obama US-Botschafterin bei den Vereinten Nationen und ist seit 2013 Nationale Sicherheitsberaterin im Weißen Haus. In allen diesen Funktionen hat sie sich als „Kagame-Schutzengel" erwiesen. Schon bei ihrem Besuch in Kigali mit dem damaligen Nationalen Sicherheitsberater bei Clinton, Tony Lake, Ende 1994 war klar – wie der damalige Militärattaché an der Botschaft Kigali, Thomas Paul Odom schreibt – , dass sie alles für die Unterstützung der neuen Ordnung tun würde. *„We felt someone was indeed listening to what we had to say."* (Odom 2005, S. 201).

45 Insofern ist es nicht erstaunlich, dass zu diesem seit 20 Jahren arbeitenden Gericht aus dem Bereich der universitären juristischen Forschungslandschaft nur das Buch von Nancy Combs, die dem Gericht insgesamt positiv gegenüber steht, mit dem Titel *Fact-Finding Without Facts: The Uncertain Evidentiary Foundations of International Criminal Convictions* (Combs 2010) vorliegt.

Das führte in der hier betrachteten Weltregion zu fatalen Schnellschüssen. Dazu gehört die einsame Entscheidung des neuen Präsidenten Clinton, die ursprünglich mit seiner Billigung durch Präsident George Bush sen. erfolgte Militärintervention in Somalia Ende 1992 nach dem Mogadischu-Debakel vom 3. Oktober 1993 in Windeseile zu beenden und die „Flucht aus Afrika" anzutreten.[46]

Diese Flucht-Entscheidung Clintons veranlasste die amerikanische Militärführung zur Förderung einer Reihe von Regimen, die stellvertretend für die USA deren militärische Interessen im zentralen Afrika wahrgenommen haben. Im Gegenzug wurden ihre Regime vor dem 1990 aufkommendem „Wind des demokratischen Wandels" geschützt.

In Ruanda wurde in einer Zeit, in der Demokratieförderung auf der internationalen Agenda stand, einer pro-westlichen Guerillagruppe zum militärischen Sieg verholfen und seit nunmehr 20 Jahren eine Minderheits-Diktatur geschützt. Mit der kollektiven Denunzierung aller Hutu als strukturelle Völkermörder (génocidaires) versuchte die „internationale Gemeinschaft" dieses skandalöse Faktum mit scheinmoralischen Argumenten zu rechtfertigen. Collins hat recht mit seiner Feststellung, es handle sich beim Kagame-Regime um „Afrikas erste mit moralischen Argumenten etablierte Tyrannei."[47]

46 Richard Clarke hat dies als Augenzeuge ausführlich beschrieben (Clarke 2004).

47 *Africa's first morally constituted tyranny.* (Collins 2014, S. 218).

2. Ruanda: eine Skizze

2.1 Territorium und Bevölkerung

Ruanda liegt zwischen dem 1.° und 3.° südlicher Breite und dem 29.° und 31.° östlicher Länge auf durchschnittlich 1.500 m Höhe im ostafrikanischen Zwischenseengebiet. Das Land umfasst heute eine Fläche von 26.338 qkm (davon 1.390 qkm Wasserfläche, vor allem im Kivu-See). Im Norden liegt der 4.507 m hohe, schneebedeckte Karisimbi, der höchste Berg der Virunga-Vulkankette, Lebensraum der letzten Berggorillas. Nördlich davon liegt die Grenze zu Uganda.

Ruanda wird das „Land der tausend Hügel" genannt, weil es fast ausschließlich aus nach Süden flacher werdenden Hügeln besteht. Die Menschen leben in *rugo* genannten Gehöften inmitten ihrer kleinen Feldparzellen. Die dazugehörigen Bananenhaine geben dem ansonsten fast unbewaldeten Land sein immergrünes Aussehen.

Von Nord nach Süd zieht sich in Ruanda am Kivu-See entlang eine Gebirgskette, die die Wasserscheide zwischen dem Kongo- und dem Nilsystem bildet. Der deutsche Forscher Richard Kandt hat hier Ende des 19. Jahrhunderts als erster die Nilquelle geortet.[48] Vom Osthang der Wasserscheide kommend verwandelt sich ein kleines Quellflüsschen in den Nyabarongo-Fluss. Diese Lebensader Ruandas durchzieht das Land in einem zuerst von Süd nach Nord, dann in scharfer Wende nach Süden verlaufenden Bogen. Dort vereinigt er sich mit dem Akanyaru, dem Grenzfluss im Süden zu Burundi. Von da an erhält er den Namen Akagera, der zuerst von West nach Ost, dann nach Norden fließt, wo er die Grenze zu Tansania bildet, um schließlich in einer Ostwendung in den Viktoria-See zu münden. Am Westufer der Akagera-Tiefebene befindet sich der stark reduzierte[49] Nationalpark gleichen Namens.

Reste von Primärwäldern befinden sich entlang der Wasserscheide: im Nordwesten der Gishwati- und im Süden der Nyungwe-Urwald. Nachbar Ruandas im

48 Auch Burundi erhebt den Anspruch die Nilquelle zu beherbergen, weil ein Zufluss zum Akagera-Nilsystem länger ist als der Zufluss aus Ruanda. Ruanda darf aber dennoch den Anspruch erheben, die Nil-Quelle zu beherbergen, weil nach internationalem Brauch die Quelle des wasserreicheren Zuflusses als Quellort eines Stroms gewertet wird.

49 Bei der Rückkehr der heutigen Ruanda-Beherrscher, der Ruandischen Patriotischen Front, zusammen mit etwa einer Millionen Rindern aus dem Exil in Uganda 1994 durften die Tutsi-Herdenbesitzer hier siedeln.

Westen mit einer durch den ca. 90 km langen Kivu-See verlaufenden Grenze ist die Demokratische Republik Kongo.

Mit Ausnahme der Virunga-Vulkanregion herrscht in Ruanda ein mild-tropisches niederschlagsreiches Höhenklima.

Die vom ersten Kolonialresidenten Richard Kandt 1907 gegründete Hauptstadt Kigali im Zentrum des Landes liegt auf einer Höhe zwischen 1.433 und 1.645 Metern und war früher weitgehend Malaria-frei. Aus dem kleinen Verwaltungszentrum wuchs eine Hauptstadt mit heute geschätzten eine Million Einwohnern.

Hauptwirtschaftsfaktor ist die Landwirtschaft. Neben den Nahrungsmitteln Bohnen, Erbsen, Kartoffeln und Bananen[50] werden die Exportprodukte Kaffee und Tee sowie kleine Mengen von Pyrethrum hergestellt.[51] Die Teefabriken sind seit der Unabhängigkeit die wichtigsten industriellen Komplexe.

In geringem Umfang wird Zinnstein (Kassiterit) abgebaut und seit dem Zusammenbruch der Zinnschmelze 1985 exportiert.[52]

Bis zum Sieg der RPF 1994 war Ruanda in 11 Präfekturen und 145 Gemeinden gegliedert. Seither ist das Land in 5 Provinzen (Kigali, Nord-, Süd-, Ost- und Westprovinz) und unter Aufgabe der bisherigen Gemeindenamen in Distrikte aufgeteilt.

Die noch immer vorwiegend in Streusiedlungen[53] lebende Bevölkerung wird heute auf ca. 11 Millionen geschätzt[54]. Das Land weist damit eine der größten Bevölkerungsdichten afrikanischer Länder auf.

Die Bevölkerung setzt sich aus der Mehrheitsbevölkerungsgruppe der Hutu und der Minderheitsgruppe der Tutsi zusammen. Hinzu kam bis vor kurzem noch die in den politischen und kriegerischen Auseinandersetzungen seit 1959 faktisch aufgeriebene Gruppe der Twa, die von manchen der pygmoiden Ur-Bevölkerung zugerechnet wird.

---

50 Die verschiedenen Bananensorten sind sowohl Nahrungsmittel als auch Grundlage für die bäuerliche Herstellung von Bananenbier *(urgwagwa)*, das auch als wichtiges Handelsgut auf dem Land dient.

51 In kleinen Mengen werden wohl auch heute noch Häute und Felle exportiert.

52 In der Exportstatistik tauchte seit den ruandischen Kongo-Kriegen auch im Ost-Kongo abgebautes Coltan auf.

53 Das Kagame-Regime will dies mit dem Programm zur Bildung von Dörfern (*imidugudu*) verändern.

54 Ob dies zutrifft, lässt sich nicht nachprüfen. Es besteht der Verdacht, dass die Bevölkerungszahl etwas nach oben „korrigiert" ist, um den Anspruch auf Hilfsleistungen zu erhöhen, von denen der städtische Sektor in großem Maß lebt.

Ideologisch höchst belastet ist der Versuch der Bestimmung der Volksgruppen, die die ersten Europäer am Ende des 19. Jahrhunderts vorgefunden haben. Die Frage, ob die Tutsi nilotischen Ursprungs sind, ist heftig umstritten und wird zuweilen als Ausdruck rassistischen Denkens bezeichnet.[55]

Vor die Wahl gestellt, mit der politisch und wirtschaftlich ausgebeuteten Mehrheit der Hutu zu kooperieren, oder sich mit der von ihnen zumeist bewunderten Tutsi-Herrschaftsschicht gemein zu machen, haben alle Kolonialherren bis zum Beginn der Unabhängigkeitsbewegung nach dem 2. Weltkrieg für die „indirekte Herrschaft", d.h. die Kooperation mit dem Königtum, dem alle Posten in der indigenen Verwaltung vorbehalten blieben, optiert. Damit wurde das schon immer labile Machtgleichgewicht zwischen den Gruppen einseitig zugunsten der Tutsi verändert.

Als die demokratische Bewegung diese Machtverteilung Ende der 50er Jahre in Frage zu stellen begann, vergiftete sich das Klima zwischen Hutu und Tutsi in mörderischer Weise. Am 1. November 1959 brachen Unruhen aus, die schließlich in die sog. Hutu-Sozialrevolution mündeten.

Die UNO optierte danach für eine demokratische Lösung. Dies führte zur Abwahl des Königtums. Der Tutsi-Hochadel verließ daraufhin das Land. Das hat dann auch noch einen Keil in die Tutsi-Bevölkerung getrieben. Während die bisherige Tutsi-Machtelite von Beginn an die alte Machtordnung wieder militärisch herstellen wollte, waren die armen Tutsi, zu denen die Frau des ersten Hutu-Präsidenten Grégoire Kayibanda gehörte, bereit, sich mit den neuen Herren zu arrangieren.

2.2 Historischer Abriss

2.2.1 Vorkoloniale Zeit

In dem wenig zugänglichen Gebiet konnte sich etwa seit dem 15. Jahrhundert ein militärisch geschütztes und streitbares Königreich entwickeln – ähnlich wie in dem südlicheren, allerdings für den arabischen Sklavenhandel leichter zugänglichen Königreich Burundi. In beiden Ländern trugen die auch den Gott

---

55 Die Befürworter dieser Zuwanderungs-These behaupteten, die Tutsi seien Hamiten, um die von ihnen propagierte rassische Höherwertigkeit dieser „weißen Afrikaner" zu belegen. Vgl. zur Entstehung und Bedeutung dieses Rassismus und der Gewaltexplosionen zwischen den Volksgruppen in Ruanda und Burundi das Buch des im Exil lebenden ruandischen Historikers Maniragaba Balibutsa (Balibutsa 2000). Innocent Nsengimana hat das Buch 2008 rezensiert. (*http://divergences.be/spip.php?article961&lang=fr*).

Imana repräsentierenden Könige den Titel *Mwami*. Ihnen zur Seite stand eine mächtige *Königin-Mutter*. Ein wichtiges Herrschaftsinstrument des Tutsi-Adels über die Mehrheitsbevölkerung der Hutu war der Rinderkult. Ein Hutu konnte nur dann über ein Langhorn-Rind verfügen, wenn er mit dem Rinderbesitzer *(shebuja)* einen *ubuhake* genannten Nutzungsvertrag abgeschlossen hatte, der ihn zu weitgehenden Dienstleistungen verpflichtete. Als besonderes Unterdrückungsinstrument empfand die Hutu-Mehrheit die nur ihnen auferlegten Feld-Arbeitsleistungen (*uburetwa)* für die königlichen Tutsi-Territorialchefs.[56]

Beim Eintreffen der Weißen Ende des 19. Jahrhunderts war in Ruanda die politische Macht schon weitgehend am Tutsi-Königshof konzentriert. In Burundi blieb die Hutu-Mehrheit stärker an der Verwaltung des Landes durch die Tutsi-Könige beteiligt, es bestand jedoch ein in Ruanda nicht beobachteter Gegensatz zwischen den Königen und dem Tutsi-*ganwa*-Adel[57]. In Ruanda konnten die *Mwami* mit dem erkämpften Recht über Leben und Tod sicherstellen, dass ihnen aus dem Tutsi-Adel keine ernsthafte Konkurrenz erwachsen konnte. Die Adelssöhne lebten am Hof und dienten gleichsam als Pfand, damit ihre Väter nicht nach *ganwa*-Art auf „dumme Gedanken" kommen konnten.

Die herrschende Tutsi-Königsfamilie in Ruanda nannte sich *Nyiginya*. Die *Ega*[58]-Familie war eine der vier Familien des ruandischen Hochadels, aus denen die Könige ihre Hauptfrauen auswählen konnten, blieben aber immer der Königsfamilie der *Nyiginya* nachgeordnet. Beim sog. Staatsstreich von Rucunshu 1896 gewann die *Ega*-Familie mit der Ermordung des legitimen Nyiginya-Königs Mibambwe IV. faktisch die Vormacht, auch wenn der als Kind inthronisierte neue König Musinga nominell ein *Nyiginya* war.[59] Musingas Regenten, die Brüder seiner Mutter Kanjogera aus der *Ega*-Familie, hatten schnell erkannt, dass die Zusammenarbeit mit den Deutschen Musinga vor denjenigen aus dem Tutsi-Hochadel schützen konnte, die 1896 von der Macht vertrieben worden waren.

---

56 Barrie Collins schreibt, Hutu, die sich durch einen *ubuhake*-Vertrag an einen *shebuja* gebunden haben, hätten sich dieser Fronleistung entziehen können. Zu *uburetwa* schreibt er: „*The social anthropologist Johan Pottier also argues that it was uburetwa, and not ubuhake that was the ,core of the Hutu subjugation*'". (Collins 2014, S. 41).

57 Es handelt sich dabei um eine Art Prinzen von Geblüt, denen besondere Privilegien eingeräumt wurden.

58 Im Plural: Bega.

59 Dies gewann 1994 wieder an Bedeutung, da Paul Kagame aus der *Ega*-Familie stammt und kein Interesse hatte, den 1961 abgewählten, seither in den USA lebenden Nyiginya-Mwami Kigeri V. auf den Thron zurückzuholen. Kagame ist heute ein faktischer, aber kein vom Nyiginya-Adel legitimierter *Mwami*.

Zudem war die Kooperation mit den Deutschen gegen die Machtansprüche der Belgier aus dem Kongo-Freistaat im beiderseitigen Interesse, da belgische Kolonialsoldaten 1896 ruandisches Territorium zu erobern versucht hatten.

Erster weißer Besucher am Königshof war 1894 der als Afrika-Forscher auftretende deutsche Offizier Gustav Adolf Graf von Götzen, der dem Hof aber nicht mitteilte, die Ruander seien eigentlich aufgrund einer Aufteilung der europäischen Einflussgebiete in Afrika während der Berliner Kongo-Konferenz 1884/1885 schon Untertanen des deutschen Kaisers.

2.2.2 Koloniale Herrschaft

2.2.2.1 Deutsche Kolonie[60]

Die offizielle Botschaft, unter deutscher „Schutzherrschaft" zu stehen, wurde dem Hof zweimal überbracht. Zuerst überreichte Hauptmann Hans von Ramsay am 22. März 1897 einen „*Schutzbrief*". Am 3. März 1898 wiederholte Hauptmann Heinrich Bethe diese Zeremonie und niemand konnte sich am Hofe mehr Illusionen darüber machen, dass der Alleinherrscher Mwami Musinga nicht mehr souverän sein würde.

Kurz nach Bethe traf am 16. Juni 1898 der tatsächliche Afrika-Forscher und spätere Resident Richard Kandt am Hof ein.

Am 2. Februar 1900 kam schließlich unter dem Schutz der Deutschen auch Bischof Jean-Joseph Hirth vom katholischen Afrikaorden der *Weißen Väter* – aus Uganda über Burundi kommend – am ruandischen Hof an.[61] Jean-Joseph Hirth passte als Elsässer, der die deutsche und französische Sprache gleichermaßen beherrschte, gut in die politische Landschaft. Er konnte den französisch geprägten Orden der *Weißen Väter* ziemlich problemlos in einer deutschen Kolonie vertreten. Hinzu kam, dass das Deutsche Reich gerade in dieser Zeit nach langen Jahren des sog. Kulturkampfs seinen Frieden mit der katholischen Kirche gemacht hatte. So konnte die Zentrumspartei es zulassen, dass Ruanda und Burundi unter dem mächtigen Bischof Hirth, der ab 1912 mit Zuständigkeit für beide Länder in Ruanda residierte, katholische Länder wurden.[62]

---

60 Diese Geschichtsphase habe ich in meinem Buch „*Geschenkte Kolonien. Ruanda und Burundi unter deutscher Herrschaft*" beschrieben (Strizek 2006).

61 Ganz besonders ausführlich ist die Reise von Bischof Hirth von dem Weißen Vater Stefaan Minnaert beschrieben worden (Minnaert 2006).

62 Hirth, der 1922 emeritiert worden war, wurde 1931 in der von ihm gegründeten Kathedrale in Kabgayi in der Nähe von Gitarama beigesetzt.

Zum Zeitpunkt des Eintreffens von Bischof Hirth in Ruanda und der Gründung der ersten Missionsstation der Weißen Väter in Save – nicht allzu weit vom Königshof entfernt – war im *Bethe-Hecq-Abkommen* von 1899, in dem der belgische König Leopold II. auf Gebietsansprüche östlich des Kivu-Sees verzichtet hatte, die Frage der Einflussgebiete zwischen dem Freistaat Kongo und dem Deutschen Reich geklärt.

Hauptmann Werner von Grawert wurde als erster kaiserlicher Militärkommandant im Auftrag des inzwischen zum Generalgouverneur der Kolonie Deutsch-Ostafrika avancierten Grafen von Goetzen Partner von König und katholischer Kirche. Das Bündnis von Nyiginya-Königtum, Kolonialherrschaft und katholischer Kirche hat Ruanda bis zur Unabhängigkeit 1962 geprägt.

1906 erhielt der Militärkommandeur – im heutigen Burundi residierend – den Status eines Residenten am Hof. Erster und einziger permanenter Resident mit Sitz in Ruanda wurde 1908 Richard Kandt, der sich 1904 mit seinem Bestseller *Caput Nili. Eine empfindsame Reise zu den Quellen des Nils*[63] seine Qualifikation für diesen Posten erschrieben hatte.

Kurz vor Kandts Dienstantritt hatte der Kolonialforscher Adolf Friedrich Herzog zu Mecklenburg den ruandischen Hof besucht und war von der dort herrschenden Disziplin – und insgesamt von der Schönheit Ruandas – beeindruckt. Er konnte auch etwas zur Stärkung der inzwischen eingetroffenen protestantischen Missionare tun.

Während einer Urlaubsabwesenheit von Resident Richard Kandt hat sein Stellvertreter Oberleutnant Eberhard Gudowius 1911 auf Bitten des Königs mit der 11. Kompanie der sog. Schutztruppen zusammen mit der königlichen Armee eine verheerende „Strafexpedition“[64] im Norden des Landes durchgeführt.

Seit der 1910 mit Belgien und Großbritannien vereinbarten endgültigen kolonialen Grenzziehung in Ostafrika[65] war man an der Konsolidierung des ruandischen Königtums interessiert und bekämpfte jegliche Autonomieanstrengungen der im Norden noch immer mächtigen Hutu-Fürsten.

63 Siehe Kandt 1921 (Reprint 1991).

64 Bei kleineren Expeditionen hatte die deutsche Kolonialverwaltung auch in anderen Landesteilen jeglichen Widerstand gegen die Königsmacht „bestraft“.

65 Die Abgrenzung der Interessengebiete zwischen dem Deutschen Reich und Großbritannien erfolgte 1910 im „Vertrag über Kolonien und Helgoland“, bei dem Deutschland auf Einflussbemühungen in Uganda und Sansibar verzichtete und im Gegenzug Helgoland und den sog. Caprivi-Zipfel mit Sambesi-Zugang in Deutsch-Südwestafrika erhielt.

Aus deutscher Sicht war der Aufständische Ndungutse, ein Konkurrent von König Musinga, mit seiner Kooperation mit den Nord-Hutu zu weit gegangen und sollte dafür „bestraft" werden. Das gelang mit durchschlagendem Erfolg. Ndungutse wurde bei einem Angriff der Gudowius-Soldaten am 8. Mai 1912 erschossen. Auf Befehl von Gudowius war auch schon am 8. April 1912 der Aufständische Rukara öffentlich hingerichtet worden. Das gleiche Schicksal erlitt am 14. Mai 1912 auch der Rebell Basebya, der dritte – im Namen der Twa-Bevölkerungsgruppe auftretende – Aufstandschef.

Der hohe Norden war damit im Sinne des Tutsi-Königtums dauerhaft „befriedet". Mit dieser „Leistung" war die deutsche Kolonialzeit schon fast zu Ende. Die Ausführung der vom Reichstag beschlossenen Anbindung Ruandas an das Bahnsystem der Kolonie Deutsch-Ostafrika fiel dem ersten Weltkrieg zum Opfer. König Musinga schlug sich dabei auf die Seite der Deutschen, von denen er annahm, sie würden den Krieg gewinnen. Nach dem Sieg der Belgier über die deutschen Kolonialtruppen in Ruanda und Burundi musste Musinga gewaltig „rudern", um seinen Thron unter den neuen Herrschaftsverhältnissen zu retten.

2.2.2.2 Belgische Herrschaft

Bei der Aufteilung der deutschen Kolonien im Versailler Vertrag wurden die belgischen militärischen Erfolge im Osten seiner Kongo-Kolonie mit der Zuteilung von Ruanda und – wie es damals hieß – Urundi als Mandatsgebiete des Völkerbunds belohnt. In der Logik, man könne ein Kolonialgebiet am besten nach englischem Muster indirekt verwalten und sich auf die Kooperation mit traditionellen Herrschern stützen, übernahmen die Belgier das Residentursystem und akzeptierten König Musinga bis 1931.

Zu diesem Zeitpunkt meinte der allmächtige[66] katholische Bischof Léon Classe, der die rassische Höherwertigkeit der Tutsi propagierte, Musingas Widerstand gegen eine völlige Katholisierung des Landes mache seine Absetzung nötig. Die belgische Kolonialverwaltung „gehorchte" und setzte seinen Sohn Rudahigwa als König Mutara III. auf den Thron. Er erfüllte die in ihn gesetzten Erwartungen, ließ sich 1943 taufen und unterstellte 1946 gegen die Thron-Garantie für seine Nyiginya-Tutsi-Familie Ruanda dem Christkönig.

Nach dem Zweiten Weltkrieg war Belgien als UNO-Treuhandmacht verpflichtet, Anstrengungen zur Vorbereitung auf die Unabhängigkeit

66 Die deutschen protestantischen Missionare hatten nach 1916 das Land verlassen müssen und konnten in belgischer Zeit nur sporadisch zurückkommen.

seines Treuhandgebiets Ruanda-Urundi zu unternehmen. 1947 wurde der „Eingeborenen-Wohlfahrtsfonds" (Fonds de Bien-être Indigène) geschaffen und 1952 ein 10-Jahres-Entwicklungsplan in Kraft gesetzt. Bei der von der UNO 1962 durchgesetzten Unabhängigkeit war Ruanda aufgrund der Exporterlöse aus der von Resident Kandt eingeführten Kaffeeproduktion ein relativ wohlhabendes Land.

Mit dem Amtsantritt des aus der Schweiz stammenden Bischofs André Perraudin 1955 hatte die katholische Kirche eine Öffnung zur Mehrheitsbevölkerung begonnen. Sein Fastenbrief vom 11. Februar 1959 wurde – auch wenn dies im Text nicht auftaucht – vom Königtum, aber auch der Hutu-Bevölkerung, als Unterstützung der von dem Linkskatholiken Grégoire Kayibanda maßgeblich bestimmten Hutu-Demokratie-Bewegung[67] verstanden.

Am 25. September 1961 wurde in einem von der UNO überwachten Referendum der am 9. Oktober 1959 als konstitutioneller König inthronisierte Mwami Kigeri V., der aber schon nach den November-Unruhen 1959[68] am 25. Juli 1960 das Land freiwillig verlassen hatte, abgewählt. Grégoire Kayibanda konnte 1962 erster Präsident der unabhängigen ruandischen Republik werden.

2.2.3 Ruanda seit der wiedergewonnenen Souveränität 1962

2.2.3.1 Ära Grégoire Kayibanda (1962–1973)

Der Nyiginya-Adel wollte die Erniedrigung seiner Abwahl nicht hinnehmen und folgte König Kigeri V. massenhaft ins Exil nach Uganda[69] und in das unter Tutsi-Königsherrschaft unabhängig gewordene Burundi, um vom Ausland her die Rückeroberung der Macht zu organisieren. Als dies insbesondere 1963 militärisch spektakulär gescheitert war (sog. „Blutweihnachten"), in Ruanda zur Exekution von zwanzig Tutsi-Politikern[70] und zu schweren Rache-Massakern gegen die Tutsi-Bevölkerung mit etwa 10.000 Tutsi-Opfern geführt hatte, gab die Elterngeneration des Tutsi-Exils, weil sie erlebt hat, wie Hutu-Racheaktionen

---

67 Zentrales Dokument war ein als *Hutu-Manifest* in die Geschichte eingegangener, an die UNO gerichteter Vermerk (Note) der Hutu-Bewegung vom 24.3.1957.

68 Der drohende Bürgerkrieg wurde von der Treuhandmacht militärisch unterdrückt, aber Belgien ermöglichte die sog. Hutu-Sozialrevolution, an deren Ende eine von der Hutu-Mehrheit getragene, von der UNO gebilligte Staatsordnung stand.

69 König Kigeri V. erhielt nach verschiedenen Exilstationen 1992 in den USA politisches Asyl, wo er noch heute lebt.

70 Vgl. Collins 2014, S. 51.

die Existenz der Inlandstutsi gefährden konnten, 1967 die Rückeroberungsziele auf.[71]

In Ruanda gewannen die Kräfte die Oberhand, die den von Kayibanda begonnenen Kurs der Zusammenarbeit mit der im Land gebliebenen Tutsi-Minderheit beenden wollten.[72] Ruanda wurde politisch allmählich zum „Hutu-Land".

Aus Furcht, ähnlich wie in Ruanda von der Macht vertrieben zu werden, hat in Burundi die Tutsi-Armee unter Führung von Staatspräsident Michel Micombero im Sommer 1972 unter dem Einfluss der Emigration aus Ruanda und bei völligem Wegsehen der gesamten Welt einen Völkermord[73] an der Hutu-Intelligenz mit ca. 300.000 Opfern verübt. Racherufe in Ruanda waren die Folge und man traute Präsident Grégoire Kayibanda nicht zu, diese in Schach halten zu können. Der pro-belgische Verteidigungsminister Generalmajor Juvénal Habyarimana wurde zur Vermeidung dieser Gefahr ermuntert, am 5. Juli 1973 in einem Militärputsch Kayibanda zu stürzen und an der Spitze eines Militärkomitees die Macht zu übernehmen.[74] Eine gemäßigte Militärherrschaft galt damals im Westen für Entwicklungsländer als „Herrschaftsordnung der Wahl" und Habyarimana genoss großes Wohlwollen.

2.2.3.2 Ära Juvénal Habyarimana (1973–1994)

General Juvénal Habyarimana war bei der Unterdrückung der Hutu-Rache-Bewegung erfolgreich und hat bis zu seiner Ermordung am 6. April 1994 größere

---

71 Zur Beschreibung dieses Verbrechens wurde des Wort Genozid angewandt. *„Bertrand Russell described the 1963 massacre of Tutsi as 'the most horrible systematic human massacre we have had occasion to witness since the extermination of the Jews by the Nazis'. Likewise, a broadcast by Vatican Radio on 10 February 1964 called the massacres 'the most terrible and systematic genocide since the genocide of the Jews by Hitler'"* (Eltringham 2004, S. 57). Das Tutsi-Exil sprach seitdem von einem ersten Tutsi-Völkermord.

72 Kayibanda war mit einer aus der armen Tutsi-Bevölkerungsschicht stammenden Frau verheiratet.

73 Dieses lange Zeit kaum beachtete Verbrechen ist inzwischen weitgehend als Völkermord anerkannt. Eine unerwartete Wegmarke war dabei das Buch der beiden RPF-Sympathisanten Jean-Pierre Chrétien und Jean-François Dupaquier aus dem Jahr 2007 (Chrétien und Dupaquier 2007).

74 Der Putsch wird normalerweise als unblutig bezeichnet. Aber ein Großteil der im Gefolge des Kayibanda-Sturzes verhafteten Hutu-Politiker sind im Gefängnis „gestorben". Kayibanda selbst starb in völliger Isolierung im Alter von knapp 55 Jahren am 15.12.1976. (Ein Todesurteil war in einen lebenslangen Hausarrest umgewandelt worden.)

gewaltsame Übergriffe gegen die Tutsi-Bevölkerung im Keim ersticken können. Auch mit Burundi fand er einen *modus vivendi*. Im September 1974 empfing er sogar den von Frankreich unterstützten Staatspräsidenten Michel Micombero zu einem fünftägigen Staatsbesuch in Ruanda.

Die reine Militärherrschaft beendete Habyarimana 1975 mit der Gründung der Staatspartei MRND, in der jeder Bürger Zwangsmitglied war. Da die Armee Herrschaftsbasis blieb, handelte es sich auch nach dem Plebiszit 1978 zu seiner Einsetzung als ziviler Präsident und der Schaffung eines als Parlament bezeichneten „Nationalen Entwicklungsrats" 1983 bis 1990 um eine Art „Militärdemokratie". Diese Ordnung brachte der „Demokratisierungswind" nach dem Ende des Kalten Kriegs in Schwierigkeiten.

Auch Habyarimana wurde vom französischen Staatspräsidenten François Mitterrand mit seiner Demokratisierungsinitiative beim französisch-afrikanischen Gipfeltreffen im Seebad La Baule im Juni 1990 gedrängt, sein Regime zu öffnen.

Die westliche Forderung traf Habyarimana in einer Zeit, als sich Ruanda schon in einer wirtschaftlichen Krise befand. Seit dem Zusammenbruch der Bergbaugesellschaft SOMIRWA[75], bei dem 1985 etwa 8.000 Menschen arbeitslos wurden, plagte der gleichzeitige Verfall der Weltmarktpreise für das Hauptexportprodukt Kaffee im gleichen Jahr das Land. Auch spitzte sich infolge der Bevölkerungsexplosion das Problem der Landknappheit zu. Zusammen mit den aufgrund langer Herrschaftszeit wohl unvermeidlichen Abnutzungserscheinungen kam die bisher geradezu sprichwörtliche politische Stabilität ins Wanken. Es entwickelte sich eine Opposition, bei der auch die Vorgänge bei der Eliminierung der Kayibanda-Anhänger nach 1973 eine Rolle spielten. Ruanda war reif für einen Wechsel und General Habyarimana war sich darüber im Klaren.

Mitterrand wusste, Habyarimana laufe bei einer Demokratisierung Gefahr, dass das Tutsi-Exil in Uganda die Lage für militärische Aktionen zur Rückeroberung der Macht nutzt. Deshalb versprach er, in einem solchen Fall das mit Präsident Giscard d'Estaing 1975 geschlossene militärische Beistandsabkommen anzuwenden. Zudem vertraute Mitterrand den international verbreiteten Zusicherungen des ugandischen Präsidenten Yoweri Museveni, er werde eine bewaffnete Rückkehr „seiner" Exiltutsi zu verhindern wissen.

---

75 Ursache des Zusammenbruchs der SOMIRWA war die Unterauslastung der 1982 eingeweihten Zinnschmelze. Der Investitionsaufwand hierfür ließ zu geringe Mittel für die Extraktion des Zinnsteins (Kassiterit) übrig. Mit der Schmelze ging zugleich auch der einzige echte Industriebetrieb des Landes verloren.

Aber am 1. Oktober 1990 – Habyarimana und Museveni weilten beide in New York – geschah es doch[76]. Von Uganda aus marschierten 4.000 Rebellen der *Ruandischen Patriotischen Front* (RPF), die bisher Soldaten der Museveni-Armee waren, in Nord-Ost-Ruanda ein. Ihr Chef Fred Rwigyema[77] starb schon am 2. Oktober 1990 unter ungeklärten Umständen.[78] Auch die neuen Chefs Peter Bayingana und Chris Bunyenyezi waren nach einigen Tagen tot. Mitterrand schickte tatsächlich zur Sicherung der etablierten Ordnung französische Truppen nach Ruanda. Und schon Ende Oktober war die Rebellion zurückgeschlagen. In Ruanda blieben mit fataler Wirkung für das Ansehen von Juvénal Habyarimana tausende Tutsi für einige Monate interniert, weil man sie der Komplizenschaft mit der RPF verdächtigte.

Aber die RPF formierte sich unter Musevenis Einfluss schnell neu. Das war die Stunde von Major Paul Kagame, Musevenis militärischem Sicherheitschef seit seinem Machtantritt 1986. Schon am 21. Januar 1991 unternahm Kagame unter Anwendung der bei Museveni gelernten Guerilla-Taktik einen kurzen Vorstoß in die nordruandische Stadt Ruhengeri.

Mitterrand unterstützte Habyarimana weiter, drängte ihn aber, die begonnene Demokratisierung voranzutreiben und einen Kompromiss mit den Exil-Tutsi zu suchen. Das Habyarimana-Regime musste wegen der auch durch die von der Weltbank erzwungenen Strukturanpassungsmaßnahmen verschärften Wirtschaftskrise dem internationalen Drängen nach einer Verhandlungslösung mit der RPF nachgeben.

Große Teile der im Zuge der Demokratisierung zugelassenen Oppositionsparteien, die große Sympathien für die Exil-Tutsi an den Tag legten, rangen Habyarimana 1992 eine Koalitionsregierung ab, die das Ziel eines Machtkompromisses mit der RPF verfolgte. Von den amerikanischen RPF-Freunden um Roger Winter unterstützt[79], begannen 1992 Verhandlungen zwischen der ruandischen

---

76 Für eine ausführlichere Darstellung der RPF-Invasionen wird auf Kap. 6.1 verwiesen.

77 Wird häufig auch Rwigema geschrieben. Zur Unterscheidung von Pierre-Célestin Rwigema, dem Ministerpräsidenten unter Kagame von 1995–2000, verwende ich für den ersten RPF-Chef die Schreibweise Rwigyema.

78 Dass dies mit großer Wahrscheinlichkeit eine Museveni-Initiative war, hat kürzlich mit beachtlicher Plausibilität Noël Ndanyuzwe beschrieben. Museveni sei es darum gegangen, den Einfluss von Julius Nyerere auf die RPF auszuschalten, dessen geistiger Ziehsohn Fred Rwigyema gewesen sei. (Ndanyuzwe 2014, S. 141 ff.).

79 Die 1987 gegründete Tutsi-Exil-Organisation *Ruandische Patriotische Front* (RPF) hatte 1988 bei einer von Roger Winter und seinem Freund Alexandre Kimenyi, einem in den USA als Professor lehrenden Mitglied des Tutsi-Hochadels, in

Regierung und der RPF. Aber jedes Mal, wenn die ruandischen Parteien Vorteile aus diesen Verhandlungen zu ziehen begannen, griff die RPF trotz aller Zwischenvereinbarungen wieder an. Sie verlor ihr Ziel der alleinigen Machtübernahme in Ruanda nicht aus den Augen. Die Friedenssehnsucht in Ruanda war jedoch so stark, dass die Habyarimana-Gegner in der Koalitionsregierung trotz aller ihr vom Tutsi-Exil zugefügten Erniedrigungen am Ziel einer Machtteilung mit der RPF festhielten.

Nicht einmal der erneute RPF-Angriff vom 8. Februar 1993, von dem klar war, dass er den militärischen Sieg der RPF gebracht hätte, hätte die neue Clinton-Administration schon zu diesem Zeitpunkt eine RPF-Alleinherrschaft akzeptiert, brachte sie davon ab. Die RPF musste zwar etwas zurückstecken, konnte aber bei den sofort wieder aufgenommenen Verhandlungen durchsetzen, dass die Regierungsdelegation die Forderung akzeptierte, Abkommensziel sollte der Abzug der französischen Soldaten sein. Zudem sollte die RPF-Armee in die ruandischen Streitkräfte integriert werden. Habyarimana unterschrieb am 4. August 1993 in Arusha zusammen mit dem formalen RPF-Chef Alexis Kanyarengwe einen Friedensvertrag, der sich für die RPF als gute Basis für eine spätere Machteroberung erwies. Zentral war dabei die faktische Gleichstellung der Rebellen- mit der staatlichen Armee und die Vereinbarung zur Stationierung eines 600 Mann starken Bataillons im Herzen Kigalis – vorgeblich zum Schutz der nach Kigali kommenden Mitglieder der beschlossenen Übergangsregierung unter Faustin Twagiramungu.

Habyarimana hat bei der Unterschrift unter das Arusha-Abkommen wohl darauf vertraut, dass die nach 22 Monaten vereinbarten demokratischen Wahlen eine völlige Machtübernahme der Tutsi-Rebellen verhindern würden.

Aber gerade weil die RPF wusste, dass derartige Wahlen ihr Ziel der Machtübernahme endgültig verbauen würden, unternahm sie alles, die Umsetzung des Arusha-Machtteilungsabkommens zu verhindern.[80]

Es gelang ihr, die Clinton-Administration, die aus noch immer nicht erklärten strategischen Interessen heraus jetzt die Verbündeten Museveni und Kagame als

---

Washington organisierten Konferenz beschlossen, die militärische Rückeroberung der Macht zu wagen. Bei der Konferenz sollen auch zwei Vertreter des US-Außenministeriums und ein ugandischer Diplomat anwesend gewesen sein (vgl. Collins 2014, S. 67).

80 Dies wurde der RPF bei Kommunalwahlen in der von ihr kontrollierten entmilitarisierten Zone im November 1993 deutlich vor Augen geführt: nicht ein RPF-Kandidat wurde gewählt!

Sieger im ruandischen Krieg sehen wollten[81], zu überzeugen, einen Regimewechsel in Kigali zu planen. Als Frankreich am 15. Dezember 1993 ohne die Einsetzung der Übergangsregierung unter Faustin Twagiramungu abzuwarten, seine Soldaten abzog, war die Lage für einen finalen RPF-Angriff günstig.

In Kigali herrschte nach dem gescheiterten Versuch vom 5. Januar 1994 zur Einsetzung der Twagiramungu-Übergangsregierung Chaos. Aber da Habyarimana offenbar nicht zum Rücktritt zu bewegen war, plante man seine gewaltsame Beseitigung.

Das Duo Museveni-Kagame schritt – ohne Zweifel mit amerikanisch-britischer Billigung – am 6. April 1994 mit dem Abschuss der ruandischen Präsidentenmaschine, bei der zwei Präsidenten und ein wichtiger Teil der ruandischen Armeeführung ums Leben kamen, zur Tat.

2.2.3.3 Die RPF-Diktatur

Mit dem durch den Tod Habyarimanas bewusst hervorgerufenen Chaos war der Weg zur Machtübernahme durch die *Ruandische Patriotische Front* frei. Am 7. April 1994 begann Paul Kagame mit seinen Soldaten den Vormarsch durch die Lager der eine Million um Kigali herum unter fürchterlichen Bedingungen lebenden Hutu-Inlandsflüchtlinge. Er kannte den Hass dieser von ihm vertriebenen Menschen auf die Tutsi-Eroberer genau. Und tatsächlich rotteten sich in dem gewollten Machtvakuum nach der Habyarimana-Ermordung Hutu-Banden zusammen und töteten, wo immer sie konnten, die Inlandstutsi. Der in Analogie zu den Ereignissen 1963/1964 erwartete abschreckende Effekt auf die Tutsi-Angreifer trat allerdings diesmal nicht ein. Die Machteroberung wurde erbarmungslos weitergeführt. Die Welt unternahm nichts zum Schutz der bedrohten Inlandstutsi, hinderte aber auch die Kagame-Soldaten nicht an einer „ethnischen Säuberung" der von ihnen eroberten Gebiete. Klar ist, dass das Attentat die Tutsi-Massaker in Gang gesetzt hat und die Ausweitung zum Völkermord nicht verhindert werden sollte.

Im Gegenteil: Am 21. April 1994 wurden die zum Schutz der Bevölkerung nach Ruanda entsandten UNO-Blauhelme auf Betreiben der USA und Großbritanniens auf die symbolische Zahl von 270 Soldaten reduziert und die

81 Wahrscheinlich stand das Interesse an der Unterstützung ihres Kampfes gegen das mit den Palästinensern verbündete Regime in Khartum auf der geheimen Agenda der Clinton-Administration.

Inlandstutsi ihren Häschern ausgeliefert.[82] Dass die USA den Vormarsch der RPF-Truppen unsichtbar unterstützt haben, ist heute kein Geheimnis mehr. Der RPF-Sieg sollte aber als ein den extremen Hutu nach einem Völkermord abgetrotzter Sieg erscheinen. Nur so konnte die Etablierung einer neuen Militärdiktatur im zentralen Afrika gerechtfertigt werden.

Der Krieg der RPF war am 17. Juli 1994 gewonnen. Die ruandische Interimsregierung und die ruandische Armee gingen nach Zaïre ins Exil. Dorthin waren auch etwa anderthalb Millionen zivile Hutu geflohen. Etwa 350.000 Hutu erreichten vom Südosten des Landes aus Tansania, wo sie in verschiedenen Flüchtlingslagern Aufnahme fanden.[83]

Die britisch-amerikanischen Verbündeten unterstützten Paul Kagame bei der Errichtung einer absoluten Diktatur und halfen seither bei der Ausschaltung jeglicher Opposition. Selbst der zu Beginn als Staatspräsident eingesetzte Hutu Pasteur Bizimungu befand sich bald im Gefängnis. Die Verbündeten unterstützten Kagame auch bei der „Lösung der Flüchtlingsfrage" in Zaïre 1996/1997 und halfen ihm bei dem letztlich erst 2013 gescheiterten Versuch eines dauerhaften Zugriffs auf die Bodenschätze im Ost-Kongo in vier ruandisch-ugandischen Kongo-Kriegen.

Als Maßnahme zur Stabilisierung der Kagame-Ordnung war schon im November 1994 das Arusha-Gericht beschlossen worden, das alle potentiellen Hutu-Machtkonkurrenten aus der Habyarimana-Ära, derer man habhaft werden konnte, hinter Schloss und Riegel brachte. Dem Gericht gelang es unter westlichem Druck auch, die Untersuchung des Attentats vom 6. April und die beim Vormarsch der RPF-Truppen begangenen Terrorakte gegen die Hutu-Zivilbevölkerung zu verhindern.[84]

---

82 Vgl. hierzu die Schilderung des UNO-Sicherheitsratsbeschlusses vom 21.4.1994 in Abschnitt 6.1.4.1.

83 Die Flüchtlinge aus Tansania wurden 1996 zwangsrepatriiert. Ein Großteil der Flüchtlinge in Zaïre „verschwand" beim ersten ruandisch-ugandischen Kongo-Krieg 1996/1997 in den Kongo-Urwäldern.

84 Dass diese Massaker die Kriterien eines Genozid erfüllten wird später im Text, insbesondere in Abschnitt 6.5.8 in Zusammenhang mit dem Gersony-Bericht erläutert.

Vor diesem Hintergrund konnte Paul Kagame am 7. April 2014 in Kigali mit allem Pomp, jedoch bei nicht wirklich eindrucksvoller internationaler Präsenz,[85] seine zwanzigjährige Herrschaft feiern.[86]

---

85 Warum er die ihm wohlgesonnene französische Justizministerin Christiane Taubira durch heftige Angriffe auf Frankreich zur Absage ihrer Teilnahme provozierte und dann auch noch den französischen Botschafter von der Veranstaltung auslud, ist kaum zu verstehen, hat Frankreich doch seit Amtsantritt von Außenminister Kouchner am 18.5.2007 und beim Besuch von Präsident Sarkozy in Kigali am 25.2.2010 große Schritte zur Normalisierung seiner Beziehungen zu Kagame unternommen.

86 Auf eine eingehendere Beschreibung der Kagame-Diktatur in Abschnitt 8.3 dieses Buches wird verwiesen.

3. Historische Wegmarken des Völkerstrafrechts

3.1 Der „Urvater“: Gustave Moynier

Auf einer Zusammenkunft des Internationalen Komitees zum Schutz der Kriegsverletzten unterbreitete am 3. Januar 1872 Gustave Moynier, einer der Gründerväter des 1863 entstandenen *Internationalen Komitees vom Roten Kreuz* (IKRK), einen förmlichen Vorschlag zur Einrichtung eines Internationalen Gerichts zur Ahndung von Verstößen gegen das Kriegs- und Völkerrecht.[87] Er stand unter dem Eindruck massiver Verstöße gegen die Genfer Konvention zum Schutz von Kriegsverletzten aus dem Jahr 1864 während des Preußisch-Französischen Kriegs von 1870/71. Damit war ein Gedanke in die Welt gesetzt, der nach langen Wirrnissen mit der Gründung des *Internationalen Strafgerichtshofs* mit Sitz in Den Haag erst 2002 eine konkrete Ausformung fand. Die erste Genfer Konvention, wie auch das IKRK selbst, haben ihren Ursprung in den Erlebnissen des Genfer Geschäftsmanns Henry Dunant nach der Schlacht von Solferino am 24. Juni 1859, die er 1862 in einem Buch mit dem Titel „*Eine Erinnerung an Solferino*“ beschrieben hat.

3.2 Völkerrecht vor dem Ersten Weltkrieg: Die Haager und Genfer Konventionen

Als Haager Abkommen oder Haager Konventionen werden eine Anzahl von Konventionen bezeichnet, die auf den Haager Friedenskonferenzen 1899 und 1907 zwischen den wichtigsten damaligen Mächten abgeschlossen wurden und die verschiedene kriegsvölkerrechtliche Regelungen enthalten. Wichtigster Teil ist die Haager Landkriegsordnung (HLKO). Sie ist als Anlage dem während der ersten Friedenskonferenz in Den Haag beschlossenen zweiten Haager Abkommen von 1899 „*betreffend die Gesetze und Gebräuche des Landkriegs*“ beigefügt, das 1907 im Rahmen der Nachfolgekonferenz als viertes Haager Abkommen in leicht geänderter Fassung erneut angenommen wurde.

87 Der Vorschlag wurde 1872 veröffentlicht. Siehe: Moynier 1872.

Die vier Genfer Konventionen[88], auch Genfer Abkommen genannt, sind zwischenstaatliche Abkommen und eine essentielle Komponente des humanitären Völkerrechts. Sie enthalten für den Fall eines Kriegs oder eines internationalen oder nicht-internationalen bewaffneten Konflikts[89] Regeln für den Schutz von Personen, die nicht an den Kampfhandlungen teilnehmen.

Auf das Kriegsgeschehen im Ersten Weltkrieg konnten diese Vereinbarungen kaum einwirken. Nichts konnte das gegenseitige Hinschlachten begrenzen.

3.3 Die völkerrechtlichen Bestimmungen des Versailler Friedensvertrags

Der amerikanische Präsident Woodrow Wilson wollte die Brutalität des Weltkriegs zu einem neuen Vorstoß für Verbesserungen des Kriegs- und humanitären Völkerrechts nutzen, wurde allerdings von Mitgliedern der amerikanischen Friedensdelegation in Versailles „ausgebremst". Immerhin fiel generell das Tabu der Immunität von Staatsoberhäuptern für Verbrechen „ihrer" Armeen. Konkret betraf Artikel 227 nur den deutschen Kaiser.[90] Da keine allgemein anerkannte strafrechtliche Bestimmung zur Verantwortungszuweisung für den deutschen Kaiser zur Verfügung stand, sollte Wilhelm II. *„wegen Verletzung des internationalen Sittengesetzes und der Heiligkeit der Verträge"* [91] vor ein noch zu schaffen-

---

88 Darunter werden heute die Konventionen von 1949 verstanden und betreffen die Verwundeten und Kranken der bewaffneten Kräfte im Felde (Genfer Abkommen I), die Verwundeten, Kranken und Schiffbrüchigen der bewaffneten Kräfte zur See (Genfer Abkommen II), die Kriegsgefangenen (Genfer Abkommen III) und die Zivilpersonen in Kriegszeiten (Genfer Abkommen IV).

89 Damals war das Recht der Staaten zur Kriegsführung (ius ad bellum) noch allgemein anerkannt, nur für die Form der Kriegsführung waren die ersten Regeln vereinbart worden.

90 Artikel 227 des Versailler Vertrags lautet: *„Die alliierten und assoziierten Mächte stellen Wilhelm II. von Hohenzollern, vormaligen Kaiser von Deutschland, wegen schwerer Verletzung des internationalen Sittengesetzes und der Heiligkeit der Verträge unter öffentliche Anklage. Ein besonderer Gerichtshof wird eingerichtet, um über den Angeklagten unter Wahrung der wesentlichen Bürgschaften des Rechts auf Verteidigung zu Gericht zu sitzen."*

91 Den Deutschen wurde insbesondere die Nichtrespektierung der belgischen Neutralität und die Versenkung des britischen Passagierschiffes *Lusitania* am 7. Mai 1915, noch mehr aber der Abschuss des britischen Lazarettschiffs *Llandovery Castle* am 27. Juni 1918 zur Last gelegt. *„Die Versenkung gilt als eins der schwersten Kriegsverbrechen im Seekrieg des Ersten Weltkriegs, da der U-Boot-Kommandant auch die Rettungsboote versenkte und auf die Überlebenden schießen ließ." (Wikipedia).*

des internationales Gericht gestellt werden. Die Niederlande weigerten sich aber, Wilhelm II. an wen auch immer auszuliefern. So blieb diese Bestimmung aus dem Versailler Vertrag toter Buchstabe.

Deutsche Kriegsverbrecher sollten – wie in Art. 228 der Reichsregierung auferlegt[92] – ausgeliefert werden. Freiherr von Lersner, der Präsident der deutschen Friedensverhandlungsdelegation, hatte vermutet, er könne die Alliierten bis zum Inkrafttreten des Versailler Vertrags überzeugen auf Auslieferung zu verzichten, *„weil kein Deutscher seine Hand zur Verwirklichung des Auslieferungsbegehrens bieten könne."*[93] Als er am 3. Februar 1920 sogar eine Auslieferungsliste mit ca. 900 Namen erhielt, sandte er sie ohne Anweisung aus Berlin mit Bezug auf die mit ihm geführten Gespräche kurzerhand an den Konferenzvorsitzenden, den französischen Ministerpräsidenten Millerand, zurück. Da von Lersner der deutschen Regierung eine Kopie der Auslieferungsnote zugeleitet hatte, konnte sie an die deutsche Presse gelangen. Dies hat, wie von Lersner beabsichtigt, wütende Reaktionen gegen die deutschen „Erfüllungspolitiker" ausgelöst.[94] Von Lersner wurde als Delegationschef abgelöst, aber auch die Alliierten waren jetzt an Deeskalation interessiert. Sie erklärten sich in einer Note vom 16. Februar 1920 mit dem deutschen Vorschlag einverstanden, gegen die Beschuldigten in Deutschland selbst Verfahren durchzuführen. Am 7. Mai 1920 übersandten die Alliierten der Reichsregierung eine „erste Liste" mit 45 Namen von Personen, denen vor dem Reichsgericht in Leipzig der Prozess unter alliierter Beobachtung gemacht werden sollte.

Nachdem die innerdeutschen rechtlichen Voraussetzungen geschaffen waren, ermittelte die Reichsanwaltschaft zwischen 1921 und 1927 gegen eine Vielzahl von Beschuldigten. In nur 17 Fällen kam es zu mündlichen Verhandlungen vor dem Reichsgericht.[95] *„Zusammengenommen leitete der Oberreichsanwalt 1803 Verfahren ein, von denen allerdings in der Zeit ab Frühjahr 1921 nur 13 Fälle gerichtlich verhandelt wurden. (...) Von den 13 Verfahren, die das gerichtliche Stadium erreichten, wurden 9 mit einem Urteil abgeschlossen. Dabei wurden von*

---

92 In Art. 228 des Versailler Vertrags heißt es: *„Die deutsche Regierung hat den alliierten und assoziierten Mächten oder derjenigen Macht von ihnen, die einen entsprechenden Antrag stellt, alle Personen auszuliefern, die ihr auf Grund der Anklage, sich gegen die Gesetze und Gebräuche des Kriegs vergangen zu haben, sei es namentlich, sei es nach ihrem Dienstgrade oder nach der ihnen von den deutschen Behörden übertragenen Dienststellung oder sonstigen Verwendung bezeichnet werden."*

93 Lersner 1929, S. 24.

94 Nach: Hankel 2003, S. 41 ff.

95 Nach Hankel 2003, S. 91 ff.

12 Angeklagten 6 verurteilt und die anderen 6 freigesprochen."[96] Aber auch diese Urteile wurden nach 1928 aufgehoben.

Gerd Hankel hat 2003 in einem umfangreichen Werk beschrieben, wie das Reichsgericht in Leipzig ab 1921 die Strafauflagen des Versailler Vertrages für deutsche Kriegsverbrechen im Ersten Weltkrieg unterlaufen hat.[97]

Hankels Fazit: „*Die Politik setzte auf die Revision von Versailles, das Militär wollte und sollte dazu das erforderliche Druckmittel liefern, und die Justiz, deren Angehörige schon seit geraumer Zeit um Anerkennung unter den Eliten des Reiches kämpften, wollte hier nicht abseits stehen*".[98]

Damit wurden zugleich die Grundlagen für die völlige Missachtung völkerrechtlicher Grundsätze durch das Deutsche Reich im 2. Weltkrieg gelegt. In Leipzig wurden die Erfordernisse des Kriegs zur Entschuldigung individueller Schuld bei Kriegshandlungen gerechtfertigt. Die auch für das Deutsche Reich 1914 gültigen völkerrechtlichen Normen – vor allem der Haager Landkriegsordnung von 1907/1910 – wurden dem *ius ad bellum* und innerstaatlichen Regelungen untergeordnet. Der Weg für den „totalen Krieg" war juristisch vorbereitet. Die Inkraftsetzung einer durch private Initiativen 1937 vorbereiteten Konvention für einen internationalen Strafgerichtshof durch den Völkerbund war durch Hitlers Kampf gegen dieses Gremium obsolet geworden.[99]

3.4 Briand-Kellogg-Pakt[100]

Immerhin war aber schon 1928 im Briand-Kellogg-Pakt erstmals auf internationaler Ebene das *ius ad bellum* relativiert worden. Die unterzeichnenden Staaten verzichteten darauf, den Krieg zum Werkzeug ihrer Politik zu machen. Sie erklärten, in Zukunft Streitigkeiten friedlich lösen zu wollen. Insbesondere der aus nationalen Interessen geführte Angriffskrieg wurde für völkerrechtswidrig erklärt. Davon ausgenommen blieb das Recht auf Selbstverteidigung und die Teilnahme an Sanktionen des Völkerbunds. Da der Vertrag außerhalb des

---

96 Neubacher 2005, S. 310.

97 Hankel 2003.

98 Hankel 2003, S. 520/521.

99 Der Vorschlag für die Gründung eines Internationalen Strafgerichtshofs war Teil einer *Konvention zur Verhinderung und Bestrafung von Terrorismus.* Der Völkerbund hatte sich früher gegen einen eigenen Strafgerichtshof neben dem in Den Haag gegründeten Internationalen Gerichtshof ausgesprochen und nur die Gründung einer Strafrechtssektion innerhalb dieses Gerichts empfohlen.

100 Die Ausführungen basieren auf Weinke 2006.

institutionalisierten Völkerbunds verhandelt und abgeschlossen wurde, behielt er seine Gültigkeit über das Ende des Völkerbunds hinaus.[101] Rechtsgeschichtlich bedeutsam ist, dass der Briand-Kellogg-Pakt zu einer wichtigen – wenngleich von interessierter Seite als umstritten dargestellt – rechtlichen Grundlage für die Anklage gegen die Hauptangeklagten Nazi-Größen im Nürnberger Prozess wurde.

101 Die elf Erstunterzeichner waren die USA, Australien, Kanada, die Tschechoslowakei, das Deutsche Reich, Großbritannien, Indien, der Freistaat Irland, Italien, Neuseeland und die Südafrikanische Union. Vier weitere Staaten unterzeichneten den Pakt noch vor der Proklamation: Polen, Belgien und Frankreich im März und Japan im April 1929. Am 24. Juli 1929 trat der Vertrag in Kraft. Bis Ende 1929 ratifizierten noch weitere 40 Staaten den Briand-Kellogg-Pakt, letztlich wurde er von insgesamt 62 Nationen unterzeichnet. Eine Initiative des sowjetischen Außenministers Litwinow führte zur vorfristigen Inkraftsetzung des Vertrages in Osteuropa durch das sogenannte Litwinow-Protokoll vom 9. Februar 1929.

4. Der Nürnberger Kriegsverbrecher-Prozess 1945/1946

Der Nürnberger Kriegsverbrecherprozess des Internationalen Militärtribunals zwischen Oktober 1945 und Oktober 1946 ist zusammen mit den sog. Nachfolgeprozessen eine wichtige historische Wegmarke für die Entwicklung des heutigen internationalen Strafrechts.[102]

Das Internationale Militärgericht wurde von den Anti-Hitler-Alliierten schon während des Kriegs[103] inhaltlich vorbereitet. Am 30. Oktober und 1. November 1943 hatten die USA, Großbritannien und die Sowjetunion mit der Moskauer Erklärung vereinbart, die für den 2. Weltkrieg Verantwortlichen strafrechtlich zur Rechenschaft zu ziehen. Am 20. Oktober 1943 war schon von den Westalliierten eine *United Nations War Crimes Commission* (UNWCC) gegründet worden.

Zwischen April und August 1945 hatten die Delegierten der alliierten Regierungen zur Vorbereitung des Statuts für einen Internationalen Militärgerichtshof getagt. Am 8. August 1945 wurde von der Londoner Konferenz der Großmächte[104] der Internationale Militärgerichtshof gegründet und sein Statut verabschiedet. Faktisch handelte es sich um ein ziviles[105], von den Militärverwaltungen in Deutschland eingerichtetes Strafgericht.

---

102 Die Kriegsverbrecherprozesse nach dem 2. Weltkrieg sind reich dokumentiert. Im Rahmen dieser Arbeit werden die Ergebnisse der Forschung nur sehr kursorisch dargestellt. Ich schöpfe im Folgenden vor allem aus der Überblicksschrift der Historikerin Annette Weinke (Weinke 2006).

103 Wie noch zu zeigen sein wird, wurde dieses Verfahren auch zur Gründung des Arusha-Gerichts angewandt, denn es ist den westlichen Verbündeten der Ruandischen Patriotischen Front (RPF) noch während des RPF-Eroberungskriegs 1994 gelungen, die Vorbereitung für dieses internationale Gericht zu verankern. Damit war auch schon die seit langem vorbereitete Lesart eines durch „Hutu-Extremisten“ geplanten Völkermords weltweit etabliert.

104 USA, Sowjetunion, Großbritannien und die Prov. Regierung Frankreichs.

105 Nur der sowjetische Richter Iona Nikittschenko hatte neben seiner Richtertätigkeit auch den Rang eines Generalmajors.

4.1 Straftatbestände im Nürnberger Prozess gegen die Hauptbeschuldigten

In Artikel 6 des Statuts wurde beschrieben, welche Verbrechen das Gericht aburteilen sollte.

Drei Hauptkategorien wurden festgelegt:

- das Planen, Vorbereiten, Einleiten oder Durchführen eines Angriffskriegs unter Verletzung internationaler Verträge, Abkommen oder Zusicherungen oder die Beteiligung an einem gemeinsamen Plan oder an einer Verschwörung zur Ausführung einer der vorgenannten Handlungen;
- Kriegsverbrechen, nämlich Verletzungen der Kriegsgesetze oder -gebräuche und
- Verbrechen gegen die Menschlichkeit, u. a. Mord, Ausrottung, Versklavung, Deportation, Verfolgung aus politischen, rassischen oder religiösen Gründen.

Daraus wurden nach längeren Verhandlungen zwischen den Alliierten in den Anklageschriften vier Anklagebereiche abgeleitet:

- Anklagepunkt I: Gemeinsame Planung oder Verschwörung (Common Plan or Conspiracy)
- Anklagepunkt II: Verbrechen gegen den Frieden (Crimes against Peace)
- Anklagepunkt III: Kriegsverbrechen (War crimes)
- Anklagepunkt IV: Verbrechen gegen die Menschlichkeit (Crimes against Humanity)

4.2 Der Prozessverlauf

In Artikel 2 des Statuts des Militärtribunals wurde festgelegt, dem Gericht sollten vier Richter angehören, denen jeweils ein Vertreter beigegeben wurde. Vor Prozessbeginn war noch die Frage des Vorsitzenden zu entscheiden. Der Brite Sir Geoffrey Lawrence wurde schließlich zum Vorsitzenden bestimmt. Er wechselte sich in der Leitung der Gerichtssitzungen mit seinem Stellvertreter Sir Norman Birkett ab. Weitere Richter waren der Amerikaner Francis A. Biddle (Stellvertreter: John A. Parker), der Russe Iona T. Nikittschenko (Stellvertreter: Alexander F. Wolchkow) und der Franzose Henri Donnedieu de Vabres (Stellvertreter: Robert Falco).

Zum Chefankläger wurde der Amerikaner Robert H. Jackson berufen (Stellvertreter: Telford Taylor[106]). In der Anklagebehörde wurde die sowjetische Seite durch Roman A. Rudenko, die britische durch Sir Hartley Shawcross und die französische durch François de Menthon bzw. nach dessen Rücktritt durch Auguste Champetier de Ribes vertreten.

Die Richter waren in Einklang mit dem im Wesentlichen angewandten angloamerikanischen Recht nicht zu eigenen Untersuchungen verpflichtet, sondern hatten über die von der Anklage vorgelegten Schuld- oder Unschuldsbeweise der Verteidigung zu entscheiden.[107] Folglich spielte in diesem System der Chefankläger eine zentrale Rolle.

Zuerst hat es Schwierigkeiten gegeben, Anwälte zu finden, die angesichts der deutschen Verbrechen zur Mandatsübernahme bereit waren, aber ein *„probates Mittel, mit dem man Anwälte locken konnte, war Geld“*.[108] Daneben drängten sich aber auch – wie Annette Weinke bemerkt – *„national gesinnte“* Anwälte, deren Ziel die Reinwaschung der Angeklagten war.

Im Oktober 1945 wurde gegen 24 Vertreter des untergegangenen Nazi-Regimes Anklage als Hauptschuldige[109] erhoben.

Der Prozess wurde am 18. Oktober 1945 offiziell in Berlin im Kammergericht, in dem zeitweise der Volksgerichtshof unter Roland Freisler getagt hatte, eröffnet, um dann ab dem 20. November 1945 im Gerichtssaal 600 des zu diesem Zweck aufwändig hergerichteten Justizpalasts in der Reichsparteitagsstadt Nürnberg gegen 22 Angeklagte[110] geführt zu werden.

Der Prozess verlief als Dokumenten-Beweisführungsprozess und weniger als Zeugenprozess, wie das in den späteren Strafgerichten für das ehemalige Jugoslawien und Ruanda der Fall wurde. Allerdings hat die Aussage des von den NS-Organen nicht erkannten Widerstandskämpfers Erwin von Lahousen am

---

106 Er wurde in den Nachfolgeprozessen selbst amerikanischer Chefankläger.

107 Vgl. z.B. Neubacher 2005, S. 325, wo es heißt: *„Die Richter waren nach der Verhandlungsmaxime des angloamerikanischen Rechts nicht zu eigenen Untersuchungen verpflichtet, sondern beschränkten sich auf die Prozessleitung.“*

108 Weinke 2006, S. 38.

109 Gemäß der Moskauer Drei-Mächte-Erklärung vom 30.10.1943 ging man davon aus, dass die Staaten selbst die auf ihrem Territorium begangenen Straftaten abhandeln sollten. *„Lediglich die Verantwortlichen für diejenigen Verbrechen, die nicht auf ein bestimmtes Territorium begrenzt werden konnten, die sog. Hauptkriegsverbrecher, sollten durch die Regierungen der Verbündeten gemeinsam abgeurteilt werden.“* (Neubacher 2005, S. 315.)

110 Robert Ley hatte sich durch Selbstmord dem Verfahren entzogen und Gustav Krupp von Bohlen und Halbach schied aus Altersgründen aus.

30. November 1945 als einzigem Kronzeugen der Anklage eine wichtige Rolle gespielt. Erstmals wurde ein Film über die KZ-Verbrechen als Beweismittel anerkannt.

Im Zentrum standen der Straftatbestand der Planung bzw. der Verschwörung zum Angriffskrieg und der Kriegsverbrechen. Die Verbrechen gegen die Menschlichkeit d. h. die Vernichtung der Juden durch den Hitler-Staat, standen – das mag heute verwundern – nicht so sehr im Vordergrund. Ein Grund dafür war wohl, dass dem Gericht damals die so wichtigen *Wannsee-Protokolle* noch nicht vorlagen. Sie wurden erst vom Stellv. Chefankläger Robert Kempner[111] in den Unterlagen zur Vorbereitung des sog. Wilhelmstraßen-Prozesses entdeckt und dienen, nachdem die Versuche gescheitert waren, sie als Fälschungen darzustellen, ein für alle Mal als schlagende Beweise für die systematische Planung der Vernichtung der europäischen Juden durch das nationalsozialistische Regime.

Aus heutiger Sicht erstaunt, dass gerade die Sowjetunion durchgesetzt hatte, dass der Komplex der in Katyn ermordeten polnischen Offiziere, von denen man behauptete, sie seien von Hitlers Schergen liquidiert worden, und von denen man heute weiß, dass sie Opfer Stalinscher Verbrechen waren, in die Anklageschrift aufgenommen worden ist.

4.3 Die Urteile

Die Urteile gegen die 22 Angeklagten wurden am 30. September und am 1. Oktober 1946 gesprochen.[112] Ein geplanter zweiter Prozess in dieser Form kam im sich abzeichnenden Kalten Krieg nie zustande.[113]

---

111 Die Wannsee-Protokolle wurden von Kempner erstmals am 14. November 1947 im *Aufbau* veröffentlicht. Offenbar entging das Dokument nur deshalb der Vernichtung, weil der frühere AA-Unterstaatssekretär Martin Luther wegen eines Putschversuchs gegen Außenminister Joachim von Ribbentrop im KZ Sachsenhausen inhaftiert war und deshalb Aktenmaterial zur Vorbereitung seines Prozesses in Berlin-Lichterfelde ausgelagert war. Vgl. hierzu vor allem Conze et al. 2010, S. 390.

112 12 Angeklagte (Bormann in Abwesenheit, da man zu diesem Zeitpunkt noch nicht wusste, dass er schon seit dem 2.5.1945 tot war, Frank, Frick, Göring, Jodl, Kaltenbrunner, Keitel, Rosenberg, Sauckel, Seyß-Inquart, Streicher und von Ribbentrop) wurden zum Tod, 3 (Funk, Hess, Räder) zu lebenslangen Freiheitsstrafen, 4 (Dönitz, Speer, von Neurath und von Schirach) zu Zeitstrafen verurteilt. 3 Angeklagte (Fritsche, Schacht und von Papen) wurden freigesprochen.

113 Die USA führten danach noch in eigener Verantwortung auf der Grundlage des Kontrollratsgesetzes Nr. 10 zwischen 1946 und 1948 eine Reihe von thematisch zusammengefassten Prozessen (sog. Nachfolgeprozesse) durch. Zudem fand in Tokio

Völkerrechtlich besonders bedeutsam war, dass zumindest acht Angeklagte wegen der Verschwörung zur Begehung eines Angriffskriegs verurteilt und hingerichtet wurden. Das bleibt eine wichtige Wegmarke, auch wenn die Großmächte während des Kalten Kriegs und danach aus sehr unterschiedlichen Gründen die Anerkennung des Angriffskriegs als völkerrechtlichen Straftatbestand verhindert haben.[114] *„Für den strafbaren Angriffskrieg im Völkerrecht wird noch immer nach einer konsensfähigen Definition gesucht. Die Konstruktion der conspiracy hat sich im internationalen Strafrecht überhaupt nicht durchsetzen können. Schon in Nürnberg legten die Richter sie eng aus und verurteilten von allen Angeklagten nur acht wegen Verschwörung zum Angriffskrieg.“*[115]

Dennoch war das den Nürnberger Urteilen zu Grunde gelegte Verbot eines Aggressionskriegs und die Relativierung staatlicher Souveränität für die weitere Rechtsentwicklung von großer Bedeutung. Nach Nürnberg konnte niemand mehr behaupten, im Namen von Staaten im Krieg begangene Verbrechen seien grundsätzlich nicht justiziabel. Wenn sich seither Staaten im Krieg über das Völkerrecht hinwegsetzten, betonten sie nicht mehr ihr gutes Recht, dies im Rahmen des Kriegsbrauchs zu tun, sie zogen andere Begründungen – in jüngster Zeit den Kampf gegen den Terror – heran. Dass der Tatbestand nach Nürnberg nicht mehr justiziabel wurde und im Statut des Internationalen Strafgerichtshofs in seiner Ergänzung in Form des *Art. 8 bis* aus dem Jahr 2010 wahrscheinlich nie anwendbar wird, hat Safferling in dürren Worten so erklärt: *„Der Tatbestand des Verbrechens der Aggression ist sicherlich von allen internationalen Kernverbrechen der heikelste. Das überrascht nicht, da der Vorwurf der Aggression bzw.*

---

zwischen dem 3. Mai 1946 und dem 12. November 1948 ein Kriegsverbrecherprozess (offiziell Internationaler Militärgerichtshof für den Fernen Osten) statt. Die Rechtskonstruktion des Tokio-Prozesses liegt zwischen dem auf einem internationalen Vertrag beruhenden Nürnberger Hauptprozess und den autonom von den USA verantworteten Nürnberger Nachfolgeprozessen. In der Kapitulationsurkunde hatte sich Japan, dessen völkerrechtliches Weiterbestehen niemals in Frage gestellt wurde, zur Bestrafung von Kriegsverbrechern verpflichtet. Im Unterschied zum Nürnberger Hauptkriegsverbrecher-Prozess, bei dem kein deutscher Staat einbezogen werden konnte, wurde das Gericht zwar auf der Basis eines internationalen Vertrags unter Einbeziehung Japans gegründet, dessen Struktur dem Nürnberger Statut vergleichbar war. Faktisch entsprach das Tokio-Gericht dann den 12 Nürnberger-Nachfolgeprozessen, weil der amerikanische Militärbefehlshaber MacArthur ihn autonom etablierte. Vgl. hierzu beispielsweise Ahlbrecht 1999, S. 103 ff.

114 Dieser Feststellung steht das allgemeine Gewaltverbot in Art. 2 Nr. 4 der Charta der Vereinten Nationen nicht entgegen.

115 Neubacher 2005, S. 329.

des Führens eines Angriffskriegs deutlich mit der staatlichen Politik und damit der staatlichen Souveränität zu tun hat."[116]

4.4 Weitere Auswirkungen

Sowohl die Justiz als auch die Rechtswissenschaften in der Bundesrepublik Deutschland lehnten lange Jahre das „Nürnberger Recht" ab und taten sich später schwer, die juristische Basis dieser Verfahren anzuerkennen.[117] Die Verteidiger haben im Nürnberger Hauptverbrecherprozess und auch später in den Nachfolgeprozessen 1947–1949 – insbesondere im sog. Wilhelmstraßenprozess gegen Angehörige des Auswärtigen Dienstes, aber auch im Juristenprozess[118] – immer behauptet, für die Verurteilung wegen *„Verschwörung zur Begehung eines Angriffskriegs"* habe es keine völkerrechtliche Basis gegeben. Die Urteile hätten deshalb gegen das Rückwirkungsverbot nach dem Prinzip *nullum crimen, nulla poena sine lege* verstoßen. Das war heuchlerisch, da auch das Deutsche Reich den Briand-Kellogg-Pakt von 1928 zur Angriffskriegsächtung unterzeichnet hatte.

Die deutschen Verteidiger des ehemaligen AA-Staatssekretärs Ernst von Weizsäcker beharrten aus durchsichtigen Gründen im Wilhelmstraßenprozess darauf, das *tu-quoque*-Prinzip sei nicht beachtet worden, weil auch von Soldaten der Alliierten Kriegsverbrechen begangen worden seien.[119] Dabei wird so getan, als würden Straftaten einer Seite durch Verbrechen Anderer neutralisiert.[120] Ronen Steinke erwähnt in seiner Dissertation aus dem Jahr 2012 kurz, dass Gustav

---

116 Safferling 2011, S. 247.

117 Vgl. hierzu besonders Kap. 5 *„Makrokriminalität – der «blinde Fleck» der Kriminalwissenschaft"* bei Neubacher 2005.

118 Vgl. hierzu beispielsweise Peschel-Gutzeit 1996 [Hrsg.] und darin Bästlein 1996, S. 1: *„Das Nürnberger Juristenurteil stellt damit die einzige rechtskräftige Verurteilung wegen national-sozialistischer Justizverbrechen dar."* Für Deutschland stellt er fest: *„So wurde – von zwei Ausnahmen abgesehen, die Standgerichte in der Schlussphase des Kriegs betrafen – kein einziger Richter oder Staatsanwalt wegen der unter der NS-Herrschaft verübten Justizverbrechen rechtskräftig verurteilt. Mit Recht ist in diesem Zusammenhang von einer „Selbstamnestierung" der Justiz für die eigenen Taten gesprochen worden."* (S. 33)

119 Die Verteidigungsstrategie der deutschen Verteidiger, denen auch sein Sohn Richard von Weizsäcker, der spätere Bundespräsident, als Student zugearbeitet hat, ist ausführlich dargestellt in Conze et al. 2010.

120 Die Frage wird ganz besonders relevant im Ruanda-Gericht, wo es – wie später auszuführen ist – den USA gelungen ist, dem Gericht die Behandlung der Kriegsverbrechen der Sieger zu verbieten. Hier auf einmal sollte das tu-quoque-Prinzip nicht mehr gelten.

Radbruch, dem die Nazis schon 1933 die Lehrerlaubnis entzogen hatten, der einzige deutsche prominente Rechtsgelehrte war, der – allerdings mit wenig Erfolg bis zu seinem Tod 1949 – für die Anerkennung der Nürnberger Prinzipien eingetreten ist und der These widersprach, die deutschen Richter in der NS-Zeit hätten in Übereinstimmung mit geltenden Gesetzen gehandelt. Radbruch behauptete, sie hätten gewusst, dass es sich bei diesem Recht zumeist um außerhalb aller anerkannten Normen stehendes *Nicht-Recht* gehandelt habe.[121]

Seit Gründung der Bundesrepublik wurde der Konsens nur langsam breiter, dass die damals abgeurteilten Hauptverantwortlichen der ihnen vorgeworfenen Menschheitsverbrechen allererster Ordnung – darunter der systematischen Vernichtung der europäischen Juden – tatsächlich schuldig waren. Dennoch stellte Bästlein fest: *„...wer sich vor 1985 als Richter oder Staatsanwalt kritisch mit der NS-Justiz befasste, hatte durchaus mit dem Ende seiner beruflichen Aufstiegschancen zu rechnen.“*[122]

Safferling beschreibt, dass kurz nach der Gründung der Bundesrepublik Deutschland unter Einfluss von Bundesjustizminister Thomas Dehler[123] und seines Staatssekretärs Walter Strauß selbst in der Rosenburg, dem Sitz des Bundesjustizministeriums, noch ein Konsens über die Stoßrichtung des Grundgesetzes gegen den Nationalsozialismus bestand. Allerdings: *„Diese Offenheit überlebte den parlamentarischen Prozess* [der ersten Strafrechtsreformgesetze] *nicht und nahm ausweislich der kommenden Gesetzesvorschläge auch im Haus selbst rapide ab.“*[124]

Der Fall der Mauer in Berlin 1989 brachte dann auch bei den deutschen Rechtswissenschaften Bewegung in die Diskussion um das Völker-Strafrecht. Ronen Steinke erklärt dies unter anderem damit, dass man sich in Deutschland auf einmal gezwungen sah, eine Art „Siegerjustiz“ gegen die ehemaligen

---

121 Vgl. Steinke 2012, S. 47–51. Ronen Steinke beschreibt auch ausführlich die Position von Hans-Heinrich Jescheck. Jescheck lehnte zwar auch die „Justiz der Sieger“ in Nürnberg ab, vertrat aber schon in seiner 1952 als Buch erschienenen Habilitation aus dem Jahr 1949 die Ansicht, eine internationale Strafjustiz könne sinnvoll sein, wenn ihr ein UNO-Gericht zugrunde liege.(Steinke 2012, S. 56).

122 Bästlein 1996, S. 34.

123 *„Später setzte sich aber bei Dehler eine Schlussstrichmentalität durch.“* (Safferling auf S. 180 in: Görtemaker und Safferling 2013).

124 Safferling auf S. 202 in: Görtemaker und Safferling 2013. In seiner Biographie des ehemaligen hessischen Generalstaatsanwalts Fritz Bauer hat Ronen Steinke (Steinke 2013) auch aufgezeigt, in welchem Maße frühere NS-Würdenträger in der deutschen Nachkriegsverwaltung die Bemühungen zur Verfolgung von NS-Verbrechern hintertreiben konnten.

DDR-Machthaber zu praktizieren.[125] Und auch hinsichtlich internationaler Gerichte änderte sich die deutsche Position schnell. *„Nach Jahrzehnten der mehr oder weniger heftigen Ablehnung des Nürnberger Rechts durch die deutsche Rechtswissenschaft haben die jüngeren Ausprägungen dieser Tradition über den Weg des Völkerrechts schließlich doch Eingang in das deutsche Strafrecht gefunden."*[126]

Die Hauptwirkung: In ihrer Not, eine Rechtsbasis für Bestrafungsaktionen gegen die Gegner der westlichen Politik in Ex-Jugoslawien und Ruanda zu finden, griff man auf das Nürnberger Recht zurück und erklärte es kurzerhand, obwohl man bisher das Gegenteil behauptet hatte, zum Völkergewohnheitsrecht.[127]

Diejenigen, die seit langem für die Anerkennung des Nürnberger Rechts plädiert hatten, verschlossen in ihrer Freude, dass ihrem Anliegen endlich zum Durchbruch verholfen wurde, die Augen vor der Tatsache, dass sie sich zumindest im Fall Ruanda vor einen machtpolitischen Karren mit wenig hehren Zielen hatten einspannen lassen. Ein Teil der Linken dieser Welt diente als Alibi für rechte Machtpolitik.[128]

Aber blicken wir nochmals zurück.

---

125 Steinke 2012, S. 62: *„Their answer was a call for strict criminal accountability. This meant a sharp turn away from the previous, rigorously positivist position vis-à-vis the principle of nullum crimen."*

126 Neubacher 2005, S. 409.

127 Vgl. hierzu z.B. Ahlbrecht 1999, S. 246 f.

128 In den Abschnitten 7.3.1.3 und 8.2.wird dieses Phänomen erläutert. Danilo Zolo hat zudem auf die enge Kooperation der Chefanklägerin Louise Arbour mit der NATO hingewiesen. (Zolo 2009, S. 149).

5. Internationales Strafrecht seit den Nürnberger Prozessen

5.1 Die Völkermord-Konvention von 1948

Frank Neubacher schreibt: „*Hatten die Prozesse von Nürnberg und Tokio auch der Hoffnung Nahrung gegeben, das Nürnberger Recht werde bald durch die Vereinten Nationen in das kodifizierte internationale Recht übernommen und ausgebaut werden, so zeigte die Entwicklung rasch, dass das unter den Bedingungen des Kalten Kriegs nicht würde gelingen können.*"[129] Aber: „*Auch ohne ein Statut für einen ständigen internationalen Gerichtshof stellten die Vereinten Nationen klar, dass die Nürnberger Tatbestände nach ihrem Willen auch in Zukunft zum völkerrechtlichen Strafrecht zählen sollten. Am bedeutendsten war in dieser Hinsicht die Genozid-Konvention vom 9. November 1948.*"[130] Da man sich im Kreis der Alliierten nicht auf die Frage der Behandlung von Völkermord einigen konnte, wurde sie außerhalb der internationalen Kriegsverbrecherprozesse vor allem auf Initiative von Raphaël Lemkin, der den Begriff Genozid geprägt hatte, weiterverfolgt.[131]

Die Konvention über die Verhütung und Bestrafung des Völkermordverbrechens (*Convention on the Prevention and Punishment of the Crime of Genocide*, CPPCG) wurde von der Generalversammlung der Vereinten Nationen als Resolution 260 A (III) am 9. Dezember 1948 beschlossen. Sie trat am 12. Januar 1951 in Kraft.

In Artikel I der Konvention wird Völkermord erstmals zu einem internationalen Straftatbestand erklärt. „*Die Vertragschließenden Parteien bestätigen, dass Völkermord, ob im Frieden oder im Krieg begangen, ein Verbrechen gemäß internationalem Recht ist; sie verpflichten sich zu seiner Verhütung und Bestrafung.*"

Entscheidend ist die Völkermorddefinition in Artikel II:

„*In dieser Konvention bedeutet Völkermord eine der folgenden Handlungen, die in der Absicht begangen wird, eine nationale, ethnische, rassische oder religiöse Gruppe als solche ganz oder teilweise zu zerstören:*

---

129 Neubacher 2005, S. 338.

130 Neubacher 2005, S. 340.

131 Eine ausführliche Würdigung der Bedeutung von Raphael Lemkin befindet sich in Power 2002.

(a) Tötung von Mitgliedern der Gruppe;
(b) Verursachung von schwerem körperlichem oder seelischem Schaden an Mitgliedern der Gruppe;
(c) vorsätzliche Auferlegung von Lebensbedingungen für die Gruppe, die geeignet sind, ihre körperliche Zerstörung ganz oder teilweise herbeizuführen;
(d) Verhängung von Maßnahmen, die auf die Geburtenverhinderung innerhalb der Gruppe gerichtet sind;
(e) gewaltsame Überführung von Kindern der Gruppe in eine andere Gruppe.

Artikel III lautet:
Die folgenden Handlungen sind zu bestrafen:

(a) Völkermord,
(b) Verschwörung zur Begehung von Völkermord,
(c) unmittelbare und öffentliche Aufhetzung zur Begehung von Völkermord,
(d) Versuch, Völkermord zu begehen,
(e) Teilnahme am Völkermord.

Artikel IV legt fest, dass Personen, die eine dieser Taten begangen haben, zu bestrafen sind und Artikel V verpflichtet die vertragsschließenden Parteien die Konvention in nationales Recht zu überführen.

Damit war klar, dass jeder Staat, der die Konvention ratifiziert hat, Völkermordverbrechen verhindern und bestrafen muss, entweder vor einem nationalen Gericht oder vor einem dafür zu schaffenden internationalen Strafgerichtshof in Anlehnung an den Internationalen Nürnberger Militärstrafgerichtshof. Gerade diese Verpflichtung hat z.B. die USA bis 1988 davon abgehalten, die Konvention zu ratifizieren. Die Verpflichtung, bei Verdacht von Völkermordverbrechen einzugreifen, hat, wie zu zeigen sein wird, die USA 1994 davon abgehalten, die ihnen bekannten Massaker in Ruanda als Völkermord zu bezeichnen, weil ein Eingreifen den militärischen Sieg ihres Verbündeten Paul Kagame verhindert, zumindest behindert hätte.

Die Bemühungen Lemkins für das Zustandekommen der Völkermord-Konvention von 1948 und das Schicksal, das der Konvention im amerikanischen Kongress zuteil wurde, hat Samantha Power in „*A Problem from Hell*". *America and the Age of Genocide* in beeindruckender Weise festgehalten und darin Senator William Proxmire ein Denkmal gesetzt.[132] Zwischen dem 11. Januar 1967 und der Annahme einer Resolution zur Ratifizierung der Genozid-Konvention durch

132 Power 2002. Seit August 2013 ist Samantha Power US-Botschafterin bei den Vereinten Nationen in New York.

den US-Senat am 11. Februar 1986 hat William Proxmire bei jeder Senatssitzung, insgesamt 3211 mal[133], für ihre Ratifizierung geworben. Die Genozid-Konvention trat für die USA allerdings erst im Oktober 1988 mit dem *Genocide Convention Implementation Act*, das den Namen *Proxmire Act* erhielt, in Kraft.

Aber nicht Proxmires Argumente haben schließlich zum Meinungsumschwung geführt, sondern der Proteststurm, den der Besuch des Soldatenfriedhofs in Bitburg/Eifel durch Präsident Ronald Reagan zusammen mit dem deutschen Bundeskanzler Helmut Kohl am 5. Mai 1985 ausgelöst hat.

5.2 Bemühungen um einen Internationalen Strafgerichtshof[134]

Der in Artikel VI der UNO-Genozid-Konvention aus dem Jahr 1948 erwähnte internationale Strafgerichtshof kam nicht zustande, obwohl die UNO-Vollversammlung 1949 zwei Berichterstatter zur Vorbereitung seiner Gründung ernannte. Sie kamen allerdings zu unterschiedlichen Urteilen. Während Ricardo Alfaro in seinem Bericht die Gründung eines Internationalen Strafgerichtshofs empfahl, kam Emil Sandström zu einer gegenteiligen Schlussfolgerung. Unter den gegebenen Umständen würde er *„mehr Schaden anrichten als Gutes tun"*. Die Frage kam im Kalten Krieg nicht mehr auf die Internationale Agenda. Zuerst musste die Mauer in Berlin fallen.

Das Ende des Kalten Kriegs rief all diejenigen Völkerstrafrechtler auf den Plan, deren Bemühungen um den in der Völkermordkonvention von 1948 vorgesehenen Strafgerichtshof während des Ost-West-Gegensatzes blockiert waren.

Schon im Dezember 1989 verabschiedete die Vollversammlung der Vereinten Nationen eine Resolution, mit der die *International Law Commission*, die schon 1948 zur Erarbeitung von Statuten eines internationalen Strafgerichtshofs aufgefordert worden war, gebeten wurde, sich erneut mit der Frage eines Internationalen Strafgerichtshofs zu befassen.[135]

Den Anfang bildete 1990 ein Bericht des Sonderberichterstatters der *„Commission on the Code of Crimes"* Doudou Thiam. Thiam sprach, formal ohne Mandat, die Frage eines *„Statute of an international criminal court"* an. Am

---

133 Power 2002, S. 85.

134 Insbesondre über die Gründung des Internationalen Strafgerichtshofs liegt eine Fülle von Untersuchungen vor. Im Rahmen dieser Studie gehe ich nur im Abschnitt 7.4 kurz auf die Arbeit dieses Gerichts ein.

135 Dem war im Juni 1989 ein Resolutionsentwurf von Trinidad und Tobago vorausgegangen, in dem die Errichtung eines internationalen Strafgerichtshofs zur Verbesserung des Kampfes gegen den Drogenhandel gefordert wurde.

28. November 1990 gab die VN-Vollversammlung grünes Licht für die Weiterarbeit an der Frage.

Momentum erhielt die Diskussion als Margret Thatcher und George Bush sen. gemeinsam einen Internationalen Gerichtshof vorschlugen, der sich mit der irakischen Invasion in Kuweit befassen sollte. Insbesondere sollten dort die Straftatbestände Aggression und Geiselnahme nach dem Vorbild des Nürnberger Militärgerichtshofs behandelt werden. Die Frage wurde allerdings nach dem siegreichen Krieg zur Befreiung Kuweits, ohne Saddam Hussein gefangen nehmen zu können, nicht weiter behandelt. „*The Iraqi tribunal project went no further but the discussion it provoked had clearly revived the entire issue of a permanent international court.*“[136]

Bundesaußenminister Genscher nahm die Frage eines Gerichtshofs bei einer Sitzung des EU-Außenministerrats am 15. April 1991 wieder auf. Ausschlaggebend waren Berichte über Saddams Giftgaseinsatz gegen die Kurden am Ende des irakisch-iranischen Kriegs 1988. Am 15. April 1991 trug Genscher im EU-Außenministerrat in Luxemburg die Idee zur Errichtung eines internationalen Gerichtshofs gegen Saddam vor. Man müsse prüfen, ob Saddam Hussein der Prozess nach dem Vorbild des Nürnberger Kriegsverbrechertribunals gemacht werden könnte. Am folgenden Tag kontaktierte der luxemburgische EU-Ratspräsident Jacques Poos den VN-Generalsekretär Javier Perez de Cuellar. Die UNO solle die persönliche Verantwortung von Saddam Hussein im Rahmen der Genozid-Konvention prüfen und den darin enthaltenen Gedanken des Internationalen Strafgerichtshofs aufgreifen. Doudou Thiam legte schließlich 1993 einen Entwurf für die Statuten eines Internationalen Strafgerichtshofs vor, der kein Teil des UNO-Systems sein, sondern auf einem internationalen Vertrag zwischen Vertragsstaaten beruhen sollte.

Obwohl der Sicherheitsrat der Vereinten Nationen schon 1993 und 1994 die ad-hoc-Strafgerichtshöfe für Ex-Jugoslawien und Ruanda ins Leben gerufen hatte, sollen hier im historischen Vorgriff einige Bemerkungen zum erst 2002 gegründeten Internationalen Strafgerichtshof folgen.

Die Statuten der ad-hoc-Gerichtshöfe hatten Fakten geschaffen, die sich in dem 1998 vorgelegten Entwurf für den Internationalen Strafgerichtshof niedergeschlagen haben.

Dieser Entwurf wurde in einer von der 52. Generalversammlung am 15. Dezember 1997 beschlossenen internationalen Mammut-Konferenz[137] in Rom vom

136 Schabas 2006 (Reprint 2008), S. 13.

137 United Nations Diplomatic Conference of Plenipotentiaries on the Establishment of an International Criminal Court. (A/Res/52/160).

15. Juni – 17. Juli 1998 mit dem Ziel beraten, *"to finalize and adopt a convention on the establishment of an international criminal court"*. In einem „non-recorded vote" wurde das Ergebnis dieser Konferenz am 17. Juli 1998 angenommen und am 18. Juli 1998 von 26 Staaten unterzeichnet. Bis zum 31. Dezember 2000 unterzeichneten 139 Staaten den Vertrag. Mit der geforderten Ratifizierung durch 60 Staaten trat das Rom-Statut am 1. Juli 2002 in Kraft. Der Gerichtshof nahm im gleichen Jahr seine Arbeit in Den Haag auf.

Präsident Clinton hatte den Vertrag in vollem Bewusstsein unterzeichnen lassen, dass der Kongress ihn nicht ratifizieren würde. So war sichergestellt, dass die USA nicht in die Verlegenheit kommen würden, einem Auslieferungsantrag gegen US-Staatsangehörige durch das Gericht nachkommen zu müssen.

Ein anderes Petitum hatten die Teilnehmer der Rom-Konferenz 1998 schon in vorauseilendem Gehorsam erfüllt: Wie schon in den Statuten der beiden Gerichtshöfe für Ex-Jugoslawien und Ruanda, wo der Straftatbestand des Aggressionskriegs – was nicht verwundert – nicht aufgenommen worden war, wurde dieser Straftatbestand faktisch auch nicht in das Rom-Statut aufgenommen.[138] Und dies obwohl die Verurteilung des Angriffskriegs für das „Nürnberger Recht", auf das man sich ansonsten berief, konstitutiv ist.[139]

Man konnte sich nicht darauf einigen, wann ein Staat sich dieses Verbrechens schuldig macht, obwohl die Generalversammlung der VN 1974 in der Resolution 3314 schon eine Definition des Tatbestands beschlossen hatte. Man verschob die Diskussion auf eine nach zehnjähriger Erfahrung mit dem Rom-Statut vorgesehene Überprüfungskonferenz (Review Conference). Sie fand vom 31. Mai – 11. Juni 2010 ausgerechnet in Kampala, der Hauptstadt Ugandas statt, von dem sowohl der Aggressionskrieg zur Eroberung Ruandas ab dem 1. Oktober 1990 als auch die verschiedenen Kongo-Kriege ausgegangen sind.

Das Ergebnis musste dem ugandischen Staatschef Yoweri Museveni gefallen. Man hat sich zwar auf eine auf der UNO-Generalversammlungs-Resolution

---

138 In Artikel 5, Abs. 1 wird das Aggressionsverbrechen aufgeführt, allerdings wird in Art. 5, Abs. 2 (1) festgelegt, dass der Tatbestand erst justiziabel wird, *„sobald man sich auf eine Definition geeinigt haben wird"*.

139 Im Nürnberger Urteil wird festgestellt, *"to initiate a war of aggression...is not only an international crime; it is the supreme international crime differing only from other war crimes in that it contains within itself the accumulated evil of the whole"*. (International Military Tribunal judgment, 30 September–1 October 1946, 1947, Vol. 41, American Journal of International Law, S. 186). Die Frage des Aggressionskriegs im Arusha-Gericht wird in Abschnitt 6.5.2 behandelt. Zur Frage des Aggressionskriegs im Rom-Statut ist auch Kapitel 9 in Hoile 2014 sehr interessant.

3314 beruhenden Definition des Aggressionstatbestands geeinigt, die als Art. 8bis in das Statut des Gerichtshofs aufgenommen wurde, deren Anwendung aber auf den „Sankt-Nimmerleins-Tag" verschoben ist. Es wurde nämlich festgelegt, dass der Haager Strafgerichtshof den Tatbestand nicht vor dem 1. Januar 2017 anwenden dürfe. Um die Wahrscheinlichkeit der Anwendung noch zu reduzieren, wurde festgelegt, dass dieser Statutenänderung vorher eine 2/3-Mehrheit der Mitgliedsstaaten zugestimmt haben muss. Zudem sind dem Definitionskompromiss in Annex III noch eine Reihe von sog. *understandings* beigegeben.[140] Alle Teilnehmer der Kampala-Konferenz hatten demnach nicht zu befürchten, noch zu Lebzeiten für diesen Straftatbestand in Den Haag angeklagt zu werden.

Annette Weinke meint, man könne es *„als Ironie der Geschichte betrachten, dass sich die Bundesrepublik zu einem der entschiedensten Befürworter des ICC entwickelt hat. Kaum ein bundesdeutscher Völkerrechtler würde sich heute noch der Meinung des außenpolitischen Beraters Adenauers Wilhelm G. Grewe anschließen, Nürnberg sei ein «Irrweg» gewesen. Vor diesem Hintergrund wurden die auf Nürnberg beruhenden Prinzipien des Rom-Statuts 2002 in das deutsche Völkerstrafgesetzbuch aufgenommen."*[141]

Wie diese Meinungsänderung der deutschen Juristen zustande kam, hat Ronen Steinke analysiert. Nach seiner Einschätzung hat der damalige Referatsleiter für Internationales Recht im Auswärtigen Amt und spätere Richter am Internationalen Strafgerichtshof, Hans-Peter Kaul[142], an dem Kurswechsel einen großen Anteil.[143] Kaul ist es bei den entscheidenden Verhandlungen zum Rom-Statut 1998 auch gelungen, die deutsche Seite von der Notwendigkeit eines vom UNO-Sicherheitsrat möglichst unabhängigen Chefanklägers zu überzeugen. Er hat in Zusammenarbeit mit einer *like minded* Gruppe von Staaten – darunter Argentinien – auch die breite Mitwirkung von Nichtregierungsorganisationen

---

140 Vgl. zum Aggressionstatbestand und zur Kampala-Konferenz die Ausführungen bei Safferling 2011, S. 252 ff.

141 Weinke 2006, S. 121.

142 Das Mandat von Haus-Peter Kaul am ICC lief im Juli 2014 aus. Er ist kurz danach am 21.7.2014 gestorben.

143 Steinke 2012. Steinke beschreibt auch, dass das Justizministerium vergeblich versucht hat, Peter Wilkitzki als deutschen Kandidaten zu nominieren und ist auch mit seinem Alternativ-Kandidaten Albin Eser gescheitert. Eser wurde schließlich von 2004 bis 2006 ad-litem-Richter am Jugoslawien-Gerichtshof.

gefördert.[144] Kauls Positionen[145] wurden dann von der Ende 1998 ins Amt gelangten Rot-Grünen Regierung Schröder-Fischer und seiner Justizministerin Herta Däubler-Gmelin 2002 mit dem deutschen Völkerstrafgesetzbuch voll übernommen. Herta Däubler-Gmelin sieht sich deshalb als die Mutter dieser juristischen Innovation. Ob dieser Schnellschuss, der in der Öffentlichkeit kaum beachtet wurde, wirklich durchdacht war, kann man sich nach den Erfahrungen bei der ersten Anwendung dieses Strafgesetzbuchs in dem ab Mai 2011 laufenden Prozess gegen die FDLR-Chefs vor dem Stuttgarter Oberlandesgericht fragen.[146]

5.3 Der Strafgerichtshof für das ehemalige Jugoslawien 1993[147]

Das Ex-Jugoslawien-Gericht, der ältere Bruder des Internationalen Strafgerichtshofs, wurde durch Res. 827 des Sicherheitsrats der Vereinten Nationen schon am 25. Mai 1993 geschaffen.[148] Ihm ging – *„nicht unähnlich der UNWCC während des 2. Weltkriegs“* – die Arbeit einer VN-Kommission voraus, die *„auf dem Territorium des früheren Jugoslawiens Beweise für Kriegsverbrechen sammeln und dafür verantwortliche Personen identifizieren sollte.“*[149] Das Gericht war nach den Militärgerichtshöfen zum Ende des Zweiten Weltkriegs unter Rückgriff auf das „Nürnberger Recht“ – jedoch ohne Möglichkeit zu Todesurteilen – der erste internationale zivile Gerichtshof und betrat völkerrechtliches Neuland.[150]

Die politische Landschaft war durch die geschilderten Diskussionen in Zusammenhang mit der irakischen Invasion in Kuweit 1990 vorbereitet worden, als

144 Vgl. Steinke 2012, Kapitel 5. Dies war u.a. deshalb möglich, weil er klar machen konnte, dass die Komplementarität des ICC faktisch eine Anklage deutscher Staatsbürger in Den Haag unmöglich macht. (S. 112).

145 Hans-Peter Kaul beschrieb in seinem Beitrag *Der Beitrag Deutschlands zum Völkerstrafrecht* in: Safferling und Kirsch 2014 seine Rolle bei den Verhandlungen zum Internationalen Strafgerichtshof von 1996–1998 und stellte dabei sein Licht wahrlich nicht unter den Scheffel.

146 Siehe hierzu die Ausführungen in Abschnitt 7.3.2.2.

147 Die Struktur und Funktionsweise des Ex-Jugoslawien-Gerichts wird hier nicht eingehend dargestellt, da sie mit der des später ausführlich geschilderten Ruanda-Gerichtshofs in Arusha fast deckungsgleich ist.

148 Der politische Hintergrund und das Verhalten der USA ist ausführlich dargestellt in Peskin 2008.

149 Safferling 2011, S. 59.

150 Zur kursorischen Darstellung des Jugoslawien-Gerichts greife ich ganz wesentlich zurück auf Kapitel 9 bei Ahlbrecht 1999, ohne dessen Bewertung des politischen Hintergrunds vollinhaltlich zu teilen.

Margret Thatcher und George Bush eine in der UNO seit 1989 geführte Diskussion um die in der Genozid-Konvention von 1948 vorgesehene Gründung eines internationalen Strafgerichtshofs aufgegriffen, aber bald wieder verworfen hatten.[151]

Schließlich wurde die Diskussion im Rahmen des Jugoslawien-Zerfallskriegs wieder aufgenommen. Die *Helsinki-Watch-Group*, aus der später *Human Rights Watch* hervorging, propagierte 1992 die Idee eines internationalen Gerichtshofs, der die in diesem Krieg begangenen Kriegs- und Menschenrechtsverbrechen – einschließlich „ethnischer Säuberungen“ – aburteilen sollte. Im August 1992 forderte Klaus Kinkel, der inzwischen Genscher als Außenminister beerbt hatte, bei einer Konferenz in London einen Strafgerichtshof. Daraus entstand schließlich im Rahmen der OSZE im November 1992 die Idee eines UNO-ad-hoc-Gerichtshofs. Anfangs zierte sich der Sicherheitsrat und wollte die Frage von Kriegsverbrechen nicht diskutieren. Man befürchtete negative Auswirkungen auf die Bemühungen für Verhandlungen zur Beendigung des Konflikts.

Einen Durchbruch brachte Resolution 780 des Sicherheitsrats vom 6. Oktober 1992 mit dem Beschluss, eine Untersuchungskommission zu vermuteten Verbrechen gegen die Menschlichkeit einzurichten. Der französische Außenminister Roland Dumas sah darin schon einen Schritt zur Errichtung eines internationalen Strafgerichtshofs. Schließlich erklärte die UNO-Generalversammlung am 16. Dezember 1992, dass diejenigen, *„who commit or order the commission of acts of ‚ethnic cleansing‘ are individually responsible and should be brought to justice.“*[152]

Von amerikanischer Seite nahm die Diskussion am 16. Dezember1992 eine andere Richtung, als der damalige US-Außenminister Lawrence Eagleburger, der als ehemaliger Botschafter in Belgrad den Konflikt erlebt hatte und anfangs eher als pro-serbisch galt, Namen[153] von zu verfolgenden Personen nannte.

Gleichsam zum Vater des ad-hoc-Gerichts wurde nach seiner Amtseinführung am 20. Januar 1993 der neue US-Außenminister Warren Christopher, unterstützt von Madeleine Albright, der an Balkanfragen besonders interessierten neuen US-Vertreterin im Sicherheitsrat.[154] Da Teile der Clinton-Administration

---

151 *„The matter was quietly dropped after the American-led coalition won the Persian Gulf war without capturing Mr. Hussein“.* Aus: Schabas 2006 (Reprint 2008), S. 12.

152 A/RES/47/80.

153 Eagleburger nannte Milošević, Karadžić und Mladić. Aber da Milošević für den Abschluss des Dayton-Abkommens von 1995 zur Beendigung des Kriegs in Bosnien-Herzegowina bereit war, geriet er zu diesem Zeitpunkt aus dem Schussfeld und wurde tatsächlich erst 2001 angeklagt.

154 Manche nennen Madeleine Albright deshalb „die Mutter des ICTY“. (Nach: Peskin 2008, S. 52).

hinsichtlich eines vollen internationalen Gerichtshofs in Übereinstimmung mit Richard Holbrooke, der immer eine Verhandlungslösung favorisierte, skeptisch gegenüber standen, näherte man sich einer „kleinen Lösung".

Warren Christopher legte der UNO einen Bericht über die im Balkan-Krieg begangenen Menschenrechtsverletzungen vor. Aufgrund dieses Berichts, aber auch auf der Basis von Vorschlägen aus Frankreich, Italien, Brasilien, Kanada, der Islamischen Konferenz, aus Mexiko, den Niederlanden, der Russischen Föderation, Slowenien und den USA sowie des Roten Kreuzes und anderer Nicht-Regierungsorganisationen (NRO) legte bei skeptischer Haltung der VR China UNO-Generalsekretär Boutros-Ghali am 3. Mai 1993 einen Bericht vor, dessen Inhalt zusammen mit dem Statut-Entwurf am 25. Mai 1993 als Sicherheitsratsresolution 827 zur Gründung des Ex-Jugoslawiengerichts führte. Hinsichtlich der Struktur eines solchen Gerichts konnte man auf die vielen Vorarbeiten zu einer „großen Lösung" zurückgreifen, die sich dann später auch im Rom-Statut des Internationalen Strafgerichtshofs in Den Haag wieder finden.

Aber es dauerte über ein Jahr, bevor die Strukturen dieses Gerichtshofs etabliert waren. Ende 1993 wählte die Generalversammlung die ersten Richter. Für die Berufung des Chefanklägers Richard Goldstone aus Südafrika am 8. Juli 1994 bedurfte es mehrerer Anläufe.[155] Erster Gerichtspräsident wurde der Italiener Antonio Cassese.[156]

---

155 Der zuerst von den USA vorgeschlagene Argentinier Luis Moreno Ocampo, später erster Chefankläger des Internationalen Strafgerichtshofs, erhielt nicht die Zustimmung seiner Regierung. Der danach von Boutros-Ghali vorgeschlagene Cherif Boussioni fand als Muslim bei UK, Frankreich und Russland keine Gnade. Der danach gewählte Venezolaner Ramon Escovar Salom trat zurück, um Innenminister seines Landes zu werden. Goldstone stimmte auf Bitten von Nelson Mandela jedoch nur einer Amtszeit von zwei Jahren zu (Vgl. Goldstone 2000, S. 22). Goldstone trat sein Amt am 15.8.1994 in Den Haag an. Ab November 1994 war er zugleich auch Chefankläger für das Arusha-Gericht. Er wurde 1996 durch die Kanadierin Louise Arbour abgelöst, die den Posten jedoch schon 1999 an die Schweizerin Carla Del Ponte abgab. Carla Del Ponte amtierte bis Ende 2007 als Chefanklägerin für das Jugoslawien-Gericht. Ihre Mandatsverlängerung im Jugoslawien-Gericht scheiterte am Widerstand Russlands, dem ihr Druck auf Serbien zur Auslieferung flüchtiger Angeklagter zu weit ging (Vgl. Steinke 2012, S. 77). Als Chefankläger des Jugoslawiengerichts folgte ihr zum 1.1.2008 bis heute der Belgier Serge Brammertz nach.

156 Cassese (1937–2011) nahm diese Funktion bis 1997 ein. Ihm folgte bis 1999 die Afro-Amerikanerin Gabrielle Kirk-McDonald. Ihr folgte bis 2002 der Franzose Claude Jorda. Von 2002–2005 war erstmals Theodor Meron Gerichtspräsident.

Ende 1994 wurden die ersten Anklageschriften erstellt. Mit dem Beginn des Prozesses gegen Duško Tadić am 7. Mai 1996 nahm das Tribunal seine reguläre Arbeit zu einem Zeitpunkt auf, als der Bosnien-Krieg durch das Dayton-Abkommen, das trotz der Srebrenica-Massaker im Juli 1995 im Dezember 1995 u. a. von Milošević unterzeichnet wurde, beendet schien.[157]

Das Gericht, das sich anfangs besonders gegen die bosnischen Serben richtete, wurde im Gefolge des Kosovo-Kriegs 1999 und mit der Anklage gegen den früheren Partner des Dayton-Abkommens Milošević zu einer globalen Plattform gegen serbische Machtansprüche auf dem Balkan. Es wird seine Arbeit mit den Prozessen gegen die bosnischen Serbenführer Ratko Mladić und Radovan Karadžić abschließen.

In einem Punkt ist Safferling zuzustimmen: *„Die Hoffnung, durch Errichtung eines ad-hoc-Tribunals eine Abschreckungswirkung zu erreichen, blieb unerfüllt"*. Richtig ist wohl auch, dass der *„Schritt ... rechtlich umstritten war"*. Ob der Schritt auch – interpretiert man das Wort positiv – *„kühn war"*, soll dahingestellt bleiben. Richtig ist wohl, dass zum Zeitpunkt dieser Bewertung im Dezember 2010 eine *„abschließende Bewertung"* der Arbeit des Jugoslawien-Gerichts *„schwer möglich"* war.[158]

Auch seither ist noch keine abschließende Bewertung möglich.[159]

Festzuhalten bleibt, dass das Gericht häufig historisch falsch mit den Bosnier-Massakern in Srebrenica gerechtfertigt wird, obwohl dieses Ereignis erst über zwei Jahre nach der Gerichtsgründung stattfand. Dem Fazit von Florence Hartmann, der langjährigen Sprecherin der Chefanklägerin Carla Del Ponte, kann man zustimmen: *„Das Jugoslawien-Straf-Gericht wurde zweifellos – mehr noch als andere Gerichte – konzipiert, um vor allem politischen Zielen und weniger der Rechtsprechung zu dienen."*[160]

Fausto Pocar war Präsident von 2005–2008, gefolgt von Patrick Robinson. Meron übernahm ab 2011 – wohl als letzter – wieder die Präsidentschaft.

157 Duško Tadić war 1994 in München verhaftet, aber dann nach Den Haag überstellt worden. Er ist der erste von einem internationalen Strafgericht seit den Nürnberger Prozessen verurteilte Angeklagte. Tadić verbüßte einen Teil seiner Strafe in einem Münchner Gefängnis und wurde 2008 vorzeitig entlassen.

158 Safferling 2011, S. 61/62.

159 Mir liegt keine wissenschaftlich fundierte Analyse dieses Gerichts vor. Meine eigene Befassung mit diesem Gericht erlaubt mir keine Bewertung.

160 *Le TPI pour l'ex-Yougoslavie, sans doute plus que tout autre, a été conçu pour servir d'abord la politique et non pas la justice.* Hartmann 2007, S. 30.

An diesem Punkt der Geschichte soll die sehr kursorische Behandlung des Jugoslawiengerichts beendet werden. Soweit die Chefankläger Richard Goldstone, Louise Arbour und Carla Del Ponte bis 2003 in ihrer Doppelfunktion als Chefankläger des Arusha-Gerichts tätig wurden[161], wird dies Teil der Schilderung des Arusha-Gerichts sein. Das gilt auch für die bis zum Ende der beiden Gerichtshöfe gemeinsam fungierende Berufungskammer.[162]

In diesem Zusammenhang sei aber schon hier erwähnt, dass in einem Berufungsurteil vom 15. Juli 1999 für einen Fall des Jugoslawiengerichts erstmals der Straftatbestand des *Joint Criminal Enterprise* auftaucht, der später in den Urteilen des Arusha-Gerichts eine große Rolle spielen wird.

---

161 Neben der gemeinsamen Spitze wurden aber getrennte Anklagebehörden in Den Haag und Arusha tätig.

162 Ursprünglich sollte die gemeinsame ICTY/ICTR-Berufungskammer zum Mandatsende der beiden UNO-ad-hoc-Gerichte Ende 2014 durch die Berufungskammer des vom UNO-Sicherheitsrat am 22.12.2010 mit Resolution 1966 ins Leben gerufenen *Residual Mechanism to conclude Tasks of the International Criminal Tribunals for Rwanda and Former Yugoslavia (MICT)*, der in Abschnitt 6.8 behandelt wird, abgelöst werden. Im Laufe des Jahres 2014 wurde aber beschlossen, die noch ausstehenden Berufungsurteile des Arusha-Gerichts aus dem Butare-Prozess in das Jahr 2015 zu verschieben und damit das Leben der bisherigen ICTY/ICTR-Berufungskammer zu verlängern. Unbeschadet von dieser Entscheidung wurde die Berufung im Fall Augustin Ngirabatware schon der MICT-Berufungskammer zugewiesen, die am 18.12.2014 ihr erstes Urteil gefällt hat.

6. Der Internationale Strafgerichtshof für Ruanda[163]

6.1 Politischer Hintergrund

Vorbemerkung

Das Wort Ruanda ruft weltweit die Assoziation mit dem Völkermord an der Tutsi-Bevölkerung im Jahr 1994 hervor. Die Öffentlichkeit glaubt, dieser Völkermord sei das Ergebnis planvoller rassistischer Aktionen der Hutu-Bevölkerung zur Vernichtung der Tutsi-Bevölkerungsminderheit gewesen.

Der historische Hintergrund ist allerdings viel komplexer und die Tatsache, dass das Arusha-Gericht zur Ahndung dieser Verbrechen schon indirekt in einem Dokument konzipiert wurde, das mehr als ein Jahr vor dem Tutsi-Völkermord verfasst wurde, ist nicht in das allgemeine Bewusstsein eingegangen.

Schon am 28. Januar 1993 erläuterte Jean Carbonare im französischen Fernsehen mit durchschlagender Wirkung die Ergebnisse einer *„Internationalen Untersuchungskommission"*.[164] Er habe zusammen mit seinen Kolleginnen und Kollegen herausgefunden, dass in Ruanda ein Völkermord an der Tutsi-Bevölkerung geplant werde. Damit war die Lesart in die Welt gesetzt, die nach dem Attentat vom 6. April 1994 von der Clinton-Administration und vielen westlichen Ländern für offiziell erklärt wurde.

Zur Aufrechterhaltung dieser Sichtweise hat die Clinton-Administration und alle amerikanischen Regierungen nach ihr die Untersuchung des Attentats vom 6. April 1994 verhindert, das den Tutsi-Völkermord ausgelöst hat. Washington

---

163 Der volle Titel des Gerichtshofs in der Formulierung des Statuts, das der Res. 955 des Sicherheitsrats der Vereinten Nationen vom 8. November 1994 angefügt ist, lautet: *International Criminal Tribunal for the Prosecution of Persons Responsible for Genocide and Other Serious Violations of International Humanitarian Law Committed in the Territory of Rwanda and Rwandan citizens responsible for genocide and other such violations committed in the territory of neighbouring States, between 1 January 1994 and 31 December 1994.* Die deutsche Übersetzung lautet bei Ahlbrecht 1999, S. 302: *Internationaler Strafgerichtshof für die Verfolgung von Verantwortlichen für die im Hoheitsgebiet Ruandas oder von ruandischen Staatsangehörigen in Nachbarstaaten zwischen dem 1. Januar 1994 und dem 31. Dezember 1994 begangenen schweren Verstöße gegen das humanitäre Völkerrecht.* Die offizielle Abkürzung des Gerichts lautet auf Englisch: ICTR und auf Französisch TPIR.

164 Genauer ausgeführt im Abschnitt 6.1.1.1.4.

verbreitete sofort, Hutu-Extremisten hätten das Attentat seit langem geplant und hält bis heute daran fest, dies sei *a fact of common knowledge,* es bedürfe keiner internationalen wissenschaftlichen Untersuchung dieses Attentats. Der Ruanda-Sonderberichterstatter des VN-Menschenrechtsrats, der ivorische Jura-Professor René Degni-Ségui, Mitglied der *„Untersuchungskommission“* von 1993, hat die Planungsthese in seinem vierten Ruanda-Bericht vom 17. Januar 1995 als Jurist „abgesegnet“.[165] Im Arusha-Gericht wurde dieses Axiom mit Hilfe der juristischen Konstruktion eines in Regel 94(A) der Verfahrensregeln[166] genannten *judicial notice* (rechtsverbindliche Feststellung) [167] gleichsam für sakrosankt erklärt.

Die Rolle der Clinton-Administration zur Etablierung der Planungstheorie hat der amerikanische Jura-Professor Peter Erlinder in seiner breit angelegten Dokumentation mit dem Titel *„The Accidental.... genocide“* 2013 belegt.[168] Dieser Text ist neben dem erwähnten Buch von Barrie Collins[169] und der von Bernard Lugan Anfang 2014 vorgelegten Arbeit *„Rwanda: un génocide en questions“*[170] eine der wichtigen Widerlegungen der Hutu-Planungstheorie in der „weißen Welt“.[171] Alison Des Forges, die Organisatorin der *„Untersuchungskommission“* aus dem Jahr 1993, hat im Einklang mit der Clinton-Administration diese These als Chef-Expertin der Anklage im Arusha-Gericht immer wieder vorgetragen

---

165 ECOSOC-Dokument E/CN.4/1995/71, 17 January 1995. Unter Textziffer 9 heißt es dort: *There now seems to be little doubt that the massacres were planned. This is the conclusion reached from a number of consistent indications, not to say evidence (...).* Zu seinen anderen Berichten und denen seines Vorgängers Bacre Waly Ndiaye als Ruanda-Sonderberichterstatter des VN-Menschenrechtsrats wird auf Abschnitt 6.2.1 verwiesen.

166 Es heißt: *"A Trial Chamber shall not require proof of facts of common knowledge but shall take judicial notice thereof".*

167 Dieser Begriff und seine Problematik wird in Abschnitt 6.5.10 eingehend erläutert. Die französische Version dieses *terminus technicus* ist als *constat judiciaire* (gerichtliche Feststellung) gebräuchlich. Im Deutschen gibt es keine allgemeinverbindliche Übersetzung für diesen Begriff. „Rechtsverbindliche Feststellung“ trifft den Tatbestand wahrscheinlich hinreichend.

168 Erlinder 2013. Darin ist als Appendix 3–1 auch ein Auszug des von ihm zusammen mit Marc Nerenberg 2007 vorgelegten *Final Trial Brief* im Rahmen der Verteidigung von Major Aloys Ntabakuze enthalten.

169 Collins 2014.

170 Lugan 2014.

171 Dazu gehört auch Philpot 2013. Daneben haben – wie sich aus dem Literaturverzeichnis ergibt – viele Afrikaner die "Hutu-Extremisten"-Planungsthese widerlegt.

und mit dem von ihr 1999 koordinierten Buch *Leave none to tell the story*[172] dauerhaft zur Akzeptanz dieser historisch unhaltbaren Lesart beigetragen.

In den folgenden Abschnitten soll der historische Hintergrund der Ruanda-Katastrophe resümiert werden.[173]

6.1.1 Die Ruanda-Kriege vom 1. Oktober 1990 bis zum 4. August 1993

6.1.1.1 Die Angriffe der Ruandischen Patriotischen Front (RPF)

6.1.1.1.1 Die RPF-Invasion am 1. Oktober 1990

Von der Welt ziemlich unbeobachtet reagierten die Nachfolger der ersten Exilwelle des ruandischen Adels aus den Jahren 1959 bis 1963 auf die sich abzeichnenden weltpolitischen Veränderungen im abflauenden Kalten Krieg mit Gorbatschows Perestroika und Glasnost. Sie vermuteten, ihr Versuch, in Ruanda wieder eine Tutsi-Minderheitsherrschaft zurück zu erobern, werde unter der zu erwartenden Demokratisierungswelle kaum eine Chance haben. Deshalb präsentierten sie die etwas erstarrte langjährige Habyarimana-Herrschaft als eine besonders üble afrikanische Diktatur.

Die „*Tutsi-Jungtürken*" unter Führung von Fred Rwigyema und dem damals noch in zweiter Linie stehenden Paul Kagame hatten im ugandischen Exil 1987 ihre Kampforganisation *Ruandische Patriotische Front* (RPF)[174] gegründet. Die RPF gab den vom Exil-König Kigeri V. 1963 nach blutigen Verlusten eingeschlagenen Verzicht zur militärischen Rückeroberung der Macht in Ruanda auf und setzte sich die gewaltsame Wiedererlangung der von der Vätergeneration 1962 bei der Unabhängigkeit verlorenen Herrschaft zum Ziel. Die RPF verbündete sich dazu mit der entstehenden inner-ruandischen Oppositionsbewegung.

Dabei spielten die Initiatoren der späteren Oppositionsparteien MDR (*Mouvement Démocratique Républicain*), PSD (*Parti Social Démocrate*) und PL (*Parti Libéral*), die sich in den sog. *Forces Démocratiques du Changement* (FDC) zusammenschlossen, eine besondere Rolle. Insbesondere der MDR-Chef Faustin Twagiramungu und die PSD-Chefs Nzamurambaho und Gatabazi brachten ihre Parteien auf den Kurs der Zusammenarbeit mit dem RPF-Chef Fred Rwigyema. Besonders leicht fiel dies unter dem Einfluss des stellvertretenden Vorsitzenden,

---

172 Des Forges 1999.

173 Es können nicht alle wichtigen Fakten beschrieben werden. Für einen vertieften Überblick in deutscher Sprache verweise ich Interessierte auf mein noch immer aktuelles Buch *Clinton am Kivu-See (Strizek 2011).*

174 Englisch: *Rwandan Patriotic Front*; im Französischen gebräuchliche Bezeichnung: *Front Patriotique Rwandais* (FPR).

dem Tutsi Landoald Ndasingwa, der PL.[175] Dass die liberale Partei auf diesen Kurs ging, ist nicht verwunderlich. Die PL galt als Tutsi-Partei, auch wenn der Parteivorsitzende Justin Mugenzi[176] Hutu war.

Der vom Tutsi-Exil gegründete amerikanische RPF-Freundeskreis um Roger Winter, Jg. 1942, der in seiner Funktion als Exekutivdirektor des *US-Committee for Refugees* (von 1981–2001) Freundschaft mit den von ihm betreuten Exil-Tutsi in Uganda geschlossen hatte, organisierte mit einigen von ihnen in den USA[177] 1988 eine RPF-Konferenz in Washington. Dabei wurde der Eroberungskrieg mit Hilfe des amerikanischen RPF-Netzwerks beschlossen.[178] Pate der Bewegung war der 1986 nach einem langen Guerilla-Krieg mit Hilfe der ruandischen Exil-Tutsi an die Macht gelangte ugandische Staatspräsident Yoweri Museveni.

Mit dem Fall der Mauer in Berlin am 9. November 1989 und den unmittelbar danach einsetzenden westlichen Demokratisierungsinitiativen für Afrika gerieten Museveni und die RPF-Chefs unter Zeitdruck. Sie wollten um jeden Preis in Kigali die Macht zurückerobert haben, bevor das Habyarimana-Regime im Demokratisierungswind von den demokratischen Parteien MDR und PSD abgelöst werde. Völlig überstürzt griffen die bisher in der ugandischen Armee Führungsfunktionen ausübenden Exil-Tutsi Ruanda am 1. Oktober 1990 mit ca. 4.000 (bisher ugandischen) Soldaten an. Neben der sich abzeichnenden Demokratisierung war die von ihnen nicht wirklich erwartete Konzession Habyarimanas

---

175 Er und seine Familie wurden am 7. April 1994 unter ungeklärten Umständen – wobei es Hinweise gibt, die RPF stehe dahinter, um einen möglichen Nachkriegskonkurrenten auszuschalten – ermordet. Ich kannte ihn und seine kanadische Frau Helen Pinsky gut, weil sie in den frühen 80er Jahren während unseres Ruanda-Aufenthalts zeitweise unsere Nachbarn waren.

176 Mugenzi kündigte im Oktober 1993 die Zusammenarbeit mit der RPF auf, was ihm eine Anklage beim Ruanda-Strafgericht einbrachte. Sein Prozess wird in B/35 dokumentiert.

177 Hier ist vor allem Prof. Alexandre Kimenyi (1949–2010) zu nennen.

178 Wie weit die Administration von Präsident Bush sen. dahinter stand, ist nicht völlig geklärt. Nach meinem Kenntnisstand favorisierte der damalige Afrikastaatssekretär Herman Cohen nicht die Machtrückeroberung durch die Exiltutsi, trat aber schon bald für eine Machtteilung ein. Und Charles Onana (Onana 2014, S. 57) zitiert sicherlich nicht zu Unrecht Wayne Madsen, einen früheren Mitarbeiter der National Security Agency (NSA), die Invasion 1990 hätte sicherlich nicht ohne die zumindest teilweise Zustimmung der Administration von Präsident Bush sen. geschehen können. Die US-Administration war jedenfalls über die Konferenz durch Anwesenheit von zwei Vertretern des Department of State bestens unterrichtet (vgl. Collins 2014, S. 67).

in der Rückkehrfrage für die Exil-Tutsi ein wichtiger Grund für die übereilte Aktion.

Bis zu seiner Rede in Semuto (Uganda) am 5. Februar 1988, in der er das Rückkehrrecht der Tutsi im Exil anerkannte, hatte Habyarimana eine Rückkehr in größerem Umfang mit Hinweis auf die Überbevölkerung des Landes abgelehnt. Nun aber wollte er – unter anderem von Papst Johannes Paul II. bei seinem Ruanda-Besuch Anfang September 1990 dazu gedrängt – seine Ankündigung umsetzen und war, für die Exil-Tutsi offenbar überraschend, zu einer schnellen Verhandlungslösung bereit.

Die Hast von Museveni und der RPF erklärt sich aber vor allem durch die zwischen dem amerikanischen Außenminister James Baker und Präsident Mitterrand vereinbarte Vorgehensweise in Afrika nach dem Ende des Kalten Kriegs.[179]

Schon am 25. März 1990 machte James Baker zusammen mit seinem Afrikastaatssekretär Herman Cohen für ein historisches Treffen mit Mobutu in Kinshasa Halt. Erst später hat Herman Cohen enthüllt, dass Baker bei diesem Besuch Mobutu faktisch mit „Dank und Anerkennung“ verabschiedet hat.[180] Für ihn sei in der neuen amerikanischen Afrikapolitik kein Platz mehr. Mobutu „gehorchte“, legte am 24. April 1990 den Vorsitz der Staatspartei *Mouvement Populaire de la Revolution* (MPR) nieder und begann sein Regime zu öffnen.

Die USA hatten also im Verborgenen die ersten Schritte zur Ingangsetzung eines „Demokratiezugs in Afrika“ unternommen, ließen aber für die Geschichtsbücher François Mitterrand den Vortritt, diese Strategie beim Franko-Afrikanischen Gipfel in La Baule am 20. Juni 1990 *urbi et orbi* zu verkünden.

Die langjährigen Verbündeten des Kalten Kriegs wurden aufgefordert, sich dem demokratischen Wandel nicht länger zu verschließen. Die Zeit sei reif dafür. Trotz verständlicher Reserven und Hinhaltetaktiken einiger *cronies* des Kalten Kriegs begann wie vor der Unabhängigkeitsbewegung in den 60er Jahren ein neuer *wind of change* zu wehen.

Der ruandische Staatspräsident Juvénal Habyarimana hat in La Baule sofort die Befürchtung geäußert, dass eine solche forcierte Demokratisierungspolitik alle selbsternannten „Befreiungsbewegungen“ dazu verleiten könnte, militärisch Fakten zu schaffen, bevor an den Urnen demokratische Wahlergebnisse zu erwarten seien. Er wusste ja aus verschiedenen Quellen, dass im benachbarten

---

179 Genauer sind die Vorgänge dargestellt in Strizek 2011, S. 27–63.

180 Am 16. Oktober 2002 erklärte Cohen in einem Interview mit dem Internet-Dienst congopolis (*www.congopolis.com*): *„Ich habe Außenminister Baker im März 1990 begleitet, als er Mobutu überzeugt hat, die Mehrparteien-Demokratie zu akzeptieren. Mobutu hat diese wichtige Veränderung am 24. April 1990 verkündet.“*

Uganda die *Ruandische Patriotische Front* mit dem Gedanken der bewaffneten Heimkehr spielte. Mitterrand hat ihn beruhigt. Frankreich werde das nicht zulassen. Die Zeitschrift *Jeune Afrique* hat Mitterrand einige Jahre später folgendermaßen interpretiert: Die Botschaft habe gelautet, *„Ihr Afrikaner müsst nun nach dem Ende des Kalten Kriegs die Demokratie in Euren Ländern vorantreiben, wir Franzosen garantieren Euch, dass Eure innenpolitischen Feinde ihre Kalaschnikows in der Garderobe lassen."*[181]

Darauf vertraute Habyarimana und schon am 5. Juli 1990 kündigte er Reformen und die Einführung eines Mehrparteiensystems an. Am 1. September 1990 nahmen ihn 33 ruandische Intellektuelle in einem offenen Brief[182] beim Wort und forderten eine neue Verfassung. Schon nach dem 21. September 1990 konnte eine von Habyarimana einberufene Kommission (*Commission Nationale de Synthèse*) mit der Ausarbeitung einer neuen Verfassung beginnen. Museveni und die RPF mussten handeln. Ihre Propaganda vom schlimmen Diktator Habyarimana drohte ins Leere zu laufen. So wagten sie einen Angriff und mussten testen, ob Mitterrand zu seinem Wort stehen würde. Sie vermuteten, auch Frankreich könnte zu sehr mit den Vorbereitungen des Kriegs gegen Saddam Hussein beschäftigt sein. Die Vermutung trog. Kuweit wurde auch mit Hilfe französischer Soldaten befreit und Mitterrand hielt in Ruanda Wort.[183]

Der Eroberungsversuch, bei dem Rwigyema auf den schnellen Zusammenbruch der ruandischen Armee unter der Wirkung einer erwarteten Sympathiewelle der gesamten Bevölkerung gesetzt hatte, geriet zum Fiasko. Der charismatische Fred Rwigyema kam schon in den ersten Tagen des Kriegs um.[184] Frankreich, Belgien[185] und Zaïre kamen Staatspräsident Habyarimana militärisch zu Hilfe und Ende Oktober 1990 mussten sich die Tutsi-Angreifer nach

---

181 *Jeune Afrique*, Nr. 1747, 30.6.1994, S. 15.

182 Vgl. z.B. De Brouwer im Vorwort zu Kambanda 2012.

183 Die RPF hat (mit amerikanischem „Feuerschutz") die militärische Unterstützung der etablierten Regierung nach 1990 (insbesondere die Militäroperation *Noroît* und die Ausbildungseinheit *Dami* zusammen zeitweise 500 Soldaten) und die *Opération turquoise* im Juni 1994 als Beitrag zur Vorbereitung bzw. der Durchführung des Tutsi-Völkermords dargestellt und gerade in Frankreich eine bis heute wirkende gegen die französische Armee und Mitterrand gerichtete Kagame-Sympathie-Bewegung gefördert. (Siehe Abschnitt 6.1.4.2).

184 Dass dies ein von Museveni initiierter Mord war, wurde schon an anderer Stelle erwähnt.

185 Die Regierung unter Wilfried Martens zog die belgischen Truppen aber schon am 1.11.1990 ab, vorgeblich als Reaktion auf die Internierung großer Teile der Inlandstutsi durch das Habyarimana-Regime.

Uganda zurückziehen. Das hat sie aber nicht gehindert, schon am 22. November 1990 öffentlich 40 Zivilpersonen in Rukoma (Gemeinde Muvumba[186], nahe der ugandischen Grenze) zu ermorden und damit den Terrorkrieg innerhalb Ruandas zu beginnen.[187]

6.1.1.1.2 Der RPF-Guerilla-Krieg ab Januar 1991

Der Gedanke der militärischen Rückeroberung war mit der RPF-Niederlage Ende Oktober 1990 nicht erledigt. Museveni konnte seine Verbündeten in den USA und London davon überzeugen, dass man dem von ihm zur Machteroberung angewandten Modell des Guerilla-Kriegs eine Chance geben sollte. Dafür bot sich Paul Kagame – insbesondere nach einer Fortbildungszeit in Fort Leavenworth in den USA – an. Er hatte sich nach Musevenis militärischem Sieg 1986 in seiner Funktion als Chef des militärischen Geheimdienstes als besonders kaltblütiger und skrupelloser Stratege hervorgetan. Schon im Januar 1991 setzte er mit einer schnellen Terroraktion im ruandischen Ruhengeri zur Befreiung einiger Insassen des ruandischen Hochsicherheitsstaatsgefängnisses eine „Duftmarke". Schnelligkeit und Terror blieben sein Markenzeichen.[188]

Dabei blieb die Kagame-Museveni-Strategie vor allem darauf gerichtet, insgeheim die internen Erfolge der mit ihnen verbündeten Habyarimana-Opposition zu diskreditieren. Jedes Mal, wenn die Opposition im Demokratisierungskampf gegen Habyarimana Punkte und damit Sympathie bei der Bevölkerungsmehrheit errungen hatte, brach Kagame alle Waffenstillstandsvereinbarungen und stellte damit auch die gegen Habyarimana gerichtete demokratische Bewegung in Ruanda bloß, die Frieden durch ihre Vereinbarungen mit der RPF-Armee versprochen hatte.

6.1.1.1.3 Der RPF-Angriff 1992

Nachdem Habyarimana seine Friedens- und Verhandlungsbereitschaft mit der RPF und Museveni dokumentiert[189] und dadurch auch intern wieder Boden

186 Bürgermeister der Gemeinde Muvumba war damals der vom OLG Frankfurt am 18.2.2014 zu 14 Jahren Gefängnis verurteilte Onesphore Rwabukombe.

187 Vgl. Collins 2014, S. 73.

188 Der belgische Oberstleutnant R. Anthierens hat auch beschrieben, wie die RPF Waffen hinter die Frontlinien eingeschleust hat, um sie zum gegebenen Zeitpunkt zu verwenden. Vgl. Onana 2014, S. 77/78.

189 Zuerst bei Waffenstillstandsgesprächen am 20.11.1990 mit dem ugandischen Staatspräsidenten Museveni, später in Goma im Rahmen der CEPGL. Ein formeller Waffenstillstand wurde am 29.3.1991 auf Vermittlung Mobutus in Nsele (Kinshasa)

gewonnen hatte, beschlossen die RPF und ihr Netzwerk, diese fast heile Welt zu stören und sowohl an der militärischen als auch an der propagandistischen Front Unruhe zu stiften. Obwohl auf verschiedenen Ebenen erste Friedensverhandlungen in Gang gekommen waren, nahm die RPF Übergriffe gegen die Tutsi-Bevölkerung in der Region Bugesera im März 1992 zum Anlass[190], unter Bruch der 1991 in Nsele und Gbadolite von Mobutu vermittelten Waffenstillstandsabkommen Ende Mai 1992 im Nordosten Ruandas anzugreifen. Kurzzeitig wurde die Präfekturhauptstadt Byumba besetzt, was eine Flüchtlingsbewegung von 350.000 armen Hutu-Bauern nach Süden auslöste.

Diese RPF-Erfolge wurden am 12. Juli 1992 in einem erneuten Waffenstillstandsabkommen – diesmal in Arusha unter tansanischer Vermittlung – festgeschrieben. Die RPF wurde mit einem kleinen Gebiet an der Grenze zu Uganda „belohnt". In der dort gelegenen früheren Teefabrik Mulindi errichtete Kagame sein Hauptquartier. Vorgeblich von diesem „befreiten" Gebiet aus – tatsächlich jedoch aus Uganda und/oder Burundi – verbreitete der RPF-Kurzwellen-Sender *Radio Muhabura* seine Propaganda zur Verunglimpfung der sich demokratisierenden Ordnung unter Staatspräsident Habyarimana. Parallel dazu gingen auf immer stärker werdenden Druck aus Belgien und der anglophonen Welt – mit immer aggressiver werdendem antifranzösischen Akzent – die Friedensverhandlungen zwischen Habyarimana und der RPF weiter.

Aber die RPF sah voraus, dass diese Verhandlungen sie eines Tages unter großen Druck zur Akzeptierung demokratischer Wahlen setzen könnten. Um dies abzuwenden, plante sie für Anfang 1993 eine militärische Aktion, die ihr die Macht in Kigali bringen sollte. Zur propagandistischen Vorbereitung dieses Angriffskriegs gelang es dem internationalen RPF-Unterstützungsnetzwerk, die internen Bemühungen der seit dem 16. April 1992 amtierenden Koalitionsregierung unter Ministerpräsident Dismas Nsengiyaremye zur Untersuchung der

---

zwischen Ruanda und der RPF geschlossen. Dabei wurde auch eine OAU-Beobachtermission (GOMN I) beschlossen. Dieses Nsele-Abkommen wurde am 16.9.1991 in Gbadolite/ Zaïre ergänzt.

190 Was damals wirklich geschah, ist noch immer umstritten. Die RPF macht die Habyarimana-Administration und bewusst provozierende Falschmeldungen von Radio Ruanda dafür verantwortlich, während eine Reihe von Beobachtern und der für die Aufrufe verantwortliche Chef des staatlichen Informationsamts Ferdinand Nahimana die Massaker in der Bugesera als Folge von RPF-Provokationen beschreibt, die die Mai-Angriffe 1992 rechtfertigen sollten. Vgl. insbesondere Nahimana 2007, Kapitel VII: Bugesera: Vérité occultée.

Tutsi-Morde in der Region Bugesera vom März 1992 in eine gegen Habyarimana gerichtete Aktion umzufunktionieren.[191]

6.1.1.1.4 Die „Internationale Untersuchungskommission" vom Januar 1993

Im Januar 1993 traf eine selbsternannte zehnköpfige „*Internationale Untersuchungskommission*"[192] in Ruanda ein, die vorgeblich die Menschenrechtsverletzungen in Ruanda untersuchen sollte. Ihr tatsächliches Ziel war aber die Vorbereitung eines Propagandacoups gegen Habyarimana.[193] Die „Chefideologen" dieser Gruppe waren der Vorsitzende der französischen gegen Mitterrand gerichteten Nichtregierungsorganisation *Survie*, Jean Carbonare, Jg.1926[194] und der kanadische Juraprofessor William Schabas[195], Jg. 1950. Als Erfinder der Aktion gilt Gasana Ndoba, ein in Europa lebender Exil-Tutsi mit besten Beziehungen

191 Der Vorgang ist nach meiner Einschätzung glaubhaft bei Nahimana 2007, S. 171 ff., beschrieben.

192 Offizielle Bezeichnung: *Commission Internationale d'Enquête sur les Violations des Droits de l'Homme au Rwanda depuis le 1er Octobre 1990* ; Hauptauftraggeber waren *Africa Watch* (New York) und die *Fédération Internationale des Droits de l'Homme* (Paris). Kommissionsmitglieder waren: Jean Carbonare (Paris), Philippe Dahinden (Lausanne), René Degni-Ségui (Abidjan), Alison Des Forges (New York und Buffalo/USA), Pierre Dodinval (Lüttich), Eric Gillet (Brüssel), Rein Odink (Amsterdam), Halidou Ouédraogo (Ouagadougou), André Paradis (Montréal) und William Schabas (Montréal). Welche Rolle der kanadische Professor und Politiker Edward Broadbent gespielt hat, damals Chef des „*Centre international des droits de la personne et du développement démocratique*" in Montréal, ist nicht ganz klar. Im Bericht wird er als Auskunftsperson erwähnt. Patrick Mbeko schreibt, Broadbent habe im Auftrag des damaligen kanadischen Ministerpräsidenten Brian Mulroney an der Kommission teilgenommen und zusammen mit William Schabas am 28.1.1993 in Brüssel den Bericht vorgestellt (Mbeko 2014, S. 43). Broadbent war von 1979–1989 einer der Stellvertreter von Willy Brandt in der Sozialistischen Internationale.

193 Wie man heute weiß, wurde bei dem historischen Treffen der Habyarimana-Gegner innerhalb der Koalitionsregierung mit der RPF in Brüssel (29. Mai - 3. Juni 1992) vereinbart, mit der Untersuchung nur Menschenrechtsorganisationen zu betrauen, von deren Affinität zu den bisherigen Oppositionsparteien und zur RPF man ausgehen konnte.

194 Jean Carbonare wurde nach dem RPF-Sieg Präsidentenberater in Kigali und ist am 17.1.2009 gestorben.

195 1999 wurde er Professor in Belfast und seit 2011 lehrt er an der Middlesex University in London.

zu Paul Kagame.[196] Ihm gelang es, die Habyarimana-kritische ruandische Menschenrechtsorganisation CLADHO zu bewegen, einen Antrag zur Einladung dieser Gruppe nach Ruanda zu stellen. Dem stimmte sogar Staatschef Habyarimana zu.

Im Rahmen dieser Gruppe trat die Amerikanerin Alison Des Forges erstmals ins internationale Rampenlicht. Sie hatte schon in Studentenzeiten als freiwillige Englischlehrerin in einem Tutsi-Flüchtlingslager Freundschaft mit den aus ihrer Sicht zu Unrecht unterdrückten Tutsi-Exilgruppen in Uganda und Burundi geschlossen. Sie blieb am Thema und hat später eine Doktorarbeit über das Tutsi-Königtum geschrieben[197].

Alison Des Forges war als Nachfolgerin von Rakiya Omaar[198] Ende 1992 die Aufgabe zugefallen, die *„Untersuchungskommission"* im Auftrag der US-Organisation *Africa Watch*, die kurze Zeit später Teil von *Human Rights Watch* wurde, zu organisieren.

Es war also eine Pro-Kagame-Gruppe, die vom 7. bis 21. Januar 1993 Ruanda bereiste und nach Beweisen für angebliche Verbrechen der etablierten Staatsordnung suchte. Dieser „Expertengruppe" ist nach zweiwöchigem Aufenthalt in Ruanda ein Coup von welthistorischem Ausmaß gelungen.

Bei der Rückkehr nach Europa berichteten die Kommissionsmitglieder Schabas und Carbonare am 22. Januar 1993 in Paris der Presse über ihre Reise[199] und erklärten, sie hätten Beweise, dass in Ruanda ein Völkermord gegen die Tutsi-Bevölkerung mit Hilfe von *Todesschwadronen* im Gange sei. Darüber habe ihnen bei einem Gefängnisbesuch der dort einsitzende Journalist Janvier

---

196 Vgl. hierzu Reyntjens 2009b, S. 69. Die Tatsache, dass Gasana Ndoba den faktischen RPF-Mann Jean Carbonare in die Kommission lancieren konnte, hat nach eigenem Bekunden Filip Reyntjens, der zwar zusammen mit dem belgischen, RPF-nahen Senator Willy Kuypers den Hinweis auf Janvier Afrika gegeben hatte, davon abgehalten, mit der Kommission nach Ruanda zu fliegen.

197 Diese Arbeit ist posthum 2011 in Buchform erschienen: Des Forges und Newbury 2011.

198 Die Somalierin Rakiya Omaar hat *Africa Watch* im September 1992 über Differenzen zur US-Politik in Somalia verlassen müssen und gründete später die Kagame nahestehende Organisation *African Rights.* In ihrer Anhörung im Prozess Regierung II hat Alison Des Forges am 2.6.2005 ihre Zusammenarbeit mit Rakiya Omaar widerwillig eingestanden.

199 Sie übergaben der Presse einen dem Habyarimana-Staat Völkermordplanung unterstellenden Bericht, der mir allerdings nicht vorliegt.

Afrika[200] genaue Informationen geben können. Ein für den ruandischen Präsidenten Habyarimana politisch vernichtender Schlag gelang Jean Carbonare, als er am 28. Januar 1993[201] live in der wichtigsten Abendsendung des französischen Fernsehsenders *France 2* dem Moderator Bruno Masure unter Tränen von den festgestellten Verbrechen berichtete[202] und behauptete, es sei völlig klar, dass das Habyarimana-Regime einen Völkermord vorbereite.

Ohne den Wahrheitsgehalt dieser Aussagen überprüft zu haben, schenkten große Teile der Welt dem als Kämpfer gegen den französischen Algerienkrieg ausgewiesenen Jean Carbonare und seinen „Experten"-Kollegen Glauben. Der RPF-Propagandasender *Radio Muhabura* nahm schon am 30. Januar 1993 das Stichwort auf und behauptete: *„Das Habyarimana-Regime beginnt eine Völkermordstrategie."*[203]

Belgien stellte seine Unterstützung von Habyarimana unmittelbar danach ein und auch Mitterrand begann auf Distanz zu ihm zu gehen.

Der Kommissions-Endbericht wurde erst am 8. März 1993 veröffentlicht.[204] Er enthält das Wort Völkermord nicht, aber eine damals verteilte Presseerklärung war *„Völkermord und Kriegsverbrechen in Ruanda"*[205] überschrieben. Dass

---

200 Janvier Afrika hat später eingestanden, dass dies eine freie Erfindung war. Zur Glaubwürdigkeit der Aussagen von Janvier Afrika ist wichtig zu wissen, dass im Rahmen einer vom französischen Berater der ruandischen Gendarmerie Oberst Michel Robardey angeregten Untersuchung zur Frage der Todesschwadronen der französische Polizeiausbilder Major Nicolas Corrière an einer Befragung der ruandischen Gendarmerie von Janvier Afrika im Gefängnis hatte teilnehmen können. Dabei ergab sich eindeutig, dass die Aussagen zu den angeblichen Todesschwadronen erfunden waren. Janvier Afrika kann nachweislich nicht an Besprechungen teilgenommen haben, bei denen er vorgab, anwesend gewesen zu sein. Robardey hat mir diese Informationen in einer privaten Korrespondenz am 8.1.2009 bestätigt.

201 Im Internet findet man häufig den 24.1.1993 als Datum der Sendung. Meine Nachforschungen haben ergeben, dass es der 28.1.1993 war.

202 Verfügbar unter: www.youtube.com/watch?v=wbDTfUgIjyE.

203 Nach Collins 2014, S. 26.

204 Der Abschlussbericht wurde am 8.3.1993 auf Französisch vorgelegt. Alison De Forges hat eine englische Übersetzung unter dem Titel *Report of The International Commission of Investigation on Human Rights Violations in Rwanda Since October 1, 1990. (January 7–21, 1993). Final Report* (Des Forges 1993) angefertigt. Die englische Fassung kann heruntergeladen werden unter: *http://www.hrw.org/reports/1993/03/01/report-international-commission-investigation-human-rights-violations-rwanda* .

205 Vgl. Melvern 2004b, S. 81. Melvern präzisiert, dass diese Presseerklärung von William Schabas verfasst worden ist.

der Bericht selbst moderater gefasst ist, ist dem Umstand geschuldet, dass inzwischen der brutale RPF-Angriff vom 8. Februar 1993 stattgefunden hatte und die RPF zurückstecken musste. Es war aber auch eine Diskussion entstanden, ob Schabas und Carbonare mit dem Völkermord-Vorwurf nicht zu weit gegangen sein könnten.[206]

Dass fast alles in diesem Bericht nicht der Wahrheit entspricht, wurde erst viel später – eine ganz wichtige Rolle spielte dabei die Veröffentlichung *Ça ne s'est pas passé comme ça à Kigali* des Kanadiers Robin Philpot aus dem Jahr 2003[207] – bekannt. Bei einer Anhörung im Auslieferungsverfahren gegen Léon Mugesera in Kanada gestand 2003 sogar Alison Des Forges ein, dass sich – weil der Bericht unter großem Zeitdruck entstanden sei – *„einige Beschuldigungen unvermeidbarerweise als falsch erwiesen haben.“*[208]

6.1.1.1.5 Der RPF-Machteroberungsversuch vom 8. Februar 1993

Es ist belegt, dass der seit einiger Zeit vorbereitete RPF-Angriff bis zur Rückkehr der *„Internationalen Untersuchungskommission“* und dem geschilderten Carbonare-Coup im französischen Fernsehen am 28. Januar 1993 verschoben worden ist.[209] Nun konnte der RPF-Machteroberungsversuch am 8. Februar 1993 gestartet werden.

---

206 Bis zu diesem Zeitpunkt war das Wort Völkermord fast ausschließlich mit dem Mord an Millionen Juden durch das Nazi-Regime in Zusammenhang gebracht worden. Aber in der Sache blieben die Autoren hart. Man suggerierte, es habe sich bei den im Bericht genannten Tutsi-Morden wohl um einen Völkermord gehandelt, der gemäß der Konvention von 1948 zur Bestrafung der Täter verpflichte. Allerdings wolle man nicht verschweigen, dass einige Juristen die Opferzahl für eine derartige Charakterisierung nicht für ausreichend hielten.

207 Dt. Bedeutung: *Das hat sich so in Kigali nicht zugetragen*. Philpot 2003. Insbesondere in Péan 2005 wird der Lügencharakter des Berichts und der Zusammenhang mit der engen Bindung eines großen Teils der Expertengruppe mit der RPF nachgewiesen. Aus ruandischer Sicht hat Nahimana 2007 viele Details hinzugefügt. Präsident Habyarimana und Ministerpräsident Dismas Nsengiyaremye haben in einer gemeinsamen Erklärung die Anschuldigungen der *„Kommission“* zurückgewiesen, aber dies wollte man nicht zur Kenntnis nehmen. Charles Onana schreibt zu Recht: *„Wie soll man glauben, dass in dem kleinen Ruanda eine Völkermordplanung der Aufmerksamkeit der besten Geheimdienste der westlichen Welt hätte entgehen können, die zwischen 1990 und 1994 in Ruanda präsent waren?“* (Onana 2014, S. 138).

208 Zitiert nach Collins 2014, S. 101.

209 Vgl. insbesondere Gasana 2002, wo auf S. 183 über einen Brief diesen Inhalts eines RPF-Funktionärs an die Zeitschrift ISIBO berichtet wird.

Der Vormarsch lief wie geplant und die RPF-Truppen standen bald vor Kigali.[210] Frankreichs am 22. Februar 1993 gestartete geheime Militäroperation unter Leitung von Oberst Didier Tauzin half der ruandischen Armee wenigstens die Einnahme der Hauptstadt zu verhindern.[211] Mitterrand schickte seinen Entwicklungsminister Marcel Debarge zu Museveni, um ihn dazu zu bewegen, auf die Einstellung des Machteroberungsversuchs zu drängen. Als Debarge am 3. März 1993 Mitterrand im Ministerrat über das Scheitern dieser Mission berichtet, wollte der schwerkranke französische Staatschef noch schnell vollendete Tatsachen schaffen. *„Der französische Staatschef kämpft gegen die Uhr um zwei Fälligkeiten zuvor zu kommen: seiner Krankheit und der ruandischen Niederlage.“*[212]

Dauerhaft konnte Mitterrand allerdings die Machteroberung der RPF nicht behindern. Entscheidend dabei war, dass Mitterrand Ende März 1993 die Parlamentswahlen verlor und zu einer Kohabitation mit den Gaullisten gezwungen war. Tauzin schildert, wie die neue Regierung unter Ministerpräsident Édouard Balladur sofort ein weiteres von Tauzin vorgeschlagenes französisches militärisches Engagement zur Verhinderung des RPF-Sieges ablehnte. Balladur war entschlossen, das französische militärische Ruanda-Engagement so schnell wie möglich zu beenden.[213]

Museveni und Kagame hatten im Februar 1993 wohl geglaubt, dass die gerade ins Amt eingeführte Clinton-Administration gegen ein *fait accompli* nichts unternehmen würde. Darin hatte man sich aber – vorerst noch – getäuscht.

In der Anfangszeit stellte man in Washington die auch von Mitterrand lange vertretene Strategie der Bush sen.-Administration, zwar eine Machtteilung in Kigali zu fördern, aber eine volle Machtübernahme der Rebellen zu verhindern, noch nicht in Frage. So musste sich das Gespann Museveni-Kagame einverstanden erklären, sich auf die Positionen vor dem 8. Februar 1993 zurückzuziehen.

---

210 Ob die USA und auch Deutschland schon vorab informiert waren und mit einem längeren Krieg rechneten, weiß man nicht genau. Dass beide schon ab dem 18.2.1993 begannen ihre Landsleute abzuziehen, wird als Indiz dafür angesehen. Vgl. Onana 2014, S. 119.

211 Erst 2011 beschrieb Didier Tauzin, Jg. 1950 – seit 2006 pensionierter General – diesen Einsatz im Jahr 1993 detailliert (Tauzin 2011). Dies und sein Einsatz in der *Opération turquoise* 1994 haben Tauzin den Hass der RPF eingetragen, die ihn 2007 im Mucyo-Bericht (Mucyo 2007) als einen der Beihelfer zum Völkermord verunglimpfte.

212 Onana 2014, S. 147.

213 In Tauzin 2011.

Dazu hat auch beigetragen, dass beim Februar-Angriff etwa 40.000 Hutu-Zivilpersonen umgebracht wurden[214], was selbst die RPF-Verbündeten erschreckt hat. Dies war zum Zeitpunkt der Vorlage des Endberichts der *„Internationalen Untersuchungskommission“* am 8. März 1993 bekannt, wurde aber heruntergespielt. So findet sich nur der verharmlosende Satz im Endbericht, bei den Hutu-Toten habe es sich um Hutu-Gegner der Präsidentenpartei MRNDD und der neuen Hutu-Partei CDR gehandelt. Man erklärte sie gleichsam nach dem Kriegsvölkerrecht zu im Krieg gefallenen Toten. Dabei hätte man sich die Frage stellen müssen, ob sie – weil es nur Opfer einer ethnischen Gruppe waren – Opfer im Sinne der Genozid-Konvention gewesen sind.

Zur Abmilderung dieses mörderischen RPF-Effekts unternahm Mitte Mai 1993 der sozialdemokratische niederländische Entwicklungsminister Jan Pronk[215], seit langem ein Verbündeter der RPF, einen Blitzbesuch nach Kigali. Bei seiner Rückkehr verurteilte er nicht den RPF-Angriff vom 8. Februar 1993, sondern ahmte vor der Presse den tränenreichen Auftritt von Jean Carbonare nach und beschuldigte das Habyarimana-Regime schlimmer Gräueltaten.[216]

Der erzwungene RPF-Rückzug auf die Positionen vor dem 8. Februar 1993 war für die RPF aber nicht so ungünstig, wie man vermuten würde. Denn der Angriff hatte im Norden Hutu-freie Gebiete bewirkt, was ihr nach einem Sieg die Etablierung ihrer Herrschaft erleichtern sollte. Etwa 750.000 Hutu-Bauern waren vor den Aggressoren nach Süden geflohen und bildeten zusammen mit den schon 1992 aus dem Norden dorthin geflohenen Bauern im Raum Kigali interne Flüchtlingslager von etwa einer Million Menschen. Zudem musste die ruandische Regierung am 30. Mai 1993 in dem in der Unterpräfektur Kinihira (Präfektur Byumba) von Verteidigungsminister James Gasana mit der RPF unterzeichneten Abkommen die Entmilitarisierung der von der RPF kurzzeitig besetzten Gebiete zugestehen.[217]

---

214 Die Zahl wurde von James Gasana genannt, der sich dabei auf eine Untersuchung von Forschern der Universität Butare stützt. Sie haben die Zahlen am 19.2.1993 in einem Schreiben an Papst Johannes Paul II genannt. (Gasana 2002, S. 185). Die Zahl 40.000 ist auch in einem Bericht von Remigius Kintu, einem zur ugandischen Oppositionspartei *Ugandan Democratic Coalition* (UDC) gehörenden in den USA lebenden Ugander, genannt, der im März 1993 Ruanda besucht und die Folgen der Invasion gesehen hat. (Nach Onana 2005a, S. 365).

215 Pronk hatte in Deutschland großen Einfluss auf die SPD und die Grünen für deren positive Positionsergreifung zugunsten der RPF. Pronk hat 1994 auch für die Anfangsfinanzierung des Arusha-Gerichts gesorgt. Vgl. Goldstone 2000, S. 114.

216 Vgl. *Kölner Stadt Anzeiger*, 18.5.1993.

217 Im Abkommen von Kinihira wurden auch Kommunalwahlen in der entmilitarisierten Zone vereinbart, die im November 1993 zum Fiasko für die RPF wurden.

Zur Überwachung der entmilitarisierten Zone wurde eine weitere - von Museveni zugunsten der RPF manipulierte - OAU-Beobachterkommission GOMN II beschlossen.

Es ist aus heutiger Sicht kaum zu verstehen, dass die bisherigen Oppositionsparteien (MDR, Parti Libéral und PSD) - seit dem 16. April 1992 Partner der Habyarimana-Partei MRNDD[218] in der Koalitionsregierung - nach außen[219] so taten, als sei nichts geschehen und auf eine zügige Weiterverhandlung eines Friedensabkommens mit der RPF drangen. Es gelang ihnen - Ministerpräsident Edouard Balladur drängte den französischen Staatspräsidenten in diese Richtung - Frankreich eine Zusage für den Abzug seines Militärkontingents für den Fall des Abschlusses eines Friedensvertrags mit der Bildung einer Übergangsregierung sowie der Etablierung einer UNO-Friedensmission abzuringen.[220] Dies war für die RPF der entscheidende Grund, dem Arusha-Abkommen vom 4. August 1993 zuzustimmen, obwohl darin demokratische Wahlen vorgesehen waren, von denen die RPF wusste, sie könne sie nicht gewinnen. Die Perspektive, zum gegebenen Zeitpunkt ohne französische militärische Behinderung einen militärischen Durchmarsch unternehmen zu können, rechtfertigte, wie man später sehen konnte, dieses Risiko.

6.1.1.2 Innenpolitische Entwicklung bis zum Friedensvertrag vom 4. August 1993

In einem historischen Schritt zurück soll noch kurz beschrieben werden, wie der ruandische Staat auf die diversen ruandisch-ugandischen Angriffskriege seit

---

Die 18 gewählten Gemeinderäte gehörten alle der MRNDD an, worauf die RPF sie ermorden ließ (Vgl. Karemera 2012, S. 131). General Dallaire hat diese Morde nie untersuchen lassen.

218 Die bisherige Staatspartei MRND hat bei der Umwandlung in eine demokratische Partei beim Kongress am 8.4.1991 Struktur und Namen geändert. Sie hieß nun offiziell MRNDD (*Mouvement Républicain National pour la Démocratie et le Développement*). Nach dem neuen Parteiengesetz wurde sie unter diesem Namen am 5.7.1991 als demokratische Partei zugelassen, benutzte aber nach außen weiterhin ihre traditionelle Abkürzung MRND. Das hat ihren Gegnern die Behauptung erleichtert, inhaltlich sei die MRNDD mit der früheren Staatspartei MRND identisch. Ich verwende in diesem Buch die Abkürzung MRNDD immer dort, wo die neue demokratische Partei gemeint ist.

219 Man weiß heute aber, dass der Angriff vom 8.2.1993 der Beginn von Auseinandersetzungen innerhalb der Habyarimana-kritischen Parteien der Koalitionsregierung war.

220 Tatsächlich verließen die französischen Soldaten Ruanda am 15.12.1993, noch vor Etablierung der Übergangsregierung unter Faustin Twagiramungu und noch bevor die UNO-Friedensmission UNAMIR wirklich funktionsfähig war.

dem 1. Oktober 1990 reagiert hat. Dabei ist zuerst die monatelange Internierung einer großen Zahl von Inlandstutsi im größten Stadion des Landes zu erwähnen, mit der Habyarimana in kürzester Zeit die anfängliche internationale Verurteilung des erneuten RPF-Angriffs verspielt hat. Die RPF-Propaganda, er sei doch eben nur ein Hutu-Extremist, begann zu wirken.

Obwohl Habyarimana schon am 21. September 1990 die Bildung einer nationalen Kommission zur Vorbereitung der Demokratisierung des Landes (*Commission Nationale de Synthèse*) angekündigt hatte, behauptete die RPF immer, Habyarimana wolle die nach der Konferenz von La Baule im Juni 1990 Mitterrand gegenüber gegebene Zusage zur demokratischen Öffnung seines Landes nicht umsetzen. Sie verbarg hinter diesen Anschuldigungen, dass die Demokratisierung des Landes überhaupt nicht in ihrem Interesse lag. Sie versuchte deshalb in der Folge, jeden Demokratisierungsschritt Habyarimanas zu verhindern.

6.1.1.2.1 Demokratisierung

Insbesondere Frankreich drängte Habyarimana[221] mit Hinweis auf sein beim Kampf gegen den RPF-Angriff im Oktober 1990 bewiesenes militärisches Engagement zum Schutz der demokratischen Modernisierung, den zugesagten Demokratisierungsweg nicht zu verlassen.

Und Habyarimana folgte dieser Vorgabe, obwohl jedem klar war, dass eine Demokratisierung unter den Bedingungen des von der RPF im Januar 1991 wieder aufgenommenen Kriegs ein höchst schwieriges Unternehmen war. Im Mai 1991 löste er schließlich alle Tutsi-Internierungscamps auf. Im Juni 1991 trat eine demokratische Verfassung in Kraft. Parteien konnten gegründet werden.

Am 16. April 1992 konnte der bisherige Oppositionspolitiker Dismas Nsengiyaremye (MDR) eine Koalitionsregierung aus der Habyarimana nahestehenden Partei MRNDD[222] und den neuen Parteien MDR, PSD und PL, allerdings unter Ausschluss der besonders RPF-kritischen, im März 1992 gegründeten Partei CDR (*Coalition pour la Défense de la République*) bilden.[223]

Den bisherigen Oppositionsparteien wurde die Kooperation mit der RPF dadurch erleichtert, dass sie sich nach dem Tod von Fred Rwigyema in einen

---

221 Dieser Aspekt wird von dem langjährigen Ruanda-Botschafter in Paris, Jean-Marie Vianney Ndagijimana, anschaulich dargestellt in Ndagijimana 2012.

222 Formal war Habyarimana zu diesem Zeitpunkt noch MRNDD-Vorsitzender, gab diese Funktion aber nach langer Kritik durch die Koalitionspartner am 30. 3.1993 ab.

223 Ein Versuch Habyarimanas, schon am 1.10.1991 eine Regierung der Öffnung unter Sylvestre Nsanzimana ohne Parteienbindung zu etablieren, war misslungen und hat das Klima zwischen Habyarimana und den neuen Parteien nachhaltig vergiftet.

militärischen (APR) und einen zivilen Flügel aufgeteilt hatte. Politischer, aber ziemlich einflussloser Vorsitzender wurde der Habyarimana-abtrünnige Oberst Alexis Kanyarengwe. Der Hutu Alexis Kanyarengwe war früher ruandischer Oberst aus dem engsten Umfeld von Habyarimana und ist 1980 ins Exil gegangen, weil man ihn eines Umsturzversuchs verdächtigte. Später hat er sich der RPF angeschlossen.[224]

Nach außen half der RPF auch das Prestige, das der langjährige Habyarimana-Opponent, der Hutu Seth Sendashonga, mit seinem RPF-Beitritt der Rebellion eingebracht hat.[225]

Die Habyarimana-Opposition innerhalb der Koalitionsregierung organisierte am 29. Mai 1992 ein Treffen mit der RPF in Brüssel und vereinbarte einen Fahrplan für einen Friedensvertrag. Obwohl die Koalitionsregierung innerlich gespalten war, kamen Verhandlungen mit der RPF im tansanischen Arusha in Gang. Unter dem Demokratisierungsaspekt ist vor allem das Abkommen über den Rechtsstaat vom 18. August 1992 bedeutsam.[226] Am 9. Januar 1993 wurde dann als weitere wichtige Etappe das Machtteilungsabkommen für eine künftige Übergangsregierung [227] unterzeichnet.

Trotz des RPF-Angriffs vom 8. Februar 1993 fühlte sich Habyarimana zur Fortführung der Friedensverhandlungen durch den demokratischen Wahlsieg des Hutu Melchior Ndadaye am 1. Juni 1993 in Burundi ermuntert. Für Habyarimana war damit das Risiko einer Störung durch das langjährige Tutsi-Militärregime reduziert. So wagte er am 4. August 1994 in Arusha die Unterzeichnung eines globalen Friedensvertrags mit der RPF.

---

224 Erst am 15.2.1998 setzte Kagame Kanyarengwe, der inzwischen auch Minister in der RPF-Ordnung war, als RPF-Chef ab und übernahm den Posten selbst. Er war ein Beispiel dafür, was häufig als „Hutu vom Dienst" in der RPF bezeichnet wurde.

225 Seth Sendashonga war 1973 nach einem Zusammenstoß mit dem neuen Staatschef Habyarimana über dessen Politik in der ethnischen Frage ins Exil gegangen und ließ sich von der RPF mit einer Satzungsänderung einfangen, die verhindern sollte, sie als Tutsi-Bewegung einzustufen. Nach dem RPF-Sieg wurde er Innenminister der neuen Regierung, wurde aber schon 1995 ausgebootet, als er sich gegen die Machtkonzentration im neuen Staat bei den Tutsi-Exilanten wehrte. Er ging wieder ins Exil und wurde am 16.5.1998 in Nairobi ermordet. Seine Freunde haben ihm zum 15. Gedenktag 2013 ein interessantes Büchlein gewidmet, dessen Untertitel *„Un Rwandais pris entre deux feux"* (Ein zwischen zwei Feuern gefangener Ruander) die persönliche Tragik Sendashongas gut charakterisiert (Guichaoua 2013) .

226 Es ist als Protokoll II in den Arusha-Friedensvertrag vom 4.8.1993 eingegangen.

227 Die Vereinbarung ist als Protokoll III in den Arusha-Friedensvertrag vom 4.8.1993 eingegangen.

6.1.1.2.2 Ruandische Armee

Die kleine ruandische Armee hatte sich – wenngleich mit ausländischer Hilfe – im Kampf gegen die Invasoren vom 1. Oktober 1990 behaupten können. Aber ihre Kampfmoral hat im folgenden Guerilla-Kampf sehr gelitten. Gerade weil sie ihre Schwächen kannte, hat sie den Prozess eines Verhandlungsfriedens mit der RPF mitgetragen. Die Streitkräfte haben – manche Militärs waren schockiert – auch den zivilen Verteidigungsminister James Gasana in der Koalitionsregierung vom 16. April 1992 ohne größeres Murren akzeptiert.[228] Vor allem der RPF-Angriff vom 8. Februar 1993, bei dem Ruanda hart am Rande einer militärischen Niederlage entlang geschrammt war, zeigte den Militärs, dass mit einem militärischen Sieg über die RPF nicht zu rechnen war. Man sah sich zur Akzeptierung der erst am Vorabend der Unterzeichnung des Friedensvertrags geschlossenen Vereinbarung über die Integration der Streitkräfte mit ihren weitgehenden Konzessionen an die RPF gezwungen.[229]

6.1.1.2.3 Die internen Flüchtlinge

Die seit Ende Februar 1993 um Kigali herum in äußerst prekären Umständen vegetierende eine Million interner Hutu-Flüchtlinge hat den ruandischen Staat faktisch unregierbar gemacht. Habyarimana hatte dem internationalen Druck, eine schnelle Verhandlungslösung mit der RPF zu erreichen, nichts mehr entgegenzusetzen. Hinzu kam, dass in der nach dem Angriff vom 8. Februar 1993 vereinbarten entmilitarisierten Zone die RPF mehr oder weniger ungestört von ihrem Hauptquartier in Mulindi aus auf ruandischem Territorium ihren Einfluss ausbreiten konnte. Habyarimana war nur noch Präsident eines machtlosen „Reststaats".

6.1.1.2.4 Die Opposition

Die zunehmende Schwäche des Regimes hat das zur MRNDD in Opposition stehende Parteienbündnis in der Überzeugung bestärkt, dass es den Sturz

228 Man weiß heute, dass die anonyme Organisation *AMASASU*, die sich als extreme Hutu-Verschwörung gegen den zu nachgiebigen Staatspräsidenten ausgab und James Gasana persönlich bedrohte, ein Propagandaschlag der RPF war. Er war erfolgreich, denn Gasana verließ das Land, weil er die Drohung ernst nahm. Die RPF hat erreicht, was sie wollte, denn der zivile, aber integre Verteidigungsminister James Gasana war gerade dabei, die Kampfmoral der Armee wiederherzustellen.

229 Die Vereinbarung vom 3.8.1994 fußte auf den vom 19.-25.7.1993 im ruandischen Kinihira ausgehandelten Abmachungen und ging als Protokoll V in den Arusha-Friedensvertrag vom 4.8.1993 ein.

Habyarimanas erreichen und später in demokratischen Wahlen die RPF in ihre Schranken weisen könnte. Die Opposition war deshalb an einem schnellen Abschluss eines Friedensvertrages interessiert und zur Erreichung dieses Ziels zu sehr weitgehenden Konzessionen bereit.

6.1.1.2.5 Radio Télévision Libre des Milles Collines (RTLM)
Da Habyarimana durch die mit der Opposition ausgehandelte Verfassung 1991 viele seiner früheren Prärogativen wie z.B. die Kontrolle des Staatsrundfunks verloren hatte, versuchte er mit Hilfe der völlig legalen Gründung des privaten Rundfunksenders RTLM eine Stimme für die ihm nahestehende MRNDD als Gegengewicht zu dem RPF-Sender *Radio Muhabura* zu schaffen. Der Sender RTLM war allerdings erst nach Abschluss des Arusha-Friedensvertrags vom 4. August 1993 technisch in der Lage auf Sendung zu gehen. Während der Verhandlungen hatte die RPF mit ihrem Sender *Radio Muhabura* praktisch die „Lufthoheit", um Habyarimanas Friedensbereitschaft in Frage zu stellen und den Habyarimana-Staat zu verunglimpfen. Nach der Vertragsunterzeichnung und dem Beginn der Sendungen von RTLM prangerte die RPF und ihr weltweites Unterstützungssystem den neuen Sender sofort als rassistischen Hutu-Extremistensender an [230]. Es gelang dem Tutsi-Exil so, die rassistischen Verunglimpfungen der Hutu-Bevölkerung durch sein eigenes Radio *Muhabura* vergessen zu machen.

6.1.2 Der Arusha-Friedensvertrag vom 4. August 1993

Die Clinton-Administration schwenkte im Einklang mit den Gruppen, die im Januar 1993 die *„Internationale Untersuchungskommission"* getragen hatten, immer offener auf die Museveni-Kagame-Strategie zur Verteufelung von Habyarimana ein. Der Druck auf Habyarimana wurde erhöht, bei den Arusha-Verhandlungen schnell den RPF-Forderungen zuzustimmen und einen Friedensvertrag zu unterschreiben, der ihn weitgehend entmachtete.[231]

Man hat zuweilen gefragt, warum Habyarimana dem Druck nicht länger widerstand.[232] Vielleicht haben dabei Versprechungen für eine friedliche Lösung

230 Dass er das vor dem 6. April 1994 nicht war, musste selbst das Arusha-Gericht 2007 im Berufungsgerichtsurteil des sog. Medien-Prozesses konzedieren.

231 Das politische Intrigenspiel bei den Verhandlungen in Arusha ist relativ ausführlich beschrieben bei Jones 2001.

232 Jean Kambanda, der vom Arusha-Gericht zu lebenslanger Haft verurteilte Premierminister der ruandischen Interimsregierung 1994 hat 2012 in seinem Buch die Vermutung geäußert, Habyarimana sei von RPF-Sympathisanten in seinem Umfeld

des Konflikts mit den Exil-Tutsi durch Vertreter der amerikanischen National-Prayer-Braekfast-Bewegung eine Rolle gespielt. Sein Gegenspieler Museveni gehörte der Bewegung seit langem an und der deutsche Vertreter Rudolf Decker hat Habyarimana in diesem Sinne umgarnt.[233] Wichtig war auch, dass der „Frühstücksbeter" David Rawson, bevor er im Dezember 1993 US-Botschafter in Kigali wurde, bei den Arusha-Verhandlungen als graue Eminenz die Interessen der Clinton-Administration vertreten hat.

Am 4. August 1993 unterzeichnete Staatschef Habyarimana schließlich zusammen mit dem formalen RPF-Vorsitzenden Alexis Kanyarengwe einen Rahmenvertrag, mit dem die seit 1992 ausgehandelten sechs Protokolle in Kraft gesetzt wurden. Dass der tatsächliche RPF-Chef Paul Kagame eine Unterschrift unter diesen Vertrag vermied, deutet darauf hin, dass er sich keineswegs daran gebunden fühlen wollte, um – wie sich zeigte – ihn bei passender Gelegenheit leichter für null und nichtig erklären zu können. Dass Habyarimana zusammen mit dem „Hochverräter" Kanyarengwe den Friedensvertrag unterzeichnen musste, wurde von vielen als unverzeihliche Schmach und als Triumpf Kagames angesehen.

Zentral waren darin

a) der Beschluss über die Bildung einer Übergangsregierung (*gouvernement de transition*) unter Faustin Twagiramungu, obwohl ihn seine Partei MDR abgesetzt und Jean Kambanda für den Posten nominiert hatte[234] und

b) das erst am 3. August 1993 im Protokoll V über die Streitkräfte festgelegte Zugeständnis, die beiden kämpfenden Einheiten im Verhältnis 60:40 zu einer neuen Armee zu vereinigen, wobei jedoch die Kommandoposten 1:1 aufgeteilt werden sollten. Damit war klar, dass der Reststaat militärisch neutralisiert war. *„Um dem Schaden auch noch die Kränkung hinzuzufügen"*[235], musste die Regierung nicht nur der Stationierung von 600 RPF-Soldaten in Kigali zum Schutz ihrer Politiker, die zur Vorbereitung der Etablierung der Übergangsregierung

hintergangen worden. Er nennt in diesem Zusammenhang den damaligen Leiter der Präsidialkanzlei Enoch Ruhigira (siehe Kambanda 2012, S. 150). Dieser soll ebenfalls zum Prayer-Braekfast gehört haben. Siehe hierzu Guichaoua 2010, S. 113.

233 Decker hat in verschiedenen Schriften seine Rolle in der Ruanda-Katastrophe schönzuschreiben versucht. Siehe vor allem Decker 1998b.

234 Zur Einsetzung dieser Regierung kam es nie.

235 Collins 2014, S. 112.

nach Kigali kommen sollten, zustimmen, sie musste sogar konzedieren, dass sie im Parlamentsareal untergebracht werden sollten.

Habyarimana setzte Vertrauen in die im Abkommen vorgesehenen demokratischen Wahlen nach 22 Monaten zur Ablösung der Übergangsordnung.

Die Übergangsordnung sollte durch eine UNO-Friedenstruppe abgesichert werden,[236] mit der zugleich der Abzug der französischen Einheiten, der letzten ausländischen militärischen Unterstützung Habyarimanas, erfolgen sollte. Zum Zeitpunkt der Vertragsunterzeichnung hatte auch die Clinton-Administration versprochen, dieser Blauhelmtruppe amerikanische Soldaten zur Verfügung zu stellen.

Der Einsatz der UNO-Truppen (UNAMIR/MINUAR) wurde am 5. Oktober 1993 vom VN-Sicherheitsrat beschlossen, allerdings entgegen der früheren Zusagen ohne amerikanisches Kontingent.[237] Clinton hatte nach dem Somalia-Debakel am 3. Oktober 1993 die „Flucht aus Afrika" beschlossen und dies sofort in die Tat umgesetzt.

6.1.3 Die Ndadaye-Ermordung am 21. Oktober 1993 und die Etablierung der UNAMIR

Ein ganz zentrales Ereignis zur Schwächung des Habyarimana-Reststaates hatte sich am 21. Oktober 1993 in Burundi ereignet. Der erst vor drei Monaten demokratisch ins Amt gekommene Staatspräsident Melchior Ndadaye (erstmals ein Hutu) wurde bestialisch ermordet. Die USA nahmen dies konsequenzenlos hin.

Alle diejenigen, die sich mit der „Lösung der Habyarimana-Frage" befassten, konnten nun sicher sein, dass von der burundischen Flanke keine Probleme mehr für eine militärische Machteroberung in Kigali ausgingen. Dafür nahm man in Kauf, dass dieses Ereignis zur innenpolitischen Stabilisierung Habyarimanas beitragen würde, weil dadurch die schon nach dem Angriff vom 8. Februar 1993 im Oppositionslager aufgetretenen Risse sich zwangsläufig vertiefen mussten.

Und tatsächlich spalten sich ab diesem Zeitpunkt alle bisherigen Oppositionsparteien schrittweise in zwei Flügel auf. Eine Gruppe hielt an der Kooperation

---

236 Bis zur Etablierung dieser UNO-Friedensmission UNAMIR wurde eine von der OAU dominierte – also RPF-freundliche – UNO-Beobachtergruppe (*United Nations Observer Mission Uganda-Rwanda*/ UNOMUR) eingesetzt.

237 Der Vorgang wird von dem Augenzeugen Richard A. Clarke gut beschrieben (Clarke 2004).

mit der RPF fest, eine andere vermutete hinter dem Ndadaye-Mord die Hand Kagames und näherte sich wieder dem Habyarimana-Lager.[238]

Für die RPF war aber entscheidend, dass am 28. Dezember 1993 tatsächlich das im Arusha-Friedensvertrag vereinbarte 600-Mann starke RPF Bataillon in einem provozierend-ostentativen 4-km-langen Konvoi in Kigali eintraf.[239] Der Konvoi wurde von Soldaten des bis dahin eingetroffenen UNAMIR-Teilkontingents eskortiert, deren Hauptkontingent erst im Januar 1994 nach dem Abzug der französischen Soldaten am 15. Dezember 1993 in Ruanda eintraf.[240] Die RPF konnte mit den Vorbereitungen für die Wiederaufnahme des Kriegs beginnen.

Der RPF kam entgegen, dass sich der Start der UNAMIR schwierig gestaltete. Chef der Operation sollte ein Sonderbeauftragter des UNO-Generalsekretärs für Ruanda werden. Aber dessen Nominierung verzögerte sich, weil der ursprünglich vorgesehene Kandidat aus gesundheitlichen Gründen ausfiel. So traf der schließlich nominierte frühere kamerunische Außenminister Jacques-Roger Booh Booh erst am 23. November 1993, einen Monat nach dem kanadischen Truppenkommandeur General Roméo Dallaire, in Ruanda ein. Dallaire hatte zu diesem Zeitpunkt schon seine Machtposition gefestigt. Er umging mit Billigung Washingtons seinen Vorgesetzten Booh Booh nach Kräften.[241] Dallaire kooperierte direkt mit Kofi Annan, dem der Clinton-Administration nahestehenden Chef der Abteilung für Friedenseinsätze (*Department for Peacekeeping Operations* /DPKO). Für Kofi Annan und Madeleine Albright war Booh Booh als Mann des frankophilen UNO-Generalsekretärs Boutros-Ghali zu Frankreich-freundlich. Dallaire hat sich bis zum Ende seines Mandats als eigentlicher UNAMIR-Chef verstanden und kaum mit Booh Booh kooperiert.

Die Vorgänge der nächsten Monate zeigten, dass der Truppenkommandeur Roméo Dallaire nichts gegen die RPF-Vorbereitungen für einen neuen Waffengang unternahm, aber seinen belgischen Stellvertreter Oberst Luc Marchal im

---

238 Die Habyarimana-Gegner erfanden für die zur Zusammenarbeit mit Habyarimana bereiten Parteiflügel die diskriminierende Bezeichnung *„Hutu-Power-Parteien"*. Zur Entstehung des Begriffs Hutu-Power siehe Abschnitt 6.5.15.

239 RTLM meldete ebenso provozierend: *„Die inyenzi sind in der Hauptstadt angekommen"*. (Collins 2014, S. 123).

240 Jones schreibt, am 27.12.1993 verfügte General Dallaire nur über 1.260 der vorgesehenen 2.500 UNO-Blauhelme. Erst am 6.1.1994 beschloss der UNO-Sicherheitsrat die Auffüllung des Kontingents auf Sollstärke (vgl. Jones, 2001, S. 108).

241 Booh Booh hat sich 2005 in einem Büchlein verbittert über die *„dérives"* (Ableitungen/Entgleisungen) von Dallaire ihm gegenüber und über Dallaires RPF-Neigungen geäußert. (Booh Booh 2005).

Glauben ließ, es ginge auch ihm um die Umsetzung des Arusha-Friedensvertrags. Bei dieser Überzeugung blieb in Übereinstimmung mit seinem schriftlichen Mandat fatalerweise auch Booh Booh.

Dass ein neuer Krieg bevorstand, hatte schon am 30. November 1993 der ruandische Botschafter in Bujumbura, Sylvestre Uwibajije, dem Außenminister der Regierung von Agathe Uwilingiyimana, Anastase Gasana[242], berichtet. Er habe erfahren, die RPF dränge die weiterhin Tutsi-kontrollierte burundische Armee, keine jungen ruandischen Exil-Tutsi mehr aufzunehmen, weil man sie für den unmittelbar bevorstehenden Krieg gegen Ruanda brauche.[243]

Zur Vorbereitung dieses Kriegs gehörte dann neben der Beseitigung von Staatspräsident Juvénal Habyarimana auch die Ermordung des burundischen Staatspräsidenten Cyprien Ntaryamira, der erst am 5. Februar 1994 nach einem langen Tauziehen mit der Tutsi-Partei UPRONA von der burundischen Nationalversammlung zum Nachfolger von Melchior Ndadaye gewählt worden war.

Denn nach dem Ndadaye-Mord war in Burundi Chaos ausgebrochen. Auf dem Lande massakrierten Teile der Hutu-Bevölkerung viele Tutsi, worauf die Armee eine systematische Mordwelle an der Hutu-Bevölkerung in Gang setzte. Dies löste wiederum eine große Hutu-Fluchtwelle nach Ruanda aus. Ein Teil dieser frustrierten, in Lagern in Südruanda lebenden Flüchtlinge schloss sich nach dem 6. April 1994 den Hutu-Mörderbanden an.[244]

6.1.4 Das Attentat vom 6. April 1994 und der RPF-Eroberungskrieg

Alle Versuche Habyarimanas, die Übergangsordnung zu etablieren, sind gescheitert. Er hat zwar am 5. Januar 1994 den Amtseid auf die im Arusha-Vertrag enthaltene neue Verfassung abgelegt, aber die RPF – nun eine ruandische Partei – hat die Einsetzung der Übergangsregierung unter Faustin Twagiramungu verhindert. Für viele Beobachter war da endgültig klar, dass die RPF sich nicht an das Arusha-Abkommen halten wollte.

---

242 Weil Sylvestre Uwibajije als PSD-Mitglied zu den Habyarimana-Gegnern gehörte, hatte er Kontakt zur RPF in Bujumbura und war deshalb gut informiert. Anastase Gasana lebt heute (vgl. Musabyimana und Neretse 2014, S. 151) in den USA.

243 Nach: Musabyimana und Neretse 2014, S. 296. Der Bericht wurde auch im Verfahren Militär II des Arusha-Gerichts vom Verteidiger Gilles Saint-Laurent am 9.10.2006 herangezogen.

244 Vgl. hierzu neben vielen anderen Schriften zu diesem Thema die Schrift des heutigen burundischen Botschafters in Berlin Edouard Bizimana und seiner Frau Veronique Barindogo (Bizimana und Barindogo 2014, S. 92 ff.).

Mit dem Abschuss des ruandischen Präsidentenflugzeugs wurden zwei Staaten führungslos und zugleich wurde die ruandische Armeeführung tödlich getroffen. Denn an Bord befanden sich auch der Generalstabschef Déogratias Nsabimana, der Präsidentenschwager Oberst Elie Sagatwa und der frühere Chef der Präsidentengarde Major Thaddée Bagaragaza. Das beabsichtigte Machtvakuum in Ruanda war erreicht.

Habyarimana war auf verschiedenen Kanälen über die Möglichkeit seiner Ermordung gewarnt worden. Dass Habyarimana sich der Gefahr bewusst war, hat er am 4. April 1994 Mobutu bei einem Blitzbesuch in Gbadolite berichtet.[245] Zu den Warnern gehörten auch die Tutsi Emile Nyungura[246] und Antoine Ntashamaje[247]. Auch sein guter Bekannter Phocas Habimana[248] warnte ihn noch am

245 Darüber hat Mobutus letzter Geheimdienstchef Honoré Ngbanda ausführlich berichtet (vgl. Ngbanda 1998 und Ngbanda 2004).

246 Der PDS-Politiker Emile Nyungura kannte aufgrund seiner guten Kontakte zum Tutsi-Exil die RPF-Pläne zur Ermordung von Juvénal Habyarimana, zu dem er immer einen guten Kontakt bewahrt hat. Nyungura verurteilte die Gewaltpolitik der RPF und hat deshalb Habyarimana gewarnt, er solle nicht nach Daressalam fliegen. Davon soll die RPF erfahren haben. Diesen Verrat musste Nyungura am 12. April 1994 mit seinem Leben bezahlen. Alison Des Forges schrieb: *„Am 12. April 1994 sollen RPF-Soldaten, die sich als Regierungstruppen verkleidet hatten, Emile Nyungura, einen führenden PSD-Politiker, ermordet haben“* (Des Forges 2002, S. 831). Sein Sohn Cornelius Nyungura, der in Kanada unter dem Namen „Corneille“ ein sehr bekannter Sänger wurde, wurde nach der Ermordung seiner Eltern von der Familie von Matthieu Ngirumpatse, der vom Arusha-Gericht am 29.9.2014 letztinstanzlich zu lebenslanger Haft verurteilt wurde, versteckt und gerettet.

247 Der frühere Habyarimana-Minister Antoine Ntashamaje, Jg. 1928, der 1990 der von Habyarimana einberufenen Kommission zur Vorbereitung der Demokratisierung angehört hatte und dessen Sohn Gérard Offizier bei der RPA war, verurteilte die Pläne zur Ermordung Habyarimanas und hat die Redaktion von RTLM darüber informiert, als seine Warnungen innerhalb seiner Gruppe nichts gefruchtet hatten. Deshalb konnte dieser Radiosender am 4.4.1994 über die bevorstehende Ermordung Habyarimana berichten, was später fälschlicherweise als Beweis dafür ausgelegt wurde, "Hutu-Extremisten" seien für das Attentat verantwortlich. (Diese Details hat Ferdinand Nahimana in Nahimana 2007, S. 372 berichtet.) Wie Emile Nyungura wurde auch Antoine Ntashamaje wahrscheinlich am 12. April 1994 von der RPF ermordet. Gérard Ntashamaje ging 2001 ins Exil und hat sich dem französischen Ermittlungsrichter Bruguière, wie aus S. 44 des Bruguière-Erlasses vom 17.11.2006 hervorgeht, offenbart. Wie die Kigali-Zeitschrift *New Times* berichtete, ist Gérard Ntashamaje am 2.8.2011 wieder reumütig nach Kigali zurückgekehrt.

248 Phocas Habimana war ein begüterter Geschäftsmann, der auch als Geschäftsführer der RTLM-Aktiengesellschaft fungierte. Er war nach dem Sieg der RPF einige Zeit

Abend vor seinem fatalen Flug nach Daressalam, er solle am 6. April 1994 bei einer von Museveni vorgeblich zur Besprechung der Burundi-Frage organisierten Konferenz ermordet werden. Phocas Habimana war von RPF-Leuten aus Bujumbura, denen klar war, welche Katastrophe die Habyarimana-Ermordung für die Inlandstutsi auslösen würde, gebeten worden, Habyarimana vom Flug nach Daressalam abzuhalten. Er flog trotzdem und fand bei der Rückkehr nach Kigali am Abend des 6. April 1994 den Tod.[249] Dass es gelungen war, den neuen burundischen Präsidenten Cyprien Ntaryamira und zwei seiner Minister in die Todesmaschine zu locken, war eine ganz besonders zynische Variante der Musevenischen Machtpolitik.[250] Es war eine Vorsichtsmaßnahme zur Absicherung der burundischen Flanke, obwohl das Hutu-Machtpotential in Burundi seit dem 21. Oktober 1993 ohnedies nur noch gering war.

Man darf heute davon ausgehen, dass die Raketen, mit denen das Flugzeug von Präsident Habyarimana am 6. April 1994 abgeschossen wurde, zuvor in den RPF-Compound im Parlamentsgelände geschmuggelt worden waren.[251]

Die Ermordung Habyarimanas hat das von der RPF geplante Machtvakuum in Kigali ausgelöst, in dessen Gefolge Kagame und Museveni den militärischen Vormarsch sofort nach Übermittlung der „Erfolgsmeldung" einleiteten.

Zwei bis heute ungeklärte Vorfälle ereigneten sich am 7. April 1994, die auch im Arusha-Gericht eine große Rolle spielen sollten.

---

ohne Anklage inhaftiert und ist kurz nach seiner Entlassung aus dem Gefängnis gestorben. Seine Witwe hat mich ermächtigt, über den Besuch ihres Mannes bei Habyarimana am 5.4.1994 zu berichten. Sie sagte, Habyarimana habe Phocas Habimana erklärt, er sei zu jedem Opfer bereit, wenn es dem Frieden diene. (Ich habe darüber in Strizek 2011, S. 118 etwas ausführlicher berichtet.)

249 Zum Attentat ist vor allem die Analyse des damaligen Chefs des militärischen Geheimdienstes, Oberst Aloys Ntiwiragabo, aufschlussreich. Er hat 2010 aus dem Untergrund einen Schriftsatz veröffentlicht, in dem er die offizielle These der Ermordung Habyarimanas durch „Hutu-Extremisten", die mit großem Aufwand im sog. Mutsinzi-Bericht von der Kigali-Regierung propagiert wurde, im Detail widerlegt. (*Démenti du rapport Mutsinzi sur l'Attentat du 6 avril 1994;* 30.3.2010, 65 S.) Der Mutsinzi-Bericht (Mutsinzi 2010) ist herunterladbar unter: *http://mutsinzireport.com/wp-content/uploads/2010/01/Rapport_Francais.pdf.*
Zu Ntiwiragabo wird auf die Aufzeichnung im Dokumentationsteil verwiesen.

250 Wie Staatspräsident Museveni dies bewerkstelligt hat, ist ausführlich beschrieben in Strizek 2011, S. 116 ff.

251 Die Frage, wer für das Attentat verantwortlich ist, wird auch in Abschnitt 6.5.1 behandelt.

1) Die Ministerpräsidentin Agathe Uwilingiyimana wurde im Lauf des Vormittags nach mehr als seltsamen Vorgängen in ihrem Wohnhaus von Soldaten ermordet, deren Identität niemals eindeutig geklärt wurde.

2) Zehn zu ihrem Schutz abgeordnete belgische Blauhelmsoldaten wurden von einer Gruppe ebenfalls nicht identifizierter Soldaten entwaffnet und von Major Bernard Ntuyahaga auf Wunsch des belgischen Leutnants Lotin zum nächsten UNAMIR-Posten im Camp Kigali gebracht, wo sie von aufgebrachten Soldaten gelyncht worden sind, ohne dass General Dallaire, der sie bei der Vorbeifahrt im Camp Kigali am Boden liegen sah, etwas unternommen hätte.[252] Übrigens weiß bisher niemand, warum der ebenfalls im Camp Kigali ermordete Thierry Lotin ohne Genehmigung seines Chefs Oberst Luc Marchal im Lauf des 6. April 1994 mit RPF-Angehörigen einen „Ausflug" in den Akagera-Park[253] unternommen hat.

Insgesamt lief aus Sicht der RPF beim sofort einsetzenden militärischen Vormarsch alles wie vorgesehen, wenn nicht gerade der kanadische General Romeo Dallaire, an dessen Sympathien für einen Kagame-Sieg niemand zweifelte, die Ansicht vertreten hätte, man könne den Sieg erreichen, ohne die Tutsi zu opfern. Man müsse ihm nur den Befehl erteilen, sie mit seinen Blauhelmsoldaten zu schützen. Dies aber war nicht im Sinne Kagames und seiner amerikanischen Verbündeten. In Washington mag man in einer solchen Intervention ein Risiko für den schnellen militärischen Vorstoß gesehen haben. Zudem gab es für Kagame, so unglaublich es klingt, wichtige Gründe, bei seinem Sieg möglichst wenige

252 Die beiden Ereignisse werden noch etwas genauer in Zusammenhang mit dem Prozess gegen Bernard Ntuyahaga in Belgien (Abschnitt 7.2.1) und auch im Dokumentationsteil in den Aufzeichnungen zu Bernard Ntuyahaga, Major François-Xavier Nzuwonemeye, Hauptmann Innocent Sagahutu und Oberst Aloys Ntiwiragabo beschrieben.

253 Der Fahrtenschreiber weist aus, dass die „Reisegruppe" mehr als 400 km unterwegs war, man offenbar nicht nur in den Park gefahren war. Der stellv. UNAMIR-Kommandant Luc Marchal hat in seiner Analyse des Mutsinzi-Berichts 2010 geschrieben: « *Quant à l'incrimination du FPR, traitée en deux pages par le comité, nous aimerions connaître la nature exacte de la mission d'escorte effectuée par le lieutenant Lotin, le jour de l'attentat, au profit du FPR. Aucune autorité habilitée de la MINUAR n'a autorisé cette mission, arrangée, selon les dires de Deus Kagiraneza, directement entre lui et le lieutenant Lotin. Cette escorte a parcouru plus de 400 Km en passant, à l'aller comme au retour, à proximité de l'endroit d'où les missiles ont très vraisemblablement été tirés. Est-ce le hasard ? Ou bien y a-t-il une relation directe entre l'implication supposée des Belges dans l'attentat et la rapidité avec laquelle cette accusation s'est répandue ? La question reste posée.* »

Inlandstutsi vorzufinden.[254] Um das Risiko auszuschließen, dass General Dallaire tatsächlich seine Blauhelmsoldaten zum Schutz der Bevölkerung einsetzen würde, gelang es der Clinton-Administration, den UNO-Sicherheitsrat am 21. April 1994 – wie im folgenden Abschnitt beschrieben – zum faktischen Abzug der UNAMIR zu bewegen.

Kagame hat zudem alles unternommen, damit die am 9. April 1994 in Kigali gebildete und schon am 12. April nach Gitarama geflohene Interimsregierung unter Ministerpräsident Jean Kambanda nichts für die innere Sicherheit im Lande und damit für den Schutz der Tutsi-Bevölkerung tun konnte.[255] Das vorherrschende Chaos war Teil der RPF-Strategie.[256]

Unbestritten ist, dass zwischen dem 7. April und dem Sieg der RPF-Truppen am 17. Juli 1994 mehrere Hunderttausend Inlands-Tutsi[257] dem Wüten marodierender Jugendbanden[258] und anderer Verbrecher zum Opfer gefallen sind. Es war ein Völkermord, die Frage bleibt jedoch, wie er sich ereignet hat, ob er von extremen Hutu geplant worden ist und welche Rolle die RPF darin gespielt hat.

Nicht bestritten werden können auch die vielfach dokumentierten Massenmorde an der zivilen Hutu-Bevölkerung durch die vordringenden Kagame-Truppen. Schon ein Bericht von *Amnesty International* vom 20. Oktober 1994[259] hat diese gezielten Massaker beschrieben.[260] Ob man diese Massenmorde, die

---

254 Siehe dazu auch Strizek 2011. Ganz besonders überzeugend hat Jean Marie Vianney Ndagijimana in seinem Buch mit dem Titel *How Kagame deliberately sacrificed the Tutsi* (Ndagijimana 2010) diese unglaubliche Strategie beschrieben.

255 Dass Kagame die nach 1959 im Land gebliebenen Tutsi, die sich zudem später noch mit Habyarimana abgefunden haben, verachtete und als falsche Hutu verunglimpfte, hat insbesondere der Tutsi Abdul Ruzibiza, ein junger RPF-Offizier, nach seiner Flucht aus dem Exil in Norwegen bezeugt und beschrieben (Ruzibiza 2005).

256 Zur Frage das Ablaufs des Tutsi-Völkermords wird auf Abschnitt 6.5.5 „Wer hat die Tutsi getötet?" verwiesen.

257 Die häufig genannte Zahl von 800.000 – oder gar eine Million – ist auf jeden Fall aus politischen Gründen übertrieben. Im Abschnitt 6.5.4 „*Wie viele Tutsi wurden getötet?*" wird genauer auf diese Frage eingegangen.

258 Teil der offiziellen Lesart ist, dass diese Banden in Washington und New York vom ersten Tag an als „*Interahamwe*" bezeichnet wurden, um die Verantwortlichkeit des früheren Regimes für die Morde zu suggerieren. Zur Problematik dieser Zuordnung wird besonders auf Abschnitt 6.5.15 verwiesen.

259 „*Reports of Killings and Abductions by the Rwandese Patriotic Army, April – August 1994*".

260 Dass *Amnesty International* später auf die Linie der offiziellen Lesart umgeschwenkt ist, nimmt diesem Bericht nichts von seiner Bedeutung.

nach der Machtübernahme der RPF fortgesetzt wurden und in der Hutu-Flüchtlingsvernichtung im ersten Kongo-Krieg 1996/1997 ihren Höhepunkt fanden[261], auch als Völkermord bezeichnen kann, wird diskutiert.[262]

Wie viele Tutsi-Morde, die man den Hutu-Milizen angelastet hat, eigentlich Racheakte der RPF waren, weiß man nicht. Der Fall des schon erwähnten prominenten Tutsi Emile Nyungura ist relativ gut belegt. Aber mit großer Wahrscheinlichkeit gehörte auch der frühere Minister Antoine Ntashamaje dazu, weil die RPF erfahren hatte, dass er den Plänen zur Ermordung von Juvénal Habyarimana feindlich gegenüberstand.[263]

Mit größter Wahrscheinlichkeit geht auch der Mord an dem Tutsi-PL-Minister Landoald Ndasingwa am Morgen des 7. April 1994 auf das Konto der RPF[264].

Zweifel an der Autorenschaft der Morde an prominenten Hutu-Kritikern Habyarimanas unmittelbar nach seiner Ermordung, die man schnell den „Hutu-Extremisten" zugeschrieben hat, bestehen ebenfalls.[265] Kagame wollte jeden

---

261 Diese in Abschnitt 6.1.5 beschriebene Vernichtungsaktion war der westlichen Welt von Beginn an bekannt und muss der Clinton-Administration angelastet werden.

262 Ich sehe nach allem, was man heute darüber weiß – beginnend mit dem sog. Gersony-Bericht aus dem Herbst 1994 -, keinen Grund, diese von einer straff organisierten Militärmacht begangenen Massenmorde an der Hutu-Zivilbevölkerung parallel zum Tutsi-Völkermord nicht als Völkermord zu bezeichnen. Dafür spricht auch das folgende Zitat aus dem Bericht des spanischen Ermittlungsrichters Fernando Andreu Merelles aus dem Jahr 2008: *„Zeugen, die wichtige Positionen in Politik und Verwaltung innehatten, haben auf die Existenz von Berichten hingewiesen, die A.P.R./F.P.R-Seite habe mehr als 30.000 Hutu in drei Präfekturen des Landes in gerade einmal zwei Monaten ermordet. Die Zeugen sprechen auch (…) von 312.726 selektiv und vorsätzlich ermordeten Personen."* (Merelles 2008, Abschnitt 9) Von 250.000 nach dem RPF-Sieg getöteter Hutu hatte schon Faustin Twagiramungu bei einer Konferenz der „Initiative Frieden für Ruanda" in Bonn am 30.11.1995 gesprochen. In vielen Stellungnahmen bestätigte auch Seth Sendashonga, der Innenminister der ersten RPF-Sieger-Regierung ab dem 17.7.1994, nach seinem Gang ins Exil Ende August 1995 diese Zahl getöteter Hutu.

263 Wie erwähnt, hatte er wohl RTLM über den bevorstehenden Mord unterrichtet, weil er annahm, dass Kagame davor zurückschrecken würde, wenn die Öffentlichkeit davon erführe. RTLM hat tatsächlich am 4.4.1994 davon gesprochen. (Siehe Nahimana 2007, S. 372).

264 Neben Hinweisen bei Guichaoua, Ruzibiza und Mpiranya spricht auch die private Information dafür, Ndasingwa habe bei einem früheren Kanada-Besuch die kanadische Regierung dazu bewegen wollen, ihn anstellte von Kagame nach dem RPF-Sieg als zentralen Gesprächspartner vorzusehen.

265 Dazu gehören nach meiner Ansicht auch die Morde an Hutu-Habyarimana-Kritikern wie der Ministerpräsidentin Agathe Uwilingiyimana, dem PSD-Vorsitzenden

Machtteilungsanspruch von welcher Seite auch immer von vornherein unterbinden.

6.1.4.1 Der UNO-Sicherheitsrat „opfert" die Inlands-Tutsi am 21. April 1994

Der UNO-Sicherheitsrat entzog General Dallaire am 21. April 1994 das Werkzeug zum möglichen Schutz der Tutsi. Die UNO-Soldaten wurden auf Druck der USA und Großbritanniens, bei entscheidender Vorarbeit durch den belgischen Außenminister Willy Claes[266] mit Resolution 912 auf ein symbolisches Kontingent von 270 Mann reduziert.

Um von der Verantwortung der Clinton-Administration für diesen furchtbaren Beschluss abzulenken, hat die damalige US-Botschafterin bei den Vereinten Nationen, Madeleine Albright, in ihren 2005 erschienenen Memoiren ein propagandistisches Feuerwerk abgebrannt: *„Ich stimmte mit meinen Kollegen im Sicherheitsrat darin überein, dass sich die Vereinten Nationen nicht ganz aus Ruanda zurückziehen sollten. Während einer informellen Diskussion unter Leitung des nigerianischen UN-Botschafters Ibrahim Gambari gelangte ich immer mehr zu der Überzeugung, dass wir in dieser Frage auf der falschen Seite standen. Ich bat meinen Stellvertreter, meinen Platz einzunehmen und ging zu einer Telefonzelle im Foyer. Meine Instruktionen hatte ich zwar vom Außenministerium erhalten, doch glaubte ich, den Nationalen Sicherheitsrat schneller auf Trab bringen zu können, der bei der Friedenssicherung eine entscheidende Koordinationsrolle spielte und wo die Afrika-Kenntnisse von Tony Lake maßgeblich waren. Ich sprach mit einem von Lakes Mitarbeitern und schilderte ihm, was im Sicherheitsrat ablief und dass die amerikanische Position als Blockadehaltung empfunden wurde. Zuerst bat ich*

Frédéric Nzamurambaho, seinem Vertreter Félicien Ngango und dem Verfassungsgerichtsvorsitzenden Joseph Kavaruganda am 6./7.4.1994. Für die RPF war es für alle leicht zu behaupten, "Hutu-Extremisten" hätten Gründe für die Ermordung dieser Habyarimana-Gegner gehabt. Aber richtig ist auch, dass Kagame ein Interesse hatte, sie nach dem Sieg nicht als Machtkonkurrenten vorzufinden. Obwohl ich in meiner Dissertation (Strizek 1996) davon ausging, dass der zeitweilige MDR-Außenminister Boniface Ngulinzira von Hutu-Banden am 11.4.1994 ermordet wurde, will ich unter diesem Aspekt nicht mehr ausschließen, dass auch sein Tod auf das RPF-Konto geht. Ein möglicher Grund wird in Ndanyuzwe 2014 auf S. 195 genannt. Bei aller anfänglichen Nachgiebigkeit der RPF gegenüber, sei er später aus RPF-Sicht zu einem „schrecklichen Verhandler" (terrible négociateur) geworden.

266 Die belgische Regierung hat die Ermordung von 10 belgischen Blauhelmsoldaten am 7.4.1994 zum Anlass genommen, als erste den Abzug des UNO-Kontingents zu fordern, und kam damit Washingtoner Wünschen und der RPF-Forderung nach.

um flexiblere Instruktionen, dann brüllte ich ins Telefon und verlangte sie. Ich solle mich beruhigen, hieß es am anderen Ende der Leitung; der Nationale Sicherheitsrat werde noch einmal prüfen, was zu tun sei."[267]

Dass dies nicht glaubhaft ist, wurde durch einen am 3. Juni 2014 in der New York Times erschienenen Artikel von Mark Landler unterstrichen. Er berichtete über kürzlich freigegebene US-Dokumente aus dem Jahr 1994. Darin wird ein Bericht von Madeleine Albright vom 12. April 1994 erwähnt, in dem sie den sofortigen Abzug der UNAMIR forderte.[268] Auch wenn der völlige Abzug der UNO-Blauhelmsoldaten damals verhindert wurde, bleibt es Fakt, dass die USA und Großbritannien am 21. April 1994 die Inlandstutsi geopfert und Kagame *plein pouvoir* für eine menschenverachtende Eroberungsstrategie gegeben haben.

UNO-Generalsekretär Boutros-Ghali hatte die Blauhelmreduzierung dem Sicherheitsrat unter Druck der anglophonen Welt als eine von drei Alternativen selbst vorgeschlagen und kann deshalb nicht völlig von der Verantwortung für die vielleicht zynischste Entscheidung dieses Gremiums freigesprochen werden.

Als er die fatalen Folgen dieses Beschlusses erkannte, hat er am 17. Mai 1994 mit Resolution 918 einen erneuten Sicherheitsratsbeschluss zur Aufstockung der UNO-Friedenstruppen auf 5.500 Mann mit robustem Mandat durchsetzen können. Dies hatte die RPF mit Unterstützung von Frau Albright zu verhindern versucht. [269] Da die USA den Beschluss zu UNAMIR II nicht hatten verhindern können, zögerten sie den Einsatz dieser Blauhelme bis zum Sieg der RPF hinaus.

Im Vorfeld des Sicherheitsrats-Beschlusses vom 17. Mai 1994 hat Alison Des Forges am 30. April 1994 ein erst 2004 enthülltes Telefonat mit einem RPF-Vertreter in Europa geführt, das einen erschauern lässt. Sie hatte die RPF kritisiert, die Tutsi bei ihrem Vormarsch nicht ausreichend zu schützen. In ihren Kontakten mit Ruanda höre sie immer wieder, dass die Tutsi ein Eingreifen zu ihren

---

267 Albright 2005, S. 189.

268 In dem Artikel, der auch ein Foto der Sitzung enthielt, heißt es, sie könne sich nicht daran erinnern, stellte ihn aber auch nicht in Frage.

269 In einer schriftlichen Erklärung der RPF-Führungsmitglieder Gerald Gahima und Claude Dusaidi vom 30. April 1994 hieß es, die RPF lehne den Beschluss zur Einsetzung von UNAMIR II „kategorisch ab", da *„eine UN-Intervention zu diesem Zeitpunkt keinem sinnvollen Zweck mehr dienen kann, was die Beendigung der Massaker angeht."* Gahima gehörte 2010 zu den Gründungsmitgliedern des zu Kagame in Opposition stehenden RNC. Wenn er nun im Exil in seinem Buch Clinton für die Entscheidung, zum Schutz der Tutsi keine Truppen nach Ruanda zu entsenden, verantwortlich macht (Gahima 2013, S. 301), ist das zwar richtig, Gahima unterschlägt aber seine erwähnten eigenen damaligen Aktivitäten zur Verhinderung einer Intervention zugunsten der bedrohten Tutsi.

Gunsten erflehten. Der RPF-Mann sagte ihr, sie solle sich da heraushalten. *"His answer to me was, «**Madame, those are our people, not yours**»"*[270]. Man glaubte sich also berechtigt, die Inlandstutsi (our people) im eigenen Interesse opfern zu dürfen.

Man war nicht einmal daran interessiert, den Krieg schnell zu gewinnen. Um dies zu verschleiern, wurde die ruandische Armee von den USA niemals offiziell zu einer Kapitulation aufgefordert.[271] So blieb die Interimsregierung unter Jean Kambanda im Unklaren über die US-Absichten. Sie konnte bis zum Überschreiten der Zaïre-Grenze der geschlagenen ruandischen Armee ab dem 14. Juli 1994 nicht glauben, dass die USA ein Interesse an der Errichtung einer Militärdiktatur in Ruanda hatten.

Zur anfänglichen Verschleierung dieser Tatsache wurde nach dem RPF-Sieg am 17. Juli 1994 eine Regierung der sog. nationalen Einheit unter Faustin Twagiramungu gebildet. Als Kagame erkannte, dass diese Regierung die von ihm abgelehnte Rückführung der Hutu-Flüchtlinge aus dem Kongo unter dem Einfluss des RPF-Hutu-Innenministers Seth Sendashonga ernsthaft betrieb, ließ er die Maske fallen. Die „Hutu-Mohren" hatten ihre Schuldigkeit getan und wurden im August 1995 aus der Regierung gedrängt.

6.1.4.2 Die französische Operation Türkis (Opération turquoise)

Frankreich war das einzige Land, das die Tutsi-Opferung nicht völlig tatenlos[272] hinnehmen, aber unter dem Druck von Ministerpräsident Édouard Balladur und Verteidigungsminister François Léotard dennoch den Sieg der RPF nicht verhindern wollte.

Zur Abmilderung des Eindrucks der fürchterlichen Opferung der Inlandstutsi durch den UNO-Sicherheitsrat am 21. April 1994 – Frankreich hatte dagegen kein Veto eingelegt! – wurde am 22. Juni 1994 die *Opération turquoise*

---

270 Hervorhebung von mir. Das Des-Forges-Interview mit *Frontline* ist zu finden unter: *http://www.pbs.org/wgbh/pages/frontline/shows/ghosts/interviews/desforges.html.*

271 Dem widerspricht nicht das von Jared Cohen geschilderte Telefonat der Abteilungsleiterin im US-Außenministerium Prudence Bushnell mit Generalstabschef Augustin Bizimungu, bei dem sie faktisch die Kapitulation forderte. Es war ihre private Initiative, zu der sie nicht ermächtigt war. Das hat sie Bizimungu allerdings nicht gesagt. (Cohen 2007, S. 111).

272 Dabei sollte jedoch nicht übersehen werden, dass Frankreich vom 8.-14.4.1994 mit der *Opération Amaryllis* ausschließlich Franzosen und andere europäische Ausländer aus Ruanda evakuiert hat und selbst das Tutsi-Personal seiner Botschaft schutzlos zurückgelassen hat.

(Operation Türkis) mit Resolution 929 durch den UNO-Sicherheitsrat ins Leben gerufen und vom 23. Juni bis zum 21. August 1994 von Goma und Bukavu aus unter dem Oberbefehl von General Jean-Claude Lafourcade im Südwesten Ruandas durchgeführt. Der französische Operationsplan[273] ist völlig eindeutig, dass es sich nur um eine humanitäre Aktion und keinen Kampfeinsatz gegen die RPF handelte.[274]

Frankreich entsandte 2.500 Soldaten, zu denen 500 Militärs aus anderen afrikanischen Ländern kamen. Das Gebiet wurde in drei Sektoren aufgeteilt, die von den Obersten Jacques Rosier (Stellvertreter von Lafourcade), Didier Tauzin[275] und Jacques Hogard kommandiert wurden.[276] Am 7. Juli 1994, nach der Eroberung von Butare durch die RPF, wurden die Sektoren in einer humanitären Schutzzone (*Zone Humanitaire Sûre*) zusammengefasst, die etwa 20 % des ruandischen Territoriums umfasste und die erst nach dem Abzug der Franzosen im August 1994 unter UNO-Verwaltung gestellt und im April 1995 nach den Kibeho-Massakern voll dem neuen Staat eingegliedert wurde.

Am 23. Juni 1994 trafen Rosier und Tauzin in Cyangugu im äußersten Südwesten Ruandas ein. Tauzin kam einige Tage später in dem in der Nähe gelegenen, vom Roten Kreuz betreuten Flüchtlingslager Nyarushishi mit ca. 10.000

273 Im Operationsplan hieß es: « *Adopter une attitude de stricte neutralité vis-à-vis des différentes factions en conflit. Insister sur l›idée que l›armée française est venue pour arrêter les massacres mais non pour combattre le FPR ni soutenir les FAR afin que les actions entreprises ne soient pas interprétées comme une aide aux troupes gouvernementales.* » (Assemblée Nationale 1998, S. 316).

274 Ein Beweis für die These, dass Frankreich den RPF-Sieg nicht verhindern wollte, ist auch der Besuch von Gérard Prunier, damals Berater sowohl der Sozialisten Partei als auch des liberalen Verteidigungsministers François Léotard, im RPF-Hauptquartier, um Kagame zu überzeugen, dass Frankreich seinen Sieg nicht behindern wolle (vgl. Jones 2001, S. 43 und 125). Prunier hat am Rande eines Besuchs in Berlin am 28.4.2008 diesen Besuch bestätigt, seine Rolle aber insofern heruntergespielt, als er nur mit seinem Satellitentelefon den Kontakt zwischen Kagame und Paris hergestellt habe.

275 Tauzin verlässt Ruanda schon am 7.7.1994 und übergibt sein Kommando an Oberstleutnant Chéreau.

276 Unter dem Eindruck der Beschuldigungen der französischen Armee durch Kigali haben Lafourcade (Lafourcade 2010), Hogard (Hogard 2005) und Tauzin (Tauzin 2011) ihre Sicht der *Opération turquoise* schriftlich festgehalten. Zur Verteidigung der französischen Armee haben der ruandische Diplomat J.-M. Ndagijimana (Ndagijimana 2012), der Kamerun-Franzose Charles Onana (Onana 2014) und auch der Historiker Bernard Lugan, der lange an französischen Militärhochschulen gelehrt hat (vgl. z.B. Lugan 2014), beigetragen.

Tutsi an, die damit gerettet waren. Tauzin berichtet, wie erstaunt er war, als die Flüchtlingssprecher seine Frage, was er als erstes für sie tun könne, mit der Bitte eine Messe zu organisieren beantworteten. Er versprach ihnen eine Messe und einen protestantischen Gottesdienst für den kommenden Sonntag. Tauzin konnte den Bischof in Cyangugu bewegen, am Sonntag einen jungen Priester nach Nyarushishi zu schicken, der dann eine Messe für ca. 6.000 Tutsi las. Nach der Messe wollte Tauzin diesen jungen Hutu-Priester sicher nach Cyangugu zurück bringen lassen, aber er lehnte ab. Er wolle noch Leute in der Gegend besuchen. Er kam nie in Cyangugu an. Man fand seine Leiche, aber niemand weiß, wer für den Mord verantwortlich ist.[277]

Niemand kann genau sagen, wie viele Tutsi durch die *Opération turquoise* gerettet worden sind. Dank hat Frankreich dafür nie erhalten. Im Gegenteil: Alle Gegner Mitterrands haben die französische Armee beschuldigt, den „Völkermördern" die Flucht nach Zaire ermöglicht und im Bisesero-Massiv sogar absichtlich Tutsi-Massaker zugelassen zu haben.[278] An vorderster Front dieser

277 Siehe Tauzin 2011, S. 124–128.

278 Pierre Péan hat das tragische Schicksal der Tutsi im Bisesero-Massiv in den Bergen östlich von Kibuye in Kapitel 24 seines Buchs *Noires Fureurs, blancs menteurs* (Péan 2005) ausführlich beschrieben. Danach hatte eine große Gruppe von Tutsi über Wochen bei großen Verlusten Widerstand gegen die sie angreifenden Mörderbanden geleistet. Am 26.6.1994 erhielten französische Soldaten und Journalisten Informationen, ca. 2.000 Tutsi hielten sich noch immer dort versteckt. Die vorgetragenen Gründe, warum das französische Militär erst am 30. Juni 1994 dorthin gekommen ist, sind widersprüchlich. General Lafourcade schreibt, man habe an diesem Tag „Hunderte Überlebende gerettet" und ein riesiges Areal mit Leichen in unterschiedlichem Verwesungsgrad gefunden. (Vgl. Lafourcade 2010, S. 107 ff.) Die erst viel später von Patrick de Saint-Exupéry erhobenen Vorwürfe, die Franzosen hätten die Rettung aller am 26.6.1994 noch lebenden Tutsi bewusst verzögert und hätten sich somit der Beihilfe am Völkermord schuldig gemacht, lässt sich nicht halten. Aber Tatsache ist: hätte die Informationskette innerhalb der *Opération turquoise* besser funktioniert, hätten die französischen Retter schon vor dem 30.6.1994 eintreffen können. Als Schuldiger wurde der Bataillonschef Marin Gillier ausgemacht, der aber versichert, die Tutsi im Bisesero-Massiv erst am 30. Juni 1994 per Zufall aufgespürt zu haben, obwohl Oberstleutnant Diego (dies war ein Deckname, den er den Journalisten gegenüber benutzte; in Wirklichkeit hieß er Jean-Rémy Duval), von dem nicht klar ist, ob er Gillier unterstellt war, schon am 26.6.1994 davon wusste, aber eigentlich nicht dort hätte vorbeifahren dürfen und deshalb nicht korrekt Bericht erstattet hat. Péan berichtet aber von einem Fax von Diego, das erst 2005 in den Archiven gefunden wurde, und in dem er von seinem Treffen mit versprengten Tutsi am 26.6.1994 in Bisesero berichtet hat. Aber dieses

Kampagne stand der Journalist Patrick de Saint-Exupéry mit seinen Berichten in *Le Figaro* und seinen Büchern.[279]

Das Drama am Bisesero Massiv hat die Kagame-Diktatur 2007 zur Vorlage des sog. Mucyo-Berichts[280] veranlasst. Darin heißt es, Frankreich habe voll hinter dem „Projekt Völkermord" gestanden. Dass dies nicht so war, haben die verantwortlichen Militärs, der damalige Außenminister Alain Juppé, Ministerpräsident Édouard Balladur, kürzlich auch der damalige Verteidigungsminister François Léotard und viele andere bezeugt. Es bleibt aber völlig unverständlich, warum die französische Regierung insgesamt den Mucyo-Bericht[281] niemals offiziell zurückgewiesen hat. Staatspräsident Sarkozy und Außenminister Bernard Kouchner wollten um jeden Preis die von Kagame nach dem Bruguière-Bericht 2006 abgebrochenen Beziehungen zu Frankreich wieder herstellen und sich auch bei den Amerikanern „lieb Kind" machen.[282] Ganz unverständlich ist auch, dass die französische Justiz die von etwa zehn Militärs angestrengte Diffamierungsklage gegen Patrick de Saint-Exupéry abgewiesen hat.[283]

Die Kampagne gegen die französische Armee wird fortgesetzt. Jüngstes Beispiel ist das Buch mit dem Titel *Guerres Secrètes au Rwanda*[284], in dem die seit Jahren erhobenen Vorwürfe wieder aufgefrischt wurden.

6.1.4.3 „Ein Volk verlässt sein Land"[285]

Die von der Clinton-Administration gebilligte und auch von ihr mit Waffen unterstützte Kriegsstrategie der RPF, die die beschriebene Opferung der

Fax ist nicht an seinen Vorgesetzten Rosier und auch nicht an Gillier gelangt, sondern an eine Stelle in Frankreich, die nichts damit anfangen konnte. Gillier hat am 1.6.2006 im *Figaro* seine Sicht der Dinge schildern und erklären können, dass er erst am 30.6.1994 „per Zufall" auf die im Bisesero-Massiv versteckten Tutsi getroffen sei.

279 Z.B. Saint-Exupéry 2009.

280 Mucyo 2007.

281 Nach der Veröffentlichung des Mucyo-Berichts hat der ruandische Justizminister Tharcisse Karugarama am 5.8.2008 ein Kommuniqué veröffentlicht, in dem Frankreich zum Hauptschuldigen am Tutsi-Völkermord erklärt und faktisch Haftbefehle gegen 13 französische Politiker und 20 – darunter alle an der *Opération turquoise* beteiligten – Militärs erlassen wurden. (Das Kommuniqué ist abgedruckt als Annexe I bei Tauzin 2011).

282 Die Beziehungen wurden dann auch am 29.11.2009 kurz vor einem Staats-Kurzbesuch von Sarkozy in Kigali am 25.2.2010 wieder aufgenommen.

283 Siehe Tauzin 2011, S. 152/153.

284 Collombat und Servenay 2014.

285 So der Titel von Schürings 1994.

Inlands-Tutsi-Bevölkerung durch den Sicherheitsrat der Vereinten Nationen mit einschloss, sah von Beginn an durch einen offenen Terror gegenüber der Hutu-Zivilbevölkerung eine möglichst große Fluchtwelle in die Nachbarländer vor.

Ein besonders spektakuläres Beispiel für seine Terrorstrategie lieferte Paul Kagame am 23. April 1994 im Fußball-Stadion der Präfekturstadt Byumba. Dorthin hatte er nach der Einnahme der Byumba-Region ausgesuchte Teile der Hutu-Bevölkerung, die zuvor vor den RPF-Truppen geflohen waren, unter einem Vorwand bringen lassen. In Kagames Anwesenheit[286] wurden mehr als 2.000 zivile Hutu umgebracht.[287]

Kagame wusste, dass sich Nachrichten über dieses und andere Massaker – z.B. in der Kathedrale von Byumba am 25. April 1994 – in dem kleinen Land schnell verbreiten und die von ihm gewünschte Fluchtwelle anheizen würden.

Der Krieg war faktisch am 4. Juli 1994 mit der Einnahme der Hauptstadt Kigali und dem Rückzug der ruandischen Armee beendet. Sie konnte dann nur noch hinhaltenden Widerstand zum Schutz der zivilen Flüchtlingsmassen leisten und überschritt am 14. Juli die Grenze zu Zaïre, wo sie den Mobutu-Soldaten ihre Waffen übergeben musste.[288]

Tansania, das ja durch die Abhaltung der Konferenz vom 6. April 1994 in Daressalam in die Ermordung von Habyarimana verwickelt war, ließ die Bildung von Lagern für etwa 350.000 Hutu-Flüchtlinge aus dem Ostteil Ruandas zu.

Mobutu gab auch dem Grenzübertritt nach Zaïre von etwa anderthalb Millionen[289] nach Westen fliehenden Hutu seine Zustimmung. Sie ließen sich in

---

286 Vgl. Guichaoua 2010, S. 563/563.

287 Das Byumba-Massaker wird bezeugt bei Guichaoua 2010, bei Ruzibiza 2005 (er spricht von 2500 Opfern) und ganz ausführlich im Merelles-Bericht (Merelles 2008). Dort heißt es: *„Am 23. April 1994 wurden etwa 2.500 Personen gezwungen, sich im Fußballstadium von Byumba zu sammeln und, als sie dort waren, wurde ihnen befohlen sich hinzulegen und sie wurden von den A.P.R./F.P.R. Soldaten erschossen. Einige Körper wurden zu der Jauchegrube einer „Mühle" gebracht, die einem Geschäftsmann namens Félicien Kabuga gehörte, während andere weggebracht wurden, um in Militärcamps in Byumba verbrannt zu werden unter dem Befehl von Oberst Jackson Rwahama Mutabazi und Dan Munyuza, die auch die Tötungen befahlen, die am folgenden Tag, dem 24. April 1994, in der Schule „Ecole Sociale du Bon Conseil" und im Schulzentrum von Buhambe in Byumba stattfanden, beide Operationen verursachten über tausend Tote."*

288 Das Kriegsgeschehen aus Sicht der ruandischen Streitkräfte ist gut dokumentiert bei Ntilikina 2008 und Neretse 2010.

289 Die genaue Zahl kennt wohl niemand. Ich beziehe mich hier auf Prunier 2009, S. 25. In der Anfangszeit sind Tausende durch eine Cholera-Epidemie ums Leben

Massen-Flüchtlingslagern nieder, wo kurz danach eine Cholera-Epidemie mit zeitweise 5.000 Toten pro Tag ausbrach. Die USA setzten nach einer beeindruckenden Pressekampagne der CNN-Reporterin Christiane Amanpour[290] eine gewaltige Hilfsmaschine in Bewegung.

Auf diese Weise wurde das Überleben der Hutu-Flüchtlingsmassen in den nächsten beiden Jahren gesichert. Auch Deutschland hat sich daran in großem Umfang beteiligt. Ein Nebeneffekt dieser humanitären Anstrengung war allerdings die Möglichkeit für die Clinton-Administration, vergessen zu machen, dass man das Flüchtlingselend durch die eigene Politik geschaffen hatte. Dass die Clinton-Administration dann 1996/1997 die Vernichtung dieser Flüchtlinge im ersten ruandisch-ugandischen Kongo-Krieg konzertierte, ist ein inzwischen gut dokumentiertes, aber noch ungesühntes Menschheitsverbrechen.[291]

In Ruanda nahmen 1994 ca. eine Million aus Uganda kommende Exil-Tutsi zusammen mit ihren großen Rinderherden den von den Flüchtlingen freigemachten Platz ein. Allein diese Tatsache macht deutlich, warum Kagame die Rückkehr der Zaïre-Flüchtlinge verhinderte und schließlich 1996/1997, obwohl der Internationale Ruanda-Strafgerichtshof in Arusha seine Arbeit schon aufgenommen hatte, ihre Vernichtung organisieren konnte.[292]

Damit die Flüchtlinge in den Lagern von Ost-Zaïre nicht auf die Idee kämen, der internationalen Versicherung zu glauben, man sei an ihrer Rückkehr interessiert, ließ Kagame am 22. April 1995 die Reste der von den Franzosen in der Sicherheitszone in Ruanda eingerichteten Inlandsflüchtlingslager in Kibeho stürmen. Die Hutu-Opferzahlen variieren von 2.000 bis 8.000. Der damalige

---

gekommen. Für Juni 1996 beziffert Musabyimana auf der Basis von UNHCR-Angaben die Zahl der noch immer in Ost-Zaïre lebenden Flüchtlinge auf 1,1 Mio. (Musabyimana 2004, S. 221/222). Nicht genau bekannt ist auch die Zahl der Hutu, die zumindest kurzzeitig nach Burundi geflohen sind. Man schätzt ca. eine Viertelmillion. Zu diesen Zahlen kommen die beim RPF-Sieg noch ca. eine Million Hutu-Inlandsflüchtlinge hinzu, die in der bei der französischen Operation Türkis geschaffenen Sicherheitszone geblieben sind und von UNAMIR II versorgt wurden.

290 Christiane Amanpour ist seit 1998 verheiratet mit James Rubin, von 1997–2000 Pressesprecher von Außenministerin Albright, und war zeitweise Teil des Systems zur Durchsetzung der offiziellen Lesart. Man darf davon ausgehen, dass Rubin 1998 seinem Schwager Philipp Gourevitch das sog. Genozid-Fax zugespielt hat. (Vgl. Abschnitt 6.5.2.3).

291 Vgl. hierzu die Ausführungen in Abschnitt 6.1.5.

292 Eine Vernichtungsaktion der Tansania-Flüchtlinge war dort nicht möglich. So musste Kagame, als Tansania ihrer überdrüssig war, ihrer zwangsweisen Rückführung Ende Dezember 1995 zustimmen.

amerikanische Militärattaché und Repräsentant des amerikanischen Militärgeheimdienstes DIA in Kigali, der Kagame-Bewunderer Thomas Odom, hat nach seinem Besuch vor Ort am 23.4.1995, bei dem er auch die Obersten Nyamwasa und Sam Kaka traf, notiert: *„Ich kam zu dem Schluss, dass die Zahl von 2.000 Toten wahrscheinlich ziemlich richtig ist.“* [293]

Thomas Odom gestand in seinem Erinnerungsbuch[294] ein: *„Niemand, wir in der Botschaft inbegriffen, konnte eine andere Lösung anbieten, als das was sich gerade ereignete.“* Als selbst Botschafter David Rawson über die Informationen zu den Schlächtereien in Kibeho erschüttert war, erklärte ihm Tom Odom, er brauche mit diesen Inlandsflüchtlingen kein Mitleid zu haben. Das sei unvermeidlich, da viele von ihnen *„hüfttief in den Völkermord verstrickt waren“.*[295] Man müsse nun einfach damit klar kommen. Und das taten die USA und ihre Verbündeten auch.

Der Berliner Schriftsteller Hans Christoph Buch war Augenzeuge und schrieb: *„Der 22. April war ein schwarzer Tag für das vom Völkermord traumatisierte Ruanda: Nicht nur Tausende von Hutu-Vertriebenen, auch die Hoffnung auf Frieden und Versöhnung wurde an diesem Tag von der Tutsi-Armee massakriert. Der Massenmord im Flüchtlingslager Kibeho markiert einen Wendepunkt in der Politik der neuen ruandischen Regierung. Deren Anspruch, das ganze Volk zu repräsentieren, hat mit dem Gemetzel vom vergangenen Wochenende seine Glaubwürdigkeit verloren.“*[296] Diese Lektion wurde verstanden. Kaum jemand kam mehr auf die Idee, freiwillig nach Ruanda zurückzukehren.

---

293 Odom 2005, S. 228.

294 In Odom 2005 wird auf den S. 223–229 unter der Kapitelüberschrift *Kibeho: Disaster Foreseen* die offizielle Lesart dieses Dramas in Reinkultur beschrieben.

295 Auf diese Odom-Erklärung weist auch Barrie Collins in dem als Teil F in der Dokumentation in deutscher Übersetzung abgedruckten Schlusskapitel hin.

296 Auszug aus: *„Im Kessel von Kibeho“* in: *Die ZEIT* 18/1995. Auch in einem FAZ-Artikel vom 6.6.2005 zur Kongo-Politik des Westens erwähnt er die Kibeho-Massaker. In etwas verfremdeter Form taucht der Vorgang auch in seinem als Roman bezeichneten Buch aus dem Jahr 2001 auf. Dabei ist das Gespräch mit dem damaligen, inzwischen verstorbenen deutschen Botschafter in Kigali über die vom Auswärtigen Amt betriebenen Versuche, ihn zu einer beschönigenden Darstellung der Ereignisse zu drängen, besonders interessant. Dort lässt er den deutschen Botschafter sagen: *„Ich muss persönlich geradestehen für jede Hiobsbotschaft, die ich nach Bonn durchgebe. Keiner dankt mir, wenn ich die Situation richtig eingeschätzt und richtig vor Gefahren gewarnt habe. Aber wehe mir, wenn in meinen Berichten etwas nicht stimmt. Die Scharfrichter im Auswärtigen Amt wetzen schon die Messer, und wenn sie Blut gerochen haben, geben die Kampfhunde keinen Pardon. (…) Zweitausend Opfer, oder*

Kagames Machtposition war gesichert und als ein Instrument zur Verstetigung seiner Macht erwies sich – neben dem fortdauernden Terror[297] als Herrschaftsinstrument – der im November 1994 gegründete Internationale Strafgerichtshof für Ruanda in Arusha.

6.1.5 Das Schicksal der Hutu-Flüchtlinge in Zaïre und die Diskussion um die amerikanisch-ugandisch-ruandischen Kriegsziele

Zum Verständnis des politischen Hintergrunds der Vorgänge im Arusha-Gericht gehört vor allem auch das Schicksal der im Juli 1994 beim RPF-Sieg in die Nachbarländer Zaïre und Tansania geflohenen Ruanderinnen und Ruander.

Nach dem RPF-Sieg haben sowohl die USA als auch die neue Regierung in Kigali erklärt, sie seien an der Rückkehr der Flüchtlinge interessiert und es sei wohl nur eine Frage der Zeit, bis sie wieder daheim seien. Aber die Flüchtlinge weigerten sich. Und der neue „starke Mann" tat alles, um sie vor einer Rückkehr abzuschrecken. Sie hätten das neue Machtgefüge durcheinandergebracht.

Schon am 3. August 1994 ließ Kagame eine Gruppe von 150 Hutu nach ihrer Rückkehr aus einem Flüchtlingslager in Ost-Zaïre in Ruhengeri festnehmen und danach umbringen.[298] Die entscheidende Abschreckungs-Aktion war die

---

waren es mehr? Eine konservative Schätzung, aber als Diplomat neige ich eher zum Understatement als zur Übertreibung, die mich den Kopf kosten kann – natürlich nur im übertragenen Sinn." (Buch 2001, S. 50/51).

297 Ein besonders eindrückliches Beispiel dafür ist die Zeugenaussage von Claire Uwamutara vom 3.8.2009 nach ihrer Flucht nach Malawi. Sie war die Ehefrau – selbst Tutsi – des RPF-Offiziers Danny Ndahiro und berichtet über seine Ermordung und die ihres 8-jährigen Sohns am 1.7.2009. Er habe zu einer von Kagame nach dem RPF-Sieg gegründeten, *Gabcuragwenge* genannten Sondereinheit gehört, die insbesondere unliebsame Hutu liquidieren sollte. Er habe sich geweigert, solche Aufträge auszuführen – so z.B. 1998 die Ermordung von Seth Sendashonga in Nairobi. Er sei deshalb inhaftiert und schließlich ermordet worden. Sie selbst war Krankenschwester und wurde nach der ersten Verhaftung ihres Mannes unter Druck gesetzt, in einem Gesundheitszentrum Hutu-Babys nach der Geburt zu töten. Ihr *Testimony* ist zu finden unter: *http://www.musabyimana.be/uploads/media/uwamutara__s_testimony.PDF.*

298 Nach Collins 2014, S. 35. Collins bezieht sich auf die Präsentation von Robert Gersony seiner Untersuchungen am 10.10.1994 vor der UNO-Ruanda-Expertengruppe. Der Text wurde vom UNHCR am 11.10.1994 vertraulich versandt unter dem Titel: "*Summary for UNHCR Presentation Before Commission of Experts, 10 October 1994: Prospects for Early Repatriation of Rwandan Refugees Currently in Burundi, Tanzania and Zaire*".

geschilderte Auflösung des internen Flüchtlingslagers in Kibeho am 22. April 1995. Damit wurde auch das Ende der Zusammenarbeit mit den sog. gemäßigten Hutu um Faustin Twagiramungu eingeleitet. Kagame drängte sie Ende August 1995 aus der Regierung und konnte nun auch mit der „Lösung" des Flüchtlingsproblems in den Nachbarländern beginnen.

Ob es wirklich in seinem Sinne war, dass im Dezember 1995 die Flüchtlinge aus Tansania durch den UNHCR zwangsrepatriiert wurden, weiß man nicht. Jedenfalls war damit dieser Teil der Flüchtlingsfrage erledigt.[299]

Schwieriger gestaltete sich das Problem der zivilen Hutu-Flüchtlinge in Zaïre. Nach dem Kibeho-Massaker im April 1995 versuchten einige deutsche Politiker der sich abzeichnenden Katastrophe in Zaïre etwas entgegenzusetzen. Auf Einladung der Bonner *„Vereinigung zur Förderung der Völkerverständigung"*, der von dem früheren CDU-Landtagsabgeordneten Rudolf Decker geleiteten deutschen Sektion des Prayer-Breakfast-Netzwerkes, sollten sich am 29. und 30. Mai 1995 in Bad Kreuznach Kagame, Mobutu und Museveni zur Besprechung der Flüchtlingsfrage treffen. Das alte „Schlachtross" Mobutu freute sich über diese scheinbare Überwindung seiner internationalen Isolierung und auch Museveni unternahm die Reise. Allein Kagame machte durch kurzfristige Absage deutlich, dass ihm diese Initiative nicht willkommen war. Die Konferenz war demnach gescheitert, bevor sie begann. Dennoch ließ sich Mobutu überreden, einen Versuch zur gewaltsamen Rückführung der Flüchtlinge zu unternehmen. Er veranlasste die Regierung Kengo wa Dondo, am 18. August 1995 ca. 15.000 Flüchtlinge nach Ruanda zurück transportieren zu lassen. Die Aktion musste aber auf Druck der Weltmeinung aufgegeben werden, als etwa 160.000 Flüchtlinge in die Masisi-Berge und die Rutshuru-Region geflohen waren, um der Auslieferung an ihren Todfeind zu entgehen.

Kagame wollte auf jeden Fall eine große Rückkehrwelle vermeiden, die sein Regime in Existenznot bringen konnte. So erfand man die Banyamulenge-Rebellion im Ost-Zaire, die dort die Macht im Auftrag Kagames übernehmen und die Flüchtlinge vertreiben sollte. Wann die Entscheidung gefallen ist, die Banyamulenge-Rebellion zu einer Kongo-Befreiungsbewegung unter dem alten Mobutu-Gegner Laurent Kabila umzuwandeln, weiß man nicht genau.

Fakt ist: Im November 1996 begannen die Angriffe auf die Flüchtlingslager in Ost-Zaïre. Eine große von der internationalen Gemeinschaft begrüßte Flüchtlings-Rückkehrwelle setzte ein.

---

299 Es gibt glaubwürdige Hinweise, dass nur wenige von ihnen diese Aktion lange überlebt haben.

Um alle Flüchtlinge an der Rückkehr zu hindern, gelang es Kagame anschließend, die USA von der Notwendigkeit einer „großen Lösung" zu überzeugen.[300] Die noch in Zaïre verbliebenen Flüchtlinge wurden nach Westen getrieben. Dabei sind wahrscheinlich mehr als 400.000 zivile Flüchtlinge einem Völkermord durch die logistisch von der Clinton-Administration unterstützte ruandische Armee - offiziell durch die von Kabila geführte Banyamulenge-AFDL - zum Opfer gefallen.[301] Dass sich schwerste Menschenrechtsverbrechen ereignet hatten, war der UNO schon sehr früh bekannt. In ihrem Auftrag hat Roberto Garreton schon im Juli 1997 in einem Bericht festgehalten, dass *„Hinweise, die seine Missionen erhalten haben, darauf hindeuten, dass die meisten der AFDL zugeordneten Gewaltakte gegen Flüchtlinge innerhalb von Lagern verübt wurden und dass es nicht hinnehmbar ist, mehr als eine Million Menschen, einschließlich einer großen Zahl von Kindern, kollektiv als des Genozids schuldige Personen zu bezeichnen, die ohne Gerichtsverfahren hingerichtet werden dürfen."*[302]

---

300 Militärisch wurde der erste ugandisch-ruandische Kongo-Krieg von dem ab 3.2.1994 bis zum 23.1.1997 amtierenden US-Verteidigungsminister William Perry konzipiert und mit Waffen ermöglicht, die nach Clintons Flucht aus Somalia 1993/1994 in Uganda „geparkt" worden waren. William Cohen, Clintons Verteidigungsminister in seiner zweiten Amtsperiode ab Januar 1997 - steuerte - von Madeleine Albright und ihrer Afrika-Staatssekretärin Susan Rice politisch abgesichert - den RPF-Feldzug bis zu seinem siegreichen Ende im Mai 1997. Den zweiten Kongo-Krieg ab dem 2. August 1998 zur Wiedereroberung der inzwischen in Kinshasa verlorenen Macht, hat er nicht siegreich begleiten können. Präsident Bush jun. hat 2002 den Rückzug der ruandischen Truppen aus den ab 1998 besetzten Gebieten in der DR Kongo erzwungen.

301 Ich verzichte hier darauf, die Vorgänge genauer darzustellen. Sie sind im sog. Merelles-Bericht (Merelles 2008) und in dem von der UNO herausgegebenen sog. Mapping-Bericht (Pillay 2010) genau beschrieben. Im übrigen verweise ich auf das Kapitel VII in Strizek 2011. Siehe darin insbesondere die Schilderung eigener Erlebnisse von Salua Nour auf S. 239 ff. sowie die Berichte von Umutesi 2004, Ntilikina 2014, Prunier 2009 und Reyntjens 2009a und die beindruckende Fluchtschilderung bei Ndacyayisenga 2013. Erinnert sei besonders an den Augenzeugen-Bericht des französischen Paters Laurent Balas, der schon Anfang 1997 den europäischen Regierungen vorlag. Name und Bericht werden z.B. bei Prunier 2009 auf S. 124 erwähnt.

302 Zitiert nach Prunier 2009, S. 147.

Eine Erklärung für ihr Verhalten hat die Clinton-Administration niemals geliefert.[303] Bis heute rätselt man, was die USA und Großbritannien[304] veranlasst haben könnte, einen Völkermord an zivilen Flüchtlingen geschehen zu lassen.

Nach meiner Einschätzung trägt die häufig gehörte Erklärung nicht, es seien die anglo-sächsischen ökonomischen Interessen gewesen oder auch das Interesse, Frankreich aus Afrika zu vertreiben. Im Laufe meiner Analysen entdeckte ich eine Art „Sudan-Syndrom“[305]. Dabei ist es wohl darum gegangen, den evangelikalen Christen John Garang in Khartum zu etablieren und auf diese Weise die amerikanische Israel-Politik zu unterstützen. Solange Mobutu sich am Sturz der Regierung in Khartum beteiligen konnte, sah man sich nicht zu radikalen Maßnahmen gezwungen. Als aber seine tödliche Erkrankung bekannt wurde, hat sich die Politik verändert. Man wollte nun um jeden Preis den Chef der demokratischen Partei UDPS, Etienne Tshisekedi, als Mobutu-Nachfolger verhindern, weil von ihm kein Engagement zum Regime-Wechsel in Khartum erwartet werden konnte.

Anders verhält es sich bei den zeitweiligen Bemühungen der USA zur Eingliederung der Kivu-Provinzen in den ruandischen Staatsverband. Hier ging es darum, die ökonomische Basis der Kagame-Diktatur zu verbreitern und die Dauer-Unterstützungsleistungen der westlichen Verbündeten zu verringern. Die Bush-Junior-Administration ließ dieses Vorhaben wegen der damit verbundenen Probleme der Veränderung kolonialer Grenzen schließlich fallen. Präsident Obama folgte dieser Linie. Denn wenn die USA diese Eingliederung mit geballter Kraft betrieben hätten, wären die Kivu-Provinzen heute sicherlich Teil Ruandas.

Bei den Verhandlungen des Arusha-Gerichts ist aus den Gersony-Unterlagen[306] ein Dokument aufgetaucht, das seither vielfach als Beweis für eine

303 Weder in den Memoiren von Bill Clinton (Clinton 2004) noch in den Albright-Erinnerungen (Albright 2003) finden sich Hinweise auf die amerikanische Kongo-Politik.

304 In Großbritannien hat in der Ära Thatcher die britische Entwicklungsministerin Lynda Chalker die strategischen Überlegungen von Museveni akzeptiert. In der Ära Tony Blair, seit Amtsantritt als britischer Premierminister 1994 ein Kagame-Förderer, hat seine Entwicklungsministerin Claire Short die Politik ihrer Vorgängerin fortgeführt. (Sie hat erst 2003 mit Blair wegen seines Engagements im Irak-Krieg gebrochen.)

305 Siehe hierzu insbesondere Kapitel X. 2 in Strizek 2011.

306 Wie dieses Schreiben in die Unterlagen von Robert Gersony während seiner Untersuchungen in Ruanda nach dem Sieg Kagames gelangte, ist nicht bekannt. Zum Gersony-Bericht siehe vor allem Abschnitt 6.5.8.

langfristige Planung des Duos Museveni-Kagame und ihrer anglophonen Verbündeten zur Errichtung eines Hima-Großreichs im Zentralen Afrika angesehen wurde. In einem auf Französisch verfassten Brief vom 10. August 1994 soll Paul Kagame – das Schreiben war „im Auftrag" von einem J. Rwego unterzeichnet – dem früheren burundischen Präsidenten Jean-Baptiste Bagaza für seine Unterstützung zur RPF-Machteroberung gedankt und ihm versprochen haben, sich an das zwischen ihnen vereinbarte Engagement im Kongo zu halten, sobald die Flüchtlinge aus Ost-Zaïre zurückgekehrt seien.[307]

Ich hatte anfangs vermutet, es handle sich bei diesem Brief um eine Fälschung von Hutu-Seite. Das ist aber eher unwahrscheinlich. Es kann vielmehr ein Propagandadokument der RPF zugunsten von Kagame in einer für ihn sehr heiklen Nachkriegsphase gewesen sein. So hatte Kagame auch niemals Anlass, einen solchen Brief zu dementieren, hielt die US-Administration doch öffentlich immer daran fest, man habe die Rückkehr der Hutu-Flüchtlinge aus Zaïre gewünscht.

6.2 Die Gründung des Ruanda-Strafgerichtshofs

Wie schon bei den Ausführungen zum Bericht der *„Internationalen Untersuchungskommission"* vom 8. März 1993 erwähnt[308], gehört die Forderung zur Gründung eines Internationalen Strafgerichtshofs für Ruanda für den Tag nach dem Beginn des einkalkulierten Tutsi-Völkermords schon lange zum Instrumentenkasten der RPF und ihrer Verbündeten.

Soweit erkennbar wird dieser Gerichtshof erstmals am 13. April 1994 in einem Brief von Claude Dusaidi, dem RPF-Vertreter bei der UNO in New York,

307 Als mir dieses Schreiben während meiner Anhörung im Prozess Militär II am 25. November 2008 von einem Verteidiger vorgelegt wurde, erklärte ich spontan, es müsse sich um eine Fälschung handeln, da Paul Kagame eine so weitreichende politische Erklärung nicht in einem auf Französisch verfassten Schreiben niedergelegt hätte, da er Französisch nicht einmal verstand und Bagaza aufgrund seiner langen Aufenthalte im anglophonen Afrika über gute Englischkenntnisse verfügte. Der Brief an Bagaza wurde in jüngster Zeit sowohl von Patrick Mbeko (Mbeko 2014, S. 32) als auch von Noël Ndanyuzwe (Ndanyuzwe 2014, S. 307/308) als authentischer Beweis für die Kongo-Eroberungsabsichten von Kagame und Museveni und ihrer Verbündeten bezeichnet. Ndanyuzwe präzisiert, der angebliche Kagame-Brief sei vom RPF-Büro in Brüssel erstellt worden.

308 Vgl. Abschnitt 6.1.1.1.4.

an den Sicherheitsratsvorsitzenden Colin Keating, offiziell gefordert.[309] Schon dieses frühe Datum, als niemand mit gutem Grund behaupten konnte, ein Völkermord habe sich ereignet, zeigt, dass diese Forderung schon vorausbedacht war. Joseph Bukeye, damals ruandischer Diplomat in Kampala, bezeugt, dass der ugandische Staatschef Yoweri Museveni in einer Besprechung kurz nach dem Attentat vom 6. April 1994 von einem internationalen Gerichtshof gesprochen habe, der die schon beobachteten Verbrechen gegen die Tutsi-Bevölkerung aburteilen werde.[310]

Eine wichtige Rolle bei der Gründung der ad-hoc-Gerichte hat David Scheffer, der langjährige Vertraute von Madeleine Albright und erster US-Sonderbotschafter für Kriegsverbrechen der Clinton-Administration, gespielt.[311] Scheffer hat seine Erfahrungen 2012 in einem Buch zusammengefasst, in dem sich mit Bezug auf die Anklage von Slobodan Milošević durch die Chefanklägerin Louise Arbour vor dem Strafgericht für das ehemalige Jugoslawien der denkwürdige Satz findet: „*Das Gericht war ein effizientes juristisches Werkzeug und ich hatte damals genügend Unterstützung von Präsident Clinton, Außenministerin Albright, Verteidigungsminister William Cohen und anderen Spitzenpolitikern in Washington, um es wie einen Mauerbrecher (battering ram) für die Durchsetzung der US- und Nato-Politik einzusetzen.*“[312]

---

309 Im sog. Carlsson-Bericht aus dem Jahr 1999 (Carlsson 1999) findet sich unter dem Datum 13.4.1994 der Satz: „*The RPF Representative at the United Nations, Mr Claude Dusaidi, in his letter to the President of the Security Council, said that "a crime of genocide" had been committed against the Rwandan people in the presence of a United Nations International force. He requested the Council to immediately set up a United Nations war crimes tribunal and apprehend those responsible for the massacres.*“

310 Ich wurde von Joseph Bukeye am 8.8.2013 zur Verwendung dieser Aussage ermächtigt.

311 Ramsey Clark, US-Justizminister von 1967–1969, hat in einem Pressegespräch 1999 in Arusha in Zusammenhang mit seiner Verteidigung der beiden Angeklagten Ntakirutimana Vater und Sohn den Druck erwähnt, den die USA – namentlich Madeleine Albright – zur Gründung des Gerichts ausgeübt haben. Er sagte, das Gericht sei eine andere Form zur Weiterführung des Kriegs gegen Ruanda. Nach: Karemera 2012, S. 395.

312 Scheffer 2012, S. 252. Diesen Satz kommentiert auch Robin Philpot auf den Seiten 182/183 in Philpot 2013.

6.2.1 Vor Gründung: Kanonisierung der offiziellen Lesart[313]

Vor Gründung des Gerichts wollte man sicherstellen, dass die internationale Gemeinschaft eine gemeinsame Sicht der Ereignisse in Ruanda nach der Ermordung von Staatspräsident Habyarimana und der Wiederaufnahme des Eroberungskriegs durch die Tutsi-Rebellen verinnerlicht hatte. Die offizielle Lesart von der langfristigen Planung eines Tutsi-Völkermords durch die „Hutu-Ordnung" musste also breit propagiert werden.

Wie langfristig man geplant hatte, wird schon allein aus der Tatsache deutlich, dass der Ruanda-Sonderberichterstatter der Genfer UNO-Menschenrechtskommission[314] Bacre Waly Ndiaye[315] – über den Inhalt der Carbonare-Schabas-Des Forges-„*Untersuchungskommission*" vorab in Kenntnis gesetzt[316] – schon am 1. März 1993 Präsident Habyarimana in einem Schreiben gebeten hat, nach Ruanda eingeladen zu werden, um sich über die Vorwürfe von Menschenrechtsverletzungen in Ruanda sachkundig zu machen. Schon am 8. März 1993 erfolgte die Habyarimana-Einladung.[317]

B.W. Ndiaye hatte mit Rücksicht auf seinen Status nicht an der „*Untersuchungskommission*" vom Januar 1993 teilgenommen, war demnach frei, in seinem erst

---

313 Zur Kritik an diesem Narrativ siehe neben Strizek 2011 vor allem: Onana und Mushayidi 2001, Gasana 2002, Philpot 2003 und in überarbeiteter Fassung auf Englisch: Philpot 2013 (daneben englische Übersetzung des Buchs aus dem Jahr 2003 im Internet Philpot 2005; deutsche Übersetzung von Klaus Madersbacher im Internet Philpot 2007a), Shimamungu 2004, Péan 2005, Onana 2005a, Onana 2005b, Ngirabatware 2006, Nahimana 2007, Desouter 2007, Lugan 2007, Musabyimana 2008, Musabyimana 2008a, Ntilikina 2008, Davenport und Stam. 2009, Onana 2009, Péan 2010, Ndagijimana 2010 (franz. Original Ndagijimana 2009), Neretse 2010, Herman und Peterson 2010 (Herman und Peterson 2014), Musabyimana 2011, Onana 2012a, Karemera 2012, Onana 2014, Lugan 2014 und – ganz besonders wichtig – Collins 2014. Vor allem zur Dokumentation darüber, dass der Tutsi-Völkermord eine Art *undercover-story* der USA war, siehe Erlinder 2013.

314 Die VN-Menschenrechtskommission wurde 2006 in den VN-Menschenrechtsrat umgewandelt.

315 Der Senegalese Bacre Waly Ndiaye ist seit 2008 *Director of Human Rights Council and Special Procedures Division* beim New Yorker Büro des Hochkommissariats für Menschenrechte.

316 Der Bericht wurde erst am 8.3.1993 offiziell veröffentlicht.

317 Ich referiere hier meinen Bericht für die Konferenz der Verteidiger am Ruanda-Gericht 2009 in Den Haag mit dem Titel *The Influence of the International Background on the Creation of the International Criminal Tribunal for Rwanda (ICTR). An Historian's View.* (Strizek 2009b).

am 11. August 1993 – also nach Unterzeichnung des Arusha-Abkommens – veröffentlichten Bericht faktisch die Ergebnisse der „Kommission“ in einem UNO-Dokument zu offizialisieren.[318] Er vertrat die Ansicht, die von der „*Untersuchungskommission*“ berichteten Tutsi-Massaker würden wahrscheinlich den Tatbestand des Völkermords der Genozid-Konvention von 1948 erfüllen.

Als die Tutsi-Massaker nach dem 6. April 1994 tatsächlich begannen, konnte der ivorische Juraprofessor René Degni-Ségui[319], Ndiayes Nachfolger als Ruanda-Sonderberichterstatter der UNO-Menschenrechtskommission, zusammen mit seinem Vorgänger am 9. Juni 1994 nach Ruanda fliegen. Sie kamen mit der erwartbaren Ansicht zurück, die Dinge hätten sich so ereignet, wie Carbonare, Degni-Ségui selbst und die anderen Mitglieder der „*Untersuchungskommission*“ dies schon Anfang 1993 vorausgesagt hätten.

Am 28. Juni 1994 schreibt Degni-Ségui im ersten von drei Berichten[320] für die Menschenrechtskommission der Vereinten Nationen, die er 1994 angefertigt hat, es sei zwar richtig, dass das Attentat vom 6. April 1994 den Tutsi-Völkermord ausgelöst habe, aber die meisten Massaker fänden im Gebiet der Interimsregierung durch die „*Interahamwe* “[321]- und *Impuzamugambi*-Milizen statt.[322] Darin heißt es auch, einige Beobachter hielten die Zahl von einer Million Tutsi-Opfern für

---

318 B.W. Ndiaye schrieb, obwohl Staatspräsident Habyarimana und Ministerpräsident Nsengiyaremye das Gegenteil erklärt hatten, beide *“recognize the substance of the allegations contained in the report”*. Ndiaye kam in Tz. 9 zu dem Schluss: *“After cross-checking, the Special Rapporteur concluded that the substance of the allegations contained in the Commission's report could, by and large, be regarded as established.” (Report on Extrajudicial, summary or arbitrary executions, 11.8.1993, E/CN.4/1994/7/ Add.1, 11 August 1993).*

319 René Degni-Ségui hatte im Januar 1993 der Schabas-Carbonare-Des Forges-„Untersuchungs“-Kommission angehört, die erstmals von Völkermordabsichten der Habyarimana-Administration gesprochen hatte. (Vgl. Abschnitt 6.1.1.1.4).

320 ECOSOC-Bericht Nr. E/CN.4/1995/7, 28 June 1994. Der zweite Bericht vom 12. August 1994 trägt die Nr. E/CN.4/1995/12 und der dritte Bericht vom 11.11.1994 die Nr. E/CN.4/1995/70. Ein vierter zusammenfassender Bericht wurde mit der Nr. E/CN.4/1995/71 am 17.1.1995 vorgelegt.

321 Für die *“Interahamwe”* wird insbesondere auf das Unterkapitel zu verschiedenen Begriffen verwiesen. Bei den *Impuzamugambi* handelte es sich um die Jugendorganisation der den Tutsi-Rebellen besonders kritisch gegenüberstehenden Oppositionspartei CDR (*Coalition pour la Défense de la République*).

322 In den Tz. 21 und 22 des Degni-Ségui-Berichts vom 28.6.1994 – der Machteroberungskrieg der RPF war noch in vollem Gange – heißt es: “*... most of the massacres are carried out by the militias... Interahamwe and ... Impuzamugambi. (...) In the area controlled by the FPR, the cases of massacres reported are rather rare, indeed*

möglich[323], so sei die Bezeichnung Völkermord für die Tutsi-Massaker gerechtfertigt. Man müsse deshalb die Gründung eines Internationalen Strafgerichthofs für Ruanda ins Auge fassen.[324] Damit war die Gründung des Ruanda-Gerichts am 8. November 1994 durch den VN-Sicherheitsrat vorgezeichnet. Die Struktur eines solchen Gerichts war durch das Sonderstrafgericht für das ehemalige Jugoslawien (ICTY) vorgegeben. Das Statut konnte weitgehend übernommen werden und hatte nur einige Spezifika des Ruanda-Falls zu berücksichtigen.

6.2.2 Der Sicherheitsratsbeschluss vom 8. November 1994

Mit Resolution 955 (1994) des UNO-Sicherheitsrats wurde am 8. November 1994 unter Bezug auf einen entsprechenden Antrag der ersten ruandischen Nachkriegsregierung[325] unter Ministerpräsident Faustin Twagiramungu vom September 1994 die Errichtung eines internationalen Strafgerichtshofs für Ruanda beschlossen. Gerald Gahima, damals ein hoher RPF-Funktionär, berichtet in seinem im Exil geschriebenen Buch, der Antrag sei auf Initiative des damaligen US-Staatssekretärs für Menschenrechte, John Shattuck, in der US-Botschaft in Kigali geschrieben, dem neuen ruandischen Justizminister Nkubito zur Unterschrift vorgelegt und von Shattuck *swiftly* nach Washington gebracht worden.[326]

---

virtually non-existent perhaps because little is known of them."(ECOSOC-Bericht E/CN.4/1995/7).

323 Diese Zahl, die auf keinerlei Untersuchungen beruhte, benützt die RPF bis zum heutigen Tag. Damit niemand die Zahl auch nur annähernd überprüfen kann, hat die RPF nach Machtantritt Leichenausgrabungen – anderes als dies im früheren Jugoslawien der Fall war – verboten. In Karemera 2012, S. 247 wird die Presseerklärung ICTR/INFO/9-2-06 vom 29.4.2006 des Arusha-Gerichts genannt, mit der mitgeteilt wurde, dass das Gericht sich dieser Entscheidung der Kagame-Regierung beugt.

324 In Textziffer 75 des Berichts vom 28.6.1994 heißt es: *"Pending the establishment of a permanent international criminal court, the UN should establish an ad hoc international tribunal to hear the evidence and judge the guilty parties, or, alternatively should extend the jurisdiction of the international tribunal on war crimes in the former Yugoslavia."*

325 Dabei wird auf das UNO-Dokument S/1994/1115 vom 29.9.1994 verwiesen. Dort heißt es auf S. 3: *(...) (c) There is evident reluctance by the international community to set up an international tribunal to expose and punish the criminals who are still at large. This is tantamount to diluting the question of genocide that was committed in Rwanda.* Auf S. 4 findet sich der Satz: *We request the international community to reinforce government efforts by: (...) (c) Setting up as soon as possible an international tribunal to try the criminals.*

326 Gahima bezieht sich dabei auf einen Aufsatz des damaligen US-Botschafters in Ruanda, David Rawson, aus dem Jahr 2001 (Gahima 2013, S. 82).

Allerdings hatte sich das politische Klima in Kigali schon verändert. So setzte der Vizepräsident und Verteidigungsminister Paul Kagame an der Regierung vorbei eine Weisung nach New York durch, die ruandische Delegation müsse gegen die Resolution stimmen. Manzi Bakuramutsa, der neue ruandische Vertreter im Sicherheitsrat, hat sieben Gründe für die ablehnende Haltung der RPF-Chefs vorgetragen.[327]

- An erster Stelle kritisierte er, dass dem Gericht die Verhängung der Todesstrafe verwehrt sein sollte.[328]
- Zweitens hatte Kagame der Zuständigkeitszeitraum des Gerichts missfallen. Er wollte das Mandat des Gerichts am 1. Oktober 1990 beginnen[329] und mit dem RPF-Sieg am 17. Juli 1994 enden lassen, damit man die RPF-Verbrechen an der Hutu-Bevölkerung nach dem Sieg nicht untersuchen konnte.
- Drittens wollte Kigali einen eigenen Chefankläger und keine enge Anbindung an das Ex-Jugoslawien-Gericht ICTY.
- Viertens wollte Kagame mit dem Beschluss zur Errichtung des Gerichts den Gerichtsstandort in Kigali durchsetzen.
- Fünftens wollte Kigali durchsetzen, dass nur „Haupttäter" des Tutsi-Völkermords angeklagt werden, um auch auf diese Weise die Verfolgung von RPF-Kriegsverbrechen auszuschließen.
- Sechstens wollte Kigali im Statut die Mitwirkung französischer Richter an dem Gericht ausschließen.[330]
- Und schließlich sollten Verurteilte ihre Strafe in Ruanda verbüßen.

Bei ruandischer Gegenstimme verabschiedete der UNO-Sicherheitsrat schließlich am 8. November 1994 – basierend auf Kap. VII der UNO-Charta – die

---

327 Vgl. Peskin 2008 S. 162/163.

328 Madeleine Albright hat diese Kritik unterstützt, aber zu Protokoll gegeben, dass sie auf dieser Forderung nicht bestehe, *„weil es einfach nicht möglich sei, dies durchzusetzten, ohne die breite Mehrheit im Sicherheitsrat zu gefährden."* Nach: Peskin 2008, S. 164.

329 Kagame versprach sich davon wohl eine bessere Möglichkeit, die Reaktion der ruandischen Armee auf seine als nationale Befreiungsbewegung dargestellte Rebellion als Verbrechen verurteilen zu können.

330 Peskin 2008, S. 163. Peskin weist daraufhin, dass für Arusha niemals ein französischer Richter nominiert wurde. Man darf vermuten, dass hier die unsichtbare Hand des „getreuen" Kofi Annan im Spiel war. Nur der Franzose Claude Jorda, der anfangs am Ex-Jugoslawien-Gericht in Den Haag als Richter tätig war, wurde mit seiner Berufung in die für beide Gerichte zuständige Berufungskammer zeitweise auch mit Ruanda-Fällen befasst.

Resolution 955 in folgender Form: Es werde ein internationaler Strafgerichtshof geschaffen „*zu dem ausschließlichen Zweck der Verfolgung der Personen, die für Völkermord und andere schwere Verstöße gegen das humanitäre Völkerrecht im Hoheitsgebiet Ruandas zwischen dem 1. Januar 1994 und dem 31. Dezember 1994 verantwortlich sind, und der Verfolgung ruandischer Staatsangehöriger, die für während desselben Zeitraums im Hoheitsgebiet von Nachbarstaaten begangenen Völkermord und andere derartige Verstöße verantwortlich sind (...)*".

Als dann der Sicherheitsrat am 22. Februar 1995 auf Vorschlag des damaligen UNO-Generalsekretärs Boutros Boutros-Ghali mit Resolution 977 den Standort Arusha/Tansania[331] festgelegt hat, fühlte sich Kagame in seiner Ablehnung bestätigt. Auch die US-Botschafterin Madeleine Albright war über die Aussicht enttäuscht, dass dem Gericht somit die gewünschte Rolle als Hilfsorgan der RPF-Ordnung erschwert wurde.[332] Kigali konnte aber immerhin erreichen, dass das Büro des stellv. Chefanklägers und anfangs die gesamte Ermittlungsabteilung in Kigali angesiedelt wurde.

Kagame hat danach mit voller Unterstützung der Clinton-Administration dem Gericht das Leben so schwer wie möglich gemacht. Die Erreichung des hehren, in der Präambel niedergelegten Ziels, das Gericht möge zur Versöhnung in Ruanda beitragen, war somit illusorisch.[333]

6.3 Die Struktur eines politischen Gerichts

Die Vorgeschichte macht klar: Das Ruanda-Gericht war kein normales Strafgericht, sondern ein Gericht mit dem klaren politischen Auftrag zur Existenzsicherung der in Kigali Ende Juli 1994 errichteten Militärdiktatur.[334]

---

331 Boutros-Ghali war ein afrikanischer Standort wichtig, konnte aber für den von ihm präferierten Standort Nairobi nicht die Zustimmung von Staatspräsident Daniel arap Moi erreichen. Moi befürchtete internationale Verwicklungen, galt er doch als langjähriger Verbündeter von Juvénal Habyarimana. (Vgl. Peskin 2008, S. 167).

332 Man darf vermuten, dass dies ein Element dafür war, warum Madeleine Albright Ende 1996 Clinton half, die Wiederwahl von Boutros-Ghali zu verhindern und Kofi Annan zum Posten des UNO-Generalsekretärs zu verhelfen. Die als *Operation Orient-Express* in die Geschichte eingegangene Aktion ist bei Clarke 2004 beschrieben.

333 Muriel Paradelle hat ohnedies Zweifel, ob die Versöhnungsabsicht in der Präambel mehr als ein frommer Wunsch sein sollte, da es in der ganzen Struktur des Gerichts keine Vorschrift gibt, die speziell diesem Ziel dienen soll (Paradelle 2004).

334 Dies beschreibt auch David Paciocco (Paciocco 2004), der frühere kanadische Verteidiger im Verfahren gegen Vater und Sohn Ntakirutimana, in: Dumont und Boisvert 2004.

Der damalige UNO-Generalsekretär Boutros Boutros-Ghali hat diese Absicht mit der Festlegung des Gerichtsorts Arusha[335] etwas abmildern und das Ruanda-Gericht vor totaler Kigali-Abhängigkeit schützen können.

Aber mit dem Amtsantritt von Kofi Annan als UNO-Generalsekretär zum Jahresbeginn 1997 konnte das Gericht zu einem „Kagame-Schutzgericht" werden. Kofi Annan hat, als die Chefanklägerin Carla Del Ponte 2002 aus dem Ruder zu laufen drohte und auch gegen mutmaßliche Kriegsverbrechen der RPF zu ermitteln begann, den britisch-amerikanischen Wunsch[336] nach ihrer Ablösung erfüllt und 2003 mit dem Gambier Hassan Bubacar Jallow für einen allzeit „gehorsamen" Nachfolger gesorgt. Jallow hat allen Anfechtungen zur Suche nach voller Aufklärung der ruandischen Katastrophe, insbesondere auch nach den Verantwortlichen für das Attentat vom 6. April 1994, widerstanden. Die von Carla Del Ponte begonnenen RPF-Sonderermittlungen wurden eingestellt, die Ergebnisse weggeschlossen.[337] Nach außen wurde dies damit begründet, dass das Arusha-Gericht seine Arbeit mit einer *completion strategy* bald abschließen und deshalb keine neuen Verfahren mehr beginnen sollte.

---

335 Boutros-Ghali hat später die Wahl des so entlegenen Standorts gegenüber Robin Philpot in einem privaten Gespräch als Fehler bezeichnet. *„Die ursprüngliche Idee war, das Tribunal in Den Haag einzurichten,"* sagte er mir in einem Interview. *„Ich sagte nein. Es war ein afrikanisches Problem. Das Tribunal in Arusha einzurichten war einfach eine Frage der Würde. Deswegen wählte ich Arusha aus. Tatsächlich war das ein Fehler, mein Fehler. Die Einrichtung eines Tribunals braucht bestimmte Voraussetzungen: einen kulturellen Hintergrund, einen legalen Hintergrund, Medieneinrichtungen und mehr. Das alles trägt zur Arbeit eines Tribunals bei. Arusha hatte nichts davon. Es war leer. Und es gilt als unbedeutend."* Aus Kapitel 14 der deutschen Übersetzung in Philpot 2007a. (Im Original: Philpot 2003, S. 173/174 und in Philpot 2013, S. 199/200).

336 Carla del Ponte hat den Vorgang ihrer Absetzung wegen der Sonderermittlungen zu vermuteten Verbrechen der RPF ausführlich beschrieben (vgl. Del Ponte und Sudetic 2009, S. 294–312). Kagame hat ihr schon am 28.6.2002 persönlich mitgeteilt, dass er auf ihrer Ablösung bestehen werde. John Philpot zitiert einen von WikiLeaks enthüllten Bericht vom 17.7.2003, in dem der US-Botschafter in den Niederlanden über ein Gespräch mit dem ICTY-Vorsitzenden Theodor Meron berichtete. Meron trete für die Ablösung von Carla Del Ponte als Chefanklägerin beider Gerichte ein und plädiere für die Zuweisung je eines Anklägers für das Arusha- und das Jugoslawien-Gericht. (Siehe Philpot und Chartrand 2014, S. 164).

337 So auch Florence Hartmann, die langjährige Sprecherin der Chefanklägerin Carla Del Ponte: „*... der Gambier Hassan Bubacar Jallow (...) hat das Versprechen der USA gegenüber den ruandischen Behörden zur Einstellung der Ermittlungen gegen Tutsi-Militärs durch das Arusha-Gericht umgesetzt."* (Hartmann 2007, S. 283).

6.3.1 Basistexte und Gerichtsstruktur

Die folgenden Ausführungen sind im Wesentlichen deskriptiv. Soweit erkennbar, haben sich die Autoren an die von den internationalen Strafrechtsexperten erarbeiteten Texte zur Aufarbeitung internationaler Großverbrechen gehalten.[338]

6.3.2 Statut und Straftatbestände

Integraler Teil der Resolution 955 vom 8. November 1994 ist das ihr als Anhang angefügte Gerichts-Statut.[339]

In Artikel 1 wird der Gerichtszweck aus der Resolution 955 wiederholt.[340]

Artikel 2 beschreibt den Straftatbestand Völkermord in den Worten der Völkermordkonvention aus dem Jahr 1948. Gem. Artikel 3 dieser Konvention sind folgende Handlungen zu bestrafen:

a) Völkermord;
b) Verschwörung zur Begehung von Völkermord;
c) unmittelbare und öffentliche Anreizung zur Begehung von Völkermord;
d) Versuch, Völkermord zu begehen;
e) Teilnahme (Complicity) am Völkermord.

Artikel 3 beschreibt den Tatbestand „*Verbrechen gegen die Menschlichkeit*", wie er im Nürnberger Kriegsverbrecher-Prozess festgelegt worden ist. [341]

Artikel 4 legt „*Verstöße gegen den gemeinsamen Artikel 3 der Genfer Abkommen und gegen deren Zusatzprotokoll II*" als weitere Straftatbestände fest. In diesem Artikel heißt es: „*Hierzu gehören, ohne dass dies eine erschöpfende Aufzählung wäre, die folgenden Verstöße:*

a) Angriffe auf das Leben, die Gesundheit oder das körperliche oder geistige Wohlbefinden von Personen, insbesondere vorsätzliche Tötung sowie grausame

---

338 In den Worten von Florence Hartmann: „*Die Großmächte haben, zumindest auf dem Papier, einen fast idealen Gerichtshof geschaffen.*" (Hartmann 2007, S. 26).

339 Das Statut ist bis 2013 mindestens 15mal ergänzt worden. Eine im Internet verfügbare deutsche Fassung der VN gibt den Stand 2003 wieder.

340 Es ist eingewandt worden, dass diese Formulierung von Schuldvermutung ausgeht und dem Prinzip der Unschuldsvermutung widerspricht.

341 Zu diesem Straftatbestand schreibt Ahlbrecht: „*Auch als der Internationale Strafgerichtshof für Ruanda Ende 1994 eingesetzt wurde, konnte nicht von einer allgemeinen völkergewohnheitsrechtlichen Anerkennung der Tatbestandsgruppe der Verbrechen gegen die Menschlichkeit ausgegangen werden.*" (Ahlbrecht 1999, S. 313).

Behandlung wie Folter, Verstümmelung und jede Art der körperlichen Züchtigung;

b) Kollektivstrafen;

c) Geiselnahme;

d) terroristische Handlungen;

e) Beeinträchtigung der persönlichen Würde, insbesondere entwürdigende und erniedrigende Behandlung, Vergewaltigung, Nötigung zur Prostitution und unzüchtige Handlungen jeder Art;

f) Plünderung;

g) Verurteilung und Hinrichtung von Personen ohne vorhergehendes Urteil eines ordnungsgemäß zusammengesetzten Gerichts und ohne ein Gerichtsverfahren mit allen Garantien, die von den zivilisierten Völkern als unverzichtbar anerkannt werden;

h) Androhung einer der genannten Handlungen.

Die Artikel 5 und 6 behandeln die *„Persönliche Zuständigkeit"* und die *„Individuelle strafrechtliche Verantwortlichkeit".*

In Artikel 7 wird die räumliche und zeitliche Zuständigkeit aus der Resolution 955 wiederholt.

Artikel 8 legt fest, dass dem Gericht die konkurrierende Zuständigkeit zukommt *für die Verfolgung aller in die zeitliche und räumliche Zuständigkeit des Gerichts fallende Verbrechen.*

Artikel 9 legt das *Ne bis idem*-Prinzip fest, wonach niemand für einen Tatbestand, der vom Arusha-Gericht abgehandelt wurde, vor ein anderes Gericht gestellt werden kann.

Die Artikel 10 bis 32 behandeln Organisation und Verfahren des Gerichts.

In Artikel 10 des Statuts heißt es:

Der Internationale Strafgerichtshof für Ruanda setzt sich aus den folgenden Organen zusammen:

a) den Kammern, und zwar drei Strafkammern und einer Berufungskammer;

b) dem Leiter der Anklagebehörde („Ankläger");

c) einer Kanzlei.

Die entscheidenden Verfahrensvorschriften für die Anklage und die Kammern sind in den Artikeln 16 bis 20 des Statuts festgelegt.

Wichtig ist auch, dass in Artikel 23 gegen den ausdrücklichen Wunsch der neuen Herrscher in Kigali die Todesstrafe ausgeschlossen ist.[342]

Entsprechend dem damaligen Stand der internationalen Diskussion zum Völkerstrafrecht fehlt der Straftatbestand des Angriffskriegs. Das kam der RPF-Ordnung in Ruanda entgegen, da ernstlich niemand bestreiten kann, dass Ugandas zentrale Rolle beim Beginn des Kriegs am 1. Oktober1990 und seine zentrale Rolle bei der Kriegführung bis zum 17. Juli 1994 den Tatbestand eines nichtprovozierten Angriffskriegs erfüllt.

6.3.3 Die Kammern

Artikel 11 des Statuts sagt:

1. *Die Kammern setzen sich aus höchstens sechzehn ständigen unabhängigen Richtern, von denen nicht mehr als einer Angehöriger desselben Staates sein darf, sowie zu jedem Zeitpunkt höchstens neun im Einklang mit Artikel 12ter, Absatz 2 ernannten unabhängigen ad-litem-Richtern zusammen, von denen nicht mehr als einer Angehöriger desselben Staates sein darf.*
2. *Jede Strafkammer setzt sich aus drei ständigen Richtern sowie zu jedem Zeitpunkt höchstens sechs Ad-litem-Richtern zusammen. Jede Strafkammer, der Ad-litem-Richter zugeteilt werden, kann in Sektionen aus jeweils drei Richtern unterteilt werden, die sowohl ständige als auch Ad-litem-Richter umfassen. Die Sektionen einer Strafkammer haben die gleichen Befugnisse und Verantwortlichkeiten wie eine Strafkammer nach dem Statut und fällen ihre Urteile im Einklang mit denselben Regeln.*
3. *Sieben der ständigen Richter sind Mitglieder der Berufungskammer. Die Berufungskammer setzt sich für jede Berufung aus fünf ihrer Mitglieder zusammen.*

Die in Arusha tätigen Richterinnen und Richter werden von der UNO-Vollversammlung auf der Basis einer vom Sicherheitsrat vorgeschlagenen *short-list* gewählt.[343] Sie sollen gem. Artikel 12 nach höchsten internationalen Standards qualifiziert sein. [344] Nach Art. 13 wählen die permanenten Richter des Arusha-Gerichts den Gerichtsvorsitzenden.

---

342 Diese Bestimmung verbietet auch, dass ein Verfahren an ein Land abgegeben werden kann, in dem dem Angeklagten die Todesstrafe droht. Um den Verfahrenstransfer zu ermöglichen, hat Ruanda später die Todesstrafe abgeschafft.

343 Das Wahlverfahren ist in einem Artikel 12bis festgelegt.

344 In Artikel 12 des Statuts heißt es: *The permanent and ad litem judges shall be persons of high moral character, impartiality and integrity who possess the qualifications required in their respective countries for appointment to the highest judicial offices.*

Die in Den Haag ansässige Berufungskammer ist sowohl für das Jugoslawien- als auch das Ruanda-Gericht zuständig.

6.3.4 Chefankläger und Anklagebehörde

Artikel 15 des Statuts des Arusha-Gerichts sagt seit 2003[345] zum Chef der Anklagebehörde („Ankläger"):

1. *Dem Ankläger obliegt es, gegen Personen, die für schwere Verstöße gegen das humanitäre Völkerrecht im Hoheitsgebiet Ruandas zwischen dem 1. Januar 1994 und dem 31. Dezember 1994 verantwortlich sind, sowie gegen ruandische Staatsangehörige, die für während desselben Zeitraums im Hoheitsgebiet der Nachbarstaaten begangene derartige Verstöße verantwortlich sind, zu ermitteln und diese Personen strafrechtlich zu verfolgen.*
2. *Der Ankläger handelt unabhängig als selbstständiges Organ des Internationalen Strafgerichtshofs für Ruanda. Er darf von einer Regierung oder von einer anderen Stelle Weisungen weder einholen noch entgegennehmen.*
3. *Die Anklagebehörde besteht aus dem Ankläger und dem erforderlichen Fachpersonal.*
4. *Der Ankläger wird vom Sicherheitsrat auf Vorschlag des Generalsekretärs ernannt. Er muss ein hohes sittliches Ansehen genießen und ein Höchstmaß an Sachverstand und Erfahrung bei der Durchführung von Ermittlungen und der Verfolgung in Strafsachen besitzen. Die Amtszeit des Anklägers beträgt vier Jahre; Wiederernennung ist zulässig. Das Dienstverhältnis des Anklägers entspricht dem eines Untergeneralsekretärs der Vereinten Nationen.*
5. *Das Personal der Anklagebehörde wird vom Generalsekretär auf Empfehlung des Anklägers ernannt.*

Der für die Prozesse besonders wichtige Statuts-Artikel 17 zur Anfertigung der Anklageschriften lautet:

1. *Der Ankläger leitet von Amts wegen oder auf Grund von Informationen, die von irgendeiner Stelle, insbesondere von Regierungen, Organen der Vereinten Nationen, zwischenstaatlichen und nichtstaatlichen Organisationen eingeholt wurden, Ermittlungen ein. Der Ankläger bewertet die eingegangenen oder*

In the overall composition of the Chambers and sections of the Trial Chambers, due account shall be taken of the experience of the judges in criminal law, international law, including international humanitarian law and human rights law.

345 Vorher hatten beide ad-hoc-Gerichte einen gemeinsamen Chefankläger.

eingeholten Informationen und entscheidet darüber, ob hinreichende Voraussetzungen für die Fortführung des Verfahrens gegeben sind.

2. *Der Ankläger ist befugt, Verdächtige, Opfer und Zeugen zu vernehmen, Beweis zu erheben und in Augenschein zu nehmen. Bei der Wahrnehmung dieser Aufgaben kann der Ankläger die betreffenden staatlichen Behörden gegebenenfalls um Unterstützung ersuchen.*
3. *Bei einer Vernehmung hat der Beschuldigte Anspruch darauf, sich der Dienste eines Verteidigers seiner Wahl zu bedienen; fehlen ihm die Mittel zur Bezahlung eines Verteidigers, hat er Anspruch auf die unentgeltliche Beiordnung eines Verteidigers; er hat ferner erforderlichenfalls Anspruch auf Übersetzung in eine und aus einer Sprache, die er spricht und versteht.*
4. *Wird festgestellt, dass hinreichende Verdachtsgründe vorliegen, so erstellt der Ankläger eine Anklageschrift, die eine kurze Darstellung des Sachverhalts und des Verbrechens oder der Verbrechen enthält, die dem Angeschuldigten nach dem Statut zur Last gelegt werden. Die Anklageschrift wird einem Richter der Strafkammer zugeleitet.*

6.3.5 Prozessordnung

Artikel 14 des Statuts bestimmt, dass das Gericht nach den Vorgaben dieses Artikels im Einklang mit den *Rules of Procedere and Evidence* für das Jugoslawiengericht seine Prozessordnung selbst festlegt.

Das Ruanda-Gericht hat am 5. Juli 1995 die für dieses Gericht gültige 126 Artikel umfassende Prozessordnung beschlossen, die seither – manche Beobachter sagen willkürlich – mehr als 20mal mit Mehrheit der Vollversammlung des Gerichts geändert wurde.

6.3.6 Die Gerichtsverwaltung (Registry/Greffe/Kanzlei)[346]

Artikel 16 des Statuts sagt:

1. *Die Kanzlei ist für die Verwaltung und die Leistung von Hilfsdiensten für den Internationalen Strafgerichtshof für Ruanda verantwortlich.*
2. *Die Kanzlei besteht aus dem Kanzler und dem anderen erforderlichen Personal.*
3. *Der Kanzler wird vom Generalsekretär nach Absprache mit dem Präsidenten des Gerichtshofs ernannt. Seine Amtszeit beträgt vier Jahre; Wiederernennung*

346 Die Worte Registry/Registrar (bzw. Greffe) werden im Deutschen als Kanzlei bzw. Kanzler zum Teil auch als Generalsekretär des Gerichts übersetzt.

ist zulässig. Das Dienstverhältnis des Kanzlers entspricht dem eines Beigeordneten Generalsekretärs der Vereinten Nationen.

4. *Das Personal der Kanzlei wird vom Generalsekretär auf Empfehlung des Kanzlers ernannt.*

Der Gerichtsverwaltung untersteht das Gerichtsgefängnis und auch die Einrichtung zur sicheren Unterbringung („*safe house*") von Zeugen und freigelassenen Angeklagten.

6.3.7 Verteidigung[347]

Eine der wichtigsten Aufgaben der Gerichtsverwaltung ist die Bestellung von Verteidigerinnen und Verteidigern. In der Regel standen jedem Angeklagten zwei von ihm ausgewählte und vom Gericht finanzierte Verteidiger mit mindestens 10-jähriger Berufserfahrung – dieser Qualifikationsnachweis galt für die politisch von den Entsendeländern ausgewählten Richter nicht – und einige Assistenten zur Verfügung.

6.3.8 Finanzierung

Die Kosten des Gerichts werden von den Vereinten Nationen und durch freiwillige Beiträge getragen. Das Jahresbudget wurde früher auf ca. 140 Mio. US$[348] geschätzt, was sich bis zum Ende des Gerichts 2014 auf ca. 3 Mrd. US$ belaufen würde. Die vom Gerichtssprecher Roland Amoussouga 2011 genannte Zahl von 1,6 Mrd. US$ Gesamtkosten dürfte jedenfalls untertrieben sein.[349]

6.4 Akteure

Die Gerichtswirklichkeit wird von Akteuren und Inhalten geprägt. Die Akteure werden im Folgenden beschrieben. Aber die zentralen Akteure tauchen nicht oder nur selten auf.[350] Zu den eigentlichen „Chefs" des Gerichts zähle ich – zuerst in ihrer Funktion als Clintons US-Botschafterin in New York und später als

347 Die Regeln für die Verteidigung sind in Art. 45 ff. der Verfahrensregeln festgelegt.

348 Vgl. Cruvellier 2010, S. 7.

349 Siehe Karemera 2012, S. 406.

350 Eine Ausnahme bildete der Besuch der Präsidentengattin Hillary Clinton am Rande des Akayesu-Verfahrens 1997 zur Durchsetzung des Anklagepunkts Vergewaltigung. Vgl. dazu Abschnitt 6.5.14.

US-Außenministerin – Madeleine Albright[351] und den von ihr ins Amt gebrachten UNO-Generalsekretär Kofi Annan[352], der seinen Auftrag, Paul Kagame vor Unannehmlichkeiten durch das Gericht zu schützen vor allem mit der Berufung des „willigen Verbündeten" Hassan Bubacar Jallow 2003 – also sogar nach dem Ausscheiden seiner Mentorin Albright aus dem Amt der Außenministerin – brillant erfüllt hat.[353]

Um den politischen Hintergrund nicht so deutlich benennen zu müssen, hat Victor Peskin[354] den verschleiernden Begriff von den *virtuellen Prozessen (virtual trials)* gewählt, die sich hinter den Verfahren im Gerichtssaal abspielten. So kommen bei ihm die Namen Clinton und Albright so gut wie gar nicht vor. Gut beschrieben wird allerdings das Katz-und-Maus-Spiel, das sich Kagame mit dem Arusha-Gericht erlaubt hat.

6.4.1 Die Angeklagten

In der Regel sind die Angeklagten die „stummen Beobachter" des Verfahrens.[355] Zumeist werden die Angeklagten auf Antrag ihrer Verteidigung nur einmal als Zeugen in eigener Sache in den Zeugenstand gerufen. Nur in wenigen Fällen wurde in Abwesenheit verhandelt.[356]

Da die Angeklagten im Gerichtsgefängnis in Arusha relativ freien Umgang miteinander pflegen können, waren sie öffentlich häufig in Form gemeinsamer Erklärungen zu den verschiedensten Sachgegenständen präsent. Beispielsweise haben 31 Inhaftierte am 15. November 2007 eine Globalanalyse des Gerichts vorgelegt und sich als politische Gefangene der UNO bezeichnet.[357]

---

351 In diesem Zusammenhang ist die in Cruvellier 2010, S. 16 beschriebene Begebenheit erhellend, wonach nur ein 15minütiges Gespräch von Louise Arbour mit Madeleine Albright nötig war, um ihre Berufung zur Chefanklägerin der ad-hoc-Gerichte klar zu machen.

352 Den als *Operation Orient Express* bezeichneten Vorgang beschreibt Richard Clarke ausführlich (siehe Clarke 2004, S. 263). In Strizek 2011 ist der Vorgang auf S. 256 f. geschildert.

353 Ein Meisterwerk war auch die Abberufung des australischen Ermittlers Michael Hourigan und das Verbot, das Attentat vom 6.4.1994 zu untersuchen.

354 Peskin 2008.

355 Die ganz zu Anfang bestehende Möglichkeit zur Befragung von Zeugen durch die Angeklagten wurde schon am 16.1.1997 im Akayesu-Verfahren aufgehoben.

356 Hier ist vor allem der Fall des inzwischen im Gefängnis in Benin verstorbenen Jean-Bosco Barayagwiza zu nennen.

357 Text ist abgedruckt bei Karemera 2012, S. 488–496.

Mit einer gemeinsamen Presseerklärung haben die meisten Angeklagten am 6. April 2009 aus Anlass des 15. Jahrestags des Beginns der ruandischen Katastrophe, bei der Ruanda *„in die tiefste Dunkelheit seiner Geschichte gerissen"* worden sei, aller ihrer Opfer gedacht.

Am 18. Februar 2010 haben sie eine Gegendarstellung zum sog. Mutsinzi-Bericht der ruandischen Regierung verfasst, in dem ein weiterer – von fast allen Fachleuten zurückgewiesener – Versuch des RPF-Regimes unternommen worden war, den „Hutu-Extremisten" die Verantwortung für das Attentat vom 6. April 1994 zuzuschieben.[358] In diesem Schriftsatz haben die Angeklagten gefordert, das Arusha-Gericht möge das Attentat untersuchen und ihre schon 1999 vorgetragene Forderung wiederholt, eine internationale Untersuchungskommission ins Leben zu rufen.

Zu erwähnen ist auch das Schreiben samt einer Dokumentation, das am 22. Februar 2013 eine Gruppe von Freigesprochenen oder aus dem Gefängnis entlassenen Verurteilten[359], die Arusha nicht verlassen konnten, an den Sicherheitsrat gerichtet haben. Im Falle von General Ndindiliyimana hatten die Bemühungen schließlich Erfolg. Er konnte am 24. September 2014 zu seiner Familie nach Belgien reisen.

Die Angeklagten haben, was nach dem noch genauer zu beschreibenden Betrug an Jean Kambanda verständlich war, nur sehr selten von dem Instrument der Schuldanerkennung gegen strafmildernde Zusagen Gebrauch gemacht, auf das die Chefanklägerin Louise Arbour so sehr gesetzt hatte.

Die Behauptung, es handle sich um politische Gefangene, wird plausibel, wenn man sich die Biographien der Angeklagten ansieht: Es handelt sich ziemlich ausnahmslos um Männer – und eine Frau – zudem nur Hutu, die in einem Nachkriegsruanda eine Rolle für den demokratischen Aufbau des Landes hätten spielen können und denen persönlich keine schuldhaften Aktionen nachgewiesen werden konnten. Mit exzessivem Rückgriff auf das im Nürnberger Recht völlig logisch entwickelte Prinzip der Vorgesetztenverantwortung wurden sie für Taten verantwortlich erklärt, deren Urheberschaft – anders als in den Nürnberger Prozessen – ihnen nicht nachgewiesen werden konnte.

---

358 Selbst Filip Reyntjens, der früher der These der Verantwortung der "Hutu-Extremisten" nahe stand, nannte den Bericht in einer Analyse vom 26.1.2010 einen *„opportunistischen politischen Bericht von mehr als zweifelhafter Qualität"*. Im Internet zu finden unter: http://www.musabyimana.net/lire/article/analyse-du-rapport-mutsinzi-par-le-pr-filip-reyntjens-3/index.html.

359 *Memorandum des „Acquittés du Tribunal d'Arusha et des Condamnés ayant purgé leurs peines"*. (Zu finden unter *http://jkanya.free.fr/Texte13/memo220213.pdf*).

Zu erwähnen ist auch, dass eine Reihe von Angeklagten aufschlussreiche glaubwürdige Veröffentlichungen zu den ruandischen Geschehnissen und zum Arusha-Gericht vorgelegt haben.[360]

6.4.2 Die Ankläger

Die Chefs der Anklagebehörde waren von 1994 bis 2003 sowohl für das Jugoslawien- als auch das Ruanda-Gericht zuständig. Als erster Chefankläger für das Ex-Jugoslawiengericht trat am 15. August 1994 der südafrikanische Richter Richard Goldstone[361] sein Amt an und durfte auch als Chefankläger den Titel Richter (Justice) beibehalten. Mit dem Beschluss zur Gründung des Ruanda-Strafgerichts am 8. November 1994 wurde er zugleich auch Chefankläger für das zweite ad-hoc-Gericht der Vereinten Nationen.[362] Da Nelson Mandela ihn nur für begrenzte Zeit von seinen Dienstpflichten freigestellt hat, schied er schon im September 1996 aus. In der Ära Goldstone wurde aber schon die Erpressbarkeit des Gerichts durch Paul Kagame manifest.

---

360 Darunter seien erwähnt: Augustin Ngirabatware (Ngirabatware 2006), Ferdinand Nahimana (Nahimana 2007 und Nahimana 2011) und Edouard Karemera (Karemera 2012). Insider-Ansichten bietet auch das nicht unproblematische Buch des Ministerpräsidenten der Interimsregierung Jean Kambanda (Kambanda 2012).

361 Richard Goldstone hat ein Buch über seine Erfahrungen veröffentlicht: Goldstone 2000. Robin Philpot charakterisiert es folgendermaßen: *„Das Buch strotzt vor unterwürfigen und unehrlichen Komplimenten für die Rolle der Vereinigten Staaten von Amerika im Internationalen Strafgerichtshof und besonders für Madeleine Albrights eigenen persönlichen Beauftragten David Scheffer, der dem Büro der Anklage als Sonderberater zugeteilt wurde, unmittelbar nachdem Goldstone den Job bekommen hatte. Der südafrikanische Ankläger verbrachte viel Zeit in Washington und New York auf Cocktailparties und anderen gesellschaftlichen Ereignissen. Mit der Zeit nahm das Ausmaße an, dass Generalsekretär Boutros-Ghali Goldstone informierte, andere Mitglieder des UN-Sicherheitsrats hätten sich über seine zu enge Beziehung zu den Amerikanern beschwert. Boutros-Ghali selbst teilte diese Meinung.“* (Original in: Philpot 2013, S. 180, deutsche Übersetzung aus Philpot 2007a). Goldstone bestätigt in seinem Buch auf S. 100, Boutros-Ghali *„informed me that some of the permanent representatives at the United Nations had complained that I spent too much time with the Americans, and he agreed with these sentiments.“*

362 Da zu diesem Zeitpunkt noch kein Budget für das Ruanda-Gericht vorhanden war, konnte Goldstone im Dezember 1994 nur mit Hilfe einer Sonderzahlung des Nicht-VN-Mitglieds Schweiz nach Kigali fliegen, um dort die Errichtung seiner Ermittlungsbehörde vorzubereiten. Während seiner Amtszeit bis September 1996 besuchte er Ruanda 14 mal (vgl. Goldstone 2000, S. 111–113).

Kigali hatte die Auslieferung von einer Reihe prominenter Hutu (darunter Théoneste Bagosora, Ferdinand Nahimana und Jean Bosco Barayagwiza) gefordert, die in Kamerun Asyl erhalten hatten. Goldstone forderte von Staatschef Paul Biya, den ursprünglich auf der Basis eines belgischen internationalen Haftbefehls im Frühjahr 1996 in Kamerun inhaftierten Théoneste Bagosora dem Arusha-Gericht zu überstellen und ihn und die anderen dort Inhaftierten nicht Paul Kagame auszuliefern. Biya wollte anfangs die Überstellung nach Arusha vermeiden, gab aber schließlich dem Drängen der Arusha-Ankläger nach. Die Drohungen Kagames, die Kooperation mit dem Gericht einzustellen, falls die betreffenden Personen nicht nach Kigali überstellt würden, musste Kagame in diesem Fall aufgeben, da Goldstone ihm hatte klar machen können, dass er die Schließung des Gerichts empfehlen würde, wenn er nicht kooperiere.[363]

So mussten Goldstone und Louise Arbour bei der zweiten Machtprobe im Juni 1996 im Fall von Frodouald Karamira Paul Kagame „gewinnen lassen".[364]

Frodouald Karamira war vom ruandischen Geheimdienst in Indien aufgespürt und von der indischen Regierung in ein Flugzeug mit Ziel Kigali via Addis Abeba gesetzt worden. Bei der Zwischenlandung in der äthiopischen Hauptstadt gelang ihm kurzzeitig die Flucht. Als Goldstone erfuhr, dass die äthiopische Regierung ihn wieder hatte einfangen und verhaften können, forderte er von ihr die Überstellung nach Arusha. Wenn dies geschehe, drohte Paul Kagame, werde er die Kooperation mit dem Gericht einstellen und es auffliegen lassen. Das zog und Frodouald Karamira kam nach Kigali, wo er 1998 hingerichtet wurde.[365]

Auch Goldstones Nachfolgerin Louise Arbour blieb nur drei Jahre im Amt und wechselte am 15. September 1999 an den Obersten Gerichtshof von Kanada. Die Chefanklägerin Louise Arbour hatte nur einige gebündelte Prozesse geplant, um die unterstellte Verschwörung der Angeklagten untereinander besser herausarbeiten zu können.[366] Dies ließ sich so nicht durchsetzen. Die Richter stimmten nur der Bündelung einiger regional und inhaltlich zusammenhängender Verfahren zu. Auch Arbours Absicht, die Verfahrensdauer durch Aushandlung von

363 Vgl. Goldstone 2000, S. 113. Goldstone vertritt die Ansicht, wenn er Bagosora Kagame übergeben hätte, wäre dieser sicher in einem Ruanda-Gefängnis ums Leben gekommen, womit er vermutlich recht hat.

364 Den Hintergrund dieses Deals hat Goldstone 2003 Victor Peskin in einem Interview erläutert. (Peskin 2008, S. 173).

365 Zum Fall Karamira wird auf die gesonderte Darstellung bei den ausgewählten Prozessen in Abschnitt 6.7.1 verwiesen.

366 Auf diesen Aspekt hat auch Barrie Collins aufmerksam gemacht. (Collins 2014, S. 198).

Schuldanerkennungsvereinbarungen zu verkürzen, blieb nach dem misslungenen Fall Jean Kambanda[367] fast erfolglos.

Arbours Nachfolge trat die umtriebige Tessiner „Mafiajägerin" Carla Del Ponte an. Kagame legte sich sofort mit ihr an und nahm dafür den Fall Barayagwiza zum Anlass. Wenn dessen von der Berufungskammer am 3. November 1999 beschlossene Freilassung nicht rückgängig gemacht würde, werde er nun endgültig die Kooperation mit dem Gericht einstellen und keine Zeugen mehr aus Kigali nach Arusha bringen lassen. Das wollte Carla Del Ponte nicht riskieren und setzte in einem unglaublichen Gewaltakt bei der Berufungskammer eine Revision der Barayagwiza-Freilassungsentscheidung durch. Aber ihre so erkaufte Duldung durch Kagame währte nicht lange.

Als sie 2001/2002 begann, Sonderermittlungen gegen mutmaßliche Kriegsverbrechen der RPF durchführen zu lassen, betrieb Kagame ihren Sturz.[368] Auf Drängen Kigalis entzog ihr Kofi Annan 2003 die Funktion als Chefanklägerin für den Teil Ruanda. (Bis 2007 blieb sie noch Chefanklägerin für das Ex-Jugoslawien-Gericht in Den Haag).

Seit 2003 ist – ein besonders raffinierter Schachzug von Kofi Annan – der Gambier Hassan Bubacar Jallow Chefankläger des Arusha-Gerichts und behält diese Funktion auch in dem Residual-Mechanismus zur Abwicklung der beiden UNO-ad-hoc-Gerichte (MICT) bei. Jallow wird sowohl als Verhinderer der Aufklärung des Attentats vom 6. April 1994 als auch als Unterdrücker der „Sonderermittlungen" gegen RPF-Mitlieder und als besonders linientreu im Sinne von Madeleine Albright in die Geschichte eingehen.[369]

---

367 Für den Fall Kambanda wird auf die Darstellung in Abschnitt 6.7.3 und die Aufzeichnung in der Dokumentation verwiesen.

368 Del Ponte sieht ursächlich die Beschwerden, die sie und die Gerichtsvorsitzende Pillay im Juli 2002 dem VN-Sicherheitsrat über die mangelnde Kooperation Kigalis mit dem Arusha-Gericht vorgetragen hätten (vgl. Del Ponte und Sudetic 2009, S. 297).

369 Dass die juristische „Großmacht" Gambia mit Jallow und Fatou Bensouda, ab 2002 Rechtsberaterin beim Ruanda-Gericht, ab 2004 als stellv. und ab 2012 als Chefanklägerin des Internationalen Strafgerichtshofs, die internationale Strafgerichtsbarkeit ganz wesentlich beeinflussen konnte, gehört zu den bleibenden „Leistungen" von Kofi Annan. Er hat sich seinen Spitznamen eines „ghanaischen Onkel Tom" ehrlich verdient. Victor Peskin hat diesen Tatbestand diplomatisch so formuliert: *„While Del Ponte was adversarial, her successor, Hassan Jallow, has been conciliatory. He has shown little interest in risking the type of confrontation with Kigali that seems to have cost Del Ponte her job."* (Straus und Waldorf 2011, S. 178).

Der aus Kinshasa stammende Jurist Jean-Pierre Djofia Malewa Fofé hat wie kaum jemand sonst die Arbeit der Anklagebehörde analysiert. Er ist in seinem Buch *La question de la preuve devant le Tribunal Pénal International pour le Rwanda. Le cas Cyangugu*[370] zu einem vernichtenden Urteil gekommen. Das Buch hat über den sog. Cyangugu-Prozess gegen die Angeklagten André Ntagerura, Emmanuel Bagambiki und seinen Mandanten Samuel Imanishimwe hinaus allgemeine Bedeutung. Das größte Versagen der Anklagebehörde waren nach Fofés Ansicht die Anklageschriften und die ungenügenden Beweise.[371]

Da in dem im Arusha-Gericht angewandten Rechtssystem des *common law*[372] die Anklageschriften im Mittelpunkt des Verfahrens stehen, müssen sie die dem Angeklagten vorgeworfenen Verbrechen genau beschreiben. Genau das hat die Anklagebehörde aber niemals gekonnt und blieb im Allgemeinen.

Noch kritischer steht Fofé den häufig aus ruandischen Gefängnissen nach Arusha verbrachten Zeugen gegenüber. Fofé schildert Fälle, in denen diese Zeugen sogar eingestanden haben, ihre Aussagen seien bewusst falsch gewesen, weil sie damit Landsleute erpressen wollten.[373] Im Imanishimwe-Verfahren seien einige Zeugen sogar *„eingestandene Völkermörder"* (*des génocidaires avérés*) gewesen.

Fofé hat sicher dazu beigetragen, dass Minister Ntagerura und Präfekt Bagambiki freigesprochen wurden. Auch wenn Samuel Imanishimwe im Kammerurteil zu einer hohen Freiheitsstrafe verurteilt wurde, ist es – wie Edouard Karemera schreibt – seiner juristischen Sachkenntnis zuzuschreiben, dass die Strafe im Berufungsverfahren von 27 auf 12 Jahre reduziert[374] und Imanishimwe unter Anrechnung der seit 1997 in Haft verbrachten Zeit im August 2009 in Mali aus dem Gefängnis entlassen wurde.

6.4.3 Die Richterinnen und Richter

Bei den Richterinnen und Richtern, die im Rahmen des Arusha-Gerichts tätig wurden, muss man vor allem zwischen den in Arusha tätigen Kammermitgliedern und den Mitgliedern der für beide Gerichte gemeinsamen Berufungskammer unterscheiden. In der Berufungskammer mit Sitz in Den Haag waren

---

370 Fofé 2006.

371 Reyntjens zitiert den russischen Richter Yakov Ostrovsky, der 2002 gesagt hat: *„I constantly have to deal with unprofessional indictments (…). Moreover, the prosecution oftentimes does not even bother to provide evidence on a number of accounts."* (Reyntjens 2013, S. 239).

372 Vgl. hierzu die Ausführungen in Abschnitt 6.6.

373 Siehe in diesem Zusammenhang die Seiten 189 ff bei Fofé 2006.

374 Siehe Karemera 2012, S. 402/403.

insbesondere Richter/innen von Bedeutung, die bei Jugoslawien-Verfahren eine wichtige Rolle spielten. Hierzu gehört auch die afro-amerikanische Richterin Gabrielle Kirk McDonald, die zeitweise Vorsitzende des Jugoslawien-Gerichts war. Sie hat Justizgeschichte geschrieben, als sie juristisch glasklar die Freilassung von Jean-Bosco-Barayagwiza am 3. November 1999 begründet hat. Als sie Ende 1999 das Gericht verließ, wurde der Franzose Claude Jorda ihr Nachfolger. Er hat zur Rettung des Gerichts vor der tödlichen Kagame-Drohung, die Kooperation mit dem Gericht einzustellen, falls dieser Beschluss nicht rückgängig gemacht würde, eine Revision dieser Entscheidung ermöglicht.[375]

6.4.3.1 „Der große Meron"

Von den Richtern mit Sitz in Den Haag spielte insbesondere Theodor Meron als Mitglied der für beide ad-hoc-Gerichte zuständigen Berufungskammer seit seiner Wahl durch die Generalversammlung der Vereinten Nationen im März 2001 und zeitweise als Vorsitzender des Jugoslawiengerichts (von 2002 bis 2005 und ab Oktober 2011) eine im negativen und im positiven Sinne eminent wichtige Rolle.[376]

Schon allein seine Biographie macht Theodor Meron zur Ausnahmeerscheinung. 1930 in Polen geboren, verlor er viele Familienangehörige - darunter seine Mutter - im Holocaust und musste als Kind selbst in einem Nazi-Arbeitslager schuften. Nach 1945 gelangte er nach Israel und absolvierte sein Jura-Studium an der Hebräischen Universität in Jerusalem. Zum Postgraduiertenstudium ging er nach Harvard und Cambridge.

Er lebte in zwei Welten: der Politik und der Wissenschaft.[377] In den 60er Jahren trat er in den diplomatischen Dienst Israels ein und war von 1971 bis 1975 israelischer Botschafter in Kanada und bei den Vereinten Nationen in Genf. 1978 ging er in die USA und wurde Professor an der *New York University Law School.* 1984 wurde er amerikanischer Staatsbürger.[378] Von einer Position als Rechtsberater bei Außenministerin Madeleine Albright im State Department aus wurde

375 Siehe hierzu die Schilderung des Falls Barayagwiza in Abschnitten 6.7.14 und B/7 der Dokumentation.

376 2011 wurde er auch zum Richter und Präsidenten des Internationalen Residual-Mechanismus für die Ad-hoc-Strafgerichtshöfe (MICT) gewählt.

377 Siehe hierzu vor allem: Meron, Theodor, 2008, *A life of Learning.* Heruntergeladen aus: http://www.acls.org/uploadedFiles/Publications/OP/Haskins/65_2008_TheodorMeron.pdf.

378 Eine Bestätigung für eine nur bei Hartmann 2007, S. 281 berichtete zeitweilige Position als US-Botschafter in Israel konnte ich nicht finden.

er 2001 auf Vorschlag der US-Regierung zum Richter am Jugoslawien-Gericht gewählt.

Meron hat – mehr als jeder andere – bis Ende 2014 an 20 Ruanda-Urteilen der gemeinsamen Berufungskammer mitgewirkt.

Neben einer Reihe von mutigen Freisprüchen bleibt mit seinem Namen die verhängnisvolle Entscheidung des Berufungsgerichts vom 16. Juni 2006 zur rechtsverbindlichen Feststellung (*judicial notice/constat judiciaire)* verbunden[379], auf die noch ausführlich eingegangen wird.

Historisch sind auch die beiden unter seinem Vorsitz erfolgten Freisprüche der Minister Justin Mugenzi und Prosper Mugiraneza am 4. Februar 2013. Darin wurden mit einem Federstrich alte auch von ihm geprägte Glaubenssätze des Gerichts über Bord geworfen. Der aus dieser Perspektive gute Eindruck wurde aber durch das Berufungsurteil vom 16. Dezember 2013 unter seinem Vorsitz im Fall des früheren Bürgermeisters der Gemeinde Kivumu, Grégoire Ndahimana, wieder relativiert. Wohl unter dem Druck aus Kigali erhöhte das Berufungsgericht das Strafmaß der ersten Instanz sogar von 15 auf 25 Jahre Gefängnis.

Dann aber ist Meron in den Augen Kigalis wieder „rückfällig" geworden. Am 11. Februar 2014 sprach die Berufungskammer unter Merons Vorsitz General Ndindiliyimana[380] und Major Nzuwonemeye frei. Im März 2014 hat dann eine aus 15 Organisationen bestehende *„Plattform der ruandischen Zivilgesellschaft"* eine Petition an den Sicherheitsrat der Vereinten Nationen gerichtet, in der faktisch Merons Abberufung gefordert wurde.[381] Die para-staatliche Tutsi-Opferorganisation *Ibuka* erklärte, diese Freisprüche kurz vor dem 20. Jahrestag des Beginns des Tutsi-Völkermords seien so, als *„reibe man Salz in die Wunden der Opfer"* [382]. Wohl diesen Demarchen ist dann unter Merons Vorsitz das völlig unverständliche Urteil gegen Augustin Bizimungu, Generalstabschef der ruandischen Armee zwischen dem 16. April und der Flucht nach Zaïre am 14. Juli 1994, vom 30. Juni 2014 geschuldet. Obwohl Bizimungu von allen im Kammerurteil enthaltenen persönlichen Beschuldigungen freigesprochen und seine Verurteilung wegen Völkermord aufgehoben wurde, blieb es aufgrund seiner fiktiven Vorgesetztenverantwortung für alle in dieser Zeit ruandischen Soldaten zugesprochenen Verbrechen bei dem Strafmaß des Kammerurteils: 30 Jahre

379 Auf diese Rechtskonstruktion wird im Unterkapitel 6.5 Verfahrensinhalte noch eingehender eingegangen.

380 General Ndindiliyimana konnte am 24.9.2014 zu seiner Familie nach Belgien reisen.

381 Vgl. Agence Hirondelle vom 8.4.2014.

382 *„It is like rubbing salt into the wounds of the victims"*.

Gefängnis. Ganz besonders enttäuschend ist aus meiner Sicht die ausschließlich politisch erklärbare Bestätigung der lebenslangen Haft für Matthieu Ngirumpatse und Edouard Karemera am 29. September 2014 unter seinem Vorsitz.

Am 18. Dezember 2014 präsidierte Meron auch das erste Berufungsurteil des Residual-Mechanismus (MICT) im Fall Augustin Ngirabatware.[383] Hier muss er – wie auch der deutsche Richter Christoph Flügge – sein Gewissen in besonders eklatanter Form unterdrückt haben. Denn besser als der südafrikanische Richter Bakone Justice Moloto in seiner abweichenden Meinung[384] kann man nicht beweisen, dass es sich um ein offenkundiges Fehlurteil handelt.

6.4.3.2 Weitere Richterinnen und Richter

Solange Wolfgang Schomburg bis zu seinem Ausscheiden aus gesundheitlichen Gründen 2008[385] Mitglied der Berufungskammer war, hat er Meron von Abweichungen vom „richtigen“ Weg abhalten können.[386] Schomburgs Name ist mit vielen besonders harten Urteilen verbunden.[387]

Für die „Arushianer“, d.h. die Richter am Gerichtssitz in Arusha, sind vor allem der erste Gerichtspräsident Laïty Kama aus Senegal zu nennen, dem nach dessen frühem Tod im Alter von nur 62 Jahren am 8. Mai 2001 die aus Südafrika stammende Richterin Navanethem Pillay folgte. Nach ihrem Ausscheiden Ende

---

383 Siehe dazu Abschnitt 6.7.13.

384 Der englische Text dieser *dissenting opinion* vom 18.12.2014 ist als Anhang zur Ngirabatware-Aufzeichnung in Nr. B/54 der Dokumentation abgedruckt.

385 Schomburg erklärte, er fühle sich den psychischen Belastungen dieses Amtes nicht mehr gewachsen. Ihm folgte beim ICTY der damalige Berliner Justizstaatssekretär Christoph Flügge nach. Flügge wurde 2011 auch Richter an der Berufungskammer des *Residual-Mechanismus* (MICT).

386 Nach meiner Analyse seiner Tätigkeit bei der gemeinsamen Berufungskammer hat Wolfgang Schomburg, Jg. 1948, – von 1989–1991 Staatssekretär bei der Justizsenatorin Jutta Limbach in Berlin und von 1995–2001 Richter am Bundesgerichtshof – sich nicht sehr eingehend mit dem Hintergrund der ruandischen Katastrophe befasst und hat wohl eher dem Erwartungsdruck entsprochen, präsumtiven Völkermördern gegenüber mit Strenge vorzugehen. 2005 hat er in Kirsch 2005 die Aufsätze „*Internationale Strafgerichtsbarkeit – eine Einführung*“ und „*Die Zusammenarbeit mit den Internationalen Strafgerichtshöfen*“ veröffentlicht. Nach meinem Eindruck hat sich Schomburg bei seiner Urteilstätigkeit nicht an die im zweiten Aufsatz enthaltene Forderung nach dem Vorliegen „*vertrauenswürdiger und widerspruchsfreier Beweise*“ (S. 131) gehalten.

387 Vgl. seine Beteiligung an Verfahren des Arusha-Gerichts in der Richterliste in Anhang C.

2003 wurde sie von dem Norweger Eric Møse abgelöst, der diese Funktion 2007 abgab. Am 18. Dezember 2008 verantwortete Møse als Kammervorsitzender das historische Urteil im Militär I-Prozess (*Prosecutor vs. Bagosora et al.*), in dem festgestellt wurde, die Tutsi-Völkermordplanung durch Vertreter der „Habyarimana-Ordnung" vor und nach seinem Tod ließe sich nicht *beyond reasonable doubt* beweisen.

Die letzten Gerichtsvorsitzenden des ICTR waren:

- Denis Byron aus Saint Kitts and Nevis (2007–2011), der sich mit seinem letzten Kammerurteil im Prozess gegen Karemera/Ngirumpatse ein zweifelhaftes Denkmal gesetzt hat,
- Khalida Rachid Khan aus Pakistan (2011–2012)[388], die mit den Freisprüchen für die Minister Casimir Bizimungu und Jérôme Bicamumpaka Aufsehen erregt hat[389] und
- Vagn Prüsse Joensen, der ab 2012 bis zur endgültigen Überführung[390] des ICTR in den *United Nations Mechanism for International Criminal Tribunals* (MICT) amtieren wird, aber auch schon einen festen Platz im MICT hat.

Insgesamt kann man feststellen: UN-Generalsekretär Kofi Annan hat aus der Sicht der anglophonen Sponsoren des Arusha-Gerichts die in ihn gesetzten Erwartungen erfüllt. Er hat die Richterauswahl während seiner Amtszeit[391] unter kräftiger Beihilfe der USA und Großbritanniens so gesteuert, dass nur wenige Richter wirklich „aus dem Ruder gelaufen" sind. Keiner hat ernsthaft versucht, das Attentat vom 6. April 1994 aufzuklären oder den Sicherheitsratsbeschluss vom 21. April 1994 zur Opferung der Inlands-Tutsi anzuprangern. Als besonders ehrgeizig bei der Erfüllung der Erwartung der „Sponsoren" des Gerichts hat sich der tansanische Richter William Hussein Sekule erwiesen.

---

388 Richterin Khan wechselte nach dem Urteil dieses Prozesses am 30.11.2011 zur gemeinsamen Berufungskammer der ad-hoc-Gerichte.

389 Das Berufungsverfahren zu diesem Urteil, an dem Richterin Khan in ihrer neuen Funktion als Mitglied der ICTY/ICTR-Berufungskammer allerdings noch nicht hatte mitwirken können, führte am 4.2.2013 zu zwei weiteren Ministerfreisprüchen (Mugenzi und Mugiraneza).

390 Das wird voraussichtlich nach dem Abschluss der Berufungsverfahren im Butare-Prozess Mitte 2015 geschehen.

391 Generalsekretär Ban Ki Moon hat seit seinem Amtsantritt am 1.1.2007 daran nichts ändern wollen und können, da die Grundentscheidungen gefällt waren.

Der Angeklagte Edouard Karemera hat mit seiner Beobachtung wohl recht, die Kammern hätten immer wieder die Schwächen der Anklage „ausgebügelt“[392]. Hätten sie nicht einfallsreich die Regeln des Common law gedehnt oder überdehnt interpretiert, kaum eine Anklageschrift hätte eine Verurteilung erlaubt. Es hätte, legt man strenge Maßstäbe an die Glaubwürdigkeit von Tathergangsbeschreibungen und Beweisen an, eigentlich nur Freisprüche mangels Beweises geben dürfen. Vor einer solchen Schmach haben die Richter die „Gerichtspaten“ bewahrt. Gerade vor diesem Hintergrund hat sich der südafrikanische Richter Bakone Justice Moloto mit seinem mutigen abweichenden Votum zum Ngirabatware Urteil vom 18. Dezember 2014 einen besonderen Platz in den Gerichtsannalen erworben.[393]

6.4.4 Verteidigung

Nachdem zu Anfang der Gerichtstätigkeit Manipulationen bei der Bestellung von Verteidigern aufgetreten waren – ganz besonders ist die „Zwangszuweisung“ des Verteidigers Oliver Michael Inglis aus Kamerun für Jean Kambanda zu nennen – konnte die Verteidigung freier agieren, als man es bei dem politischen Auftrag des Gerichts vermuten könnte.[394] Weitere Fälle von offenem Mandantenverrat sind mir nicht bekannt.

Zwei Anwälte gehen aus meiner Sicht besonders positiv in die Annalen des Gerichts ein – ohne dass diese Nennungen die vielen anderen engagierten Anwältinnen und Anwälte[395] abqualifizieren sollen:

---

392 Die systematischen und allgemeinen Interventionen der Richter *„pour combler la carence du Procureur aussi bien au niveau de l'élaboration des actes d'accusation et à inventer elle-même les faits à la base de leur condamnation“* seien störend (dérangeant). Karemera 2012, S. 403. Er stützt sich dabei ganz besonders auf Fofé 2006.

393 Der englische Text dieser *dissenting opinion* vom 18.12.2014 ist als Anhang zur Ngirabatware-Aufzeichnung in Nr. B/54 der Dokumentation abgedruckt. Richter Moloto trug damit in meinen Augen zur Ehrenrettung Südafrikas bei, denn Richterin Navanethem Pillay hat in ihrer Tätigkeit beim Arusha-Gericht – insbesondere im Kammer-Urteil des Medienprozesses – eine sehr zwiespältige Spur hinterlassen.

394 David M. Paciocco, der Verteidiger bei den Prozessen gegen Vater und Sohn Ntakirutimana, hat seine Erfahrungen in einem kritischen Aufsatz festgehalten (Paciocco 2004). Er unterstreicht den negativen Einfluss der per *judicial notice* kanonisierten offiziellen Sicht des historischen Ablaufs des Tutsi-Völkermords auch auf die Möglichkeiten der Verteidigung.

395 Ich habe persönlich neben den Genannten kennengelernt: den Kanadier Christopher Black, den Belgier Luc de Temmerman, den Engländer Iain Edwards, den Franzosen Frédéric Weyl, die Engländerin Diana Ellis, den Martinique-Franzosen

1) Der Kanadier John Philpot[396], der 2009 zum spektakulären Freispruch von Protaïs Zigiranyirazo im Berufungsverfahren beigetragen hat und auch Initiator der drei Konferenzen der Organisation der Anwälte der Verteidigung ADAD[397] in Den Haag (2009), Brüssel (2010) und Montréal (2012) war.

2) Der amerikanische Jura-Professor Peter Erlinder, der im Rahmen einer versuchten Verteidigung von Victoire Ingabire Umuhoza in Ruanda sogar vom 28. Mai bis zum 17. Juni 2010 in Kigali inhaftiert war.[398]

Die Entlassung des aus Togo stammenden französischen Anwalts von General Kabiligi, Jean Yaovi Degli, am 26. Oktober 2004[399], war nach Ansicht von Onana[400] ein Racheakt von Gerichtskanzler Adama Dieng für dessen Engagement in der ADAD, hat aber den Freispruch von Kabiligi nicht verhindern können. Dass Degli tatsächlich Sylvia Olympio die Tätigkeit als Anwältin beim Arusha-Gericht ermöglicht hat, weil sie sich ohne sein Wissen durch Vorlage einer

---

Raphaël Constant, den Kenianer Kennedy Ogetto, die Kanadier Michelyne und Gilles Saint-Laurent, den Burunder Fabien Segatwa, den Malier Seydou Doumbia, die Amerikanerin Beth Lyons (sie hat einen interessanten Aufsatz zu den Prozeduren des ICTR veröffentlicht: Lyons 2014), den Franzosen Jean-Marie Biju-Duval, die Kanadierin Mylène Dimitri, den Kanadier André Tremblay, die Kanadierin Alexandra Marcil, den Kanadier Paul Skolnik, die Kanadierin Carmelle Marchessault, den Kenianer Gershom Otachi, die Amerikanerin Allison Turner, die Kanadierin Tiphaine Dickson, die aus der Karibik kommende Französin Aïcha Condé, die aus Benin stammende Französin Chantal Hounkpatin, den Kanadier Philippe Larochelle (er hat eine kritische Bilanz des Arusha-Gerichts veröffentlicht: Larochelle 2014) und kurz auch den früheren US-Justizminister Ramsey Clark, der bei der Verteidigung von Pastor Elizaphan Ntakirutimana mitgewirkt hat.

396 Vgl. auch seinen Aufsatz: Philpot 1996. Zusammen mit Sébastien Chartrand hat John Philpot kürzlich das Buch *Justice belied* herausgegeben (Philpot und Chartrand 2014). Darin befinden sich auch seine Aufsätze mit den eindeutigen Titeln: a) *International Criminal Law: An Instrument of United States Foreign Policy* und b) *The Dubious Heritage of the International Criminal Tribunal for Rwanda.*

397 Association des Avocats de la Défense auprès du TPIR (Vereinigung der Verteidigungsanwälte vor dem Arusha-Gericht).

398 Erlinder hat im Arusha-Gericht Aloys Ntabakuze verteidigt. Er hatte sich den Hass des Kigali-Regimes durch einen allerdings gescheiterten Versuch zugezogen, zusammen mit den Anwälten John Zelbst und Kurt Kerns Kagame während eines USA-Besuchs am 29.4.2010 auf Antrag der Habyarimana-Witwe wegen des Attentats vom 6.4.1994 eine Klage beim Bezirksgericht von Oklahoma-City zu übergeben.

399 Vgl. Textziffer 2338 im Urteil gegen Bagosora et al. vom 18.12.2008.

400 Onana 2005a, S. 401–423.

gefälschten Bestätigung die Voraussetzungen dafür erschlichen hatte, hat ihm „das Kreuz gebrochen".

Im Gericht hat die Internationale Anwälte-Organisation ICDAA[401] 2007/2008 – vertreten durch die kanadischen Anwälte Benoît Henry und Alexandra Marcil – bei der Abwehr des ersten Jallow-Versuchs[402] zum Transfer der Verfahren von Fulgence Kayishema, Yussuf Munyakazi, Gaspard Kanyarukiga und Ildephonse Hategekimana nach Kigali[403] als *amicus curiae* eine Rolle gespielt.

Bedauerlich war, dass Rechtsanwalt Stefan Kirsch, der einzige deutsche Anwalt[404] in einem Verfahren in Arusha (*Prosecutor vs. Ephrem Setako*), am 16. November 2007 während der Prozess-Vorbereitung mit Hinweis auf andere berufliche Verpflichtungen sein Mandat niedergelegt hat.[405] Er hatte zuvor noch sehr sachkundig an der Verteidigung von Augustin Ngirabatware bei dem schließlich vom Bundesverfassungsgericht abgeschmetterten Versuch mitgewirkt, ihn nach seiner Verhaftung in Frankfurt/M. im September 2007 nicht an das Arusha-Gericht zu überstellen.

Generelles Fazit zur Verteidigung: Die Verteidigerinnen und Verteidiger haben im Arusha-Gericht ihren Platz gefunden, obwohl sie in der Struktur des Gerichts wie ungeliebte Störer angesehen wurden. Cruvellier schreibt: *"Die Verteidigung war bei der Gründung des Arusha-Gerichts offenkundig ausgeklammert*

---

401 International Criminal Defence Attorneys Association; Französisch: AIAD Association Internationale des Avocats de la Défense.

402 Gelungen ist dies erst 2012/2013 mit den Transfers von Jean Uwinkindi und Bernard Munyagishari nach Ruanda.

403 Nachdem Kigali 2006 die Todesstrafe zu diesem Zweck abgeschafft hatte.

404 Im Verfahren gegen Justin Mugenzi hat die Berliner Strafanwältin Natalie von Wistinghausen 2004 einige Zeit als Assistentin mitgewirkt. Sie wurde 2010 die erste Anwältin im Verfahren gegen Onesphore Rwabukombe vor dem Oberlandesgericht in Frankfurt/M.

405 Stefan Kirsch ist Anwalt an der Kanzlei Hamm und Partner, hat 2005 einen Aufsatz-Band mit dem Titel *Internationale Strafgerichtshöfe* herausgegeben (Kirsch 2005), später in Marburg eine Dissertation verfasst (Kirsch 2009). 2013 hat er einen interessanten Aufsatz zum *judicial notice* geschrieben (Kirsch 2013). 2014 hat er zusammen mit Prof. Safferling das Buch *Strafrechtspolitik* (Safferling und Kirsch 2014) herausgegeben. Darin sind erstaunlicherweise noch während des Prozesses geschriebene unkritische Beiträge der Akteure des Rwabukombe-Prozesses in Frankfurt/M. enthalten: des GBA-Vertreters Christian Ritscher, des Nebenklägeranwalts Dieter Magsam, der Verteidigerin Natalie von Wistinghausen (im Frankfurter Prozess hat Stefan Kirsch sie einmal vertreten) und eines Vertreters der Marburger studentischen Prozessbeobachter.

worden. Das ICTR beinhaltete eine Kanzlei, Richter und eine Anklagebehörde, aber die Architekten des Tribunals haben die Verteidigung niemals als eine vollwertige Sektion der Gerichtsinstitution betrachtet."[406] Dies entspricht auch der Feststellung von Karemera, die Verteidiger würden wie Angestellte des Gerichtskanzlers behandelt.[407] Generell stellt Cruvellier zur Verteidigung fest: „*Es gibt kaum einen unpopuläreren Job, als eine Person zu verteidigen, die des Völkermords beschuldigt wird. Verteidiger eines „genocidaire" zu sein, selbst wenn dies nur eine Vermutung ist, bedeutet unweigerlich, verdächtigt zu werden einen Völkermörder zu unterstützen oder zumindest sein moralischer Komplize zu sein.*"[408] Diese Feststellung gilt auch – wie ich aus eigenem Erleben weiß – für von der Verteidigung benannte Sachverständige.

6.4.5 Zeugen

Entsprechend der anglo-amerikanischen Gerichtspraxis werden Zeugen von der Anklage und der Verteidigung vorgeschlagen und vom Gericht vorgeladen. Entgegen dem Erfordernis öffentlicher Verfahren war die Rechtspraxis von der Anhörung anonymisierter Zeugen geprägt. Dies betraf vor allem Zeugen der Anklage.

Das entscheidende Handicap der Arusha-Verfahren war, dass das Gericht auf die Kooperation des „Siegerstaates" in Kigali angewiesen war. Kagame hat, wie im Abschnitt zu den Chefanklägern dargestellt, das Gericht immer mit den aus Ruanda kommenden Zeugen der Anklage erpresst. Erst nach Amtsantritt von Hassan Bubacar Jallow 2003 konnte Kagame darauf verzichten. Jallow hat sofort die Sonderermittlungen zu RPF-Verbrechen eingestellt und erwies sich auch sonst für Kagame als „pflegeleicht". Jallow führte dem Gericht nur Kagame-

406 „*The defense was blatantly ignored when the UN tribunal was created. The ICTR included a registry, judges and an office of the prosecutor, but the tribunals architects never considered the defense to be a full-fledged section of the judicial institution.*" Cruvellier 2010, S. 35.

407 Edouard Karemera hat dies mit folgenden Worten kritisiert: „*Alors que le Bureau du Procureur est un organe autonome du TPIR, la Défense dépend entièrement du Greffe et ne jouit même pas du statut d'auxiliaire de la Justice. Les avocats de la défense sont traités comme des fonctionnaires du Greffe, engagés et payés par le Tribunal.*" (Karemera 2012, S. 409).

408 „*There is hardly a more unpopular job than defending a person accused of genocide. Being the lawyer of a genocidaire, even if only presumed, inevitably means being suspected of supporting the genocidaires or being their moral accomplice.*" Cruvellier 2010, S. 35.

genehme Zeugen vor. Die Schwäche der Zeugen der Anklage hat Fofé [409] besonders ausführlich dargestellt. Aber selbst die Amerikanerin Nancy Combs[410], die im Wesentlichen die offizielle Lesart der Ereignisse als gegeben hinnimmt, zweifelt nicht, dass im Arusha-Gericht häufig von Kigali „gekaufte" Zeugen auftraten und Falschaussagen, sogar klare Meineide zum Gerichtsalltag gehört haben.[411]

Die Lektüre der Urteile macht die häufige Voreingenommenheit der Kammern gegenüber den Zeugen der Verteidigung deutlich. Wenn die Richter jemanden verurteilen wollten, erklärten sie selbst die unglaubwürdigsten Zeugen der Anklage für glaubwürdig und die Zeugen der Verteidigung für befangen. Vor diesem Hintergrund waren die bis Ende 2014 ausgesprochenen 14 Freisprüche erstaunlich.[412]

6.4.6 Sachverständige

Die Bestellung von Sachverständigen (*expert witnesses*) war ein wichtiger Teil des Kampfes zwischen Anklage und Verteidigung. Die Anklage versuchte immer die von der Verteidigung nominierten Gutachter zu verhindern. Auch die Verteidigung versuchte zuweilen, die Gutachter der Anklage abzulehnen.

Der Richterbank oblag nach oft zermürbenden „Verhören" die Entscheidung über ihre Zulassung. Ein faktischer Konsenszwang wie in deutschen Strafprozessen bestand in Arusha nicht.

Spektakulär war 2006 der Fall Barrie Collins im Verfahren gegen Justin Mugenzi. Hier gelang es der Anklage, die Richter davon zu überzeugen, den im Gerichtsgebäude wartenden Collins mit der Begründung abzuweisen, er habe nicht ausreichend zum Befragungsgegenstand geforscht.[413]

Als Hauptgutachterin der Anklage hat die Amerikanerin Alison Des Forges über lange Jahre die von ihr miterfundene offizielle Lesart vertreten können.

Alison Des Forges, Mitverfasserin des Berichts der *„Internationalen Untersuchungskommission"* vom März 1993, konnte 1999 das von *Human Rights Watch*

---

409 Fofé 2006.

410 Siehe Combs 2010.

411 Reyntjens erinnert daran, dass z.B. der Zeuge der Anklage DM im Medien-Verfahren nachweislich gelogen hat. Und im Prozess gegen Vater und Sohn Ntakirutimana habe die Verteidigung nachgewiesen, dass es ein „Zeugen-Kartell" zum Nachweis falscher Anklagen gegen Hutu gegeben habe. Vgl. Reyntjens 2013, S. 240.

412 Dabei standen zu diesem Zeitpunkt noch 6 erst für Mitte 2015 terminierte Urteile der Berufungskammer aus.

413 Barrie Collins, der Verfasser von Collins 2014, hat am 26.5.2006 einen Artikel *„In the waiting room of the Rwandan Genocide Tribunal"* veröffentlicht. Herunterladbar unter: http://www.spiked-online.com/newsite/article/322#.Uk15VRbfD1k.

(HRW)[414] und der *Fédération Internationale des Ligues des Droits de l'Homme* (FIDH) herausgegebene Buch „*Leave None to Tell the Story*“[415] vorlegen. Noch im gleichen Jahr wurde sie dafür mit dem mit 375.000 US-Dollar dotierten *genius award* der MacArthur-Foundation ausgezeichnet. Das Buch wurde schnell ein Welterfolg. Dazu trug auch der ihr 2003 in Wien verliehene *Bruno-Kreisky-Preis* bei.

So konnte sie zur „Chefgutachterin“ der Anklage beim Arusha-Gericht werden. Sie hat als *expert witness* den Kammern des Gerichts in elf Verfahren – vor ihrem Tod bei einem Flugzeugabsturz am 12. Februar 2009 mit abnehmender Intensität – die falsche Planungsthese mit beeindruckender Ruhe und Ernsthaftigkeit nahe gebracht.

Alison Des Forges hat u. a. die Dokumente, die der Engländerin Linda Melvern[416] in den Archiven in Kigali zugänglich gemacht worden waren, im Gericht als unschlagbare Beweise für die Planung des Völkermords durch das ruandische Militär interpretiert. Während meiner Anhörung im Mai 2005 im Prozess Militär I auf Anforderung der Verteidigung von Anatole Nsengiyumva konnte ich zusammen mit dem kenianischen Verteidiger Kennedy Ogetto dem Gericht vortragen, dass Alison Des Forges alle diese Dokumente entgegen allem *common sense* im Sinne der Planungstheorie falsch präsentiert hatte.[417]

Neben Alison Des Forges haben die beiden Professoren Filip Reyntjens und André Guichaoua eine wichtige Rolle als Sachverständige der Anklage gespielt. Ich habe für sie den Terminus „*Chercheurs-procureurs*“ geprägt, weil sie ihr Prestige als Forscher lange im Sinne der Anklage eingesetzt haben.

---

414 Mit dem Buch war dem Chef von Human Rights Watch, Kenneth Roth, ein großer Durchbruch zur Akzeptanz der offiziellen Lesart durch die antifaschistische Linke gelungen.

415 Des Forges 1999 (manchmal fügte sie ihrem Familiennamen ihren Geburtsnamen Liebhafsky an). Deutsche Fassung: Des Forges 2002.

416 Linda Melvern ist eine britische Journalistin und Forscherin, die sich nach einem eher kritischen Buch (Melvern 2000), zu dem ich einen Aufsatz geschrieben habe (Strizek 2002), voll auf die Seite der offiziellen Lesart (Melvern 2004a und 2004b) geschlagen hat und dafür mit Informationen belohnt wurde.

417 Diese Anhörung hatte die Gerichtsverwaltung bis in die letzte Minute zu verhindern versucht. Man wollte mir den üblichen Vertrag, der mich als Gutachter der Vereinten Nationen ausweist, verweigern. Ich hatte erklärt, ohne eine solche Gleichbehandlung sei ich nicht zur Aussage bereit. Schließlich sagte ich aus, als der Kammer- und Gerichtsvorsitzende Eric Møse mir sein Ehrenwort gegeben hatte, mir werde in Kürze ein Vertrag vorgelegt – was dann in der Gerichtspause auch geschehen ist.

Filip Reyntjens hat allerdings 2005 dem Chefankläger Jallow die Zusammenarbeit aufgekündigt, bis er auch gegen die RPF ermittle – wozu es nie kam. Er hat dann im sog. Butare-Prozess sogar als Gutachter der Verteidigung für den Bürgermeister Joseph Kanyabashi mitgewirkt.[418]

André Guichaoua hat, obwohl er auch viele kritische[419] und wertvolle Beiträge zu den RPF-Verbrechen geliefert und sich Verdienste bei der Ermöglichung des Ruzibiza-Buchs[420] erworben hat, der Anklage bis zum Abschluss der Kammerverfahren gedient. Ihm war der Wunsch, die Mitglieder der Interimsregierung als „Völkermord-Regierung" verurteilt zu sehen, 2010 ein monumentales, aber völlig parteiliches, seiner wissenschaftlichen Reputation abträgliches Buch[421] wert.

Als eine Art RPF-Sprecher hat sich der französische Historiker Jean-Pierre Chrétien als Sachverständiger im Prozess gegen den ruandischen Historiker Ferdinand Nahimana eingebracht. Als ein besonders effizienter RPF-Förderer erwies sich auch William Schabas – 1993 Mitglied der *„Internationalen Untersuchungskommission"* und von Pierre Péan als ein wichtiger *„blanc menteur"*[422] charakterisiert. Er war den verschiedenen Chefanklägern – insbesondere seiner kanadischen Landsfrau Louis Arbour – eher im Hintergrund dienstbar.

Zu einer Art „Gegen-Des Forges" hat sich der französische Historiker Bernard Lugan[423] entwickelt. Ursprünglich von der Schuld der Hutu-Extremisten überzeugt, hat er öffentlich eingestanden, sich getäuscht zu haben. Als Fachmann für Militärfragen[424] hat er u. a. die Thesen über die Zivilverteidigung der Anklage entkräftet. Sein 2014 veröffentlichtes Buch[425] *Rwanda. Un génocide en questions* fasst seine Erkenntnisse hervorragend zusammen.

---

418 Dabei hat er André Guichaoua scharf angegriffen und ihm vorgeworfen, in seinen Augen sei wohl nur ein toter ein guter Bürgermeister. (Nach Karemera 2012, S. 459).

419 Der Angeklagte Edouard Karemera hat gewürdigt, Guichaoua habe teilweise mit identischen Worten mit den Angeklagten die Einmischung Kigalis in das Arusha-Gericht verurteilt. (Karemera 2012, S. 460).

420 Ruzibiza 2005.

421 Guichaoua 2010.

422 Vgl. sein Buch „Noires fureurs, blancs menteurs" (Péan 2005).

423 Er hat dazu veröffentlicht: Lugan 2004, Lugan 2005, Lugan 2007.

424 Er war lange Jahre auch Dozent an verschiedenen französischen Militärhochschulen.

425 Lugan 2014.

Einen ganz wichtigen Beitrag zur Entkräftung der offiziellen Lesart hat als Gutachter der Verteidigung auch der belgische Weiße Vater Serge Desouter geleistet.[426]

Auf der Seite der Verteidigung konnte als Ausnahme der in Belgien lebende Kagame-Gegner Eugène Shimamungu als linguistischer Sachverständiger in verschiedenen Prozessen angehört werden. Dass die Anklage nur Pro-RPF-Sachverständige präsentierte, versteht sich.

6.4.7 Gerichtsverwaltung

Unter den Kanzlern des Arusha-Gerichts[427] ist vor allem der langjährige (2001–2012) Amtsinhaber Adama Dieng aus Senegal zu nennen, dem es durch seine Personalpolitik gelungen ist, die frankophonen afrikanischen Länder „bei Laune" zu halten und eine allgemeine Kritik an seiner Amtsführung zu vermeiden.[428] Sein Nachfolger wurde am 1. Januar 2013 der Südafrikaner Bongani Majola.[429] Vor Gericht sind die Vertreter des Kanzlers als „courtroom officers" immer anwesend und organisierten - soweit ich es beobachten konnte unparteilich - den Verfahrensablauf.

6.4.8 Die Medien

Die in Lausanne beheimatete gemeinnützige Stiftung Hirondelle hat die *Hirondelle Agency/Agence Hirondelle* gegründet[430], die aufgrund ihrer Präsenz vor Ort

---

426 Seine Gutachten sind in einem Buch zusammengefasst: Desouter 2007.

427 Infolge des sog. Paschke-Berichts 1997, in dem die Gerichtsverwaltung hart kritisiert worden war, hatte der erste Amtsinhaber Andronico O. Adede aus Kenia zurücktreten müssen. Karl Theodor Paschke war Leiter der Zentralabteilung des Auswärtigen Amtes, bevor er von 1994–1999 als Chef der Innenrevision der UNO fungierte.

428 Allerdings ist das Verhalten von Adama Dieng in den bei Onana 2005a auf den Seiten 401–423 geschilderten Vorgängen zur Kündigung des Kabiligi-Anwalts Jean Yaovi am 26.10.2004 nicht untadelig. Dieng wollte diesen wegen früherer an ihm geäußerter Kritik im Rahmen der Verteidigervereinigung ADAD loswerden und schob ihm den Fall der „falschen Anwältin" Sylvia Olympio in die Schuhe. Dieng und sein Sprecher Roland Amoussouga haben sich auch bei der Bestellung eines französischen Abteilungsleiters in der Gerichtsverwaltung offenkundig nicht korrekt verhalten.

429 Bongani Majola war seit 2003 als Nachfolger von Bernard Muna stellv. Chef der Anklagebehörde.

430 Die Stiftung hat auch das in der DR Kongo tätige Radio Okapi gegründet.

eine Art Berichtsmonopol entwickelte. Die Stiftung wurde unter besonderer Mitwirkung des Schweizer Rechtsanwalts und Journalisten Philippe Dahinden gegründet. Dahinden, der am 29. September 2012 im Alter von 67 Jahren gestorben ist, war kein neutraler Beobachter, denn er hatte Anfang 1993 an der vom RPF-Netzwerk gesteuerten „*Internationalen Untersuchungskommission*" teilgenommen, die schon damals die Planung eines Tutsi-Völkermords durch Hutu-Extremisten aus dem Habyarimana-Lager ausgemacht zu haben vorgab. Nach der Zaïre-Invasion durch die Kagame-Truppen 1996/1997 und besonders nach der Ermordung von Seth Sendashonga 1998 wurde er Kagame-kritisch. Und so konnte sich die Berichterstattung der *Agence Hirondelle* über das Arusha-Gericht zu einem verlässlichen Informationsinstrument entwickeln.

Ansonsten war nur der französische Journalist Thierry Cruvellier von 1997 bis 2002 permanent in Arusha. Er hat 2004 die vom niederländischen Rundfunk bis 2012 finanzierte *International Justice Tribune* gegründet, in der er auch nach seinem Weggang aus Arusha über das Ruanda-Gericht berichtet hat. 2006 legte er sein Buch „*Le tribunal des vaincus: un Nuremberg pour le Rwanda?*"[431] vor. Auch wenn er an die Schuld der meisten Angeklagten glaubte, so war diese Arbeit doch eine kritische Beobachtung des Gerichtsalltags. Seine Distanz zu Kagame hatte er schon 2004 mit der Herausgabe einer Schrift zum Gedenken an dessen Opfer Augustin Cyiza[432] dokumentiert. Neben Cruvellier hat sich nur André-Michel Essoungou[433], der von 2003–2005 als Korrespondent von *Radio France Internationale* in Arusha war, an eine allgemeine Darstellung des Ruanda-Gerichts gewagt. Erinnert sei noch, dass sich neben Robin Philpot[434] der Publizist Charles Onana in seinen Büchern *Les secrets de la justice internationale*[435] und *La France dans la terreur rwandaise*[436] ganz besonders kritisch mit dem Arusha-Gericht befasst hat. Den Medienprozess hat die belgo-amerikanische Publizistin

431 Cruvellier 2006, das auch auf Englisch erschienen ist: Cruvellier 2010.

432 Cruvellier 2004.

433 Essoungou 2006. Der Untertitel des Buchs *Un tribunal international politiquement encadré face au génocide rwandais* macht den politischen Charakter des Arusha-Gerichts deutlich. Der kritische Charakter wird allerdings schon durch das Vorwort des Mitterrand-Hassers Patrick de Saint-Exupéry abgemildert.

434 Hier sei besonders an Philpot 2013 erinnert, die englische Übersetzung seines Buches aus dem Jahr 2003.

435 Onana 2005a.

436 Onana 2014.

Diana Temple-Raston beobachtet und, obwohl global der offiziellen Lesart verpflichtet, in einem interessanten Reportage-Buch festgehalten.[437]

6.5 Verfahrensinhalte

6.5.1 Das Attentat vom 6. April 1994

Die Feststellung der Angeklagten des Arusha-Gerichts in ihrem Schreiben vom 18. Februar 2010 ist noch immer richtig: Die Anklage weigere sich beharrlich, die Frage der Verantwortung für das Attentat vom 6. April 1994 zu untersuchen.

Das Attentat und der unmittelbar danach gestartete RPF-Angriff sind die Auslöser des Tutsi-Völkermords in Ruanda im Sommer 1994. Die These, das Attentat sei von extremen Hutu-Politikern ausgelöst worden, um sich des als der RPF gegenüber zu nachsichtig erachteten ruandischen Staatschefs zu entledigen, ist unhaltbar. Die Verantwortung der RPF für das Attentat als Voraussetzung für die militärische Machteroberung ist so glaubwürdig bewiesen worden, wie es unter dem Schirm der US-Geheimdienste und ihrer Verbündeten nur möglich ist.[438] *Pars pro toto* sei Amadou Deme, der damals als UNO-Blauhelmsoldat in Kigali anwesende senegalesische Offizier, zitiert: „*Ich habe keinen einzigen militärischen Offizier, speziell unter den Militärbeobachtern, getroffen, der auch nur eine Minute an der Verantwortlichkeit der RPF gezweifelt hätte. (…) Und dann* [als die Hutu-Extremistenthese verbreitet wurde] *begannen die Offiziere sich verärgert über die Mission* [UNAMIR] *zu äußern: « Da muss es eine Mission innerhalb der offiziellen Mission geben, um die RPF an die Macht zu bringen»*"[439].

---

437 Temple-Raston 2005.

438 Ich verzichte hier auf die Darstellung der entsprechenden Ermittlungsberichte von Bruguière 2006 in Frankreich und Merelles in Spanien (Merelles 2008), aber auch anderer Berichte wie die eidesstattliche Erklärung von Michael Hourigan oder der abtrünnigen RPF-Offiziere Abdul Joshua Ruzibiza (Ruzibiza 2005), Aloys Ruyenzi, Faustin Nyamwasa, Patrick Karegeya, Alphonse Furuma, Christophe Hakizabera et al. Ich verweise auf die eingehenden Darstellungen in Strizek 2011, Kap. IV, 1 und bei Collins 2014, Kapitel 2, S. 13 ff. Für Collins ist die Tatsache, dass Kagame seine Truppen einige Tage vor dem Attentat in Alarmbereitschaft versetzt und die gesamte RPF-Führungsriege, die sich im RPF-Compound in Kigali aufgehalten hat, kurz vor dem Attentat in das RPF-Hauptquartier zurückgerufen hatte, ein ganz wichtiges Indiz für die RPF-Attentatsverantwortung.

439 Deme 2012a, S. 68. (Auch 2012 war die erste kürzere Auflage ebenfalls bei *Create Space Independent Publishing Platform* [Tochtergesellschaft von Amazon.com] unter der ISBN 978–1480265257 erschienen.) 2010 ist es erstmals bei Xlibris in Philadelphia erschienen (Deme 2010). In der französischen, 2011 bei Le Nègre Editeur

Aber schon als der aus Kamerun stammende Charles Onana zusammen mit dem ruandischen Tutsi Déo Mushayidi 2001 das Buch *Les secrets du génocide rwandais*[440] vorlegte und darin bewiesen hat, dass Kagame hinter dem Attentat steckte, hätte das Gericht die Lesart von der Verantwortung der „Hutu-Extremisten" aufgeben müssen.

Der von Kigali mit heißer Nadel angefertigte Mutsinzi-Bericht[441], in dem noch 2010 die „Hutu-Extremisten-These" aufgekocht wurde, ist so offenkundig falsch, dass er keine eingehendere Behandlung verdient.[442]

Dass das Arusha-Gericht die Untersuchung des Attentats abgelehnt hat, erklärt sich aus der Tatsache, dass die USA auf allen Ebenen, auf denen die Frage dieses Terroraktes auftauchte, mit jedem nur erdenklichen Mittel eine Untersuchung verhindert haben.[443] Eine erste Forderung zur Einrichtung einer internationalen Untersuchungskommission war schon in dem Bericht von René Degni-Ségui vom 28. Juni 1994[444] enthalten. Der UNO-Expertenbericht vom 9. Dezember 1994[445] enthält diese Forderung ebenfalls. Mit Bitterkeit berichtete Degni-Ségui später dem Untersuchungsausschuss des belgischen Senats[446], sein Antrag, ihn mit einer solchen Untersuchung zu betrauen, sei von Kofi Annan mit

---

im Senegal erschienenen Fassung heißt es: « *Je ne connais pas d'officier, notamment parmi les observateurs qui doutaient que le RPF puisse être l'auteur de l'abattage de l'avion. Il fallait s'adapter au silence officiel sur le sujet, mais cela grondait parmi nous: « il y a une mission implicite dans la Mission pour clairement mettre en place le RPF » dirent la majorité des observateurs.* » Diese Aussage findet sich auch schon in einem Gespräch, das er 2006 mit Robin Philpot geführt hat. (Philpot 2007b, S. 103).

440 Onana und Mushayidi 2001.

441 Mutsinzi 2010. Herunterladbar unter: http://mutsinzireport.com/wp-content/uploads/2010/01/Rapport_Francais.pdf.

442 Neben vielen anderen (so Filip Reyntjens, Aloys Ntiwiragabo, Enoch Ruhigira und die drei Habyarimana-Söhne im Namen der Familie) hat Luc Marchal den Bericht überzeugend „verrissen". Herunterladbar unter www.musabyimana.net/uploads/media/Analysse_du_rapport_Mutsinzi_Marchal_02.pdf.

443 Wie von unsichtbarer Hand gesteuert weigerten sich alle großen Untersuchungskommissionen: *Joint Evaluation*/Kopenhagen 1996 (Evaluation 1996), Belgischer Senat 1998 (Belgique 1998), Französische Nationalversammlung (Assemblée Nationale 1998), UNO-Carlsson-Bericht 1999 (Carlsson 1999), Masire-Bericht 2000 (Masire und IPEP 2000), das heiße Eisen anzufassen.

444 Vgl. Tz. 64 im UNO-Dokument E/CN.4/1995/7 vom 28.6.1994, wo es heißt: „*The attack on the presidential aircraft must be examined by the Special Rapporteur, to determine any links between those who ordered it and those responsible for the massacres.*"

445 Sog. Amega-Bericht. UNO Dokument S/1994/1405.

446 Belgique 1998.

dem Hinweis „abgewimmelt“ worden, es gäbe keine Mittel für eine solche Untersuchung. Damals schluckte Degni-Ségui diese angesichts der absehbaren Kosten für das Arusha-Gericht absurde Begründung, obwohl er den Abschuss als den *gordischen Knoten* bezeichnet hatte, den es bei der Suche nach der Wahrheit zu durchschlagen gelte.[447]

Keine Kammer hat die Grundsatzentscheidung der Chefanklägerin Louise Arbour, die Aufklärung dieses Terrorakts fiele nicht in die Kompetenz des Gerichts, in Frage gestellt.[448] Dabei hatte sie vorher selbst ihre Ermittler in Kigali mit der Aufklärung des Attentats beauftragt.

Dem Sinneswandel von Frau Arbour war ein Krimi vorausgegangen. Bei dem Australier Michael Hourigan, der für das Gericht in Ruanda als Ermittler im 22-köpfigen vom früheren FBI-Mitarbeiter James Lyons geleiteten Team in Ruanda tätig war, hatten sich Anfang 1997 drei RPF-Soldaten gemeldet und versichert, sie seien am Attentat beteiligt gewesen. Michael Hourigan unterrichtete Frau Arbour in Den Haag über eine vermeintlich sichere Leitung aus der US-Botschaft in Kigali. Sie schien freudig erregt und beorderte ihn zum Rapport nach Den Haag. Als Hourigan dort eintraf, hatte sich die Welt verändert. Der UNO-Generalsekretär Kofi Annan hatte die Parole ausgegeben, dass die Untersuchung des Attentats nicht in die Kompetenz der UNO-Ermittler falle. Louise Arbour gehorchte und forderte Michael Hourigan auf, ihr seine Aufzeichnungen zu übergeben. Daraufhin hat Hourigan um eine Betrauung mit anderen Aufgaben gebeten. Offiziell haben die Lyons/Hourigan-Ermittlungen nie stattgefunden.[449] Man weiß heute aber genau, was sich abgespielt hat, weil Hourigan

---

447 Vgl. u. a. Onana 2005b, S. 7. Die Tatsache wird auch bei Guichaoua 2010, S. 286, bestätigt. Guichaoua zitiert die Aussage von Degni-Ségui vor dem belgischen Senatsausschuss am 17.6.1997: « *Concernant l›attaque de l›avion présidentiel, c›est finalement le nœud gordien de la chose. (…) Et il fallait donc une commission d›enquête. Je l›ai demandée aux Nations unies, et l›on m›a répondu qu›il n›y avait pas de budget pour cela.(…) Si bien que, jusqu›ici, je n›ai pas accompli l›une de mes missions avant que l›on me dise de partir*».

448 Interessant ist auch, dass ihr Vorgänger Goldstone, allerdings erst in einem Interview mit *Berlingske Tidende* (Kopenhagen) am 12.12.2006 erklärte, die Frage sei eindeutig mit dem Völkermord verbunden und falle somit ganz klar in die Zuständigkeit des Gerichts.

449 Die Anklage hat allerdings, wie Barrie Collins erläutert, sogar per Falschaussage, die vom Gruppenleiter Michael Hourigan im 22-köpfigen Ermittlerteam unter Leitung des früheren FBI-Agenten James Lyons unternommenen und dann von Kofi Annan 1997 unterdrückten Untersuchungen zum Attentat vor Gericht geleugnet (Collins 2014, S. 31).

nach dem Ausscheiden aus dem australischen aktiven Polizeidienst in einer eidesstattlichen Erklärung (Affidavit) vom 27. November 2006 die Vorgänge öffentlich gemacht hat.[450]

Schon 2003 habe ich dem Gericht meine Überzeugung vorgetragen, nur die RPF hätte an dem Attentat ein Interesse haben können. Richter Asoka de Zoysa Gunawardana forderte mich auf, dies etwas näher zu erläutern. Vergeblich hat die amerikanische Anklagevertreterin Simone Monasebian meine Aussage verhindern wollen. Danach erklärte sie, das Gericht hätte dies nicht zulassen dürfen, da doch beschlossen worden sei, diese Frage nicht vor Gericht zu behandeln. Im Berufungsurteil des Medienprozesses findet sich zu meinen Ausführungen die aus meiner Sicht widersinnige Feststellung, der Flugzeugabschuss sei für die Bewertung des Völkermords *„irrelevant"*.[451]

Wichtige Aufklärungsarbeit zum Attentat wurde auf Antrag der Familien der getöteten Flugzeugbesatzung vom französischen Ermittlungsrichter Jean-Louis Bruguière[452] und von seinem spanischen Kollegen Fernando Andreu Merelles[453]

---

450 Hourigan ist Anfang Dezember 2013 verstorben. In seiner Eidesstattlichen Erklärung (Affidavit) vom 27.11.2006 heißt es: *In late January or early February 1997 members of the National Team were approached by three (3) informants (either former or serving member of the R.P.F.) claiming direct involvement in the 1994 fatal rocket attack upon the President's aircraft. Their evidence specifically implicated the direct involvement of President Paul Kagame, members of his administration and military.* Der Text ist zu finden unter http://hungryoftruth.blogspot.com/2009/09/michael-hourigans-affidavit-to-ictr.html.

451 In Tz. 248 des Berufungsurteils zum Medienprozess vom 28.11.2007 heißt es: "*The testimony of Helmut Strizek, which was intended to focus on the destruction of the presidential plane in flight (...) was rejected, because the Trial Chamber held that the issue of the destruction of the plane was irrelevant.*"

452 Er war auf Antrag von Familienmitgliedern der beim Attentat vom 6. April 1994 getöteten französischen Crew-Mitglieder tätig geworden.

453 Sein Ausgangspunkt waren Ermittlungen über den Tod spanischer Staatsangehöriger in Ruanda (mehr dazu in Abschnitt 8.3). Die spanische Regierung stand diesem Bericht des unabhängigen Ermittlungsrichters Merelles skeptisch gegenüber.

geleistet. Ihre Berichte aus den Jahren 2006[454] und 2008[455] kommen zu dem Schluss, Paul Kagame sei persönlich für das Attentat verantwortlich.[456]

Die Berichte sind vom Gericht auf Druck der USA, aber auch aller ihrer „willigen“ Partner nicht zur Kenntnis genommen worden. Dies obwohl auf Veranlassung von Michelyne Saint-Laurent, der kanadischen Anwältin von Casimir Bizimungu im Prozess Regierung II, die spanischen Behörden dem Gericht eine englische Fassung des Merelles-Berichts übermittelten.[457]

Warum die französischen Ermittlungsrichter Marc Trévidic und Natalie Poux, die seit dem Ausscheiden von Jean-Louis Bruguière 2007 mit dem Dossier befasst sind, nicht zu einem Ergebnis kommen, ist undurchsichtig.[458] Vor allem ist unerklärlich, warum sie es zuließen, dass weltweit ein von ihnen in Auftrag gegebenes ballistisch-akustisches Gutachten als Beweis für die Hutu-Täterschaft gehandelt wird, obwohl es dafür nicht taugt.[459] Am 9. Juli 2014 meldete *Agence Hirondelle* unter Berufung auf die Anwälte Léon-Lef Forster und Bernard Mangain, Verteidiger der im Bruguière-Bericht beschuldigten Ruander, Marc Trévidic und Nathalie Poux würden jetzt ihre Ermittlungen abschließen und ihre Ergebnisse den Parteien zur Stellungnahme vorlegen. Dann ging Mitte November 2014 die Meldung durch die Welt, Émile Gafarita, einer der drei RPF-Soldaten, die von Uganda aus die Abschussraketen nach Kigali transportiert

---

454 Der Bericht (*Ordonnance de soit-communiqué*) ist z.B. verfügbar unter: http://cec.rwanda.free.fr/documents/Bruguiere.pdf und auf Englisch unter: http://www.taylor-report.com/Documents/BrugiereReport-English.pdf. Die Persönlichkeit dieses Terrorismus-Experten mit weltweiter Reputation wird in seinem Buch „*Ce que je n'ai pas pu dire*“ (Bruguière 2009) deutlich. Allerdings sagt er darin nichts zur Untersuchung des Attentats vom 6.4.1994, weil dies noch ein laufendes Verfahren war.

455 Merelles 2008.

456 Die These der Verantwortung der RPF und ihrer Verbündeten bestätigt auch der Ex-Mitarbeiter der *National Security Agency* Wayne Madsen. Vgl. Onana 2014, S. 196.

457 Der Belgier Jean-Paul Puts hatte vorher eine französische Übersetzung des Berichts angefertigt und im Internetforum DHR zugänglich gemacht.

458 Am Beginn der Amtszeit von Nicholas Sarkozy, der von seinem Außenminister Bernard Kouchner gedrängt wurde, für eine Verbesserung der französisch-amerikanischen Beziehungen das Verhältnis zu Kagame zu normalisieren, ist die französische Haltung verständlich. Aber seit der Ablösung von Bernard Kouchner, noch mehr seit dem Amtsantritt von Präsident François Hollande, hätte sich etwas bewegen können.

459 Warum es dazu nicht taugt, ist in Onana 2014 im Kapitel 13 (*Scientificité douteuse d'un rapport d'expert*) sehr gut belegt.

hatten und der zur Aussage in Paris bereit war, sei am 13. November 2014 in Nairobi verschwunden.[460]

Schon am 1. Oktober 2011 war mit dem früheren RPF-Generalsekretär Théogène Rudasingwa ein weiterer gewichtiger Zeuge für Kagames Attentatsverantwortung ins Spiel gekommen. In einem „*Offenen Brief an die Journalisten und Intellektuellen Frankreichs*" bestätigte er im Juli 2014 die Beschuldigung Kagames für dieses Attentat: „*Was mich betrifft, so kann ich bezeugen, dass Kagame mir anvertraut hat, für die zum Attentat erteilten Befehle sowie für Planung und Ausführung verantwortlich zu sein.*"[461] Diese Version[462] bestätigten auch die beiden Ex-RPF-Offiziere Kayumba Nyamwasa und Patrick Karegeya.[463]

Ein früher Zeuge für Kagames Verantwortung für das Attentat war auch Jean-Pierre Mugabe. Der frühere Journalist und Mitarbeiter des RPF-Armee-Geheimdiensts hat am 21. April 2000 nach seiner Flucht in die USA zu Protokoll gegeben[464], er sei am Abend des 6. April 1994 in Mulindi anwesend gewesen, als Kagame die Nachricht erhalten habe, das Attentat sei erfolgreich verlaufen.

Wichtig ist auch Sixbert Musangamfura. Er war zeitweise Geheimdienstchef bei Kagame in Mulindi und nach dem RPF-Sieg in der Twagiramungu-Regierung Chef des ruandischen Kriminalamtes. Er ging im August 1995 ins Exil. Er wurde ein zentraler Zeuge von Ermittlungsrichter Bruguière für die

---

460 Vgl. Afrique Réelle, 20.11.2014. Unerklärlich bleibt, warum Marc Trévidic und Natalie Poux die Identität von Émile Gafarita dem Kagame-Anwalt Léon-Lef Forster preisgegeben haben, der sie eingestandenermaßen nach Kigali weitergegeben hat. Damit ist auch die Justizministerin und Kagame-Sympathisantin Christiane Taubira ins Visier geraten. Hat sie dafür gesorgt, dass Gafarita nicht von der französischen Justiz vernommen werden kann, vor der auch der in Johannesburg am 2.1.2014 ermordete Patrick Karegeya hatte aussagen wollen?

461 « En *ce qui me concerne, je peux témoigner que Paul Kagamé m'a confié être le responsable des ordres donnés, de la mise en place du plan et de son exécution.*» (S. 7 im Heft Juli-August 2014 von *Causeur.fr).*

462 Dass Rudasingwas Bruder Gerald Gahima, der frühere Generalstaatsanwalt bei Kagame, in seinem 2013 erschienenen Buch (Gahima 2013) sich nicht zu der Frage äußert, ist mir nicht erklärlich. Es mag sein, dass der Text für seine Dissertation bei Prof. William Schabas an der Universität von Dublin, der dem Buch zugrunde liegt, zur Buch-Veröffentlichung nicht auf den neuesten Stand gebracht worden ist.

463 Karegeya wurde am 2.1.2014 in Johannesburg – mit größter Wahrscheinlichkeit im Auftrag von Kagame – ermordet. Nyamwasa hat dort im Juni 2010 ein Attentat knapp überlebt. Nyamwasa hat am 21.6.2012 in einem Interview mit der Washington Post erklärt: *"The president of Rwanda [Paul Kagame] ordered the killing of the former president of Rwanda, President Habyarimana"*.

464 Im Internet zu finden unter: *http://www.globalresearch.ca/articles/MUG109A.html.*

RPF-Verantwortung für das Attentat vom 6. April 1994. Er bezeugte auch im April 1996 vor dem Masire-OAU-Expertengremium[465] die Ermordung tausender Hutu-Zivilpersonen durch das neue Regime.[466]

Am 9. März 2006 hat Joshua Ruzibiza, der Verfasser von *Rwanda. L'Histoire secrète*[467], vor dem Arusha-Gericht unter Eid bezeugt, er sei beim Attentat vor Ort gewesen.

Aus dem Kagame-Umfeld hat auch der Tutsi-Leutnant Aloys Ruyenzi dessen Verantwortung für das Attentat nach seiner Flucht 2001 bezeugt. Er hat am 5. Juli 2004 einen Bericht mit der eindeutigen Überschrift verfasst: *Major General Paul Kagame behind the shooting down of late Habyarimana's plane: An eye witness Testimony.*[468]

Es sei wiederholt: Das Attentat war der Auslöser für den Tutsi-Völkermord. Wer die Aufklärung dieses Terrorakts verhindert, ist offenkundig an der Wahrheit über dieses Menschheitsverbrechen nicht interessiert und hat etwas zu verbergen.

6.5.2 Hutu-Planung des Tutsi-Völkermords?

Das Ruanda-Gericht wurde am 8. November 1994 unter der allgemein anerkannten Prämisse gegründet, ein Teil der Hutu-Bevölkerungsgruppe mit enger Bindung an das Regime des am 6. April 1994 ermordeten langjährigen Staatspräsidenten Juvénal Habyarimana hätte seit langem geplant, die Tutsi-Bevölkerung zu vernichten. Diese Sicht der Dinge war schon mehr als ein Jahr vor dem Beginn flächendeckender Tutsi-Massaker in dem geschilderten Bericht der selbsternannten „*Untersuchungskommission*" am 8. März 1993 in die Welt gesetzt worden.[469]

---

465 Daraus ist der der sog. Masire-Bericht (Masire und IPEP 2000) hervorgegangen. (Siehe http://www.refworld.org/pdfid/4d1da8752.pdf).

466 Musangamfura hat auch Onana gegenüber bestätigt, dass er dem ersten Nachkriegsministerpräsidenten Faustin Twagiramungu eine Liste mit den Namen der für das Attentat verantwortlichen RPF-Chefs gegeben habe (vgl. Onana 2014, S. 220).

467 Ruzibiza 2005.

468 Unter dem Namen Aloys Ruyenzi kann man bei Google den Text finden. Ruyenzi hat auch gegenüber dem französischen Ermittlungsrichter Jean-Louis Bruguière ausgesagt. Ruyenzi hat am 4.3.2006 gegenüber Barrie Collins seine Informationen zum Attentat bekräftigt. Siehe Collins 2014, S. 25.

469 Vgl. Abschnitt 6.1.1.1.4 „*Die ‚Internationale Untersuchungskommission' vom Januar 1993*".

Wie geschildert[470] haben dann die verschiedenen Berichte der Ruanda-Sonderberichterstatter der VN-Menschenrechtskommission diese Sichtweise des weltweiten RPF-Netzwerks für verbindlich erklärt.

So war es nicht allzu schwer, den in Arusha anreisenden Richtern zu vermitteln, in Ruanda habe ein geplanter Völkermord stattgefunden und man habe nur noch auf fester Erkenntnisbasis die Planer abzuurteilen.

Alle Chefankläger waren sich sicher, die Planungstheorie stehe unverbrüchlich fest.[471] Sie konnten sich dabei auf das von Alison Des Forges koordinierte, von HRW und FDIH herausgegebene Buch *Leave none to tell the Story* aus dem Jahr 1999 berufen.

Darin hat Alison Des Forges fünf Vorgänge geschildert, die sie auch als Chefgutachterin der Anklage immer wieder als „Beweise" für die Planungsthese vortrug.

6.5.2.1 AMASASU

Am 20. Januar 1993 hat eine *„Vereinigung der von den ewigen hinterhältigen Machenschaften der Unaristen verärgerten Militärs"* (*AMASASU*)[472] – die „Reisegruppe" Schabas, Carbonare, Des Forges et al. war noch in Ruanda! – in einem offenen, von einem fiktiven *Commandant Mike Tango* unterzeichneten Brief Präsident Habyarimana mit dem Sturz durch das Militär gedroht, wenn er nicht das Treiben der von der RPF unterwanderten Parteien unterbinde. Es war eine glänzende Aktion der RPF, der Welt vor ihrem geplanten Bruch des Waffenstillstands weiszumachen, ein Angriff sei als präventiver Schlag nötig, denn Habyarimana sei im Begriff mit diesen Anti-Tutsi-Extremisten zur Vernichtung der Tutsi gemeinsame Sache zu machen. Der RPF-Angriff zur Abwendung dieser angeblichen Gefahr wurde am 8. Februar 1993 unter diesem Propagandaschirm gestartet. Beweisen kann dieser seltsame anonyme Brief nichts.

---

470 Vgl. Abschnitt 6.2.1.

471 Wie ihr Buch (Del Ponte und Sudetic 2009) belegt, gilt dies für Carla Del Ponte selbst noch nach ihrem Rauswurf 2003.

472 Das Wort *AMASASU* bedeutet Gewehrkugel und setzt sich aus den französischen Anfangsbuchstaben des Namens dieser erfundenen *„Alliance des Militaires Agacés par les Séculaires Actes Sournois des Unaristes"* zusammen. Unaristes bezieht sich auf die Mitglieder der Tutsi-Adels-Partei UNAR am Ende der Kolonialzeit.

6.5.2.2 *Das Schreiben vom 3. Dezember 1993 an General Dallaire*

Wenngleich militärisch erfolgreich, konnte der Angriff vom 8. Februar 1993 politisch nicht genutzt werden. Die RPF sah sich in der Folge gezwungen, den ungeliebten Arusha-Friedensvertrag am 4. August 1993 zu unterschreiben. Der finale RPF-Angriff zur Überwindung dieses Friedensvertrags wurde danach propagandistisch besonders gut vorbereitet. Deshalb ließ sie eine weitere fiktive Offiziersgruppe am 3. Dezember 1993 einen anonymen Brief an General Dallaire schreiben. Habyarimana wird darin ein „Machiavellistischer Plan" unterstellt, mit dessen Hilfe die Bevölkerung zu Übergriffen auf die Tutsi-Bevölkerung angestachelt werden soll. Auch dieser Brief hat keinerlei Beweiswert.

6.5.2.3 *„Jean Pierre" und das Dallaire-Fax vom 11. Januar 1994*

Lange Jahre schien ein Fax von General Dallaire vom 11. Januar 1994 ein unschlagbarer Beweis für die Hutu-Völkermord-Planung. Dabei war dies, wie man heute weiß, vielleicht der größte Propaganda-Coup der RPF.

Ein junger Mann, der sich als ein wichtiges Mitglied der MRNDD-*Interahamwe* ausgab und den anzuhören Faustin Twagiramungu Dallaire geraten hatte, konnte dem belgischen stellv. Blauhelm-Kommandanten Oberst Luc Marchal unter konspirativen Umständen am 10. Januar 1994 vortragen, in welcher Weise das Habyarimana–Regime den Völkermord plane. Sein Gewissen habe ihn, der sich nur „Jean-Pierre" nannte, aber mit vollem Namen Abubakar Turatsinze hieß, zu seinem Verrat veranlasst und er bitte die UNO, ihn außer Landes in Sicherheit zu bringen. Nach dem Bericht von Luc Marchal schrieb General Dallaire ein Telefax, nicht an den für ihn zuständigen Chef des *Department of Peacekeeping Operations* (DPKO), Kofi Annan, in New York, sondern an seinen Freund, den kanadischen General Maurice Baril, der als militärischer Berater bei Kofi Annan tätig war. Das Originalfax ist „verschwunden".[473] Philip Gourevitch, dem gerade

473 Dass das Original unauffindbar ist, hat Ralph Zacklin, juristischer Berater des UNO-Generalsekretärs, in Briefen vom 27.1.2003 und 6.6.2003 an die Anwälte von Joseph Nzirorera und Aloys Ntabakuze offiziell bestätigt. Christopher Black, der kanadische Anwalt von General Ndindiliyimana beim Arusha-Gericht hat am 14.10.2005 behauptet, die vorgelegte Fax-Kopie sei eine Fälschung des britischen und des belgischen Geheimdienstes. Auf *www.sandersresearch.com* hat Christopher Black am 1.12.2005 seine Feststellung unter dem Titel *The Dallaire Genocide Fax: A Fabrication* wiederholt und präzisiert. Den Hintergrund der Fälschung dieses „genocide fax" beschreibt Barrie Collins auf den Seiten 135–139 schlüssig (Collins 2014).

auch in linken Kreisen geschätzten Journalisten des *New Yorker,* wurde 1998 eine auch nach der Erinnerung von Luc Marchal inhaltlich verschärfte Fassung zugänglich gemacht[474], mit der Alison Des Forges und das Arusha-Gericht solange gearbeitet haben, bis endgültig aus den Aussagen seiner Witwe vor den Ermittlern des Arusha-Gerichts 2003[475] klar war, dass Abubakar Turatsinze ein *agent provocateur* der RPF war.

Das hat auch Joseph Bukeye[476] am 8. September 2006 bei einer Anhörung im Prozess „Militär I" unter Eid bestätigt. „Jean-Pierre" mit Namen Kassim Abubakar Turatsinze sei 1987–1988 während seiner Tätigkeit beim Präsidialamt sein Fahrer gewesen. Bukeye hat dem Gericht auch mitgeteilt, „Jean-Pierre" habe nichts von 1.000 Tutsi erwähnt, die die „*Interahamwe* "-Milizen in zwanzig Minuten töten könnten.

6.5.2.4 Namenslisten[477]

In der öffentlichen Diskussion hat immer auch die Behauptung eine Rolle gespielt, die Hutu-Banden seien anhand von vorbereiteten Namenslisten vorgegangen. Ein schlimmes Beispiel der Tatsachenverdrehung ist die Behauptung im Des Forges-Buch, bei Generalstabschef Déogratias Nsabimana seien am 6. März 1993 nach einem Unfall im Auto Listen mit 331 Namen von Tutsi-Sympathisanten gefunden worden. Des Forges stellt dies 1999 noch so dar, als habe es sich um Namen von Tutsi gehandelt, die von den „Extremisten" liquidiert werden sollten. Sie hatte jedoch schon am 19. Oktober 1997 von General Augustin Ndindiliyimana schriftlich die Mitteilung erhalten, er selbst habe die Listen gefunden und Nsabimana nach seiner Genesung darauf angesprochen. Nsabimana habe klar gemacht, dass es sich dabei um eine Liste der RPF mit Namen von

---

474 Wie es über den Umweg des Albright-Sprechers und Gourevitch-Schwagers James Rubin dazu kam, hat Robin Philpot (vgl. Philpot 2013, Kapitel 5, S. 102) beschrieben. Diese Aktion war offenbar nötig, weil 1995 die Veröffentlichung dieses ihm – auch schon in der in Punkt 6 verschärften Fassung – zugespielten Fax durch Filip Reyntjens (vgl. Reyntjens 1995, als Annexe, S. 123/124) nicht die gewünschte Wirkung gezeitigt hatte.

475 Die Anklagebehörde hat dies regelwidrig bis 2005 vor den Verteidigern verborgen.

476 Joseph Bukeye ist heute einer der Europa-Sprecher der von Victoire Ingabire Umuhoza aus dem Gefängnis in Kigali geleiteten Partei FDU-Inkingi. Joseph Bukeye hat zu ihrem Fall einen wichtigen Beitrag veröffentlicht. (Siehe: Bukeye 2014).

477 Hier greife ich fast wörtlich auf S. 165 meines Buches *Clinton am Kivu-See* (Strizek 2011) zurück.

zu kontaktierenden Sympathisanten gehandelt habe. Diese Klarstellung hat Des Forges wissentlich unterschlagen.

Ich habe diesen Fall vor dem Arusha-Gericht in meinem Sachverständigen-Bericht als *„ein gutes Beispiel für den Mangel an Beweisen für die Existenz von durch «Hutu-Extremisten» angefertigte Todeslisten“* erwähnt. Tatsächlich konnte die Anklagebehörde niemals „Todeslisten“ als Beweismittel vorlegen.

6.5.2.5 Machetenkauf

Alison Des Forges hat immer wieder behauptet, der reiche Geschäftsmann Félicien Kabuga – mit Habyarimana auch verwandtschaftlich verbunden – habe von Anfang 1993 bis Anfang 1994 in einer Zeit der Devisenknappheit besonders viele Macheten importiert, die später beim Tutsi-Völkermord zum Einsatz gekommen seien. Alison Des Forges behauptet, Kabuga habe in dem genannten Zeitraum sieben Importlizenzen im Wert von 525.000 US-Dollar erhalten. Eine Lieferung über ca. 25.000 Macheten sei nachweisbar.[478] Colette Braeckman hat sogar die Zahl von einer Million durch die Regierung gekaufte Macheten in Umlauf gebracht, obwohl die Regierung nachweislich niemals Macheten importiert hat, da dies dem privaten Handel vorbehalten war. Niemals konnte vom Ankläger im Arusha-Gericht der Beweis erbracht werden, dass es sich beim Import dieser Macheten, die für jeden Bauern ein normales Verschleiß-Arbeitsgerät sind, um eine exorbitant hohe Menge gehandelt hat.

Insbesondere Serge Desouter[479] hat sich mit der Frage befasst und konnte keine anormalen Importzahlen feststellen. Sollte die RPF sogar selbst Macheten für ihre Zwecke ins Land gebracht und ihre Existenz den „Hutu-Extremisten“ in die Schuhe geschoben haben?[480]

---

478 Vgl. Des Forges 1999, S. 97.

479 Desouter 2007, S. 163–165.

480 Mir scheint die folgende Zuschrift von Jean Thiery Benimana am 16.10.2007 an das Internet-Forum DHR, die RPF habe selbst in großen Mengen Macheten ins Land gebracht, plausibel: *„Between June 1992 and December 1993, a big consignment of pangas also known as machetes were bought by the Rwandan Patriotic Front through Uganda. The thousands of machetes were secretly taken to Western Hotel in Mbarara and stored there. (...) ..in February 1994 the pangas were loaded. It was a RPF rented truck and it drove to the Uganda Rwanda border full to the top. Tens of thousands of sharp, brand new machetes. Lt. Colonel Jackson Rwahama was there at the border with his Toyota pick up to receive the machetes and they were taken to the RPA's headquarters at Mulindi.“*

6.5.2.6 Resümee zur Planungsfrage

Im Mai 2003 habe ich im Medienverfahren unter Vorsitz der Richterin Navanethem Pillay als erster weißer *expert witness* erklärt, eine Planung des Tutsi Völkermords durch Hutu-Extremisten sei nicht nachweisbar und nicht einmal plausibel. Ich habe dem Gericht vorgetragen, schon im Masire-Bericht aus dem Jahr 2000[481] sei klar nachgewiesen worden, dass es keine zentrale Planung gegeben habe. Diese Schlussfolgerung wies Richterin Navanethem Pillay damals zurück.

Wie groß war dann die Überraschung, als Richter Eric Møse, der am Medienprozess als Richter beteiligt war, am 18. Dezember 2008 die Zusammenfassung des Urteils im Verfahren Militär I (*Prosecutor vs. Bagosora et al.*) vortrug, in der es unter Textziffer 18 heißt: „*Die Kammer ist folglich nicht davon überzeugt, die Anklage hätte über jeden vernünftigen Zweifel erhaben bewiesen, es sei die einzige logische Folgerung, die man aus der Beweislage ziehen könne, die vier Angeklagten hätten sich untereinander oder mit anderen schon vor dem 7. April 1994, als er tatsächlich losbrach, verschworen, einen Völkermord zu begehen. Die Kammer hat sie deshalb vom Punkt 1*[482] *ihrer jeweiligen Anklageschrift freigesprochen.*“[483]

Der Freispruch in diesem Punkt bedeutete also, dass den Angeklagten keine Völkermordplanung nachzuweisen war. Der Tutsi-Völkermord ohne Planung durch den als Mastermind des Völkermords tausendfach vorverurteilten Oberst Théoneste Bagosora, da schrie man in Kigali auf. Die Medien beschränkten sich weltweit auf die Mitteilung, Oberst Bagosora, den man über mehr als ein Jahrzehnt als Chef der Völkermordplaner dargestellt hatte, sei wegen Vorgesetztenverantwortung für den Völkermord zu einer lebenslangen Haftstrafe verurteilt worden. So wurde der Welt weitgehend die wirkliche Sensation dieses Urteils vorenthalten.

Nach dem 18. Dezember 2008 war klar: Niemandem war es gelungen, die Planung des Tutsi-Völkermords durch „Hutu-Extremisten“ nachzuweisen.[484]

---

481 Masire und IPEP 2000.

482 Der Anklagepunkt 1 „*Conspiracy to commit genocide*“ war immer als Völkermordplanung angesehen worden.

483 Der Sachverhalt taucht als Punkt 14 im endgültigen Urteilstext inhaltsgleich, aber sprachlich etwas vereinfacht wieder auf.

484 Mehr anekdotisch sei noch darauf verwiesen, dass Filip Reyntjens, belgischer Juraprofessor und langjähriger Beobachter der ruandischen Politik, mit seiner Behauptung, Oberst Bagosora habe in der Nacht vom 6. auf den 7. April 1994 zwischen ein Uhr und fünf Uhr morgens einen Völkermord geplant, seiner wissenschaftlichen Reputation bleibenden Schaden zugefügt hat. Die Reyntjens-These hat Bernard Lugan schlüssig demontiert. Vgl. Lugan 2014, S. 29. Der Feststellung von Lugan,

Die Richter konnten nicht mehr völlig gutgläubig von der Völkermordplanung durch Hutu-Extremisten reden. Dennoch wollten einige von ihnen nicht von ihrer vorgefassten Meinung lassen. Richter William Sekule hat 2011 in den Butare-Urteilen suggeriert, der Tutsi-Völkermord sei das Ergebnis einer Hutu-Planung. Und im Ngirabatware-Kammer-Urteil vom 20. Dezember 2012 verpackte er seine Ansicht in die Rechtskonstruktion eines abenteuerlichen *Joint Criminal Enterprise.*[485] Diese These wurde auch durch die Berufungskammer des Residual-Mechanismus (MICT) unter Vorsitz von Richter Theodor Meron am 18. Dezember 2014 bestätigt, aber – es sei zu seiner Ehre gesagt – in einer *dissenting opinion*[486] des südafrikanischen Richters Bakone Justice Moloto zurückgewiesen.

6.5.3 Ein Angriffskrieg?

Der Marburger Jura-Professor Christoph Safferling schreibt: „*Im Falle des Völkermords in Ruanda stellte sich die Frage der Aggression nicht.*"[487] Eine solche Sichtweise verkürzt für den Historiker den Hintergrund der ruandischen Katastrophe in inakzeptabler Weise. Denn die den ruandischen Tutsi-Völkermord endgültig auslösende RPF-Invasion am Abend des 6. April 1994 ist nur die direkte Fortsetzung eines mit Hilfe der ugandischen Armee seit dem 1. Oktober 1990 andauernden Aggressionskriegs der RPF mit ugandischen Truppen.

Wie es gekommen ist, dass Uganda 1990 unter dem Schirm der internationalen Gemeinschaft[488] einer Aggressionsverurteilung durch die *Organisation für Afrikanische Einheit* (OAU) entgehen konnte, hat der damalige ruandische Botschafter in Addis Abeba Jean-Marie Vianney Ndagijimana ausführlich

---

Reyntjens habe seine These inzwischen klar widerrufen, kann ich nur bedingt zustimmen. In seinem Buch *Les risques du métier* (Reyntjens 2009b) ist der Positionswechsel nur verklausuliert enthalten. In Reyntjens 2013 erwähnt er auf S. 25 das *akazu* so, als habe es existiert. Und im Prozess gegen Pascal Simbikangwa in Paris hat Reyntjens am 13.2.2014 seine alten, sogar vom Arusha-Gericht verworfenen Überzeugungen, es habe ein *akazu* und Todesschwadronen gegeben, wieder aufgetischt.

485 Siehe Abschnitt 6.5.11.

486 Der englische Text dieser abweichenden Ansicht ist als Anhang zur Ngirabatware-Aufzeichnung in B/54 der Dokumentation abgedruckt.

487 Safferling 2011, S. 251.

488 Dieser Einfluss hat dazu geführt, dass der ruandische Staatschef Habyarimana darauf verzichtet hat, eine OAU-Sonderkonferenz zu fordern und auch den VN-Sicherheitsrat mit der Frage zu befassen.

beschrieben.[489] Zentral dabei ist, dass der ugandische Präsident Yoweri Museveni[490] damals den rotierenden OAU-Vorsitz innehatte und alles tun konnte, damit die Frage der offenkundigen Aggression dort nicht behandelt wurde. Warum Habyarimana sich erpressen ließ, vor diesem Gremium die Frage der ugandischen Aggression nicht vorzubringen, gehört zu seinen nicht mehr aufklärbaren Geheimnissen.

Weil Jean-Marie Vianney Ndagijimana die Weisung von Habyarimana nichts zu unternehmen, nicht rechtzeitig an seinen Gesandten in Addis Abeba hatte übermitteln können, hat dieser am 24. Oktober 1990 eine vorbereitete Verbalnote verteilt. Darin hieß es: „*Rwanda is the victim of an aggression perpetrated on 1 October 1990 by elements of the regular Ugandan Army, the National Resistance Army NRA.*" Dass Ruanda sich aus politischen Gründen per Verbalnote seiner Botschaft in Kampala einige Tage später für die Erklärung der Botschaft in Addis Abeba förmlich entschuldigt hat und dies die ganze Welt wissen ließ, nimmt der Feststellung des Aggressionskriegs nichts von ihrer Richtigkeit.[491]

Habyarimana hat mit für ihn nachhaltig verheerender Wirkung diplomatisch kapituliert. War das die Folge seines Wissens, dass die Weltbank gegen ihn arbeitete? Dies hatte sich schon im Januar 1990 bei einem geheim gehaltenen Besuch einer Regierungsdelegation in Washington gezeigt. Die Ruander wurden gedemütigt und sollten zu einem für Ruanda ungünstigen Strukturanpassungsprogramm incl. Abwertung des ruandischen Franc gezwungen werden.[492]

Barrie Collins hat beschrieben, unter welchem diplomatischen Zwang Ruanda schließlich auch im Waffenstillstandsabkommen von Nsele (Kinshasa) am 29. März 1991 die RPF als eine ruandische Organisation anerkannt und damit die These eines innerruandischen Konflikts ermöglicht hat.[493]

---

489 Vgl. insbesondere das Kapitel *Civil War or Foreign Aggression?* in Ndagijimana 2010.

490 Die der Welt eine Zeitlang von Museveni vorgegaukelte Behauptung, er sei über die Invasion nicht informiert gewesen und es habe sich bei den RPF-Soldaten um Deserteure der ugandischen Armee gehandelt, war eine inzwischen vielfach bewiesene und selbst von den USA nicht mehr aufrecht erhaltene Lüge.

491 Safferling beschreibt das Problem sicher richtig mit folgender Feststellung: „*Der Tatbestand des Verbrechens der Aggression ist sicherlich von allen internationalen Kernverbrechen der heikelste. Das überrascht nicht, da der Vorwurf der Aggression bzw. des Führens eines Angriffskriegs deutlich mit der staatlichen Politik und damit der staatlichen Souveränität zu tun hat.*" Safferling 2011, S. 247.

492 Die verlässliche Quelle dieser Information will auch heute noch anonym bleiben.

493 Barrie Collins in einem für die Anwälte-Konferenz in Brüssel im Mai 2010 angefertigten Papier: „*The ruling party strongly resisted external pressure to recognise the RPF as a Rwandan rather than a Ugandan entity, but was forced to do so in the N'Sele*

Die im „Nürnberger Recht“ so wichtige Frage des Angriffskriegs wurde vom Arusha-Gericht erfolgreich unterdrückt. Es wurde nicht untersucht, ob die verschiedenen Invasionen der *Ruandischen Patriotischen Front* vom Nachbarstaat Uganda aus den Tatbestand des Aggressionskriegs erfüllen.

Denn die Arusha-Prozesse, darauf hat David Paciocco hingewiesen,[494] konnten nur geführt werden, wenn es sich in Ruanda gem. Artikel 3 der Genfer Konventionen, um einen nicht-internationalen Konflikt gehandelt hat.

Das Gericht hat deshalb schon in seinem ersten Urteil, dem Akayesu-Verfahren, vom 2. September 1998 per *judicial notice* rechtsverbindlich festgelegt, es habe sich in Ruanda zwischen dem 1. Januar und dem 31. Dezember 1994 um einen *nicht-internationalen Konflikt* gehandelt.[495] Diese Feststellung wurde in einer Entscheidung der III. Kammer im Verfahren gegen Laurent Semanza am 3. November 2000 bekräftigt. Der schon erwähnte kongolesische Juraprofessor und Anwalt Jean-Pierre Fofé weist diese Behauptung eindrücklich zurück. Fofé stellt klar, eine solche Feststellung könne sich nicht auf politisch umstrittene Vorgänge beziehen, sondern nur auf wirklich unbestreitbare Tatsachen wie z.B., dass die Sonne im Osten auf und im Westen untergeht.[496]

Das hat das Berufungsgericht aber nicht davon abgehalten, in der Grundsatzentscheidung zum *judicial notice* vom 16. Juni 2006[497] ausdrücklich zu wiederholen, der Krieg in Ruanda zwischen dem 1. Januar und dem 17. Juli 1994 sei ein *„nicht-internationaler Konflikt“* gewesen.

Historisch ist diese Feststellung nicht haltbar. Die am 6. April 1994 abends begonnene militärische RPF-Eroberung der politischen Macht war die Fortsetzung einer am 1. Oktober 1990 von außen erfolgten Aggression. 1994 erfolgte die Aggression zudem unter Bruch eines bestehenden, international garantierten Friedensvertrags, war also keine „interne Angelegenheit“. Wenn das Gericht glaubte, es brauche den Charakter dieser Aggression nicht zu untersuchen, weil der „Angriffskrieg “ nicht zu den im Statut aufgeführten Straftatbeständen gehörte, so hätte es nicht in einer rechtsverbindlichen Feststellung festlegen müssen, es sei ein nicht-internationaler Konflikt gewesen.

---

ceasefire.“ Das Papier beruht auf seiner Dissertation an der Londoner *School of Oriental and African Studies* aus dem Jahr 2009, die auch Collins 2014 zugrunde liegt.

494 Paciocco 2004, S. 101.

495 Siehe Tz. 627 des Akayesu-Kammerurteils vom 2.9.1998.

496 Vgl. Fofé 2006, S. 40 ff.

497 Urteilsrelevant wurde die judicial notice vom 16. Juni 2006 in der darauf basierenden Kammer-Entscheidung zum *Judicial Notice* im Karemera-Prozess vom 11. Dezember 2006.

Der Beweis, es habe sich im Sommer 1994 um einen internationalen Konflikt gehandelt, ist leicht zu erbringen.[498] Denn das RPF-Hauptquartier in Mulindi war faktisch exterritoriales ugandisches Gebiet. Der Nachschub für den Eroberungskrieg erfolgte ohne Grenzkontrollen aus Uganda und demnach vom Territorium eines Drittstaats aus.

Auch die vom Kagame-Netzwerk gebetsmühlenhaft wiederholte Behauptung, bei dem RPF-Angriffskrieg 1994 habe es sich um einen durch das Entkolonialisierungsrecht legitimierten nationalen Befreiungskrieg gehandelt, ist falsch. Denn die Aggression von Uganda aus richtete sich gegen einen seit 1962 von der Weltgemeinschaft anerkannten unabhängigen nachkolonialen Staat.

Aber das Gericht hat nicht nur den Angriffskrieg geleugnet, sondern hat auch die selbst von *Human Rights Watch*[499] nicht bestrittenen und eindeutig vom Gerichtsstatut erfassten mutmaßlichen Verbrechen der RPF-Armee aus dem Gerichtssaal ferngehalten.

6.5.4 Verlauf des Tutsi-Völkermords

Es ist Teil einer politischen Justiz, dass sich das Gericht nicht nur der eingehenden Untersuchung des Hintergrunds des Tutsi-Völkermords, sondern auch des Verlaufs des Tutsi-Völkermords 1994[500] incl. der Bestimmung einer auch nur annähernd glaubwürdigen Zahl der getöteten Tutsi entzogen hat.

---

498 Beispielsweise hat Barrie Collins diesen Beweis in seinem Experten-Bericht für das Arusha-Gericht aus dem Jahr 2006 erbracht. Warum die Richter ihn auf Druck der Anklage nicht zur Kenntnis nehmen wollten, versteht sich, wäre doch ein wichtiger Baustein des offiziellen Narrativs ins Wanken geraten.

499 Als Alison Des Forges in Übereinstimmung mit Erklärungen des HRW-Chefs Kenneth Roth in diesem Sinne immer stärker Druck auf das Gericht auszuüben versuchte, wurde sie 2008 von Kagame zur *persona non grata* erklärt.

500 Es sei nochmals klargestellt: Eine Leugnung des Völkermords gegen die Tutsi-Bevölkerung in Ruanda 1994 ist ebenso wenig hinnehmbar, wie der Völkermord an der Hutu-Intelligenz in Burundi 1972 und der Völkermord an den Hutu-Flüchtlingen in Zaïre 1996/1997. Nach meiner Analyse erfüllen auch die Massentötungen der Hutu-Bevölkerung während des RPF-Vormarsches 1994 und nach dem Sieg der RPF-Armee den Tatbestand eines Völkermords gemäß der Genozid-Konvention von 1948. An meine Erklärung, warum ich den Tutsi-Völkermord 1994 einen *Genozid sui generis* zu bezeichnen pflege, sei erinnert: Die anarchische Vorgehensweise der Tutsi-Mörder ist mit der Durchführung der Shoah durch den NS-Staat, die der Genozid-Konvention von 1948 zugrunde liegt, nicht vergleichbar.

Das Gericht hat auch niemals die Opferung der Inlandstutsi durch den UNO-Sicherheitsrat am 21. April 1994 bewertet[501].

Die Analyse der vom Arusha-Gericht gefällten Urteile ergibt, dass alle Kammern in Übereinstimmung mit der *judicial notice* vom 16. Juni 2006[502] sich auf ein vorgegebenes Narrativ hatten festlegen lassen und deshalb auf eine genaue Analyse der Vorgänge verzichteten und sich auf allgemeine Darstellungen aus dem RPF-Umfeld stützten. Der lange Arm Kigalis, auf dessen Kooperation das Gericht angewiesen war, wurde sichtbar, als der damalige Gerichtskanzler Andronico Adede[503] im März 1996 offiziell erklärte, das Büro der Anklagebehörde in Kigali werde keine weiteren Exhumierungen veranlassen.[504] Dem waren Proteste der para-staatlichen Tutsi-Opferorganisation *Ibuka*[505] vorausgegangen, die UNO solle aus Gründen der Pietät auf Ausgrabungen von Massengräbern verzichten, wie sie nach dem Balkan-Krieg üblich waren.

Das humanitäre Argument der Totenruhe ist bei einem Regime, das im April 1995 für die Massentötung von Inlandsflüchtlingen in Kibeho verantwortlich war und das sich in dieser Zeit auf die Vernichtung von Hunderttausenden zivilen Hutu-Flüchtlingen in Zaïre vorbereitete, zynisch. Man wollte vielmehr genauere Untersuchungen der Massengräber verhindern. Man hatte pauschal behauptet, dort lägen nur Tutsi-Opfer. Aber die RPF wusste genau, dass sie während des Vormarsches massenhaft Hutu-Zivilpersonen getötet und – soweit sie nicht verbrannt worden waren[506] – vergraben oder gefesselt in den

501 Hierzu wird auf Abschnitt 6.1.4.1 zurückverwiesen.

502 Siehe dazu besonders Abschnitt 6.5.10.

503 Andronico O. Adede (Kenia) musste seinen Posten 1997 aufgrund des sog. Paschke-Berichts über die schlechte Verwaltung des Gerichts verlassen.

504 Nach Cruvellier 2010, S. 13.

505 Wörtlich übersetzt bedeutet das: erinnere dich.

506 U.a. hat der Zeuge „TAP 043“ dem spanischen Ermittlungsrichter Merelles (Merelles 2008) darüber berichtet. Aber schon im Juni 1995 haben Filip Reyntjens und Serge Desouter in einem Workingpaper die Tatsache der Hutu-Leichenverbrennungen während des RPF-Vormarschs erwähnt (Desouter und Reyntjens Juin 1995). Vgl. auch die Ausarbeitung der Gefangenen des Arusha-Gerichts vom Januar 2000 mit dem Titel: *Les crimes commis par le Front Patriotique Rwandais (FPR)*, auch dort werden die Leichenverbrennungen erwähnt. Man bezieht sich auf eine *„Note sur la situation socio-politique du Rwanda actuel“* vom 24.6.1999 von Alype Nkundiyaremye. Er war nach dem RPF-Sieg bis zu seinem Gang ins Exil 1999 Chef des Conseil d'État. In der Note heißt es: *„Un fait particulier est à souligner : les corps des hutu tués étaient soient brûlés avec du mazout dans le Mutara (ancien Parc National de*

Akagera-Fluss geworfen hatte.[507] Auch der britische Journalist Nick Gordon hat 2006 über Krematorien berichtet.[508] Damit die UNO-Blauhelme und andere Menschenrechtsgruppen auch wirklich keine weiteren Untersuchungen mehr durchführen konnten, hat Kagame am 8. Mai 1998 den Abzug der UNO-Menschenrechtsberater durchgesetzt.

Joseph Matata hat 2013 der kanadischen Journalistin Judi Rever berichtet, wie ein früherer Tutsi-Angestellter seiner Farm im Osten Ruandas während des RPF-Vormarschs 1994 Hutu-Leichen in Gräber bringen musste, von denen man dann behauptet hat, sie enthielten nur Tutsi-Opfer.[509] Solche Gräber hat man sofort auch ausgesuchten gutgläubigen Journalisten gezeigt, die als erste das offizielle Bild über die Gräuel der Tutsi-Vernichtung verbreitet haben.

Da die Clinton-Administration und das internationale RPF-Netzwerk die mediale Oberhoheit über die Darstellung der Ruanda-Katastrophe ausüben konnten, gerieten die Richter nicht in allzu große Versuchung, am offiziellen Narrativ zu zweifeln.

Ein Versuchungsfall hätte der vom früheren botswanischen Präsidenten Ketumile Masire im Auftrag der OAU im Jahr 2000 vorgelegte Bericht[510] sein müssen. Schon allein der Titel „*Rwanda : the preventable genocide*“[511] hätte hellhörig machen müssen. Man hätte zu dem Schluss kommen müssen, dass die Dinge in

---

l'Akagera), soit jetés ligotés (bras liés de l'arrière) dans la rivière Akagera et entraînés vers le Lac Victoria …“
Der Text ist verfügbar unter: *http://cprgla.chez.com/temoignages/Alype.htm.*

507 Ohne dieser Feststellung eine allzu große Bedeutung beizumessen, geht man heute davon aus, dass Hutu und Tutsi sogar nachweisbare genetische Unterschiede besitzen. Vgl. Laurent Excoffier et al. 'Genetics and History of Sub-Saharan Africa, Yearbook of Physical Anthropology, vol. 30. 1987: pp. 151–194 (erwähnt in Taylor 1999, S. 62/63).

508 Erwähnt im Bericht des Uganders Remigius Kintu für das Arusha-Gericht 2005 (Kintu 2005) „*In April of 1996, a British investigative journalist and author of Murders in the Mist, Nick Gordon, revealed that the RPF regime of Paul Kagame was operating petroleum-fueled crematoriums at several locations in Rwanda. The victims were Hutu men, women and children.*“ Der Text ist zu finden unter: *www.mail-archive.com/ugandanet@kym.net/msg18936.html.*

509 Judi Rever in ihrem Blog *Rwanda witness* (*http://www.rwandawitness.com/features-with-testimony/*) vom 30. November 2013. Auch verfügbar unter: *http://www.france-rwanda.info/article-rwandan-generals-accused-of-war-crimes-in-unemploy-121360550.html.*

510 Masire und IPEP 2000.

511 Auf Deutsch etwa: *Ruanda – der vermeidbare Völkermord.*

Ruanda vielleicht anders abgelaufen sind, als die Anklagebehörde beweisen zu können vorgab.

Das Buch von Robin Philpot mit dem Titel *Ça ne s'est pas passé comme ça à Kigali*[512] aus dem Jahr 2003 hätte ebenfalls hellhörig machen können. Robin Philpot beschrieb als erster auf dem amerikanischen Kontinent[513] eingehend, dass die offizielle Lesart mit der Behauptung, die massenhafte Ermordung von Tutsi ab dem 7. April 1994 sei das Resultat einer langfristigen Planung durch „Hutu-Extremisten", eine Erfindung der Clinton-Administration war. Aber da der Verfasser der Bruder des Anwalts des ersten vom Gericht zu einer lebenslangen Haftstrafe Verurteilten Jean-Paul Akayesu war, ließ sich mit dem Befangenheitsvorwurf auch hier das Gewissen beruhigen. Es kam hinzu, dass nach dem Tod von Richter Laïty Kama am 6. Mai 2001 zu diesem Zeitpunkt kein Richter in Arusha mehr des Französischen mächtig war.[514]

Auch die Lektüre des 2005 erschienenen Buchs von Pierre Péan mit dem Titel *Noires fureurs et blancs menteurs*[515] hätte aufrütteln können. Eine Informationsfundgrube wäre für die Richter vor allem der Bericht des spanischen Ermittlungsrichters Merelles gewesen, der den historischen Hintergrund ab dem Beginn der RPF-Aggression vom 1.10.1990 ausleuchtet.[516] Seit dem Erscheinen des sensationellen Buchs von Jean-Marie Vianney Ndagijimana mit dem Titel *How Paul Kagame deliberately sacrificed the Tutsi*[517] ist kein Zweifel mehr möglich, dass sich die Dinge anders ereignet haben, als das Arusha-Gericht behauptet.

Den einzigen Entschuldigungsversuch für die Nicht-Untersuchung des Verlaufs des Tutsi-Völkermords fand ich im Urteil des Militär-I-Prozesses gegen Bagosora und andere vom 18. Dezember 2008. Richter Eric Møse erläuterte, selbst ein Mammut-Prozess wie dieser hätte nicht das „gesamte Bild" (entire picture) dieses Völkermords nachzeichnen können. Und da mit dem *judicial notice*

---

512 Auf Deutsch etwa: *So hat sich das in Kigali nicht zugetragen.*

513 Als wir uns bei einer Konferenz in München kurz nach der Veröffentlichung seines Buches kennengelernt haben, waren wir beide überrascht, dass wir zu sehr ähnlichen Schlussfolgerungen gekommen waren ohne von einander zu wissen.

514 Auch der Franzose Claude Jorda ist 2003 aus der gemeinsamen Berufungskammer ausgeschieden.

515 Péan 2005. Etwa zu übersetzen als: *Schwarzer Zorn und weiße Lügner.* Eine „unsichtbare Hand" hat eine englische Übersetzung verhindert. (Ein Neudruck des Buches ist 2014 erschienen: Péan 2014).

516 Merelles 2008.

517 Ndagijimana 2010 (franz. Originalausgabe Ndagijimana 2009).

vom 16. Juni 2006[518] den Kammern vom Berufungsgericht schon die weitere Untersuchung der Hintergründe des Tutsi-Völkermords verboten worden war, blieb es dabei. Es ist festzustellen: Das Gericht hat bewusst darauf verzichtet, einen Beitrag zur Erforschung der historischen Wahrheit zu leisten.

Es ist nicht zu rechtfertigen, dass die Richter niemals die Rolle der – es sei wiederholt – einen Million von der RPF aus dem Norden vertriebenen Hutu-Bauern untersucht haben, die seit 1993 in der Nähe von Kigali in fürchterlichen Umständen mehr vegetierten als lebten. Um deren Hass auf die RPF noch mehr anzustacheln, führte Kagame die Angriffe der ersten Kriegstage genau durch diese Gebiete und verjagte sie mit brutalster Gewalt. Kein halbwegs ernst zu nehmender Forscher kann sich der Tatsache verschließen, dass sich aus diesem Kreis der größte Teil der von Scott Straus als „Lumpen" (*thugs*)[519] bezeichneten Tutsi-Mörder rekrutierte.[520]

In diesem Zusammenhang ist die Feststellung von Oberst Jacques Hogard interessant, er habe während der *Opération turquoise* Hutu-Mörder verhaften lassen, bei denen es sich aber niemals um ausgebildete Soldaten, sondern um durch die Tutsi-Angriffe terrorisierte ungebildete Menschen gehandelt habe, die mit Hacken und Macheten getötet hätten.[521] Sie wurden dann fälschlicherweise global als *„Interahamwe"* bezeichnet, um sie der früheren Habyarimana-Partei zuzuordnen.[522] Barrie Collins resümiert: *„Jugend-Gangs verfolgten Tutsi-Jugendliche von denen man wusste, dass sie das RPF-Hauptquartier besucht hatten, und brachte sie*

518 Dazu sei nochmals auf Abschnitt 6.5.10 hingewiesen.

519 Straus 2006, S. 119.

520 Der RPF-Dissident Abdul Ruzibiza hat recht, wenn er in einer Erklärung vom 14. März 2004 sagt: *„Wenn Forscher die Gründe kennen lernen wollen, die den Völkermord ermöglicht haben, sollten sie damit beginnen die Situation [*in den Lagern der von der RPF aus dem Norden vertriebenen Hutu*] zu untersuchen."* Auch Barrie Collins schreibt hierzu: *„Die Furcht vor der RPF war allgegenwärtig und nirgends war dies offenkundiger als in den riesigen, um Kigali herum ausgebreiteten Notlagern der vom Krieg vertriebenen Menschen."* (Collins 2014, S. 118).

521 In einem Interview mit *www.causeur.fr* vom 13.5.2014 hat Oberst Jacques Hogard auf die Frage, ob er Mörder, die am Völkermord beteiligt gewesen seien, verhaftet habe, geantwortet: « *Oui. Ceux que nous avons pu arrêter en train de tuer étaient des gens incultes, totalement terrorisés par les Tutsi. Ils avaient beau être baptisés et aller à la messe, leur christianisme n'était qu'un vernis. Les génocidaires ne sont pas des militaires aguerris mais des paysans frustes armés de houes et de machettes : il faut l'avoir en tête quand on accuse la France d'avoir formé les tueurs entre 1990 et 1993!* »

522 Das Phänomen *Interahamwe* und auch die missbräuchliche Bedeutung der ruandischen Wörter *akazu*, *inyenzi* und *gukora* wird in Abschnitt 6.5.15 eingehender behandelt.

zusammen mit ihren Familien um. Innerhalb von Tagen eskalierte die wahnsinnige Gewalt in entsetzlichem Ausmaß. Plötzlich waren alle Tutsi Angriffsziele.(…) Die Todesorgie sprang beim fortschreitenden Krieg von Kigali aus auf die ländlichen Gebiete über. (…) Das gesamte Land versank in einem anarchischen Vakuum.“[523]

Dass es sich um spontane Racheakte gehandelt hat, bestätigte indirekt ein US-Militärgeheimdienstbericht vom 9. Mai 1994, der das RPF-Vorgehen rechtfertigen und das *akazu* anschwärzen sollte. Dort heißt es: „*Die ursprüngliche Absicht* [des Akazu] *war, nur die politische Elite zu töten, die für Versöhnung eintrat. Aber dann verlor die* [Interims-] *Regierung die Kontrolle über die Milizen und die Massaker breiteten sich wie Lauffeuer aus. Die Massaker wüten unkontrolliert weiter.*“[524]

Der von Kigali mit dem Mucyo-Bericht[525] unternommene Versuch, die alte – insbesondere von Madeleine Albright favorisierte – These von der Mitschuld Frankreichs am Tutsi-Völkermord wieder aufzuwärmen, lief ins Leere, hat aber in Frankreich noch immer ihre Anhänger. Die besten Widerlegungen der französischen Mitschuld-These haben Jean-Marie Vianney Ndagijimana 2012 mit dem Buch „*La France a-t-elle participé au génocide rwandais?*“ [526] und Charles Onana 2014 mit „*La France dans la terreur rwandaise*“[527] vorgelegt.

Es bleibt unverständlich, dass sich Frankreich niemals offiziell gegen diese Verleumdung zur Wehr gesetzt und keine offizielle Widerlegung der Anschuldigungen vorgelegt hat. Der Grund mag darin zu finden sein, dass es sich keine französische Regierung trotz vieler USA-kritischer Äußerungen völlig mit den USA verderben wollte. Ein Stück falsch verstandener Nationalstolz mag dabei auch eine Rolle spielen. Wahrscheinlich hat Charles Onana recht, wenn er schreibt: „*Es ist wahr, in der französischen politischen Klasse wird nicht gern gesehen, wenn man anerkennt, dass die USA in französischen Angelegenheiten eine große Rolle spielen.*“[528]

---

523 Collins 2014, S. 16/17.

524 Zitiert aus: *Defense Intelligence Report 9 May 1994, J2-210-94 (http://www2.gwu.edu/~nsarchiv/NSAEBB/NSAEBB53/rw050994.pdf).*
Collins zitiert den Bericht ebenfalls (Collins 2014, S. 158) und bezieht sich auf die Dokumentation in Erlinder 2013, S. 40–72.

525 Mucyo 2007. Herunterladbar unter: *http://www.rue89.com/files/Rwanda.pdf.*

526 Auf Deutsch etwa: *Hat Frankreich am ruandischen Völkermord teilgenommen?* (Ndagijimana 2012).

527 Deutsch etwa: *Frankreich im ruandischen Terror.* (Onana 2014)

528 Onana 2014, S. 427.

Auch der Informationsbericht der französischen Nationalversammlung aus dem Jahr 1998[529] umging das heiße Eisen der Verantwortung für das Attentat vom 6. April 1994 und blieb auch bei anderen „heißen“ Fragen eher im vagen.

Mit einem interessanten eintägigen Kolloquium im französischen Senat am 1. April 2014 unter dem Titel *„Le drame rwandais: la vérité des acteurs“* sollte es nicht sein Bewenden haben.[530]

6.5.5 Wie viele Tutsi wurden getötet? [531]

Das Arusha-Gericht hat niemals Ermittlungen zu den Tutsi-Opferzahlen unternommen. Und auch die amerikanischen Dienste, die sie nach allen menschlichen Erfahrungen kennen dürften, geben sie nicht preis.

International üblich ist bis zum heutigen Tag die Formel von den in drei Monaten getöteten 800.000 *„Tutsi und gemäßigten Hutu.“* Da diese Zahl eben nicht nur Tutsi, sondern auch Hutu-Opfer einschließt, ist sie wenig aussagekräftig. Legt man die von Alison Des Forges 1999 genannte Zahl von ca. 500.000 Tutsi-Opfern zugrunde[532] , wären immerhin auch 300.000 Hutu-Opfer zu beklagen, über die im Arusha-Gericht niemals gesprochen worden ist.

Interessant ist die Information von Alison Des Forges bei einer Kongressanhörung am 5. Mai 1998[533] und vor der Mission der französischen Nationalversammlung am 16. Juni 1998, ein CIA-Bericht vom Januar 1994 habe bis zu 500.000 Tutsi-Opfer für den Fall der Wiederaufnahme des Kriegs durch die RPF

---

529 Assemblée Nationale 1998.

530 Dabei waren ganz besonders wichtig die Beiträge des früheren Kagame-Staatssekretärs im Verteidigungsministerium Jean Marie Micombero und das zugeschaltete Interview mit Carla Del Ponte zur Unterdrückung der RPF-Kriegsverbrechen durch das Arusha-Gericht. Die Videos aller Beiträge sind zu finden unter: *http://www.apareco-rdc.com/index.php/a-la-une/actualites/1713-flash-videos-colloque-le-drame-rwandais-la-verite-des-acteurs-senat-paris-le-1er-avril-2014.html* oder unter: *http://www.france-rwanda.info/article-colloque-le-drame-rwandais-la-verite-des-acteurs-senat-paris-le-1er-avril-2014-123288247.html.*

531 Ich referiere hier den Abschnitt „Die Zahl der Tutsi-Opfer“ in Strizek 2011, S. 147–149.

532 Des Forges 1999, S. 15/16. Die Rechnung von Alison Des Forges beruht auf ihrer durch regionale Einzeluntersuchungen gewonnenen Schlussfolgerung, dass ca. 75 % der in Ruanda lebenden Tutsi ermordet wurden. Wenn sie diesen Prozentsatz in Relation zu den von dem Demographen William Seltzer geschätzten 657.000 vor Ausbruch des Völkermordes 1994 in Ruanda lebenden Tutsi setzt, gelangt sie zu ihrer Zahl.

533 Nach Collins 2014, S. 222, Fußnote 4.

für möglich gehalten. Ein Kollege des Verfassers des CIA-Berichts habe *Human Rights Watch* gegenüber erklärt, der Verfasser sei ein sehr zuverlässiger und geschätzter CIA-Mitarbeiter, aber in diesem Falle hätten seine Vorgesetzten *„seine Warnungen nicht ernst genommen."* Die Existenz dieses CIA-Berichts wird auch von Jared Cohen bestätigt. Clinton hat die Existenz dieses Berichts später nicht dementiert, sondern nur versichert, er sei nicht auf seinem Schreibtisch aufgetaucht.[534]

Kigali legte 2001 in einem internen Bericht die Opferzahl des Genozid auf insgesamt 1.074.017 fest, davon sollen 93% Tutsi gewesen sein.[535]

Als die Kagame-Regierung diese Rechnung im Jahr 2004 veröffentlichte, hatte sie alles Interesse, die Hutu-Opfer in die von ihr genannte Opferzahl einzurechnen und fast ausschließlich als Tutsi-Opfer zu bezeichnen. Denn man wollte der immer stärker werdenden Diskussion über die Zahl der Hutu-Opfer, teilweise als Völkermord charakterisiert, den Wind aus den Segeln nehmen.

Die offiziellen Zahlen wurden von General Emmanuel Habyarimana nach seinem Gang ins Exil 2002 erläutert. Als dieser Hutu noch Kagames Verteidigungsminister war, habe ihm ein Freund „gesteckt", das echte Zahlenverhältnis, das die Regierung bei der Untersuchung im Jahr 2000 herausgefunden habe, seien 280.000 Tutsi- zu ca. 750.000 Hutu-Opfern.[536] Emmanuel Habyarimana[537] hat jedenfalls mit der Schlussfolgerung vollkommen recht, dass die von ihm genannte Zahl von Tutsi-Opfern ein Menschheitsverbrechen darstellt und dass es keinen Grund zu seiner Verniedlichung gibt. Es war ein Völkermord.

---

534 Vgl. Cohen 2007, S. 186.

535 Siehe dazu Kimonyo 2008, S. 7: *„Le ministère de l'Administration locale et des Affaires sociales a publié les résultats d'un recensement des victimes : 1 074 017 victimes déclarées et 934 218 victimes comptés." Der* in Rom lebende Priester Laurent Rutinduka hat 2002 geschrieben, der Regierungsbericht gehe von 93,7% Tutsi aus. (Rutinduka 2002).

536 Diese Zahlen kommen einer Rechnung nahe, über die der Journalist der *Frankfurter Allgemeinen Zeitung* Günter Krabbe schon am 15. Juli 1995 berichtet hatte. *„Nach dieser Rechnung fehlen jetzt mindestens eine Million, vielleicht gar mehr als zwei Millionen Menschen, die man im vorigen Frühjahr noch gezählt hatte. (...) Sind sie alle tot? Gewiß ist, dass das Menschenschlachten im vorigen Jahr weit schlimmer war, als man sich vorzustellen wagt. Nur eines ist gewiß: Da es vor dem Kriege in Ruanda etwa eine Million Tutsi gab, von denen viele überlebten, waren die meisten Ermordeten nicht Tutsi, sondern Hutu".*

537 Emmanuel Habyarimana hat diese Zahlen in einem Gespräch mit Pierre Péan genannt (vgl. Péan 2005, S. 277). Am 19.1.2006 hat Emmanuel Habyarimana einige ihm von Péan in den Mund gelegte Aussagen korrigiert, aber die Zahlen bestätigt.

Am 18. April 2014 hat der kanadische Anwalt André Sirois, der schon Anfang 1995 zur Anklagebehörde nach Kigali kam[538], zu erklären versucht, wie man zu den Tutsi-Opferzahlen gekommen ist. Einer der ersten, der von 500.000 Opfern gesprochen habe, sei der deutsche Außenminister Klaus Kinkel gewesen. Woher er diese Zahl hatte, sei niemals herausgefunden worden. Sirois scheint die Zahl am plausibelsten, die ein Mitarbeiter des *Internationalen Roten Kreuzes* als Extrapolation der in seiner Gegend verschwundenen Menschen auf das gesamte Land hochgerechnet hat. Dabei sei er auf 200.000 Opfer *„Hutu und Tutsi zusammengenommen"* gekommen. Alle ihm sonst bekannt gewordenen Zahlen seien nicht erklärbar. Sein Fazit: *„Es ist klar, dass es keine Million, wahrscheinlich nicht einmal 800.000 Opfer gegeben haben kann, wenn man die Überlebenden in Ruanda und im Ausland und die Menschen, die eines natürlichen Todes oder auch durch Unfälle gestorben sind, berücksichtigt. Vorsicht also wenn ihr Gesprächspartner diese fiktiven oder sogar frei erfundenen Zahlen benützt."*[539]

Auch die amerikanischen Forscher Christian Davenport und Alan Stam haben aufgrund ihrer – bis zu ihrem Rauswurf – in Ruanda durchgeführten Erhebungen Zahlen genannt.[540] Nach ihren Schätzungen können, vergleicht man die Vorkriegszahlen für die Tutsi-Bevölkerung mit den Angaben der überlebenden Tutsi, 300.000 bis 500.000 Tutsi Opfer des Genozid geworden sein. Aber aus den gleichen Zahlen ergibt sich eine Opferzahl von 500.000 bis 700.000 zivilen Hutu.[541]

---

538 Am 13.11.2014 hat er unter *http://www.mondialisation.ca/les-mauvais-debuts-du-tribunal-international-pour-le-rwanda/5413802* in einem lesenswerten längeren Beitrag mit dem Titel *Les mauvais débuts du Tribunal international pour le Rwanda* über die chaotischen Anfänge des Gerichts berichtet.

539 André Sirois, *Les massacres du Rwanda 20 ans plus tard. À la recherche de la vérité.* 18.4.2014 in: www. mondialisation.ca.

540 Die beiden, nun Professoren, haben in einer vielbeachteten Sendung von Jane Corbin auf BBC 2 mit dem Titel *Rwanda' the untold Story* am 1.10.2014 ihre damaligen Feststellungen wiederholt. (BBC hat das Video gesperrt, aber unter *http://vimeo.com/107867605* war es zumindest im November 2014 noch verfügbar). Zu dem von 38 Pro-Kagame-Wissenschaftlern (Linda Melvern et al.) an die BBC gesandten offenen Brief haben Edward S. Herman und David Peterson in *Pambazuka News* – Issue No. 702 am 12.11.2014 (*http://www.pambazuka.net/en/category/features/93357*) eine vernichtende Stellungnahme veröffentlicht mit dem Titel *The Kagame-Power Lobby's dishonest attack on BBC documentary on Rwanda.* Sie haben kürzlich ein neues Buch veröffentlicht (Herman und Peterson 2014).

541 Zitiert nach Collins 2014, S. 198.

6.5.6 Wer hat die Tutsi getötet?

Nach meinem Kenntnisstand mordeten und raubten kriminelle, unstrukturierte Banden aus Wut gegen das Attentat und den sofort danach ausgelösten Angriff der Kagame-Soldaten.

Diese Mörderbanden rekrutierten sich

- aus den von Kagame sofort nach dem Attentat aus den internen Flüchtlingslagern im Umkreis von Kigali vertriebenen eine Million Nord-Hutu, von denen man erwartete, dass sie sich aufgrund ihres Hasses auf die mit der RPF identifizierten Tutsi so verhalten würden. Der Tutsi-Hass hatte sich bei dieser Bevölkerungsgruppe als Folge der Vertreibungen und der Morde durch die RPF-Rebellen seit Oktober 1990 aufgestaut.
- aus den – was häufig übersehen wird – im Süden Ruandas lebenden Burundi-Flüchtlingen, die nach der Ermordung von Präsident Ndadaye am 21. Oktober 1993 dorthin geflohen waren und seither unter ähnlich schlimmen Bedingungen lebten. Auch sie wurden beim Vormarsch der RPF 1994 vertrieben und hassten diese Exiltutsi ebenso wie die burundische Tutsi-Armee, die 1972 für den Völkermord an der burundischen Hutu-Intelligenz und auch für den Ndadaye-Mord 1993 verantwortlich war und
- aus den von Kagame in beide Gruppen eingeschleusten RPF-Terroristen. Das gilt nach den Ausführungen des Dissidenten Abdul Joshua Ruzibiza als erwiesen.[542] Auch der Dissident Aloys Ruyenzi ist ein guter Zeuge dafür, dass die RPF die *„Interahamwe“* unterwandert hat, weil sein Bruder daran beteiligt war.[543]

Die wirklichen Auslöser des Attentats vom 6. April 1994 konnten wissen, was sich in dem von ihnen provozierten Staatsvakuum abspielen würde. Sie hatten bewusst jegliche Macht zerstört, die Ruhe und Ordnung zum Schutz der Zivilbevölkerung hätte herstellen können. Das Gericht behauptete, die Interimsregierung hätte den Schutz der Bevölkerung gewährleisten können, obwohl die RPF und ihre Alliierten durch den anhaltenden Vormarsch und die Verweigerung

---

542 Vgl. dazu neben den Ausführungen in seinem Buch (Ruzibiza 2005, S. 262) sein Interview mit Stephen Smith am 10.3.2004, seine Erklärung vom 14.3.2004, sein Interview mit der spanischen Journalistin Margarita Sáenz-Diez vom 7.3.2006 und seine Aussagen vor dem Arusha-Gericht am 9. März 2006 und seine erwähnte Erklärung vom 14. März 2004 mit dem Hinweis auf die hasssteigernde Bedeutung der Lager der inlandsvertriebenen Hutu-Bauern.

543 Diese Information hat Aloys Ruyenzi Barrie Collins gegeben (Vgl. Collins 2014, S. 240).

von Waffenstillstandsvereinbarungen ihr bewusst die Möglichkeiten dazu nahmen. Die Bemerkung von Collins zur Interimsregierung trifft die Lage: *„Sie war nur dem Namen nach eine Regierung und hatte keinen Einfluss auf den Gang der Ereignisse.“*[544]

Aloys Ruyenzi hat in seiner schon in Zusammenhang mit der Attentats-Frage erwähnten *Testimony* vom 5. Juli 2004 bezeugt: *„Ich kann die Schmerzen nicht vergessen, die Kagame seiner eigenen Tutsi-Bevölkerungsgruppe zugefügt hat. Einige sind sogar auf seine Befehle hin ermordet worden. Andere wurden mit Absicht den „Interahamwe“ ausgeliefert. Er stellte sicher, dass ihnen niemand zu Hilfe kommen konnte.“*[545]

6.5.7 Die ethnische Frage vor Gericht

Vor allem in den ersten Prozessen war sich die Anklage sicher, dass die vom französischen Uni-Professor Jean-Pierre Chrétien mit dem Buch *„Les médias du génocide“*[546] in die Welt gesetzte und von Alison Des Forges als Chefgutachterin der Anklage übernommene These vom Hutu-Rassismus in Stein gehauen und unumstößlich sei.

Schon wer die Worte Hutu, Tutsi oder Twa benutze, sei ein Rassist. Diese Kategorien seien eine infame Erfindung der katholischen Missionare.

Einen leichten Knick erhielt die Reputation von Alison Des Forges, als ihr Jean-Marie Biju-Duval, der französische Verteidiger von Ferdinand Nahimana, nachweisen konnte, dass sie in ihrer Doktorarbeit aus dem Jahr 1972 genau die Tutsi-Hamiten-Theorie vertreten hatte, die sie nun als verurteilenswerten Rassismus geißelte.[547] Des Forges blieb allerdings bei ihren Auftritten vor dem Arusha-Gericht bei ihrer Position und machte bis zu dem Zeitpunkt, als sie 2008 von

---

544 Collins 2014, S. 20.

545 Der Tutsi-Leutnant Aloys Ruyenzi war zehn Jahre im persönlichen Umfeld von Paul Kagame tätig und floh im November 2001. Er hat am 5.7.2004 einen Bericht mit der eindeutigen Überschrift verfasst: *Major General Paul Kagame behind the shooting down of late Habyarimana's plane: An eye witness Testimony*. Unter dem Namen Aloys Ruyenzi kann man bei Google den Text finden. Ruyenzi hat auch gegenüber dem französischen Ermittlungsrichter Jean-Louis Bruguière ausgesagt.

546 Chrétien et al. 1995.

547 Die Episode ist von Dina Temple-Raston festgehalten worden. *„Des Forges had pointed to passages in Nahimana's work that said the Tutsi were not indigenous to Rwanda but migrated from Ethiopia. (…) Biju-Duval opened a loose-leaf binder and began to read from Des Forges's doctoral thesis, where she had said, that the Tutsi were a race foreign to Rwanda. (…) «You are accusing Nahimana of being anti-Tutsi when*

Kagame zur *persona non grata* erklärt wurde, in dieser Frage keine nennenswerten Konzessionen. Dass sie in „*Leave none to Tell the Story*" selbst schon auf RPF-Kriegsverbrechen hingewiesen hatte, passte vielen nicht ins Konzept und wurde mehr oder weniger übersehen.

6.5.8 Kriegsverbrechen der RPF und der Gersony-Bericht

Dass man sich gezwungen sah, die Chefanklägerin Carla Del Ponte 2003 zu stürzen, weil sie 2002 begonnen hatte, sich der Frage der möglichen RPF-Verbrechen anzunehmen, ist ein wichtiges Indiz dafür, dass es viel zu verbergen gab. Ihr Nachfolger Hassan Jallow hat Kigali nur die Konzession abringen können, den Fall der Ermordung von drei Bischöfen, neun Priestern und des Generaloberen der Josephiten-Bruderschaft am 5. Juni 1994 in Gakurazo in der Nähe von Kabgayi selbst zu untersuchen.

Den ersten handfesten Beweis für Massenverbrechen der RPF hat schon 1994 der Amerikaner Robert Gersony vorgelegt. Er hatte im Auftrag der amerikanischen Entwicklungshilfeorganisation US-AID und der UNO-Flüchtlingshilfe-Organisation UNHCR einen Bericht über Maßnahmen zur Beschleunigung der Rückkehr der Flüchtlinge erstellen sollen, fand sich jedoch mit schlimmsten Menschenrechtsverletzungen der Siegerarmee konfrontiert. Anfang September 1994 nannte er der UNHCR-Chefin Sadako Ogata und seinem Auftraggeber US-AID erschreckende Zahlen. Er habe Beweise gefunden, dass innerhalb von zwei Monaten nach dem RPF-Sieg in nur drei Präfekturen ca. 25.000–45.000 Hutu durch die neuen Herren getötet worden seien.

Am 19. September 1994 richtete George Moose, der afro-amerikanische Afrika-Staatssekretär im amerikanischen Außenministerium, eine Aufzeichnung zu den Gersony-Informationen an Außenminister Warren Christopher. Darin wird auch die Methode geschildert, mit der die RPF Zivilpersonen umbrachte. Die Armee „*vereinbarte mit internen Flüchtlingen (displaced persons) Versammlungen zu Besprechungen über Frieden und Sicherheit. Wenn sich diese Personen versammelt hatten, kam die Armee und brachte sie um. Zusätzlich machte die Armee auch Haus-zu-Haus-Razzien und jagte Menschen, die sich in Sümpfen versteckt hatten.*"[548]

---

he did the very same thing in his writings that you did in yours»." (Temple-Raston 2005, S. 167/168).

548 Ein Faksimile des Moose-Vermerks liegt mir vor. Die USA-Regierung hat danach dafür gesorgt, dass Kofi Annan den Bericht dauerhaft unterdrückt. Dem

Wie es dann der US-Regierung gelang, den Gersony-Bericht zu unterdrücken, schildert der damalige ruandische Außenminister Jean-Marie Vianney Ndagijimana, der den seinerzeitigen ruandischen Staatspräsidenten Pasteur Bizimungu zu einer eilig anberaumten Reise nach Washington begleitete: *„Im State Department unterhielt sich Bizimungu mit dem Afrikastaatssekretär George Moose. In seinem Büro wurde das Schicksal des Gersony-Berichts endgültig besiegelt. Anfangs schroff und abweisend, wurde der Ton des Staatssekretärs zunehmend freundschaftlich und verständnisvoll, ja sogar liebenswürdig. Zum Abschluss der Diskussion über den Gersony-Bericht wandte sich der Staatssekretär mit folgenden Worten an Bizimungu: ‚Wir werden Ihnen helfen, aber helfen Sie uns, Ihnen zu helfen'. Im Klartext: Folgen Sie unseren Ratschlägen und wir werden Ihnen helfen, den Gersony-Bericht endgültig zu beerdigen. Meine Entscheidung war gefallen. Fünf Tage danach trat ich von meinem Amt zurück und wählte das Exil, um die Weltmeinung zum Zeugen zu nehmen und diesen ebenfalls scheußlichen und verurteilenswerten Hutu-Völkermord ebenso zu verdammen wie den Tutsi-Völkermord in den Monaten April-Juli 1994."*[549]

Zusätzliche Details zum Gersony-Bericht lieferte die kanadische Journalistin Judi Rever im November 2013. Sie schilderte, wie Gersony, der beim Arbeitsbeginn Sympathien für die RPF hegte, Zugang zu 91 Orten in 40 Gemeinden hatte und 100 kleinere Gruppen befragen konnte. Diese Ergebnisse hätten die UNO völlig verwirrt (complete disarray). Im September 1994 hätten er und sein Team festgestellt, dass die RPF-Soldaten Massenmorde an der Hutu-Zivilbevölkerung verübt hätten. Das US-Außenministerium habe über die Gersony Ergebnisse einen Bericht an die amerikanische Botschafterin bei den Vereinten Nationen in New York Madeleine Albright gesandt, in dem geschildert wurde, die RPF habe Menschen zu Meetings eingeladen, um sie dann zu ermorden. Zusätzlich seien nach Haus-zu-Haus-Durchsuchungen so viele geflüchtete Menschen umgebracht worden, dass man Schwierigkeiten hatte, die Leichen zu entsorgen. Das Team habe festgestellt, in manchen Gemeinden seien seit April 1994 10.000 Menschen umgebracht worden. In einem vom damaligen UNAMIR-Chef Shaharyar Khan verfassten Bericht an Kofi Annan hieß es, Gersony habe behauptet, es habe sich dabei um systematisch geplante Vernichtungsaktionen *(calculated, pre-planned, systematic atrocities and genocide against Hutus by*

Arusha-Gericht liegt er inzwischen vor, aber keine Kammer hat sich damit befasst. Siehe zum Gersony-Bericht auch Strizek 2011, S. 186 ff.

549 Ndagijimana 2009, S. 137–138. An anderer Stelle hat Ndagijimana zu Protokoll gegeben, dass ihm diese Entscheidung durch einen dringenden Rückruf nach Kigali „zur Berichterstattung" zwingend erschien.

the RPA[550]) gehandelt. Judi Rever kommt zu dem Schluss, die Gersony-Notizen seien schließlich *„beerdigt worden, um die von Paul Kagame geleitete Nach-Genozid-Herrschaft zu schützen."* [551]

Ihre Informationen hat Judi Rever von Joseph Matata, dem langjährigen Koordinator des *Centre de Lutte contre l'Impunité et l'Injustice au Rwanda* (CLIIR) in Brüssel erhalten. Er hat bis 1994 in der Gemeinde Murambi im Osten Ruandas einen Agrarbetrieb unterhalten, war aber während der Ereignisse 1994 in Brüssel. Seine Frau (Tutsi) und seine Kinder wurden in den ersten Tagen nach dem Attentat vom 6. April 1994 von Hutu-Mörderbanden angegriffen, aber schließlich von der vorrückenden RPF gerettet. Er kehrte nach dem RPF-Sieg in die Gegend zurück und war zur Kooperation mit der neuen Ordnung bereit. Seine Schwierigkeiten begannen, als er den Hinweisen auf Verbrechen der RPF nachging. 1995 verließ er schließlich Ruanda.

Insbesondere ein Angestellter seines Farmbetriebs schilderte ihm ausführlich, was er erlebt hatte. Judi Rever schreibt: *Ein Zeuge, der Matata bei der Untersuchung half, war einer von Matatas früheren Angestellten auf seiner Farm in Murambi. Dieser Mann, ein Tutsi, hatte den grauenhaften Job, für die RPA Leichen in einem Lieferwagen zu Massengräbern zu transportieren. „Dieser Mann hatte für die RPA gearbeitet. Er hatte Leichen in einem von der RPA beschlagnahmten Fahrzeug zu transportieren. Diese Arbeit war schnell getan", sagte Matata. „Er war davon traumatisiert. Manchmal waren die in das Fahrzeug geladenen Opfer noch nicht tot. Sie stöhnten und schrien noch." Der genannte Angestellte, den Matata als eine sensible Person beschrieb, bekam schließlich Probleme mit der RPF und war gezwungen aus Ruanda zu fliehen. In Matatas erster Untersuchung haben Zeugen beschrieben, wie die RPA den Hügel durchkämmte. „Die RPA jagte die Menschen wie Hasen oder andere Beutetiere den Abhang hinunter. Die Soldaten unternahmen Säuberungsaktionen auf den Hügeln. Sie gingen von Haus zu Haus und erschossen Menschen." Manchmal benützten sie auch Granaten, sagte Matata. Manche Menschen versteckten sich in Bananenhainen oder entkamen in den angrenzenden Wald des Akagera-Nationalparks. „Als sie die Soldaten kommen sahen, sprangen einige in den See und ertranken." Die RPA stellte auch Fallen, um größere Gruppen von Menschen zu töten. „Sie forderten die Menschen auf, sich an*

550 Es sei daran erinnert: Die Rwandan Patriotic Army (RPA) war der militärische Flügel der RPF.

551 Aus dem Blog von Judi Rever *Rwanda Witness* vom 30.11.2013 mit dem Titel *Rwandan Generals Accused of War Crimes in UN Employ.* (Verfügbar unter: *http://www.france-rwanda.info/article-rwandan-generals-accused-of-war-crimes-in-un-employ-121360550.html).*

bestimmten Stellen wie Märkten und Schulen zu versammeln. Diejenigen, die kamen, erhielten Kochgeschirr, Kleider und Nahrung. Man sagte ihnen, sie sollten den Menschen über diese Versammlungen berichten. Wenn größere Menschengruppen kamen, tötete die RPA sie mit Granaten und Gewehren.“ Matata versicherte, die RPA berief auch in anderen Landesteilen Versammlungen ein, um die Menschen dann zu töten. „Die Massaker waren intensiv und massiv“.

Über die Verbrechen der RPF beim Vormarsch im Nord-Osten hat der letzte dort noch als Farmer lebende Europäer Marcel Gérin in einem Interview mit Jerzy Bednarek[552] einen erschütternden Bericht gegeben, den ich auch in meiner Ausarbeitung für das OLG Frankfurt/M. im Verfahren gegen Onesphore Rwabukombe ausführlich herangezogen habe.[553]

Ein wichtiger Zeuge für die RPF-Verbrechen ist auch der frühere RPF-Major Alphonse Furuma, der am 23. Januar 2001 zur Begründung seiner Flucht aus Ruanda in einem offenen Brief an Kagame schrieb: *„Von den Arusha-Verhandlungen an bis Ende 1996 haben Sie eine vorsätzliche Politik der Verminderung der Hutu-Bevölkerung mit allen Mitteln in den Gebieten von Umutara, Kibungo und Bugesera betrieben. (…) Als die RPF/RPA ihre Offensive zur Beendigung des Völkermords startete, wurde jeder Hutu verdächtigt, ein Völkermörder zu sein. Über Monate wurden Hutu von einer Grenze zur anderen gejagt und – wenn man sie sah – erschossen. Dort, wo man nicht töten konnte, wurde keine Gelegenheit ausgelassen zu verhaften, zu foltern und einen Hutu auch bei nur der geringsten Provokation zu inhaftieren. So hatten selbst die moderatesten Hutu allen Grund, es sicherer zu finden, mit den Killern aus dem Land zu fliehen. Und tatsächlich waren einige der Leichen, die zum Ende des Völkermords und kurz danach den Akagera-Fluss hinunter schwammen, Hutu, die von einigen RPF/RPA Einheiten ermordet worden waren.“*[554]

Dass es sich bei den Leichen im Akagera-Fluss, die u.a. von US-Botschafter David Rawson[555] lange den Hutu-Extremisten zugeordnet worden waren, in Wirklichkeit um Hutu-Opfer der RPF gehandelt hat, wurde schon am 17. Mai 1994 durch einen Bericht des UNHCR bestätigt.[556]

552 Bednarek 1998.

553 Vgl. Abschnitt 7.3.2.1.

554 Der Brief liegt mir im englischen Original vor. (Er ist im Internet nicht verfügbar.)

555 Jared Cohen berichtet, Rawson sei Ende April 1994 mit US-Staatssekretär John Shattuck über den Akagera-Fluss geflogen und habe ihm erklärt, die Leichen, die man im Fluss sehen könne, seien Tutsi-Opfer. (Cohen 2007, S. 108).

556 Nach: Erlinder 2013, Appendix 3, S. 12.

Es ist hier nicht der Ort, die vom Arusha-Gericht nicht untersuchten RPF-Verbrechen *in extenso* zu dokumentieren.

Festzuhalten ist,

- dass es in der Zeit des Untersuchungszeitraums des Arusha-Gerichts Massenverbrechen der RPF gab, die nach den Kriterien der Genozid-Konvention von 1948 als Völkermord bezeichnet werden können und
- dass das Arusha-Gericht sich auf Druck der anglophonen Welt nicht damit befasst hat, obwohl die Untersuchung dieser Verbrechen bis zum 31. Dezember 1994 eindeutig in sein Mandat gefallen wäre.

6.5.9 Die Behandlung der Interimsregierung im Arusha-Gericht

Summarische Feststellung: Dem Arusha-Gericht ist es nicht gelungen, den Beweis für seine Hypothese anzutreten, die am 9. April 1994 gebildete ruandische Interimsregierung sei illegal per Putsch ins Amt gekommen und habe den Tutsi-Völkermord geplant und organisiert.

Dabei hatte aus der Sicht der Gerichtssponsoren mit der Schuldanerkennung durch den Premierminister Jean Kambanda alles gut begonnen. Kambanda hat eine Vereinbarung mit der Anklage getroffen, in der er die Verantwortung der von ihm geleiteten Interimsregierung für den Völkermord anerkannte. Auf dieser Basis konnte das Gericht ohne weitere Beweiserhebung ein Urteil fällen: Kambanda wurde am 4. September 1998 zu einer lebenslangen Haftstrafe verurteilt.

Aber die Kambanda-Verurteilung hat nichts bewiesen. Sie wird als eine juristische Farce in die Annalen eingehen, von der noch niemand weiß, ob sich mutige Richter finden werden, sie eines Tages zu korrigieren.[557] Es ist vielfach belegt, dass Kambanda dabei betrogen worden ist. Am besten ist das Kambanda-Verfahren[558] von Thierry Cruvellier beschrieben worden.[559] Kambanda selbst konnte seine Version in einem Buch festhalten.[560] Auch wenn man geneigt sein sollte, seine Schilderung a priori als Selbstrechtfertigung abzutun, so gibt doch gerade das Vorwort von Alain de Brouwer[561], dem früheren Mitarbeiter des Generalsekretariats der *Christlich-Demokratischen Internationalen* (IDC), zu denken.

---

557 Die Kompetenz dafür hätte der Residual-Mechanismus für die Abwicklung der beiden UNO-ad-hoc-Tribunale.

558 Siehe dazu Abschnitt 6.7.3.

559 Siehe dazu Kapitel 3 in: Cruvellier 2010 (franz. Original: Cruvellier 2006).

560 Kambanda 2012.

561 De Brouwer hat dem Arusha-Gericht im Rahmen des Prozesses Regierung I (Karemera et al.) auch einen langen Schriftsatz zugeleitet.

Nach der Kambanda-Verurteilung mussten sich die Richter noch vielfach mit Ministern der Interimsregierung befassen, die in verschiedenen Teilen der Welt verhaftet und an das Arusha-Gericht überstellt worden sind. Hatte man anfangs die Mitgliedschaft in diesem vielfach als „Genozid-Regierung" vorverurteilten Gremium als Verurteilungsgrund angesehen, musste man dies später modifizieren. Der erste Schlag für die Verfechter der offiziellen Lesart war der Freispruch für den langjährigen Transportminister André Ntagerura am 24. Februar 2004.[562] Weitere Schläge waren die Freisprüche für den Gesundheitsminister der Interimsregierung, Casimir Bizimungu, und den Außenminister Jérôme Bicamumpaka beim Kammerurteil am 30. September 2011 und für die Minister Prosper Mugiraneza (Öffentlicher Dienst und Berufsausbildung) und Justin Mugenzi (Handel) durch die Berufungskammer am 4. Februar 2013. So waren zu diesem Zeitpunkt alle im Prozess Regierung II angeklagten Mitglieder der Interimsregierung auf freiem Fuß. Ministerfreisprüche haben in Kigali immer große Entrüstungsstürme ausgelöst, hatte man sich doch gerade von diesen Prozessen die Bestätigung der These von der „Genozid-Regierung" versprochen.

Ohne überzeugende Beweise sind aber bis Ende 2014 dennoch sechs Mitglieder der Interimsregierung letztinstanzlich verurteilt worden:

- Informationsminister Eliézer Niyitegeka ist am 9. Juli 2004 von der Berufungskammer unter dem Vorsitz von Richter Meron zu lebenslanger Haft verurteilt worden.
- Der erst ab Ende Mai 1994 amtierende Hochschulminister Jean de Dieu Kamuhanda ist von der Berufungskammer – ebenfalls unter dem Vorsitz von Meron – am 19. September 2005 auch zu einer lebenslangen Haftstrafe verurteilt worden, obwohl die Richterin Inés Mónica Weinberg de Roca

562 Der Ankläger hat Berufung eingelegt. Aber die Berufungskammer hat den Freispruch am 7.7.2006 bestätigt. Die westliche Welt strafte Ntagerura mit der Weigerung, ihm eine Aufenthaltsberechtigung zu erteilen. So lebt er auch im Jahr 2013 noch immer in einem vom Gericht angemieteten sog. Safe-Haus in Arusha! Der letzte Gerichtspräsident Vagn Joensen hat recht, wenn er dessen Schicksal und das seiner 9 Leidensgenossen am 5.6.2014 in seinem Bericht an den Sicherheitsrat beklagte und feststellte: *„Diese Frage stellt nach meiner Ansicht eine große Herausforderung für die Glaubwürdigkeit der internationalen Strafgerichtsbarkeit dar."* (Nach Agence Hirondelle, 6.6.2014). Dass Joensen dann der Bundesregierung gegenüber die Ansicht vertrat, sie könnten doch nach Ruanda zurückkehren, ist wirklich zynisch. (Vgl. die in Abschnitt 8.3 erwähnte Antwort, die ich vom Auswärtigen Amt am 19.7.2013 als Reaktion auf mein Schreiben an Bundesaußenminister Westerwelle vom 22.2.2013 in dieser Sache erhielt.)

wegen der vielen Verfahrensfehler eine Neuaufnahme des Prozesses empfohlen hatte.[563]

- Die lebenslange Verurteilung des Finanzministers der Interimsregierung Emmanuel Ndindabahizi wurde an 17. Januar 2007 von der Berufungskammer unter dem Vorsitz von Richter Wolfgang Schomburg bestätigt.
- Am 29. September 2014 wurde die lebenslange Kammerverurteilung von Jugendminister der Interimsregierung Callixte Nzabonimana durch die Berufungskammer unter Vorsitz von Richter Mehmet Güney für angebliche Völkermordaktivitäten in seiner Heimatpräfektur Gitarama bestätigt.
- Der ab dem 25. Mai 1994 amtierende Innenminister Edouard Karemera wurde am 29. September 2014 auch unter dem Vorsitz von Theodor Meron von der Berufungskammer zu einer lebenslangen Haftstrafe verurteilt.[564] Sein Prozess bezog sich vor allem auf seine Tätigkeit in der Partei MRNDD, jedoch spielte auch das von ihm als Innenminister in Kraft gesetzte Programm der Zivilverteidigung[565], das noch gesondert behandelt wird, eine Rolle.
- Planungsminister Augustin Ngirabatware wurde am 18. Dezember 2014 vom Residual-Mechanismus (MICT) ebenfalls unter dem Vorsitz von Theodor Meron zu 30 Jahren Gefängnis verurteilt.

Die Familien-Ministerin Pauline Nyiramasuhuko wurde am 24. Juni 2011 in erster Instanz verurteilt, allerdings – wie auch alle anderen – nicht für Taten in Zusammenhang mit ihrer Ministertätigkeit.

Ein Prozess gegen den Verteidigungsminister der Interimsregierung Augustin Bizimana konnte nicht geführt werden, weil man seiner nie habhaft geworden ist.[566]

Als sicher wird der Tod des Interimsstaatspräsidenten Theodore Sindikubwabo angenommen, dessen Rede am 19. April 1994 in Butare bis zum Freispruch der Minister Mugenzi und Prosper Mugiraneza als klarer Beweis dafür angesehen wurde, die Interimsordnung habe den Völkermord befohlen, zumindest dazu angestachelt. Beim Freispruch der Minister Mugenzi und Mugiraneza vom 4. Februar 2013 wurde dieser Vorwurf relativiert. Immanent wurde eine

563 Er wurde nicht wegen seiner Tätigkeit als Minister verurteilt. Das Gericht glaubte einem anonymen Zeugen, er sei in seiner Heimatgemeinde Gikomero gesehen worden, wo am 12.4.1994 ein Kirchenmassaker stattgefunden hat.

564 Siehe dazu Abschnitt 6.7.10.

565 Siehe Abschnitt 6.5.13.

566 Falls man ihn doch jemals verhaften kann, soll sein Verfahren nach Kigali überstellt werden.

Neuinterpretation der Rede vorgenommen. Das Berufungsgerichtsurteil umging die Frage, ob er tatsächlich zum Völkermord an den Tutsi aufgerufen hat. Indem die Berufungskammer diese Frage nicht erörterte (ein Hinweis auf das Wort gukora oder auch seine Übersetzung „arbeiten" bzw. „work" fehlt), rückte sie von diesem Glaubenssatz der offiziellen Lesart zumindest ein Stück ab.

Zudem hat das Berufungsgericht zurechtgerückt, dass die Ersetzung des Tutsi-Präfekten von Butare, Jean-Baptiste Habyalimana[567], am 16. April 1994 nicht zwangsläufig als ein Akt zur Vorbereitung des Tutsi-Völkermords interpretiert werden könne, wie dies Alison Des Forges vor Gericht immer wieder beteuert hatte. Es sei vielmehr legitim gewesen, die Absprachen der Parteien zur Ämterbesetzung umzusetzen. Der damalige Premierminister Jean Kambanda hat den Vorgang schlüssig erläutert. Die Parteien PL und PSD hätten beschlossen, die ihren Parteien zugehörigen Präfekten auszutauschen. Wohl weil er aus der Präfektur Kibungo stammte, hätte der PL-Minister Justin Mugenzi den Präfekten von Kigali gegen seinen Mann in Kibungo ausgetauscht. Der PSD-Minister François Ndungutse[568] habe dafür den freiwerdenden Posten in seiner Heimatpräfektur Butare mit seinem Parteifreund Sylvain Nsabimana besetzen können.[569] Für die Ermordung von Jean-Baptiste Habyalimana zwei Tage später könne die Interimsregierung nicht verantwortlich gemacht werden.[570]

Die Anklage hat immer wieder behauptet, die Interimsregierung habe bewusst nicht die Sicherheit und Ordnung im Lande verteidigt. Fakt ist aber, dass man ihr keine Chance zum Schutz der Bevölkerung gab. Alle Versuche, durch einen Waffenstillstand zwischen den Truppen der Regierung und der Rebellen die Rettung der Tutsi-Bevölkerung zu ermöglichen, wurden von der RPF und ihren internationalen Verbündeten abgelehnt. Den am Rande des OAU-Gipfels am 15. Juni 1994 in Tunis von der RPF der internationalen Gemeinschaft zuliebe zum Schein unterschriebenen Waffenstillstand hat die RPF sofort gebrochen,

---

567 Für ihn verwende ich, um Verwechslungen mit dem Staatspräsidenten zu vermeiden, die häufig verwandte Schreibweise Habyalimana, obwohl er oft auch Habyarimana geschrieben wird.

568 Über sein weiteres Schicksal ist mir nichts bekannt.

569 Kambanda 2012, S. 165.

570 Vielleicht ist der Hinweis in dem Noël Ndanyuzwe zugespielten geheimen Vermerk aus Uganda (Vermerk 058) richtig, wonach ursprünglich eine Rettungsaktion für den Tutsi Jean-Baptiste Habyalimana vorgesehen war. Als er dann konkret in Gefahr war, wurden sowohl er als auch die Königswitwe Rosalie Gicanda absichtlich *„im Stich gelassen"*.

ohne dass die westlichen Verbündeten Kagames protestiert hätten. Der RPF und ihren Verbündeten ging es ausschließlich um den militärischen Sieg und darum, zuvor noch möglichst große Teile der Hutu-Bevölkerung aus dem Land zu vertreiben bzw. zu töten.[571]

André Guichaoua hat mit seinem Buch aus dem Jahr 2010 verzweifelt, aber letztlich nur teilweise erfolgreich versucht, die offizielle Lesart zur Interimsregierung als einer illegalen, durch einen Putsch am 9. April 1994 ins Amt gelangten Gruppe skrupelloser Hutu-Politiker zu retten.[572]

6.5.10 Die „Rechtsverbindlichen Feststellungen" (judicial notice)[573]

Das Instrument „rechtsverbindliche Feststellung" *(judicial notice*[574]*)* ist in Regel 94 der Prozessordnung (*Rules of Procedere and evidence)* enthalten.[575] Mit diesem im deutschen Strafverfahren unbekannten Instrument – weshalb es bisher auch keine einheitliche deutsche Übersetzung des Begriffs gibt – soll ermöglicht werden, Dinge, die man als allgemein bekannt und bewiesen voraussetzen kann, per förmlichem Gerichtsbeschluss rechtsverbindlich festzustellen. Begründet wird dies mit der erwarteten Verfahrensbeschleunigung.

---

571 Kagame hat am 7.4.2007 in Murambi/Gikongoro gesagt, das Einzige was er bedaure, sei die Tatsache, dass er nicht noch mehr von den Flüchtlingen vor dem Grenzübertritt habe töten können. *„Ich bereue nur eines. Die Ereignisse verliefen so schnell, dass wir die Täter nicht ausreichend genug bestrafen konnten. Das ist meine einzige Sünde. Wir haben nicht das Nötige unternommen, um insbesondere diejenigen, die in der „Zone Turquoise" gemordet haben, zu bestrafen, bevor sie das Land verließen."* (Übers. Strizek nach einer englischen Fassung des Redetextes auf Kinyarwanda.)

572 Guichaoua 2010. Ich halte diesen „Wälzer" für die inakzeptabelste Arbeit des französischen Soziologieprofessors, die er eigentlich schon heute bereuen müsste.

573 Auf Französisch: constat judiciaire.

574 Ich habe keine autoritative deutsche Übersetzung der Begriffe gefunden. Ich gebrauche deshalb den Begriff „rechtsverbindliche Feststellung" als adäquate inhaltliche Umschreibung.

575 Rule 94 lautet: *(A) A Trial Chamber shall not require proof of facts of common knowledge but shall take judicial notice thereof. (B) At the request of a party or proprio motu, a Trial Chamber, after hearing the parties, may decide to take judicial notice of adjudicated facts or documentary evidence from other proceedings of the Tribunal relating to the matter at issue in the current proceedings.* (Mir liegt keine offizielle deutsche Übersetzung dieser Prozessordnung/Rules of Procedure vor.)

Im Unterschied zum ersten Nürnberger Prozess, in dem alle Anklagen gemeinsam vor dem Gericht verhandelt wurden, haben die Richter in Arusha – wie zuvor schon ihre Kollegen im Haager Gericht für Ex-Jugoslawien, zumeist für Einzelverfahren optiert. So war die der Regel 94 zugrunde liegende Überlegung, nicht in jedem einzelnen Verfahren den ganzen Hintergrund des Tutsi-Völkermords behandeln zu müssen und auf gesicherte Erkenntnisse aus den einzelnen Prozessen und öffentlich zugängliche Untersuchungen zurückgreifen zu können, nicht unlogisch.

Aber schon bei der Anwendung dieses Instruments im ersten Urteil des Ruanda-Gerichts (Fall Akayesu) am 2. September 1998 wurde klar, dass man aus dem Instrument des *judicial notice* einen Hebel zur Verhinderung der Suche nach dem tatsächlichen Ablauf der Ereignisse durch das Gericht zu machen gedachte.[576] Man erklärte die gewünschte zur objektiven Wahrheit.[577] Als dann im weiteren Verlauf manche Richterinnen und Richter die gewünschte Wahrheit zu hinterfragen begannen und auch die Verteidiger und Verteidigerinnen die vom Chefankläger Jallow geforderten *judicial notices* immer nachdrücklicher in Frage stellten, sah man sich gezwungen „Nägel mit Köpfen" zu machen. Die Aufgabe wurde von der gemeinsamen Berufungskammer der ad-hoc-Gerichte übernommen.

Am 16. Juni 2006 hat die Berufungskammer autoritativ in einer *judicial notice* die offizielle Lesart zum Verlauf des Tutsi-Völkermords rechtsverbindlich festgeschrieben.

Zu dieser Entscheidung war es gekommen, weil die III. Kammer im Verfahren gegen Karemera et al. nur partiell der Forderung von Chefankläger Hassan Bubacar Jallow nachkommen wollte, global die von ihm schon am 30. Juni 2005 festgelegte Sichtweise per *judicial notice* zu akzeptieren. Das genügte Jallow nicht und so holte er den „großen Hammer" heraus. Er forderte die Berufungskammer, der auch Theodor Meron und Wolfgang Schomburg angehörten, auf, die Kammer zu zwingen, die Sicht der Anklage zu akzeptieren. Dieser Aufforderung kam die Berufungskammer unter Vorsitz von Richter Mohamed Shahabuddeen, der schon für die Etablierung der im nächsten Abschnitt geschilderten JCE-Doktrin verantwortlich war, am 16. Juni 2006 nach. In der entscheidenden Textziffer 35 der Entscheidung heißt es: *„Die Berufungskammer stimmt mit dem Ankläger in*

576 Vgl. die Tz.157 und 165 des Akayesu-Urteils, in denen minutiös aufgezählt wird, welche Berichte man per *judicial notice* als unumstößlich ansieht.

577 Auf die *judicial notice* zur Feststellung des nicht-internationalen Charakters des militärischen Konflikts in der Kammerentscheidung vom 3.11.2000 im Semanza-Prozess wurde schon hingewiesen.

Folgendem überein: Die Tatsache, dass in Ruanda 1994 ein Völkermord stattgefunden hat, hätte von der Kammer als allgemein bekannt akzeptiert werden müssen."[578] Es gehe hier um eine weltgeschichtlich bewiesene Tatsache (*a part of world history*).

Diese Entscheidung[579], gefällt von Richtern, die sich immer geweigert haben, das Attentat vom 6. April 1994 sowie den Ablauf des Tutsi-Völkermords zu untersuchen und die die von Carla Del Ponte bei ihren Ermittlungen der mutmaßlichen RPF-Verbrechen gewonnenen Erkenntnisse unterdrückt hatten,[580] bleibt unfasslich.[581]

---

578 Aus Tz. 35 der *Decision on Prosecutor's Interlocutory Appeal of Decision on Judicial Notice* der Berufungskammer im Verfahren Karemera et al. vom 16.6.2006. Die Textziffer 35 (ohne Fußnoten) lautet insgesamt: *The Appeals Chamber agrees with the Prosecution: the fact that genocide occurred in Rwanda in 1994 should have been recognized by the Trial Chamber as a fact of common knowledge. Genocide consists of certain acts, including killing, undertaken with the intent to destroy, in whole or in part, a national, ethnical, racial or religious group, as such. There is no reasonable basis for anyone to dispute that, during 1994, there was a campaign of mass killing intended to destroy, in whole or at least in very large part, Rwanda's Tutsi population, which (as judicially noticed by the Trial Chamber) was a protected group. That campaign was, to a terrible degree, successful; although exact numbers may never be known, the great majority of Tutsis were murdered, and many others were raped or otherwise harmed. These basic facts were broadly known even at the time of the Tribunal's establishment; indeed, reports indicating that genocide occurred in Rwanda were a key impetus for its establishment, as reflected in the Security Council resolution establishing it and even the name of the Tribunal. During its early history, it was valuable for the purpose of the historical record for Trial Chambers to gather evidence documenting the overall course of the genocide and to enter findings of fact on the basis of that evidence. Trial and Appeal Judgements thereby produced (while varying as to the responsibility of particular accused) have unanimously and decisively confirmed the occurrence of genocide in Rwanda, which has also been documented by countless books, scholarly articles, media reports, U.N. reports and resolutions, national court decisions, and government and NGO reports. At this stage, the Tribunal need not demand further documentation. The fact of the Rwandan genocide is a part of world history, a fact as certain as any other, a classic instance of a "fact of common knowledge".*

579 Zur Kritik an diesem Urteil siehe auch Kirsch 2013.

580 Mir selbst hatten in einer Gerichtspause in Arusha Dolmetscherinnen berichtet, dass im Auftrag von Del Ponte schon tausende von Seiten dazu übersetzt worden waren.

581 Jean Kambanda hat diese Entscheidung in einer Erklärung vom 1.11.2011 wohl richtigerweise so charakterisiert: *„Um seine berühmte Judicial notice zu erlassen, hat die Berufungskammer sich auf trügerische, von den Vereinten Nationen angeforderte*

Das Berufungsgericht hat in seiner Entscheidung vom 16. Juni 2006 die Kammer aufgefordert, die im Einzelnen aufgeführten Tatbestände per *judicial notice* formell zu akzeptieren.[582] Die III. Kammer entsprach dieser Auflage und entschied[583] unter dem Vorsitz von Richter Dennis C. M. Byron und bei Mitwirkung der Richter Emile Francis Short und Gberdao Gustave Kam am 11. Dezember 2006, welche Fakten sie als *„allgemein bekannt"* akzeptieren und welche sie zurückweisen wolle.

Die das Gericht begründende These, der Tutsi-Völkermord sei vom harten Kern der Überlebenden des Habyarimana-Regimes geplant worden, wurde von dieser Kammer akzeptiert und galt somit für lange Zeit als juristisch verankert.

Eine große Gruppe der in Arusha Angeklagten hat in einem langen Schreiben an den Gerichtspräsidenten Eric Møse gegen die Entscheidung der Berufungskammer vom 16. Juni 2006 und seine öffentliche Vermarktung durch die Gerichtsverwaltung protestiert. Damit seien die Unschuldsvermutung und die Möglichkeit für faire Prozesse faktisch abgeschafft worden.[584]

Eine gewisse Wirkung mag das gehabt haben, denn tatsächlich hat die I. Kammer des Arusha-Gerichts unter Vorsitz von Richter Eric Møse[585] (unter Mitwirkung der Richter Jai Ram Reddy und Sergei Alekseevich Egorov) in dem schon erwähnten Urteil des wichtigen Prozesses Militär I *(Ankläger gegen Bagosora et al.)* am 18. Dezember 2008 klargestellt, die Anklage habe die behauptete Planung des Völkermords nicht beweisen können.

Aber einige Richter wollten sich nicht an diese Erkenntnis halten und fällten Urteile, als habe es das Militär-I-Urteil vom 18. Dezember 2008 nicht gegeben. Der tansanische Richter William Hussein Sekule[586], den man wegen seiner 100%igen Erfüllung der Erwartungen seiner Förderer als den „weißesten"

---

und manipulierte Gutachten im Übermaß gestützt. Juristisch gesehen ist diese Entscheidung der Berufungskammer inakzeptabel."

582 Siehe Tz. 57 der Entscheidung der Berufungskammer zum *Judicial Notice* vom 16.6.2006.

583 Siehe Entscheidung der III. Kammer im Verfahren gegen Karemera et al. *„Decision on Appeals Chamber Remand of Judicial Notice"* am 11.12.2006.

584 Gesamter Text des Schreibens abgedruckt bei Karemera 2012, S. 381–386.

585 Er hatte sich 2007 nicht für die Wiederwahl als Gerichtspräsident beworben. Sein Nachfolger wurde im Mai 2007 Richter Denis Byron.

586 Vor allem im Urteil zum Butare-Prozess 2011. Im Urteil im Verfahren gegen Augustin Ngirabatware Ende Dezember 2012 wurde der Punkt Genozidplanung zwar fallen gelassen, es liest sich aber so, als habe man ihn doch dafür verurteilt, dies aber hinter der Beschuldigung der Bildung eines *Gemeinsamen Kriminellen Unternehmens (Joint Criminal Enterprise)* verborgen.

der afrikanischen Richter bezeichnen kann, tischte im Kammerurteil des Butare-Prozesses vom 24. Juni 2011 und im Ngirabatware-Kammerurteil vom 20. Dezember 2012 – durch das MICT-Urteil vom 18. Dezember 2014 bestätigt – nochmals in kaum verdeckter Form die Planungstheorie auf. Auch der damalige Gerichtspräsident Denis Byron ignorierte in seinem letzten Kammer-Urteil am 2. Februar 2012 im Karemera/Ngirumpatse-Verfahren den Befund der Nichtnachweisbarkeit der Hutu-Extremisten-Planungstheorie.[587]

6.5.11 Kriminelle Vereinigung (Joint Criminal Enterprise/ JCE)

Der Straftatbestand „*Bildung eines Joint Criminal Enterprise*" [588] taucht in der Prozessordnung überhaupt nicht und in den Urteilen des Arusha-Gerichts erst relativ spät auf.[589]

Der Begriff kommt erstmals im Verfahren *Prosecutor vs. Tadić* des Jugoslawien-Gerichts vor. Der Serbe Duško Tadić wurde am 7. Mai 1997 vom Jugoslawien-Gericht in erster Instanz vom Vorwurf der Ermordung von fünf Bosniern mangels Beweises freigesprochen, wegen anderer Tatvorwürfe aber zu 20 Jahren verurteilt. Die Anklage legte Berufung dagegen ein, dass Tadić die Morde an den fünf Bosniern nicht mehr zur Last gelegt wurden. In einer zentralen Entscheidung entwickelte die Berufungskammer in ihrem Urteil vom 26. Januar 2000 unter Vorsitz von Richter Mohamad Shahabuddeen[590] die Doktrin des *Joint Criminal Enterprise*, auf deren Basis Duško Tadić schließlich ohne den Nachweis einer direkten Tatbeteiligung an den Morden der fünf Bosnier ohne Strafmaßänderung verurteilt wurde.[591]

Die Straftatbestände *Völkermord* und *Verschwörung zum Völkermord* (Völkermordplanung) schienen anfangs für die Ziele des Gerichts, die Hauptverantwortlichen für den Tutsi-Völkermord zu verurteilen, ausreichend.

---

587 Diese Urteile werden im Abschnitt 6.7 „Ausgewählte Prozesse" noch eingehender dargestellt.

588 Vgl. hierzu Haan 2008 und den Exkurs *Joint criminal enterprise (jce)* in: Safferling 2011, S. 131–133.

589 Auch im deutschen Völkerstrafgesetzbuch aus dem Jahr 2002 findet sich keine explizit diesem Begriff zuzuordnende Beschreibung.

590 Die anderen Richter waren: Antonio Cassese, Wang Tieya, Rafael Nieto-Navia und Florence Mumba.

591 „*The Appeals Chamber held that Tadić could nonetheless be held responsible for the murders by virtue of his involvement in the common plan to carry out criminal activity.*" (Combs 2010, S. 323).

Erst als immer deutlicher wurde, dass diesem so charakterisierten Personenkreis keine Völkermordplanung nachzuweisen war und generell die Beweislage für die Anklage auf schwachen Füßen stand, griff man auf die Rechtskonstruktion des JCE zurück.

Das JCE wird von den Juristen der UNO-ad-hoc-Gerichte sehr kompliziert definiert, wohl um es von einer „normalen“ kriminellen Vereinigung abzuheben.[592] Die Berufungskammer beider Gerichte hat festgelegt, es stelle eine Ausformung des Artikel 6 des Statuts zur individuellen strafrechtlichen Verantwortung dar.

Nancy Combs erläutert mehr oder weniger zustimmend die Bedeutung dieser Doktrin.[593] Sie referiert die drei von der Berufungskammer herausgearbeiteten Formen eines JCE.

- Die erste Kategorie sei gegeben, wenn „*alle Angeklagten auf der Basis eines gemeinsamen Plans (design) handeln und die gleiche kriminelle Intention verfolgen.*“
- Die zweite Kategorie fuße auf den Konzentrationslagern während des 2. Weltkriegs. In dieser Kategorie sei die kriminelle Verantwortlichkeit „*das Resultat der Beteiligung der Angeklagten in einem institutionalisierten System der Misshandlung (ill treatment)* “.
- Die dritte Form eines JCE, das sogenannte extended JCE, „*kommt ins Spiel, wenn eine Gruppe von Menschen einen gemeinsamen Plan (design) zur Begehung einer gemeinsamen Form kriminellen Verhaltens entwickelt und einer der Straftäter einen Akt begeht, der zwar außerhalb dieses Plans liegt, aber dennoch eine natürliche und vorhersehbare Konsequenz des gemeinsamen Plans ist.*“

Mit Hilfe dieser juristischen Doktrin könne man nach Ansicht von Nancy Combs die strikten, aber in internationalen Verfahren zumeist unerfüllbaren Beweiserfordernisse abmildern. Es reiche aus, wenn man dem Beschuldigten eine sich aus dem Tatkontext ergebende Verantwortung zuweisen könne.

Nancy Combs leugnet nicht, dass gerade die Form eines extended JCE sehr dehnbar ist. Sie meint aber, die Anwendung der JCE-Prinzipen mit der sehr breitgefassten Feststellung einer vermuteten Intention sei ehrlicher als die Urteile auf der Basis häufig zweifelhafter Zeugenaussagen.

---

592 Ich kann nicht entscheiden, ob die juristischen Feinheiten gerechtfertigt sind. Für mich ist nur der politisch-historische Kontext, in dem das JCE angewandt wird, von Bedeutung.

593 Combs 2010, S. 322–323.

In den Urteilen des Arusha-Gerichts[594] taucht der Begriff JCE – soweit erkennbar – erstmals im Berufungsurteil im Prozess gegen Vater und Sohn Ntakirutimana am 13. Dezember 2004 auf. Das Berufungsgericht hatte sich mit dem Antrag der Anklage zu befassen, die Kammer hätte die Doktrin eines JCE nicht ausreichend berücksichtigt[595], obwohl sich in der Anklageschrift kein spezifischer Hinweis auf diesen neuen Tatbestand befand. Die Berufungskammer, die diese Doktrin ausgeformt hatte[596], hatte natürlich alles Interesse, diese inzwischen beim Jugoslawien-Gericht fest etablierte („*firmly established*") Rechtsprechung auch im Arusha-Gericht zu verankern. Mit der Entscheidung der Berufungskammer im Fall Ntakirutimana, wo die Beweislage äußerst prekär war, wurde die Doktrin auch im Arusha-Gericht zum festen Bestandteil der Rechtsprechung.

Im Kammer-Urteil des Falls Jean Mpambara vom 11. September 2006 (Freispruch) wurde die Doktrin, deren Anwendung von der Anklage gefordert worden war, ausführlich erläutert.[597] In Tz. 13 heißt es: „*Im Unterschied zur Verschwörung (conspiracy) muss beim JCE keine spezifische Übereinkunft zur Begehung eines Verbrechens nachgewiesen werden: die gemeinsame Absicht kann sich spontan und informell ergeben und die betreffenden Personen müssen sich nicht in einer formalen Organisation verbunden haben.*"

Gerade dieser Satz bestätigt die Absichten der Erstanwender des Terminus im Fall Tadić. Man wollte einen Spielraum gewinnen und sich von allzu stringenten Beweiserhebungen befreien. Ganz besonders extensiv hat die Kammer unter Vorsitz von Richter William Sekule im erstinstanzlichen Urteil gegen Augustin Ngirabatware am 20. Dezember 2012 von dieser Freiheit Gebrauch gemacht. Die Berufungskammer des Residual-Mechanismus (MICT) hat diese „Gerichtsfreiheit" am 18. Dezember 2014 mit 30 Jahren Gefängnis bestätigt.

---

594 Ich beziehe mich hier vor allem auf: HRW 2010, S. 191–201.

595 Vgl. Tz. 448 des Berufungsurteils.

596 Interessant ist die Ausführung von Richter Shahabuddeen, dem Vorsitzenden der Berufungskammer im Fall Tadić, in seinem Sondervotum vom 7. Juli 2006 zum Berufungsurteil im Fall Gacumbitsi. "*A suggestion that the doctrine of JCE was created by Tadić is not correct. In Tadić the Appeals Chamber was putting forward a judicial construct developed out of its analysis of scattered principles of law gathered together for the purpose of administering international criminal law. The expression 'joint criminal enterprise' can be found in those principles.*"

597 In der Anklageschrift zu diesem Prozess war der Vorwurf der Teilnahme an einem JCE schon erhoben worden.

6.5.12 Vorgesetztenverantwortung (superior responsibility)

Die Modifizierung des bis dahin vorherrschenden Prinzips des Befehlsnotstands war ein zentrales Instrument zur Bestimmung der individuellen strafrechtlichen Verantwortung der Angeklagten vor dem Nürnberger Militärtribunal und auch der Nürnberger Nachfolgeprozesse. Artikel 8 des Statuts des Nürnberger Militärtribunals lautet: „*Die Tatsache, dass ein Angeklagter auf Befehl seiner Regierung oder eines Vorgesetzten gehandelt hat, gilt nicht als Strafausschließungsgrund, kann aber als Strafmilderungsgrund berücksichtigt werden, wenn dies nach Ansicht des Gerichtshofes gerechtfertigt erscheint.*“

Damals ging es vor allem darum, dass die hochrangigen Angeklagten nicht einfach ihre strafrechtliche Verantwortung auf Befehle von Vorgesetzten und politischen Instanzen abwälzen konnten, sondern selbst für die Umsetzung von Befehlen geradezustehen hatten.

Im Statut des Arusha-Gerichts taucht die Vorgesetztenverantwortung in veränderter Form in Artikel 6, Abs. 3 auf. Dort heißt es: „*Die Tatsache, dass eine der in den Artikeln 2 bis 4 dieses Statuts genannten Handlungen von einem Untergebenen begangen wurde, enthebt dessen Vorgesetzten nicht der strafrechtlichen Verantwortlichkeit, sofern dieser wusste oder hätte wissen müssen, dass der Untergebene im Begriff war, eine solche Handlung zu begehen oder eine solche begangen hatte und der Vorgesetzte nicht die erforderlichen und angemessenen Maßnahmen ergriffen hat, um die Handlung zu verhindern oder die Täter zu bestrafen.*“ Damit haben sich die Akzente im Vergleich zu Nürnberg verschoben. Jetzt ging es vor allem darum, Taten auf nachgeordneter Ebene global den oberen Hierarchieebenen zuzuschreiben, unabhängig davon, ob die Angeklagten Befehle für die Taten gegeben haben oder sogar unabhängig davon, ob sie Kenntnis davon hatten. Die Verurteilung von Ferdinand Nahimana geht von der – nicht bewiesenen – Behauptung aus, er habe noch zu einem Zeitpunkt, als er schon nicht mehr in Kigali war, Einfluss auf die Redaktion von Radio RTLM ausgeübt und sei deshalb auch für Hetzaufrufe des Senders nach dem 6. April 1994 verantwortlich.

Ganz besonders deutlich wird der Rückgriff auf eine fiktive Vorgesetztenverantwortung im Fall von Oberst Théoneste Bagosora, dessen Prozess noch eingehender behandelt wird. Hier nur so viel: Nachdem das Gericht festgestellt hatte, ihm könnten keinerlei Aktivität zur Tutsi- Völkermordplanung und auch keine Befehle zu anderen Straftaten nachgewiesen werden, griff man auf die Rechtskonstruktion zurück, er sei zwischen dem 6. und 9. April 1994 bei Abwesenheit des Verteidigungsministers die höchste im Land anwesende Autorität für die Streitkräfte gewesen. So sei er für alles verantwortlich, was die Armee in Kigali unternommen habe. Es sei nicht vorstellbar, dass Bagosora z.B. über die Vorbereitung zur Ermordung der letzten Ministerpräsidentin Agathe Uwilingiyimana am 7. April 1994 morgens, die das Gericht der Präsidentengarde zuordnete[598], nicht unterrichtet gewesen sei. Das vorhandene Chaos wollte weder die Kammer noch das Berufungsgericht als hinreichenden Erklärungsgrund akzeptieren. Hätte man dies getan, hätte man ihn mangels Beweises freisprechen müssen. Das aber wollte man um jeden Preis vermeiden.

Fazit: Im Arusha-Gericht wurde die Vorgesetztenverantwortung exzessiv – häufig als *de facto effective control* bezeichnet – interpretiert und diente oft zur Lückenfüllung für durch die Anklage nicht erbringbare Beweise individueller Schuld.[599]

6.5.13 Das Programm Zivilverteidigung (civil defence program)

Zum Beweis der Beschuldigung der Interimsregierung, den Tutsi-Völkermord organisiert zu haben, spielte im Arusha-Gericht das vom Interimsministerpräsidenten Jean Kambanda verkündete Zivilverteidigungsprogramm eine große

---

598 An dieser These gibt es berechtigte Zweifel. Insbesondere bestreitet dies ihr Chef Protaïs Mpiranya in einer posthum veröffentlichten Schrift (Mpiranya 2010). Der Hinweis, sie sei von der Präsidentengarde ermordet worden, geht u. a. auf die stellv. US-Botschafterin Joyce Leader zurück, die durch ihre Weigerung, die Premierministerin Agathe Uwilingiyimana über eine Mauer auf ihr Grundstück steigen zu lassen, eher als befangen gelten muss. Joyce Leader hat 2004 in einem Interview in der Sendung Frontline gesagt, sie sei davon ausgegangen, dass die Soldaten, die später bei ihr nach der Premierministerin suchten, Mitglieder der Präsidentengarde gewesen seien. Dort sagt Joyce Leader: „*Well, they had black berets, and I honestly was not clear about who all these people were. I thought that was the presidential guard that had the black berets. It wasn't the Interahamwe, but I thought it was the presidential guard. …*". (Frontline, Ghosts of Rwanda, 1.4.2004). Nach: Strizek 2011, S. 122/123. Dort schrieb ich auch: „*Sicher ist das nicht, denn auch das Arusha-Gericht hat diese Soldaten nicht identifizieren können. Wie im Fall der Ermordung des Tutsi-PSD-Politikers Emile Nyungura fünf Tage später, bei dem selbst Alison Des Forges vermutet, „RPF-Soldaten, die sich als Regierungstruppen verkleidet haben*" (Des Forges 2002, S. 831), *seien für seinen Tod verantwortlich, kann man auch bei der Ermordung von Agathe Uwilingiyimana ein solches Szenarium nicht ausschließen.*" Die Zweifel an der offiziellen These bleiben vor allem auch nach der Lektüre der privaten Untersuchungen, die Oberst Aloys Ntiwiragabo schon 1997 vorgelegt hat. (*Investigations sur l'assassinat du Premier Ministre Madame Agathe Uwilingiyimana le 7 avril 1994*, Nairobi, 14.5.1997).

599 Zur Dokumentation, in welchen Urteilen bis Ende 2008 die Vorgesetztenverantwortung (superior responsibility) festgestellt wurde, siehe HRW 2010 (herunterladbar unter http://www.hrw.org/sites/default/files/reports/ictr0110webwcover.pdf).

Rolle. Als Erfinder gilt Edouard Karemera, der sich am 12. April 1994 in seiner Funktion als stellvertretender MRNDD-Vorsitzender mit der Interimsregierung nach Gitarama begeben hatte. Da Faustin Munyazeza, der Innenminister der Regierung von Agathe Uwilingiyimana, am 6. April abends keinen Platz mehr im Präsidenten-Flugzeug gefunden hatte und es danach vorzog, sich nicht der Interimsregierung zur Verfügung zu stellen, amtierte Edouard Karemera schon vor seiner formellen Bestellung am 25. Mai 1994 faktisch als Innenminister der Kambanda-Regierung. Er hatte einen Runderlass zur Organisation Zivilverteidigung[600] vorbereitet, den Kambanda an diesem Tag förmlich in Kraft setzte.[601]

Das Konzept war schon früher entwickelt worden, aber von der Regierung Nsengiyaremye 1993 im Interesse der Verhandlungen mit der RPF fallengelassen worden. Die RPF hatte die These in die Welt gesetzt, Aufrufe zum Widerstand gegen ihre Angriffe sei eine Ermutigung zum Rassismus gegen die Tutsi.[602] Insbesondere Bernard Lugan hat in seinen Anhörungen vor dem Arusha-Gericht dieses Instrument aus dem Instrumentenkasten der französischen Armee als ein völlig legitimes Mittel zum Widerstand gegen Invasoren bezeichnet. Dies aber wollten die Richter nicht hören, war in ihren Augen die RPF doch im Einklang mit den offiziellen Vorgaben eine nationale Befreiungsarmee.

Die Interimsregierung hatte gehofft, mit dem Aufruf zur Zivilverteidigung den durchs Land ziehenden Mörderbanden etwas Einhalt gebieten zu können. Aber da kurz vor Erlass des Programms der UNO-Sicherheitsrat am 17. Mai 1994 ein Waffenembargo gegen Ruanda erlassen hatte, das sich faktisch nur gegen die Interimsregierung richtete, verfügte sie über keine reale Macht mehr. Der Krieg war zu diesem Zeitpunkt schon verloren.

Die Zivilverteidigung war folglich bedeutungslos und diente nur dem RPF-Sympathisanten-Netzwerk und somit den Anklägern des Arusha-Gerichts als Beleg für die These, die Interimsregierung habe den Tutsi-Völkermord organisiert. Die lebenslange Haftstrafe für Edouard Karemera im Kammerurteil vom 2. Februar 2012 und die Urteilsbestätigung durch die Berufungskammer am

---

600 Vgl. hierzu den Abschnitt „Das Volk an die Waffen" – das Konzept Zivilverteidigung bei Strizek 2011.

601 Kambanda hält heute diesen Erlass für einen Fehler, da man schon wusste, dass man das Programm nicht voll unter Kontrolle halten konnte. Siehe Kambanda 2012, S. 194.

602 In Kambanda 2012 findet sich auf S. 197 der interessante Hinweis, der RPF-Sender *Radio Muhabura* habe schon lange vor In-Kraft-Setzung des Programms *Selbstverteidigung* Stimmung dagegen gemacht.

29. September 2014 beweist die politische Wirksamkeit dieser These. Richtig ist sie jedoch nicht.[603]

6.5.14 Die Vergewaltigungsfrage

Nach einer Intervention von Hillary Clinton 1997 hat Pierre-Richard Prosper, der damalige amerikanische Anklagevertreter beim Arusha-Gericht[604], durchgesetzt, dass in alle Anklageschriften der Punkt Vergewaltigung aufgenommen wurde. Folgendes war vorausgegangen:

Im Frühjahr 1997 hat eine internationale Frauenvereinigung bei einer Tagung in Arusha die Aufnahme des Tatbestands Vergewaltigung in alle Anklageschriften gefordert. Eine so prominente Persönlichkeit wie die Frau des amerikanischen Präsidenten Clinton stellte sich bei ihrem Besuch des Gerichts im März 1997 hinter diese Forderung.[605] Im Mai 1997 gelang es der Frauenorganisation als *amicus curiae* anerkannt zu werden. Das führte zu dem gewünschten Ziel.

Der frühere amerikanische Justizminister Ramsey Clark erklärte das in den Worten von Robin Philpot so: *„Ramsey Clark denkt, dass die Leute, die für das Tribunal arbeiteten, die Beschuldigungen wegen Vergewaltigungen in Akayesus und allen anderen Fällen deswegen einführen wollten, um sich bei den Geldgebern des Tribunals in den Vereinigten Staaten von Amerika und besonders bei der Außenministerin Madeleine Albright beliebt zu machen, die das Tribunal als ihre Hinterlassenschaft betrachtete. Diese Ansicht deckt sich mit der von Boutros Boutros-Ghali, der sich über den chronischen Geldmangel des Tribunals und dessen Bedeutungslosigkeit in der internationalen öffentlichen Meinung beschwerte. Niemand wollte hinfahren und niemand interessierte sich für das Tribunal. Die Lösung war daher, es durch neue Anklagen in die Schlagzeilen zu bringen – „sex it up" würden die Briten sagen –, welche die Aufmerksamkeit der amerikanischen öffentlichen Meinung erregen würden."*[606]

---

603 Zur Dokumentation, in welchen Urteilen bis Ende 2008 die *civil defense* erwähnt wird, siehe ebenfalls die Schrift HRW 2010.

604 Nach seiner Zeit in Arusha wurde Pierre-Richard Prosper im Department of State mit einem Posten belohnt und unter Außenminister Colin Powell im Juli 2001 sogar zum Sonderbotschafter für Kriegsverbrechen ernannt. In dieser Funktion hat er 2003 gleichsam als Sprecher Kagames die Absetzung von Carla Del Ponte betrieben. Siehe dazu Del Ponte und Sudetic 2009, S. 302–306.

605 Der Vorgang ist genauer dargestellt bei der Schilderung des Akayesu-Prozesses in Abschnitt 6.7.2.

606 Aus Kapitel 16 bei Philpot 2007a.

Im Akayesu-Verfahren wurde schließlich erstmals in der internationalen Rechtsgeschichte ein Angeklagter verurteilt, weil er nicht genug unternommen habe, um Vergewaltigungen zu verhindern.[607] Alle bisherigen Anstrengungen, Vergewaltigung als völkerrechtlichen Straftatbestand zu etablieren, waren erfolglos geblieben.[608] Im Akayesu-Urteil *„wurde anerkannt, dass Völkermord durch Vergewaltigung und andere sexuelle Gewalttaten begangen werden kann."*[609]

Der Punkt Vergewaltigung wurde danach in allen Verfahren des Arusha-Gerichts behandelt.[610] Einige Angeklagte wurden nach dem Akayesu-Muster dafür verurteilt. Alfred Musema wurde sogar wegen aktiver Vergewaltigung auf der Grundlage anonymer Zeugenaussagen verurteilt. Dies schien dem Berufungsgericht doch so sehr an den Haaren herbeigezogen, dass es Musema von diesem Vorwurf freisprach[611], ansonsten aber die lebenslange Freiheitsstrafe aufrecht erhielt.

Ein Höhepunkt in Zusammenhang mit Vergewaltigungen ist das erstinstanzliche Urteil gegen Pauline Nyiramasuhuko.[612] Geradezu grotesk ist die Schilderung auf zwanzig Seiten im Urteilstext, wie die Ministerin in einem Stadtviertel vorgefahren sein soll, um zwei Kartons mit Kondomen verteilen zu lassen. Auf der Basis der Aussagen einer einzigen Zeugin, die aus einem Haus heraus den Vorfall beobachtet und sogar noch die Worte der Ministerin in einem Auto verstanden haben will, kommt das Gericht zu dem Schluss, es sei glaubhaft bewiesen worden, sie habe gesagt, man sollte die Kondome an die Jugendbanden verteilen, damit sie sich nicht mit AIDS infizieren, wenn sie den Befehl ausführen, Tutsi-Mädchen zuerst zu vergewaltigen und dann zu töten.[613]

Aber dann wendet die Kammer einen Trick an. Die Richter stellen fest, die Anklage habe nicht völlig schlüssig beweisen können, die danach in der Gegend erfolgten Vergewaltigungen von Tutsi-Frauen seien Folge der Kondom-Verteilung gewesen. Deshalb wolle man diesen Vorfall nicht in die Verurteilung

---

607 Akayesu selbst wurde keine Beteiligung oder Ermutigung zu Vergewaltigungen vorgeworfen.

608 Siehe hierzu besonders: Seibert-Fohr 2008.

609 Seibert-Fohr, S. 167.

610 2014 hat die Anklagebehörde ihren Standpunkt zu diesem Thema in einem *Best Practices Manual* zu rechtfertigen versucht. (ICTR 2014).

611 Siehe Tz. 194 des Berufungsurteils vom 16.11.2001.

612 Ihr Sohn wird für eine Reihe von Vergewaltigungen und Anstiftung zu weiteren Vergewaltigungen verurteilt. Siehe dazu Tz. 6094 des Kammerurteils.

613 Vgl. Tz. 6014 des Kammerurteils.

einbeziehen.[614] Dennoch wurde die Ministerin dafür verurteilt, Jugendbanden[615] befohlen[616] zu haben, Tutsi-Frauen zu vergewaltigen. Dafür trage sie die Vorgesetztenverantwortung.

6.5.15 Die Begriffe *Akazu, Interahamwe, Inyenzi, Gukora und Hutu-Power*

Befassen wir uns nun mit einer Reihe von Begriffen, mit denen das Arusha-Gericht – zumeist per *judicial notice* als nicht hinterfragbar erklärt – die Hutu-Extremisten-These zu beweisen suchte.

Akazu

Auch im Arusha-Gericht taucht immer wieder die Behauptung auf, der Habyarimana-Clan habe sich in einem geheimen Machtzirkel mit der Bezeichnung *Akazu* organisiert. Alison Des Forges schrieb: *„Akazu (kleines Haus) war eine besondere Seilschaft innerhalb eines größeren Netzwerks persönlicher Beziehungen, die ihre Arbeit der Unterstützung Habyarimanas widmete. Akazu bestand zu großen Teilen aus Personen aus Habyarimanas Heimatregion. Eine wichtige Rolle spielten darin Madame Habyarimana und ihre Verwandtschaft. Einige von ihnen hatten sichtbare Machtpositionen inne, beispielsweise Protaïs Zigiranyirazo, der einstige Präfekt von Ruhengeri, oder Seraphim Rwabukumba, der mit La Centrale ein mächtiges Unternehmen leitete."*[617] Ob Alison Des Forges das selbst glaubte, steht dahin. Sie hat damit jedenfalls ein politisches Possenspiel der Oppositionspartei MDR als historische Wahrheit „verkauft".

Das Wort selbst bezeichnete eine Hütte, in der ausgestoßene Personen, z.B. Leprakranke, isoliert wurden. Man wollte die Familie Habyarimana im Rahmen eines „politischen Marketings"[618] als nicht frequentabel anprangern. Es handle sich gleichsam um Menschen, von denen eine Ansteckungsgefahr ausgehe. Es geht ausschließlich um die Diffamierung des Präsidentenumfelds.

---

614 Siehe dazu die Tz. 6091 und 6092 des Kammerurteils.

615 Ich übersetze den im Urteil nach allgemeinem Brauch verwandten Begriff *"Interahamwe"* zumeist als Jugendbanden. Siehe zu diesem Begriff die Ausführungen im Abschnitt 6.5.15.

616 Siehe Tz. 6093 des Kammerurteils.

617 Aus: Des Forges 2002, S. 71.

618 Diesen Ausdruck hat Jérôme Bicamumpaka, der Außenminister der Interimsregierung, in seinem Prozess vor dem Arusha-Gericht verwandt. Auch die früheren MDR-Kader Jean-Marie Vianney Nkezabera und Anastase Munyandekwe haben dies 2007 als Zeugen vor dem Gericht bestätigt.

Als Erfinder des Ausdrucks gilt Boniface Ngulinzira, bis zu seiner Ablösung durch Anastase Gasana am 18. Juli 1993 MDR-Außenminister in der von Dismas Nsengiyaremye[619] geleiteten Koalitionsregierung. Ngulinzira soll den Ausdruck bei einer Art *brainstorming* über die Taktik der MDR im Kampf gegen Habyarimana 1991 benutzt haben. Der damalige MDR-Chef Faustin Twagiramungu hat dies bestätigt und in einer Fernsehsendung von *FRANCE 24* am 4. Februar 2014[620] zum Beginn des Simbikangwa-Prozesses gesagt: *„Wir haben das Wort akazu zur politischen Propaganda erfunden."*

Schon bald wurde der Ausdruck öffentlich verwandt und die RPF nutzte ihn ebenfalls nach Kräften. Vor dem Arusha-Gericht ließ sich der Angeklagte Michel Bagaragaza, um seine Haut zu retten, als Zeuge der Anklage sogar zu einer Schilderung des Organigramms des *akazu* missbrauchen. Weltbekannt hat Christophe Mfizi, ein früherer enger Mitarbeiter von Präsident Habyarimana den Begriff gemacht, als er das Land verließ und von Paris aus in einem offenen Brief vom 15. August 1992 die Mitgliedschaft in der MRNDD aufkündigte. Er benutzte den Ausdruck *akazu* und bezeichnete das System Habyarimana zusätzlich als „Zero Network". Damit verfremdete er den Namen des Präsidentenschwagers Protaïs Zigiranyirazo, den er als Drahtzieher des Systems denunzierte. Nach dem sensationellen Freispruch von Protaïs Zigiranyirazo durch die Berufungskammer des Arusha-Gerichts am 16. November 2009 blieb davon nichts übrig.

Aber es bleibt dabei: *Akazu* war eine geschmacklose Erfindung in einer politischen Schlammschlacht. Ich teile die Ansicht von Stephen Smith, heute Uni-Dozent in den USA, aus dem Jahr 2011: *„Aus heutigem Kenntnisstand weiß ich, dass es das Zero Netzwerk nicht gegeben hat und das bezieht sich auch auf das akazu, das noch immer als Standard-Kategorie in journalistischen und wissenschaftlichen Veröffentlichungen dient."* [621]

---

619 Die Regierung Dismas Nsengiyaremye (MDR) wurde am18.7.1993 im Vorfeld der Verhandlungen mit der RPF in Kinihira (Ruanda) zwischen dem 19. und 25. Juli gestürzt und durch die Regierung unter Agathe Uwilingiyimana (ebenfalls MDR) abgelöst. Bei diesen Kinihira-Verhandlungen wurden Präsident Habyarimana die entscheidenden Konzessionen zur Ermöglichung des Arusha-Friedensvertrags vom 4.8.1993 abgerungen.

620 Im Internet unter: *www.youtube.com/watch?v=bgTxS675BJ8*. Faustin Twagiramungu hatte dies gegenüber einem Ermittler des Arusha-Gerichts schon früher bestätigt. (Vgl. Musabyimana 2011, S. 11).

621 *„Today, with hindsight, I know that the Zero Network didn't exist and I've come to refer to the akazu, which continues to be used as a default category in journalistic and academic writing."* Aus: Stephen Smith, *Rwanda in Six Scenes*, in: London Book Review, Vol. 33 No. 6, 17 March 2011.

Die jüngste schlüssige Widerlegung des Akazu-Mythos hat Barrie Collins mit seinem Buch *Rwanda 1994. The myth of the Akazu genocide conspiracy and its consequences* vorgelegt.[622]

Interahamwe[623]
Bei der Schuldzuweisung für den Tutsi-Völkermord spielt die Verwendung des Wortes *„Interahamwe"* eine große Rolle.

Über die Bedeutung des Wortes wird bis heute ein Verwirrspiel geführt. Die Übersetzung war und ist Gegenstand langer „Glaubenskämpfe". In der offiziellen Lesart wird der Begriff zumeist mit *„diejenigen, die zusammen angreifen"* übersetzt, während Linguisten es mit *„diejenigen, die sich gut verstehen"* übersetzen.

In der Sache wurden bewusst zwei Vorgänge vermischt. Den Namen *Interahamwe* hatten sich teilweise Tanz- und Gesangsgruppen gegeben, die im Rahmen der von der Staatspartei MRND organisierten bzw. verordneten Mobilisierungsveranstaltungen (sog. *animation*) auftraten. Sie hatten organisatorisch mit der Parteijugendorganisation *Interahamwe za MRND* nach der Umwandlung der Staatspartei MRND in die demokratische Partei MRNDD nichts zu tun.[624] Die Verschleierung dieses Unterschieds wird später hochpolitisch. Denn von interessierter Seite wurden schon während des RPF-Vormarsches ab dem 7. April 1994 die durchs Land ziehenden Mörderbanden global als *„Interahamwe"* bezeichnet.[625] Und die Weltöffentlichkeit übernahm dies sofort.

Dass es ein Trick war, zeigt allein schon die Tatsache, dass bereits ab 1993 eine Reihe von Jugendbanden die Hemden imitiert hatten, die die *Interahamwe za MRND* als Erkennungsmerkmal trugen. Antoine Théophile Nyetera, das inzwischen verstorbene Mitglied der Tutsi-Nyiginya-Königsfamilie, hat am 10. April 2002 zwei Ermittlern des Arusha-Gerichts zu Protokoll erklärt, als „Techniker"

---

622 Collins 2014. Auf die deutsche Übersetzung des Kapitels 8 als Teil F in der Dokumentation wird hingewiesen.

623 Siehe hierzu vor allem Musabyimana 2008b, S. 132–171.

624 Zum Verwirrspiel trug bei, dass die neue Partei – gerade auch im Namen der neuen Parteijugendorganisation *Interahamwe za MRND* – nach außen das alte Parteikürzel beibehielt.

625 Dass das Wort *Interahamwe* vor dem 6. April 1994 überhaupt nicht geläufig war, beweist indirekt auch das von der Böll-Stiftung herausgegebene Paper von Sarah Brockmeier vom 7.4.2014. Sie schreibt: *Der Name „Interahamwe" kam zum ersten Mal am 6. April 1994 in einem Bericht der Botschaft an Bonn vor.* Sie will damit zwar beweisen, wie schlecht die deutsche Botschaft in Kigali damals berichtet habe, bestätigt aber, dass dieser Name damals noch kaum bekannt war. (Brockmeier 2014).

bezeichnete RPF-Gruppen hätten Hutu-Jugendorganisationen infiltriert um als „fünfte Kolonne" zu wirken.[626]

Schon die Mitglieder der von Alison Des Forges organisierten *„Internationalen Untersuchungskommission"* vom Januar 1993 hatten die Chance gesehen, mit dem Namen *Interahamwe*, den sich die in Gründung befindliche Jugendorganisation der Habyarimana-Partei MRNDD gegeben hatte, große Verwirrung zu stiften. Sie bezeichneten diese in der Gründungsphase befindliche Parteijugendorganisation schon damals als mörderische Hutu-Milizen, um auf diese Weise die vorhersehbaren Morde an der Tutsi-Bevölkerung beim endgültigen Versuch der RPF, die Macht militärisch zu erobern, besser dem Habyarimana–Regime anlasten zu können.

In einem von allen Kommissionsmitgliedern unterschriebenen Brief an Präsident Habyarimana vom 16. Januar 1993[627] wird von einem Zwischenfall berichtet, den zwei ihrer Mitglieder erlitten hätten. Im Gebiet der Gemeinde Kayove (Präfektur Gisenyi) seien sie am 12. Januar 1993 gegen 19 Uhr von einer mit Macheten bewaffneten Gruppe angehalten worden. Sie hätten sich als *„Interahamwe"* bezeichnet und erklärt, sie gehörten zu einer MRND-Miliz *„deren Präsidentschaft Sie, Herr Präsident, ja innehaben."* Als sie festgestellt hätten, dass ihr Dolmetscher Tutsi war, hätten die Angreifer ihn nicht weiterfahren lassen wollen. Ein Mitglied der Reisegruppe hätte soviel Kinyarwanda verstanden, um zu begreifen, dass sie den Dolmetscher hätten töten wollen. Die beiden Kommissionsmitglieder hätten protestiert und so hätte der Dolmetscher nach einer viertelstündigen Verhandlung mit ihnen seine Fahrt fortsetzen können.

Man darf sicher sein, dass es sich hier um einen der vielen Propagandatricks der RPF handelte. Diese „Interahamwe" waren mit größter Wahrscheinlichkeit im RPF-Auftrag im Schutz der Dunkelheit, denn um 19 Uhr ist es überall in Ruanda dunkel, zu dieser Schau beordert worden. Niemand aus der demokratischen Organisation *Interahamwe za MRND* hätte ein Interesse gehabt, sich so zu verhalten.

Im Gefolge des am 8. März 1993 veröffentlichten Berichts, in dem sogar schon von Millionen von *„Interahamwe"* gesprochen wird, übernahm die internationale Gemeinschaft die von der RPF losgetretene Propaganda und bezeichnete fortan alle kriminellen Jugendbanden als *„Interahamwe"*.

---

626 Vgl. hierzu Strizek 2011, S. 94.

627 Über den Brief wird in Onana 2014, S. 126 berichtet.

Zentral war, dass sich schon am 10. Januar 1994 der erwähnte RPF-Agent „Jean-Pierre" dem stellv. Blauhelm-Kommandeur Luc Marchal gegenüber als wichtiger Funktionär der *Interahamwe za MRND* ausgegeben hatte.

Es ist heute kein Geheimnis mehr, dass die RPF gerade diese Gruppen unterwandert hat. Sie waren darauf vorbereitet, als „Hutu-Extremisten" verkleidet Terror zu verbreiten.[628] Auch Enoch Ruhigira, lange Jahre Habyarimanas Leiter des Präsidialamtes, schreibt, dass Jugendbanden häufig MRNDD-Mützen trugen, damit die Presse die Meinung verbreiten konnte, es handle sich um MRNDD-Mitglieder. Damit sollte zum einen die Hutu-Bevölkerung in die Flucht getrieben werden. Zum anderen sollten die ohnedies als „Habyarimana-Freunde" ungeliebten Inlandstutsi mit RPF-Hilfe dezimiert werden.[629]

Dass die *Interahamwe za MRND* nichts mit den Mörderbanden zu tun hatten, wird auch aus der Tatsache ersichtlich, dass sie 1994 noch nicht operationell waren. Es gab nur das *„nationale provisorische Komitee"*, dessen Vorsitzender Robert Kajuga[630] einer angesehenen Tutsi-Familie entstammte. Die anderen Mitglieder dieses Komitees waren Phénéas Ruhumiriza[631] und Georges Rutaganda als Vizepräsidenten, Eugène Mbarushimana[632] als Generalsekretär und Dieudonné Niyitegeka als Schatzmeister. Dem Komitee zugeordnet waren die sechs Berater (conseillers) Bernard Maniragaba[633], Joseph Serugendo[634], Jean-Pierre

---

628 Die von Jean Kambanda verwandte Bezeichnung RPF-Interahamwe scheint mir angemessen. Siehe z.B. seine Erklärung vom 1.11.2011 aus dem Gefängnis in Koulikoro/Mali, aber auch vielfach in Kambanda 2012.

629 Ich will hier nochmals das Buch von Jean-Marie V. Ndagijimana mit dem Titel *How Paul Kagame deliberately sacrificed the Tutsi* (Ndagijimana 2010) erwähnen und betonen, dass der Verfasser sich wegen seiner Tutsi-Mutter selbst als Teil der Tutsi-Welt bezeichnet.

630 Robert Kajuga ist wohl in Zaïre in den ersten Jahren nach seiner Flucht 1994 gestorben. Sein Bruder Wesley war mit Kagame befreundet. (Vgl. Ruhigira 2011, S. 238/239).

631 Er hat mit dem Arusha-Gericht zusammengearbeitet und wurde in Westafrika in Sicherheit gebracht, wo er inzwischen gestorben ist.

632 Eugène Mbarushimana gehörte zum weiteren Kreis der Präsidentenfamilie und wurde am 12.4.1994 aus der französischen Botschaft evakuiert. Er hat sich später RPF-freundlich verhalten, war 2011 sogar kurz in Kigali und wurde niemals gerichtlich belangt, ein weiterer Beweis, dass die RPF niemals an einer wirklichen Aufklärung des "Interahamwe"-Komplexes interessiert war.

633 Über sein Schicksal ist nichts bekannt.

634 Joseph Serugendo wurde vom Arusha-Gericht verurteilt, obwohl auch er sich der Anklagebehörde als Informant zur Verfügung gestellt hatte. Er wurde – schon schwerkrank – nach einer Schuldanerkennungsvereinbarung mit der Anklagebe-

Sebanetsi[635], Ephrem Nkezabera[636], Jean-Marie Mudahinyuka[637] und Alphonse Kanimba[638], die zugleich Vorsitzende von Fachkommissionen waren.

Eines ist sicher: Georges Rutaganda, dessen Prozess noch eingehender in Abschnitt 6.7.5 geschildert wird, war nicht der große Chef der mörderischen Jugendmilizen, den das Arusha-Gericht aus ihm gemacht hat. Rutaganda hatte nur die „Sünde" begangen, die ihm von der Anklage suggerierte Version nicht zu akzeptieren.

Mysteriös ist vor allem der Fall Dieudonné Niyitegeka, der etwas über die Hintergründe der sog. Interahamwe-Milizen aussagt. Wenn Jean Kambanda recht hat, dass Dieudonné Niyitegeka, den er aus seiner Sekundarschulzeit kannte, schon während seiner Zeit im MRNDD-Interahamwe-Organisationskomitee ein RPF-Sympathisant war, erstaunt es weniger, dass das Arusha-Gericht keinen wirklichen „*Interahamwe*"-Prozess geführt hat. Denn daran hatte die Anklagebehörde offenbar kein Interesse, war doch Niyitegeka ihr „König der Informanten". Er gehörte zu den Personen, die der Anklagebehörde 1997 die große Verhaftungswelle in Nairobi ermöglicht haben[639] und gab sich dazu her, gegen die Angeklagten in Arusha auszusagen. Erst als er sich in zu viele Widersprüche verwickelt hatte, zog man ihn aus dem Verkehr und ermöglichte ihm unter neuer Identität ein neues Leben in Kanada.[640] Für die Unterwanderungsthese spricht auch, dass mit Ausnahme von Rutaganda und Serugendo allen anderen Mitgliedern des Interahamwe-Organisationskomitees Prozesse in Arusha erspart geblieben sind. Eugène Mbarushimana wurde niemals von einem Gericht belästigt.

Das Arusha-Gericht hat die Interahamwe-Frage niemals untersucht. Für seine Zwecke wurden alle Tutsi-Morde „*Interahamwe*" zur Last gelegt, die vorgeblich von den an der Interimsregierung beteiligten Parteien gesteuert wurden.

---

hörde 2006 zu 6 Jahren Gefängnis verurteilt und ist kurz danach im Gefängnis des Arusha-Gerichts gestorben.

635 Über sein Schicksal ist nichts bekannt.

636 Ephrem Nkezabera hat mit dem Arusha-Gericht und der belgischen Justiz kooperiert, wurde aber dennoch im Jahr 2004 in Belgien verhaftet. Er ist während seines Prozesses in Belgien am 24.5.2010 gestorben.

637 Er wurde in den USA verhaftet, aber mir liegen keine weiteren Informationen zu ihm vor.

638 Kanimba ist schon in den ersten April-Tagen 1994 verstorben.

639 Jean Kambanda berichtet, Dieudonné Niyitegeka habe ihn über seine bevorstehende Verhaftung in Kenia unterrichtet und ihm zur Flucht geraten, was er jedoch nicht machen konnte. Kambanda 2012, S. 317.

640 Das ist verschiedentlich belegt und wurde mir auch persönlich von einer Person bestätigt, die allerdings anonym bleiben will.

Die Richter hätten genug Möglichkeiten gehabt dies zu hinterfragen. Sie haben es mit Absicht nicht getan. So konnte man über Stunden und Tage und über Tausende von Seiten sich leicht über die Definitionen und Abgrenzungen der Begriffe Völkermord, Völkermord-Planung, Völkermordkomplizenschaft, Mord und Kriegsverbrechen im Sinne der Genfer Konventionen ergehen. Die von der Verteidigung immer gestellte Frage nach den Beweisen ließ sich so leichter überspielen.[641]

Das Gericht glaubte mit der lebenslangen Verurteilung von Georges Rutaganda den Beweis für seine These erbracht zu haben. Sein Tod im Gefängnis in Benin im Jahr 2010 enthob die „internationale Gemeinschaft" der Entscheidung, seinen Fall vom Residual-Mechanismus (MICT) nochmals aufrollen zu lassen.

Inyenzi

Auch das Kinyarwanda-Wort *inyenzi* hat viel Verwirrung gestiftet. Alison Des Forges und andere haben die Welt glauben lassen, der Begriff habe ausschließlich die Bedeutung Kakerlake und sei von den „Hutu-Extremisten" zur rassistischen Abqualifizierung der Tutsi-Bevölkerung benutzt worden.

Historisch ist der Begriff aber die Abkürzung der Eigenbezeichnung einer Tutsi-Terrororganisation zur Verhinderung eines Wahlsiegs der Hutu-Parteien zum Ende der Kolonialzeit.[642] Die Abkürzung war bewusst so gewählt, dass sie auch die Bedeutung Kakerlake hatte. Man wollte die Hutu-Bevölkerung schrecken, man verhalte sich wie die Kakerlaken. Man komme im Schutz der Nacht und ziehe sich bei Tagesanbruch blitzartig zurück. Die Initiatoren merkten aber bald, dass sich der Begriff zu ihrem Nachteil verwenden ließ. Die Tutsi-Chefs wollten dann keinen Vorwand mehr geben, sie als Kakerlaken zu bezeichnen.

Nach dem Tutsi-Rebellen-Angriff vom 1. Oktober 1990 lag es für die Hutu-Bevölkerung auf der Hand, die RPF in Erinnerung an die Tutsi-Terrororganisation der frühen 1960er Jahre als *Inyenzi* zu bezeichnen.[643] Die RPF-Kämpfer selbst haben sich ab 1990 mit dem historischem Rückgriff auf eine königliche Miliz

---

641 Formal ließ sich die Frage mit Hilfe der judicial notice vom 16.6.2006 unterdrücken.

642 Der Begriff ist von Aloys Ngurumbe, dem Gründer der Organisation Inyenzi 1961 erfunden und so erklärt worden: *„Bei dem Wort Inyenzi handelt es sich um eine Zusammenfassung des Begriffs «ingangurarugo yiyemeje kuba ingenzi». Dies bedeutet : « Kämpfer der Königsmiliz Ingangurarugo, der der Beste sein will ». Da dies als Bezeichnung für eine Organisation zu lang war, hat jemand vorgeschlagen, die Abkürzung INYENZI zu benutzen."* Das Zitat stammt aus: *Entretien avec Ngurumbe Aloys* in der RPF-nahen Zeitschrift KANGUKA, N°52, 5. Jahrgang, 12.2.1992.

643 Die Terror-Aktionen der Inyenzi zwischen 1961 und 1967 sind ausführlich dokumentiert z.B. bei Desouter 2007, S. 53–63. Zum Begriff siehe auch das Stichwort

Inkotanyi genannt, aber ehe sich dieser Begriff im Bewusstsein der Bevölkerung durchsetzte, bezeichnete man sie weiter als *Inyenzi*, ohne zu erkennen, in welcher Weise dies gegen die Hutu-Bevölkerung verwandt werden konnte. Und die RPF hat dies weidlich genutzt und die Welt davon überzeugt, welch rassistischer Geist verbreitet werde, wenn man sie als *Inyenzi*, also als Kakerlaken, bezeichne.

In der Pro-RPF-Literatur wird der Begriff *Inyenzi* immer als Beweis dafür genannt, wie die Hutu damit ihre Gegner „entmenschlicht" hätten. Selbst wenn dies bei einigen so gemeint war, muss man daran erinnern, dass die *„bestialisation"* von Gegnern von Tutsi-Seite schon vor und nach dem Genozid an der Hutu-Elite durch die Tutsi-Armee 1972 in Burundi eingesetzt hat.

Diesen Vorgang haben jüngst Edouard Bizimana und seine Frau Véronique Barindogo in ihrem Buch *„Burundi. Une vie à la sauvette. Savoir porter sa croix"*[644] beschrieben. Auch den Hutu Melchior Ndadaye, der im Juni 1993 zum burundischen Staatspräsidenten gewählt wurde, bezeichnete die radikale Tutsi-Presse sofort als „Kröte", die vernichtet werden müsse. Das geschah dann auch am 21. Oktober 1993 in einer in dem Buch ausführlich beschriebenen bestialischen Weise. Es sei auch daran erinnert, dass der langjährige „RPF-Chefideologe" Alexandre Kimenyi[645] in seinem „Poem" zum Tode von Fred Rwigyema 1990 die Hutu als „wilde Bestien" bezeichnet hat.

Gukora

Das Wort *gukora* bedeutet auf Kinyarwanda Arbeit oder arbeiten. Die Konnotation töten erhielt das Wort erst nach der Rede, die der Interimspräsident Theodore Sindikubwabo am 19. April 1994 zur Amtseinführung des neuen Präfekten Sylvain Nsabimana in Butare gehalten hat. Er hat die Bevölkerung aufgerufen, ihrer normalen Arbeit (*gukora*) nachzugehen und den Streitkräften den Kampf gegen die RPF-Rebellen zu überlassen. Zur Diskreditierung von Sindikubwabo setzte die RPF die Version in die Welt, der Präsident habe mit *gukora* eine Art Code-Wort benutzt und eigentlich die Bevölkerung zu Massakern an der Tutsi-Bevölkerung aufgerufen.

Eugène Shimamungu hat als linguistischer Gutachter im Butare-Prozess dazu Stellung genommen und darauf hingewiesen, dass zwischen dem Attentat vom

---

Inyenzi im *Dictionnaire de l'Histoire Politique du Rwanda* von Gaspard Musabyimana (Musabyimana 2011).

644 Man könnte den Titel etwa übersetzen: „Burundi. Ein Leben im Geheimen. Man muss sein Kreuz zu tragen lernen" (Bizimana und Barindogo 2014). Der Hutu Edouard Bizimana wurde 2012 burundischer Botschafter in Berlin.

645 Vgl. hierzu auch Abschnitt 8.2 *„Brandstifter und blancs menteurs"*.

6. April 1994 und der Präsidentenrede am 19. April 1994 überhaupt keine Zeit für die Bildung einer kodierten Sprache gewesen sei. Für die Bevölkerung habe das Wort damals nur die traditionelle Bedeutung „Arbeit" gehabt.[646]

Mit den Freisprüchen der Minister Mugenzi und Mugiraneza, denen man vorher vorgeworfen hatte, ihre Anwesenheit bei der Rede von Sindikubwabo am 19. April 1994 sei als Unterstützung des Aufrufs zum Genozid zu werten, ist die bisherige Interpretation der Sindikubwabo-Rede in Frage gestellt worden. Aber die Legende, die Verwendung des Wortes *gukora* durch Sindikubwabo sei ein Aufruf zum Tutsi-Mord gewesen, hält sich zäh und ist z.B. auch von Tutsi-Zeuginnen im Prozess gegen Onesphore Rwabukombe vor dem Oberlandesgericht in Frankfurt aufgetischt worden.[647]

Hutu-Power

Die RPF hat behauptet, ihre Gegner seien Teil einer Hutu-Power-Bewegung, deren Ziel die Vernichtung der Tutsi-Bevölkerung sei. Und das kam so: Am 23. Oktober 1993 hat der bis dahin eng mit der RPF kooperierende stellvertretende Vorsitzende der Twagiramungu-Partei MDR, Frodouald Karamira, bei einer Massenveranstaltung die RPF für die Ermordung von Melchior Ndadaye am 21. Oktober 1993 verantwortlich gemacht und spektakulär mit ihr gebrochen.[648]

---

646 Im Butare-Urteil vom 24.6.2011 heißt es in Tz. 762. *„With reference to Sindikubwabo's speech of 19 April 1994, Shimamungu stated in his Report that: There is no coding or encoding of the word Gukora (...) outside of its meaning in everyday Kinyarwanda. The word has always been used in its usual context. There is no reason to establish codes for the purpose of giving orders. Everybody was surprised by events, but there was no time to codify anything whatsoever in connivance with the Rwandan population."*

647 Sie und andere wollen gehört haben, Bürgermeister Onesphore Rwabukombe habe die *„Interahamwe"* am 11.4.1994 aufgefordert, mit der „Arbeit" *(gukora)*, soll heißen der Tötung der Tutsi, zu beginnen.

648 Der endgültige Bruch mit der RPF hat sich schon nach der RPF-Invasion vom 8.2.1993 angekündigt. Karamira hat danach zusammen mit Donat Murego versucht, dem weiterhin auf die Zusammenarbeit mit der RPF setzenden Faustin Twagiramungu den Parteivorsitz der MDR streitig zu machen. Donat Murego, der 1975 in Belgien eine viel beachtete Dissertation (Murego 1975) vorgelegt hatte, geriet später mit Habyarimana in Konflikt und wurde 1981 unter einem Vorwand zu 10 Jahren Gefängnis verurteilt. Sein Überleben im Gefängnis verdankte er dem deutschen, 2005 verstorbenen, Weißen Vater Franz Maurer. Nach seiner Entlassung 1991 schloss sich Donat Murego der MDR an. Er ist wohl bei der Auflösung der Flüchtlingslager in Ost-Zaïre 1996/1997 ums Leben gekommen.

Er klagte die RPF an, gemäß dem Schlachtruf POWER[649] der anglophonen RPF-Soldaten, die ganze Macht im Lande zu beanspruchen. Er skandierte unter dem Beifall einer begeisterten, immer das Wort *pawa* wiederholenden Menge: MDR – Power, MRND – Power, PL – Power usw. Er hat, darauf weist Musabyimana hin, niemals „Hutu – Power" gerufen.[650] Aber seine Gegner wollten dies so verstehen. Eine Kampagne zur Denunzierung des rassistischen Charakters der Hutu-Opposition gegen die RPF wurde mit internationaler Resonanz in Gang gesetzt. Die Gleichung: Kampf gegen die RPF ist Ausdruck der Hutu-Extremismus-Ideologie war geboren und beeinflusste auch das Denken beim Arusha-Gericht.

6.6 Das *common law* ein Strukturproblem?

Es ist vielfach darauf hingewiesen worden, dass die UNO-ad-hoc-Gerichte – ebenso wie die „jüngere Schwester", der Internationale Strafgerichtshof in Den Haag – die kontinental-europäische Tradition des römischen Rechts (*civil law*) mit der dominierenden anglo-sächsischen Rechtskultur des *common law* verbinden mussten. Kathrin Greve hat die beiden Rechtssysteme so charakterisiert: „*Das Verfahren vor ICTY und ICTR basiert im Wesentlichen auf den strafprozessualen Grundsätzen des angloamerikanischen Common Law. So folgt es dem Unmittelbarkeitsprinzip in der Beweisführung und ist kontradiktorisch aufgebaut. Dies bedeutet insbesondere, dass zwischen Anklage und Verteidigung „Waffengleichheit" herrschen soll, und dass jede dieser „Parteien" selbst für ihre Beweisführung verantwortlich ist. Ausdruck und Konsequenz dieses Konzeptes ist namentlich, dass die Anklage nur die belastenden Beweise sammelt und es damit allein der Verteidigung überlassen bleibt, beispielsweise Entlastungszeugen und -zeuginnen zu suchen. Gemildert wird dieses Erfordernis durch Regel 68 A, C, die die Anklagebehörde verpflichtet, ihr vorliegendes entlastendes Beweismaterial der Verteidigung zur Verfügung zu stellen. Dass das Verfahren nicht dem Civil Law folgt, hängt damit zusammen, dass die Vereinigten Staaten relativ rasch einen umfassenden und kohärenten Vorschlag zur Formulierung der Verfahrensordnung einreichten, und beruht auf einer Entscheidung der Richterinnen und Richter.*"[651]

Klar ist: Da konnten Friktionen nicht ausbleiben.

---

649 Wie erwähnt hat Gasana 2002, S. 222, auf diesen Zusammenhang hingewiesen.

650 Musabyimana 2008, S. 127. Der bei Chrétien et al. 1995, S. 209 auftauchende Karamira-Ausruf „Hutu uni! Power" (zitiert nach Lanotte 2007, S. 84) wird bestritten. Es könnte sich um eine Hinzufügung des RPF-Sympathisanten-Kreises handeln.

651 Greve 2006, S. 95 ff.

Bei der im Arusha-Gericht vorherrschenden kontradiktorischen Rechtspraxis fällt der direkte Kampf zwischen Anklage (prosecutor) und Verteidigung und die im Verfahren eher zurückhaltende – Schiedsrichtern vergleichbare – Rolle der Richter auf. Die Richter machten deutlich, dass sie nicht den Auftrag haben, die Wahrheit zu ermitteln, sondern sich völlig darauf beschränken können, herauszufinden, ob nach Anhörung der für die Angeklagten sprechenden Verteidigung die Anklage ihre Position ohne jeden verbleibenden vernünftigen Zweifel (*beyond reasonable doubt*) glaubhaft darlegen konnte.[652]

Die den Richtern im *common law* zugewiesene Rolle kann aber nicht voll funktionieren, weil über den Anklagegegenstand des Tutsi-Völkermords so gut wie keine dokumentarischen Beweise vorliegen. Alles ist eine Frage der Glaubwürdigkeit (credibility).

Eine für das Gericht fast lebensbedrohende Friktion aufgrund der strikten Anwendung der US-amerikanischen common-law-Regeln entstand im Fall Jean-Bosco Barayagwiza am 3. November 1999. Barayagwiza hatte das Berufungsgericht angerufen, weil die für seinen Prozess zuständige Kammer seinen Antrag auf Einstellung des Verfahrens wegen eindeutiger Verfahrensverstöße abgelehnt hatte. Das Berufungsgericht unter dem Vorsitz der afroamerikanischen Richterin Gabrielle Kirk McDonald hat Barayagwiza dann Recht gegeben und das Verfahren aufgrund von Verstößen gegen die Rechte des Angeklagten mit „Rechtskraftwirkung“ (*with prejudice to the Prosecutor*) beendet.

Carla Del Ponte erklärte den Vorgang in ihrem Buch aus dem Jahr 2009 so: *„Beim common law kann das Gericht, wenn es einen groben Verstoß gegen die Rechte des Angeklagten feststellt, entscheiden wie es McDonalds Richter getan hatten, nämlich das Verfahren einstellen und die Klage mit ‚Rechtskraftwirkung‘ abweisen. Im kontinentaleuropäischen Rechtssystem hingegen würde das Gericht den Verstoß gegen die Rechte des Angeklagten erst nach der Verhandlung der Klage in Betracht ziehen ....“*[653]

---

652 Edouard Karemera zitiert hierzu in seinem offenen Brief an Guichaoua vom Mai 2010 Dominique Inchauspé : « *Tout d'abord, le procès pénal anglais ne décide jamais si l'accusé est innocent. La seule question est de savoir si, en application des règles de preuve, l'Accusation a démontré qu'il est coupable et ce n'est pas du tout la même chose* ». *Aus : Innocence Judiciaire,* Editions du Juris-Classeur, page 231. Das Buch ist auch als Taschenbuch erschienen: Inchauspé 2012.

653 Del Ponte und Sudetic 2009, S. 114.

Da die amerikanische Richterin das Berufungsgericht kurz nach dem Urteil verlassen hat und der ihr nachfolgende Franzose Claude Jorda in der kontinentaleuropäischen Rechtstradition verwurzelt war, konnte die Chefanklägerin Del Ponte das Gericht dazu bewegen, die Freilassung nicht zu vollziehen.

Frau Del Ponte hat dann – wie sie selbst in ihrem Buch konzediert – unter Missachtung der Unschuldsvermutung und mit politischen Argumenten die Berufungskammer geradezu erpresst. Sie erklärte, eine Barayagwiza-Freilassung würde das gesamte Arusha-Gericht an den Rand des Abgrunds führen, weil Ruanda seine Kooperation einzustellen drohte und ohne Zeugen aus Kigali keine Prozesse geführt werden könnten. Schon in einem Interview vom 15. Februar 2000 hatte Carla Del Ponte gedroht: *"Wenn ich die Kooperation Ruandas nicht erreichen kann (...) kann ich zuerst die Türen des Arusha-Gefängnisses öffnen und alle Inhaftierten freilassen. Danach kann ich die Tür meines Büros schließen, weil ich ohne sie überhaupt nichts tun kann."*[654]

Am 31. März 2000 knickte das Berufungsgericht unter Vorsitz von Claude Jorda ein und revidierte seine Entscheidung vom 3. November 1999.[655] Der Prozess gegen Barayagwiza konnte – allerdings aus Protest gegen die Revisionsentscheidung *in absentia* des Angeklagten – beginnen.[656]

Die Aushandlung einer Schuldanerkennungsvereinbarung mit Absprachen über das Strafmaß ist sicher im *common law* üblicher als im römischen Recht. Aber derartige Deals bestimmen inzwischen auch in Europa den Justizalltag.

Dass in der anglo-sächsischen Rechtstradition die Schuldanerkennung zu einer Verurteilung ohne weiteren Prozess führt, hat verschiedentlich eine Rolle gespielt, war aber im Fall Kambanda, der noch ausführlicher dargestellt wird, keine Folge eines Strukturproblems, war schlicht und einfach die Folge eines Betrugsmanövers der Anklagebehörde. Generell hat aber dieser Fall viele Angeklagte

---

654 *„If I don't get cooperation from Rwanda, ... I can first open the door at the detention center and set them all free and then second I can close the door to my office because without them I cannot do anything at all."* Aus Combs 2010, S. 227. Der Inhalt dieses Interviews entspricht auch genau ihren Ausführungen in: Del Ponte und Sudetic 2009, auf S. 118, wo sie den Ausspruch auf Italienisch wiedergibt: *possiamo ciudere la baracca.*

655 Siehe DECISION ON PROSECUTOR'S REQUEST FOR REVIEW OR RECONSIDERATION im Verfahren Jean Bosco Barayagwiza vs. The Prosecutor (Case No. ICTR-97-19-AR72 vom 31.3.2000).

656 Der Fall Barayagwiza wird noch eingehender im Rahmen der Schilderung des Medien-Prozesses, in den sein Verfahren eingegliedert wurde, behandelt.

zum Leidwesen der Chefanklägerin Louis Arbour, die zur Verfahrensverkürzung sehr auf das Instrument gesetzt hatte, abgeschreckt, den Weg der Schuldanerkennungsvereinbarung zu gehen.

Positiver als z.B. in der deutschen Strafprozessordnung ist im Arusha-Gericht die Stellung von Sachverständigen *(expert witness)* geregelt. Anklage und Verteidigung haben das Recht Gutachter heranzuziehen und sind nicht – wie das z.B. in den Ruanda-Prozessen in Deutschland gehandhabt wurde – mehr oder weniger gezwungen, Einvernehmen mit der Staatsanwaltschaft herzustellen, will das Gericht nicht von Beginn an einen Revisionsgrund schaffen, wenn es gegen die Ablehnung der Anklage einen Gutachter „durchgedrückt" hat.[657]

In der Praxis ist es jedoch der Anklagebehörde mit Hilfe der Vertreter Kigalis beim Gericht häufig gelungen, eine Dominanz der Vertreter der offiziellen Lesart durchzusetzen[658] und abweichende Meinungen per se als negationistisch, d. h. als Genozid-Leugnung zu diskreditieren.

Aufgrund eigener Erfahrung bei meinen vier Anhörungen durch das Arusha-Gericht denke ich – ohne Jurist zu sein -, dass die Schwächen des Gerichts nicht entscheidend aus dem Strukturproblem der verschiedenen Rechtssysteme herrührten. Wenn Richter und Richterinnen ernsthaft um faire, *„über jeden vernünftigen Zweifel erhabene"* (*beyond a reasonable doubt*)[659] Urteile bemüht waren, ist dies gelungen. Aber zu häufig wollten sie den in Kigali formulierten, teilweise abstrusen Anklageschriften der Anklagebehörde einfach glauben und fragten nicht nach unbestreitbaren Fakten.[660] „Willige" anonyme Zeugen konnte Kigali, wenn es wollte, immer liefern. Die Fakten wurden häufig durch Behauptungen ersetzt. Am prägnantesten hat dies Nancy A. Combs mit dem Titel ihres Buches *Fact Finding without facts* auf den Punkt gebracht.[661]

---

657 Siehe dazu das in Abschnitt 7.3.2.1 beschriebene Beispiel im Prozess gegen Onesphore Rwabukombe vor dem OLG Frankfurt/M.

658 An erster Stelle ist hier Alison Des Forges zu nennen, die in elf Verfahren als Expertin angehört wurde. (Vgl. HRW 2010, S. V).

659 Im Französischen heißt die Formel: *au-delà de tout doute raisonnable.*

660 Das hat Jean-Pierre Fofé (Fofé 2006) ganz besonders gut in seinem Buch *La question de la preuve* beschrieben.

661 Combs 2010.

6.7 Ausgewählte Prozesse[662]

6.7.1 Der Fall Frodouald Karamira[663]

Frodouald Karamira war als der 2. Vizepräsident der MDR-Partei lange ein wichtiger Repräsentant der Opposition gegen Habyarimana. Bis zum 21. Oktober 1993, dem Tag der Ermordung des burundischen Präsidenten Melchior Ndadaye, galt Karamira als Verbindungsmann seiner Partei zur RPF. Karamira hatte auch beste Beziehungen zur „weißen" Habyarimana-Opposition wie Filip Reyntjens[664] und wohl auch André Guichaoua. Ihnen berichtete er – zumindest bis Mitte 1993 – über alle ruandischen Vorgänge und wer nach seiner Ansicht im Habyarimana-Lager als ganz besonders gefährlich anzusehen war. Cruvellier vermutet, dass auf diese Weise Théoneste Bagosora zu seinem Ruf als *mastermind* des Tutsi-Genozid gekommen ist.

Dann aber fühlte Karamira sich durch den RPF-Angriff vom 8. Februar 1993, noch mehr aber den Ndadaye-Mord vom 21. Oktober 1993, für den er Paul Kagame verantwortlich machte, von der RPF getäuscht und setzte sich für den Bruch der RPF-nahen Oppositionsgruppen mit der Rebellion ein.[665] Das gelang nur teilweise. Die Parteien MDR, PL und PSD zerfielen in RPF-nahe und RPF-feindliche Flügel. Letztere begannen, ihren Frieden mit Präsident Habyarimana und der MRNDD-Partei zu machen. Den Positionswechsel Karamiras, den Kagame hinfort als Verräter ansah, konnte die RPF allerdings propagandistisch für sich nutzen.

Wie in Abschnitt 6.5.15 geschildert, hat Karamira bei einer Rede im Amahoro-Stadion am 23. Oktober 1993 den Kampfruf der RPF zur Erlangung der „Power" in Ruanda in die Forderung nach „Power" für die demokratischen Parteien abgewandelt. Die Zuhörer forderten immer wieder *„pawa"* für die

662 In diesem Abschnitt werden nur einige mir besonders wichtige Verfahren dargestellt. Gewisse Überschneidungen mit den thematischen Darstellungen werden dabei bewusst in Kauf genommen. Zu allen Angeklagten des Arusha-Gerichts sind Aufzeichnungen in der Dokumentation in Teil II enthalten.

663 Der Fall Frodouald Karamira wird hier kurz behandelt, weil ihm eigentlich in Arusha der Prozess hätte gemacht werden sollen. Er wurde jedoch aus den zu schildernden Umständen in Kigali verurteilt, weil er dem Gericht vor dem Eintreffen in Nordtansania von Paul Kagame „geklaut" worden war. Vgl. hierzu Abschnitt 6.4.2 und auch Strizek 2009a, S. 209/210.

664 Cruvellier 2010, S. 14. *„Karamira had long been a source of valuable information for Reyntjens."*

665 Guichaoua datiert den innerlichen Bruch von Karamira mit der RPF auf Mitte 1993 als Folge des RPF-Angriffs vom 8.2.1993. (Guichaoua 2010, S. 95).

genannten Parteien, was als Forderung nach „Hutu Power" in die Welt getragen wurde, obwohl von Karamira das Wort Power nicht zusammen mit dem Wort Hutu verwandt worden war.[666] Seither wurde man nicht müde, die RPF-Gegner mit großem Erfolg als „Hutu-Power-Bewegung" und als Hutu-Rassisten zu präsentieren.

Nach dem RPF-Sieg verschwand Karamira. Aber Kagames Geheimdienst konnte ihn schließlich in Bombay ausfindig machen. Nach dem Modell der Eichmann-Entführung hatte man ihn in ein Flugzeug verfrachten können, das in Addis Abeba zwischenlanden musste. Karamira gelang die Flucht. Aber das mit Kagame verbündete Regime von Meles Zenawi konnte ihn festnehmen. Dies wurde auch dem Chefankläger Goldstone bekannt und er wollte sich diesen „dicken Fisch" nicht entgehen lassen. Kagame setzte Himmel und Hölle in Bewegung und erreichte schließlich[667], dass Goldstone ihn „von der Angel" lassen musste. So kam er nach Kigali, wo ihm der Prozess gemacht wurde.[668] Da 1998 in Kigali noch die Todesstrafe galt, wurde er am 24. April 1998 vor riesiger Menschenmenge im Stadion des Kigali-Stadtteils Nyamirambo hingerichtet. Kagames Unterstützer in den USA waren erschreckt und drängten ihn, die Todesstrafe abzuschaffen. Das geschah 2007, als klar wurde, dass nur so die angestrebte Überstellung von Arusha-Angeklagten nach Kigali möglich wäre.

6.7.2 Der Prozess gegen Jean-Paul Akayesu

Mit Jean-Paul Akayesu[669] sah sich das Arusha-Gericht aus technischen Gründen gezwungen, am 2. September 1998 als ersten Angeklagten einen „kleinen Fisch" wegen Völkermord zu verurteilen, obwohl doch das Gericht nur für „große Fische" gedacht war. Akayesu wurde deshalb entgegen aller Plausibilität von beiden Gerichtsinstanzen zu einem mächtigen Vorgesetzten erklärt, dem für alle

---

666 So Musabyimana 2008, S. 127f. Zum Begriff *Hutu-Power* und dem abweichenden Zitat bei Chretien siehe Abschnitt 6.5.15.

667 Vgl. Peskin 2008, S. 174. Dort wird auch beschrieben, dass sich der kenianische Anwalt Kennedy Ogetto im Auftrag der Familie bemüht hat, Karamira nach Arusha und nicht nach Kigali zu überstellen.

668 Es ist nicht verwunderlich, dass William Schabas, der den Prozess im Auftrag von *Amnesty International* beobachtete und der 1993 an der Pro-RPF Carbonare-Des Forges-„*Untersuchungskommission*" teilgenommen hat, diesem Prozess bescheinigte, er habe alle „*appearances of fairness*" gezeigt (nach: Peskin 2008, S. 175).

669 Sein Prozess ist als Kap. 3 dargestellt in Cruvellier 2010, bzw. Cruvellier 2006.

in der Gemeinde Taba, in der er seit 1993 Bürgermeister war, nach dem 6. April 1994 begangenen Verbrechen die Verantwortung zugeschrieben wurde.[670]

Geradezu „Weltruhm" erlangte der Fall Akayesu, weil er der erste Angeklagte vor einem internationalen Strafgericht war, den man wegen Vergewaltigung verurteilt hat. Niemand beschuldigte ihn, selbst ein solches Verbrechen begangen oder dazu angestiftet zu haben. Aber an der Wahrheit war die Lobby, die dieses Urteil durchgesetzt hatte, nicht interessiert. Denn mitten in seinem Prozess ließ sich eine Frauengruppe zum *amicus curiae* (was faktisch Freund der Anklage und Feind des Angeklagten bedeutete) erklären und forderte die Aufnahme des Anklagepunkts Vergewaltigung in seine und alle anderen Anklageschriften vor dem Arusha-Gericht. Hillary Clinton, die Frau des amerikanischen Präsidenten, tauchte zeitgleich in Arusha auf und stellte sich hinter diese Forderung. Aus der Sicht des Angeklagten stellte sich der Vorgang so dar:

„Ich stand in der Mitte meines Verfahrens im März 1997, als Hillary Clinton auf ihrer Afrikatour in Arusha auftauchte. Wegen ihres Besuchs wurde mein Verfahren unterbrochen. Hillary Clinton schloss ihre Rede, indem sie dem Tribunal 600.000 US$ zusagte, falls es Anklagen wegen Vergewaltigung in Verfahren in Arusha einführe. Im Juni 1997 hatte der Ankläger Pierre-Richard Prosper, der unter der Chefanklägerin Louise Arbour arbeitete, meine Anklageschrift überarbeitet, so dass sie jetzt auch Vergewaltigung enthielt, obwohl er seinen Fall gegen mich bereits abgeschlossen hatte. Das alles geschah ungeachtet der Tatsache, dass niemand von Vergewaltigung gesprochen hatte, bevor meine Verhandlung begann."[671]

Hillary Clinton hat gewonnen: Akayesu wurde aus politischen Gründen auf der Basis falscher Zeugenaussagen[672] und wegen Unterlassung zu lebenslanger Haft verurteilt, weil er nicht den Versuch unternommen habe, die Jugendbanden von ihren Taten abzuhalten, ohne zu fragen, ob dies unter den Bedingungen des von der Clinton-Administration geförderten RPF-Vormarschs möglich gewesen wäre. Er verbüßt seine Strafe in Koulikoro im heißen Mali, weil der inzwischen weggeputschte malische Staatschef Amadou Toumani Touré – sehr

670 Gerade dieser Umstand und die unangemessenen Interventionen zur Verhinderung einer positiven Aussage von General Dallaire durch den Gerichtsvorsitzenden Laïty Kama wird auf den Seiten 19/20 bei Karemera 2012 beschrieben.

671 Zitat aus Philpot 2007a, Kapitel 14.

672 John Philpot schreibt, das Gericht habe die Aussagebereitschaft eines von der Schwester des Angeklagten ausfindig gemachten (Tutsi-)Entlastungszeugen unterdrückt. Philpot kenne den Namen des als BBB anonymisierten Zeugen, dürfe ihn aber mit dem Argument des angeblichen Zeugenschutzes unter Strafandrohung nicht nennen (Philpot und Chartrand 2014, S. 172).

zum Wohlgefallen des Westens – sich als erster bereit erklärt hatte, vom Arusha-Gericht letztinstanzlich Verurteilte in einem dafür von der UNO hergerichteten Gefängnis zur Strafverbüßung aufzunehmen.[673]

6.7.3 Der Fall Jean Kambanda (Regierung I)

Eigentlich hätte das Gericht sein erstes Urteil gegen Jean Kambanda, den Ministerpräsidenten der Interimsregierung vom 9. April bis zum 17. Juli 1994[674], fällen wollen. Aber seine Akte war zum Zeitpunkt des Akayesu-Verfahrens, der schon 1995 in Sambia verhaftet worden war, noch nicht weit genug „ausgehandelt". Dennoch fiel das erstinstanzliche Urteil gegen Jean Kambanda, der wirklich politisch „ein großer Fisch" war, ohne Verfahren nur zwei Tage nach dem Akayesu-Urteil. Die Welt jubelte: Hatte doch Kambanda gestanden, für den Tutsi-Völkermord mitverantwortlich gewesen zu sein. Die Freude hielt nicht wirklich lange vor, war doch allen ernsthaften Beobachtern klar, dass hier Seltsames vorgefallen war.[675]

Kambanda[676] ist 1997 in Kenia verhaftet worden und erhielt als ein prominenter Gefangener immer eine „Sonderbehandlung". Nach kurzem Aufenthalt in Arusha in einer Villa des Gerichts wurde er für Monate in Dodoma, der politischen Hauptstadt Tansanias, isoliert und dort – unter folterähnlichen Umständen – „weichgekocht". Er sollte der positive Anwendungsfall für die Strategie der Chefanklägerin Louise Arbour werden, mit den Angeklagten Schuldvereinbarungen (*plea agreements*) gegen Strafmilderung auszuhandeln.

Kambanda hat eine geheime Vereinbarung mit dem stellv. Chefankläger Bernard Muna abgeschlossen. Sie wurde in einem verschlossenen Umschlag

---

673 Nur Benin folgte seither diesem Beispiel.

674 Kambanda schildert seinen Fall ausführlich in einem Buch (Kambanda 2012). Dabei ist die Schilderung des Vorgangs, wie er am 24.2.1994 an Faustin Twagiramungu vorbei doch noch von Habyarimana zum Premierminister hätte berufen werden sollen, als dieser Agathe Uwilingiyimana habe loswerden wollen, ein bisher eher unbekanntes Detail. Kambanda behauptet, dieses Treffen sei im Vorfeld von Habyarimanas Kabinettschef Enoch Ruhigira an Twagiramungu verraten worden, der diese Berufung dann verhindern konnte. Dieses Ereignis habe dann auch Kagame davon überzeugt, dass er nur an die Macht kommen könne, wenn Habyarimana beseitigt würde. Vgl. S. 147 und 151.

675 Die Gerichtsorganisatoren hatten wohl vermutet, dass man in Kambanda einen ähnlichen Kronzeugen gefunden habe, wie dies bei Erwin von Lahousen im Nürnberger Hauptkriegsverbrecherprozess 1945 der Fall gewesen ist.

676 Zu seinem Werdegang wird auf die Aufzeichnung in der Dokumentation verwiesen.

beim Gerichtskanzler deponiert.[677] Dem Gericht wurde sie niemals übermittelt. Dafür war vor allem Oliver Michael Inglis verantwortlich, den Bernard Muna[678] Jean Kambanda als Verteidiger „aufgedrückt" und seine Verteidigung durch den von Kambanda benannten Wahlverteidiger Johan Scheers verhindert hatte.

Dem Gericht lag bei Prozessbeginn nur seine von Inglis vorgelegte Schuldanerkennungserklärung vor, auf deren Basis es, weil es ja nicht wirklich über die Vereinbarung der Anklage mit Kambanda unterrichtet war, ihn am 4. September 1998 zu einer lebenslangen Haftstrafe verurteilte. Kambanda ist das Opfer einer Intrige geworden.

Daran trägt Kambanda selbst eine Teil-Verantwortung. Cruvellier beschreibt anschaulich, dass der Kammer- und Gerichtsvorsitzende Laïty Kama ihn dreimal fragte, ob er denn wisse, was sein Schuldeingeständnis, das unter anderem die Verantwortung für den Tutsi-Völkermord einschloss, für ihn bedeuten kann. Er bestätigte dreimal verstanden zu haben. Dann war sein Schicksal entschieden.[679]

Die lebenslange Haftstrafe wurde in seinem Berufungsverfahren, bei dem nun schon Carla Del Ponte die Anklage vertrat, am 19. Oktober 2000 bestätigt. Er hatte dabei sein Schuldeingeständnis widerrufen und eine Wiederaufnahme seines Verfahrens beantragt. Das Berufungsgericht lehnte dies mit dem Hinweis ab, nach seinem formal korrekten Schuldeingeständnis könne man nun nicht mit einem neuen Prozess beginnen.

Jean Kambanda ist danach in das Gefängnis in Koulikoro/Mali verbracht worden. Von dort aus hat er nochmals vergeblich mit der Anklagebehörde über Zugeständnisse verhandelt, falls er zur Kooperation gegen die anderen Mitglieder der Interimsregierung bereit sei.

Jean Kambanda hat seither häufig Gelegenheit gehabt, seinen Fall darzustellen. 2013 hat er ein Buch mit dem Titel *Rwanda face à l'apocalypse 1994. Contribution aux progrès de la justice et aux efforts de réconciliation du peuple rwandais*[680] veröffentlicht. Darin kommt auch sein ausgeprägtes Selbstbewusstsein zum Ausdruck, das ihm häufig im Weg stand. Er vermittelt noch heute den Eindruck, als ob es sich bei dem Gremium, dem er vorstand, um eine vollwertige Regierung gehandelt habe. Dabei hätte er erkennen können, dass die Großmächte ihm nur die Rolle eines Ministerpräsidentendarstellers zugebilligt haben und ihn niemals als Verhandlungspartner akzeptierten.

---

677 Siehe hierzu Karemera 2012, S. 18/19.

678 Die Rolle von Bernard Muna hat Kambanda u. a. in einer Erklärung vom 1.11.2011 aus dem Koulikoro-Gefängnis in Mali erläutert.

679 Siehe Cruvellier 2010, Kap. 5, S. 38 ff.

680 Kambanda 2012.

So konnte er wohl auch nicht erkennen, welch übles Spiel man ihm im Arusha-Gericht zugedacht hatte. Schon die ISTO-Episode hätte ihn warnen können, dass er von einer Kooperation mit den hinter der Anklagebehörde stehenden amerikanischen Diensten nichts Gutes zu erwarten habe.[681]

---

681 Der Fall ISTO, der sich schon nach seiner Flucht nach Zaïre abgespielt hat, wirft ein Schlaglicht auf die Art, wie man ihn zu benutzen versucht und hinters Licht geführt hat. Eine in Kanada beheimatete Organisation ISTO (*International Strategic and Tactical Organization*), die vorgab, im Auftrag der amerikanischen CIA tätig zu sein, kontaktierte den Exilministerpräsidenten Jean Kambanda in Bukavu und suggerierte, die USA könnten auf die totale Unterstützung der RPF verzichten, wenn die Exilregierung für eine militärische Eingliederung Ruandas in das amerikanische Sicherheitssystem optieren und den USA ein exterritoriales Gebiet für eine Luftwaffenbasis zur Verfügung stellen würde. Dann könnten auch die Flüchtlinge nach Ruanda zurückkehren. Kambanda, der Exilaußenminister Jérôme Bicamumpaka und General Gratien Kabiligi wollten das Angebot testen und flogen Ende Dezember 1994 in einem von ISTO bereitgestellten Flugzeug von Bukavu aus nach Nairobi. Von dort aus sind sie nach Kingston/Jamaika geflogen, wo sie Visa für die USA erhalten sollten. Als ihnen diese verweigert wurden, kehrten sie unverrichteter Dinge wieder nach Nairobi zurück, wo man ihnen einen Entwurf einer Vereinbarung mit dem CIA über die Einräumung entsprechender Rechte in Ruanda vorlegte. Die Exilregierung lehnte ab (s. hierzu Onana 2005a, S. 148–160). Onana hält diesen Entwurf für einen echten Ausdruck amerikanischer Absichten. Auch Patrick Mbeko hält den bei ihm als Faksimile als Annexe 16 abgedruckten CIA-Abkommensentwurf für authentisch (Mbeko 2014, S. 458–460). Beide verweisen auf die inhaltliche Übereinstimmung mit einem Kommuniqué der ruandischen Partei PSD nach dem RPF-Sieg. Dort wurden schon USA-Anfragen in der Kayibanda-Zeit und danach erwähnt, wonach die USA in der Region Bugesera im Südosten Ruandas gerne über eine exterritoriale Militärbasis verfügen würden. Sowohl Kayibanda als auch Habyarimana hätten dies im Einvernehmen mit Belgien und Frankreich abgelehnt. Trotz dieses PSD-Kommuniqués habe ich meine Zweifel und halte den CIA-Abkommensentwurf nicht für mehr als eine Luftblase. Zu dieser Zeit stand nämlich längst fest, dass die USA das RPF-Regime um jeden Preis unterstützen und ihre Interessen zusammen mit Kagame durchsetzen würden. Ernsthafte Angebote an Kambanda sind auszuschließen. Kambanda hält den CIA-Entwurf in seinem Buch keiner Erwähnung wert. Er äußert sich aber in Kap. 6.5.2. S. 187 ff. seines Buchs zum ISTO-Vorgang. Zur Vorbereitung der USA-Reise hatte ihm ISTO ein Dokument zugespielt, aus dem sich eine Beteiligung Frankreichs an der Habyarimana-Ermordung ergäbe. In seinem Vorwort zum Kambanda-Buch schreibt Alain de Brouwer, das ISTO-Dossier stamme aus dem Archiv, das Jérôme Bicamumpaka nach Kinshasa gebracht hatte und das ihm, de Brouwer, 1997 beim Vormarsch der RPF-Truppen zugeleitet worden sei. Über den Kambanda-Anwalt Johan Scheers sei es auch dem französischen Ermittlungsrichter Jean-Louis Bruguière zur Verfügung gestellt

In der Sache bleibt seine in allen Teilen falsche Schuldanerkennung ein erschreckender Vorgang. Seine Erklärung, er habe unter fürchterlichem psychischen Druck gestanden und aus Angst um seine Familie gehandelt, mag subjektiv erklärlich sein, kann ihn aber vor der Geschichte nicht völlig entlasten.

Bei aller Skepsis dieser komplexen Persönlichkeit gegenüber wäre eine Wiederaufnahme seines Verfahrens – aber nicht nur seines – durch den dazu befugten Residual-Mechanismus (MICT) gerechtfertigt. Im Fall Kambanda dürfte dem – so die „Großen dieser Welt" dies wollten – juristisch nichts im Wege stehen, da die Wiederaufnahmegründe manifest sind.

6.7.4 Die Kibuye-Prozesse[682]

Das dritte erstinstanzlich gefällte Urteil des Arusha-Gerichts richtete sich am 21. Mai 1999 gegen Clément Kayishema, den früheren Präfekten von Kibuye, und den ebenfalls aus dieser Präfektur stammenden Geschäftsmann Obed Ruzindana. Unter dem Vorsitz des tansanischen Richters William Hassan Sekule, der damit seinen später vielfach bestätigten Ruf als Kagame-Sympathisant begründete, wurde Kayishema am 21. Mai 1999 zu einer lebenslangen Haftstrafe und Ruzindana zu 25 Jahren Gefängnis verurteilt.[683] In diesem Fall hat das Gericht die Erwartungen seiner Sponsoren erfüllt, weil man in dieser Präfektur mit großen Tutsi-Opferzahlen die Planungsthese durch Hutu-Extremisten belegen zu können glaubte. Die Tatsache, dass selbst dieses Gericht Kayishema „nur" wegen Völkermord und nicht wegen dessen Planung verurteilt hat, fiel nicht weiter auf.

Dass die lebenslange Haftstrafe für Alfred Musema, den Direktor der Teefabrik in Gisovu in der Präfektur Kibuye, ein Fehlurteil war, lässt sich nach den Ausführungen bei Cruvellier[684] und Combs[685] nicht bestreiten.

---

worden, der die darin enthaltenen Vorwürfe, Frankreich sei in die Habyarimana-Ermordung verwickelt, als Fälschung erkannt habe. Auch Onana hat 2005 dieses ISTO-Dokument mit den Beschuldigungen Frankreichs als Fälschung beurteilt.

682 Formal gibt es keinen „Kibuye-Prozess", sondern nur Einzelprozesse gegen aus dieser im Westen Ruandas liegenden Präfektur stammende Angeklagte. „*Zwei Minister, ein Präfekt, drei Bürgermeister, ein Pastor, ein Arzt, ein Fabrikchef, ein Geschäftsmann, zwei Gemeinderäte, ein Restaurantbesitzer – hätte nicht ein Militär gefehlt, so wären die aus Kibuye stammenden Angeklagten die diversifizierteste und vollständigste jemals vor Gericht gebrachte Angeklagten-Palette (panoply) gewesen*". Cruvellier 2010, S. 81.

683 Die Berufungskammer hat die Urteile am 1.6.2001 bestätigt.

684 Cruvellier 2010, S. 83–100.

685 Siehe besonders die Seiten 97/98 und 192/193 bei Combs 2010.

Cruvellier schildert insbesondere die schlüssige Beweisführung des britischen Anwalts Steven Kay[686], wonach Alfred Musema am 13. und 14. Mai 1994 nicht an den Massakern am Muyira-Hügel am Bisesero-Massiv beteiligt gewesen sein kann. Aber gerade dafür wurde er für schuldig erklärt. In erster Instanz wurde er am 27. Januar 2000 bei absurder Beweislage sogar wegen Vergewaltigung verurteilt. Das Berufungsgericht hat diesen Unsinn zwar am 16. November 2001 korrigiert, aber dennoch die lebenslange Haft bestätigt, weil man weiterhin an seine Präsenz am Muyira-Hügel glaubte. Die drei am Verfahren in erster Instanz beteiligten Richter Lennart Aspegren (Vors.), Laïty Kama und Navanethem Pillay haben sich damit negativ in den Annalen der internationalen Strafgerichtsbarkeit verewigt. Aber auch der Vorsitzende der Berufungskammer Claude Jorda hat sich kein Ruhmesblatt erworben. Alfred Musema schmort seit 2001 in einem malischen Gefängnis. Auch der Fall Musema müsste, wenn der Residual-Mechanismus der beiden ad-hoc-Gerichte (MICT) seine Möglichkeiten für Neuverhandlungen ernst nehmen würde, wieder aufgerollt werden.

Zu den Kibuye-Prozessen ist auch der Fall von Ignace Bagilishema, des Bürgermeisters der Gemeinde Mabanza, zu rechnen, dessen Verfahren von dem vorgesehenen Gruppenprozess zusammen mit Präfekt Kayishema und dem Geschäftsmann Ruzindana wegen einer unbrauchbaren Anklageschrift[687] abgetrennt und neu begonnen werden musste.[688] Zu Bagilishemas Freispruch in erster Instanz am 7. Juni 2001 unter dem Vorsitz von Richter Eric Møse und vom Berufungsgericht am 3. Juli 2002 unter dem Vorsitz von Claude Jorda bestätigt, hat nach Ansicht von Thierry Cruvellier sein französischer Anwalt François Roux wesentlich beigetragen. Kagame schäumte.

686 Steven Kay trat später vor dem Internationalen Strafgerichthof in Den Haag als Verteidiger des kenianischen Staatspräsidenten Uhuru Kenyatta auf.

687 Vgl. hierzu Cruvellier 2010, S. 115 ff.

688 Für die Verfahren gegen die anderen aus Kibuye stammenden Angeklagten Pastor Elizaphan Ntakirutimana und seinen Sohn, den Arzt Gérard Ntakirutimana, den Restaurantbesitzer Charles Ryandikayo, Minister Eliézer Niyitegeka, Polizeiinspektor Fulgence Kayishema, Gemeinderat Mikaeli Muhimana, den Geschäftsmann Yussuf Munyakazi und den Bürgermeister Grégoire Ndahimana wird auf die Aufzeichnungen in der Dokumentation verwiesen. Der Fall des ebenfalls aus der Präfektur Kibuye stammenden Ministers Edouard Karemera wird im Rahmen der häufig als MRNDD-Verfahren bezeichneten Prozesse geschildert.

6.7.5 Der Prozess gegen Georges Rutaganda

Dem ebenfalls aus der Präfektur Kibuye stammenden Georges Rutaganda (1958–2010) wurde übel mitgespielt. Er gehörte zum Gründerkreis der Parteijugendorganisation *Interahamwe za MRND*[689] (Interahamwe der MRNDD) und es gelang der RPF, ihn völlig den Mörderbanden zuzuordnen, die nach dem 6. April 1994 – von Jean Kambanda mit gutem Recht als *„RPF-Interahamwe"* bezeichnet[690] – durchs Land zogen. Rutaganda musste verurteilt werden, weil er nicht bereit war, mit der Anklage zusammenzuarbeiten – wie das viele seiner *MRNDD-Interahamwe*-Kollegen getan haben – , um die Wahrheit über die *„Interahamwe"* falsch darzustellen. Und da die offizielle Lesart darauf beruhte, die *„Interahamwe"* als wichtigen Teil der *raison d'être* des Arusha-Gerichts für den Tutsi-Völkermord verantwortlich zu machen, konnte er nicht mit einem fairen Prozess rechnen. Denn wie schon beschrieben, war die RPF nicht an einer wirklichen Untersuchung interessiert, wäre doch ihre Verwicklung in die Manipulation der echten Mörderbanden offenkundig geworden. Bester Beweis dafür ist der MRNDD-Interahamwe-Mitgründer Dieudonné Niyitegeka, der heute ohne Verfahren unter neuer Identität in Kanada lebt.

Der völlig unaggressive Georges Rutaganda[691] wurde in beiden Instanzen[692]zu einer lebenslangen Haftstrafe verurteilt und zur Verbüßung seiner Strafe nach Benin verbracht, wo er am 11. Oktober 2010 unter ungeklärten Umständen im Gefängnis verstorben ist.

Rutagandas Verurteilung geht ganz wesentlich auf Informationen zurück, die die der RPF nahestehende Ärztin Odette Nyiramilimo[693] dem amerikanischen

689 Auf die Frage der Namensgebung der früheren Staatspartei MRND, die nach ihrer Umwandlung in eine demokratische Partei am 28.4.1991 offiziell MRNDD hieß, sich im täglichen Leben aber selbst weiterhin als MRND bezeichnete, wurde schon hingewiesen. Der Name der Parteijungend *„Interahamwe der MRND"* (*Interahamwe za MRND*) ist Ausdruck dieser Weiterführung des alten Parteinamens. (Eigentlich hätte es heißen müssen *Interahamwe za MRNDD).*

690 Kambanda 2012, S. 180.

691 Seine unaggressive Haltung dem Gericht gegenüber, die er mit der Bitte an seinen aggressiv auftretenden belgischen Anwalt Luc de Temmerman, sein Mandat niederzulegen, dokumentiert hatte, zahlte sich nicht aus. Temmerman wird bei Cruvellier 2010 auf S. 34 folgendermaßen zitiert: *„I am renouncing the fight, but whatever happens, my client runs the risk of this turning against him".*

692 Vgl. die Aufzeichnung in B/82 der Dokumentation.

693 Sie wurde im Kagame-Regime für ihre „Verdienste" mit einem Senatorenposten belohnt.

Journalisten Philip Gourevitch für seinen Bestseller *„We wish to inform you that tomorrow we will be killed with our families – Stories from Rwanda“*[694] mit der eindeutigen Absicht gegeben hat, Rutaganda zu einem großen Schuft zu erklären. Und dies, obwohl sie anerkannte, dass Rutaganda ihre Kinder gerettet und am 3. Mai 1994 ganz wesentlich zur Rettung von 80 Tutsi, die im *Hôtel des Mille Collines* Zuflucht gefunden hatten, beigetragen hat.

Allein die Verurteilung reichte der RPF-nahen Öffentlichkeit nicht. Das Gourevitch-Buch diente auch als Vorlage für eine weitere Verunglimpfung Rutagandas. In dem Film *Hotel Rwanda* aus dem Jahr 2004, in dem die heldenhafte Aktion des Hoteldirektors Paul Rusesabagina beschrieben wird, erscheint Rutaganda als der geldgierige Bierhändler, der eigentlich nichts zur Rettung der Tutsi beigetragen hat.[695]

Kurz vor seinem Tod im Oktober 2010 im Gefängnis in Benin drohte der Fall Rutaganda für die Protagonisten der offiziellen Lesart explosiv zu werden, weil der senegalesische Offizier Amadou Deme im Begriff stand, ein Buch zu veröffentlichen, das die zum Beleg seiner Unschuld von Rutaganda verfassten Schriftsätze bestätigte. Erste Hinweise hatte Deme schon 2006 dem Kanadier Robin Philpot in einem Interview gegeben.[696] Aber da Philpot seit seinem ersten Buch im Jahr 2003[697] für viele als eine Art Unmensch und als böser „Negationist“ galt, haben diese Informationen nur wenig Resonanz gefunden.

Dass Hauptmann Amadou Deme wenigstens nach seinem endgültigen Ausscheiden aus verschiedenen UNO-Verwendungen den Mut aufbrachte, die tatsächliche Bedeutung von Georges Rutaganda für die Rettung der Tutsi aus dem *Hotel des Mille Collines* am 3. Mai 1994 und auch die vielen gemeinsamen anderen Tutsi-Rettungsaktionen in einem Buch mit dem Titel *Rwanda 1994 and*

---

694 Gourevitch 1998. Deutsche Fassung mit dem Titel *„Wir möchten Ihnen mitteilen, dass wir morgen mit unseren Familien umgebracht werden“ (Gourevitch 1999).*

695 Leider hat sich Paul Rusesabagina zu Lebzeiten von Georges Rutaganda nicht eindeutig von der schändlichen Darstellung Rutagandas im Film distanziert. Er hat 2006 zwar folgenlos vor dem Arusha-Gericht Klage gegen die Verbrechen von Paul Kagame eingereicht. Aber auch dabei nutzte er nicht die Gelegenheit, sich für Rutaganda einzusetzen. Auch in seiner Autobiographie (deutsche Fassung: Rusesabagina und Zoellner 2006) findet sich keine eindeutige Distanzierung von der Filmdarstellung. Erst bei einer Tagung der Arusha-Anwälte in Brüssel rückte Rusesabagina am 22. Mai 2010 davon ab, verwies aber auf die alleinige Verantwortung der Filmemacher.

696 Siehe Kapitel 6 in Philpot 2007b.

697 Philpot 2003.

The Failure Of The United Nations Mission: The Whole Truth[698] ausführlich zu schildern, hat für die Wahrheitsfindung großes Gewicht, konnte Rutaganda jedoch nicht mehr helfen.[699] Demes Ausführungen beweisen, dass Rutaganda zu Unrecht verurteilt wurde. Amadou Deme versucht zu erläutern, warum er vor Gericht nicht zu seinen Gunsten ausgesagt hat.

Aber Rutaganda war schon tot als man im Deme-Buch lesen konnte, es habe ihm fast das Herz gebrochen, als er – nun schon im Dienste des Arusha-Gerichts – Rutaganda bei seiner Überstellung an das Arusha-Gericht 1995 sah und ihm völlig klar war, dass Rutaganda erwartete, Deme werde vor dem Gericht über alle die Hilfe berichten, die Rutaganda zusammen mit ihm zur Rettung von Tutsi geleistet habe. Folgt man einer Erklärung von Rutaganda aus dem Jahr 2005, hat er Deme sogar kurz treffen können.[700] Im Buch bestätigt Deme das nicht.[701] Er habe aussagen wollen, aber das Gericht und die Anklagebehörde hätten alles unternommen, um dies zu unterbinden. Ob Deme alles ihm Mögliche getan hat, zu Rutagandas Gunsten auszusagen, sei dahingestellt. Richtig ist allerdings, dass das gesamte Gerichtssystem einschließlich des damaligen Gerichtspräsidenten und Kammervorsitzenden Laïty Kama – wie Rutaganda 2005 schrieb – die Aussagen von Amadou Deme, der zum Zeitpunkt des Kammerprozesses ja schon als Ermittler des Arusha-Gerichts im Dienste der UNO stand, verhindert hat.

6.7.6 Das Verfahren Militär I (Prosecutor vs. Bagosora et al.)

In dem als Militär I bezeichneten aufwändigen Prozess wurden die Verfahren gegen General Gratien Kabiligi, Oberst Théoneste Bagosora, Oberstleutnant

698 Das Buch ist 2010 im Book-on-demand-Verlag *Xlibris Corporation* in Philadelphia erstmals auf Englisch erschienen (Deme 2010). Mir liegt nur die 2. Auflage vor (Deme 2012a). 2012 ist auch noch eine andere Version erschienen: Deme 2012b. Das mir nur teilweise vorliegende französische Original mit dem Titel *Rwanda 1994 et l'échec des Nations Unies. Toute la vérité* ist 2011 in Thiès im Senegal in dem Verlag Le Nègre Edition erschienen.

699 Die über den Fall Rutaganda hinausgehende Bedeutung des Deme-Buches unterstreicht auch Bernard Lugan in seinem neuesten Buch (Lugan 2014).

700 Rutaganda schrieb: *„Me rejoignant dans la cellule où j'étais confiné, M. Amadou Deme m'a personnellement fait cette confidence en ces termes: "Calme-toi, je ferai tout le nécessaire". Mais depuis, je ne l'ai plus revu. C'est la raison pour laquelle je me pose toujours des questions sur lui, sur son vrai statut et ses véritables activités."*

701 Im Deme-Buch heißt es auf S. 182, er habe nach dem Sichtkontakt mit Rutaganda im Hof des Gefängnisses zur Toilette gehen müssen, wo er fast ohnmächtig geworden sei.

Anatole Nsengiyumva und Major Aloys Ntabakuze zusammengefasst. Es wurde von den internationalen Medien unisono als der wichtigste Prozess bezeichnet, weil man annahm, dass in diesem Verfahren die Planung des Tutsi-Völkermords durch die wichtigsten Militärs des Habyarimana-Regimes bewiesen werden würde. Als das Urteil vom 18. Dezember 2008 dies nicht bestätigte und alle Angeklagten vom Vorwurf der Völkermordplanung (conspiracy) freigesprochen wurden, war dies nur noch kurze Meldungen in der internationalen Presse wert. Selbst der völlige Freispruch von General Kabiligi von allen Anklagepunkten und seine Freilassung wurden kaum gewürdigt. Die Sensation, die in dem Urteil lag, ging unter. Mit diesem Urteil war eigentlich die *raison d'être* des Gerichts entfallen. Aber man kümmerte sich nicht mehr darum. Permanente Berichterstatter wurden aus Arusha abgezogen.[702]

Der Kammervorsitzende Eric Møse wusste wohl, welches Echo das bevorstehende Urteil haben würde – schließlich hatte er sich 2001 mit dem Freispruch von Bürgermeister Bagilishema schon die Kritik des Kagame-Netzwerks zugezogen – und hatte sich beruflich schon nach Norwegen verabschiedet, als er es verkündete. Um diesmal einen Entrüstungssturm abzuwenden hat er den Trick angewandt, den Hauptangeklagten Bagosora ohne wirklich schlüssige Beweislage in einer fiktiven Vorgesetztenverantwortung zu einer lebenslangen Strafe zu verurteilen.[703] Zur Begründung liest man in Textziffer 720 des Kammer-Urteils den mehr als erstaunlichen Satz: „*Das Gericht kann in diesem Zusammenhang einfach nicht akzeptieren, dass die Eliteeinheiten der Ruandischen Streitkräfte sich spontan auf anhaltende Gewehr- und Granatschusswechsel mit der Ruandischen Gendarmerie und UN Friedenssoldaten eingelassen hätten, diese festzunehmen und danach die Premierministerin ihres Landes brutal zu ermorden und sie sexuell zu schänden, wenn dies nicht Teil einer organisierten Militäroperation gewesen wäre.*" Er vertraute vielleicht darauf, dass das Bagosora-Urteil ebenso wie die lebenslangen Strafen für Anatole Nsengiyumva und Aloys Ntabakuze von der Berufungskammer revidiert werden würden. Für Bagosora wurde die Strafe bei Relativierung seiner angeblichen Machtposition am 14. Dezember 2011 aber nur auf 35 Jahre reduziert. Der wahrscheinlich entscheidende Satz findet sich in Tz. 540 des Berufungsurteils: „*Im Lichte von Bagosoras Leitungsfunktion im*

---

702 Nur die privat-öffentlich finanzierte *Agence Hirondelle* mit dem Gesellschaftssitz in Lausanne berichtete noch regelmäßig bis zum bitteren Ende.

703 Mit dem Nachweis, dass die Planungshypothese nicht zu beweisen war, hatte er seine juristische Reputation trotz des fragwürdigen Strafmaßes bewahren können. 2011 wurde er zum Richter am Europäischen Menschenrechtsgerichtshof in Straßburg gewählt.

Verteidigungsministerium und seiner Zugangsmöglichkeiten zur Militärführung, wie sich das aus seiner Teilnahme an ihren Besprechungen ergibt, muss man feststellen, dass er, auch wenn er keine direkte Disziplinargewalt hatte, doch die Möglichkeit gehabt hätte, der Militärführung über Armeeverbrechen zu berichten und somit Untersuchungen in Gang zu setzen."

Diese Feststellung blendet die konkrete Situation eines totalen von Kagame und seinen Verbündeten gewollten Chaos aus, bei dem nicht die Möglichkeit eingehender Untersuchungen und Strafen bestand. Nur bei solcher Ausblendung der tatsächlichen Situation und Machtverhältnisse kann man zu der Schlussfolgerung der Tz. 524 im Berufungsurteil kommen: *"Die Berufungskammer findet, dass Bagosora nicht beweisen konnte, die Kammer habe sich geirrt, wenn sie ihm eine Vorgesetztenverantwortung und effektive Kontrolle der ruandischen Streitkräfte zwischen dem 6. und 9. April zusprach."*

Das Berufungsurteil für Anatole Nsengiyumva wurde ein faktischer Freispruch[704], auch wenn die Kammermehrheit an einer Bestrafung in genau der in Untersuchungshaft verbrachten Zeit von 15 Jahren festhielt. Er wurde am Tag der Urteilsverkündung des Berufungsgerichts aus dem Gefängnis entlassen.

Im Nsengiyumva-Verfahren konnte ich[705] zusammen mit dem kenianischen Verteidiger Kennedy Ogetto die offenkundigen Fehlinterpretationen durch Alison Des Forges von Dokumenten beweisen, die man Linda Melvern aus den Archiven der ruandischen Regierung aus der Habyarimana-Zeit überlassen und als Beweismittel der Anklage vorgelegt hatte.[706] Da Nsengiyumva mit kurzen Unterbrechungen von 1976 bis 1993 militärischer Geheimdienstchef bei Habyarimana gewesen war, glaubte man ihm alles Böse unterstellen zu können.

Aber es stellte sich heraus, dass er die Vorgänge im Museveni-Lager immer richtig analysiert und keineswegs kriegstreiberische Vorschläge gemacht hatte. Nsengiyumva hat vor dem Angriff der RPF 1990 die Demokratisierung des Habyarimana-Regimes trotz der darin enthaltenen Risiken aufgrund der weltpolitischen Veränderungen als unumgänglich bezeichnet. Man müsse die Gefahren aus Uganda sehen und ihnen zusammen mit Habyarimanas westlichen Verbündeten entgegenwirken. Ein Versuch der militärischen Eroberung Ruandas durch das Tutsi-Exil hielt er in seiner Analyse mit dem Titel « *Le vent de l'Est* » vom

704 Die Richter Theodor Meron und Patrick Robinson hatten in ihrem Abweichenden Votum faktisch für Freispruch plädiert, als sie seine Vorgesetztenverantwortung für die ihm zur Last gelegten Verbrechen bestritten, blieben aber in der Minderheit.

705 Mein Expertenbericht siehe unter Strizek 2005.

706 Der Vorgang wurde schon im Abschnitt „Sachverständige" kurz erwähnt.

22. Mai 1990 für unwahrscheinlich. Er war also keineswegs ein kriegstreiberischer Alarmist.

Aloys Ntabakuze fand in seinem Berufungsurteil am 8. Mai 2012 weniger milde Richter als Anatole Nsengiyumva. Sein Berufungsverfahren war in Zusammenhang mit dem Fall seines Verteidigers Peter Erlinder von dem der beiden anderen Mitverurteilten abgetrennt worden.[707] Seine Bestrafungsgründe wurden zwar auch deutlich eingeschränkt, aber seine Strafe wurde nach dem Muster Bagosora nur von lebenslang auf 35 Jahre reduziert.

Wichtig am Verfahren Militär I ist wohl, dass man in Übereinstimmung mit der Militärmacht USA niemanden - nicht einmal den im Prozess Militär II abgehandelten Generalstabschef Augustin Bizimungu - wegen Widerstands gegen die RPF-Armee - nicht einmal wegen Kriegsverbrechen - verurteilte. Das hätte wohl doch zu viele Fragen aufgeworfen, wie man die amerikanischen Soldaten bei ihren weltweiten Einsätzen „bei Laune" halten will, wenn man die Legitimität von Widerstand gegen einen militärischen Angreifer in Frage stellt.

6.7.7 Der Prozess Militär II

Im zweiten großen Prozess gegen Angehörige der ruandischen Armee waren der letzte Generalstabschef der Gendarmerie, Generalmajor Augustin Ndindiliyimana, der letzte Generalstabschef der Armee, Generalmajor Augustin Bizimungu, der Kommandeur des sog. RECCE Aufklärungs-Bataillons, Major François-Xavier Nzuwonemeye und sein Stellvertreter Hauptmann Innocent Sagahutu, angeklagt.[708]

In der Anklageschrift wurde allen vier Angeklagten Völkermordplanung vorgeworfen. Diese Beschuldigungen wurden von der Kammer für alle vier als von der Anklage nicht bewiesen zurückgewiesen.

Im erstinstanzlichen Urteil am 17. Januar 2011 wurde General Ndindiliyimana zu genau der Zeit, die er in Untersuchungshaft verbracht hatte, verurteilt und auf freien Fuß gesetzt. General Augustin Bizimungu wurde in

707 Erlinder hat sich nach seinen Erlebnissen in einem ruandischen Gefängnis in Zusammenhang mit seinem Versuch, Victoire Ingabire Umuhoza in Kigali zu verteidigen, geweigert zur Berufungsverhandlung nach Arusha zu kommen und wurde deshalb als Verteidiger ausgeschlossen.

708 Das Verfahren vor der II. Kammer fand ab dem 20. September 2004 unter dem Vorsitz von Richter Joseph Nihal Asoka de Silva aus Sri Lanka statt. Der ebenfalls Angeklagte Chef der Präsidentengarde Protaïs Mpiranya konnte nicht verhaftet werden und ist wahrscheinlich im Exil gestorben. Von ihm sind - vom Verleger als posthum bezeichnet - 2010 Memoiren erschienen (Mpiranya 2010).

Vorgesetztenverantwortung zu 30 Jahren Gefängnis verurteilt. Nzuwonemeye und Sagahutu wurden beschuldigt, für die Ermordung der Ministerpräsidentin Agathe Uwilingiyimana und von zehn belgischen Blauhelmsoldaten, die sie hatten bewachen sollen, am Morgen des 7. April 1994 verantwortlich zu sein. Sie wurden beide zu 20 Jahren Gefängnis verurteilt.[709]

Ein Teilurteil[710] im Berufungsverfahren Militär II wurde am 11. Februar 2014 unter Vorsitz von Richter Meron gesprochen. Wie erwartet wurde General Ndindiliyimana, gegen den nach der Meinung vieler Beobachter nichts vorlag, freigesprochen. Insbesondere stellte die Berufungskammer fest, die ihm im Kammerurteil zugeschriebene Vorgesetztenverantwortung für Gendarmen, die zur Zeit des Kirchenmassakers in Kansi sein Haus in Nyaruhengeri/Butare bewacht hätten, sei juristisch nicht zu rechtfertigen.[711] Ähnlich verhalte es sich bei den Attacken auf das Collège St. André/Kigali am 13. April 1994.[712]

Auch Major Nzuwonemeye wurde freigesprochen. Dies war eine kleine Sensation, hatte man ihn doch für den Mord an der Ministerpräsidentin Agathe Uwilingiyimana am Morgen des 7. April 1994 verantwortlich gemacht. Ein weiterer Baustein in der Planungstheorie war damit zusammengebrochen.

Dass Kigali Richter Meron scharf kritisiert und von „alarmierenden Freisprüchen" gesprochen hat, war erwartbar.[713]

Kaum verständlich ist das Berufungsurteil gegen Hauptmann Innocent Sagahutu. Man hielt ihn nach wie vor für mitschuldig am Tod der 10 belgischen Blauhelmsoldaten am 7. April 1994, wenngleich er von dem Vorwurf entlastet

---

709 Ich habe im Verfahren gegen Innocent Sagahutu auf Bitten der Verteidigung einen Expertenbericht mit dem Titel „*Auf immer die Hutu-Bevölkerung diskreditieren*" vorgelegt (Strizek 2008) und wurde am 24. und 25. November 2008 per Video aus Den Haag angehört. Mit dem Bericht wollte ich vor allem aufzeigen, dass das Arusha-Gericht sich in das politische Ziel der RPF und ihrer Verbündeten hat einspannen lassen, die Hutu-Bevölkerung kollektiv als potentielle Völkermörder anzusehen, um sie von politischer Macht in Ruanda dauerhaft auszuschließen.

710 Das Verfahren gegen General Augustin Bizimungu wurde abgetrennt und vertagt.

711 Siehe Tz. 12 der Zusammenfassung des Berufungsurteils vom 14.2.2014.

712 Zu internationaler Bekanntheit hat diesem Verfahren vor allem der sehr engagierte kanadische Anwalt der Verteidigung Christopher Black verholfen. Er hat ganz entscheidenden Anteil am Freispruch von General Ndindiliyimana im Berufungsurteil am 11. Februar 2014.

713 Im April 2014 kam es auch zu einem Beschwerdebrief der parastaatlichen Opferorganisation *Ibuka* und anderer ruandischer Organisationen an den Sicherheitsrat mit dem Ziel der Ablösung von Richter Meron.

wurde, er habe Unteroffizier Nizyimana einen entsprechenden Befehl erteilt.[714] Wollte man mit der Reduzierung seiner Strafe auf 15 Jahre und damit fast auf die 14 Jahre in Haft verbrachte Zeit einfach nur der Erwartung in der anglophonen Welt entsprechen und den Zornessturm in Kigali reduzieren? Kann es auch Rücksicht auf Belgien gewesen sein, dem man noch immer einen Schuldigen für den Tod der Belgier bieten wollte? Aber immerhin: Sagahutu wurde nach fast vollständiger Verbüßung seiner Strafe am 13. Mai 2014 auf freien Fuß gesetzt, war aber Ende 2014 noch immer in Arusha blockiert, weil ihm kein Land seiner Wahl eine Aufenthaltsgenehmigung erteilt.

Generalstabschef Augustin Bizimungu war ein besonderes Opfer internationaler Vorverurteilung. Im Film „Hotel Ruanda“ aus dem Jahr 2004 taucht er als der versoffene, geldgierige Militär auf, der nichts für die Rettung der in das *Hotel des Mille Collines* geflüchteten Tutsi-Elite getan habe. Dass dies – wie auch im geschilderten Fall Rutaganda – eine grausame Verleumdung war, hat der senegalesische Blauhelmoffizier Amadou Deme 2010 in seinem Buch *„Rwanda 1994 and the Failure of the United Nations Mission. The whole truth“* bekundet. Er schreibt: *„Im Unterschied zu dem, was im Film Hotel Ruanda gezeigt wird, hat dieser hochrangige Offizier zu ihrem Schutz den Transport und die Begleitung von vielen Menschen in das Hotel Mille Collines organisiert und ihnen geholfen, das Hotel gegen Angriffe der Milizen zu verteidigen. Mehrere Male ist er dort persönlich mit seiner Eskorte erschienen und hat auf Angreifer des Hotels gefeuert. Er gehörte zu denen, die den Tutsi am nahesten standen in dieser Zeit.“*[715]

Das am 7. Februar 2014 ohne Begründung abgetrennte Berufungsurteil gegen General Augustin Bizimungu wurde schließlich am 30. Juni 2014 gefällt. Die 30jährige Haftstrafe wurde bestätigt, obwohl die fünf Richterinnen und Richter im Text des Berufungsurteils erklärten, das Urteil hätte im Februar 2014 abgetrennt werden müssen, weil das Kammerurteil vom 17. Mai 2011 so viele Rechtsfehler enthalten habe, dass die Berufungskammer nun von ihrem Recht Gebrauch mache, auf der Grundlage der Anhörungen vom 7. – 10. Mai 2013 ein neues Urteil zu fällen. In der Zusammenfassung des Berufungsurteils wird ausgeführt, die Kammer habe versäumt, rechtliche Begründungen (*legal findings*) für die Verurteilung wegen Völkermords zu liefern. Die Berufungskammer *„betrachtet*

714 In Tz. 47/48 der Zusammenfassung des Berufungsurteils vom 14.2.2014 heißt es: *Accordingly, the Appeals Chamber finds that the Trial Chamber erred in convicting Sagahutu of ordering the crimes.*

715 Zitiert nach der zweiten Auflage Deme 2012a, S. 165/166. 2010 war das Buch erstmals im Book-on-demand-Verlag Xlibris Corporation in Philadelphia erschienen (Deme 2010).

den Umfang der Irrtümer ohne Beispiel in der Geschichte des Gerichts".[716] Das Berufungsgericht revidierte dann wichtige Teile des Kammerurteils – Bizimungu wird vom Anklagepunkt Völkermord freigesprochen -, aber kommt völlig unverständlicherweise zu dem Schluss, dass dies keine Auswirkungen auf das Strafmaß habe. Seine Vorgesetztenverantwortung als Generalstabschef für Straftaten einzelner Armeeangehöriger sei so schwerwiegend, dass es bei den 30 Jahren Gefängnis bleiben müsse. Die Proteste aus Kigali gegen die Freisprüche vom 7. Februar 2014 hatten ihr Ziel erreicht.

6.7.8 Der Fall Casimir Bizimungu im Verfahren Regierung II[717]

Im Prozess Regierung II waren die Verfahren gegen die Minister der Interimsregierung Dr. med. Casimir Bizimungu (Gesundheit), Justin Mugenzi (Handel), Jérôme-Clément Bicamumpaka (Auswärtiges) und Prosper Mugiraneza (Öffentlicher Dienst) zusammengefasst.[718]

Alle vier sind freigesprochen worden, Bizimungu und Bicamumpaka schon in erster Instanz am 30. September 2011 unter dem Vorsitz von Richterin Khalida Rachid Khan aus Pakistan, Mugenzi und Mugiraneza im Berufungsverfahren am 4. Februar 2013 unter dem Vorsitz von Richter Theodor Meron.

Der Freispruch für Casimir Bizimungu[719] hat mich nicht überrascht, da ich schon nach meiner Anhörung per Video aus Den Haag im Februar 2007 den Eindruck hatte, dass das Verfahren für ihn gut laufe. Ich konnte dem Gericht am 12. Februar 2007 zur Verblüffung einiger auch über die gerade im Internet

---

716 Siehe Tz. 8 des Summary of the Appeals Chamber Judgement: *Indeed, the Appeals Chamber considers the magnitude of this error to be unprecedented in the history of the Tribunal.*

717 Ein Verfahren Regierung I gab es offiziell nach der Verurteilung von Jean Kambanda, das ich dennoch zuweilen als Verfahren Regierung I bezeichne, nicht.

718 Die Verfahren gegen die anderen Minister dieser Regierung wurden im Cyangugu-Prozess (André Ntagerura), im Butare-Prozess (Pauline Nyiramasuhuko), im Rahmen des MRNDD-Prozesses (Edouard Karemera) und als Einzelverfahren (Eliézer Niyitegeka und Augustin Ngirabatware) geführt. Ein Prozess gegen Verteidigungsminister Augustin Bizimana konnte nicht geführt werden, weil er nicht auffindbar war und wahrscheinlich im Exil verstorben ist.

719 Casimir Bizimungu wurde 1987 Gesundheits- und 1989 ruandischer Außenminister. 1992 musste er wegen der Koalitionsarithmetik den Außenministerposten an einen Vertreter der MDR-Partei abgeben und wurde wieder Gesundheitsminister. Diesen Posten behielt er auch in der Interimsregierung ab dem 9. April 1994 bei.

veröffentlichte eidesstattliche Erklärung von Michael Hourigan[720] zu seinen Erlebnissen mit Kofi Annan zur Unterdrückung der Zeugenaussagen zur RPF-Verantwortung für das Attentat vom 6. April 1994 berichten.[721]

Ich hatte dem Gericht auf Bitten der Verteidigung von Casimir Bizimungu einen Expertenbericht mit dem Titel *Die Interimsregierung angesichts eines provozierten Völkermords* übermittelt[722], aus dem schon deutlich hervorging, dass Bizimungu kein „Hutu-Extremist" war, sondern an vielen Stellen der ruandischen Geschichte einen mäßigenden Einfluss ausgeübt hat. Er hat beispielsweise wesentlich dazu beigetragen, dass Habyarimana nach dem RPF-Angriff vom Oktober 1990 die massenhafte Internierung von Tutsi aufgab und der allergrößte Teil freigelassen wurde. Unbestritten ist auch, dass er als Habyarimana-Außenminister geholfen hat, den Tutsi-Exilanten eine Rückkehrmöglichkeit zu bieten. Dass es dazu nicht kam, war keineswegs die Schuld von Casimir Bizimungu. Er war ein prominentes Opfer der Museveni-Intrigen.

Als Casimir Bizimungu Museveni im Juli 1990 in Addis Abeba zur Wahl zum OAU-Vorsitzenden gratulierte, nahm dieser ihn zur Seite. Er habe ihm eine wichtige Mitteilung zu machen. Er habe den RPF-Chef Fred Rwigyema überzeugen können, im September an der Spitze einer Delegation der Exil-Tutsi nach Ruanda zu kommen, um die Lösung der Flüchtlingsfrage in dem Sinne zu regeln, wie er sie auch schon mit Habyarimana besprochen habe. Niemand zweifelte an der Macht und am guten Willen von Museveni, die Frage friedlich zu lösen. Das war ein großer Irrtum. Denn Rwigyema versuchte am 1. Oktober 1990 an der Spitze von Soldaten der Museveni-Armee nach Kigali zu kommen!

Kurz vor diesem RPF-Angriff war Bizimungu von Habyarimana als Folge von Geheimdienstberichten über einen unmittelbar bevorstehenden Angriff nach Kampala entsandt worden. Museveni hat ihn beschieden, das sei alles falsch, er solle seinem Staatschef versichern, es gäbe keinen Anlass zur Beunruhigung. Solange er die Macht in Uganda ausübe, werde er *„his rwandan boys"* schon in Schach halten.[723]

Aber auch das brachte Casimir Bizimungu nicht dazu, ein *hardliner* zu werden. Er unterstützte Habyarimana immer – bis 1992 als Außenminister und danach als Gesundheitsminister und wichtiger MRNDD-Politiker – bei dem Versuch einer Machtteilungslösung.

---

720 Die Gerichtsverwaltung muss diese Erklärung gekannt haben, hat sie bis dahin jedoch unter Verschluss gehalten.

721 Siehe dazu auch Abschnitt 6.1.4 „Das Attentat vom 6. April 1994" .

722 Strizek 2007.

723 Vgl. Strizek 2007, S. 12 und auch Musabyimana 2003, S. 50.

In seinem Prozess hat die Frage eine Rolle gespielt, warum er der Interimsregierung angesichts der Massaker im Lande nicht seine Demission eingereicht habe. Er antwortete, niemand in der Interimsregierung habe etwas mit den Massakern zu tun gehabt, im Gegenteil, alle hätten versucht, etwas gegen das Chaos im Lande zu unternehmen. Und bei seinen Reisen ins Ausland habe man ihn ermuntert in diesem Sinne weiterzuarbeiten. Diese Erklärung ist insofern verständlich, als die USA als der Hauptverbündete der RPF niemals den Rücktritt der Interimsregierung gefordert, ihr erst am 15. Juli 1994 nach ihrer Flucht nach Zaïre die diplomatische Anerkennung entzogen und ihre Vertreter aus den USA ausgewiesen haben. Die Interimsregierung konnte sich einfach nicht vorstellen, dass die Clinton-Administration Kagame an die Macht bringen wollte und zur späteren Rechtfertigung der geplanten Militärdiktatur das Chaos am Leben erhalten wollte.

Am 20. August 1994 hat Casimir Bizimungu dem Exil-Präsidenten Theodore Sindikubwabo schriftlich seine Demission aus der inzwischen zur Exilregierung gewordenen Interimsregierung unterbreitet, weil die Exilregierung kein internationales Ansehen habe und keine vernünftige Arbeit mehr leisten könne.[724]

Casimir Bizimungu hat später versucht von Kinshasa aus eine politische Opposition gegen Kagame aufzubauen. Bei einem Besuch seiner Familie in Nairobi wurde er am 11. Februar 1999 verhaftet und an das Arusha-Gericht überstellt.

Auch in seiner Anklageschrift konnte man ihm nichts vorwerfen. Sie enthielt die übliche Sichtweise der Völkermordplanung durch die Interimsregierung. Aber diese Sichtweise war durch das Urteil im Prozess Militär I am 18. Dezember 2008 weitestgehend obsolet geworden.[725] So war sein Freispruch am 30. September 2011 – insbesondere auch im Hinblick auf den Freispruch von Minister André Ntagerura am 24. Februar 2004 – nicht zu vermeiden.

Casimir Bizimungu hatte zwölf Jahre unschuldig im Gefängnis verbracht. Aber auch dann verhinderten seine Feinde in den USA und anderswo, dass er zu seiner Familie nach Kanada reisen konnte.[726] Von einer Haftentschädigung, die man im Statut des Arusha-Gerichts einfach „vergessen" hatte, war keine Rede.

---

724 Jean Kambanda kritisiert diesen Schritt als *pitoyable* und *irresponsable* (Kambanda 2012, S. 299). Er nennt ihn auch einen Dinosaurier des Habyarimana-Regimes und zeigt auch in dieser Einschätzung, dass er seine parteipolitische Kleinkariertheit als MDR-Politiker nie überwinden konnte.

725 Das Berufungsurteil im Verfahren Militär I vom 14.12.2011 einige Wochen vor dem erstinstanzlichen Urteil im Prozess Regierung II bestätigte diese Einschätzung.

726 Auch André Ntagerura konnte bis dato Arusha nicht verlassen, weil ihm kein Land eine Aufenthaltsgenehmigung geben wollte.

6.7.9 Der Butare-Prozess (Prosecutor vs. Pauline Nyiramasuhuko et al.)

Im Butare-Prozess[727] wurden die Verfahren gegen die meisten aus der Präfektur Butare im Süden Ruandas stammenden Angeklagten zusammengefasst. Es war das aufwändigste und bis zu den Kammerurteilen am 24. Juni 2011 mit 14 Jahren Dauer seit dem ersten Erscheinen vor einem Richter das längste erstinstanzliche Verfahren. Angeklagt waren: die Familienministerin Pauline Nyiramasuhuko, ihr Sohn Arsène Shalom Ntahobali, die Präfekten Sylvain Nsabimana und Alphonse Nteziryayo und die Bürgermeister Joseph Kanyabashi und Élie Ndayambaje.

In diesem Prozess hat sich – neben Alison Des Forges[728] – vor allem der „Ankläger-Forscher" André Guichaoua verwirklicht.[729] Ihm ging es vor allem darum, die Ministerin Pauline Nyiramasuhuko als große Völkermord-Planerin zu „entlarven". Im ersten Anlauf ist das auch gelungen, denn sie wurde im erstinstanzlichen Urteil am 24. Juni 2011 unter dem Vorsitz von Richter William Sekule wegen Völkermordplanung zu einer lebenslangen Haftstrafe verurteilt

727 Zum Kammer-Urteil vom 24.6.2011 im sog. Butare-Prozess hat Jean Kambanda am 10.11.2011 in einem Brief vom Gefängnis in Koulikoro/Mali aus der Gerichtspräsidentin Khalida Rachid Khan geschrieben: *Je dénonce avec énergie ces jugements et ces condamnations laissant entendre que les juges auraient enfin trouvé des éléments prouvant la planification du génocide des Tutsi au sein du cabinet ministériel que j'ai dirigé du 9 avril au 17 juillet 1994. Je vous montre avec preuves à l'appui que la planification du génocide des Tutsi ainsi que celui des Hutu est le fait de l'actuel Président du Rwanda Paul Kagame.*" Mit welchen Methoden das Gericht seine Planungstheorie retten wollte, beschreibt Kambanda in seiner Erklärung vom 1.11.2011: „*Dans le procès dit KAREMERA et alii, dans une tentative désespérée de prouver l'existence d'un plan de génocide prétendument élaboré par le parti MRND, parti qui aurait convaincu les Forces Armées Rwandaises et les autres partis, le Procureur du Tribunal Pénal International pour le Rwanda s'est rendu coupable d'un crime de faux et usage de faux en faisant écrire deux lettres adressées aux FAR et aux différentes autorités administratives et politiques du pays, qu'il a fait attribuer au Président du MRND Matthieu NGIRUMPATSE, avec une signature imitée de ce dernier. L'affaire ayant été portée devant la Chambre, tout a été mis en œuvre pour étouffer cette malversation judiciaire avérée, et ce crime est resté impuni.*" In seinem 2013 erschienenen Buch mit dem Erscheinungsjahr 2012 kommt Jean Kambanda auf diesen Vorgang zurück und berichtet, dass die Kammer die Behandlung dieses Vorgangs unterdrückt hat. (Kambanda 2012, S. 230/230).

728 In dem von ihr koordinierten Buch *Leave none to tell the story* hat der damals junge Forscher Timothy Longman an dem Kapitel über die Präfektur Butare maßgeblich mitgearbeitet. (Siehe: Des Forges 1999, Kapitel „*Genocide at the local level: Gikongoro and Butare*"). Daraus hat die Anklage „Honig gesaugt".

729 Er hat seine Expertise zum Butare-Prozess in einem 500-seitigen Buch veröffentlicht: Guichaoua 2005.

und dies, obwohl Richter Eric Møse im Dezember 2008 im Prozess Militär I die Völkermordplanung für unbeweisbar erklärt hatte und zum Zeitpunkt des Sekule-Urteils sich die am 30. September 2011 verkündeten Freisprüche für die Minister Casimir Bizimungu und Jérôme Bicamumpaka im Prozess Regierung II schon abzeichneten.

Die Kammer-Urteils-Passagen über die ihr unterstellte Anstachelung zu Vergewaltigungen lassen die Frau des langjährigen hochangesehenen Rektors der Universität Butare Maurice Ntahobali, deren Sohn bei einem Fortbildungsaufenthalt in Israel geboren und deshalb den Namen Shalom trägt, als Ausgeburt des Bösen erscheinen. Sie war weltweit vorverurteilt, weil man sie schon lange als die erste Frau präsentiert hat, die – wie man unterstellte – zu Recht wegen ihrer Verantwortung für Vergewaltigungen angeklagt sei. Ein faires Verfahren konnte sie von der von RPF-Sympathisanten[730] dominierten Kammer nicht erwarten.

Die Ministerin wurde wegen Vergewaltigung verurteilt[731], weil sie als „*Interahamwe*" bezeichneten Jugendbanden befohlen[732] habe, Tutsi-Frauen zu vergewaltigen. Dafür trage sie die Vorgesetztenverantwortung[733].

Eine Besonderheit des Butare-Prozesses war das Auftreten von Filip Reyntjens als Gutachter der Verteidigung von Bürgermeister Joseph Kanyabashi. Reyntjens hat seinen früheren „Ankläger-Forscher"-Kollegen André Guichaoua in seinem Experten-Bericht hart attackiert. Reyntjens zitiert folgende Passage aus dem Guichaoua-Gutachten: *„Sei es aus Angst, aus Berechnung, aus Gewohnheit oder aus Überzeugung, alle, die im Amt geblieben sind oder die befördert wurden, haben direkt an der Ausführung (mise en oeuvre) und/oder der Organisation von Massakern teilgenommen".* Reyntjens kommentierte dies mit scharfen Worten: *„Die kalte Bewertung kann vernünftig sein, wenn man in aller Ruhe und Sicherheit in einem Pariser Büro schreibt, aber sie berücksichtigt nicht die vitalen Dilemmata, mit denen die so Beschuldigten konfrontiert waren. Ich finde diese Bewertung von Menschen, die im Amt geblieben sind und alles getan haben – manchmal durch kleine Gesten -, Menschenleben zu retten und den Schaden zu begrenzen, dabei aber, was man ihnen heute vorzuwerfen scheint, am Leben geblieben sind, geradezu*

730 Neben Sekule waren dies der Ugander Solomy Balungi Bossa und die aus Madagaskar stammende Arlette Ramaroson, auch Mitbegründerin der Pan-African Christian Womens Alliance (PACWA).

731 Zur Aktion „Kondomverteilung" durch die Ministerin wird an Abschnitt 6.5.14 erinnert.

732 Siehe dazu Tz. 6093 des Kammerurteils.

733 Ihr Sohn wird für eine Reihe von Vergewaltigungen und die Anstiftung zu weiteren verurteilt. Siehe dazu Tz. 6094 des Kammerurteils.

skandalös. Die Logik einer solchen Schlussfolgerung ist wohl, dass nur ein toter Bürgermeister ein unschuldiger Bürgermeister ist. Das Resümee von Guichaoua zur Haltung von Kanyabashi auf S. 154 seines Berichts ist eine klare, durch keine Tatsache untermauerte Unterstellung."[734]

Die Berufungsverfahren der sechs vom Kammergericht am 24. Juni 2011 Verurteilten durch die gemeinsame ICTY/ICTR-Berufungskammer wurden in unverantwortlicher Weise mit fadenscheinigen Gründen auf Mitte 2015 hinausgezögert. Man wollte offenbar das Mandatsende des Arusha-Gerichts im Dezember 2014 aus nicht erklärten Gründen hinauszögern.

6.7.10 Der MRNDD-Prozess (Nzirorera, Karemera, Ngirumpatse)

Obwohl er nicht so genannt wurde, sind in dem Prozess *Prosecutor vs. Nzirorera et al.* die überlebenden Spitzenvertreter der MRNDD-Partei angeklagt worden.[735] Da der MRNDD-Generalsekretär Joseph Nzirorera während des Verfahrens gestorben ist, wurden am 2. Februar 2012[736] nur der MRNDD-Parteivorsitzende Matthieu Ngirumpatse und der MRNDD-Vizepräsident Edouard Karemera[737] in erster Instanz unter dem Vorsitz von Richter Byron zu lebenslangen Haftstrafen verurteilt.

Man hat sie „nur" wegen Völkermord verurteilt, obwohl man sie der Völkermordplanung für schuldig befunden hat. Das spiele keine Rolle, weil das Strafmaß für beide Anklagepunkte identisch sei.

Dieses Urteil gegen Männer, deren Respektabilität nicht einmal die Kammer bestreiten wollte, ist noch deutlicher als politisch zu bewerten als viele andere. Im Urteilstext werden sogar Ngirumpatses *long-lasting contributions to politics, arts, and social sciences in Rwanda* gewürdigt. Er habe enge Freundschaften zu Tutsi unterhalten und sich um die Erhaltung der traditionellen Tutsi-Kultur verdient gemacht. Zu Beginn *„der Tragödie, die über Ruanda hereingebrochen ist"*, habe er in seinem Haus mehreren Tutsi Schutz geboten.[738] Es wird auch erwähnt, dass er zu Kagames Schwiegervater enge Beziehungen hatte, weil dieser in dem

---

734 Aus Seite 22 des Expertenberichts (Rapport d'expertise) von Filip Reyntjens vom 16. August 2007.

735 Im erstinstanzlichen Urteil wird auch gesagt, der Prozess sei teilweise als „Regierung I" bezeichnet worden.

736 Das Verfahren war lange Zeit wegen einer Erkrankung von Ngirumpatse unterbrochen.

737 Ab dem 25. Mai 1994 war er auch Innenminister.

738 Tz. 1756 des Kammerurteils.

von Ngirumpatses Frau betriebenen Restaurant *Garden Eden* angestellt gewesen sei.[739]

Das Urteil ist intellektuell noch weniger nachvollziehbar als die meisten anderen von mir analysierten Urteile. Man hat nach Gutdünken den Zeugen aus Kigali geglaubt. Sicherlich ist vor allem Edouard Karemera für seine „majestätsbeleidigenden" Bücher[740] und seine Angriffe gegen André Guichaoua[741], den treuen Helfer der Anklage, bestraft worden.

Karemera und Ngirumpatse, aber auch die Anklagebehörde, haben die Berufungskammer angerufen. Am Ende der Anhörung der Berufungskammer im Februar 2014 hat Matthieu Ngirumpatse erklärt: „*Bei den tragischen Ereignissen zwischen April und Juli 1994 hat die Tatsache, Präsident der MRND*[742] *zu sein, mir weder rechtlich noch faktisch die Möglichkeit gegeben, eine irgendwie geartete Autorität über die Kriminellen jeglicher Couleur auszuüben. Die Partei hatte keine Polizei und auch keine Armee. Meine Möglichkeit war nur das Wort und man hat nicht so auf mich gehört, wie ich es gewünscht hätte. Selbst hier im Gericht wurden meine Aufrufe, die Mörder sollten mit dem Töten aufhören, missverstanden und meine Aufrufe zugunsten der Vertriebenen und der Flüchtlinge wurden mir als Verbrechen angelastet ebenso wie meine Anstrengungen, ein Eingreifen der Internationalen Gemeinschaft zu erreichen. Das Wort hat kein Gewicht angesichts von Wahnsinn und Leidenschaft, es ist oft ihr Opfer. Dass ich unter solchen Umständen gerettet habe, was in meinen Kräften stand, ist mir eine Quelle inneren Trostes, um den mich manche beneiden können. Meine Aktionen im Dienste meines Landes waren in den letzten dreißig Jahren immer davon bestimmt, für eine bessere Zukunft meiner Landsleute zu wirken. Dies bleibt mir auch innere Richtschnur für den Rest meiner Tage, sollte mein Einfluss und meine physische Kraft mir die Gelegenheit geben, meinem Land zu dienen.*"[743]

Es half nichts. Richter Meron und seine Kollegen – immerhin mit abweichendem, eine Strafreduzierung fordernden Votum des Richters Bakhtiyar Tuzmukhamedov aus der Russischen Föderation – waren unerbittlich.

Die Berufungskammer bestätigte am 29. September 2014 die lebenslangen Haftstrafen für Ngirumpatse und Karemera. Man ließ die Verurteilung wegen

---

739 Siehe Tz. 1739 des Kammerurteils.

740 Karemera 2006 und Karemera 2012.

741 So in einem offenen Brief Karemeras vom 20.5.2010 mit Kritik an Guichaouas letztem großen Buch (Guichaoua 2010).

742 Er benutzte den Traditionsnamen, obwohl die Partei offiziell seit 1991 MRNDD hieß.

743 Aus: Jambonews.net vom 12.4.2014.

Völkermordplanung aus dem Kammerurteil fallen[744], erklärte dies aber für nicht wichtig genug, um das Strafmaß zu reduzieren.[745] Man wollte auf jeden Fall verhindern, dass er seinem Land nochmals dienen kann.

Die Vermutung liegt auf der Hand, dass Richter Meron auf die Forderungen aus Kigali, ihn nach den Freisprüchen für General Augustin Ndindiliyimana und Major François Nzuwonemeye vom 14. Februar 2014 abzusetzen, Wirkung gezeigt hat.

Meron hat mit den lebenslangen Haftstrafen für Karemera und Ngirumpatse und der Verurteilung von Augustin Ngirabatware zu 30 Jahren Gefängnis am 18. Dezember 2014[746] die Hoffnung zerstört, er werde den altersweisen Mut fortsetzen, den er bei den Freisprüchen für die Ex-Minister Mugenzi und Mugiraneza im Verfahren Regierung II und vor allem beim Freispruch im Fall Zigiranyirazo 2009 bewiesen hatte.

Auch im Berufungsurteil Ngirumpatse/Karemera ist mit der Madegassin Arlette Ramaroson[747] die Mitwirkung einer Richterin am Berufungsverfahren empörend, die 2011 im Butare-Verfahren für harte lebenslängliche Kammer-Urteile mitverantwortlich war und deren Berufungsverfahren zum Zeitpunkt ihrer Mitwirkung an den letztinstanzlichen Urteilen gegen Ngirumpatse und Karemera noch ausstanden.

6.7.11 Der Fall Gatete

Jean-Baptiste Gatete, dem früheren Bürgermeister der Gemeinde Murambi im Osten Ruandas, wird in ganz besonderem Maße die Verantwortung für die Massaker in der Kirchengemeinde Kiziguro am 11. April 1994 angelastet.

Die Kammer kam zu dem Schluss, dass *„das Maß an Koordinierung nur durch eine vorausgehende Verabredung und Planung durch die daran beteiligten*

---

744 Siehe Tz. 745 des Berufungsurteils.

745 In der Pressemitteilung ICTR/INFO-9-2-759.EN des Gerichts vom 29. September 2014 liest sich das so: *The Appeals Chamber reversed certain findings of the Trial Chamber, which, however, did not result in the overturning of any of Karemera's or Ngirumpatse's convictions.*

746 Siehe Abschnitt 6.7.13.

747 Die „harte" Richterin" Arlette Ramaroson weist in Tz. 16 ihrer abweichenden Stellungnahme („Opinion partiellement dissidente") die Aufhebung einiger Anklagepunkte aus dem Kammerurteil im Urteil der Berufungskammer zurück und fordert – so als hätte es das Urteil vom 18.12.2008 nicht gegeben – die Verurteilung der beiden Angeklagten wegen Völkermordplanung.

Personen erreicht werden konnte.“[748] Aber Gatete wurde in erster Instanz „nur“ wegen Völkermord – allerdings lebenslänglich – verurteilt.

Die Berufungskammer reduzierte am 9. Oktober 2012 diese Strafe wegen der Überlänge des Verfahrens auf 40 Jahre, gab aber dem Antrag der Anklage statt, ihn trotz aller bisherigen Unbeweisbarkeit dieses Anklagepunktes weiterhin auch der Völkermordplanung für schuldig zu erklären. Dann aber wendet man den schon bekannten Trick in anderer Form an: Da die Anklage mit ihrem Antrag keine Straferhöhung beantragt habe, reiche es aus, ihn letztinstanzlich für Völkermord zu verurteilen. Zur Qualität der Zeugen der Anklage nur ein Beispiel aus dem Berufungsurteil, wo es heißt, die Kammer habe zwar festgestellt, dass ein Aspekt der Aussagen der Zeugin BVS zur Gatete-Präsenz in Kiziguro am 11. April 1994 *“confusing”* gewesen sei. Man könne aber der Kammer folgen, wenn sie diese Aussagen dennoch insgesamt für glaubwürdig gehalten habe.[749]

Das Gatete-Fehlurteil hat im Frankfurter Prozess gegen den ehemaligen Bürgermeister von Muvumba, den Vorwand geliefert, auch für Onesphore Rwabukombe seine von ihm bestrittene Anwesenheit in Kiziguro am 11. April 1994 festzustellen.[750]

6.7.12 Der Fall Juvénal Uwilingiyimana

Ein Prozess gegen den früheren ruandischen Handelsminister und Chef der Tourismusbehörde, Juvénal Uwilingiyimana, konnte nicht geführt werden, weil seine Leiche am 17. Dezember 2005 aus einem Brüsseler Kanal geborgen worden ist. Dieser Fall wirft ein besonders makabres Licht auf die Methoden der Anklage. Uwilingiyimana floh 1994 aus Ruanda und lebte seit 1998 mit seiner Familie in Brüssel. Dort erreichte ihn am 13. Mai 2005 ein Haftbefehl des Arusha-Gerichts. Er wurde nicht verhaftet, weil er sich bereit erklärte, mit der Anklage eine Schuldanerkennungsvereinbarung zu treffen.

Die Verhandlungen wurden in Nord-Frankreich geführt, wo er auch den amerikanischen Chefermittler Stephen Rapp getroffen hat. Am 5. November 2005 schrieb er der Anklage einen Brief[751] und erklärte, er wolle nicht mehr mit

---

748 Vgl. dazu die Tz. 24 der Kammerurteilszusammenfassung (Overview).

749 Vgl. Tz. 127 des Berufungsurteils im Fall Gatete.

750 Auf die Schilderung des Frankfurter Verfahrens gegen Onesphore Rwabukombe und den Zusammenhang mit dem Gatete-Urteil in Abschnitt 7.3.3 wird verwiesen.

751 Der Brief vom 5. November wurde am 28. November 2005 im Internet veröffentlicht.

ihr zusammenarbeiten, weil man von ihm Lügenerklärungen erwarte.[752] Seit dem 22. November 2005 wurde er nicht mehr gesehen.

Joseph Matata, der Koordinator des *Centre de Lutte contre l'Impunité et l'Injustice au Rwanda (CLIIR)*, hat den Brief vom 5. November 2005 für authentisch erklärt und in einer Erklärung die Methoden der Anklagebehörde des Arusha-Gerichts scharf angegriffen. Am 23. Dezember 2005 teilte die belgische Polizei mit, bei dem am 17. Dezember 2005 gefundenen Leichnam handle es sich eindeutig um Juvénal Uwilingiyimana.

Der Chefankläger Jallow erklärte[753], der Brief von Juvénal Uwilingiyimana vom 5. November 2005 sei niemals bei der Anklagebehörde eingegangen und bestritt, dass Druck auf ihn ausgeübt worden sei. Schließlich habe er Juvénal Uwilingiyimana noch am 28. Oktober 2005 und der Chefermittler Rapp[754] am 2. November 2005 getroffen. Uwilingiyimana habe dabei versichert, dass er sehr dankbar für den Schutz sei, den man ihm angedeihen lasse. Allerdings habe er erklärt, er werde von „mächtigen Leuten" bedroht. Dies widerspricht den Erklärungen der Familie. Eine Tochter von Juvénal Uwilingiyimana hat am 22. Mai 2010 bei der Anwälte-Konferenz in Brüssel erklärt, der Brief vom 5. November 2005 stamme eindeutig von ihrem Vater und von einer Bedrohung durch „mächtige Leute" sei der Familie nichts bekannt.

6.7.13 Der Fall Augustin Ngirabatware

Der Fall des langjährigen Planungsministers Augustin Ngirabatware hat auch eine deutsche Komponente. Er war lange Jahre untergetaucht und ist am 17. September 2007 in Frankfurt/M. verhaftet worden.[755] Seine Überstellung an das Arusha-Gericht hat er gerichtlich zu verhindern versucht, wurde aber nach einem sehr eigenartigen Ablehnungs-Schriftsatz des Bundesverfassungsrichters Udo Di Fabio – faktisch seiner Verteidigung wegen unzureichender Begründung die Schuld in die Schuhe schiebend – am 8. Oktober 2008 nach Arusha überstellt.

752 Der französische Brieftext findet sich als Anlage a an der Aufzeichnung B/97 zu Juvénal Uwilingiyimana in der Dokumentation.

753 Die englische Erklärung befindet sich als Anlage b an der Aufzeichnung B/97 zu Juvénal Uwilingiyimana in der Dokumentation.

754 Rapp hat dieser Vorfall nicht geschadet. Er ist seit 2009 Sonderbotschafter für Kriegsverbrechen im Department of State.

755 Im anonymisierten Text des Urteils des OLG Frankfurt gegen Onesphore Rwabukombe vom 18.2.2014 wird in Randziffer 822 ein gewisser 03 genannt, der Ngirabatware *„Unterschlupf verschafft hatte"*.

Ursprünglich war ein gemeinsames Verfahren mit dem Minister für Hochschulwesen der Interimsregierung Jean de Dieu Kamuhanda vorgesehen. Da Ngirabatware aber untergetaucht war, wurde das Kamuhanda-Verfahren abgetrennt. Kamuhanda wurde 2005 zu einer lebenslangen Haftstrafe verurteilt. Nach Ngirabatwares Eintreffen in Arusha wurde am 13. April 2009 von Richter William Sekule eine Anklageschrift für ein Einzelverfahren akzeptiert. Er leitete dann das Kammerverfahren, verkündete am 20. Dezember 2012 das Urteil: 35 Jahre Gefängnis wegen Völkermord, Anstiftung zum Völkermord und Vergewaltigung. Da man ihm wegen seiner Rolle in der Interimsregierung nichts vorzuwerfen fand, glaubte die Kammer insbesondere mehr als seltsamen Zeugen, Ngirabatware habe am 7. April 1994 in seiner Heimatgemeinde Nyamyumba im Nordwesten Ruandas Waffen verteilt und Tutsi-Massaker organisiert. Er sei auch verantwortlich für die Vergewaltigungen, die sich zu diesem Zeitpunkt ereignet hätten. Die Kammer akzeptierte die Logik der Anklage, die Zeugenaussagen zu seiner Anwesenheit in Nyamyumba seien schon allein deshalb glaubhaft, weil die Fahrt von Kigali dorthin technisch möglich gewesen sei. Zweifel hatte die Kammer nur an der Aussage des Zeugen der Anklage, der Ngirabatware am 8. April in seiner Heimatgemeinde gesehen haben will. Hier glaubte man dem Telegramm der französischen Botschaft, in dem seine dortige Anwesenheit mit seiner Familie gegen Mittag erwähnt wurde. Die Anklage blieb bei ihrer Behauptung, er könne am 8. April morgens noch in seiner Heimatgemeinde gewesen sein.

Ngirabatware bestritt immer, Kigali zwischen dem 6. und dem 10. April verlassen zu haben. Seine Alibis wurden von gewichtigen Zeugen bestätigt.

Im Kammerurteil wird auch Zeugenaussagen Glauben geschenkt, er habe schon am 22. Februar 1994 nach der Ermordung des CDR-Vorsitzenden Martin Bucyana in seiner Heimatgemeinde Nyamyumba an einer Straßensperre eine Hetzrede gegen die Tutsi-Bevölkerung gehalten.

Die Berufungskammer des Residual-Mechanismus unter Vorsitz von Richter Meron reduzierte am 18. Dezember 2014 die Haftstrafe auf 30 Jahre, weil die Anklage seine Verantwortung für Vergewaltigungen nicht ausreichend bewiesen hätte. Im übrigen bestätige man die Feststellungen des Kammerurteils.

Skandalös ist an diesem Urteil durch eine Instanz des Residual-Mechanismus (MICT) der Umstand, dass der für das Kammerurteil vom 20. Dezember 2012 verantwortliche Richter William Hussein Sekule jetzt als Mitglied dieses Gremiums im Hintergrund auf seine Kollegen Einfluss nehmen konnte, sein Kammerurteil in der Substanz zu bestätigen. Das ist leider auch unter Mitwirkung des deutschen Richters Christoph Flügge geschehen, der hier erstmals in einem Ruanda-Urteil tätig geworden ist.

Der südafrikanische Richter Bakone Justice Moloto weist in seiner abweichenden Meinung *(dissenting opinion)* zum Berufungsurteil darauf hin, die Anklage habe keinerlei Beweise dafür vorgelegt, dass die Fahrt am 7. April auch tatsächlich ausgeführt worden ist.[756] Sie hätte auch die Widersprüche in den Zeugenaussagen über die Waffenverteilungen nicht aufgeklärt. Richter Moloto hält die Beweise der Alibizeugen für schlüssig. Insgesamt kommt Moloto zu dem Schluss, man hätte dem Antrag Ngirabatwares auf Freispruch stattgeben müssen.

Allein schon aufgrund der Tatsache, Schwiegersohn von Félicien Kabuga[757], dem von den USA mit viel Geld vergeblich gesuchten Geschäftsmann und Mit-Gründer von Radio RTLM, zu sein, hatte Ngirabatware keine Chance auf einen fairen Prozess.

Hinzu kam, dass er aus dem Untergrund heraus ein Buch veröffentlichte, dessen Titel in deutscher Übersetzung etwa lautet: *Ruanda. Der Gipfel der Lüge und der Ungerechtigkeit* (*Rwanda. Le faîte du mensonge et de l'injustice*)[758].

Nach meiner Einschätzung ist aber der wirkliche Grund für Ngirabatwares Verurteilung die Tatsache, dass er für Paul Kagame wirklich gefährlich ist, weil dieser kluge Mann sich nach allgemeinem Urteil immer untadelig verhalten hat und in der westlichen Welt beste Reputation genoss. Ngirabatware wäre für höchste Ämter in einem demokratischen Staat gut.

Das erklärt möglicherweise auch die ansonsten nicht nachvollziehbare Entscheidung, seine Berufung als ersten Fall dem Residual-Mechanismus (MICT) zuzuweisen. Eine Verurteilung durch eine Kammer dieses Gremiums, das auch über Prozesswiederaufnahmen für abgeschlossene Fälle des Arusha-Gerichts entscheiden kann, macht eine Wiederaufnahme seines Falls durch den MICT unwahrscheinlich. Kagame kann nach Ngirabatwares Verurteilung durch die MICT-Berufungskammer dauerhaft vor ihm sicher sein. Das war der Berufungskammer des Residual-Mechanismus ein jedem gesunden Menschenverstand widersprechendes Fehlurteil wert.

---

756 Die *dissenting opinion* von Richter Moloto ist in englischer Sprache in Teil II (Dokumentation) als Anhang zur Aufzeichnung B/54 abgedruckt.

757 Félicien Kabuga wird nun seit annähernd 20 Jahren als der Finanzier des Tutsi-Völkermords dargestellt, obwohl selbst das Arusha-Gericht inzwischen klargestellt hat, dass ein Engagement bei RTLM per se keine Straftat darstellt.

758 Ngirabatware 2006.

6.7.14 Der Medien-Prozess

Last, but not least soll der so wichtige Medien-Prozess etwas ausführlicher geschildert werden.

Es handelte sich faktisch um ein Verfahren zum Sender *Radio-Télévision des Mille Collines* (RTLM), in dem die Anklagen gegen Ferdinand Nahimana, Jean-Bosco Barayagwiza und Hassan Ngeze zusammengefasst wurden. Der inhaltlich dazugehörende Prozess gegen den italo-belgischen RTLM-Mitarbeiter Georges (Omar[759]) Ruggiu wurde separat geführt, weil er früh zu erkennen gegeben hat, er sei zu einen Deal mit der Anklage bereit. Auf dieser Basis wurde Ruggiu ohne Verfahren schon am 1. Juni 2000 zu einer unter diesen Umständen eher langen Gefängnisstrafe von zwölf Jahren unter Anrechnung der in Haft verbrachten Zeit verurteilt.[760]

Der Medien-Prozess[761] gegen die drei anderen Angeklagten begann im Oktober 2000 und wurde sehr stark von dem RPF-nahen Expertenteam Jean-Pierre Chrétien, Jean-François Dupaquier, Marcel Kabanda und Joseph Ngarambe geprägt. Sie hatten ihre Positionen schon 1995 in einem von Hervé Deguine[762], dem Afrika-Vertreter *von Reporters sans frontières,* geförderten Buch mit dem Titel *Les médias du génocide*[763] niedergelegt, das wesentlich zur Propagierung der offiziellen Lesart beigetragen hat.

Die Verfahrensteile im Einzelnen:

a) Ferdinand Nahimana

Ferdinand Nahimana, Jg. 1950, war Geschichtsprofessor an der staatlichen Universität in Butare und gehörte zum Gründerkreis ihres Campus in Ruhengeri im Norden des Landes. Er war zeitweise Chef des staatlichen Informationsamts ORINFOR, dem auch der staatliche Rundfunk *Radio Rwanda* unterstand. Im

---

759 Nach seiner Flucht ist er zum Islam übergetreten.

760 2008 wurde er nach Italien überstellt und 2009 kurz vor Verbüßung seiner Strafe auf freien Fuß gesetzt.

761 Ich kam 2003 erstmals im Rahmen der Anhörung als Gutachter der Verteidigung von Ferdinand Nahimana im Medien-Prozess unter Vorsitz der Richterin Navanethem Pillay mit dem Arusha-Gericht in Kontakt. Zu meinen Ausführungen vor Gericht zum Attentat vom 6.4.1994 wird auf Abschnitt 6.5.1 verwiesen.

762 Deguine hat sich später von Jean-Pierre Chrétien distanziert und in einem Buch mit dem eher diffamierenden Titel *Un idéologue dans le génocide rwandais. Enquête sur Ferdinand Nahimana* (Deguine 2010) dargelegt, dass Ferdinand Nahimana unter anderem auf der Grundlage des Buches von Chrétien et al. zu Unrecht verurteilt wurde.

763 Chrétien et al. 1995.

Zuge der Demokratisierung ab 1991 verlor Staatspräsident Habyarimana die Kontrolle über die staatlichen Medien und so entstand die Idee eines ihm nahestehenden privaten Rundfunksenders, der auch ein Gegengewicht zum RPF-Propagandasender *Radio Muhabura* sein sollte. Ferdinand Nahimana gehörte dann neben anderen, u. a. dem Geschäftsmann Félicien Kabuga und Jean-Bosco Barayagwiza, dem Politischen Direktor im Außenministerium und Mitgründer der *Coalition pour la Défense de la République* (CDR), zum Gründerkreis von RTLM.

RTLM ging am 4. August 1993, dem Tag der Unterzeichnung des Arusha-Abkommens, anfangs nur mit populärer Musik, auf Sendung. Am gleichen Tag wurde Nahimana als Hochschulminister der im Arusha-Abkommen beschlossenen Übergangsregierung nominiert. Bis zum Attentat vom 6. April 1994 gehörte er dem Verwaltungsrat des Senders an, war aber nicht, wie das Arusha-Gericht immer wahrheitswidrig behauptete, als Direktor für die laufenden Sendungen verantwortlich.

Nach dem Attentat vom 6. April 1994 floh er in die französische Botschaft und wurde von dort aus am 12. April nach Bujumbura/Burundi ausgeflogen. Er begab sich von dort aus nach Gisenyi, als die Interimsregierung auf der Flucht vor den RPF-Truppen ihren Sitz dorthin verlegt hatte. Er wurde Berater des Interimspräsidenten Theodore Sindikubwabo. Er begleitete ihn im Juni 1994 auch zum Gipfel der Organisation für Afrikanische Einheit (OAU) in Tunis, wo er an der Aushandlung des Waffenstillstands zwischen der Interimsregierung und den RPF-Rebellen mitwirkte, der aber von der RPF sofort gebrochen wurde.

Nach dem RPF-Sieg konnte er nach Kamerun gelangen. Dort schrieb er 1995 *Rwanda: L'élite hutu accusée*, was ihm teilweise als Beweis für einen Hutu-Extremismus ausgelegt wurde, obwohl es keinen Anlass dafür bietet. Am 27. März 1996 wurde er in Kamerun verhaftet und schließlich am 23. Januar 1997 nach Arusha überstellt. Sein Prozess begann im Rahmen des Medien-Verfahrens am 6. Juni 2000.

Im Mai 2003 bin ich auf Antrag seiner Verteidigung als Sachverständiger in Arusha angehört worden. Die Belgo-Amerikanerin Dina Temple-Raston, die – obgleich vom offiziellen Narrativ geprägt – dem Medien-Prozess ein kenntnisreiches Reportage-Buch gewidmet hat, kommentierte darin meine Aussagen süffisant, weil mir die Anklagevertreterin Simone Monasebian nachweisen konnte, dass ich in meiner Dissertation aus dem Jahr 1996[764] Nahimana noch nach der offiziellen Lesart beschrieben habe. Man wollte nicht gelten lassen, dass

764 Siehe Strizek 1996, S. 78.

ich inzwischen aufgrund der mir später bekannt gewordenen Informationen zu einer anderen, in meinem Expertenbericht niedergelegten Einschätzung kam.[765]

Zum Abschluss der Beweiserhebung im Nahimana-Verfahren plädierte sein französischer Anwalt Jean-Marie Biju-Duval im August 2003 auf Freispruch, weil Nahimana völlig im Rahmen allgemeingültiger Prinzipien der Pressefreiheit gehandelt und niemals zum Völkermord aufgerufen habe. Biju-Duval schloss sein Plädoyer: *„Hier muss auf der Grundlage von Gewissheiten geurteilt werden. Zur Ehre des Nürnberger Gerichts muss man sagen, dass dort Urteile gefällt wurden, die die Zeit überstanden haben. Kein Unschuldiger wurde verurteilt. Wird man das auch von diesem Gericht sagen können?“* [766]

Am 3. Dezember 2003 wurde Nahimana unter dem Vorsitz von Richterin Navanethem Pillay zu einer lebenslangen Haftstrafe verurteilt. Dass dies eine ungerechtfertigte Strafe war, mussten auch die Richter der Berufungskammer anerkennen. Das Urteil vom 28. November 2007 liest sich wie eine Ohrfeige für die erstinstanzliche Kammer. Faktisch wurden alle Vorwürfe zum Völkermordaufruf aufgehoben und Richter Meron hat sogar in einem Minderheitsvotum für eine Neuaufnahme des Prozesses wegen zu großer Fehler plädiert. Auch stellten die Berufungsrichter fest, während der Zeit seiner Mitarbeit im Verwaltungsrat von RTLM vor dem 6. April 1994 habe es keine rassistischen Anti-Tutsi-Ausfälle gegeben.

Die Strafmaßreduzierung auf 30 Jahre spiegelt die Sensation der faktischen Urteilsaufhebung nur sehr ungenügend wider. Die Strafe beruht auf der völlig unlogischen Behauptung, Nahimana habe von Gisenyi aus noch Einfluss auf die in der Tat schlimmen Entgleisungen in RTLM nach dem 6. April 1994 genommen. Ein französischer Diplomat, der vor dem Gericht keine Aussagegenehmigung erhalten hat, habe Alison Des Forges gegenüber behauptet, RTLM habe am 4. Juli 1994 seine Sendungen in Kigali nach einem Anruf Nahimanas bei der Redaktion eingestellt. Nahimana entgegnet schlüssig: Dazu habe es keines Anrufs von ihm bedurft, sei an diesem Tag doch Kigali in die Hände der RPF gefallen, was zwangsläufig zur Flucht der RTLM-Redaktion und des Senders geführt habe. Dennoch wurde er wegen Vorgesetztenverantwortung verurteilt.

---

765 Temple-Raston 2005, S. 205–207. Meine „Würdigung“ ist vor dem Hintergrund zu sehen, dass Diana Temple-Raston an anderer Stelle des Buches schildert, wie eng sie mit der Anklagevertreterin Simone Monasebian befreundet war. Das erklärt auch die Milde, die Dina Temple-Raston auf S. 167/168 Alison Des Forges bei einer vergleichbaren Kurskorrektur angedeihen ließ.

766 Das Schlussplädoyer ist – soweit ich sehen kann korrekt – referiert in Temple-Raston 2005, S. 207–211.

Vom Gefängnis in Arusha aus veröffentlichte Nahimana das Buch *Rwanda. Les virages ratés.*[767] Darin widerlegt er mit großem Sachwissen das offizielle Narrativ der Ereignisse. Im Dezember 2008 wurde er nach Koulikoro/Mali verlegt, wo er das Büchlein *Le Combat pour la vérité*[768] schrieb.

b) Jean-Bosco Barayagwiza

Der Prozess gegen Jean-Bosco Barayagwiza hatte schon Rechtsgeschichte geschrieben, bevor er begann. Barayagwiza, Jg. 1950, war 1992 Politischer Direktor im ruandischen Außenministerium. Er stand den Verhandlungen zwischen der ruandischen Regierung und der RPF kritisch gegenüber und gehörte zum Gründerkreis der *Coalition pour la Défense de la République* (CDR), die Stimmung gegen das beabsichtigte Arusha-Abkommen, insbesondere gegen die faktische Gleichstellung der RPF-Armee mit den ruandischen Streitkräften machte. Barayagwiza gehörte auch zum Gründerkreis von Radio RTLM. Jean-Bosco Barayagwiza galt bei der RPF wegen seines politischen Einflusses als ein gefährlicher Gegner. Ihn wollte sie nach dem Sieg um jeden Preis aus der ruandischen Politik fernhalten. So wurde er früh als Hutu-Rassist gehandelt.

Barayagwiza floh nach dem RPF-Sieg nach Kamerun, wo er auch die Schrift mit dem Titel *Le sang des Hutu est-il rouge?*[769] verfasste, die man als besonderes Zeichen für eine rassistische Gesinnung zu werten versuchte, wo er doch nur die Frage gestellt hat, ob auch Hutu ein Recht hätten, wie Menschen behandelt zu werden.

Die RPF-Regierung hat – unterstützt von Belgien – von der Kamerun-Regierung gefordert, die in ihr Land geflohenen Repräsentanten der Habyarima-na-Zeit zu verhaften und nach Kigali zu überstellen. Barayagwiza wurde am 26. März 1996 verhaftet, aber der kamerunische Staatsgerichtshof verweigerte die Auslieferung und setzte ihn auf freien Fuß. Nun trat das Arusha-Gericht auf den Plan und forderte seine Überstellung nach Arusha. Diesem Druck gab Staatspräsident Paul Biya schließlich nach. Barayagwiza traf am 19. November 1997 in Arusha ein. Er musste Monate warten, bis er einem Richter vorgeführt wurde. Barayagwiza forderte wegen dieser und anderer Verfahrensmängel auf freien Fuß gesetzt zu werden. Die Kammer verweigerte dies, aber die Berufungskammer

767 Nahimana 2007. Der Titel kann mit *Ruanda. Die verfehlten Kurven* übersetzt werden. Gemeint ist, dass Ruanda an entscheidenden historischen Wegbiegungen von der Straße abgekommen ist.

768 Nahimana 2011.

769 Den Titel müsste man wohl mit: Sind Hutu auch Menschen? übersetzen.

unter Vorsitz der Afro-Amerikanerin Gabrielle Kirk McDonald[770] fällte am 3. November 1999 in strikter Übereinstimmung mit den Regeln des *common law* ein sensationelles Urteil „mit Rechtskraftwirkung" (with prejudice to the Prosecutor). Barayagwiza sollte wegen Überlänge seiner Untersuchungshaft definitiv auf freien Fuß gesetzt und ein weiteres Verfahren gegen ihn nicht zugelassen werden.

Die Kagame-Regierung drohte sofort, die Zusammenarbeit mit dem Gericht einzustellen, falls er nicht wieder verhaftet und ihm kein Prozess gemacht würde. Die neue Chefanklägerin Carla Del Ponte setzte unter diesem Druck für die Revision der Entscheidung vom 3. November 1999 Himmel und Hölle in Bewegung.[771] Es gelang ihr, das Berufungsgericht erneut mit dem Fall zu befassen.

Die ruandische Regierung beantragte erfolgreich, zur Durchsetzung dieses Ziels als amicus curiae – in diesem Fall also als Feind des Angeklagten – anerkannt zu werden.

Die Berufungskammer knickte schließlich – Richterin Gabrielle Kirk McDonald hatte inzwischen Den Haag verlassen – ein, hob die Freilassung auf[772], revidierte seine frühere Entscheidung und ließ unter dem Vorsitz von Richter Claude Jorda am 31. März 2000 einen Prozess gegen Barayagwiza zu. Am 13.4.2000 unterschrieb der Chefermittler Mohamed Othman[773] im Auftrag von Carla Del Ponte eine neue Anklageschrift.[774] Der Prozess wurde dann im Rahmen des Medien-Verfahrens geführt.[775] Seinen Protest dagegen manifestierte Barayagwiza durch seine Weigerung, an den Sitzungen des Verfahrens teilzunehmen.

---

770 Die anderen Richter waren: Mohamed Shahabuddeen, Lal Chand Vohrah, Wang Tieya und Rafael Nieto-Navia. Die Verteidigerin im Revisionsverfahren war Carmelle Marchessault, nachdem Justry P. L. Nyaberi nach dem Urteil vom 3.11.1999 vom Gerichtskanzler auf Antrag von Barayagwiza das Mandat entzogen worden war.

771 Siehe dazu die Abschnitte 6.4.3 und 6.6.

772 Carla Del Ponte hatte durch eine einstweilige Verfügung verhindern können, dass Barayagwiza unmittelbar nach der Entscheidung vom 3.11.1999 Arusha verlassen konnte.

773 Tansanischer Jurist und Verfasser eines Buches über das Arusha-Gericht (Othman 2005).

774 Die erste Anklageschrift stammt vom 22.10.1997.

775 Die kanadische Anwältin Carmelle Marchessault hat seinen Fall in einem Papier für die ADAD-Konferenz in Brüssel im Mai 2010 dargestellt (zu finden unter: *http://www.tpirheritagedefense.org/Conference2/Papers/Carmelle_Marchessault_Verite_ou_justice_impossible.pdf*). Sie hat den Text am 22.5.2010 dort vorgetragen. (Das Video ist als Download verfügbar unter: *http://vimeo.com/12072210*).

Er bat seine Verteidiger ihr Mandat niederzulegen.[776] Im Gericht saß dann als Offizialverteidiger der Italiener Giacomo Barletta-Caldarera gegen den Willen von Jean-Bosco Barayagwiza tatenlos herum.

Barayagwiza wurde am 3. Dezember 2003 unter Vorsitz der Richterin Navanethem Pillay von der I. Kammer zu 35 Jahren Haft verurteilt. Eine lebenslange Haft wurde mit Rücksicht auf die lange verfahrenswidrige Untersuchungshaft nicht ausgesprochen. Die Berufungskammer kritisierte auch in diesem Fall die Urteile im Medienprozess. Die Reduzierung der Strafe auf 32 Jahre mit erneutem Hinweis auf die statutenwidrigen Vorgänge nach der Entscheidung vom 3. November 1999 spiegelt den Inhalt des Berufungsurteils völlig unzureichend wider. Fast alle wichtigen Anklagepunkte wie Völkermordplanung und Anstiftung zum Völkermord wurden fallengelassen. Nicht einmal mehr eine Vorgesetztenverantwortung für RTLM wurde ihm angelastet.

Jean-Bosco Barayagwiza wurde zur Strafverbüßung in ein Gefängnis in Porto Novo/Benin überstellt, wo er am 25. April 2010[777] in einem Krankenhaus an den Langfristfolgen einer unzureichend behandelten Hepatitis C verstarb.[778]

c) Hassan Ngeze

Der Muslim Hassan Ngeze, Jg. 1957, ist ein Journalist aus der nord-westlichen Präfekturstadt Gisenyi. Ngeze war ursprünglich nicht auf der von Kigali erstellten Liste der Hauptverbrecher, geriet aber 1996 nach einem zufälligen Treffen mit Kagame bei einer Konferenz in Kairo darauf. In der Folge wurde er am 18. Juli 1997 in Mombasa/Kenia verhaftet und später an das Arusha-Gericht überstellt.[779]

---

776 Die kanadische Anwältin Carmelle Marchessault and der Amerikaner David Danielson hatten infolge seiner Weigerung am Prozess teilzunehmen und seiner Forderung, sie sollten ebenfalls nicht teilnehmen, ihr Mandat im Januar 2001 für beendet erklärt. Carmelle Marchessault hat am 22.5.2010 bei der ADAD-Konferenz in Brüssel darüber berichtet. Siehe *http://vimeo.com/12072210* und *http://www.tpirheritagedefense.org/Conference2/Papers/Carmelle_Marchessault_Verite_ou_justice_impossible.pdf.*

777 Dass auch Georges Rutaganda einige Monate später am 11.10.2010 im Gefängnis in Benin verstarb, deutet zumindest auf besonders schlechte Haftbedingungen in diesem Land hin.

778 Auszug aus Wikipedia: *„Sa famille allégua qu'il n'avait pas reçu des soins appropriés."* Carmelle Marchessault hat am 22.5.2010 bei der 2. Anwälte-Konferenz in Brüssel einen Brief der Familie diesen Inhalts verlesen. (Als Download zu finden unter: *http://vimeo.com/12533669*).

779 Nach Temple-Raston 2005, S. 81.

Sein Fall wurde im Rahmen des Medienprozesses behandelt, weil er nach dem Angriff der RPF am 1. Oktober 1990 in seiner Zeitschrift *Kangura* (Heft 6/1990) die tatsächlich rassistischen und Tutsi-feindlichen, aber nicht von ihm verfassten *„Zehn Gebote für einen Hutu"* abgedruckt hat. Zuvor hatte Ngeze an der RPF-nahen, von Valens Kajeguhakwa finanzierten Zeitschrift *Kanguka* mitgearbeitet.[780] Aber nach der RPF-Invasion vom Oktober 1990 gab er seine RPF-Sympathien auf und wechselte in das Lager der Gegner einer Kooperation mit der RPF. Es wurde immer behauptet, dass *Kangura* eine Veröffentlichung aus dem Umkreis von Habyarimana gewesen sei. Das bestritt Ngeze und verwies darauf, dass er vom Habyarimana-Regime sogar zeitweise inhaftiert war. Er habe auch mit den Amerikanern zusammengearbeitet. Er erklärte dem Arusha-Gericht[781], im März 1994 von der US-Botschaft in Kigali 50.000 US$ zum Kampf gegen Habyarimana erhalten zu haben. In einem im Gefängnis in Koulikoro verfassten Schriftsatz vom 9. Februar 2012 erklärte Ferdinand Nahimana den Vorgang genauer. Es sei darum gegangen, Ngeze zu engagieren, um die nach der Ermordung von Habyarimana und dem Beginn des RPF-Eroberungsfeldzugs vorhersehbaren Massaker medial so zu begleiten, dass die westlichen Verbündeten der RPF sie zu ihren Gunsten benutzen konnten. Das tat Ngeze tatsächlich.

Auch wenn Ngeze kein Unterstützer des Habyarimana-Regimes war, so ist doch auch sicher, dass er seit dem Einmarsch der RPF am 1. Oktober 1990 die Anti-Hutu-Strategie der RPF nicht teilte. Nach dem Attentat vom 6. April 1994 rief er die Hutu-Bevölkerung u. a. über RTLM zum Widerstand gegen den RPF-Vormarsch auf. Ngezes Behauptung im Prozess, die Massaker an den Tutsi hätten aufgrund der RPF-Invasion stattgefunden, es hätte der „Zehn Gebote" nicht bedurft, dürfte richtig sein, wurde aber von der Kammer zurückgewiesen.

In erster Instanz wurde Ngeze am 3. Dezember 2003 als Völkermordplaner zu einer lebenslangen Haftstrafe verurteilt. Sein afro-amerikanischer Verteidiger John Floyd III, den er selbst im Internet ausfindig gemacht hatte[782], bezeichnete

780 In dem nach seinem Bruch mit Kagame von Valens Kajeguhakwa 2001 geschriebenen Buch (Kajeguhakwa 2001) finden sich Passagen, die vermuten lassen, dass die RPF Ngeze geholfen hat, *Kangura* zu gründen, um die *Zehn Gebote* zur Diskreditierung der Habyarimana-Ordnung in die Welt zu setzen. In seinem Prozess hat Ngeze sich mit dem Hinweis zu verteidigen versucht, dass er vor dem Angriff der RPF in Heft 4/1990 von *Kangura* auch *16 Gebote für die Tutsi* mit schlimmen Aufrufen zum Kampf gegen die Hutu veröffentlicht hatte. (vgl. Collins 2014, S. 164). Aber das wollte niemand hören.

781 Vgl. Tz. 842 des Kammerurteils.

782 Vgl. Temple-Raston 2005, S. 83 ff.

das Urteil „*als die schlechteste Entscheidung der internationalen Gerichtsbarkeit. Ich habe so etwas in meiner dreißigjährigen Berufspraxis noch nicht gesehen.*"[783]

Das Berufungsgerichts-Urteil vom 28. November 2007 sieht – wie auch im Fall von Nahimana – völlig anders aus. Von Völkermordplanung ist keine Rede mehr und selbst die Publikation der „*Zehn Gebote eines Hutu*" aus dem Jahr 1990, lange vor Beginn des Tutsi-Völkermords, also außerhalb des Zuständigkeitszeitraums des Gerichts, wird nicht mehr als Bestrafungsgrund betrachtet. Die Strafmilderung auf 35 Jahre spiegelt dies auch hier völlig unzureichend wider.

Wer ist Hassan Ngeze wirklich? Ein Verrückter[784], ein Hutu-Nationalist oder ein RPF-Bauernopfer? Haben die USA ihn tatsächlich finanziert und missbraucht?

6.8 Die Abschluss-Strategie[785] und der Residual-Mechanismus (MICT)[786]

Als es 2001/2002 Anzeichen gab, die Chefanklägerin Carla Del Ponte wolle unter dem Eindruck der immer stärker werdenden Kritik an der Einseitigkeit des Arusha-Gerichts auch zu RPF-Verbrechen ermitteln, schrillten bei den Kagame-Verbündeten in den USA die Alarmglocken. Am liebsten hätte man die umtriebige Tessinerin ganz aus dem Ring genommen, da sie auch für ihre Ermittlungen auf dem Balkan immer stärker auf ihre Unabhängigkeit drängte und sich ganz offen mit dem CIA-Chef George Tenet anlegte. Den Höhepunkt bildete wohl ihr Besuch im CIA-Hauptquartier im Frühjahr 2001. Als sie Tenet sagte, sie denke, er müsse ihre Bemühungen zur Festnahme von Radovan Karadžić und Ratko Mladić unterstützen, antwortete er ganz uncharmant brutal: „*Hören Sie, Madame, es ist mir scheißegal, was Sie denken.*"[787]

Ihre Zeit war abgelaufen, aber man wagte keinen Eklat. So setzte man Prioritäten. Ihr Wirken als Chefanklägerin im Arusha-Gericht schmerzte mehr, so

783 Nach Temple-Raston 2005, S. 239.

784 Im Berufungsverfahren trennte sich Ngeze von seinem Verteidiger John Floyd, weil dieser Fragen seiner geistigen Gesundheit behandeln wollte. John Floyd hatte Zweifel daran bekommen, als Ngeze ihn während des Schlussplädoyers im Kammerverfahren beiseite schob und sich zum Amüsement des Gerichts in eigenartiger Form selbst zu verteidigen begann. (Nach Temple-Raston 2005, S. 211–213).

785 Completion strategy.

786 Mechanism for International Criminal Tribunals (MICT).

787 Del Ponte und Sudetic 2009, S. 23.

wurde sie 2003 dort zuerst „entsorgt“ und erhielt für das Ex-Jugoslawien-Gericht noch eine Gnadenfrist bis 2007.[788]

Die Idee, die Ämter zu trennen, kam wohl aus Kigali. Als sie Kagame am 9. Dezember 2000 mitteilte, *„die Anklagebehörde gehe jetzt Hinweisen nach, dass auch die Patriotische Front Ruandas Kriegsverbrechen begangen habe“*, war Kagame fest entschlossen, sie daran zu hindern. Bei ihrem Besuch am 28. Juni 2002 in Kigali sagte er ihr offen: Das Tribunal dürfe nicht gegen die RPF ermitteln. *„Wir wissen, was Sie vorhaben. Wir werden das nicht zulassen.“*[789]

Dass inzwischen selbst Kenneth Roth, der Chef von *Human Rights Watch*, Ermittlungen gegen die RPF forderte, schien Kagame weniger zu beunruhigen. Denn auch die neue US-Administration unter George W. Bush hielt an der von der Clinton-Administration versprochenen unverbrüchlichen Unterstützung der RPF-Diktatur fest.

Mit dem früheren Ermittler am Arusha-Gericht, Pierre-Claver Prosper, wurde die Kontinuität auch personell dokumentiert. Denn von der Bush-jr.-Administration wurde er zum Sonderbotschafter für Kriegsverbrechen berufen. In dieser Funktion hatte er Carla Del Ponte die bittere Pille zu verabreichen, ihre Zeit sei abgelaufen. Im März 2003 erklärte er ihr: *„Ich möchte Ihnen mitteilen, dass einige Staaten der Ansicht sind, das Ruanda-Tribunal sollte einen eigenen Chefankläger bekommen. Sie werden nicht mehr ernannt werden.“*[790]

Der britische Außenminister Jack Straw übernahm es, den Vorschlag zur „Effizienzerhöhung“ durch Ernennung eines eigenen Chefanklägers für das Ruanda-Gericht Generalsekretär Kofi Annan schriftlich zu unterbreiten. Er gehorchte. Um jegliche Diskussion über Anklagen gegen RPF-Leute vor dem Arusha-Gericht zu unterbinden, wurde die sog. *completion strategy* ins Spiel gebracht.

Der Sicherheitsrat beschloss am 28. August 2003 mit Resolution 1503, beide ad-hoc-Gerichte sollten ihre erstinstanzliche Arbeit bis 2008 und in zweiter Instanz bis 2010 beenden und keine neuen Anklagen mehr erheben. Die Sonderermittlungen zu Ruanda wurden mit der Nominierung des Gambiers Hassan Jallow, eines guten Bekannten von Kofi Annan, als Chefankläger für das Ruanda-Gericht 2003 „beerdigt“. Jallow garantierte, gegen die RPF niemals zu ermitteln. Jallow hatte als Afrikaner den Vorteil, den Anschein abzumildern, das

788 Frau Del Ponte nahm danach das Angebot der Schweizer Regierung an, ihr Land als Botschafterin in Argentinien (von 2008 bis zur Pensionierung 2011) zu vertreten. Damit akzeptierte sie den „Maulkorb“, sich kontrovers zu ihrer Tätigkeit bei den UNO-ad-hoc-Gerichten zu äußern.

789 Del Ponte und Sudetic 2009, S. 295.

790 Del Ponte und Sudetic 2009, S. 304.

Arusha-Gericht sei ein Gericht der Weißen. Aber in der Sache war er weißer als viele Weiße.

Zur technischen Umsetzung der *completion strategy* wurde am 22. Dezember 2010 vom Sicherheitsrat per Resolution 1966 das Statut des *Mechanism for International Criminal Tribunals* (MICT) – zumeist als Residual-Mechanismus bezeichnet – beschlossen.

Der Mechanismus, der je eine Abteilung für die beiden ad-hoc-Gerichte hat[791], nahm am 1. Juli 2013 seine Arbeit in Den Haag auf. Zum „Chefabwickler" war vom Sicherheitsrat am 1. März 2012 der greise Richter Theodor Meron bestimmt worden, der zudem in Personalunion noch Vorsitzender des Ex-Jugoslawien-Gerichts blieb.

Neben Meron gehören dem Residual-Mechanismus (MICT) noch 24 Richter an, darunter der Deutsche Christoph Flügge und der Hardliner des Arusha-Gerichts William Sekule, sowie Vagn Prüsse Joensen, der letzte Chef des Arusha-Gerichts[792]. Chefankläger für beide Sektionen wurde – wer sonst? – Hassan Bubacar Jallow. Kanzler des Residual-Mechanismus ist der Australier John Hocking.

Der Residual-Mechanismus ist auch für die Wiederaufnahme von letztinstanzlich abgeschlossenen Verfahren der beiden ad-hoc-Gerichte zuständig.

Ob diese Statuts-Bestimmung *just for show* ist, wird sich zeigen.

Um der Gefahr vorzubeugen, dass sie im Fall Ngirabatware zur Anwendung kommt, hat man sein Berufungsverfahren bereits dem Residual-Mechanismus (MICT) zugewiesen, dessen Berufungskammer am 18. Dezember 2014 ihr Urteil fällte. Der Fall hätte noch von der gemeinsamen TPY/ICTR-Berufungskammer abgewickelt werden müssen, deren Mandat ja zur Abwicklung der Berufungsurteile im Butare-Prozess bis Mitte 2015 verlängert worden ist.

---

791 In Arusha wird derzeit ein neues Gebäude für die Ruanda-Abteilung des Residual-Mechanismus errichtet. Der Mechanismus muss auch eine Entscheidung des Sicherheitsrats zu den Archiven der beiden Gerichte vorbereiten. Kigali erhebt einen Anspruch auf die Akten „seines" Gerichts.

792 Siehe die Richterliste als Teil C der Dokumentation.

"The ICTR became an instrument of victor's justice, and the RPF got away unpunished" (Filip Reyntjens)[793]

6.9 Kurze Gesamtbewertung der Arbeit[794] des Arusha-Gerichts

„Ein Prozess, vor allem wenn er so lange dauert wie diejenigen vor den VN-Tribunalen, kann ein todlangweiliger Vorgang sein. Um ihre Objektivität zu garantieren, müssen die Verfahren unter der Narkosemaske von Verfahrensregeln und rechtlichem Dekor ablaufen. Form und Chiffren sind hochwichtig. Das Vokabular ist abstrus und körperlos. Die Dynamik der Rechtsschlacht zwischen den Parteien unterstreicht die kalte Distanz zu dem, worum es wirklich geht, und verschiebt es auf ein vor Emotionen und Gefühlen geschütztes Feld."[795]

Diese Charakterisierung der Verfahren vor dem Arusha-Gericht von Thierry Cruvellier wird bei der Lektüre der Urteile völlig bestätigt. Der Nebel der juristischen Erwägungen, welcher Anklagepunkt zu welcher Vorschrift der Statuten passt, verschleiert hervorragend, dass den Urteilen gegen Hutu-Angeklagte niemals zweifelsfreie Beweise zugrunde lagen, die man vor allem bei lebenslanger Verurteilung hätte erwarten müssen.

Safferling postuliert, internationale Gerichte sollten zur „Aufdeckung der Wahrheit" beitragen. *„Ein wichtiger Aspekt, der im Völkerstrafrecht angesichts der Massenviktimisierung eine erhebliche Rolle spielt, ist die Dokumentation der Ereignisse. Auch wenn die Anklagebehörde und das Gericht keine historische Quellenforschung betreiben, wird in einem Strafverfahren der Sachverhalt ermittelt und*

---

793 Reyntjens 2013, S. 105. Aber dennoch findet sich als Abschluss der insgesamt kritischen Ausführungen zum Arusha-Gericht auf S. 246 der salvatorische, allerdings für Reyntjens als einem der „Gründungsväter" des Gerichts nicht verwunderliche Satz: *„Despite the many shortcomings, the ICTR has contributed to the development of international criminal law, beyond the case of Rwanda."* Zu einer positiven Würdigung des Urteils vom 18.12.2008, in dem sein, seit einem persönlichen Zusammenstoß bei der Verteidigung von internierten Tutsi 1991, „Intimfeind" Bagosora vom Vorwurf der Völkermordplanung freigesprochen wurde, konnte sich Reyntjens nicht durchringen.

794 Die offizielle Statistik des Gerichts auf der Internetseite *www.unictr.org* (abgerufen am 10.11.2014 sieht so aus: 93 Anklagen, 77 Verfahren abgeschlossen (davon: 2 an Ruanda und 2 an Frankreich abgegeben), 7 Verfahren in Berufung, 9 Angeklagte auf der Flucht. Zu den Verfahren wird auf die Teile A und B der Dokumentation verwiesen.

795 Cruvellier 2010, S. 83.

dokumentiert. (...) Damit wird ein weiteres Bedürfnis der Opfer befriedigt: das Recht, die Wahrheit zu erfahren.“[796]

Diesem Anspruch ist das Arusha-Gericht nicht gerecht geworden. Die Wahrheit ist nicht gesucht worden und selbst bei den Freisprüchen stellten die Kammern nur fest, die Anklage hätte die Beschuldigungen nicht beweisen können. Der Mühe der Wahrheitsfindung brauchten sie sich bei den gegebenen Verfahrensregeln nicht zu unterziehen.

Das Arusha-Gericht war im Gegenteil ein Instrument zur Verhinderung der Wahrheitssuche über

- das den Tutsi-Völkermord auslösende Attentat vom 6. April 1994,
- den tatsächlichen Ablauf des Tutsi-Völkermords,
- die Hintergründe der faktischen Opferung der Tutsi-Bevölkerung durch den Beschluss des UNO-Sicherheitsrats vom 21. April 1994, aber auch
- die gut dokumentierten[797] Verbrechen gegen die Hutu-Zivil-Bevölkerung vor und nach dem Sieg der Armee des Tutsi-Exils im Jahr 1994.

Das Arusha-Gericht ist dem Wahrheitsgebot den unbestrittenen Tutsi-Opfern gegenüber nur sehr bedingt und den Hutu-Opfern gegenüber überhaupt nicht gerecht geworden.

Dieses Gericht hat global gesehen unter Vorspielung falscher Tatsachen das Recht der Macht des Siegerregimes in Kigali im Interesse eines Teils der internationalen Gemeinschaft und bei bewusstem Wegsehen der schweigenden Mehrheit verfestigt. Um es mit Barrie Collins zu sagen: „*In dem das Arusha-Gericht sich bemühte, einen Mythos in den Rang von Völkerrecht zu erheben, hat es die Straflosigkeit auf höchstem Niveau legitimiert – genau das Gegenteil von der erklärten Mission dieses Gerichts.*“[798]

Dass die Richterinnen und Richter zuweilen ihrem beruflichen Gewissen folgten und unter Inkaufnahme heftiger Proteste aus Kigali immerhin insgesamt 14 Freisprüche[799] wagten, gehört zu den positiveren Aspekten dieses teuren „Weltunternehmens“.[800]

796 Safferling 2011, S. 72.

797 Neben anderen haben Gaspard Musabyimana und Emmanuel Neretse im März 2014 eine Hutu-Opferbilanz nach 20 Jahren Herrschaft der Staatspartei „Ruandische Patriotische Front“ vorgelegt (Musabyimana und Neretse 2014).

798 Collins 2014, S. 9.

799 Stand 31.12.2014.

800 Ich gehe nicht so weit wie Lugan, der Anfang 2014 feststellte, das Gericht habe die offizielle Lesart „weggefegt“ (Lugan 2014, hinterer Umschlagtext). Dafür bleiben

Es ist so, wie die Kagame keineswegs feindlich gegenüberstehende *International Crisis Group*[801] schon 2001 festgestellt hat:

„Derzeit trägt das Arusha-Gericht dazu bei, die Macht der Herrschaft in Kigali zu stärken. Indem man die Köpfe des gestürzten Regimes jagt, werden sie vom Gericht von jeglichem Anspruch ausgeschlossen, eines Tages eine politische Rolle zu spielen."[802] Das hat sich bis 2014 nicht geändert.

Die Bilanz des Gerichts bei den Feiern in Arusha vom 4. bis 8. November 2014 zum 20. Geburtstag, die zugleich auch „Abschlussfeiern" des Gerichts in Arusha waren, sieht selbstverständlich völlig anders aus. Man feierte seine großen Erfolge.[803]

Dass Carla Del Ponte die Teilnahme an einem Ankläger-Kolloquium am 4./5. November 2014 abgelehnt hat, störte etwas die allgemein zur Schau getragene Zufriedenheit. Allerdings wurde dieses Manko – um französischen guten Willen zu demonstrieren – durch die Teilnahme von Aurélia Devos, der französische Völkermord-Sonderstaatsanwältin beim Obersten Gerichtshof in Paris, etwas kompensiert. Die USA wurden durch den früheren Chefermittler und jetzigen US-Sonderbotschafter für globale Strafverfahren, Stephen Rapp, vertreten.

Ein internationales Symposion zu den Auswirkungen des Gerichts für das Völkerstrafrecht vom 6.-8. November 2014 schloss die Feierwoche in Arusha in allgemeiner Zufriedenheit ab.

Der kanadische Rechtsanwalt André Sirois, einer der ersten Angestellten des Arusha-Gerichts, fand in einem Beitrag vom 10. November 2014, dass es zum Ende des Gerichts keinen Grund zum Feiern gab. Er stellte vor allem heraus, dass die Anklagebehörde es immer abgelehnt hat, sich mit Opferklagen zu befassen. In seiner 20-jähringen Existenz habe das Gericht nicht zu einer einzigen Klage

---

zu viele Urteile, die auf der offiziellen Lesart beruhten und mit Wahrheitsfindung nichts zu tun haben.

801 Die *International Crisis Group* ist 1995 gegründet worden und hatte 2012 nach eigenen Angaben ein Budget von 20,5 Mio. US$, das zu ca. 50% aus freiwilligen Regierungsbeiträgen besteht. Nach ihrer Amtszeit als UNO-Menschenrechtskommissarin wurde 2009 die Kanadierin Louise Arbour, die zeitweilige Chefanklägerin der UNO-ad-hoc-Strafgerichte für Ex-Jugoslawien und Ruanda, Vorsitzende der ICG.

802 ICG, *L'urgence de juger*, Juni 2001, S. 2; zitiert nach: Musabyimana und Neretse 2014, S. 201.

803 Lt. Agence Hirondelle vom 15.12.2014 blieb sich der Chefankläger Jallow treu und leugnete unverfroren, es hätte jemals Druck zur Einstellung der Sonderermittlungen gegen die RPF gegeben. (*„Jallow a rejeté les affirmations selon lesquelles certaines puissances occidentales, dont les Etats-Unis, auraient bloqué « les enquêtes spéciales » qui avaient été ouvertes par la Suissesse Carla Del Ponte, prédécesseur de Jallow"*).

von Opfern oder ihrer Familien ermittelt. Alle Ermittlungen seien in einem niemals transparent gemachten Verfahren von außen angeregt oder sogar aufgezwungen worden.[804]

Das Gerichtsende wurde in den Medien kaum wahrgenommen. Nur der Nairobi-Korrespondent der *Neuen Zürcher Zeitung* Markus Haefliger zog zum 30. Dezember 2014 eine vorsichtig-kritische Bilanz.

Interessant ist, dass *Agence Hirondelle* am 8. November 2014 in Zusammenhang mit der Geburtstagswoche in Arusha nur über die Appelle des tansanischen Vizepräsidenten Mohammed Gharib Bilal und des Gerichtskanzlers Bongani Majola berichtet hat, die UNO-Mitgliedsstaaten sollten nun endlich ihrer Pflicht nachkommen, den acht freigesprochenen Angeklagten und den drei Verurteilten nach Verbüßung ihrer Strafe, die noch immer in einem von der UNO angemieteten Safehouse in Arusha untergebracht sind, Aufenthaltsgenehmigungen zu erteilen, damit sie mit ihren Familien leben können.[805] *„Es ist offenkundig, dass ihre Lage eine große Herausforderung für die Menschenrechte darstellt"*, sagte Bongani Majola.

Aber die Erklärung der amerikanischen Strafverteidigerin Beth Lyons[806] vom 10. Juni 2014[807] bleibt richtig: Es ist diesem Personenkreis nicht zuzumuten, in die heutige ruandische Diktatur zurückzukehren, wie manche „wohlmeinende" Ratschläge[808] lauten.

---

804 Auszug aus: *„Vingtième Anniversaire du Tribunal International pour de Rwanda. Les célébrations sont-elles justifiées?"* von André Sirois in *ledevoir.com* vom 10.11.2014: *«En 20 ans, le Tribunal n'a pas enquêté sur une seule plainte provenant directement d'une victime ou d'une famille de victime. Pas une seule. Jamais. Toutes ses enquêtes lui ont été proposées, voire imposées, par des tiers, selon un processus jamais défini ni officialisé. Ne serait-il pas dans l'intérêt d'une saine administration de la justice de connaître la source véritable des dénonciations retenues ? Ne serait-il pas indiqué d'examiner la fiabilité de ces sources ainsi que le processus et les critères de sélection des plaintes ? Autrement, le Tribunal ne s'expose-t-il pas à des accusations de manipulation ? »*.

805 Bei den noch immer in Arusha blockierten Freigesprochenen handelt es sich um fünf ehemalige Minister (darunter den schon 2004 freigesprochenen André Ntagerura), zwei höhere Offiziere und um Protaïs Zigiranyirazo, den Bruder der Präsidentenwitwe Kanziga-Habyarimana. Sie alle weigern sich verständlicherweise, in das von Paul Kagame beherrschte Ruanda zurückzukehren.

806 Sie war an der Verteidigung von Major François-Xavier Nzuwonemeye beteiligt, der am 11.2.2014 rechtskräftig freigesprochen wurde.

807 Aus: *https://portside.org/2014-06-14/rwanda-acquitted-still-not-free.*

808 Ich habe am 24.2.2013 Bundesaußenminister Westerwelle das *Memorandum des „Acquittés du Tribunal d'Arusha et des Condamnés ayant purgé leurs peines"* vom 22.2.2013 zugeleitet und ihn gebeten, sich der teilweise absurden Lage dieses

Die einzige mir bekannte juristisch-wissenschaftliche Analyse der Arusha-Verfahren hat in der westlichen Welt die vielfach erwähnte Amerikanerin Nancy Amoury Combs[809]vorgelegt. Ihre Analysen sind sicherlich von höchster Professionalität getragen, aber sie ist keineswegs unparteilich. Sie geht davon aus, dass sich die Verbrechen so zugetragen haben, wie es die offizielle Lesart berichtet, sie sieht aber, dass das Gericht in größter Beweisnot war. Ihre Vorschläge richten sich vor allem auf Möglichkeiten für das Gericht, die nicht ermittelbaren Fakten etwa mit Hilfe der *Joint Criminal Enterprise*-Doktrin zu relativieren, um den Urteilen auf diese Weise größere Glaubwürdigkeit zu verschaffen.

Der Jura-Professor Jean-Pierre Fofé[810] aus Kinshasa hat 2006 die beste Analyse der Schwächen des Anklagesystems vorgelegt.

Hohe fachliche Qualität hat auch die vom Juristen Edouard Karemera vorgelegte, aber sicherlich nicht neutrale Analyse der Arbeit des Arusha-Gerichts. [811]

Deutsche Juristen haben sich vom Thema weitgehend fern gehalten. Der Titel des von Safferling und Kirsch 2014 herausgegebenen Buchs *Völkerstrafrechtspolitik. Praxis des Völkerstrafrechts*[812] verspricht mehr, als sein Inhalt bietet. Das Arusha-Gericht kommt darin so gut wie nicht vor.

Personenkreises anzunehmen. Das Auswärtige Amt hat am 19.7.2013 geantwortet und den zynischen Vorschlag des Gerichtspräsidenten Joensen erwähnt, die genannten Personen könnten ja nach Ruanda zurückkehren.

809 Combs 2010.

810 Fofé 2006.

811 Karemera 2012.

812 Safferling und Kirsch 2014.

7. Exkurse

7.1 Völkermord-Strafverfahren in Ruanda

7.1.1 Tutsi-Völkermord-Verfahren vor regulären ruandischen Gerichten[813]

Ruanda hat nur sehr wenige förmliche Gerichtsverfahren gegen Personen durchgeführt, die der Beteiligung am Tutsi-Völkermord beschuldigt wurden und kein einziges, das diesen Namen zu Recht tragen würde, gegen RPF-Soldaten.

In den ersten Jahren nach dem Sieg schien Kagame die „Frage der Völkermörder" durch „Tod im Gefängnis" lösen zu wollen. Über Jahre waren ca. 150.000 Menschen inhaftiert, von denen Tausende in den Gefängnissen gestorben sind.[814] Die Überlebenden dienten, teilweise bis heute, als „Arbeitsreserve", ohne dass dies jemanden zu beunruhigen scheint.

Über den spektakulären Abschluss des Prozesses gegen Frodouald Karamira und weitere 21 Angeklagte mit ihrer öffentlichen Erschießung am 22. April 1998 wurde schon im Rahmen der Arusha-Prozesse[815] berichtet, weil Karamira eigentlich dort hätte vor Gericht gestellt werden sollen. Die weltweite negative Reaktion auf diesen Racheakt hat Kagames Interesse an Gerichtsverfahren erlahmen lassen, zumal er danach auf Drängen seiner Verbündeten die Todesstrafe abschaffen musste. Er suchte nach anderen Methoden, die Bevölkerung einzuschüchtern. Die Gacaca-Prozesse waren ihm dabei ein sehr effizientes Hilfsmittel.

Bevor er darauf zurückgreifen konnte, ließ Kagame noch gegen einige Personen, wie z.B. die PL-Justizministerin der Interimsregierung Agnès Ntamabyariro, Jg. 1937, einen förmlichen Prozess führen. Sie wurde für die Ermordung des kurz zuvor von der Interimsregierung abgesetzten Präfekten von Butare, Jean-Baptiste Habyalimana, am 20. April 1994 für verantwortlich erklärt. In Wahrheit ging es aber um ihren Positionswechsel von einer zur Kooperation mit der RPF bereiten

---

813 Zu dieser Kategorie müssen auch noch die im folgenden Abschnitt 7.2 erwähnten Fälle der aus europäischen Ländern nach Kigali abgeschobenen Ruander hinzugerechnet werden.

814 Eine besonders eindrückliche Schilderung der Lage in den Gefängnissen hat Carina Tertsakian, langjährige Vertreterin von Human Rights Watch in Kigali und dann mit Einreiseverbot belegt, mit dem Titel *Le Château* (Das Schloss) geschrieben (Tertsakian 2008). Auch in Straus und Waldorf 2011 hat sie als Kapitel 13 einen Beitrag zu den Gefängnissen veröffentlicht.

815 Siehe Abschnitt 6.7.1.

zu einer RPF-kritischen Politikerin nach der Ermordung des burundischen Staatspräsidenten Melchior Ndadaye am 21. Oktober 1993. Ihre Verurteilung zu lebenslanger Haft am 19. Januar 2009 wurde von einem Berufungsgericht in Kigali am 12. März 2013 bestätigt. Sie war am 27. Mai 1997 aus Sambia nach Ruanda entführt worden. 2006 war sie bereit, für die Verteidigung im Prozess gegen ihren Partei- und Ministerkollegen Justin Mugenzi in Arusha auszusagen. Die formelle Entgegennahme eines Asylantrags wurde während ihres Aufenthalts in Arusha verhindert. Sie wurde vom Gericht aus zwangsweise wieder nach Kigali zurückgebracht.

Einen Sonderfall stellt Léon Mugesera dar. Er steht seit seiner Abschiebung aus Kanada am 23. Dezember 2012 in Kigali vor Gericht. Ihm wird eine Hassrede gegen die Tutsi vom 22. November 1992 vorgeworfen. Als ihm nach dieser Rede gerichtliche Schritte in Ruanda drohten, ist er nach Kanada geflohen. Ihm wurde dort nie ein Prozess in Zusammenhang mit dieser Rede gemacht. Ihm wurde nur wegen falscher Angaben bei seinem Asylantrag nach langen gerichtlichen Auseinandersetzungen die Aufenthaltsgenehmigung für Kanada entzogen. Für einen Prozess vor dem Arusha-Gericht kam er nicht in Frage, weil die Rede außerhalb des Zuständigkeitszeitraums dieses Gerichts gehalten worden war.

Vor Gericht in Ruanda stehen auch die beiden vom Arusha-Gericht nach Kigali transferierten Angeklagten Jean-Bosco Uwinkindi und Bernard Munyagishari.

Erwähnt seien auch die Verfahren in Kigali gegen Oppositionelle, denen man in der einen oder anderen Form Beteiligung am oder Leugnung des Tutsi-Völkermords vorwirft. Weltweite Beachtung, allerdings ohne schädliche Folgen für Kagame, fand dabei das Verfahren gegen Victoire Ingabire Umuhoza, die aus den Niederlanden eingereist war, um ihre Partei *FDU-Inkingi* für die Präsidentschaftswahlen 2010 eintragen zu lassen und die wegen einer Rede am Völkermorddenkmal, in der sie forderte, man solle aller Opfer der ruandischen Katastrophe gedenken, verhaftet worden ist. Ihr wurde schließlich ein Prozess wegen Verunglimpfung der Tutsi-Opfer und Staatsgefährdung gemacht. Am 13. Dezember 2013 erhöhte ein Berufungsgericht ihre Strafe sogar von 8 auf 15 Jahre Gefängnis.[816]

816 Über den Fall des amerikanischen Juraprofessors Peter Erlinder, der zu ihrer Verteidigung nach Kigali gereist ist, zeitweise inhaftiert war und aus „humanitären Gründen“ abgeschoben wurde, ist schon an anderer Stelle berichtet worden.

Besonders tragisch ist die lebenslange Verurteilung des Tutsi Déogratias Mushayidi, der sich der Opposition gegen das Kagame-Regime angeschlossen hatte und von Tansania oder Burundi aus nach Kigali entführt wurde.[817]

Verurteilt wurden auch der Parteichef von *PS-Imberakuri* Bernard Ntaganda[818] und die beiden Journalistinnen Agnès Uwimana Nkusi[819] und Saidath Mukakibibi.[820]

Die Ermordung von André Kagwa Rwisereka, Generalsekretär der Partei der Grünen, am 13. Juli 2010 wird ebenfalls dem Kagame-Regime zugeordnet, weil Rwisereka die Beteiligung seiner Partei an den Präsidentschaftswahlen betrieben hat.

Einen „normalen Prozess“ wollte [illegible]hl gegen die RTLM-Sprecherin Valérie Bemeriki nicht führen. Sie h[illegible]3 im Media-Prozess in Arusha ausgesagt, musste aber nach Kigali zurückkehren. So stellte man sie, obwohl solche Verfahren nicht für „Haupttäter“ vorgesehen waren, vor ein Gacaca-„Volksgericht“ in Nyakabanda/Kigali. Dort wurde sie trotz Schuldeingeständnisses am 15. Dezember 2009 zu einer lebenslangen Haftstrafe verurteilt. Vor ihrer Verhaftung 1999 im Ost-Kongo durch ruandische Soldaten hatte sie 1996 in Bukavu ein unveröffentlicht gebliebenes Buch mit dem Titel „*Le drame Rwandais vu par une journaliste rwandaise*“ geschrieben. Darin hatte sie u. a. über die Existenz von Massengräbern berichtet, in denen die RPF ihre Hutu-Opfer hatte „verschwinden“ lassen.[821]

---

817 Ganz besonders verübelt hat ihm Kigali wohl, dass Déogratias Mushayidi zusammen mit dem ebenfalls Kagame-Abtrünnigen General Emmanuel Habyarimana (Hutu) die Organisation Partenariat-Intwari gegründet hat, die im Februar 2008 ein viel beachtetes Memorandum mit vielen Details über Kagames Verbrechen an den VN-Sicherheitsrat übermittelt hat (Partenariat-Intwari 2008). Darin wird auch eindeutig Kagames Verantwortung für das Attentat vom 6. April 1994 beschrieben. Den Zorn Kagames hatte er sich aber auch schon 2001 als Koautor von Charles Onana eines Buches über die Rolle Kagames beim Attentat 1994 zugezogen. (Onana und Mushayidi 2001).

818 Bernard Ntaganda wurde nach vierjähriger Haft Ende Mai 2014 aus dem Gefängnis entlassen.

819 Sie wurde nach Verbüßung ihrer vierjährigen Haftstrafe am 18.6.2014 aus dem Gefängnis entlassen.

820 Sie wurde 2013 auf freien Fuß gesetzt.

821 Vgl. Kambanda 2012, S. 277.

7.1.2 Gacaca-„Graswurzel"-Gerichte

Angesichts der enormen Zahl von Gefängnisinsassen war klar, dass sie niemals von förmlichen Gerichten abgeurteilt werden könnten. So billigten Kagames Verbündete als Alternative zu einer weitgehenden Amnestie die Idee einer Scheinjustiz mit angeblichem Rückgriff auf traditionelle Streitschlichtungsverfahren, *gacaca* genannt.

Mit den *Gacaca*-„Gerichten" wurde eine Verurteilungsform erfunden, die dem Regime kaum aus den Händen gleiten konnte. Die etwa 1.000.000 Verfahren erwiesen sich als eine hocheffektive Einschüchterungsmaschinerie.[822]

Dabei wurden von Laienrichtern Urteile nach öffentlichen Verfahren verkündet. Gefängnisinsassen konnten zumeist entlassen werden, wenn sie sich schuldig bekannt hatten. Ein erstes Gacaca-Gesetz wurde 2001 vom Parlament beschlossen. Ab 2005 arbeiteten ca. [illegible]000 über das ganze Land verteilte Kammern. Das Ende des Systems wurde vielfach verschoben. Zum Jahresende 2011 wurden die Gacaca-Dorfgerichte tatsächlich eingestellt, nachdem die internationale Kritik immer größer geworden war. Dabei spielte eine Veröffentlichung von *Human Rights Watch* mit dem Titel *Justice Compromised. The Legacy of Rwanda's Community-Based Gacaca Courts*[823] eine wichtige Rolle. Zu Tausenden sind von den Gacaca-„Gerichten" als Alternative zu Gefängnisstrafen auch Angeklagte zur Zwangsarbeit in speziellen Arbeitslagern verurteilt worden. Die Existenz dieser Zwangsarbeiter-Armee hat im Westen nie interessiert. Auch nicht die Meldung von *Agence Hirondelle* am 30. Juli 2014, von den etwa 84.000 zu Zwangsarbeit Verurteilten seien etwa 30.000 nie in den dafür vorgesehenen Lagern aufgetaucht. Die Regierung erklärte, sie seien „in der Natur verschwunden". Sind sie tot? Paul Rwarakabije, Ex-FDLR-Kommandeur und heute Chef der ruandischen

---

822 Hierzu wird besonders auf die Ausführungen in Kapitel III bei Musabyimana und Neretse 2014 verwiesen. Sie stützen sich – vgl. S. 132 – auf André Guichaoua, der 2010 in einem Interview festgestellt hatte, dass ca. 1,2-1,5 Millionen Hutu in der einen oder anderen Form einem solchen Verfahren unterworfen worden sind. *„Stellt man diese Zahlen in den globalen Bevölkerungsrahmen, kann man sagen, dass die gesamte männliche Bevölkerung, die 1994 über 14 Jahre alt war, wegen Völkermord oder wegen Völkermordideologie verurteilt worden ist."* Die Missbräuche des Systems hat Gerald Gahima, einer seiner Erfinder nach seinem Bruch mit Kagame ausführlich beschrieben (Gahima 2013).

823 HRW 2011.

Gefängnisverwaltung, der auch auf Einladung der Anklage zweimal im FDLR-Prozess in Stuttgart ausgesagt hat, gab sich sehr beunruhigt.[824]

Für die Funktion des Gacaca-Systems war entscheidend, dass Kagame durchgesetzt hat, die Gesetzesartikel, die sich auch gegen Verbrechen von Armeeangehörigen hätten richten können, sukzessive außer Kraft zu setzen bzw. ganz aufzuheben. Eine profunde Kritik an der Gacaca-Praxis hat Gerald Gahima, lange Jahre Kagames Generalstaatsanwalt vorgelegt.[825]

Das System war schon 2005 unter Beschuss geraten, als die langjährige HRW-Aktivistin Alison Des Forges spektakulär bei dem absurden Gacaca-Verfahren gegen den katholischen Priester Guy Theunis aufgetreten und die Vorwürfe gegen ihn entkräftet hat. Er war bei einer Zwischenlandung in Kigali verhaftet und als Völkermordpropagandist vor ein Gacaca-Gericht gestellt worden, obwohl er einer der Väter der ruandischen Menschenrechtsbewegung während der Habyarimana-Zeit war. Theunis hat darüber – leider erst 2011 – in einem Buch berichtet.[826] Die darin enthaltene Schilderung des Gefängnislebens während seines Gacaca-Prozesses hat keine große Resonanz gefunden.

Fazit: Die Internationale Gemeinschaft hat sich kompromittiert, in dem sie das staatlich organisierte Programm zur Terrorisierung eines Bevölkerungsteils lange als eine „originelle“ Form der Rechtsprechung legitimiert hat.[827]

7.2 Ruanda-Prozesse weltweit

Das Kagame-Regime hat ein weltweites System zur Bespitzelung von Ruandern im Ausland entwickelt und machte sogar öffentliche Ausschreibungen, um Verleumder ausfindig zu machen. In vielen Ländern wurden auf der Basis ruandischer internationaler Haftbefehle ruandische Hutu–Staatsbürger juristisch verfolgt.

---

824 *http://www.hirondellenews.com/tpirrwanda/politiquesociete/34766-300714-rwandagenocide-genocide--30-000-condamnes-aux-travaux-dinteret-general-ont-disparu-dans-la-nature.*

825 Gahima 2013. Auf S. 230. schreibt er: *In practice Gacaca courts have been expressly forbidden by administrative directives from dealing with cases involving human rights violations that were allegedly committed by members of the RPA. Gacaca judges have been instructed that Gacaca courts do not have jurisdiction to deal with any offences attributable to the RPA.*"

826 Theunis 2011.

827 Zur Kritik am System siehe auch das Kapitel „*Le Gacaca: un tribunal politique*“ bei Musabyimana und Neretse 2014.

7.2.1 Belgien

Belgien wollte sich dem internationalen Druck zur Führung von Ruanda-Prozessen auf der Basis der eingeführten universellen Kompetenz für Völkermord und Kriegsverbrechen nicht entziehen und stellte im Jahr 2000 den Universitätsprofessor Vincent Ntezimana, den früheren Minister Alphonse Higaniro sowie die beiden katholischen Ordensschwestern Consolata Mukangango (Schwester Gertrude) und Julienne Mukabutera (Schwester Maria Kisito) vor ein Schwurgericht.[828] Die Verurteilung von katholischen Ordensschwestern passte in das damals noch gängige Propagandamuster, das der katholischen Kirche eine Mitschuld am Tutsi-Völkermord zuwies. Es kamen wie erwartet nur „wohlgefällige" Urteile heraus.[829]

Um jegliche belgische Verantwortung am Tutsi-Völkermord wegen des Abzugs seiner UNO-Blauhelme schon am 12. April 1994 unter der Verantwortung der Regierung Jean-Luc Dehaene[830] und vor allem auf Druck seines Außenministers Willy Claes[831] abzuweisen, wurde der stellv. Blauhelmkommandeur, Oberst Luc Marchal, der diesen Abzug öffentlich kritisiert und abzuwenden versucht hatte, Ende 1995 vor einem belgischen Kriegsgericht angeklagt. Dabei hat man ihm auch vorgeworfen, für den Tod der 10 belgischen Blauhelme am 7. April 1994 mitverantwortlich zu sein. Marchal wurde schließlich freigesprochen. Er hat seine Erlebnisse in Ruanda und beim Prozess in seinem Buch *Rwanda: la descente aux enfers*[832] dargestellt.

Nun musste ein anderer Schuldiger für dieses Verbrechen gefunden werden. 2007 fand vor dem Schwurgericht in Brüssel deshalb ein Prozess gegen Major Bernard Ntuyahaga statt, dessen Verfahren sogar auf Antrag des Chefanklägers

828 In diesem Verfahren traten auch die damals noch eng mit der Anklagebehörde des Arusha-Gerichts zusammenarbeitenden Filip Reyntjens und Alison Des Forges im Sinne der offiziellen Lesart auf.

829 Vincent Ntezimana wurde zu zwölf Jahren, Alphonse Higaniro zu zwanzig und die Ordensschwester Consolata Mukangango zu 15 und Schwester Julienne Mukabutera zu 12 Jahren Gefängnis verurteilt. Alle Angeklagten wurden nach der Verbüßung der Hälfte ihrer Strafen auf freien Fuß gesetzt.

830 Jean-Luc Dehaene ist am 15.5. 2014 im Alter von 73 Jahren gestorben.

831 Man vermutet, dass Willy Claes den amerikanischen Wünschen entsprach, um seine schon angestrebte Wahl zum NATO-Generalsekretär zu befördern. Er trat das Amt dann nach dem Tode von Manfred Wörner im November 1994 an, musste aber wegen Korruptionsvorwürfen schon im Oktober 1995 zurücktreten.

832 Marchal 2001. Der Titel bedeutet auf Deutsch etwa: Ruanda: Der Abstieg zur Hölle.

im Arusha-Gericht eingestellt worden war.[833] Kigali hat daraufhin einen internationalen Haftbefehl gegen ihn erwirkt, dem Tansania zeitweise nachkam. Ntuyahaga stellte dort den Antrag, nach Belgien überführt zu werden. Belgien war an diesem Verfahren besonders interessiert, wollte man doch endlich einen Schuldigen für die Ermordung der zehn belgischen Blauhelmsoldaten am 7. April 1994 finden. Das war besonders wichtig, weil immer wieder behauptet wurde, belgische Behörden hätten in diesem Zusammenhang eine eigenartige Rolle gespielt.

Ich bin in diesem Verfahren auf Antrag des belgischen Anwalts Luc De Temmerman[834] am 10. Mai 2007 angehört worden und konnte selbst erleben, wie problematisch es ist, eine Laienjury mit solch komplizierten politischen Vorgängen zu befassen.

Ntuyahaga wurde am 5. Juli 2007 zu zwanzig Jahren Gefängnis verurteilt. Zweifel, ob Ntuyahaga wirklich am Tod der belgischen Blauhelme mitgewirkt hat, werden inzwischen auch durch den Freispruch von Major François-Xavier Nzuwonemeye durch die Berufungskammer des Arusha-Gerichts am 11. Februar 2014 bestärkt, war er doch für die Verantwortung seiner Soldaten bei diesen Vorgängen in erster Instanz zu 20 Jahren Haft verurteilt worden.

Mir scheint die Version von Noël Ndanyuzwe plausibel: „*Alles deutet darauf hin, dass Bernard Ntuyahaga in einen Hinterhalt geraten ist, der von denen gestellt wurde, die ein Interesse an dem Lynchmord der zehn belgischen Blauhelme hatten.*“[835] Das Interesse bestand vor allem darin, einen Vorwand für den Abzug des belgischen UNAMIR-Kontingents zu liefern. Denn wahrscheinlich hatte die

---

833 Siehe dazu die Kurzaufzeichnung zu Bernard Ntuyahaga unter Nr. B/71 der Dokumentation.

834 Luc De Temmerman hat dieses Verfahren ruiniert. Er musste kurz danach seine Anwaltskanzlei aufgeben und hat Belgien verlassen. Neben anderen persönlichen Umständen war dabei entscheidend, dass er mit hohem eigenen finanziellen Risiko – die Kosten wurden ihm nie erstattet – Oberst Laurent Nubaha, den damaligen Chef des Militärcamps in Kigali, in dem die belgischen Blauhelme ermordet worden waren, als Zeuge der Verteidigung aus dem Kongo-Urwald nach Brüssel geholt hat. Nubaha konnte aber nicht im Verfahren aussagen, weil er einige Tage nach Ankunft in einem Brüsseler Krankenhaus gestorben ist.

835 Ndanyuzwe 2014, S. 244. Auf S. 219 geht Ndanyuzwe sogar noch weiter. Dort schreibt er: „*Man kann sich sogar fragen, ob nicht die belgische Regierung – zumindest ein Teil ihrer Repräsentanten (certaines autorités belges) – eingewilligt hat, die zehn belgischen Blauhelme zu opfern. Ein nützliches Opfer, das den Rückzug der Belgier aus der UNAMIR unter dem Vorwand erleichterte, die Unterzeichner des Arusha-Abkommens hätten den Krieg wieder aufgenommen und auf diese Weise dem*

RPF selbst das Gerücht gestreut, Belgien sei für den Abschuss der Präsidentenmaschine verantwortlich. So konnte man sicher sein, dass die zehn belgischen Blauhelmsoldaten einem Racheakt aufgebrachter Kriegsinvaliden zum Opfer fallen würden, sollten sie in das Camp Kigali gebracht werden.

Das mehr als seltsame Verhalten von General Dallaire am Vormittag des 7. April 1994 könnte in dieses Schema passen. Denn er ging auf dem Weg zu einer Sitzung des Krisenkomitees an diesem Militärcamp vorbei, obwohl er die Blauhelmsoldaten schon am Boden liegen sah. Erst nach der Sitzung erkundigte er sich nach ihrem Schicksal. Da waren sie schon tot.[836]

Wahrscheinlich hatte Oberst Aloys Ntiwiragabo schon 1997 recht, als er schrieb,[837] er komme zu dem Schluss, Major Ntuyahaga sei einfach zum Sündenbock auserkoren worden.

7.2.2 Dänemark

Die dänische Politik war lange sehr Exil-freundlich. 2013 hat sich das geändert. So hat der Oberste Gerichtshof am 7. November 2013 beschlossen, die Ausweisung des seit 13 Jahren in Dänemark lebenden früheren Schulinspektors Emmanuel Mbarushimana aus der Gemeinde Muganza, dessen Auslieferung man im Jahr 2008 beantragt hatte, nach Kigali zu ermöglichen. Das dänische Justizministerium genehmigte im Juni 2012 die Überstellung. Emmanuel Mbarushimana ist am 3. Juli 2014 in Kigali eingetroffen und am 22. Juli erstmals einem Richter vorgeführt worden.

7.2.3 Finnland

Der Baptistenpastor François Bazaramba, 1994 Leiter eines Jugend-Ausbildungszentrums seiner Kirche, hatte das Pech, dass sein Name in *Leave none to tell the story* auftaucht. Timothy Longman, der Verfasser des Kapitels über die Vorgänge in der Gemeinde Nyakizu im Südwesten Ruandas, aus der François Bazaramba stammte, hat offenbar alles geglaubt, was man ihm bei seinen Forschungen nach dem Krieg über Bazaramba erzählte. Wirkliche Beweise gab es auch in seinem

---

Völkermord und der Omerta freie Bahn gelassen, die in solchen Interessengemeinschaften zwingend ist."

836 Vor dem Arusha-Gericht hat Dallaire den Vorgang bestätigt. Er könne sich sein Verhalten nicht erklären.

837 Siehe: *Témoignage sur l'assassinat des 10 casques bleus belges au Camp Kigali le 07 avril 1994*, Nairobi, 20.5.1997. Zu finden unter *http://www.editions-sources-du-nil.fr* unter Documents.

Fall nicht. Der Großteil der Bevölkerung, die den Krieg erlebt hatte, war nicht mehr da. Von der Tutsi-Bevölkerung waren viele ums Leben gekommen oder geflohen und auch die Hutu-Bevölkerung war in alle Winde zerstreut.

Bazaramba hatte in Finnland politisches Asyl erhalten, als die Kagame-Regierung einen internationalen Haftbefehl mit dem Ziel der Auslieferung erwirkte. Die finnische Justiz nahm ihn fest, lehnte aber eine Auslieferung ab und beschloss, ihn auf der Grundlage der universellen Kompetenz in Finnland vor Gericht zu stellen.

Der Fall wurde dem Distrikt-Gericht von Porvoo zugewiesen, wo er in Untersuchungshaft saß. Ich bin dort am 10. November 2009 als Gutachter auf Antrag seines Verteidigers Ville Hoikkala angehört worden. Der Ankläger war voll von der offiziellen Lesart durchdrungen, der vorsitzende Richter schien hingegen nachdenklicher. Das trog, denn er verurteile Bazaramba am 11. Juni 2010 wegen Völkermord zu lebenslanger Haft. Der „Betriebsausflug" des Gerichts nach Ruanda und die vorgeführten Zeugen hatten ihre Wirkung getan.

Der Berufungs-Prozess wurde 2011 vor dem Obersten Gerichtshof in Helsinki geführt. Hier der gleiche Eindruck: Bei meiner Anhörung am 31. August 2011 schien die vorsitzende Richterin Elisabeth Bygglin zu verstehen und selbst der Staatsanwalt machte den Eindruck, als sei er für Argumente zugänglich. Auch dieser Eindruck trog. Das Gericht ist nach Ruanda geflogen und die Begegnungen mit den präparierten Zeugen hatten die gewünschten Wirkungen. Am 22. Oktober 2012 wurde die lebenslange Haftstrafe bestätigt.[838] Gerade weil ich mich eingehend mit den Umständen dieses Falls befasst habe, bin ich überzeugt: dieses Urteil ist nicht zu rechtfertigen.

7.2.4 Frankreich

a) Allgemein

Mehr als anderswo spielte sich über die Ruanda-Frage in Frankreich fast zwanzig Jahre lang ein „Kampf der zwei Linien" ab. Schon vor dem Völkermord 1994 hatte sich ein Teil des RPF-Hilfsnetzes im Einklang mit den USA auf Frankreich wegen seiner militärischen Hilfe für das Habyarimana-Regime seit der RPF-Invasion vom 1. Oktober 1990 eingeschossen.

Es war klar, dass François Mitterrand der bei der Washington-Konferenz 1988 beschlossenen militärischen Rückeroberung der Macht durch das Tutsi-Exil entgegenstehen würde. Jean Carbonare wurde an der Spitze der

---

838 Für den Zusammenhang des Falls Bazaramba mit der Anklage von Lazare Kobagaya in den USA wird auf Abschnitt 7.2.11 verwiesen.

Nichtregierungsorganisation *Survie* zum Kern des Widerstands gegen die französische Unterstützung Habyarimanas und der MRNDD. Unvergessen ist Carbonares Auftritt im französischen Fernsehen am 28. Januar 1993, wo er unverfroren behauptete, die Regierung in Ruanda bereite einen Tutsi-Völkermord vor. Er konnte dabei mit großem Erfolg von seinem während des Widerstands gegen den Algerienkrieg erworbenen Prestige als „anti-imperialistischer" Kämpfer profitieren und wurde dabei aus dem Albright-Umfeld in den USA unterstützt. Später schloss sich der frühere Ministerpräsident Michel Rocard, der Mitterrand seine Entlassung zugunsten von Edith Cresson niemals verziehen hat, dieser Bewegung an.[839]

Ein medialer Wortführer des RPF-Freundeskreises[840] wurde bei *Le Figaro* der Journalist Patrick de Saint-Exupéry. Auch in seinen Büchern[841] beschuldigte er Frankreichs Armee, während der *Opération Turquoise* 1994 im Bisesero-Massiv in der Präfektur Kibuye zum Tutsi-Völkermord beigetragen zu haben. In Washington sah man 2004 diese mediale Unterstützung besonders gern, hatte Frankreich doch an der Spitze der internationalen Opposition gegen den Irak-Krieg 2003 gestanden.

Der Hass des RPF-Freundeskreises richtete sich ganz besonders auch gegen die 2006 von Ermittlungsrichter Jean-Louis Bruguière erlassenen Haftbefehle gegen neun hohe RPF-Militärs. Bruguière hatte auf Antrag der Angehörigen der am 6. April 1994 ums Leben gekommenen französischen Flugzeugbesatzung ermittelt und war zu dem Schluss gekommen, dass die RPF-Führung für den Abschuss der ruandischen Präsidentenmaschine verantwortlich war.

Dass aber Frankreich die erlassenen Haftbefehle nicht umzusetzen gedachte, geht vor allem auf das Wirken des Kagame-Freundes Bernard Kouchner während seiner Amtszeit als französischer Außenminister zurück. Im Interesse einer Verbesserung der Beziehungen zu den USA gelang es ihm, Präsident Sarkozy zu einem Besuch in Kigali am 25. Februar 2010 zu überreden. Danach wurden

---

839 Rocard gab vor dem Informationsausschuss der Nationalversammlung 1998 die eher absurde Begründung, warum er als Ministerpräsident nichts gegen die Habyarimana -Unterstützung nach dem RPF-Angriff vom 1. Oktober 1990 unternommen hat. Er erklärte, dies sei eine Entscheidung auf politischer Ebene und seine Aufgabe sei es nur gewesen dafür zu sorgen, dass *„die Staatsmaschinerie funktioniert und getroffene Entscheidungen ausgeführt"* würden.

840 Neben Carbonare und Saint-Exupéry beteiligten sich so unterschiedliche Persönlichkeiten wie Jean Hatzfeld, François-Xavier Verschave, François Misser, Pascal Krop, Jean Montaldo, André Guichaoua u. a. an dieser Anti-Mitterrand-Kampagne.

841 Saint-Exupéry 2004 und Saint-Exupéry 2009.

die nach dem Erlass der Bruguière-Haftbefehle von Ruanda abgebrochenen diplomatischen Beziehungen wieder aufgenommen. Sarkozy ging nicht so weit, die Einstellung der Ermittlungen gegen den beschuldigten Personenkreis zu versprechen. Nur die Haftbefehle wurden außer Vollzug gesetzt.

Seit dem Ausscheiden von Bruguière aus dem Dienst 2007 sind die Ermittlungsrichter Marc Trévidic und Nathalie Poux mit den Fällen befasst und schieben eine unumgängliche Entscheidung zulasten der RPF unter allerlei Vorwänden vor sich her. Im Juli 2014 wurden von den Kagame-Anwälten Meldungen lanciert, die beiden Ermittlungsrichter hätten ihre Arbeit abgeschlossen. Dann hörte man, sie würden einen neuen Zeugen anhören, der am Transport der Raketen zum Abschuss der Präsidentenmaschine am 6. April 1994 beteiligt gewesen sei.[842] In der französischen Presse wurde dann berichtet, die Richter hätten auf der vollen Namensnennung des Mannes bestanden und ihn auch den Anwälten genannt. Daraufhin ist Émile Gafarita, der frühere Kagame-Leibwächter, in Nairobi dauerhaft verschwunden.

Zum Jahresende 2014 waren nach Zählung von FIDH/LDH noch 28 Ruanda-Fälle in Frankreich anhängig.[843]

b) Wenceslas Munyeshyaka

International wurde vor allem der Fall des katholischen Priesters Wenceslas Munyeshyaka beobachtet. Auf Drängen aus Kigali erließ das Arusha-Gericht 2005[844] gegen den damals in Frankreich lebenden und praktizierenden katholischen Priester Wenceslas Munyeshyaka einen Haftbefehl. Auf Druck des Gerichts wurde er im Juli 2007 verhaftet, aber bald wieder auf freien Fuß gesetzt. Nach internationalen Protesten erklärte sich Frankreich bereit, seinen Fall von der französischen Justiz untersuchen zu lassen. Ende 2007 stimmte das Arusha-Gericht zu, seinen Fall nach Frankreich zu transferieren. Mitte 2014 erklärte die französische Justiz, die Ermittlungen stünden vor dem Abschluss. Interessant ist, dass am 27. November 2014 der Oberste Gerichtshof in Paris (tribunal de grande instance de Paris) *France Télévisions* verurteilt hat, Munyeshyaka als Schadensersatz 5.000 € zu zahlen, weil der Sender gegen dessen Unschuldsvermutung verstoßen habe, als Munyeshyaka in einer Sendung von *France 3* am 13. April 2014 als „Völkermörder" bezeichnet worden war.

---

842 Vgl. hierzu auch Abschnitt 6.5.1.

843 Fédération Internationale des Droits de l'Homme (FIDH) et Ligues des Droits de l'Homme (LDH), *Procès de Pascal Simbikangwa*, Paris Décembre 2014.

844 Siehe die Aufzeichnung B/42 in der Dokumentation.

c) Laurent Bucyibaruta

Das Arusha-Gericht hatte Frankreich auch den Fall des früheren Präfekten von Cyangugu, Laurent Bucyibaruta, „überlassen", der 2007 in Frankreich verhaftet worden war. Zu einem Prozess ist es zum Ärger Kigalis bisher nicht gekommen.[845]

d) Agathe Kanziga-Habyarimana

Der Fall der Präsidentenwitwe ist eine „unendliche Geschichte". Aus dem Opfer wurde von interessierter Seite eine Täterin stilisiert. Immer wieder gab es vor allem aus dem Kreis eines in Reims ansässigen Ruanda-Nebenklägerkollektivs (*Collectif des parties civiles pour le Rwanda)* Versuche, die französische Justiz zu bewegen, ihr wegen Anstachelung zum Völkermord vor dem 6. April 1994 aufgrund ihrer angeblichen Rolle im *akazu* einen Prozess zu machen. Dazu kam es nicht, aber immerhin waren ihre Gegner bei der Ablehnung ihres Asylantrags erfolgreich.

Das Nebenklägerkollektiv wurde von Alain Gauthier und seiner aus Ruanda stammenden Frau Daphrose Mukarumongi gegründet. Dabei ist wichtig zu wissen, dass Daphrose Mukarumongi die Nichte von General James Kabarebe ist, dem derzeitigen ruandischen Verteidigungsminister. Das Kollektiv tritt als eingeölte Maschine zur Verfolgung von Gegnern des RPF-Regimes auf. In Belgien wirkt das Ehepaar Pierre Trachte und Bernadette Trachte-Mukagasana als Vertretung dieses Kollektivs.

e) Pascal Simbikangwa

Das Ehepaar Gauthier und sein Kollektiv wurden auch bei der Verfolgung des früheren Armee-Hauptmanns und Chefs des ruandischen Armeegeheimdienstes Pascal Simbikangwa aktiv. Er wurde 2014 als erster in Frankreich vor Gericht gestellt. Der seit einem Autounfall 1986 auf einen Rollstuhl angewiesene Pascal Simbikangwa war nach seiner Flucht 1994 unter falschem Namen untergetaucht und ist im Oktober 2008 im französischen Übersee-Département Mayotte im indischen Ozean auf der Basis eines von Ruanda beantragten internationalen Haftbefehls festgesetzt und später nach Paris verbracht worden. Die Auslieferung nach Kigali lehnte Frankreich ab und klagte ihn, um weiterer Komplizen-Beschuldigung des Nebenklägerkollektivs zu entgehen, selbst an. Der Prozess begann am 6. Februar 2014 vor dem Pariser Schwurgericht (*Cour d'assises*). Am 14. März 2014 wurde Pascal Simbikangwa von den drei Berufsrichtern und sechs Geschworenen nach Anhörung von 23 Zeugen aus Ruanda des Völkermords

845 Siehe die Aufzeichnung B/14 in der Dokumentation.

bei dünner Beweislage[846] für schuldig befunden und zu 25 Jahren Gefängnis verurteilt.[847]

f) Eugène Rwamucyo

Das Kollektiv war auch an der Einleitung juristischer Schritte gegen eine Reihe anderer der Beteiligung am Tutsi-Völkermord verdächtigter Hutu beteiligt. Besonders spektakulär war die vom Kollektiv betriebene Verhaftung von Dr. med. Eugène Rwamucyo bei der Beerdigung von Jean-Bosco Barayagwiza am 26. Mai 2010 in der Nähe von Paris.[848]

g) Callixte Mbarushimana

Zu heftigen Protesten des Kagame-Netzwerks in Frankreich hatte auch die Freilassung des FDLR-Funktionärs Callixte Mbarushimana durch den Internationalen Strafgerichtshof (ICC) geführt, nachdem Frankreich dem internationalen Druck zu seiner Verhaftung und Überstellung nach Den Haag nachgegeben hatte.

h) Innocent Musabyimana, Claude Muhayimana und Laurent Serubuga und Pierre Tegera

Der erste ruandische Hutu, dem eine Auslieferung nach Ruanda droht, ist der 40-jährige Innocent Musabyimana, der auf der Basis eines ruandischen Haftbefehls am 22. Januar 2013 in der Nähe von Dijon verhaftet worden ist. Erstmals hat am 13. November 2013 das Berufungsgericht in Paris (*Cour d'appel de Paris*) für seine Auslieferung und auch die des 52jährigen Claude Muhayimana optiert. Aber das Kassationsgericht (*Cour de cassation*) hat in ihren Fällen[849] und für Laurent Serubuga am 26. Februar 2014 die Auslieferung verweigert.[850] Im Fall von

---

846 Ich teile die Ansicht von Oberst Jacques Hogard in einem Interview mit *www.causeur.fr* vom 13.5.2014: « *Cet ancien officier de renseignement hutu est un piètre personnage. Son procès a été instrumentalisé par certains groupes de pression pour tenter de prouver la collusion du « Hutu Power » avec la France. Cet homme qui n'avait pas le quart du pouvoir qu'on lui a attribué est un bouc émissaire et surtout un prétexte pour mieux préparer médiatiquement le 20e anniversaire du génocide en reprenant le procès à charge contre la France et son armée !* »

847 Simbikangwa hat Berufung beantragt.

848 Die Auslieferung an Ruanda wurde abgelehnt und Rwamucyo am 15.9.2010 wieder auf freien Fuß gesetzt.

849 Nach einer Meldung in *Le Monde* vom 10.4.2014 wurde Claude Muhayimana allerdings in Rouen auf Antrag des *Collectif des parties civiles pour le Rwanda* erneut verhaftet.

850 Das Gericht erklärte, es gäbe keine Rechtsgrundlage dafür. Man müsse das Prinzip der «non-rétroactivité de la loi pénale» respektieren, wonach niemand für eine Tat

Pierre Tegera hat das Berufungsgericht von Aix-en-Provence am 10. April 2014 – wohl schon als Folge der Frankreich-feindlichen Kagame-Rede vom 7. April 2014 – die Auslieferung abgelehnt.

i) Weitere Fälle

Das Nebenklägerkollektiv wurde auch aktiv in den Fällen Hyacinthe Rafiki Nsengiyumva, Vénuste Nyombayire, Marcel Bivugabagabo und der beiden früheren Bürgermeister der Gemeinde Kabarondo, Octavien Ngenzi und Tito Barahira (ihnen wird Beteiligung an Tutsi-Massakern in der Kirche von Kabarondo[851] in Ost-Ruanda am 13. April 1994 vorgeworfen). Am 26. Mai 2014 reichte das Kollektiv auch einen Klageantrag gegen Félicien Baligira ein, dessen Auslieferung die französische Justiz abgelehnt hatte.

7.2.5 Großbritannien

In Großbritannien, dessen Regierungen – besonders unter Tony Blair – immer Kagame-freundlich waren, haben die Fälle von Vincent Bajinya, Charles Munyaneza, Celestin Ugirashebuja und Emmanuel Nteziryayo die Gerichte beschäftigt. Sie waren 2006 verhaftet worden, weil Kigali Auslieferungsanträge gegen sie gestellt hatte. Teile der Justiz wollten sie ausliefern, aber schließlich lehnte der Oberste Gerichtshof (High Court) dies ab und setzte am 8. April 2009 alle vier auf freien Fuß. Damit war der Fall aber nicht abgeschlossen. Im Jahr 2014 sollte endgültig über den ruandischen Auslieferungsantrag entschieden werden,[852] wenn abschließend geklärt sei, ob sie in Kigali einen fairen Prozess erwarten können. Zudem hat die Polizei Anfang 2014 den Pastor der Pfingstkirche Célestin Mutabaruka verhaftet, über dessen Auslieferung noch entschieden werden muss. 2011 hatte der britische Geheimdienst noch Mitglieder der ruandischen Opposition vor Übergriffen ruandischer Regierungsstellen in GB gewarnt.[853]

---

verurteilt werden kann, die zum Zeitpunkt der Tat nicht gesetzlich definiert war. Das Gericht erklärte, die ruandischen Auslieferungsanträge beträfen *«des faits qualifiés de génocide et de crimes contre l›humanité qui n›étaient pas incriminés par l›Etat requérant à l›époque où ils ont été commis»*. (*Agence Hirondelle*, 28.2.2014).

851 Im Prozess vor dem OLG in Frankfurt ist dieser Anklagepunkt gegen Onesphore Rwabukombe im Dezember 2012 fallengelassen worden.

852 Bis zum Manuskriptabschluss am 31.12.2014 war dies nicht der Fall.

853 Darauf wurde in einem Memorandum hingewiesen, das die ruandische Opposition in den USA im Hinblick auf den amerikanisch-afrikanischen Gipfel vom 6.8.2014 am 1.8.2014 an Präsident Barack Obama gerichtet hat.

7.2.6 Kanada

a) Désiré Munyaneza

Der Einzelrichter am Obersten Gerichtshof der Provinz Quebec in Montréal, André Denis, hat am 22. Mai 2009 in erster Instanz den Ruander Désiré Munyaneza[854], Jahrgang 1966, der Beteiligung am Tutsi-Völkermord 1994 – u.a. wegen Vergewaltigung aufgrund von kaum nachprüfbaren Zeugenaussagen – für schuldig befunden.[855] Am 22. September 2009 wurde dann das Strafmaß lebenslange Haftstrafe verkündet. Als Sachverständige der Anklage hatten Alison Des Forges und General Roméo Dallaire fungiert.

Es war das erste Verfahren, bei dem das kanadische Gesetz über die universelle Kompetenz aus dem Jahr 2000 im Gefolge der kanadischen Ratifizierung des Rom-Statuts über den Internationalen Strafgerichtshof angewandt worden ist.[856] An dem Urteilstext verblüfft, mit welcher Leichtigkeit Richter Denis die aus Ruanda vorgeführten Zeugen als glaubwürdig eingestuft hat.[857] Die schon damals kursierenden Behauptungen, derartige Zeugen würden in Kigali „vorbereitet", wurden in Übereinstimmung mit der von der kanadischen politischen Klasse gepflegten „political correctness" global zurückgewiesen. Es dauerte vier Jahre, bis 2013 erste Schritte für ein schon 2009 angestrebtes Berufungsverfahren unternommen wurden. Am 7. Mai 2014 hat der Oberste Gerichtshof von Quebec (Cour d'appel du Québec) die Berufung zurückgewiesen und die lebenslange Haft für Désiré Munyaneza bestätigt.

b) Jacques Mungwarere

Der Prozess gegen den Sekundarschullehrer Jacques Mungwarere[858], Jahrgang 1972, der am 5. Juli 2013 in erster Instanz mit einem Freispruch durch den

---

854 Désiré Munyaneza hat an der Universität Butare ein Ökonomiestudium absolviert und lebte als Geschäftsmann in dieser Präfektur. Ihm wurde vor allem eine Beteiligung an den Kirchenmassakern in Musha vorgeworfen.

855 Prozess *Reine contre Munyaneza* (2009 QCCS 2201) vor dem Cour Supérieure de la Province de Québec, District de Montréal mit dem Aktenzeichen 500-73-002500-052. Vielleicht zentralster Satz aus dem Urteil (Tz. 2056): *La preuve montre hors de tout doute raisonnable que l'accusé a participé à la traque des Tutsi.*

856 Das deutsche Völkerstrafrechtsgesetz aus dem Jahr 2002, erstmals im Prozess gegen die FDLR-Chefs Ignace Murwanashyaka und Straton Musoni vor dem OLG-Stuttgart angewandt, hat den gleichen historischen Hintergrund.

857 Verteidiger waren Richard Perras, Mylène Dimitri – später auch Verteidigerin von Augustin Ngirabatware vor dem Arusha-Gericht – und Paul Skolnik – in Arusha einer der Verteidiger von General Kabiligi.

858 Prozess *La Reine contre Jacques Mungwarere* vor dem *Cour Supérieure de Justice de l'Ontario* in Ottawa mit dem Aktenzeichen 30466–2009.

Einzelrichter Michel Charbonneau vor dem Obersten Gerichtshof der Provinz Ontario in Ottawa endete, ist eine Art Kontrastprogramm zum Munyaneza-Urteil aus dem Jahre 2009. Das Mungwarere-Urteil ist Beispiel für die Anwendung des Prinzips « Im Zweifel für den Angeklagten ». Der Richter brachte – man hat das Gefühl, dass er damit dem Zeitgeist seinen Tribut zollte – zum Ausdruck, dass ihn die Ausführungen des Angeklagten nicht wirklich überzeugten, aber er andererseits feststellen müsse, dass die Anklagebehörde *« nicht über jeden Zweifel erhaben »* (hors de tout doute raisonnable) beweisen konnte, Jacques Mungwarere habe die ihm zur Last gelegten Verbrechen des Völkermords und des Mordes begangen. Richter Charbonneau erklärte im Urteilstext, er habe hinsichtlich der Vorgänge in dem kleinen Ort Ngoma in der Präfektur Kibuye im Jahr 1994 vor allem dem Gutachter der Anklage, dem schon in Zusammenhang mit dem Finnland-Prozess erwähnten Timothy Longman, vertraut und weniger dem Gutachter der Verteidigung, Brian Endless, der sich insbesondere auf die Darstellung der Aktivitäten der Kagame-Regierung zur – auch von Longman nicht bestrittenen – « Überzeugung » ausländischer Regierungen von der ruandischen Sichtweise und zur « Vorbereitung » der ins Ausland entsandten Zeugen konzentriert habe. Aber da er die von seinem Anwalt Philippe Larochelle aufgedeckten Widersprüche in den Aussagen der aus Kigali entsandten oder auch aus der Tutsi-Community in Kanada stammenden Zeugen habe feststellen müssen, war mehr als nur zu vernünftigem Zweifel Anlass. So war nur ein Freispruch mangels Beweisen möglich.

c) Léon Mugesera

Leon Mugesera[859] kam schon 1992 nach Kanada. Er war aus Ruanda geflohen, weil die RPF seine Rede in einer Parteiveranstaltung in Ruhengeri vom 22. November 1992 zu einer großangelegten Kampagne gegen ihn verwandt hatte und der liberale Teil der damaligen Koalitionsregierung seine Verhaftung forderte. Daran knüpfte die RPF nach ihrem Sieg an. 1996 wurde er von der kanadischen Regierung aufgefordert, das Land zu verlassen, was er aber nicht tat. Die Frage seines Aufenthaltsrechts beschäftigte seither Regierung und Justiz, ohne dass ihm je ein Prozess in der Sache gemacht worden wäre. Man wollte ihn nur loswerden. Am 23. Januar 2012 gab die kanadische Regierung schließlich einem ruandischen Auslieferungsantrag statt und schob ihn nach Ruanda ab, wo ihm seither der Prozess gemacht wird.

---

859 Der Fall Mugesera wurde auch in Zusammenhang mit den Verfahren in Ruanda in Abschnitt 7.1.1 erwähnt und ist in B/36 in der Dokumentation dargestellt.

d) Jean Berchmans Habinshuti
Am 20. Mai 2014 wurde der Asylantrag von Jean Berchmans Habinshuti, des kurzzeitigen persönlichen Referenten der am 7. April 1994 ermordeten Ministerpräsidentin Agathe Uwilingiyimana, von der Immigrationsbehörde rechtsgültig mit der Begründung abgelehnt, ein kanadisches Gesetz verbiete das Asyl für hohe Amtsträger des ruandischen Staates zwischen 1990 und 1994. Zum einen ist die Behauptung, ein persönlicher Referent sei ein wichtiger Amtsträger höchst fraglich. Politisch ist noch fragwürdiger, die in offener Opposition zu Präsident Habyarimana stehende Ministerpräsidentin hiermit indirekt noch dem Kreis der vermeintlichen Völkermordplaner zuzurechnen.[860]

7.2.7 Niederlande

Der niederländische sozialdemokratische Entwicklungsminister Jan Pronk hat sofort nach dem Sieg der RPF 1994 dafür gesorgt, dass das Kagame-Regime anerkannt und unterstützt wurde. Spätere Regierungen waren neutraler und gewährten vielen Ruanderinnen und Ruandern (Hutu und Tutsi) Asyl. Nach der Verhaftung von Victoire Ingabire Umuhoza 2010 in Kigali ging die Regierung in Den Haag wieder voll auf Kagame-Kurs und ließ Prozesse gegen Exil-Hutu führen. Zu Beginn des Jahres 2014 hat die niederländische Regierung sogar ein Abkommen mit Kagame geschlossen, alle von ihm als „*génocidaires*" bezeichneten Personen nach Kigali auszuliefern. Im September 2014 sandte die Einwanderungsbehörde dem Ehemann von Victoire Ingabire, Lin Muyizere, ein Schreiben, er solle seinen niederländischen Pass abgeben, weil er während seines Naturalisierungsverfahrens falsche Auskünfte über seine Rolle 1994 gemacht habe. Dem Vernehmen nach liegen der Behörde anonyme Anzeigen zugrunde. Kigali hatte schon 2010 seine Auslieferung beantragt. Es heißt, Lin Muyizere sei im Akayesu-Prozess vor dem Arusha-Gericht als geschützter Zeuge der Verteidigung aufgetreten.

a) Joseph Mpambara
Am 8. Juli 2011 wurde Joseph Mpambara in einem Berufungsverfahren in Den Haag zu einer lebenslangen Haftstrafe wegen Völkermord verurteilt.

---

860 Jean Berchmans Habinshuti wurde gezwungen, Kanada bis zum 29.5.2014 zu verlassen, sonst würde er nach Kigali abgeschoben. Der wirkliche Grund für seine Abweisung war wohl, dass er ein Abtrünniger des Kagame-Regimes ist. Er kehrte im Oktober 1994 nach Kigali zurück, wurde 2005 sogar Abgeordneter in der „neuen Ordnung", verließ das Land aber später und kam 2011 zu seiner Familie nach Kanada, obwohl man ihn auf die Gefahr seiner Ausweisung hingewiesen hatte. Weitere Informationen lagen mir nicht vor.

Er ist der Bruder des vom Arusha-Gericht zu 25 Jahren Gefängnis verurteilten Obed Ruzindana aus der Präfektur Kibuye. Wie er gehörte er der Adventisten-Kirche an, der man vorwarf, an Tutsi-Massakern beteiligt gewesen zu sein.

In diesem Verfahren spielte das Ehepaar Wolfgang und Jacqueline Blam[861] als Nebenkläger eine wichtige Rolle. Wolfgang Blam war 1994 im Auftrag des Deutschen Entwicklungsdienstes (DED) als Arzt im Krankenhaus von Kibuye tätig und hatte mit seiner Freundin Jacqueline zum Zeitpunkt des Attentats vom 6. April 1994 einen zweimonatigen Sohn. Als sie nach den beginnenden Massakern am 27. April fliehen wollten, habe der Angeklagte sie im Ort Mugonero angehalten, beschimpft und die Flucht der unverheirateten Jacqueline verhindern wollen.[862] Diese Aussagen haben das niederländische Gericht in der Annahme der völkermörderischen Gesinnung des Angeklagten bestärkt.

b) Yvonne Ntacyobatabara (Basebya)

Die frühere ruandische Staatsangestellte Yvonne Basebya ist die erste mit niederländischem Pass verurteilte Person. Sie ist die Frau des früheren ruandischen Politikers Augustin Basebya, wurde aber wegen Anstiftung zum Völkermord am 1. März 2013, damals 66 Jahre alt, zu sechs Jahren und acht Monaten Gefängnis verurteilt. Sie war 1998 in die Niederlande gekommen und hatte 2004 die Staatsbürgerschaft erhalten. 2010 wurde sie aufgrund von Hinweisen der ruandischen Regierung verhaftet. Ihr Anwalt Victor Koppe erklärte, dass einige Zeugen der Anklage bewusst gelogen hätten, um sich ihren Besitz in Ruanda aneignen zu können. Da mag er recht haben.

c) Jean-Claude I.[863]

Am 20. Dezember 2013 ging man noch einen Schritt weiter: das Distriktgericht in Den Haag gab den Ruander Jean-Claude I. zur Auslieferung nach Ruanda frei und das einige Tage, nachdem in Kigali für Victoire Ingabire Umuhoza im Berufungsverfahren die Strafe am 13. Dezember 2013 von 8 auf 15 Jahre erhöht wurde. Am 17. Juni 2014 bestätigte der Oberste NL-Gerichtshof die Rechtmäßigkeit der Auslieferung von Jean-Claude I. Die endgültige Entscheidung liegt nun beim Justizminister. Es wäre die erste Auslieferung aus NL nach Kigali.

---

861 Das Ehepaar Blam ist auch in Deutschland häufig im Sinne der offiziellen Lesart aufgetreten. In Schürings 1994 ist auf den Seiten 75 ff. der Beitrag von Wolfgang Blam *Völkermord als „modernes“ Politikinstrument* erschienen, in dem er seine Erlebnisse und seine Flucht schildert.

862 Wolfgang und Jacqueline Blam gingen nach Kibuye zurück und wurden im Mai 1994, inzwischen verheiratet, über den Kivu-See gerettet.

863 Seinen vollen Namen konnte ich nicht herausfinden.

d) weitere Fälle

Auch im Jahr 2014 blieb die niederländische Justiz auf Kagame-Kurs. Am 23. Januar 2014 wurde aufgrund eines ruandischen Haftbefehls das frühere CDR-Mitglied Jean-Baptiste Mugimba, dem vorgeworfen wird, 1994 Listen von zu tötenden Tutsi angefertigt und Hutu-Milizen unterstützt zu haben, in Auslieferungshaft genommen.

Eine Auslieferungsprozedur wurde im Juni 2014 auch gegen Jean-Damascène Rugomboka in Gang gesetzt. Sicher ist, dass man ihn als Chef der niederländischen Sektion der Ingabire-Partei FDU-Inkingi loswerden will, aber sicher ist auch, dass man gerne einen Prozess auf der Grundlage eines Haftbefehls aus Kigali vermeiden will.

7.2.8 Norwegen

Norwegen war lange Zeit ein relativ sicheres Zufluchtsland für ruandische Hutu-Flüchtlinge mit großzügiger Einbürgerungspraxis. Das hat sich 2013 geändert. Es begann am 14. Februar 2013 mit der Verurteilung von Sadi Bugingo zu 21 Jahren Gefängnis.[864] Die spektakuläre Auslieferung von Charles Bandora am 11. März 2013 nach Kigali macht die Politikänderung noch deutlicher. Es war die erste Auslieferung eines von Kigali per Haftbefehl gesuchten Hutu-Flüchtlings aus einem europäischen Land.[865]

Auch die Verhaftung des Lehrers Eugène Nkuranyabahizi am 30. Mai 2013 ist Teil der geänderten Politik. Er soll seit 10 Jahren in Norwegen gelebt und sich als Burunder ausgegeben haben. Er befand sich auf einer in Kigali erstellten Liste flüchtiger „Völkermörder“. Am 8. April 2014 hat ein Gericht in Stavanger seine Auslieferung genehmigt. Am 4. September 2014 bekräftigte die norwegische Staatsanwaltschaft, dass die Bedingungen für seine Auslieferung erfüllt seien.[866]

7.2.9 Schweden

Der Fall des am 20. Juni 2013 in Stockholm zu einer lebenslangen Haftstrafe verurteilten Stanislas Mbanenande[867] lässt vermuten, dass sich die nordischen

864 Der Berufungsprozess in Fall Bugingo begann am 26.8.2014 und soll am 15.1.2015 abgeschlossen werden.

865 Der Prozess gegen Bandora vor einem Gericht in Kigali hat am 16.10.2014 mit der Anhörung eines Zeugen der Verteidigung begonnen, der behauptet hat, die Anklage habe ihn zu Falschaussagen gezwungen. (Vgl. Agence Hirondelle vom 16.10.2014).

866 Vgl. *Hirondelle News Agency*, 4.9.2014.

867 Das Urteil wurde am 19.6.2014 von einem Berufungsgericht bestätigt.

Länder – nach einigem Zögern wohl auch Dänemark – nach der Verurteilung von François Bazaramba in Helsinki konzertiert haben. Dies ist auch deshalb erstaunlich, weil Schweden noch im Februar 2012 einen ruandischen Diplomaten ausgewiesen hat, weil er schwedische Staatsangehörige mit ruandischem Ursprung ausspioniert hatte.[868] Der Fall Sylvère Ahorugeze, der lange in Dänemark lebte, aber in Schweden verhaftet wurde, war dabei wegen der Unterstützung des Menschenrechtsgerichtshofs in Straßburg ein juristischer Durchbruch für Kigali. Denn dieses Gericht hat am 27. Oktober 2011 dem Antrag Schwedens entsprochen und erklärt, in Kigali hätte der Angeklagte einen fairen Prozess zu erwarten.[869] Im Juli 2012 wurde diese Entscheidung bestätigt. Das Urteil wurde nicht umgesetzt, weil Sylvère Ahorugeze nach Dänemark reisen konnte, das sich nicht an den ruandischen Auslieferungsantrag gebunden fühlte.

Am 24. September 2014 hat Schweden zwei weitere gebürtige Ruander wegen Beteiligung am Völkermord 1994 verhaftet, aber ihre Identität nicht preisgegeben.[870]

7.2.10 Schweiz

Die Schweiz hatte mit der Anwendung der Universalitätskompetenz schon 1999 den Anfang gemacht. Ein Militärgericht in Lausanne verurteilte den früheren Bürgermeister der Gemeinde Mushubati/Präfektur Gitarama, Fulgence Niyonteze, zu einer lebenslangen Haftstrafe wegen während des Völkermords begangener Kriegsverbrechen. Ein Berufungsgericht hat die Strafe auf 14 Jahre reduziert, was vom Militär-Kassationsgericht am 27. April 2001 bestätigt wurde.[871]

---

868 Darauf wurde auch in dem Memorandum hingewiesen, das die ruandische Opposition in den USA im Hinblick auf den amerikanisch-afrikanischen Gipfel vom 6.8.2014 am 1.8.2014 an Präsident Barack Obama gerichtet hat.

869 Ich habe dieses Urteil in einem offenen Brief an Frau Prof. Angelika Nußberger, die deutsche Richterin an diesem Gericht, am 4.11.2011 kritisiert.

870 Vgl. Hirondelle News Agency, 24.9.2014.

871 Der Fall ist bei Reyntjens 2013 auf S. 248 erwähnt, ansonsten relativ schlecht dokumentiert. Während Reyntjens von einer lebenslangen Strafe ausgeht, findet man im Internet den Hinweis auf die Reduzierung der Strafe durch das Kassationsgericht. Im Internet ist auch die Information zu finden, dass Niyonteze seine Strafe in der Schweiz verbüßt hat und im Jahr 2006 aus der Schweiz ausgewiesen worden ist. Dies wird auch von Elisabeth Baumgartner in dem Beitrag *Die Verfolgung von Völkerstraftaten in der Schweiz* in: Safferling und Kirsch 2014, S. 402 ohne volle Namensnennung bestätigt. Bei Behrendt 2005 (S. 272–276) wurde die Schweiz überschwänglich für das Verfahren gelobt. Generell ist dieses Buch ein gutes Beispiel für die kritiklose Übernahme der offiziellen Lesart in Deutschland.

Aufgrund von Bemühungen des links-militanten Genfer Pro-RPF Professors Jean Ziegler hatte sich 1998 auch der ehemalige ruandische Verteidigungsminister James Gasana nach seiner Flucht in die Schweiz 1993 vor einem Schweizer Gericht verantworten müssen, wurde aber völlig rehabilitiert.

7.2.11 USA

a) Béatrice Munyenyezi
Lange haben die USA keine in das Land geflohene Hutu vor Gericht gestellt. Eine Ausnahme bildete Béatrice Munyenyezi, weil sie mit dem vor dem Arusha-Gericht angeklagten Shalom Ntahobali, dem Sohn der Ministerin Pauline Nyiramasuhuko, verheiratet ist.

Béatrice Munyenyezi kam 1995 mit zwei Kindern in die USA. Am 16. Juli 2013 wurde sie von einem Gericht in Concord/New Hampshire zu zehn Jahren Gefängnis wegen Verschweigens ihrer vorgeblichen Rolle im Völkermord 1994 verurteilt. Dass die damals hochschwangere Frau die ihr angelasteten Verbrechen begangen haben könnte, ist eher unwahrscheinlich. Als Frau von Shalom Ntahobali war sie vorverurteilt. Ein eindeutig politisches Urteil im Sinne Kagames.

b) Lazare Kobagaya
Lazare Kobagaya kam 1997 in die USA und wurde 2006 eingebürgert. Er war im Dezember 2007 bereit, im Verfahren gegen den in Finnland angeklagten François Bazaramba als Zeuge der Verteidigung auszusagen. Das brachte das RPF-Netzwerk auf den Plan. Man wollte herausgefunden haben, Kobagaya habe bei der Einreise in die USA seine Beteiligung am Tutsi-Völkermord 1994 verschwiegen. Am 25. August 2011 hat ein Gericht in Kansas das Verfahren gegen den 84-jährigen Angeklagten auf Antrag der Anklage eingestellt. Man konnte sich wohl nicht länger der Erkenntnis des Verteidigers Kurt Kerns verschließen, dass Kigali Verleumder als Zeugen nach Wichita in Kansas gesandt hatte.

7.3 Ruanda-Prozesse in Deutschland

7.3.1 Deutsch-ruandische Beziehungen seit 1973

7.3.1.1 Regierung und staatliche Stellen

Über viele Jahre hat Deutschland zur Habyarimana-Ordnung in Ruanda exzellente – während des Kriegs mit der RPF ab 1990 immerhin noch gute – Beziehungen unterhalten. Das Vertrauensverhältnis in die Habyarimana-Ordnung spiegelte sich auch in einer kleinen aus Mitteln der sog. Ausstattungshilfe des Auswärtigen Amtes finanzierten Bundeswehrberatergruppe für die ruandischen

Streitkräfte wider. Markus Frenzel hat in der MDR-Sendung *FAKT* vom 8. April 2014 an dieses deutsche Engagement erinnert. Oberstleutnant Wolf-Rüdiger Haupt, der 1994 Leiter dieser Beratergruppe war, hat darin die damalige Kohl-Kinkel Bundesregierung beschuldigt, sie sei am Tutsi-Völkermord mitschuldig, weil sie seine schon 1993 übermittelten Hinweise auf Völkermordvorbereitungen nicht beachtet habe.[872] In der gleichen *FAKT*-Sendung hat auch der Mainzer Honorarprofessor Helmut Asche, 1994 noch für die GTZ in Kigali tätig, späterer enger Mitarbeiter von Ursula Eid und Ehemann der Bundestagsabgeordneten der Grünen Kordula Schulz-Asche ähnliche Vorwürfe wie Oberstleutnant Haupt gegen die Regierung Kohl erhoben.[873]

Nach dem für Bonn überraschenden RPF-Angriff am 1. Oktober 1990, was zum zeitweiligen Abzug des deutschen Entwicklungspersonals geführt hat, glaubte man, nach dem schnellen Scheitern dieses Eroberungsversuchs Ende Oktober 1990 sei die Gefahr für die etablierte Ordnung in Ruanda vorüber. Auch als sich die RPF-Angriffe 1991, 1992 und vor allem 1993 wiederholten, blieben die deutschen Beziehungen zu Habyarimana korrekt bis gut. Aber der Stern Habyarimanas war bei einigen Kreisen in Bonn schon vor dem RPF-Angriff im Sinken gewesen. Der Zusammenbruch der Bergbaugesellschaft SOMIRWA im Jahr 1985 und das weltweite Kaffeeüberangebot mit sinkenden Weltmarktpreisen hatte zu einer Wirtschaftskrise geführt, in deren Gefolge sich eine vom ugandischen Staatschef Yoweri Museveni sofort nach seinem Machtantritt 1986 geförderte politische Opposition[874] entwickelte.

---

872 In einer BMZ-Evaluierung aus dem Jahr 1999 war auch schon von Haupts Hinweisen die Rede. Es hat sich aber herausgestellt, dass Haupt den heute als RPF-Propaganda nachgewiesenen Behauptungen der „*Internationalen Untersuchungskommission*" (Des Forges, Carbonare, Schabas et al.; vgl. Abschnitt 6.1.1.1.4) aufgesessen ist. Die Nähe von Oberstleutnant Haupt zur Habyarimana-Opposition hat mir auch der französische Polizeioberst a.D. Michel Robardey bestätigt.

873 Asche wurde 2012 von Entwicklungsminister Niebel zum Chef des neuen Evaluierungsinstituts berufen. Allerdings hat ihn Entwicklungsminister Müller am 17.7.2014 wieder abberufen.

874 Museveni gelang es, ein Bündnis zwischen der demokratischen Hutu-Opposition in Ruanda und den ruandischen Exiltutsi, die in seiner *National Resistance Army* (NRA) mitgekämpft und 1987 ihre Kampforganisation *Ruandische Patriotische Front* gegründet hatten, zu schmieden. Die Öffentlichkeit erfuhr davon nichts. Diejenigen in der Bundesregierung, die davon geheim Kenntnis erhielten, sprachen nicht darüber. Ich war von 1987 bis 1989 im BMZ Länderreferent für Ruanda und Burundi, habe aber nichts davon erfahren. Gewundert hat mich nur, wie positiv die Kollegen im Nachbarreferat über Museveni sprachen. Sie schienen meine Einwände,

Der deutsche Museveni-Sympathisantenkreis[875] unter dem Einfluss des von Rudolf Decker[876] geleiteten deutschen Ablegers der amerikanischen „Frühstücksbeter-Bewegung" (*National-Prayer-Breakfast-Movement)*[877], sorgte schnell dafür, dass die ruandische Opposition auch in Deutschland Freunde fand.

Mit der Ermordung des Habyarimana nahestehenden Oberst Stanislas Mayuya am 19. April 1988[878] geriet das Regime unter Druck, was ich bei meinem letzten dienstlichen Aufenthalt in Kigali im März 1989 durch die sichtbaren Sicherheitsmaßnahmen selbst erlebte. Aber man nahm nicht an, dass Habyarimanas Regime gefährdet sei. In Bonn war *business as usual* angesagt. Die Regierungsverhandlungen mit Ruanda im Sommer 1989 in Bonn unter Leitung des jungen Außenministers Casimir Bizimungu begrüßte man als positives Signal für Habyarimanas Bereitschaft zur Modernisierung seines Regimes.

Deutschland glaubte an die damals von den USA propagierte Politik der Machtteilung und teilte die Skepsis aller sich als progressiv einstufenden Kreise gegenüber der „neokolonialen" Politik der militärischen Unterstützung Habyarimanas durch den französischen Präsidenten François Mitterrand. Man drängte Habyarimana zum Friedensabkommen vom 4. August 1993 mit seinen Feinden, deren gute Absichten Rudolf Decker und seine Freunde bei vielen Besuchen und Treffen Habyarimana nahezubringen nicht müde wurden.

---

mit einem Mann, der als erster systematisch zur Machteroberung Kindersoldaten eingesetzt hat, sollte man im Zeitalter der Entspannung nicht mehr zusammenarbeiten, nicht zu verstehen.

875 Dazu ist auch der deutsche Botschafter in Kampala von 1994–1996, Christian Nakonz (SPD), zu zählen, der ab 2001 als Botschafter a.D. im Rahmen des *„Afrikavereins der deutschen Wirtschaft e.V."* auch noch kräftig Lobbyarbeit für Yoweri Museveni und Paul Kagame betrieb.

876 Der frühere baden-württembergische CDU-Landtagsabgeordnete Rudolf Decker hat den gemeinnützigen *Verein zur Förderung der Völkerverständigung e.V.* gegründet, der -inzwischen in die *„Stiftung für Grundwerte und Völkerverständigung"* mit Sitz in Berlin umgewandelt - sich zum Ziel setzte, *„das Bewusstsein für die Verantwortung vor Gott und den Menschen und die Völkerverständigung in der Welt durch die Besinnung auf Gott zu fördern"*. Decker hat drei Bücher - das erste ohne Autorenbezeichnung nur mit Hinweis auf den Verleger Friedrich Hänssler - veröffentlicht: Hänssler 1995, Decker 1998a und Decker 1998b.

877 Beim *National Prayer Breakfast* sprechen seit Präsident Eisenhower am ersten Donnerstag im Februar eines jeden Jahres die US-Präsidenten. Veranstalter ist die evangelikale *Fellowship Foundation*, auch als *The Family* bekannt.

878 Wahrscheinlich wurde er von dem von der RPF angeheuerten Feldwebel Biroli ermordet, der seinerseits kurz darauf unter ungeklärten Umständen ums Leben kam.

Dass dem nicht so war, zeigte sich beim Attentat vom 6. April 1994. Aber wissen zu wollen, wer dahintersteckte, weigerten sich alle Bundesregierungen in Übereinstimmung mit den Signalen aus Washington bis heute beharrlich.

Dagegen glaubte man schnell der unmittelbar nach dem Attentat aus Washington verbreiteten offiziellen Lesart. Das Attentat und alles, was sich danach ereignete, so schallte es aus Washington herüber, sei nur die Folge der geplanten Tutsi-Vernichtung durch extreme Hutu[879]. Man ließ sich von den Amerikanern und – wenn es nicht anders ging, sogar von den Franzosen – bei der Evakuierung aller Deutschen aus Ruanda helfen.

Mit der Interimsregierung wollte man nichts zu tun haben, wollte aber immer noch an die Etablierung der im Arusha-Abkommen vorgesehenen Übergangsregierung unter Faustin Twagiramungu glauben.[880] Ansonsten hielt sich Bonn heraus und leistete keinen militärischen Beitrag zum Sieg der anglophon-protestantischen RPF – schon um Mitterrand nicht zu brüskieren. Als Museveni, Kagame und die US-Verbündeten den Krieg gewonnen hatten, wollte man in Bonn schnell Anschluss an den neuen *mainstream* gewinnen. Das wiedervereinigte und stärker protestantisch bestimmte Deutschland tat so, als habe man nie etwas mit dem katholischen „Diktator" Habyarimana zu tun gehabt und sei schon immer auf der Seite der neuen Herren gestanden. In der CDU konnte der Bundestagsabgeordnete Alois Graf von Waldburg-Zeil nur wenige Mitstreiter für eine vorsichtigere Beurteilung der RPF-Ordnung und ihrer Propaganda finden. Kohl hielt sich heraus.

Aus Bonn gab es auch keinerlei Widerstand als Kagame im April 1995 das nach dem Ende der französischen *opération turquoise* zurückgebliebene interne Hutu-Flüchtlingslager in Kibeho[881] mit Waffengewalt auflöste.[882]

---

879 Anfangs zählte man sogar den noch kurz zuvor geschätzten Habyarimana zu den Extremisten und unterdrückte den Zweifel, ob es denn plausibel sein könne, dass er politischen Selbstmord begangen habe, nur um einen Völkermord an den Tutsi zu ermöglichen.

880 Ich traf Faustin Twagiramungu während des RPF-Vormarschs im Sommer 1994 zufällig auf der Adenauer-Allee in Bonn in Begleitung des deutschen Botschafters und eines mir aus meiner Ruanda-Zeit bekannten Freundes von Twagiramungu.

881 Auf die Schilderung dieser Gewalttat durch den als Augenzeuge anwesenden Berliner Schriftsteller Hans Christoph Buch in Abschnitt 6.1.4.3 wird zurückverwiesen.

882 Ganns konnte den ihm unterstellten früheren deutschen Botschafter in Burundi, Karl Flittner, in eine internationale Kommission entsenden, deren einziges Ziel die Reinwaschung Kagames von diesem Verbrechen war.

Von seinem Afrikadirektor Harald Ganns (SPD) ermuntert[883], erkannte Bundesaußenminister Klaus Kinkel (FDP) – begleitet von einer 82-köpfigen Delegation[884] – bei seinem Ruanda-Besuch vom 25. bis 28. Juli 1995 die in Ruanda 1994 geschaffenen Tatsachen an. Ganns hatte den Besuch durch zahlreiche Reisen nach Kigali vorbereitet und die SPD und die Grünen schon ins Boot holen können.[885]

Die Treue zum neuen Bundesgenossen Paul Kagame blieb auch unverbrüchlich, als dieser die volle Macht ergriff und den pro forma kurze Zeit an der Macht beteiligten Faustin Twagiramungu und einige „*hutu de service*" im August 1995 aus der Regierung vertrieb.

Bonn zuckte auch nicht, als im ersten Kongo-Krieg (1996–1997) Kagames Soldaten die in Ost-Zaïre lebenden Hutu-Flüchtlinge, die vorher auch mit großer deutscher Hilfe[886] „durchgepäppelt" worden waren, zu Hundertausenden in den Kongo-Wäldern vernichtete.[887]

Ein besonders aggressiver Vertreter des offiziellen Narrativs war in den 1990er Jahren der Soziologe Christian Scherrer.[888]

---

883 Der Frankreich-Kritiker Harald Ganns war von 1993–1998 im Rang eines Unterabteilungsleiters Afrikabeauftragter im Auswärtigen Amt. Er hat zusammen mit dem niederländischen sozial-demokratischen (*Partij van de Arbeid*) Entwicklungsminister Jan Pronk dafür gekämpft, das Kagame-Regime in Übereinstimmung mit der Clinton-Administration „hoffähig" zu machen, und alle Gedanken abgewimmelt, Ruanda nach dem Ende des Tutsi-Völkermords im Juli 1994 mit einer UNO-Übergangsverwaltung erst einmal zur Ruhe kommen zu lassen. Ich hatte in einer Denkschrift vom 17. Juli 1994, die dann später auch im *Internationalen Afrikaforum* veröffentlicht wurde (Heft 3/1994, S. 255–260), derartige Überlegungen empfohlen. Ganns vertrat die These, die neue Regierung in Kigali repräsentiere die staatliche Kontinuität und folglich stelle sich die Frage der Anerkennung des neuen Militärregimes nicht.

884 Dem war ein Treffen Kinkels mit Kagame im April 1995 bei dessen „privatem Besuch" in Karlsruhe vorausgegangen.

885 So war die Grünen-Oppositionsabgeordnete Ursula Eid im Kinkel-Flugzeug dabei.

886 Zeitweise hat dies zu einer Art Wettlauf der Hilfsorganisationen geführt. Bei *Care Deutschland* hat der unabgesprochene Ehrgeiz des damaligen Vorsitzenden Dr. Klaus Nöldner, im Hauptberuf Hauptgeschäftsführer des Hartmannbundes, mit einer großen medienträchtigen Aktion vor Ort präsent zu sein, zu Kritik und schließlich seinem Rücktritt geführt.

887 Siehe dazu vor allem Pillay 2010.

888 Seine wichtigste Schrift in diesem Zusammenhang war das 1997 im Campus-Verlag in Frankfurt/M. erschienene Buch *Ethnisierung und Völkermord in Zentralafrika. Genozid in Rwanda, Bürgerkrieg in Burundi und die Rolle der Weltgemeinschaft.*

Alle Reste von Skepsis dem neuen starken Mann in Kigali gegenüber wurden mit dem Amtsantritt der rot-grünen Regierung Schröder-Fischer Ende 1998 über Bord geworfen. Dazu hat auch der damalige US-Botschafter in Bonn, John C. Kornblum[889], beigetragen, der vorher als Albrights Staatssekretär im State Department gewirkt und bestens über die Verbrechen im Ost-Kongo 1996/1997 unterrichtet war.[890] 1998 hat das Albright-Netzwerk als „fürsorgliche Maßnahme" zugunsten Kagames auch dafür sorgen können, dass die Bundestagsabgeordnete von Bündnis 90/Die Grünen, Ursula Eid, die seit ihrer Tätigkeit in Eritrea (1992–1994 nach ihrem Mandatsverlust 1990) über beste Kontakte zu den Clintons[891] verfügte, in der rot-grünen Bundesregierung als Parlamentarische Staatssekretärin im BMZ im Auftrag des Albright-Vertrauten Joschka Fischer Paul Kagame schützen konnte. Sie schirmte dort auch die neue Entwicklungsministerin Heidemarie Wieczorek-Zeul gegen alle möglichen „Versuchungen einer falschen Lehre" ab.[892]

2005 war Scherrer „zufällig" in Kigali, um gegen den Weißen Vater Guy Theunis in einem Gacaca-Verfahren aufzutreten.

889 John C. Kornblum war US-Botschafter in Deutschland von 1997 bis 2001, blieb als Deutschland-Chef der Investment-Bank Lazard in Berlin und wurde danach aufgrund seiner perfekten Deutschkenntnisse in den deutschen Medien gleichsam zum inoffiziellen Sprecher für US-Fragen.

890 Vgl. hierzu Philpot 2013, S. 216: *„In mid-November, the tragic refugee operation was underway, French journalist Jean Daniel was meeting the assistant Secretary of State, John C. Kornblum, in his Washington office. His account of that meeting is chilling. « France? We want to get along with France. Chirac? A man of good will. We like him. But: (1) no question of keeping Boutros-Ghali; (2) no question of keeping Mobutu in power… Let's get together again in six months time. We'll see if I am mistaken. Watch out for Africa: France has it all wrong. The strong man is Uganda, not Kinshasa. » Jean Daniel, in his own words, left that meeting floored by the cynical detailing of events to come and the arrogance of the vocabulary used."*

891 Die Präsidentengattin Hillary Clinton und Tochter Chelsea sind häufig nach Eritrea gekommen, dessen Staatschef Afewerki damals zu den von Clinton geförderten *„neuen Führern Afrikas"* gehörte.

892 In der Amtszeit von Bundesministerin Wieczorek-Zeul von 1998–2009 gab es nur eine Veröffentlichung mit Kagame-kritischen Teilen, die gegen große Widerstände des Auswärtigen Amtes erschienen ist (*Stephan Klingebiel, Wirkungen der Entwicklungszusammenarbeit in Konfliktsituationen. Querschnittsbericht zu Evaluierungen der deutschen Entwicklungszusammenarbeit in sechs Ländern.* Deutsches Institut für Entwicklungspolitik (DIE), Berichte und Gutachten 6/1999; 53 S.) Dem darin enthaltenen Kapitel Ruanda lag eine vom BMZ in Auftrag gegebene Evaluierung durch Jürgen H. Wolff (Universität Bochum) und Andreas Mehler (Institut für Afrikakunde, Hamburg) zugrunde. Insbesondere Prof. Wolff vertrat die Auffassung, der

Ursula Eid übernahm in enger Kooperation mit Rudolf Decker und dem *National-Prayer-Breakfast-Netzwerk* die ehrenamtliche Funktion einer De-Facto-Chefin des RPF-Sympathisanten-Kreises in Deutschland. Sie tat dies auch nach dem Ende der rot-grünen Regierung 2005 bis zur letzten Stunde ihrer Abgeordnetentätigkeit 2009 mit Verve.[893] Ursula Eid konnte auch ihren Fraktionskollegen Hans-Christian Ströbele für ein Engagement zugunsten Kagames gewinnen. Bei mehreren Reisen nach Ruanda als Mitglied des entwicklungspolitischen Ausschusses des Deutschen Bundestags ließ er sich von Kagame persönlich „die Wahrheit" erklären und hielt unerschütterlich an den Budget-Hilfen für Kagame fest.[894]

Die deutsche „Nibelungentreue"[895] blieb Kagame auch während der Amtszeit der Regierung Merkel-Steinmeier (2005–2009) erhalten. Daran hat nicht einmal der einseitige Bruch der Beziehungen zu Deutschland nach der Verhaftung von Kagames Protokollchefin Rose Kabuye am 9. November 2008 in Frankfurt/M. etwas geändert.[896] Außenminister Steinmeier tat alles, um die von den USA und

---

Tutsi-Völkermord hätte möglicherweise verhindert werden können, wenn u. a. die Deutsche Botschaft in Kigali die sich mehrenden Warnzeichen ernster genommen hätte. Dies reflektierte die seinerzeitige, ganz besonders auf dem Dallaire-Fax vom 11. Januar 1994 fußende allgemeine Ansicht. Dass der darin erwähnte Informant „Jean-Pierre" ein RPF-Agent war, hätte damals noch niemand für möglich gehalten. Auch war damals noch nicht bekannt, dass auch die *„Internationale Untersuchungskommission"* vom Januar 1993 eine Aktion des RPF-Netzwerks war.

893 Ursula Eid hatte – was sie vom Augenschein her gar nicht konnte – sogar im November 1996 an der ruandischen Grenze zu Zaïre „bezeugt", der Großteil der Hutu-Flüchtlinge aus dem Ost-Kongo sei nach Ruanda zurückgekehrt. Sie verhalf damit der von der US-Botschaft in Kigali sofort verbreiteten These zu größerer Glaubwürdigkeit, faktisch gäbe es keine Hutu-Flüchtlinge mehr im Ost-Kongo und die internationale Militäraktion zur beschützten Rückkehr der Flüchtlinge könne abgeblasen werden. Sie machte sich dann auch noch einen Namen, als sie den damals noch unbekannten Laurent Kabila als einen besonders glaubwürdigen Demokraten pries.

894 Ich hatte 2007 in Berlin bei einer Podiumsdiskussion Gelegenheit, Hans-Christian Ströbeles pro-Kagame Überzeugungen kennen zu lernen. Ihm schien es kein Problem, von den fast zufrieden aussehenden Strafgefangenen in ihren rosa „Uniformen" bei ihrer Arbeit außerhalb des Gefängnisses zu sprechen.

895 Zur besonderen Rolle von Bundespräsident Köhler siehe Abschnitt 7.3.1.4.

896 Gegen sie hatte neben acht weiteren hohen Regimevertretern der französische Ermittlungsrichter Jean-Louis Bruguière am 17. November 2006 einen Haftbefehl erlassen, dennoch hat Kagame sie zum Staatsbesuch in Deutschland im April 2008 mitgebracht. Das hat der Bundesregierung – wie AA-Sprecher Martin Jäger am 25.4.2008 der Presse mitteilte – missfallen und so wurde Kagame bedeutet, wenn sie nochmals in Deutschland einreise, werde man sie aufgrund dieses Haftbefehls

Bundespräsident Köhler gewünschte Wiederaufnahme der Beziehungen zu Kigali am 19. Januar 2009 rechtzeitig vor Beginn des Wahlkampfes für die bevorstehende Bundestagswahl unter Dach und Fach zu bringen. Auch die schwarz-gelbe Koalition blieb bis Ende 2013 bei der von Kinkel 1995 eingeleiteten Politik der engen Kooperation mit dem Kagame-Regime.[897]

7.3.1.2 Die Rolle der Parteien, der Kirchen und der Zivilgesellschaft

Die Bündnistreue zur neuen Ordnung war aber nicht nur eine Regierungsaktion. Sie wurde von den Parteien, der Zivilgesellschaft und von den Medien zunehmend unterfüttert.

Den Beginn machte 1995 der rheinland-pfälzische Ministerpräsident Rudolf Scharping, der die 1982 mit Habyarimana gegründete Partnerschaft Rheinland-Pfalz-Ruanda belebte, das Partnerschaftsbüro in Kigali wieder eröffnete und auch seinem Nachfolger Kurt Beck die Weiterführung dieser Politik empfahl. Mit Innenminister Walter Zuber[898] war ein Mann mit der Partnerschaft befasst, den man bald als „Kagame-Fan“ bezeichnen konnte und der die Wahrnehmung von Kagames Verbrechen im Kongo unterdrückte.

Neben dem schon erwähnten Rudolf Decker war im Kagame-Freundeskreis auch der SPD-Bundestagsabgeordnete und Mitglied der „Frühstücksbeter-Bewegung“, Joachim Tappe wichtig. Über das Prayer-Breakfast-Netzwerk gelang es Rudolf Decker auch, den langjährigen CDU-Vorsitzenden des Auswärtigen

---

festsetzen und nach Frankreich abschieben. Das hat Kagame dann provoziert, als er sie zur Vorbereitung eines Vortrags, den er vor der dortigen Börse halten wollte, nach Frankfurt entsandte. Es ist viel spekuliert worden, warum Kagame das tat. Wahrscheinlich ging es darum, dass Kigali auf diese Weise mehr über das Bruguière-Dossier erfahren wollte, was dann auch nach ihrer Abschiebung nach Frankreich gelang. Hinzu kam wohl, dass er einen Warnschuss nach Berlin absenden wollte, da immer mehr Deutsche nach Kigali kamen, um demokratische Ratschläge zu geben.

897 Nicht zufällig führte den neuen Entwicklungsminister Dirk Niebel seine erste Dienstreise nach Kigali, um dem „Waffenbruder“ Kagame seine Aufwartung zu machen. Dass ihn auch seine letzte Dienstreise vor seinem nicht absehbaren Amtsverlust nach Ruanda geführt hat, ist – auch wenn zufällig – bezeichnend.

898 Zuber wurde einige Zeit von der für die Partnerschaft zuständigen Referatsleiterin Carola Stein wirksam unterstützt. Auch sein Nachfolger Roger Lewentz blieb dieser Linie treu. Staatssekretär a.D. Richard Auernheimer sorgte dafür, dass bei den Partnerschaftsvereinen die Kagame-Kritiker nicht die Überhand gewinnen konnten. Das von ihm verantwortete, vom rheinland-pfälzischen Innenministerium herausgegebene Heft der Ruanda-Revue „20 Jahre nach dem Genozid“ ist eine Rechtfertigung der seit 1994 herrschenden RPF-Diktatur.

Bundestagsausschusses Hans Stercken und den früheren SPD-Vorsitzenden Hans-Jochen Vogel von der „guten Sache" zu überzeugen.

Generell hat sich die SPD unter dem Einfluss von Harald Ganns erstaunlich schnell dem „Albright-System" unterworfen und sich gegen alle kritischen Anfechtungen in der Afrikapolitik auto-immunisiert. Der anfangs Kagame-skeptische SPD-Bundestagsabgeordnete Werner Schuster gab dem Druck seines SPD-MdB-Kollegen und aktiven Mitglied der Prayer-Breakfast-Bewegung, Joachim Tappe, nach und reihte sich als braver Parteisoldat ein. Seit 1994 gehört auch Reinhold Robbe, SPD-Bundestagsabgeordneter bis 2005, danach bis 2010 Wehrbeauftragter des Deutschen Bundestags und seit 2013 ruandischer Honorarkonsul in Hamburg[899] zum festen Bestandteil der Kagame-Lobby in Deutschland.

Der Widerstand von Brigitte Erler, frühere SPD-Bundestagsabgeordnete und von 1985 bis 1989 Chefin der deutschen Sektion von *Amnesty international*[900], gegen die Kagame-Unterstützung, hat keinen entscheidenden Einfluss auf die Haltung der SPD ausgeübt. Nach ihrem Engagement bei der Gründung der burundischen demokratischen Partei FRODEBU 1991[901] hat sie nach der Ermordung des Gründungspräsidenten Melchior Ndadaye am 21. Oktober 1993 zusammen mit Albert Mbonerane, dem damaligen Burundi-Botschafter in Bonn,[902] und mit Unterstützung der Missionszentrale der Franziskaner in Deutschland das *Burundi-Büro* gegründet und bis zur unerwarteten Rückkehr von Albert Mbonerane am 10. Juli 2001 nach Bujumbura im Gefolge des von Mandela initiierten Arusha-Abkommens zur Öffnung des Buyoya-Regimes vom August 2000 geleitet.[903]

Etwa zu diesem Zeitpunkt stellten die Franziskaner ihre Unterstützung der demokratischen burundischen Opposition ein, wohl vor allem aus Rücksicht auf

---

899 Robbe ist seit 2010 auch Vorsitzender der deutsch-israelischen Gesellschaft und gehört meines Wissens auch zum Prayer Breakfast.

900 Die deutsche Sektion von Amnesty international ging vor allem unter der Führung der von Ursula Eid geförderten Generalsekretärin Barbara Lochbihler auf Kagame-Kurs. Barbara Lochbihler ist seit 2009 Europa-Abgeordnete der Grünen.

901 Brigitte Erler organisierte zusammen mit dem CDU-Bundestagsabgeordneten Alois Graf von Waldburg-Zeil im November 1991 in Stuttgart ein Demokratie-Kolloquium, das Melchior Ndadaye erstmals eine Plattform für einen internationalen Auftritt bot.

902 Mbonerane wurde nach dem zweiten Buyoya-Putsch im Juli 1996 als Botschafter abgesetzt und blieb in Deutschland.

903 Nach seiner Rückkehr nach Burundi wurde Mbonerane zuerst Regierungssprecher, später Umweltminister und leitet derzeit eine private Umweltstiftung.

Kagame-freundliche Kreise in der katholischen Kirche.[904] Dies war die Konsequenz des Kompromisses, den Papst Johannes Paul II. im Gefolge der Misago-Krise am 4. November 2000 mit Kagame geschlossen hatte.[905] Danach mussten auch andere katholische Institutionen ihre bis dahin noch weitergeführten solidarischen Aktionen[906] mit ruandischen Exilgruppen reduzieren. Bei den deutschen Weißen Vätern hatte sich zu Lebzeiten insbesondere Pater Franz Maurer für eine kritische Distanz seines Ordens gegenüber den neuen Herren in Kigali eingesetzt. Pater Maurer hat fast sein ganzes Berufsleben in der ruandischen Schulverwaltung verbracht. Seine Sympathie für die „RPF-Befreiungskämpfer" hielt sich sehr in Grenzen. Er war aber auch kein „Habyarimana-Fan".[907]

Selbst der linke Flügel des deutschen Protestantismus erlaubte sich keine Abweichungen von den evangelikalen Vorgaben aus den USA. Ein besonderes Schlaglicht ist hierbei die – zumindest teilweise – Finanzierung des Pro-Kagame *POLE-Institute* in Goma durch den *Evangelischen Entwicklungsdienst*.[908] Die Gründung des Instituts wurde zeitgleich zur Invasion der ruandischen und ugandischen Truppen im Kongo bei einer Tagung in Bonn 1997 beschlossen. Dieses Institut propagierte in Übereinstimmung mit der Haltung von Madeleine Albright von Anfang an die Ansicht, die beiden Kivu-Provinzen seien besser im

---

904 Brigitte Erler musste danach das Burundi-Büro auflösen und sich später aus persönlichen Gründen völlig aus der Politik zurückziehen.

905 Ein ruandisches Gericht hatte gedroht, den Gikongoro-Bischof Augustin Misago wegen angeblicher Beteiligung am Tutsi-Völkermord zum Tod zu verurteilen. Kagame verzichtete bei einem Vatikan-Besuch am 4.11.2000 auf die Umsetzung dieser Drohung gegen die Zusicherung des Papstes, die offene Kritik an seinem Regime einzustellen.

906 Ein Beispiel dafür sind die von Missio-Aachen in Englisch, Französisch und Deutsch im Rahmen der von Otmar Oehring betreuten Reihe *Menschenrechte* herausgegebenen Broschüren *„Zur Lage der Menschenrechte in der DR Kongo von 1997–2001"* von Pater Henry C. Hoeben (Hoeben 2002); im Internet als PDF-Dokument verfügbar unter: http://www.missio-aachen.de/Images/MR%20Kongo%20deutsch_tcm14-11997.pdf und meine Schrift *„Zur Lage der Menschenrechte in Ruanda 2002"* (Strizek 2003b); im Internet verfügbar unter: http://www.missio-aachen.de/Images/MR%20Ruanda%20deutsch_tcm14-12271.pdf

907 Pater Maurer hatte sich sehr für das Überleben von Donat Murego im Gefängnis in Ruhengeri eingesetzt, dessen zehnjährige Haftstrafe als einer der dunklen Punkte in der Biographie Habyarimanas anzusehen ist. Pater Maurer ist am 26.6.2005 gestorben.

908 Diese Information erhielt ich erstmals von Rudolf Heinrichs-Drinhaus, dem damaligen Leiter des Afrika-Referats beim EED, am Rande einer Veranstaltung in Berlin (etwa Anfang 2006).

ruandischen als im Kongo-Staatsverband aufgehoben, und hat die separatistischen Ziele von Laurent Nkunda bis zu seinem Sturz Anfang 2009 und später der Nachfolgeorganisation M23 vertreten.[909] *Das POLE-Institute* wird seit Gründung von dem aus Ruanda stammenden abtrünnigen Weißen Vater Aloys Tegera geleitet. Die evangelische Entwicklungszusammenarbeit ist durch die Luxemburgerin Christiane Kayser im Vorstand vertreten. Auch der *taz*-Journalist Dominic Johnson gehört dem Führungsgremium des *POLE Institute* an.

Generell war einigen Gruppen in der protestantischen Kirche der Einfluss der Weißen Väter in Ruanda schon immer suspekt gewesen. Diese Protestanten hatten die These verbreitet, es handle sich bei der RPF um eine „nationale Befreiungsbewegung". Den Startschuss hatte der in Ruanda tätige evangelische Pfarrer Helmut Keiner mit einem Artikel mit der Überschrift *Allmählich schwand die Bewunderung für ‚Habis' Regime* am 5. November 1992 in der *Frankfurter Rundschau* gegeben. Wichtig wurde Pfarrer Keiner nach 1994 durch seine Heirat mit Esther Mujawayo, deren Mann und Teile ihrer Familie beim Tutsi-Völkermord ums Leben gekommen sind. Sie wurde nicht müde, von Podium zu Podium zu

909 In einer Zuschrift an das Internet-Forum DHR hat Prof. Emmanuel Murhula A. Nashi - auch Autor des Buches Nashi 2007 - am 30.7.2009 die Hintergründe der Bonner Konferenz erläutert. Er sei damals Vorsitzender der Organisation SIMA-KIVU gewesen. Zwei Vertreter von SIMA-KIVU hätten an der Konferenz teilgenommen. Sie seien verschiedentlich von deutschen Politikern ermuntert worden, für die Abtretung der Kivu-Provinzen an Ruanda einzutreten. „*Vous avez remarqué que dans son droit de réponse, POLE Institute, cite les participants à cette rencontre de Bonn : «des membres influents d'ONG et d'Eglises, universitaires et autres professionnels de pacification». En mars 1997, notre association était représentée à cette conférence par deux personnes qui occupent aujourd'hui de hauts postes de responsabilité au Congo. Je peux donc révéler au public que POLE Institute a commis un oubli volontaire parmi les participants à cette rencontre: quelques hommes politiques allemands. Or, il s'avère que durant cette conférence, nos deux délégués furent approchés en coulisses par ces derniers qui leur proposèrent le deal suivant :« Etant donné que Kinshasa est très éloigné des préoccupations du Kivu, vous avez intérêt à vous tourner vers l'est de l'Afrique. En votre qualité de leaders de la société civile kivutienne, vous pouvez convaincre votre population de son intérêt d'une alliance avec le Rwanda. Par ailleurs, l'Allemagne et l'Union Européenne disposent d'un projet de plan Marshall pour le développement du Kivu à conditions que vous acceptiez de vous détacher du Congo et de vous rattacher au Rwanda » . Bien entendu, ces messieurs reçurent une fin de non recevoir de la part de nos représentants. Pour notre part, nous avions compris définitivement les motifs réels de cette conférence pilotée par Christiane Kayser et l'EZE (église protestante allemande): la balkanisation de la République démocratique du Congo.*"

eilen, um die Legitimität der RPF-Herrschaft zu verteidigen.[910] Am 4. April 2011 erklärte sie im Frankfurter Ruanda-Prozess, dieses Verfahren gehe auf ihre Initiative und ihre Kontakte zum Bundeskriminalamt zurück.[911]

Eine besonders aktive Verteidigerin des Charakters der RPF als Befreiungsorganisation in der deutschen protestantischen Kirche war seit ihrer Tätigkeit in Ruanda Anfang der 90er Jahre die Mitarbeiterin von *Brot für die Welt* Ellen Gutzler. In diesem Sinne konnte sie auch auf das in Berlin ansässige *Ökumenische Netz Zentralafrika* (ÖNZ) zusammen mit dessen Koordinatorin Ilona Auer-Frege Einfluss ausüben.[912] Ilona Auer-Frege war von der RPF-Sache überzeugt und hat zusammen mit dem Schweizer Simon Kläntschi Munition für den Stuttgarter FDLR-Prozess geliefert. Das *ÖNZ* organisierte unter Leitung der neuen Geschäftsführerin Gesine Ames am 21. und 22. März 2014 zum 20. Jahrestag des Beginns des ruandischen Völkermords bei der *Vereinten Evangelischen Mission* (VEM) in Wuppertal eine Konferenz, deren angekündigte Rednerliste sich wie ein *Who is Who* des deutschen Kagame-Freundeskreises las.[913]

---

910 Esther Mujawayo hat zusammen mit Souâd Belhaddad ein Buch (Mujawayo und Belhaddad 2007; erste Auflage im Hammer-Verlag 2005) geschrieben, in dem ihr Schicksal als Beweis für die offizielle Lesart der Gründe des Tutsi-Völkermords dient. Gerd Hankel hat am 23.4.2014 – von dieser Seite unerwartet – dazu in einem Vortrag zum 20. Jahrestag des Beginns des Völkermords in Ruanda ausgeführt: *„Aus dem unbestrittenen Status als Opfer wird die Autorität zur Geschichtsdarstellung und (…) auch die Autorität zur Geschichtsinterpretation gefolgert. Das eigene Schicksal wird Beweismittel und schützt zugleich vor kritischen Nachfragen, denn diese werden leicht als Angriff auf den Wahrheitsgehalt des eigenen Erlebens verstanden.“* Hankel belegt, dass das offizielle Narrativ gerade auch in der Beschreibung der Tutsi als Juden Afrikas in vielen Aspekten nur die Sicht der Sieger wiedergibt und einer Vergewaltigung der Geschichte gleichkommt. Er fand vor allem die Gleichsetzung zwischen dem Holocaust und dem Tutsi-Völkermord in dem in diesem Buch abgedruckten Gespräch zwischen Esther Mujawayo und Simone Veil sehr problematisch.

911 Vgl. taz, 12.4.2011.

912 Ilona Auer-Frege, die 2003 eine an die offizielle Lesart angelehnte Dissertation verfasst hat, ist Ende 2013 aus diesem Amt ausgeschieden und arbeitet nun für Misereor in Berlin. Ihre Nachfolgerin Gesine Ames im ÖNZ setzt die Arbeit im bisherigen Stil fort. Ob ihr Kagame-kritisches Interview mit der Deutschen Welle am 28.8.2014 einen Wendepunkt bedeutet, muss sich erst noch erweisen.

913 Ich konnte nicht herausfinden, wer dann tatsächlich gesprochen hat, das Presseecho war gering. Die kritischen Ausführungen von Gerd Hankel zum ruandischen Vorgehen in der RD Kongo haben offenbar Widerspruch gefunden. Von Hankel ist auch in Heft April/Mai 2014 der Zeitschrift des Hamburger Instituts für Sozialforschung

Im Stuttgarter FDLR-Prozess machte sich auch der dauerhaft in Ruanda lebende Harald Hinkel als RPF-Freund einen Namen.[914] In der Universität Mainz ist Anna-Maria Brandstetter ein wichtiger Ankerpunkt für Kagame-Sympathisanten. Spätestens mit seiner erwähnten Beschuldigung in der *FAKT*-Sendung vom 8. April 2014, auch die Kohl-Kinkel-Regierung trage Verantwortung für den Tutsi-Völkermord, hat sich auch der Mainzer Honorarprofessor Helmut Asche seinen Platz in der Gruppe derer verdient, die „falsch Zeugnis reden." In allerjüngster Zeit haben sich auch Arndt Peltner und Sarah Brockmeier in die Gruppe der „Kagame-Versteher" eingereiht.[915]

Eine ruandische Opposition gegen das RPF-Regime hatte es in Deutschland sehr schwer und ist unter dem Druck der Einschüchterungen der gesamten Bandbreite der deutschen Politik faktisch verschwunden. Das trifft auch für den *deutsch-ruandischen Kulturverein Akagera-Rhein e.V.* zu, in dem sich Teile der demokratischen ruandischen Auslandsopposition in Deutschland versammelt hatten.[916] Auch die in Deutschland lebenden Ruanderinnen und Ruander, die sich der Partei RDR[917] angeschlossen hatten, konnten unter diesen Umständen keine nennenswerte öffentliche Zustimmung finden.

Mittelweg 36 auf S. 116 der bemerkenswerte Satz zu finden: *„Die «eiserne Faust», die man Paul Kagame halb bewundernd, halb achselzuckend zuschreibt, regiert weiter. Ungestört. Und ohne zynisch zu werden, könnte man mit Bitternis hinzufügen: Dass es bei dieser Herrschaft bleiben kann, auch dazu dient, neben all ihrer schrecklichen Berechtigung, die Gedenkfeier zum 20. Jahrestag des Völkermords."*

914 Hinkel war über die Zusammenarbeit der Universität Mainz mit der Universität Butare nach Ruanda gekommen und blieb „der Liebe wegen" dort.

915 Am 9. April 2014 hat Peltner in der *taz* in einem Kommentar mit dem Titel *Genozid im Giftschrank* nachzuweisen versucht, die Bundesregierung hätte 1994 bewusst die ihr bekannten Hinweise auf die Völkermordplanungen durch "Hutu-Extremisten" unterdrückt. Am 7.3.2013 hat er diese These auch schon in einem SWR-Feature vertreten. In ähnlichem Sinn hat im April 2014 auch Sarah Brockmeier, sich dabei auf Peltner beziehend, in einem Beitrag *Deutschland und der Völkermord in Ruanda* für die Heinrich-Böll-Stiftung argumentiert.

916 Der Verein hat z.B. 2002 in einem offenen Brief an den amerikanischen Präsidenten George W. Bush jun. gegen die Präsenz ruandischer Truppen in der DR Kongo protestiert.

917 Sie war anfangs eine Lobby-Organisation der ruandischen Flüchtlinge in den Lagern in Ost-Zaïre. Nach deren Vertreibung wurde aus dem *Rassemblement pour le Retour des Réfugiés* die Partei *Rassemblement Républicain pour la Démocratie au Rwanda*, die später in der Partei *FDU-Inkingi* unter der Vorsitzenden Victoire Ingabire Umuhoza aufgegangen ist.

7.3.1.3 Die deutschen Medien[918]

Tatsache ist: Seit der Einstellung der von Alois Graf von Waldburg-Zeil[919] (CDU-MdB von 1980–1998) mitherausgegebenen Fachzeitschrift *Internationales Afrikaforum* im Jahr 2004,[920] gab es in Deutschland keine regelmäßige Plattform mehr für eine von der offiziellen Lesart abweichende Sichtweise.[921] Der mediale Raum zu Ruanda und auch zum Kongo war ab diesem Zeitraum mit ganz wenigen Ausnahmen[922] vom Kagame-Sympathie-Netzwerk dominiert.

Bis zu seinem frühen Tod im Jahr 2000 hatte noch der renommierte Journalist Walter Michler (SPD)[923] in der Printpresse ein differenziertes Bild zeichnen können. Eine Ausnahme war auch der Berliner Schriftsteller Hans Christoph Buch, der im April 1995 als Augenzeuge die Ermordung tausender Hutu-Inlandsflüchtlinge im internen Flüchtlingslager Kibeho erlebt hat und darüber auch immer wieder schrieb.[924]

Als eine Art „Ausrutscher" kann man die Schilderung des sichtlich bewegten ARD-Nairobi-Korrespondenten Hans-Josef Dreckmann am 29. April 1997

---

918 Zur Frage der uniformen Darstellung des Ruanda-Genozid im Sinne der offiziellen Lesart in den deutschen Medien ist von mir unter der Überschrift *Gut und Böse – Schwarz und Weiss* in Heft 4/2014 (S. 40–43) ein Beitrag in *Message. Internationale Zeitschrift für Journalismus* erschienen.

919 Alois Graf von Waldburg zu Zeil und Trauchburg ist am14.12.2014 im 82. Lebensjahr verstorben.

920 Ich habe von 1994 bis 2004 im *Internationalen Afrikaforum* elf Aufsätze veröffentlichen können.

921 Im *Internationalen Afrikaforum* kam unter dem Einfluss des Mitherausgebers Hans-Gert Braun auch die offizielle Lesart zu Wort.

922 Dazu gehört auch das für mich überraschende Angebot von Alexander Kluge, in seiner Sendung *News & Stories* am 25. März 2007 bei *SAT 1* ein langes Gespräch über mein Buch „*Geschenkte Kolonien*" und darin besonders über meine Ausführungen zum „neuen Ruanda" zu führen. Auch im Nachrichtensender *ntv* in Berlin war ich im Gespräch mit dem Redakteur Carsten Meyer zwischen Juli 1996 und Mai 1997 häufiger zu Wort gekommen, aber meine Prognose, die Machtübernahme von Laurent Kabila in Kinshasa am 17. Mai 1997 bedeute keineswegs Frieden im Kongo, war den damaligen CNN-Eignern wohl doch zu viel. Der Kontakt brach von heute auf morgen ab.

923 Er hat verschiedentlich im *Focus* geschrieben, nachdem die seiner Partei nahestehende Presse immer weniger daran interessiert war.

924 Vgl. das Zitat aus der ZEIT Nr. 18/1995 in Abschnitt 6.1.4.3. Er kam später auch noch verschiedentlich auf dieses traumatisierende Erlebnis zurück, z.B. in seinem Buch *Kain und Abel in Afrika* aus dem Jahr 2001, in einem Artikel in der FAZ am 6.6.2005, in einem offenen Brief an Bundespräsident Köhler vom 23.4.2008 und in einem Beitrag der SZ am 4.4.2014.

in der ARD ansehen, die kaum Zweifel zuließ, dass sich an der Bahnstrecke von Ubundu nach Kisangani ein Genozid ereignet hatte. Die von ihm noch einige Tage vorher angetroffenen ruandischen Hutu-Flüchtlinge waren wie vom Erdboden verschluckt.[925]

Am 15. Juli 1995 hatte Günter Krabbe in der *FAZ* sogar noch eine höchst beunruhigende Rechnung aufmachen können. Es zeigte sich, schrieb Krabbe, dass nach dem Sieg der RPF in Ruanda mindestens eine Million Hutu „fehlten", selbst wenn man die Hutu-Flüchtlinge in den Lagern in Ost-Zaïre und Tansania einrechnete.[926]

Relativ lange konnte der FAZ-Afrikakorrespondent Thomas Scheen kritische Berichte über die Vorgänge im Gebiet der Großen Seen Afrikas liefern. Er war auch der einzige deutsche Korrespondent, der am 24. Februar 2008 in der *Frankfurter Allgemeinen Sonntagszeitung* unter der Überschrift *Das große Morden* über die von dem spanischen Ermittlungsrichter Fernando Andreu Merelles am 6. Februar 2008 erlassenen 40 Haftbefehle gegen Kagames Mitstreiter und dessen Verantwortung für die RPF-Verbrechen ausführlich berichtet hat. Aber danach ging auch die FAZ „voll auf Kurs". [927]

Die Mechanismen, wie man eine uniforme Meinung in der gesamten deutschen Medienlandschaft zugunsten des Kagame-Regimes herstellen konnte, sind schwer zu erklären.[928]

Ein Teil dieses Phänomens ist mit dem Namen des heutigen Auslandsredakteurs der in Berlin erscheinenden *tageszeitung (taz)* verbunden. Der Engländer Dominic Johnson, Jg. 1966, kam 1990 zeitgleich zum Beginn des Rückeroberungskriegs der ruandischen Exiltutsi aus Uganda zu der damals noch völlig marginalen

---

925 Dass er die Bedeutung dieser Beobachtung richtig eingeschätzt hat, weiß man seit langem. Gleichsam offizielle Bestätigung erhielt er durch den von der UNO-Menschenrechtskommissarin Navanethem Pillay 2010 herausgegebenen *„Mapping-Bericht"* (Pillay 2010) .

926 Dass die Rechnung plausibel sei, hat mir Seth Sendashonga, der erste Innenminister der Nachkriegsregierung, nach seinem Gang ins Exil bei einem Besuch in Bonn am 22.6.1996 bestätigt.

927 Ob dies der einzige Grund ist, warum Thomas Scheen später im Übermaß „auf Linie" ging, ist nicht klar. Ob dies in Zusammenhang mit seiner dreitätigen Entführung durch Mai-Mai-Rebellen in Nord-Kivu am 7.11.2008 steht, weiß ich nicht. Am 13.11.2008 hat er in der FAZ in einem Artikel mit der Überschrift *Freiwillig will ich meinen Sarg nicht besteigen* darüber berichtet.

928 Vor allem kann ich nicht erklären, wie der Mechanismus in den öffentlich-rechtlichen Medien ablief.

taz.[929] Er schrieb lange Zeit fast ausschließlich über den ruandischen Konflikt. Der Völkermord in Ruanda 1994 gab ihm dann die Möglichkeit, dem linken deutschen Publikum die Sichtweise der Clinton-Administration zu vermitteln.

Medien-Meinungsführer der ersten Stunde nach dem Attentat vom 6. April 1994 für die offizielle Lesart waren die beiden Afrika-Korrespondenten Wolfgang Kunath (*Frankfurter Rundschau*) und Michael Birnbaum (*Süddeutsche Zeitung*). Sie waren schon vor dem 6. April 1994 von den staatsmännischen Qualitäten des seit 1986 regierenden ugandischen Präsidenten Yoweri Museveni überzeugt und so war es nur ein kleiner Schritt bis zur Übernahme des offiziellen Narrativs, an dessen Bildung Museveni ja maßgeblich mitgewirkt hatte.[930]

Mit dem Amtsantritt der rot-grünen Koalition 1998 erlebte Dominic Johnson einen großen Einflusszuwachs. Rot-grün war daran interessiert, dass in der *taz* die offizielle Lesart in Reinkultur vertreten und die deutschen Medienvertreter immer schon im Voraus auf die nächsten Schritte der amerikanisch-britischen Politik im zentralen Afrika vorbereitet wurden. Dominic Johnson war nicht mehr nur ein medialer Außenseiter, sondern gleichsam Sprecher wichtiger westlicher Spieler im zentralafrikanischen Machtpoker. Ein Zusammenhang mit dem Wirken des US-Botschafters John Kornblum dürfte nicht zufällig sein.

Die Medien begannen einfach abzuschreiben, was Dominic Johnson in der *taz* vertrat. Zudem konnte er seine Doppelfunktion als Journalist und als Mitgründer und Beiratsmitglied des schon geschilderten *POLE Institute* zur Informationsbeschaffung nutzen.

Seit 2008 Richter des Arusha-Gerichts zum Schluss gekommen sind, die Planung des Tutsi-Völkermords durch die ruandische Armee und die am 9. April

929 Es bleibt unverständlich, wie die vornehmlich links-intellektuellen Leser der *tageszeitung* kritiklos über mehr als ein Jahrzehnt die von Washington vorgegebene offizielle Lesart der Ereignisse im Gebiet der Großen Seen Afrikas hinnahmen. Auch wenn man sich an die Mechanismen erinnert fühlen könnte, wie es im Kalten Krieg gelang, die europäische Linke um François Bondy, Melvin Lasky, Raymond Aron und teilweise auch Heinrich Böll vor den Wagen der in Paris ansässigen, 1950 in Berlin gegründeten Organisation „*Congrès pour la liberté de la culture*" („Kongress für kulturelle Freiheit") zu spannen, dessen geheime US-Finanzierung erst 1967 aufgedeckt wurde, dafür gibt es keine Beweise.

930 Hintergrund war die seit 1989 offenkundige Museveni-Begeisterung der britischen Entwicklungsministerin Lynda Chalker. Sie hat die Politik Musevenis zur Installierung der RPF in Ruanda tatkräftig unterstützt und auch dafür gesorgt, dass das Attentat vom 6. April 1994 in der richtigen Weise „vermarktet" wurde. Den entscheidenden Durchbruch hatte die Museveni-Sicht schon nach dem Debakel von Mogadishu am 3. Oktober 1993 erhalten.

1994 etablierte Interimsregierung sei nicht nachweisbar, verschwand allerdings selbst bei der *taz* die Berichterstattung über das Arusha-Gericht fast völlig.

Im offenkundigen Desinteresse der deutschen Öffentlichkeit/Medien an Afrikafragen fiel Dominic Johnson dann aber noch ein faktisches Monopol bei der Berichterstattung über die drei Ruanda-Prozesse in Deutschland zu.

Dass die deutschen Medien auch nicht über das Schicksal von Victoire Ingabire Umuhoza berichtet haben, die nur weil sie bei den Präsidentschaftswahlen 2010 antreten wollte, zu 15 Jahren Gefängnis verurteilt wurde, verwundert ebenfalls nicht.

Ein fester Kagame-Sympathie-Block hatte sich schon bald in der *Deutschen Welle* etabliert. Dies ist bei einem Staatssender nicht verwunderlich und hat zudem eine lange Vorgeschichte. Denn auf dem Berg Kininya nahe Kigali wurde schon in den 60er Jahren eine Relaisstation zur Kurzwellenübertragung ihrer Sendungen für Asien etabliert. Es konnte nicht ausbleiben, dass Ruanda im Gegenzug Unterstützung beim Aufbau seines eigenen Senders *Radio Rwanda* forderte. Wenn es in den deutsch-ruandischen Beziehungen Schwierigkeiten gab, fiel schnell das Stichwort Relaisstation. Auf diese Erpressungsmöglichkeit konnte auch Paul Kagame zurückgreifen.

Der von 2001 bis 2013 amtierende Intendant Erik Bettermann (SPD) ließ es in vorauseilendem Gehorsam mit den Wünschen der Bundesregierung nicht dazu kommen. Zudem hatte der ruandische Tutsi Gaëtan Sebudandi, alias Gérard Kalina[931], als langjähriger DW-Redakteur eine Tradition der RPF-Sympathie innerhalb der Deutschen Welle etablieren können. Diese Interessenlage hatte unter Druck aus Kigali schon 1998 die Entlassung des ruandischen DW-Redakteurs Paul Mbaraga wegen seines Kagame-kritischen Engagements bewirkt.[932]

---

931 Unter diesem Pseudonym waren seine über die Deutsche Welle verbreiteten Kommentare sehr bekannt.

932 In einem Schreiben an Bundesaußenminister Joschka Fischer vom 12.11.1998 schrieb Mbaraga: *„Bei der am 14.08.1998 in Kigali zu Ende gegangenen Konferenz der Deutsch-Ruandischen Kommission hat die ruandische Delegation mit der Schließung der Deutschen-Welle-Sendestation in Kigali gedroht, wenn ich nicht sofort aus den Diensten der Deutschen Welle entfernt“* würde. Man kündigte ihm dann am 17.8.1998 fristlos wegen eines Kagame-kritischen Schreibens an Präsident Clinton. Ich hatte mich für Mbaraga engagiert, verlor aber den Kontakt, als er in Kigali um Abbitte bat und in Gnaden aufgenommen wurde. Er verhielt sich systemkonform und wurde 2008 Verwaltungsratsvorsitzender des Presseamts ORINFOR, verlor den Posten aber 2009 wieder. Seither arbeitet er im Fachbereich Journalismus der staatlichen Universität.

Eine Doppelrolle als Redakteur des *Deutschlandfunks* und bis 1998 Chef von *„Komitee Cap Anamur / Deutsche Notärzte e.V."* spielte Rupert Neudeck. Er konnte in seinen Reportagen das Bild von Paul Kagame vermitteln, der einen Völkermord beendet habe und alles tue, damit die Flüchtlinge aus dem Ost-Kongo zurückkehren könnten.[933]

In bleibender Erinnerung ist mir der Satz eines Afrikaredakteurs des *Spiegel: „Es kann sein, dass Sie recht haben, aber wir werden das nicht schreiben."* Bis zum gewissen Grade blieb es dabei auch nach dessen Ausscheiden, obwohl der langjährige Spiegel-Korrespondent in Nairobi, Thilo Thielke, immer wieder versuchte, seine kritischen Kenntnisse unterzubringen. Dass beim *Spiegel* nichts aus „dem Ruder laufen" kann, dafür sorgt seit Anfang 2014 Bartholomäus Grill als Afrikakorrespondent mit Sitz in Kapstadt. Er ist in diesem Geschäft kein Neuling. Er hat über lange Jahre für *Die Zeit* immer „korrekt" im Sinne der offiziellen Lesart aus Südafrika berichtet. So tat es auch Andrea Böhm, seit sie 2006 von einer freien *taz*-Journalistin zu einer Redakteurin der *Zeit* wurde.

Andrea Böhm reihte sich zusätzlich in die „ÖNZ-Kampfgruppe" ein, die zusammen mit dem *POLE-Institute* die Kagame-Sicht über die FDLR verbreitete[934] und erheblichen Druck auf die deutsche Justiz zur Inhaftierung der beiden FDLR-Vorsitzenden Ignace Murwanashyaka und Straton Musoni am 17. November 2009 ausübte. Andrea Böhm tat ihr Bestes, den FDLR-Prozess in Stuttgart auf der Basis von Informationen aus dem Arsenal – seit kurzem nicht mehr ganz so „befreundeter Dienste" – publizistisch vorzubereiten.[935]

---

933 Die ganze Wucht seiner persönlichen Arroganz konnte ich am Rande einer Veranstaltung der Friedrich-Ebert-Stiftung im September 1994 erleben, als er meine Zweifel am Willen Kagames zur Flüchtlingsrückkehr als verrückt abtat. Am 25.9.1995 hat er – allerdings nur vorübergehend – eine kritischere Haltung zur RPF gefordert. In einem offenen Brief an Bundesaußenminister Kinkel rief er auf, sich von Kagame „nicht düpieren" zu lassen.

934 Andrea Böhm ist Mitautorin der vom *POLE Institute* inspirierten Schrift vom Februar 2010: *„Guerillas im Nebel – Wie Kongolesen den Krieg gegen die ruandischen FDLR-Milizen im Osten der Demokratischen Republik Kongo erleben und was Deutschland damit zu tun hat"*. Sie hat die Zurückhaltung aufgegeben, die ihr eigentlich die in ihrer Internetseite am 8.10.2009 festgehaltene Erkenntnis nahelegen müsste: *„Eine Aufklärung der Verbrechen* [von Kagames] *RPF ist in weite Ferne gerückt. Was nicht ausschließt, dass ihn diese Vergangenheit irgendwann doch einholt."*

935 Dabei spielte auch der Journalist Markus Frenzel mit seinen Beiträgen in der ARD-Magazin-Sendung FAKT eine große Rolle. Er wurde für diese Angriffe gegen die deutsche Justiz von *Amnesty International* – in Deutschland von 1999–2009 von Barbara Lochbihler (seit 2009 Europaabgeordnete von Bündnis 90/Grüne) als Generalsekretärin

Die Publikationen im Bereich der Evangelischen Kirche *epd Entwicklungspolitik* und *der überblick* waren bis zu ihrer Einstellung und dann auch noch während der kurzen Zeit der Verschmelzung zur Zeitschrift *EINS* treue Vertreter der offiziellen Lesart.[936]

Ein Vorfall mit dem WDR bleibt mir in Erinnerung: Ein Fernseh-Interview mit der Magazin-Sendung *Monitor* brach ein Redakteur mit dem Vorwand ab, mein Stuhl habe zu sehr geknackt, als er merkte, dass ich mich nicht im Rahmen des „politisch Korrekten" verhielt.

Auch der *SWR* weigerte sich, ein sendefertiges Rundfunk-Interview mit einer freien Mitarbeiterin über den Äther zu geben, als obere Chargen es als zu gewagt eingestuft haben.

Besonders betroffen machte mich die einseitige Position des Deutschen Presserats vom 27. Mai 2010. Anlass war ein Rügeantrag für einen rabiaten[937] Kommentar von der in der *Berliner Zeitung* ganz besonders von der offiziellen Lesart überzeugten Maritta Tkalec, am 3. März 2010 zur kurzzeitigen Inhaftierung der Präsidentenwitwe Agathe Habyarimana in Frankreich. Der Beitrag trug die Überschrift *„Das Ende der Endlöserin"*. Eine brutalere Vorverurteilung ist schwerlich denkbar. Dennoch behauptete Ursula Ernst[938], die Vorsitzende des zweiten Beschwerdeausschusses des Deutschen Presserats, der Kommentar verletze keine publizistischen Grundsätze.

7.3.1.4 „Der Fall Köhler"

Für die „Nibelungentreue" der deutschen Politik zu Kagame stand in besonderem Maß Bundespräsident Horst Köhler. Der „Fall Köhler" sei deshalb und auch,

---

der deutschen ai-Sektion auf Pro-RPF-Kurs gehalten – 2009 sogar mit dem Marler Fernsehpreis für Menschenrechte ausgezeichnet. Frenzel hat seine „Jagd" auf die FDLR-Chefs Ignace Murwanashyaka und Callixte Mbarushimana auch in seinem Buch „Leichen im Keller" (Frenzel 2011) dargestellt. (Auf Abschnitt 7.3.2.2 wird verwiesen.).

936 Da ich die ökumenisch orientierte Nachfolgezeitschrift *Welt-Sichten* unter dem Chefredakteur Bernd Ludermann nicht genau beobachtet habe, kann ich nicht beurteilen, ob die Pro-Kagame-Linie der Vorgänger-Zeitschriften beibehalten wurde. Der Artikel von Ekkehard Strauss in Heft 4/2014 zum 20. Jahrestag des Beginns des Völkermords in Ruanda ist jedenfalls völlig im Sinne der offiziellen Lesart geschrieben.

937 Ich habe versucht, den Tkalec-Artikel am 3.3.2010 über die Präsidentenwitwe Agathe Kanziga-Habyarimana mit dem Titel *„Das Ende der Endlöserin"* vom Deutschen Presserat rügen zu lassen. Dies misslang, weil ihr Ursula Ernst als Vorsitzende des Beschwerdeausschusses die Stange hielt.

938 Ursula Ernst ist Redakteurin bei der *Augsburger Allgemeinen*.

weil er für den Hintergrund der deutschen Ruanda-Prozesse sehr wichtig ist, etwas herausgehoben geschildert.

Köhler hatte sich – schon während seiner Zeit als IWF-Chef – zu einem Kagame-Bewunderer entwickelt. Das konnte er bei seinem Staatsbesuch in Ruanda im Februar 2008[939] unter Beweis stellen.

Da sich die Bundesrepublik gegenüber Auslieferungsanliegen aus Kigali hinhaltend gezeigt hatte, nutzte Kagame den Köhler-Besuch, um seinem Gast sein Anliegen nach Auslieferung des früheren ruandischen Bürgermeisters Onesphore Rwabukombe und vor allem der FDLR-Chefs vorzutragen. Er fand bei Köhler ein offenes Ohr. Dabei störte es Köhler nicht, dass er genau während seines Kigali-Besuchs über den Erlass von 40 internationalen Haftbefehlen gegen hohe Vertreter des RPF-Regimes durch den spanischen Ermittlungsrichter Fernando Andreu Merelles unterrichtet wurde. Köhler lud Kagame dennoch schon für April 2008 zu einem bisher von allen Bundesregierungen trotz amerikanischer Ermunterung hinausgezögerten Staatsbesuch ein.

Im Vorfeld des Kagame-Staatsbesuchs in Berlin sorgte Dominic Johnson in der *tageszeitung* dafür, dass das Köhler vorgetragene Kagame-Anliegen nicht in Vergessenheit geriet und warb für die Respektierung der Haftbefehle aus Kigali. Die deutsche Justiz, die sich bisher hinhaltend bis ablehnend verhalten hatte, geriet unter Zeitdruck, schaffte es aber doch, am Tag von Kagames vorgesehenem Treffen mit der Bundeskanzlerin in Berlin Onesphore Rwabukombe am 24. April 2008 in Auslieferungshaft zu nehmen.

Die Bundesregierung hatte wohl gehofft, Kagame mit der Verhaftung von Onesphore Rwabukombe beruhigen und ihn von weiteren Initiativen zu den FDLR-Chefs abhalten zu können, obwohl man wusste, dass der ruandische Staatschef verärgert war, weil Murwanashyaka schon 2006 einmal in Auslieferungshaft genommen, aber dann mit Hilfe seines Anwalts Steffen Gallas wieder auf freien Fuß gesetzt worden war.

Kagame ergriff die Chance, sein Anliegen spektakulär vorzutragen und Bundeskanzlerin Merkel „vorzuführen". Bei der Pressekonferenz mit der Bundes-

---

939 In einem von Dr. Karin Müller für das ÖNZ und der Weißen Schwester Magret Tovar für einen Zusammenschluss katholischer in Afrika tätigen Kongregationen (NAD) unterzeichneten offenen Brief vom 12.12.2007 wurde Köhler vor seiner Reise auf die Demokratiedefizite in Ruanda und die illegale Ausbeutung der Bodenschätze aus der DR Kongo hingewiesen. Ich selbst hatte dem Bundespräsidenten schon in einem Brief vom 9.9.2007 von dieser Reise abgeraten, war dann erstaunt, dass mir der FDP-Vorsitzende Guido Westerwelle am 13.10.2007, am Rande eines Auftritts in der Bonner Innenstadt auf diesen Brief angesprochen, lachend erklärte: *„Der Bundespräsident wird reisen."*

kanzlerin am 24. April 2008 griff er die Journalisten-Frage auf, was er über die Präsenz des FDLR-Chefs in Deutschland denke und antwortete: *„Ich glaube, dass sich Vertreter der deutschen Regierung diesem Problem widmen müssen (...) Ich denke, es ist angemessen, dass Deutschland und andere Länder, in denen sich die führenden Persönlichkeiten solcher Milizen noch befinden, entsprechend handeln."* Bundeskanzlerin Merkel sagte sichtlich irritiert: *„Ich möchte noch hinzufügen, dass wir uns die Sache sehr genau ansehen. Die genannten Personen stehen unter dem Regime der UN-Sanktionen. Die Konten sind eingefroren worden. Es gibt Reisebeschränkungen. Man kann vielleicht über Nuancen streiten."*

Wie die später geschilderten Ruanda-Prozesse in Frankfurt/M., Stuttgart und Düsseldorf zeigen, drückte man der deutschen Justiz mehr als Nuancen auf, unter anderem auch, weil Horst Köhler Kagame bis zum letzten Amtstag die Treue hielt.

Der Berliner Schriftsteller Hans Christoph Buch traf ihn am Morgen seines Rücktritts im Schloss Bellevue. Köhler winkte Buch heran, um ihm eine „frohe Botschaft" zu verkünden. Buch stellte den Vorgang so dar: *„Am 30. Mai 2010, dem letzten Tag seiner Amtszeit, was zu diesem Zeitpunkt noch niemand wusste, besuchte ich eine Matinee im Schloss Bellevue, wo der Bundespräsident das von ihm herausgegebene Buch „Schicksal Afrika" vorstellte. Beim anschließenden Empfang ging Horst Köhler auf mich zu und sagte, er habe mit Präsident Kagame über meine* [in einem Offenen Brief vom 22. April 2008 an Köhler enthaltenen] *Vorwürfe gesprochen und der habe ihm versichert, ich sei falsch informiert. Das gelte auch für den französischen Richter Bruguière und dessen spanischen Kollegen, der vierzig Politiker und Militärs aus Ruanda wegen Verbrechen gegen die Menschlichkeit zur Fahndung ausgeschrieben hatte (...). Er persönlich, fuhr Köhler fort, habe einen rundum positiven Eindruck von Paul Kagame, da dieser, anders als andere afrikanische Staatschefs, Kritik nicht als Majestätsbeleidigung empfinde."*[940]

Auch bei einer privaten Reise nach Ruanda im Juni 2011 beharrte Köhler auf seinem Lob des ruandischen Diktators.

7.3.2 Verlauf der Prozesse gegen Ruander in Deutschland

Vorbemerkung

Als Folge der deutschen Positionsergreifung in Politik, Medien und Gesellschaft zugunsten der Kagame-Diktatur beruhten alle drei Ruanda-Prozesse in Deutschland auf einer engen Kooperation mit diesem Regime.

Seit 2010 befand sich permanent ein Mitarbeiter des Bundeskriminalamtes in Kigali, um im Auftrag der Generalbundesanwaltschaft Zeugen für deutsche

---

940 Auszug aus *„Apokalypse Afrika oder Schiffbruch mit Zuschauern"* (Buch 2011, S. 249).

Gerichte zu finden oder Video-Übertragungen aus ruandischen Gefängnissen zu organisieren.

Das Frankfurter Oberlandesgericht hat bei der Urteilsverkündung des Prozesses gegen Onesphore Rwabukombe am 18. Februar 2014 bestritten, dass Belastungszeugen von der Kigali-Regierung unter Druck gesetzt worden seien, um in deren Sinn auszusagen. Allenfalls seien Entlastungszeugen aus den Gefängnissen von Mitgefangenen gezwungen worden, Hutu-Verbrechen schönzureden.

Ich will es mit einem sehr drastischen Vergleich sagen: Mir kommen die deutschen Ruanda-Prozesse so vor, als hätten die USA nach dem Krieg einen FBI-Residenten zu Ermittlungen über die in Katyn ermordeten polnischen Offiziere zu Stalin entsandt.[941] Was der wohl in Moskau erfahren hätte? Bestimmt nicht die Wahrheit.

7.3.2.1 Der Prozess gegen Onesphore Rwabukombe vor dem Staatsschutzsenat des Oberlandesgerichts in Frankfurt/M.[942]

Als am 18. Januar 2011 das Verfahren gegen Onesphore Rwabukombe, ehemaliger Bürgermeister der Gemeinde Muvumba im Nordosten Ruandas, vor dem Staatsschutzsenat (5. Strafsenat) des OLG Frankfurt/M. begann, hatte der Fall schon eine lange Geschichte hinter sich.

---

941 Das Katyn-Beispiel hat schon Bernard Lugan 2007 bei seiner Anhörung im Arusha-Gericht im Prozess Militär I auf die Frage des Bagosora-Anwalts Benjamin Constant genannt, ob ihm als Historiker ein anderer Fall bekannt sei, bei dem durch neuere Erkenntnisse eine Geschichtsinterpretation völlig verändert werden musste: „*Ja, die Massaker in Katyn. Sie sind lange der deutschen Armee angelastet worden, obwohl sie von den kommunistischen politischen Kommissaren der Roten Armee begangen worden sind.*" (Nach François Moulins in: *Valeurs Actuelles* n° 3689 vom 10.8.2007).

942 Im folgenden ist nur eine vorläufige Bewertung des Rwabukombe-Prozesses vor dem Oberlandesgerichts Frankfurt/M. möglich, weil sich die deutsche Justiz im Falle von Staatsschutzverfahren in besonderem Maß hinter einem System der Intransparenz verbergen kann. Ich kann mich im Wesentlichen nur auf persönliche Beobachtungen, die Kurzmitschriften einer Marburger Studentengruppe, die parteiliche sporadische Berichterstattung in der *taz* und die am 29.9.2014 ins Internet *(www.lareda.hessenrecht.hessen.de)* eingestellte, gekürzte – 161 Seiten umfassende – und anonymisierte Urteilsfassung stützen. Da deutsche Strafgerichte zudem nicht zur Führung von Wortprotokollen verpflichtet sind, ist eine lückenlose Dokumentation des Verfahrens selbst für am Verfahren beteiligte Personen nur schwer möglich. Wann der vollständige Monitoring-Report der Marburger Studenten, die unter fachlicher Leitung von Professor Christoph Safferling vorgenommene wissenschaftliche Prozessbeobachtung vorliegen wird, ist nicht absehbar.

Prozess-Hintergrund

Die RPF-Diktatur hat von Anfang an behauptet, der ruandische Tutsi-Völkermord sei ganz wesentlich mit Hilfe der Bürgermeister geplant und umgesetzt worden. Deshalb sind viele von ihnen vor dem Arusha-Gericht, aber auch den Gacaca-Dorfkammern angeklagt und verurteilt worden. Nachdem das Arusha-Gericht 2004 im Rahmen seiner *Completion Strategy* keine neuen Anklagen mehr erheben konnte, hat das Kagame-Regime ehemalige Bürgermeister im Exil ausfindig gemacht und versuchte die Exilländer zu überzeugen, sie an Kigali auszuliefern.

Erst als sich niemand dazu bereit fand, forderte man, diese Länder sollten sie inhaftieren und selbst vor Gericht stellen. Beides wollte die Bundesrepublik Deutschland über Jahre vermeiden, obwohl sich alle Bundesregierungen seit 1994 der offiziellen Lesart der Ereignisse angeschlossen hatten und das Kagame-Regime als eine befreundete Regierung ansahen, die den Tutsi-Völkermord beendet habe.

Als das Verwaltungsgericht Würzburg am 23. November 2006 Rwabukombes Asylantrag positiv beschied, wurde Kigali aktiv. Am 19. September 2007 stellte der ruandische Generalstaatsanwalt Martin Ngoga einen internationalen Haftbefehl verbunden mit einer Anklageschrift aus. Darin wird die Bundesrepublik ersucht, Onesphore Rwabukombe zu verhaften und nach Ruanda auszuliefern.

Nach dem Muster der beim Arusha-Gericht üblichen Anklageschriften behauptete Kigali, Onesphore Rwabukombe sei an der Planung des Völkermords beteiligt gewesen, weil er als Bürgermeister eine *influential figure in the then MRND ruling party* gewesen sei. Er sei Teil eines *joint criminal enterprise* gewesen, einer Rechtskonstruktion, die von den beiden UNO-ad-hoc Strafgerichten für Ruanda und Ex-Jugoslawien eingeführt worden war. Am 11. April 1994 habe er auch an dem Kirchenmassaker von Kiziguro mit ca. 2000 Tutsi-Opfern mitgewirkt.

Da das Frankfurter Oberlandesgericht aber auf Antrag seines Anwalts Steffen Gallas aus Mannheim eine Auslieferung von Onesphore Rwabukombe nach Ruanda versagte, weil ihm dort kein faires Verfahren zuteil werden könne, wurde er am 6. November 2008 auf freien Fuß gesetzt.

Nach seiner Freilassung besuchte ich die Familie am 9. Dezember 2008, die in der Zwischenzeit Kontakt mit mir aufgenommen hatte[943]. Ich wusste aber nicht,

943 Dem war eine seltsame Story vorausgegangen. Die Ruanderin Elisa Nsanda, eine freie Mitarbeiterin des Bundesamts für Migration, die bei der Verhaftung in Gelnhausen anwesend war, hat Frau Kanzage-Rwabukombe geraten, Kontakt mit mir

dass weiter gegen Onesphore Rwabukombe ermittelt wurde und er in dieser Zeit faktisch nur auf „Gefängnisurlaub" war. Denn schon am 22. Dezember 2008 wurde er wieder verhaftet.

Aber dann kam eine neue Überraschung. Per Beschluss des Bundesgerichtshofs (BGH) vom 14. Mai 2009 wurde der von seiner neuen Anwältin Natalie von Wistinghausen eingereichten Haftbeschwerde wegen nicht ausreichender Beweislage stattgegeben und Onesphore Rwabukombe wieder auf freien Fuß gesetzt. Das ließ die deutsche Politik nicht ruhen.[944] Die Generalbundesanwaltschaft wurde beauftragt, weiter zu ermitteln. Und so wurde Onesphore Rwabukombe am 27. Juli 2010 zum dritten Mal verhaftet und auf Antrag der Generalbundesanwaltschaft (GBA) – diesmal dauerhaft – vom BGH in Untersuchungshaft genommen. Jetzt ging es nicht mehr um Abschiebung, sondern um einen Prozess vor einem deutschen Gericht.

Am 18. August 2010 erhob die GBA Anklage. Der Staatsschutzsenat des OLG Frankfurt/M., dem die Klage zugewiesen worden war, ließ am 18. Dezember 2010 die Anklage vollinhaltlich zu und setzte die Verfahrenseröffnung schon auf den 18. Januar 2011 fest.

Biographische Angaben zum Angeklagten

Onesphore Rwabukombe, Jg. 1957, war nach Abschluss seines Studiums an der Staatlichen Fachschule für Bautechnik in Trier seit 1988 Bürgermeister der Gemeinde Muvumba im Nordosten Ruandas und musste nach dem Angriff der RPF am 1. Oktober 1990 erstmals von dort fliehen. Nach dem Rückzug der Rebellen Ende Oktober 1990 nahm er seine Bürgermeistertätigkeit wieder auf, verlegte aber den Wohnsitz der Familie wegen verschiedener RPF-Übergriffe auf ihr Haus zuerst in die Gemeinde Ngarama und dann in die Präfekturhauptstadt Byumba.

---

aufzunehmen. Frau Kanzage-Rwabukombe glaubte, von ihr mit mir verbunden worden zu sein. Sie sprach aber mit jemandem, der nie ausfindig gemacht wurde. Diese Person hatte ihr versprochen, wieder Kontakt mit ihr aufzunehmen. Als dies nicht geschah, fand Frau Kanzage-Rwabukombe selbst einen Weg, mit mir in Verbindung zu treten. Ich habe später in einem Telefongespräch mit Frau Nsanda den Eindruck gewonnen, dass sie eine sehr unklare Rolle in der Ruanda-Community spielt und keinen weiteren Kontakt mit ihr aufgenommen.

944 Esther Mujawayo, eine wichtige RPF-Sympathisantin in Deutschland, hat am 4. April 2011 bei ihrer Anhörung vor Gericht deutlich gemacht, sie habe einen ganz wesentlichen Anteil daran, dass die deutsche Justiz sich des Falls Onesphore Rwabukombe annahm, von dem sie über eine Freundin in Belgien erfahren habe. (Vgl. den Artikel von Marie-Claude Bianco in taz.de vom 12.4.2011).

Nach der großen RPF-Offensive 1992 musste Onesphore Rwabukombe erneut aus Muvumba fliehen und begleitete eine große Bevölkerungsgruppe seiner Gemeinde in ein Flüchtlingslager in die südlicher gelegene Gemeinde Murambi.[945] Die Familie lebte aus Sicherheitsgründen schon in Kigali. Er konnte sie an den Wochenenden besuchen und lebte in der Woche bei einem Onkel in Murambi, wo er bis zum 6. April 1994 die Flüchtlinge aus Muvumba in Amtshilfe durch die Verwaltung der Gemeinde Murambi betreute.

Nach dem Attentat vom 6. April 1994 konnte er aufgrund der militärischen Lage nicht nach Kigali zur Familie zurückkehren. Er floh zusammen mit den Muvumba-Flüchtlingen von Murambi aus nach Süden, überschritt mit ihnen Ende April 1994 die Grenze nach Tansania, wo sie in dem UNHCR-Flüchtlingslager in Benaco versorgt wurden. Seine Familie war beim Vordringen der RPF-Truppen von Kigali aus in ein Flüchtlingslager in Ost-Zaïre geflohen. Ihm wurde gestattet, von Benaco aus zu seiner Familie nach Ost-Zaïre zu ziehen. Ende 1996 floh die Familie beim RPF-Angriff auf die Flüchtlingslager in Ost-Zaïre nach Nord-Westen und gelangte schließlich in die Zentralafrikanische Republik.[946]

Aufgrund seiner positiven Erlebnisse in Deutschland während seines Studiums in Trier versuchte er, zusammen mit seiner Familie nach Deutschland zu gelangen.

Anklageinhalt

Da die Generalbundesanwaltschaft und das Bundeskriminalamt in einer Diktatur keine unabhängigen Ermittlungen führen konnten, beruhte die Anklageschrift der Generalbundesanwaltschaft auf den „Informationen", die ihr Kigali – und wahrscheinlich „befreundete Dienste" – geliefert hatten.

In der Anklageschrift vom 29. Juli 2010 wird Onesphore Rwabukombe vorgeworfen, *„zwischen dem 7. und 15. April 1994 in den Regionen Byumba, Umutara und Kibungo (Republik Ruanda)*

---

945 Bürgermeister war dort Jean-Baptiste Gatete, der allerdings den Posten als Folge der politischen Erwägungen der ruandischen Koalitionsregierung 1992 verlassen musste, aber auch danach in seiner Heimatgemeinde Einfluss ausübte. Gatete wurde später vom Arusha-Gericht zu 40 Jahren Gefängnis verurteilt, vgl. hierzu die Kurzaufzeichnung Nr. B/16 der Dokumentation.

946 Mir war bis zur Lektüre des Urteils nicht bekannt, dass Onesphore Rwabukombe während der Flucht vom März 2001 bis August 2002 für fast ein Jahr von den Bemba-Milizen in Nord-Zaïre gefangen gehalten und für sie im Straßenbau eingesetzt war. Von dort aus konnte er schließlich in die ZAR fliehen.

1. in sechs Einzelakten

durch andere in der Absicht, eine rassische und durch ihr Volkstum bestimmte Gruppe als solche ganz oder teilweise zu zerstören,

- *mindestens 3.732 Mitglieder der Gruppe getötet zu haben,*
- *die Gruppe unter Lebensbedingungen gestellt zu haben, die geeignet sind, deren Körperliche Zerstörung ganz oder teilweise herbeizuführen und in Tateinheit hierzu*
- *mindestens 3.732 Menschen aus niedrigen Beweggründen getötet zu haben sowie*
- *versucht zu haben, 670 Menschen aus niedrigen Beweggründen zu töten*".

Daneben wurden ihm noch sechs Einzelmorde zur Last gelegt.

Darauf folgt die Schilderung der Vorgänge in Ruanda, wie sie in der offiziellen Lesart kolportiert werden.

Danach wird in der Anklageschrift die Allmacht von Onesphore Rwabukombe über die Bevölkerung aus Muvumba in den Flüchtlingslagern in der Gemeinde Murambi geschildert, „*die – wie die überwiegende Mehrzahl der Ruander – offizielle staatliche Anordnungen kritik- und widerspruchslos auszuführen gewohnt war*".

Es folgt die Schilderung der Kirchenmassaker in Kiziguro und Kabarondo sowie ein Massaker im Gelände der Diözese Kibungo.

Im Kirchengelände Kiziguro in der Gemeinde Murambi soll Onesphore Rwabukombe für Massaker am 11. April 1994 verantwortlich gewesen sein. „*Zusammen mit seinem Bürgermeisterassistenten und mehreren Gemeindepolizisten begab er sich gegen 8 Uhr morgens zum Kirchengelände, wo mindestens 1.500 Menschen, zum größten Teil Angehörige der Volksgruppe der Tutsi, Schutz vor den in Tötungsabsicht marodierenden Soldaten, Milizionären, Gemeindepolizisten und Zivilisten Schutz gesucht hatten. (...) Der Angeschuldigte forderte sodann die vor dem Gelände anwesenden Interahamwe-Milizionäre und Gemeindepolizisten auf, mit ihrer „Arbeit" anzufangen, womit für alle unmissverständlich die Tötung der verhassten und als „Ungeziefer" entmenschlichten Tutsi gemeint war.*" Onesphore Rwabukombe soll danach das Gelände kurz verlassen haben und gegen 14 Uhr zurückgekehrt sein. Insgesamt seien an diesem Tag 1.200 Tutsi umgebracht worden. Zu den Toten soll auch die Mutter des späteren Zeugen Aloys R. gehört haben.

In dem Abschnitt Beweiswürdigung wird deutlich, dass die GBA bzw. das von ihr beauftragte Bundeskriminalamt unkritisch die aus Kigali gelieferten Beweismittel – hauptsächlich Belastungszeugen – für glaubwürdig hält. „*Ausnahmslos alle Zeugen wurden in Abwesenheit ruandischer Beamter vernommen. Dies galt auch für die Vernehmung inhaftierter Zeugen. Eine Beeinflussung oder gar Einschüchterung der Zeugen durch ruandische Stellen vor deren Einvernahme seitens der deutschen Ermittler war nicht festzustellen.“*

In einem Fall habe ein Zeuge Repressalien von der Familie des Angeklagten befürchtet, wenn sie erführe, dass er etwas Negatives zu Onesphore Rwabukombe aussagen würde. Als Landeskenner habe ein deutscher Pfarrer diese Gefahr bestätigt. Zum Beweis wird angeführt: „*Dass das Netzwerk der Personen, die im ruandischen Staatsystem ehemals sehr herausgehobene Positionen bekleideten, weit verzweigt ist und noch heute genutzt wird, wird beispielsweise durch den Umstand belegt, dass der Angeschuldigte noch während des Ermittlungsverfahrens mit dem in Mali in Haft befindlichen früheren Bürgermeister Sylvestre Gacumbitsi telefonisch in Kontakt stand. Beide tauschten sich über die jeweils gegen sie erhobenen Vorwürfe des Völkermords aus.“*

Zur Zahl der Opfer in Kiziguro findet sich ein seltsamer Satz in der Anklageschrift: „*Hinsichtlich der Zahl der Tatopfer wurde ein Sicherheitsabschlag von zwanzig Prozent auf die Zahl der ursprünglich anwesenden Menschen vorgenommen, obwohl als gesichert gelten kann, dass eine erheblich geringere Anzahl von Tutsi das Massaker überlebt hat.“*

Fazit: In der 86-seitigen von der Generalbundesanwältin Monika Harms unterzeichneten Anklageschrift findet sich kein Hinweis, der darauf hindeuten würde, man habe auch nach Entlastungsgründen gesucht.

Im Lauf des Prozesses verständigten sich das Gericht, die Vertreter der GBA und die Verteidigung darauf, das Verfahren zur Verfahrensvereinfachung auf das Kirchenmassaker in Kiziguro zu begrenzen. Somit wurde nicht mehr offenkundig, auf welch schwachen Füßen die aus Kigali gelieferten Tathergangsbeschreibungen mit mehr als 3000 Toten insgesamt standen.

Prozessverlauf

Das Gericht

Auf der Richterbank saßen während der gesamten Prozessdauer neben dem das Verfahren dominierenden Vorsitzenden Thomas Sagebiel, dessen anfängliche Wertschätzung sich bei mir aufgrund seines immer mutloser werdenden Verhaltens im Laufe des Verfahrens weitgehend verflüchtigte, der Berichterstatter Dr. Christoph Koller als sein faktischer Vertreter, drei weitere Berufsrichter[947] und zwei Ersatzrichter.

947 Darunter zwei Richterinnen.

Kläger und Nebenkläger
Die Anklage wurde von Oberstaatsanwalt Christian Ritscher und zwei Kollegen der Generalbundesanwaltschaft vertreten. Die vom Gericht zugelassenen in der Tutsi-Opferorganisation *Ibuka* organisierten zwei Nebenklägerinnen und ein Nebenkläger wurden von dem der RPF mit großer Sympathie gegenüberstehenden Hamburger Anwalt Dieter Magsam vertreten.[948]

Verteidigung
Nach der Wiederverhaftung von Onesphore Rwabukombe am 22. Dezember 2008 hatte sich die Berliner Rechtsanwältin Natalie von Wistinghausen um seine Verteidigung bemüht, besuchte ihn im Gefängnis und wurde mit ihm und dem Gericht handelseinig.[949] 2010 wurde Kersten Woweries – ebenfalls aus Berlin – als zweite, vom Gericht finanzierte Verteidigerin zugelassen. Am 17. Januar 2011, einen Tag vor Beginn des Hauptverfahrens, hat Natalie von Wistinghausen in einem Gespräch mit Elvira Treffinger vom evangelischen Pressedienst erklärt: *„Wir wollen kein politisches Verfahren führen“*, es gehe nur *„um Schuld oder Unschuld“*. An dieser das Auftreten der Verteidigerinnen während des gesamten Verfahrens charakterisierenden sanften Linie, die Frau von Wistinghausen einmal als *diplomatisch* bezeichnete, hielten sie bis zuletzt fest. Dass das Verhältnis zwischen dem Angeklagten und den Verteidigerinnen ab einem bestimmten Zeitpunkt gespannt gewesen sein muss, beweist sein – allerdings gescheiterter – Versuch, etwa ein Jahr vor Ende des Prozesses andere Verteidiger zu finden.[950]

Die Gutachterfrage
Gleich zu Beginn des Verfahrens entstand Streit über die Gutachterfrage.
Auf Vorschlag der Anklageseite wurde Dr. jur. Gerd Hankel vom privaten, von Jan Philipp Reemtsma finanzierten *„Hamburger Institut für Sozialforschung“* angehört. Er hatte der Generalbundesanwaltschaft 2009 mit einem Gutachten,

---

948 Dieter Magsam war nach dem RPF-Sieg für die deutsche Entwicklungshilfeorganisation GTZ einige Zeit zum Aufbau der neuen Justiz in Kigali tätig und hat dabei die Sichtweise der neuen Herren übernommen. Am 6.12.2012 beantragte Magsam die Zulassung von zwei Nebenklägerinnen zu denen die Marburger Studenten schrieben: *„Eine sei während des Genozides mehrfach vergewaltigt worden, die andere habe Angehörige verloren. Der GBA brachte gegen den Antrag nichts vor, die Verteidigung gab keine Stellungnahme ab.“*

949 In der Stellungnahme der Generalbundesanwaltschaft vom 7.2.2011 zur Ablehnung meiner Anhörung wird behauptet, ich hätte sie Onesphore Rwabukombe vermittelt. Das habe ich in meinem Fax an das Gericht vom 8.2.2011 schon richtiggestellt.

950 Die Kontaktaufnahme mit einem möglichen Verteidiger wurde mir bestätigt.

das seiner Anhörung zugrunde lag, bei der Vorbereitung der Anklageschrift geholfen. Hankel hatte sich schon 2002 bei der Veröffentlichung der deutschen Fassung des vielfach erwähnten, von Alison Des Forges im Auftrag von *Human Rights Watch* und der *Fédération Internationale des Ligues des Droits de l'Homme* koordinierten Buches mit dem Titel „*Kein Zeuge darf überleben. Der Genozid in Ruanda*"[951] durch das Reemtsma-Institut einen Namen gemacht.[952]

Dass der Auftrag für das Gutachten an Gerd Hankel und somit an das Reemtsma-Institut fiel, war ein kluger Schachzug der Generalbundesanwaltschaft. Hankel und Reemtsma hatten mit der Wehrmachtsausstellung ab 1995 ihre antifaschistische Reputation in der Öffentlichkeit gefestigt. Und so war es wichtig, dass diese untadeligen Demokraten aus dem linken politischen Spektrum der Generalbundesanwaltschaft halfen, der Öffentlichkeit gegenüber das vom Kagame-Regime vertretene und von ihr übernommene Narrativ als seriös darzustellen.

Nach der Anklageerhebung am 18. August 2010 hat mich RA'in von Wistinghausen am 21. August 2010 gefragt, ob ich bereit sei, als Gutachter am Prozess mitzuwirken. Dazu war ich bereit.

Ich wurde dann von dem Berichterstatter des Senats, Richter Christoph Koller, am 9. Dezember 2010 telefonisch gebeten, mich zum Gutachten von Dr. Hankel vom 18. Dezember 2009 mit dem Titel „*Der Völkermord in Ruanda 1994. Hintergründe und Abläufe*" in der Gerichtsverhandlung mündlich zu äußern. Ich kannte dieses Gutachten, weil der Angeklagte es mir in der Zeit zwischen seinen Gefängnisaufenthalten am 28. Januar 2010 per Post übersandt hatte. Meinen Vorschlag, dem Gericht vor meiner Anhörung den Text meiner gutachterlichen Stellungnahme zur Verfügung zu stellen, begrüßte Richter Koller.

Da der Verteidigerin Natalie von Wistinghausen vom Gericht aus Neutralitätsgründen abgeraten worden war, mit mir über meine gutachterliche Aufgabe zu sprechen, kam ich auf das Angebot von Richter Koller zurück, mich bei Fragen jederzeit an ihn wenden zu können. Obwohl ich am 24. Dezember 2010 von der Generalbundesanwaltschaft schriftlich informiert worden war, dass meine Gespräche auf dem Apparat von Onesphore Rwabukombe zwischen dem 7. April und dem 3. Dezember 2008 abgehört worden waren[953], blieb ich bei meiner Zusage, dem Gericht vorab einen schriftlichen Bericht zu übermitteln.

---

951 Des Forges 2002. Originaltitel aus dem Jahr 1999: *Leave None to Tell the Story* (Des Forges 1999).

952 Gerd Hankel hat Alison Des Forges persönlich bei ihrer *promotion tour* des Buchs durch Deutschland begleitet.

953 Frau von Wistinghausen riet mir, keinen Widerspruch einzulegen, weil dies legal sei.

Am 20. Januar 2011 rief ich Richter Koller wegen Einzelheiten dazu an. Auf meine Frage, ob ich mich auch zu den Schwächen der Anklageschrift vom August 2010 äußern sollte, riet er mir davon ab. Ich bezog mich folglich in meinem Gutachten nicht darauf. Richter Koller hat über dieses aus meiner Sicht vertrauliche Gespräch einen Vermerk, einschließlich meiner Frage zur Anklageschrift verfasst, den er den Prozessparteien, aber nicht mir, zuleitete.[954]

Ich habe Richter Koller die Übersendung meines Gutachtens vor der für den 9. Februar 2011 terminierten Anhörung zugesagt und so übersandte ich dem Gericht am 29. Januar 2011 meinen *„Memorandum zur Gutachter-Anhörung am 9. und 14. Februar 2011 im Prozess gegen Onesphore Rwabukombe vor dem 5. Senat des OLG Frankfurt/M.“* überschriebenen Text.

Ich stützte mich darin vor allem auf die in meinem kurz zuvor erschienenen Buch *Clinton am Kivu-See. Die Geschichte einer afrikanischen Katastrophe*“[955] veröffentlichten Ergebnisse meiner seit 1994 unternommenen Studien zu den Ereignissen im Gebiet der Großen Seen Afrikas.

Mein Haupteinwand gegen das Hankel-Gutachten vom 18. Dezember 2009 richtete sich gegen seine einseitige Rezeption der offiziellen Lesart.

Nach meinen auf der internationalen Diskussion und meinen Erfahrungen als Gutachter des Arusha-Gerichts beruhenden Untersuchungsergebnissen hatte sich der von mir nie bestrittene Völkermord in Ruanda völlig anders ereignet, als es die Clinton-Administration, deren tiefe Implikation in die Ereignisse sich mir erst im Laufe der Zeit erschlossen hatte, der Welt mit großem Erfolg vermittelt hatte.

Gerd Hankel kannte die Einwände gegen die offizielle Lesart, hat sie aber in seinem Gutachten nur ganz kursorisch beschrieben. Er vertrat die von mir bestrittene These der Allmacht der ruandischen Bürgermeister in der Habyarimana-Ära. Mein Text führte zu heftigen Reaktionen bei der GBA und dem Nebenklagevertreter. Ich wurde auf Antrag von Oberstaatsanwalt Ritscher und des Nebenklägers Dieter Magsam am 9. Februar 2011 vom Gericht wegen möglicher Befangenheit abgelehnt.

Die Ablehnungsgründe der Generalbundesanwaltschaft

Am 7. Februar 2011 erhielt ich per Fax den Text des Antrags der Generalbundesanwaltschaft vom 3. Februar 2011, mich als Sachverständigen abzulehnen. Diesem Antrag waren auch die Protokolle der Abhörung meiner Telefonate mit

954 Ich erfuhr erst aus dem Schriftsatz der GBA vom 7.2.2011 zu meiner Gutachterablehnung von diesem Vermerk.

955 Strizek 2011.

der Frau des Angeklagten und andere „Beweisstücke“ zur Untermauerung des Antrags beigefügt.

Die GBA behauptete, ich sei mit dem Angeklagten befreundet und hätte „*ein eigenes persönliches Interesse an dem Verfahrensausgang.*“ Die Freundschaft ergäbe sich aus der Tatsache, dass ich den Angeklagten und seine Familie am 9. Dezember 2008 zu Hause besucht hätte und es zum Austausch von Geschenken[956] gekommen sei. Zudem hätte ich in einem Rundschreiben[957], das dem Antrag beigefügt war, die Ansicht vertreten, ein Verfahren, das ausschließlich auf Zeugenaussagen aus Kigali beruhen werde, sei in einem Rechtsstaat nicht vertretbar. Die GBA meinte zudem, ich sei befangen, weil ich Dr. Koller gegenüber am 20. Januar 2011 schon Kritik an der Anklageschrift geübt hätte. Meine Darstellung der Vorgänge des Völkermords sei ein weiterer Beweis für meine Parteilichkeit.[958]

Bis zum 8. Februar 2011 14 Uhr wurde mir Gelegenheit zur Stellungnahme gegeben. Am Vormittag des 8. Februar 2011 übersandte ich dem Gericht meine Stellungnahme per Fax. Kurz darauf erhielt ich einen Anruf von Richter Sagebiel. Er erläuterte mir, warum das Gericht dem GBA-Antrag wohl nachkommen werde. Er persönlich halte mich nicht für befangen, aber wenn mich das Gericht gegen den Antrag der GBA anhören würde, wäre dies nach den Gepflogenheiten der höchstrichterlichen Rechtsprechung ein „eingebauter“ Revisionsgrund beim Bundesgerichtshof. Dies wolle er vermeiden.

In meiner Stellungnahme vom 8. Februar 2011 habe ich ausgeführt: „*Den Versuch der Generalbundesanwaltschaft, mir „ein eigenes persönliches Interesse“ (S. 7 des Fax aus Karlsruhe) bei meinen Aussagen zu unterstellen, betrachte ich angesichts meines langjährigen unter großen eigenen Opfern betriebenen Forschungsengagements als Diffamierung und weise eine solche Unterstellung kategorisch zurück. Auch der Staatsanwaltschaft sind meine Veröffentlichungen, insbesondere das im November 2010 beim Wissenschaftsverlag Peter Lang erschienene*

956 Es handelte sich um Weihnachtsgebäck und Schokolade für die Kinder.

957 Ich habe seit dem 15.4.2002 unregelmäßig an einen privaten Verteiler per E-Mail Informationsschreiben zu den Vorgängen im Gebiet der Großen Seen Afrikas versandt.

958 Aus den Mitschriften der Marburger Studentengruppe zu diesem Tag ist noch folgendes interessant: „*Letztlich führten die Vertreter des GBA an, Dr. Strizek verstünde sich offenbar als Gutachter der Verteidigung. Dies sei mit der neutralen Stellung eines Gutachters in einem Prozess nach deutschem Prozessrecht, in dem er einzig Gutachter des Gerichtes sei, nicht vereinbar.*“ Daran ist richtig, dass ich bisher nur mit dem im Arusha-Gericht angewandten System des *common law* Sachverständigen-Erfahrungen hatte, das gesonderte Experten der Anklage und der Verteidigung kennt.

Buch „Clinton am Kivu-See. Die Geschichte einer afrikanischen Katastrophe" zugänglich. Meine Schriften beweisen meine Bemühungen zur Aufklärung der Geschehnisse in Ruanda und im Gebiet der Großen Seen Afrikas ab 1990. Dabei ist unstreitig, dass ich seit meinem ersten Memorandum vom Juli 1994 von der offiziellen Lesart nicht überzeugt bin. (...) Der Vorwurf, man sei ein Vertrauter des Angeklagten, weil man nach seiner ersten Verhaftung der Bitte seiner Frau nachkam, ihr bei der Suche einer Verteidigung behilflich zu sein, ist mir unverständlich. (...) Ich erhielt von Frau Kanzage am 22.6.2008 eine Mail, in der sie sich wunderte, dass ich mein Versprechen nicht eingelöst hätte, mich wieder bei ihr zu melden. Es stellte sich dann heraus, dass sie bei einem Telefonat mit der dem Gericht bekannten Ruanderin Elisa N'Sanda, die bei der Verhaftung von Onesphore Rwabukombe in Gelnhausen anwesend war[959]*, geglaubt hatte, mit mir verbunden worden zu sein. Frau N'Sanda hatte ihr nach der Verhaftung geraten, Kontakt mit mir aufzunehmen, da sie wusste, dass ich ein Kenner der ruandischen Dinge sei. Eine Rückfrage bei einem Bekannten ergab, dass Frau Kanzage die Ehefrau des verhafteten ehemaligen ruandischen Bürgermeisters ist. Erst dann erhielt ich Informationen über die Lage der Familie und ihr Schicksal. Besonders der Fall ihrer auf der Flucht im damaligen Zaïre verlorenen und dann in Deutschland Jahre später wiedergefundenen Tochter hat mich in der Tat sehr berührt. Ich blieb mit der Familie in Kontakt und die Freilassung von Onesphore Rwabukombe hat mich in der Vermutung bestärkt, dass an den Vorwürfen aus Ruanda wohl kaum etwas sein könne. Dass später auch der Ermittlungsrichter in Karlsruhe*[960]* zu diesem Schluss kam, bestärkte mich zudem, dass in diesem Falle das Prinzip der Unschuldsvermutung meine weiteren Kontakte zur Familie rechtfertige."*

Ich schloss meine Stellungnahme mit folgenden Bemerkungen: *„Ich weise mit allem Nachdruck zurück, meine Bereitschaft, dem Gericht zu helfen, ein vollständigeres Bild der fürchterlichen Vorgänge in Ostruanda 1994 zu gewinnen, beruhe auf einem irgendwie gearteten persönlichen Interesse. Ich komme damit nur einer schwierigen Staatsbürgerpflicht nach. (...) Die vorgetragenen Argumente sollen offenkundig dazu dienen, einen Gutachter daran zu hindern, dem Gericht Analysen vorzutragen, die in der bundesdeutschen Medienlandschaft sonst nicht vorkommen und die wichtige Elemente der Anklageschrift in Frage stellen. Das Gericht sollte sie aber kennen. Andere Kenner, wie z.B. Pierre Péan oder Charles Onana, der wie ich vom Schwurgericht in Brüssel im Fall Bernard Ntuyahaga angehört wurde,*

---

959 Ich habe sie schon in Zusammenhang mit der Schilderung meines Besuchs bei der Familie Rwabukombe am 9.12.2008 erwähnt.

960 In dem herangezogenen Informationsbrief hatte ich übrigens irrtümlicherweise diese Freilassung dem OLG Frankfurt zugeschrieben.

könnten meine Analysen bekräftigen. Ganz besonders würde ich dem Gericht auch die Anhörung des amerikanischen Jura-Professors Peter Erlinder empfehlen, der als einer der ersten im Arusha-Gericht offengelegt hat, dass der UNHCR schon am 17. Mai 1994 wusste, dass die Leichen im Akagera-Fluss, von denen Pro-Kagame-Medien behaupteten, es handle sich um Tutsi-Leichen, Leichen von Menschen waren, die von der RPF – wie von Marcel Gérin beschrieben – ermordet und in den Fluss geworfen worden waren."

Bei einem zufälligen Gespräch im Hotel am Vorabend meiner Anhörung hat mich eine Bemerkung von RA'in Dr. Woweries erstaunt, sie sei von den Ausführungen in meinem Memorandum zum ruandischen Völkermord nicht überzeugt.

Das Gericht lehnte am 9. Februar 2011 nach kurzer Beratung meine Anhörung wie erwartet ab.[961] Ich wurde gebeten, den Gerichtsbereich zu verlassen. Das nahm die Verteidigung ohne erkennbaren Widerspruch hin.[962] Meine in dem Memorandum vom 29. Januar 2011 niedergelegten Argumente wurden von der Verteidigung auch später nicht oder nur sehr marginal in das Gerichtsverfahren eingeführt. Die Verteidigung widersprach dagegen, soweit ich erkennen kann, niemals dem Inhalt des Hankel-Gutachtens und würdigte es in ihrem Schlussplädoyer am 5. und 7. Februar 2014 positiv.

Der Generalbundesanwaltschaft und der Nebenklage war es mit meiner Verbannung aus dem Gerichtssaal gelungen, eine der offiziellen Lesart

---

961 Vor der Ablehnungsentscheidung hatten der GBA-Vertreter und der Nebenkläger-Anwalt mich in ausführlichen Erläuterungen zu ihren Ablehnungsanträgen noch in ehrenrühriger Weise abqualifiziert. Der Senatsvorsitzende lehnte meine schriftliche Bitte ab, mir die vorgelesenen Texte zugänglich zu machen.

962 Ich finde es beachtlich, dass Natalie von Wistinghausen in ihrem im Sommer 2013 geschriebenen Beitrag *VStGB und Strafverfahren: Beweisaufnahme und Angeklagtenrechte* in: Safferling und Kirsch 2014 auf S. 201 die Anhörung (ohne Namensnennung) von Dr. Hankel (*„Dies vermittelte dem Senat den historischen Kontext, der bei der Beweiswürdigung von Bedeutung sein kann."*), jedoch mit keiner Silbe die Ablehnung des ursprünglich von ihr vorgeschlagenen Gutachters erwähnt. Dass Ritscher in seinem Beitrag in dem gleichen Buch auf S. 227–229 nur den von der GBA beauftragten Sachverständigen, den er als Teil der *„seriösen Geschichtswissenschaft"* betrachtet, die die offizielle Lesart nicht in Zweifel zieht, wundert nicht. Ritscher stellt fest, dass (...) *„die Absicht der damaligen Machthaber in Ruanda, die Volksgruppe der Tutsi physisch zu zerstören, wissenschaftlich vergleichsweise gut dokumentiert ist."* Dass das Arusha-Gericht schon am 18.12.2008 im Urteil zum Verfahren Militär I festgestellt hat, eine solche Planung habe sich nicht beweisen lassen, wird einfach unterschlagen.

widersprechende Sichtweise dauerhaft vom Verfahren fernzuhalten. Denn es wurde neben Gerd Hankel kein anderer Gutachter zum historischen Hintergrund der ruandischen Ereignisse im Sommer 1994 angehört. Das Prinzip *et audiatur altera pars*, wonach auch entlastende Umstände zu suchen sind, spielte während des gesamten Prozesses keine Rolle.

Ich finde es erstaunlich, dass die seit dem 29. September 2014 verfügbare Internetfassung des Urteils den Vorgang und die Gründe meiner Ablehnung überhaupt nicht erwähnt. Das Urteil vermittelt so den Eindruck, als sei das Hankel-Gutachten völlig unstrittig und werde sogar vom Angeklagten akzeptiert. In Randziffer 301 des Urteilstextes liest man: „*Der Angeklagte hat die von Dr. H. geschilderten geschichtlichen Vorgänge in den von seinen Verteidigerinnen* [am 22.1.2014] *verlesenen und von ihm als eigene bestätigten Erklärungen insofern bestätigt, als er viele dieser historischen Vorgänge selbst erwähnt hat und sich die Schilderung seines Lebenswegs zwangslos in die Darlegungen von Dr. H. einfügt.*“[963]

Das Gericht will insgesamt den Eindruck erwecken, es gäbe überhaupt keine abweichenden Darstellungen der Vorgänge in Ruanda 1994. In Randziffer 300 des Urteils heißt es zum Gutachten von Gerd Hankel und der Bedeutung, die das Gericht ihm im Rahmen seiner Gesamtüberlegungen zumisst: „ *Das Gutachten von Dr. H. basiert auf den eigenen Forschungen des Sachverständigen sowie auf der Auswertung wissenschaftlicher Fachliteratur und der Rechtsprechung des Internationalen Strafgerichtshofs für Ruanda (IStGHR). Davon, dass der Sachverständige diese zutreffend ausgewertet hat, hat sich der Senat durch die auszugsweisen Verlesungen des Buchs von Alison Des Forges „Kein Zeuge darf überleben – Der Genozid in Ruanda“, des Urteils der Trial Chamber III des IStGHR vom 31.03.2011 im Verfahren gegen Jean-Baptiste G., Az.: ICTR-2000-61-T, und des Urteils der Trial Chamber I des IStGHR vom 02.09.1998 im Verfahren gegen Jean-Paul A., Az.: ICTR-96-4-T, überzeugt. Der Sachverständige hat sein Gutachten unparteiisch, in sich widerspruchsfrei, überzeugend und sehr gut nachvollziehbar erstattet. Seine Quellen hat er benannt. Fragen der Verfahrensbeteiligten hat er überzeugend beantwortet, wobei sich seine herausragende Sachkunde gezeigt hat. Aufgrund der fachlichen Kompetenz des Sachverständigen, der wissenschaftlich fundierten Arbeitsweise und der sehr gut nachvollziehbaren Darstellung der Ergebnisse war sein Gutachten in jeder Hinsicht überzeugend.*“

963 Ich war bei der Verlesung der Erklärung vom 22.1.2014 anwesend, habe dies allerdings nicht so verstanden. Richtig ist, dass die Verteidigerinnen sich auch in ihren Plädoyers positiv auf Hankel bezogen haben.

Da man ja gerade auch aus meinen Schriften weiß, dass es international Darstellungen und Forschungsarbeiten mit völlig anderen Schlussfolgerungen gibt, klingt das nach schlechtem Gewissen.

Weiterer Verfahrensverlauf
Zwischen dem 18. Januar 2011 und dem 21. Januar 2014 fanden 116 Sitzungen zur Beweiserhebung statt. Die GBA-Vertreter plädierten am 28. und 29. Januar 2014, die Verteidigung am 5. und 7. Februar. Das Urteil wurde am 18. Februar 2014 gesprochen.[964]

Zu erwähnen sind noch die Vorgänge um den Zeugen Ernest D. Ausweislich der Notizen der Marburger Studenten, dort als Z 92 bezeichnet, hat er am 13. Juni 2012 vor Gericht erklärt, *„...bei einigen Aussagen habe es Erpressungen gegeben. Auch sagte er über die Person und die Rolle des Nebenklägers im Zusammenhang mit Zeugenaussagen aus."* Deshalb ordnete Richter Sagebiel an, der Zeuge könne jetzt nicht nach Ruanda zurückfliegen, sondern solle bei der nächsten Sitzung weiter aussagen. Dies hat ihn veranlasst unterzutauchen. Später stellte sich heraus, dass er nach Belgien gefahren ist, um dort einen Anwalt zu konsultieren. Er kehrte in die Bundesrepublik zurück, um einen Asylantrag zu stellen. Am 21. Januar 2013 lehnte der Senat seine von der Verteidigung geforderte Wiederanhörung unter anderem anwaltlichen Schutz[965] ab. Dennoch erschien Ernest D. am 10. April 2013 zusammen mit Rechtsanwalt Kolbach als Offizial-Zeugenbeistand noch einmal vor dem Frankfurter Gericht[966], verweigerte aber weitere Aussagen. Allerdings wurde am 5. und 29. Juli 2013 das Protokoll des Bundesamts für Migration und Flüchtlinge anlässlich seines Asylantrags verlesen.

In der Kurzaufzeichnung der Marburger Beobachtergruppe liest man zum 5. Juli 2013: *„Gegenüber dem Bundesamt für Migration und Flüchtlinge machte der Z92 Angaben über seine Aussage vor dem OLG Frankfurt. Insbesondere äußerte er sich dahingehend, seitens der ruandischen Regierung zu einer Falschaussage am OLG gezwungen worden zu sein. Zudem machte er Angaben über seine Familie und was ihn erwarte, wenn er nach Ruanda zurückkehre. Weiterhin äußerte sich*

964 Ich war bei 10 Sitzungstagen im Gericht anwesend, nicht jedoch bei der Urteilsverkündung.

965 Es wurde der Name von RA Kirsch genannt. Der Nebenkläger wandte sich gegen ihn, weil er Augustin Ngirabatware in Deutschland anwaltlich vertreten habe.

966 Aus der Aufzeichnung der Marburger Studenten zum 96. Verhandlungstag. Dort auch: *„Mit Ausnahme von Angaben zu seiner Person machte er nach Absprache mit seinem Zeugenbeistand von dem ihm zugestandenem Auskunftsverweigerungsrecht nach § 55 StPO Gebrauch."*

der Zeuge zu seiner Tätigkeit als Vorsitzender an einem Gacaca-Gericht. Im weiteren Verlauf der Vernehmung durch das BA für Migration und Flüchtlinge schilderte der Z92 seine Flucht und die Gründe für diese Flucht in verschiedene Länder, nachdem er am OLG in Frankfurt ausgesagt hat. Ferner berichtete der Z92 über die Zeugenaussage der Z56."[967] Zum 29. Juli 2013 heißt es: „*Im weiteren Verlauf der Vernehmung durch das BA für Migration und Flüchtlinge schilderte der Z92 sein Verhältnis zu dem Angeklagten. Zudem gab er an, dass er selbst nicht unmittelbarer Zeuge der Tötungen von Kiziguro gewesen sei. Auch ging der Zeuge in der Vernehmung erneut auf seine Aussage vor dem OLG in Frankfurt und seine darauf folgende Flucht ein.*"[968]

Beobachter haben den Eindruck, dass dieses Ereignis Richter Sagebiel sehr getroffen haben muss.[969] Spätestens von diesem Zeitpunkt an habe er keinerlei Versuche mehr unternommen, die politische Dimension des Verfahrens zu hinterfragen. Im Urteilstext wird der von den Marburger Studenten Z92 genannte Zeuge als Zeuge 80 bezeichnet und rundheraus als „unglaubhaft" (RZ 542/543) eingestuft.

Schon in dem erwähnten Telefonat vom 8. Februar 2011 hatte mir Richter Sagebiel erklärt, insbesondere die Aussagen einer Zeugin könne für das Verfahren entscheidend sein. Aus dem späteren Geschehen wurde für mich klar, dass nur die inzwischen 34-jährige Frau gemeint sein konnte, die am 1. Juni 2011 dem Gericht schilderte, was sie am 11. April 1994 in Kiziguro erlebt habe.[970] Insbesondere will sie gehört haben, wie Onesphore Rwabukombe den „*Interahamwe*"[971] Befehle zum Töten der Tutsi gegeben habe. Sie habe gehört, dass sie mit der Arbeit/*gukora*[972] beginnen sollten.

Ihr Auftritt war brillant, aber der Vorgang kann sich nach den Regeln der Plausibilität so nicht abgespielt haben. Wie will sie in dem Lärm der Menge genau verstanden haben, was der Bürgermeister gesagt hat? Auch wurde das Wort

967 Die Zeugin Z56 hat am 7.12.2011 ausgesagt.

968 Aus: Monitoring Report Nr. 70 (101. Verhandlungstag/5. Juli 2013) und Nr. 71 (102. Verhandlungstag/29.7.2013).

969 Darauf deutet auch der Hinweis der Marburger Studenten zum 99. Verhandlungstag am 5.6.2013 hin: „*Der Vorsitzende Richter reagierte ungehalten auf das vergangene Verhalten des Zeugen Z92, der „einfach abgedampft" sei.*"

970 In den Kurzberichten der Marburger Studenten und auch im Urteil als Zeugin Z34 bezeichnet. Ich war bei dieser Anhörung im Gerichtssaal anwesend.

971 Zur Problematik des Begriffes wird auf die Ausführungen zu verschiedenen Begriffen in der Sprache Kinyarwanda in Abschnitt 6.5.15 verwiesen.

972 Der Begriff *gukora* wird ebenfalls in Abschnitt 6.5.15 erläutert.

gukora nach allen mir zur Verfügung stehenden Informationen für die Ermordung von Tutsi erst nach einer Rede des Interimspräsidenten Théodore Sindikubwabo am 19. April 1994 von der RPF in Umlauf gebracht.

Dass der Senat ihr und vielen anderen eigentlich nicht akzeptablen Belastungszeugen aus Kigali geglaubt hat, wurde am 21. Januar 2013 offenkundig. Zwei Senatsmitglieder verlasen eine mehr als halbstündige Erklärung zur inhaltlichen Einschätzung des Verfahrensstandes.[973]

Das Gericht erklärte, dem Angeklagten sei aufgrund der Zeugenaussagen eine völkermörderische Gesinnung nachgewiesen worden. Die zentrale Aussage des Senatsberichts war die Feststellung, das Gericht gehe nach derzeitigem Kenntnisstand davon aus, dass der Angeklagte am 11. April 1994 am Ort des Kirchenmassakers in Kiziguro anwesend war. Der Senat halte die Aussagen von verschiedenen Opferzeugen und -zeuginnen für glaubhaft, der Angeklagte habe den anwesenden Hutu-Milizen Anweisungen zum Töten der in die Kirche bzw. in das durch eine Mauer umfriedete Kirchengelände geflohenen Tutsi gegeben. Die durch die Verteidigung des Angeklagten vorgetragene Behauptung, der Angeklagte sei zu diesem Zeitpunkt zusammen mit der Bevölkerung der Gemeinde Muvumba schon auf der Flucht nach Süden in Richtung tansanische Grenze gewesen, sei nicht glaubhaft.

Damit war ein Schuldspruch vorgezeichnet. Nach der Verlesung der Erklärung wandte sich der Senatsvorsitzende Sagebiel direkt an den Angeklagten. Er wisse nun, wie es um ihn stehe, und er appelliere nochmals an ihn, sein Schweigen zu brechen und selbst zu den Vorwürfen Stellung zu nehmen.

Erstaunlich war, dass die Verteidigung den Sachstandsbericht vom 21. Januar 2013 ohne weiteren Kommentar hinnahm.[974]

Die von der Verteidigung von Beginn an dem Angeklagten gegenüber durchgesetzte Strategie, ihn von Aussagen abzuhalten, wurde auch jetzt nicht geändert. Das Schweigen des Angeklagten war sein gutes Recht. Dennoch fragt man sich, ob damit nicht eine große Chance vergeben wurde, das Gericht authentisch über die Vorgänge in Ostruanda zu unterrichten und ein Bild von der Persönlichkeit des Angeklagten zu gewinnen.

Generell hat sich die Verteidigung auf die Untermauerung der Feststellung konzentriert, Onesphore Rwabukombe sei weder vor dem Arusha-Gericht noch in einem Gacaca-Verfahren jemals erwähnt worden. Aus diesem Grund bestand

973 Weil der Senatsvorsitzende dem Publikum verboten hat, Notizen zu machen, habe ich aus dem Gedächtnis einen Vermerk verfasst, auf den ich mich hier stütze.

974 Auf Anfrage erklärte mir Frau Woweries, sie hätte die Erklärung sinnvoll gefunden, so wisse man wenigstens, woran man sei.

sie auf der Vorladung von Richard Karegyesa, dem Ankläger im Verfahren gegen Bürgermeister Gatete vor dem Arusha-Gericht. Um ihn zur Herausgabe von Dokumenten aus diesem Verfahren zu bewegen, verzichtete die Verteidigung sogar darauf, die offene Lüge von Karegyesa, es habe niemals Druck von Kigali auf das Arusha-Gericht gegeben, zu rügen.[975] Unabhängig davon, dass das Arusha-Gericht in der Tat keinen Hinweis auf Onesphore Rwabukombe liefern konnte, stellt sich die Frage, ob die Verteidigung nicht permanent die Interessenlage der Kagame-Diktatur an der Verurteilung des Angeklagten und auch die Frage der Verantwortung für das Attentat vom 6. April 1994 hätte herausstellen müssen. Das ist nicht geschehen.

Die Anwältinnen widersprachen auch der Behauptung der Anklage nicht, aus der Verurteilung des Bürgermeisterkollegen Jean Baptiste Gatete durch das Arusha-Gericht könne man schließen, dass Gatete am 11. April 1994 in Kiziguro gewesen sei. Indem man diesen „Beweis" gegen besseres Wissen[976] aus taktischen Gründen akzeptierte, war die vom Gericht tatsächlich vorgenommene Schlussfolgerung, dies erhöhe die Wahrscheinlichkeit, auch Onesphore Rwabukombe sei an diesem Tag in Kiziguro gewesen, vorprogrammiert.

Als einer der Beobachter des Prozesses von umlaufenden Informationen hörte, das Gericht sei mit den Anwältinnen über einen Deal im Gespräch, wandte er sich im Februar 2013 an das Gericht.[977] Ein solcher Deal sei abzulehnen, da er immanent eine Schuldanerkennung des Angeklagten bedeute. Dafür lägen keine Beweise vor. Zu diesem Deal kam es nicht, aber für manche Prozess-Beobachter stellte sich die Frage nach der Sinnhaftigkeit der Verteidigungsstrategie. Wie sich aus dem erwähnten Versuch des Angeklagten zum Verteidigungswechsel ergibt, muss sich auch der Angeklagte diese Frage gestellt haben.

---

975 Aus ihren Erfahrungen bei der Mitarbeit an der Verteidigung des Angeklagten Justin Mugenzi in Arusha kannte Natalie von Wistinghausen den Fall Barayagwiza, den die zeitweilige Chefanklägerin Carla Del Ponte in ihren Erinnerungen drastisch schildert. Sie hätte *„die Bude schließen"* (*possiamo ciudere la baracca)* müssen, wäre sie nicht der Erpressung Kagames, die Barayagwiza-Freilassung mit jedem nur erdenklichen Mittel revidieren zu lassen, nachgekommen. (Vgl. Del Ponte und Sudetic 2009, S. 118).

976 Aus früheren Gesprächen mit Frau von Wistinghausen wusste ich, dass sie als Kennerin des Arusha-Gerichts das Gatete-Urteil – wie auch ich – als Fehlentscheidung einschätzte.

977 Richter Sagebiel bestätigte den Brief, als er sich in einer der folgenden Sitzungen kritisch darauf bezog.

Dass die Verteidigung die Anhörung der Ehefrau des Angeklagten hatte verhindern wollen[978], ist vor diesem Hintergrund erklärlich. Sie hat dennoch am 21. Januar 2014, dem letzten Tag der Beweisaufnahme, auf eigenen Wunsch in beeindruckender Weise[979] den verbrecherischen Charakter des Kagame-Regimes und seine Versuche, den Angeklagten seit 1990 ermorden zu lassen, erläutert. Am Schluss ließ der Angeklagte durch seine Verteidigerinnen eine Erklärung verlesen. Diese musste die verfahrenstechnische Schwierigkeit umgehen, dass Onesphore Rwabukombe sich nach seinem langen Schweigen jetzt nicht mehr zur Sache äußern konnte, aber dennoch seine Unschuld betonen wollte.[980]

Die Plädoyers

a) Kläger und Nebenkläger

Am 28. und 29. Januar 2014 plädierten die Vertreter der Generalbundesanwaltschaft und der Anwalt der Nebenkläger. Zu den Argumenten der Anklage in den Schlussplädoyers ist aus meiner Sicht nach den Erfahrungen mit Christian Ritscher, nicht viel zu sagen. Er versuchte im Stile der Arusha-Ankläger den Angeklagten als einen Genozidplaner zu präsentieren. Ritscher verstieg sich zu der völlig weltfremden Behauptung, aus der Kooperationsbereitschaft des Kagame-Regimes könne man ersehen, dass es kein Interesse an einer ungerechtfertigten Verurteilung von Onesphore Rwabukombe haben könne.[981] Diese Realitätsverkennung einer Diktatur erinnert mich an die historische Fehleinschätzung, die Lion Feuchtwanger der Sowjetordnung und Stalins Schauprozessen nach seinem Besuch 1937 angedeihen ließ.[982] Dass Ritscher in seinem Plädoyer den monströsen Vergleich der vorgeblichen Planungsaktivitäten eines ruandischen

978 Sie begann ihre beeindruckenden Ausführungen mit einer Bitte um Entschuldigung bei ihrem Mann und den Verteidigerinnen, dass sie gegen deren Wunsch aussage.

979 Dass der Senat dies anders sieht und den Auftritt im Urteil als „theatralisch" (RZ 572) und unglaubwürdig bezeichnet, verwundert nicht.

980 Ich war anwesend, besitze aber den Text der Erklärung nicht.

981 Dieser Einschätzung folgte der Senat und führt im Urteil länglich (RZ 486 ff.) aus, warum das so sei. Man vertraut ausgerechnet den Ausführungen eines am 13.11.2013 als Zeuge vernommenen ruandischen Staatsanwalts.

982 Feuchtwanger 1938. Schockierend ist vor allem die Rechtfertigung der Trotzkistenprozesse aus politischen Gründen in Kapitel 7. Auf S. 119 findet sich der Kommentar zu den erpressten „Geständnissen" z.B. von Karl Radek: „*Wenn das gelogen war oder arrangiert, dann weiß ich nicht, was Wahrheit ist.*" Sollte trotz der Unvergleichbarkeit der Umstände dieses Beispiel nicht dennoch zur Vorsicht mahnen bei Aussagen von ruandischen Gefängnisinsassen oder Aussagen „arrangierbarer" aus einer Diktatur kommender Zeugen?

Bürgermeisters auf der Flucht mit der Rolle des Holocaust Exekutors Martin Bormann wagte, macht perplex. Ging es hier auch um ein Stück Vergangenheitsbewältigung der deutschen Justiz?[983]

Dass der Nebenklägeranwalt[984] Dieter Magsam die Position seiner Mandanten vertrat, ist verständlich. Die Erfüllung eines Übersolls zur Verteidigung der diktatorialen Ordnung wäre nicht nötig gewesen. Zudem war sehr auffällig, dass die Sichtweise der GBA und des weitgehend auf den Argumenten der para-staatlichen Tutsi-Opferorganisation *Ibuka* beruhenden Nebenklageanwalts fast identisch war.

b) Verteidigung

Die Anwältinnen Natalie von Wistinghausen und Kersten Woweries plädierten am 5. und 7. Februar 2014.[985] Nach ihrer Ansicht seien zwei der in Frankfurt aufgetretenen Zeugen tatsächlich am 11. April 1994 in Kiziguro gewesen, dennoch habe die Anklage und die von ihr benannten Zeugen die Anwesenheit von Onesphore Rwabukombe am 11. April 1994 auf dem Kirchengelände in Kiziguro nicht schlüssig beweisen können. Deshalb sei nur ein Freispruch möglich.[986] Dass dieses aus der bisherigen Verteidigungstaktik eher unerwartete Votum keine Wirkung mehr erzielte, verwundert nicht, obwohl Frau von Wistinghausen in ihrem Plädoyer-Teil erstmals auch offen von der „Kagame-Diktatur" sprach. Frau von Wistinghausen konnte auch nicht erwarten, das Gericht werde ihre dabei vorgetragene Forderung, den Kagame-Abtrünnigen Gerald Gahima anzuhören[987], ernst nehmen. Denn dies

983 Immerhin hatte Generalbundesanwalt Wolfgang Fränkel 1962 nach nur kurzer Amtszeit wegen seiner NS-Vergangenheit zurücktreten müssen. (Vgl. S. 44/45 in: Görtemaker und Safferling 2013).

984 Hier muss ich mich auf die Berichterstattung des überaus parteilichen Afrikaredakteurs der *tageszeitung* Dominic Johnson verlassen, habe in diesem Fall aber keinen Zweifel, dass er den Inhalt richtig wiedergegeben hat.

985 Ich war zusammen mit meiner Frau am ersten Tag der Plädoyers am 5.2.2014 im Gerichtssaal anwesend und habe dazu eine Kurzaufzeichnung verfasst, auf die ich mich bei der folgenden Schilderung stütze.

986 Dominic Johnson hat seinen Bericht in taz.de am 13.2.2014 insbesondere mit Bezug auf die Ausführungen von Kersten Woweries mit der Überschrift versehen: *"Freispruch, auch wenn es weh tut"*.

987 Sie hat Passagen aus dem Buch des Dissidenten und früheren Kagame-Generalstaatsanwalts Gerald Gahima (Ende 2010 Mitgründer der Tutsi-Oppositions-Partei RNC und Bruder des „Chefdissidenten" Théogène Rudasingwa) mit in der Tat schweren Anklagen gegen Politik und Justiz der „Siegerordnung" (Gahima 2013, insbesondere das *„Untold Story, Unfinished business: Confronting the Crimes of the Victors")* überschriebene Kap. 8 zitiert. Interessanterweise taucht in dem Gahima-

hätte den Wiederbeginn der Beweisaufnahme bedeutet. Insgesamt konnte sie nicht vergessen machen, dass sie in ihrer Strategie der Ablehnung eines politischen Prozesses solche Aussagen im Verfahren vermieden hatte.

Kersten Woweries hat in dem Teil des Schlussplädoyers, bei dem ich anwesend war, durch häufiges Zitieren des Gutachtens von Gerd Hankel und vielfache Rückgriffe auf Alison Des Forges signalisiert, dass sie das offizielle Narrativ grundsätzlich akzeptiert. Mich hat empört, dass sie die Schlussfolgerungen der *„Internationalen Untersuchungskommission“* vom 8. März 1993[988] als Beweis für die Völkermordplanung des Habyarimana-Regimes gelten ließ, obwohl sie wusste, dass dieser Bericht schon vielfach als Propaganda-Aktion der RPF-Rebellen[989] nachgewiesen worden ist. Stärker hätte sie die Aussagen der Frau des Angeklagten vom 21. Januar 2014 nicht diskreditieren können.

Die wenigen Sätze, die der Angeklagte am Ende des Verteidigerinnen-Plädoyers zur Beteuerung seiner Unschuld vortrug, konnten sein Schicksal nicht mehr wenden.[990]

Das Urteil

Onesphore Rwabukombe wurde am 18. Februar 2014 zu 14 Jahren minus sechs Monate[991] Gefängnis unter Anrechnung der Untersuchungshaft verurteilt. Das Gericht sah es als erwiesen an, dass der Angeklagte am 11. April 1994 im

---

Buch das Zeugnis seines Bruders vom 1.10.2011 nicht auf, wonach Paul Kagame für das Attentat vom 6.4.1994 verantwortlich ist. Das Gahima-Buch basiert in weiten Teilen auf der offiziellen Lesart, kritisiert Kagame aber heftig, dass die Hutu-Opfer der Armee nicht erwähnt werden dürfen.

988 Dies geht wohl auf die Passage in dem von Natalie von Wistinghausen erwähnten Gahima-Buch zurück. Darin wird das Ergebnis dieser *„Untersuchungskommission“*, von der heute klar ist, dass sie ein Propaganda-Instrument zur Unterstützung der Wiederaufnahme des RPF-Kriegs am 8.2.1993 war, von Gahima als feststehende Wahrheit präsentiert (Gahima 2013, S. 37). Dies verwundert nicht, war doch Gahimas Doktorvater William Schabas einer der geistigen Väter und im Januar 1993 Teilnehmer dieses Unterfangens. Zum Bericht der *„Untersuchungskommission“* verweise ich auf die erstmals 2003 erschienene und seit 2013 in Englisch vorliegende Analyse von Robin Philpot (Philpot 2013) und auch auf die Ausführungen in Strizek 2011, S. 67ff.

989 Vgl. Abschnitt 6.1.1.1.4.

990 Dominic Johnson zitiert Onesphore Rwabukombe in *taz.de* am 13.2.2014: *„Ich bin fassungslos über die von Zeugen, die ich nicht kenne, gegen mich vorgebrachten Anschuldigungen und schließe alle Ruander in meine Gebete ein.“*

991 Hiermit sollte der von der GBA gerügten Überlänge des Verfahrens Rechnung getragen werden.

Kirchengelände von Kiziguro anwesend war. Das Gericht stellte fest: *„An der Richtigkeit der Zeugen bestehen keine Zweifel“* (RZ[992] 308).

Damit sei er der Beihilfe am Tod von etwa 400 Tutsi schuldig. Im Urteil wird er als eine dem früheren Bürgermeister von Murambi, Jean-Baptiste Gatete, geradezu hörige Person dargestellt. Er habe sich dessen Tötungsbefehlen nicht widersetzt. Der Senat habe *„indes nicht festgestellt, dass der Angeklagte selbst in der Absicht handelte, die durch ihr Volkstum bestimmte Gruppe der Tutsi als solche ganz oder teilweise zu zerstören.“(RZ 635).*

Mit welch schlechtem Gewissen das Gericht das Strafmaß festlegte, wird aus folgendem Zitat deutlich: *„Eine Verurteilung wegen täterschaftlichen Völkermordes konnte nicht erfolgen, weil das Gericht nicht mit ausreichender Sicherheit feststellen konnte, dass dem Angeklagten beim Massaker eine derart wesentliche Funktion zukam, dass er durch seinen Tatbeitrag Tatherrschaft über diejenigen hatte, die die Tötungen unmittelbar ausführten. Deshalb hat das Gericht den Angeklagten in Anwendung des Grundsatzes „in dubio pro reo (Im Zweifel für den Angeklagten)“ der Beihilfe zum Völkermord schuldig gesprochen.“*[993] Diese verklausulierte Formulierung verdeckt, dass es keinen einzigen zweifelsfreien dokumentarischen Beweis für den Ablauf der Ereignisse im Kirchengelände von Kiziguro und die Anwesenheit des Angeklagten am Tag des in der Anklageschrift beschriebenen Kirchenmassakers gab.[994] Das Urteil und die Tathergangsbeschreibung beruhen ausschließlich auf Aussagen von Zeugen, die unter den Bedingungen der RPF-Diktatur in Ruanda leben.[995] Nach den Regeln einer kritischen Würdigung der

---

992 Die Randziffern (RZ) beziehen sich jeweils auf die Internetfassung des Urteils.

993 Presseerklärung des OLG Frankfurt/M. vom 18.2.2014. Im Urteilstext wird immerhin eingestanden, dass das Strafmaß *„am oberen Rand des eröffneten Strafrahmens“* liegt. (RZ 788).

994 Dies hat auch der Marburger Jura-Professor Christoph Safferling der *Süddeutschen Zeitung* gegenüber eingeräumt: Es sei *„kein einziger wirklich überzeugender Zeuge“* dabei gewesen, sagte Safferling der SZ, andererseits habe es aber auch *„keine wirklich überzeugende Entlastung“* gegeben. (SZ vom 18.2. 2014). Dabei stellt sich aber die Frage, ob der Angeklagte dem Gericht seine Unschuld beweisen, oder ob nach deutscher Rechtstradition nicht vielmehr das Gericht dem Angeklagten seine Schuld nachweisen muss.

995 Dass Christian Ritscher in seinem Beitrag *Die Ermittlungstätigkeit des Generalbundesanwalts zum Völkerstrafrecht: Herausforderungen und Chancen* in: Safferling und Kirsch 2014 auf S. 230 diese Diktatur für den Umfang ihrer *„international nicht selbstverständlichen“* Rechtshilfe lobt, zeigt nur ein weiteres Mal das unkritische Verhalten der GBA im Fall Ruanda.

Beweislage hätte das Gericht sie nicht als Basis einer Verurteilung verwenden dürfen.

Die Verurteilung basiert ganz wesentlich auf dem von mir in Abschnitt 6.7.11 und in der Dokumentation als Fehlurteil analysierten Schuldspruch des Arusha-Gerichts gegen Jean-Baptiste Gatete, der von der Verteidigung nicht hinterfragt wurde. Der Senat bezeichnete Gatete als den „starken Mann" (RZ 321) der Gemeinde und bescheinigte ihm *„ein zielgerichtetes Wollen"* (RZ 278) zur Tötung der Tutsi auf dem Kirchgelände. Die Angreifer hätten Gatete als ihren „Oberbefehlshaber" (RZ 260) angesehen.[996]

Besonders wirklichkeitsfremd ist der Satz des Urteils: *„Der Senat ist davon überzeugt, dass sich der Angeklagte während der zur Verurteilung gelangten Tat weder in einer Notstandslage noch in einer notstandsähnlichen Lage befand."* (RZ 653) Das erklärt auch noch nachträglich, warum man mein Gutachten um keinen Preis zur Kenntnis nehmen wollte. Darin kommt nämlich der letzte in der Region verbliebene weiße Farmbesitzer Daniel Gérin zu Wort, der genau das Gegenteil beweist.[997]

Das Urteil spiegelt die Erwartungen an einen deutschen Staatsschutzsenat wider. Es ging offenbar vor allem um den von Oberstaatsanwalt Ritscher und Generalbundesanwalt Harald Range nach dem Urteil herausgestellten Abschreckungseffekt. Range sagte[998]: *„Das Urteil gibt uns Rückhalt für weitere Verfahren und zeigt, dass niemand damit rechnen kann, als Verantwortlicher für Verbrechen gegen die Menschlichkeit in Deutschland einen ‚sicheren Hafen zu finden'."*[999]

In diesem Fall hat wohl André Guichaoua, den ich – was man in diesem Buch unschwer erkennen kann – ansonsten nicht sehr schätze, recht, wenn er feststellt, es sei kein Zufall, dass in Deutschland und Frankreich noch vor dem 20. Jahrestag des Beginns des Tutsi-Völkermords Kagame-gefällige Urteile erwartet wurden.[1000] Richtig ist, dass beide Länder seit langem unter politischem Druck standen, ihre Solidarität mit der immer umstrittener werdenden Kagame-Ordnung zu bekunden. Beide Länder wollten vor den Gedenkfeiern Zeichen setzen, um nicht von Kagame und seinen Förderern „vorgeführt" zu werden.

---

996 Dass das Gericht Gatete nicht habe vernehmen können, wird auf RZ 675 auf das Bundesamt für Justiz zurückgeführt, das *„ein auf Überstellung des G. gerichtetes Rechtshilfeersuchen des Senats vom 5. Juli 2013 nicht bewilligt hat."*

997 Das Interview hat Jerzy Bednarek 1998 geführt (Bednarek 1998).

998 Hier zitiert nach dem General-Anzeiger in Bonn vom 19.2.2014, S. 5.

999 Ein fast identischer Satz findet sich in dem im Sommer 2013 geschriebenen, schon erwähnten Ritscher-Beitrag in: Safferling und Kirsch 2014, S. 225.

1000 Vgl. sein Interview mit Christophe Boisbouvier in *RFI* vom 24.2.2014.

Das Urteil zeigt deutlich die über drei Jahre hinweg durchgehaltene Strategie, sich nicht mit der Auffassung von Veröffentlichungen, die der offiziellen Lesart widersprechen, und auch nicht mit dem komplexen Geschehen des ruandischen Völkermords im Sommer 1994 zu befassen. Das Gericht hätte auch die Qualität des ruandischen Herrschaftssystems untersuchen müssen, um eine Vorstellung von der Abhängigkeit aller Zeugen aus Kigali von den dortigen diktatorialen Herrschaftsverhältnissen zu bekommen.[1001]

Ob sich der Bundesgerichtshof in dem von Verteidigung und Generalbundesanwaltschaft geforderten Revisionsverfahren einer historisch-kritischen Bewertung anschließt, ist nicht abzusehen.[1002] Vielleicht gibt sich jemand die Mühe, das nach dem Urteil erschienene Buch *Rwanda 1994. The myth of the Akazu genocide conspiracy and its consequences* von Barrie Collins[1003] zur Kenntnis zu nehmen.

7.3.2.2 Verfahren gegen den FDLR-Vorsitzenden Ignace Murwanashyaka und seinen Stellvertreter Straton Musoni vor dem Staatsschutzsenat des OLG Stuttgart

Vorbemerkung

Als die deutsche Justiz nach dem Kagame-Besuch im April 2008 nicht „spurte", blies der Journalist Markus Frenzel in den MDR-Magazin-Sendungen *Fakt* am 3. und 24. November 2008 zur Jagd. Die Bundesjustizministerin Zypries wurde mit Unterstützung des früheren Ministers Riester und Prof. Florian Jeßberger unter Druck gesetzt, sie solle nun endlich der Generalbundesanwaltschaft Weisung zur Eröffnung von Ermittlungen gegen Ignace Murwanashyaka und Straton Musoni geben. Das tat sie dann auch.[1004] Der Stuttgarter FDLR-Prozess begann schließlich am 4. Mai 2011.

Den Hintergrund lässt Frenzel in seinem Buch *Leichen im Keller*[1005] etwas aufblitzen. Er schreibt, der junge Oberstaatsanwalt bei der Generalbundesanwaltschaft

---

1001 Siehe dazu vor allem den Abschnitt 8.3.

1002 Für die Verteidigung hat Rechtsanwalt Ali B. Norouzi aus Berlin auf Vorschlag der bisherigen Verteidigerinnen einen entsprechenden Antrag gestellt.

1003 Collins 2014.

1004 Am 8.12.2008 ermächtigte das Bundesjustizministerium die Generalbundesanwaltschaft gem. §129b, Abs. 1 Satz 3 des StGB zur *„strafrechtlichen Verfolgung von Mitgliedern oder Unterstützern der FDLR"*.

1005 Frenzel 2011. Auf S. 390 zitiert er Herta Däubler-Gmelin mit Äußerungen über Brigitte Zypries: *„Brigitte Zypries hat sich überhaupt nicht dafür interessiert"*.

Christian Ritscher *„verbeißt sich geradezu in den Fall."*[1006] Ritscher wurde nicht müde, sowohl im Frankfurter Verfahren als auch im Stuttgarter FDLR-Prozesses Kritiker in die Ecke von Holocaust-Leugnern zu rücken.

Verfahrensinhalt

Das Verfahren gegen die beiden im November 2009 verhafteten FDLR-Chefs hat nur indirekt etwas mit dem Völkermord in Ruanda 1994 zu tun. Beide Angeklagten waren zu diesem Zeitpunkt außer Landes. Es geht allerdings um Folgen der Ereignisse des Jahres 1994.

Denn die *Forces Démocratiques de Libération du Rwanda* (FDLR) haben sich aus der Hutu-Volksgruppe rekrutiert, die 1994 nach Zaïre geflohen war und später eine Widerstandsorganisation gegen die Kagame-Herrschaft gebildet hat. Die beiden Angeklagten übernahmen von Deutschland aus die politische Führung dieser Organisation. Nachdem die deutsche Justiz ihre Auslieferung nach Kigali abgelehnt hatte, forderte die RPF-Lobby, sie auf der Basis des Völkerstrafgesetzbuchs aus dem Jahr 2002 für angebliche Völkermordtaten anzuklagen, die von den FDLR nach dem Inkrafttreten dieses Gesetzes in der Demokratischen Republik Kongo begangen worden sein sollen. Dabei steht die Reaktion der FDLR am 10. Mai 2009 auf einen Angriff der Kongo-Regierungstruppen im Dorf Busurungi im Mittelpunkt. Sie sollen sich an der Zivilbevölkerung gerächt und damit Kriegsverbrechen begangen haben. Inzwischen wurden mit Zustimmung der Anklagebehörde einige Anklagevorwürfe – insbesondere hinsichtlich der Rekrutierung von Kindersoldaten – teilweise fallengelassen, teilweise hat das Gericht in seinen Haftentscheidungen den Tatverdacht beschränkt. Ob dies schon der Beginn des Eingeständnisses war, die Beweislage sei ausgesprochen dürftig? Denn vor allem die aus Kigali erschienenen Zeugen brachten nur wenig Belastbares.[1007]

Prozessverlauf

Der Senatsvorsitzende Jürgen Hettich führt das Verfahren nach dem Motto, man habe in einer Völkermordstrafsache alle Zeit der Welt und so war auch im Dezember 2014 kein Ende des Verfahrens abzusehen.

1006 Frenzel 2011, S. 385.

1007 Ich bin von der Verteidigerin von Straton Musoni, Andrea Groß-Bölting aus Wuppertal, um eine gutachterliche Äußerung zum politischen Hintergrund des Verfahrens gebeten worden. Ich habe dafür am 21. Oktober 2011 einen 27-seitigen Text erstellt. Da sie davon ausging, dass Christian Ritscher wie im Frankfurter Verfahren auch in Stuttgart meine Anhörung bekämpfen werde, hat sie diesen Text am 11. Januar 2012 in voller Länge als Begründung für meine Anhörung vorgetragen. Ritscher erging sich danach in wüsten Beschimpfungen gegen mich.

Der Gerichtsalltag ist vor allem durch die rauflustige Murwanashyaka-Verteidigerin Ricarda Lang aus München geprägt, die sich mit der Anklage immer wieder heftig „fetzt". Während die Verteidigung in Frankfurt ausschließlich im Rahmen eines „normalen" Strafprozesses argumentiert hat, stellte die Verteidigung in Stuttgart den politischen Charakter der Anklage in den Vordergrund. Taktische Verteidigungsunterschiede wurden zwischen der nicht weniger angriffslustigen Musoni-Anwältin Andrea Groß-Bölting sichtbar, die im Gegensatz zu Frau Lang, ihren Mandanten – nach meinem Urteil zu Recht – ermunterte, selbst vor Gericht auszusagen.

Wie schon erwähnt wurde die Presseberichterstattung auch im Stuttgarter Prozess von Dominic Johnson in der *tageszeitung* dominiert.

Eine Zwischenbilanz des Prozesses nach dreijähriger Laufzeit blieb der *taz*-Korrespondentin Simone Schlindwein am 3. Mai 2014 zum 227. Verhandlungstag vorbehalten. Zentraler Satz: *„Mittlerweile ist ersichtlich: Eindeutige, unbestreitbare Beweise, dass Murwanashyaka und Musoni militärische Befehle für Massaker in den Dschungel gefunkt haben, gibt es wohl nicht."*

Zu erwähnen ist noch, dass gegen den FDLR-Militärchef Sylvestre Mudacumura vom Internationalen Strafgerichtshof in Den Haag 2012 ein Haftbefehl erlassen wurde.

7.3.2.3 Verfahren gegen mutmaßliche FDLR-Unterstützer vor dem OLG Düsseldorf

Es war erstaunlich, dass die Generalbundesanwaltschaft am 6. Dezember 2012 Haftbefehle gegen die drei deutschen in Ruanda geborenen Staatsbürger Bernard Twagiramungu, Félicien Barabwiriza sowie Jean-Bosco Uwihanganye wegen vorgeblicher FDLR-Unterstützung durchsetzen konnte. Zu verstehen ist dies wohl nur als Entlastungsangriff vor dem Hintergrund des schleppenden Stuttgart-Prozesses. Noch erstaunlicher war, dass ein wegen Überlastung des zuständigen Senats gebildeter Hilfssenat unter dem Vorsitz der Richterin Martine Stein die Anklage vollinhaltlich zuließ und am 15. November 2013 das Hauptverfahren eröffnete.

Am 5. Dezember 2014 wurden Bernard Twagiramungu zu vier und Félicien Barabwiriza zu drei Jahren Gefängnis verurteilt. Der ohnedies schon auf freien Fuß gesetzte Jean-Bosco Uwihanganye erhielt 2 Jahre auf Bewährung. In der Presseerklärung des OLG vom gleichen Tag heißt es: *Der Senat ist aufgrund der umfangreichen Beweisaufnahme davon überzeugt, dass es sich bei der „FDLR" um eine in den Provinzen Nord- und Süd-Kivu der Demokratischen Republik Kongo (DRC) agierende, hauptsächlich aus Angehörigen der ruandischen Volksgruppe der*

Hutu bestehende, bewaffnete Rebellengruppe handelt. Sie agiert mit dem Ziel der Entmachtung der gegenwärtigen Regierung Ruandas. Hierzu haben deren Milizionäre – operierend aus dem Osten der Demokratischen Republik Kongo – in den vergangenen Jahren u. a. hunderte Zivilisten getötet, eine Vielzahl von Frauen vergewaltigt und zahlreiche Kinder als Soldaten rekrutiert. Dies hat die Vernehmung von über 35 Zeugen, so auch von Mitarbeitern der UN, mehrerer Sachverständiger und die Auswertung umfangreicher Telekommunikationsüberwachungen ergeben. Strafmildernd seien die „*umfassenden geständigen Einlassungen*" der Angeklagten, straferschwerend sei die Tatsache, dass es sich bei den FDLR „*um eine gut organisierte, äußerst schlagkräftige und deshalb besonders gefährliche terroristische Vereinigung handelt*", gewürdigt worden. Dabei ist interessant, dass das OLG Düsseldorf sogar von der Rekrutierung von Kindersoldaten ausgeht, während dieser Anklagepunkt im Stuttgarter FDLR-Prozess fallen gelassen worden ist.

Was zum Zeitpunkt der Pressemeldung noch nicht entschieden war: Die Haftstrafen gegen Bernard Twagiramungu und Félicien Barabwiriza wurden offenbar kurze Zeit nach der Urteilsverkündung gegen einige Auflagen außer Vollzug gesetzt.

Selbst Dominic Johnson konnte sich in *taz.de* eine süffisante Kommentierung nicht verkneifen: „ ... *auch Ankläger und Verteidiger scheinen zufrieden zu sein. Jeder hat etwas erreicht – aber jeder etwas anderes.*" Johnson jubelte aber, dass es „*nun amtlich*" sei, dass die FDLR eine terroristische Vereinigung ist. Somit ist die Entlastungsabsicht für Stuttgart erreicht. Man hofft nun, dass auch die Stuttgarter Richter, die erst 2015 ein Urteil fällen wollen, weitere Nachforschungen zu dieser Frage einstellen werden und die Düsseldorfer Feststellung gleichsam in einer Art von *judicial notice* übernehmen.

Insgesamt ist dieses Urteil wie das gesamte Verfahren erstaunlich und, wenn man sich die Urteilsaushandlung wie auf einem Basar ansieht, eher komisch. Geradezu witzig ist, dass Bernard Twagiramungu auch wegen Verstoßes gegen das Außenwirtschaftsgesetz verurteilt wurde, weil er 2009 einmal 60 und dann auch noch 100 Euro an Dritte zugunsten Murwanashyakas überwiesen hat, der selbst mit UN- und EU-Sanktionen belegt war und keine Finanztransaktionen mehr vornehmen durfte.

Bewiesen wurde auch in Düsseldorf nichts. Nochmals Johnson: „*So stützt sich das Urteil, wonach die FDLR eine terroristische Vereinigung ist, allein auf Expertenzeugen: den deutschen Leiter der UN-Mission im Kongo (Monusco), Martin Kobler, den ehemaligen UN-Demobilisierungsmitarbeiter Martin Brubacher, den Demobilisierungsexperten Hans Romkema sowie als Sachverständiger den deutschen Wissenschaftler Gerd Hankel.*"

Trotz dieser offenkundigen Sonderlichkeiten wird das Urteil sicherlich in der deutschen, der Solidarität mit der Kagame-Diktatur und der auf Wahlfälschungen beruhenden Herrschaft von Joseph Kabila in Kinshasa verpflichteten politischen Landschaft mit Wohlwollen aufgenommen worden sein.[1008]

In den Ruanda-Prozessen in Frankfurt/M. und Stuttgart ist als Vertreter der Generalbundesanwaltschaft Oberstaatsanwalt Christian Ritscher in einer dieser Bundesbehörde unangemessenen Aggressivität aufgetreten.[1009] Man wird den

---

1008 Wie im Frankfurter Prozess trat auch in Düsseldorf Gerd Hankel als Gutachter des Gerichts mit einer, vertraut man dem Bericht von Annette Hauschild in taz.de vom 27.11.2014, anklagefreundlichen, aber der Kagame-Diktatur gegenüber etwas kritischeren Diktion als in Frankfurt auf. Meine Nominierung als Gutachter durch den Anwalt von Félicien Barabwiriza wurde vom Gericht schon im Vorfeld abgeblockt.

1009 Den Leserinnen und Lesern dieses Buchs bleibt die Beurteilung überlassen, ob die darin enthaltenen Ausführungen rechtfertigen, mich als „Genozid-Apologeten" oder „Holocaust-Leugner" zu bezeichnen, wie dies Christian Ritscher am 11.1.2012 im Stuttgarter FDLR-Prozess getan hat, wobei offen bleibt, was er wirklich gesagt hat. Zuerst stand in der *taz*, er habe mich als „Genozid-Proleten" bezeichnet. Da das Gericht erklärte, den Vorgang nicht gehört zu haben, entschied Oberstaatsanwalt Peter Rörig von der Generalstaatsanwaltschaft Stuttgart in der Ablehnung meiner Verleumdungsanzeige gegen Ritscher die Frage so: « *Dafür, dass allenfalls das Wort „Genozid-Apologet" gefallen sein könnte, spricht nicht nur der ähnliche Klang der Wörter, sondern auch der Umstand, dass nur letztere Äußerung im bekannten Kontext einen Sinn ergeben würde. Der Beschuldigte hat die Vorwürfe nachdrücklich und wiederholt in Abrede gestellt. Eine Bezeichnung Ihrer Person als „Holocaust-Leugner" ist auch nach der Strafanzeige der Rechtsanwältin Groß-Bölting vom 29.1.2012 im Parallelverfahren nicht erfolgt, da es dort heißt, der Beschuldigte habe geäußert, es sei „unerträglich, dass die Verteidigung der Verbreitung der revanchistischen Position von Dr. Strizek eine Plattform biete .... Das sei vergleichbar mit der Leugnung des Holocaust". Bei Unterstellung dieser letzten Äußerung als zutreffend wäre eine solche Bewertung Ihrer Thesen zwar sehr weitgehend, als Reaktion auf die Anwürfe der Verteidigung gegenüber der Bundesanwaltschaft im Beweisantrag aber als noch durch Wahrnehmung berechtigter Interessen im Sinne des § 193 StGB – wie die übrigen als tatsächlich gefallen zugrunde zulegenden Äußerungen – gerechtfertigt.* » (Auszug aus dem Schreiben von Oberstaatsanwalt Rörig vom 23. März 2012.) Da ich nie und nirgends eine Äußerung getan habe, die man als Leugnung der deutschen Schuld für die Judenvernichtung hätte auslegen können, und mein antifaschistisches Engagement in allen Lebensetappen offenkundig ist, waren die mich in eine Nähe zu Holocaust-Leugnern rückenden Angriffe von Vertretern der Generalbundesanwaltschaft, denen meine Ausführungen zum Hintergrund der ruandischen Katastrophe nicht ins Konzept passten, die aber keineswegs die mir unterstellte Haltung beinhalteten, zutiefst beleidigend und ehrabschneidend.

Verdacht nicht los, die deutsche Justiz wolle bei den Ruandaprozessen „Vergangenheitsbewältigung“ wegen der zögerlichen Verfolgung von Nazi-Verbrechen in der Bundesrepublik betreiben. Dass Grund dafür besteht, haben gerade die kürzlich erschienene Biographie von Ronen Steinke[1010] über Fritz Bauer, den „Vater“ der Frankfurter Auschwitz-Prozesse ab 1963, und die Veröffentlichungen über das Wirken früherer NS-Beamter im Auswärtigen Amt und im Justizministerium in den Anfangsjahren der Bundesrepublik deutlich gemacht.[1011]

Um dem Vorwurf der Unzuverlässigkeit in Sachen Völkermord zu entgehen, übernahm die Generalbundesanwaltschaft in Übereinstimmung mit der Linie der Bundesregierung die vom Kagame-Regime und seinen anglophonen Bündnispartnern praktizierte kollektive Brandmarkung der ruandischen Hutu-Bevölkerung als strukturelle Völkermörder.[1012] Dass der damalige Bundespräsident Köhler dem ruandischen Staatschef Paul Kagame eine Art „Persilschein“ ausstellte, hat die GBA und die verschiedenen Justizminister wohl in diesem Sinne bestärkt. Man glaubte wohl, bei ruandischen Hutu-Angeklagten sei man auf der sicheren Seite und könne risikolos annehmen, sie seien dem NS-Regime vergleichbare Völkermordplaner.

7.4 Erfahrungen mit dem Internationalen Strafgerichtshof

Eine auch nur annähernd profunde Beurteilung des 2002 mit großen Erwartungen in Den Haag errichteten *Internationalen Strafgerichtshofs* (IStGH)

1010 Steinke 2013.

1011 Vgl. Conze et al. 2010, Görtemaker und Safferling 2013 sowie das Büchlein (Giordano 2013) mit der fulminanten Rede des am 10.12.2014 verstorbenen Ralph Giordano anlässlich der Vorstellung des „Rosenburg-Berichts“ am 13.6.2013. Giordano geht darin (S. 29–31) auch auf den Fall des vom Landgericht in Berlin freigesprochenen Richters am Volksgerichtshof, Hans Joachim Rehse, ein, der an 231 Todesurteilen mitgewirkt hatte. In seiner Einführung zu Görtemaker und Safferling 2013 schreibt Görtemaker auf S. 14: *„Inhaltlich wurde immer wieder darauf hingewiesen, dass in der Nachkriegszeit – mit Ausnahme des sogenannten Nürnberger Juristenprozesses – kaum Richter und Staatsanwälte wegen Unrechtsurteilen zur Rechenschaft gezogen wurden, dass vielmehr ein Großteil der NS-belasteten Juristen in der Bundesrepublik in die Justiz zurückkehrte. Vor diesem Hintergrund verwundert es nicht, dass der Umfang der personellen Kontinuitäten in einzelnen Regionen ebenso wie an den Bundesgerichten ein erschreckendes Ausmaß annahm.“*

1012 Das Kagame-Regime hat dies 2013 mit der rassistischen, «Ndi Umunyarwanda » (auf Deutsch etwa: Ich bin Ruander) genannten Kampagne unterstrichen. Die Kampagne forderte die Hutu-Bevölkerung kollektiv auf, sich für die an der Tutsi-Bevölkerung begangenen Verbrechen zu entschuldigen.

(*International Criminal Court/ ICC)* ist noch nicht möglich, auch wenn 2014 der Brite David Hoile eine sehr kritische Bilanz gewagt hat.[1013]

Der ICC fällte bisher drei Urteile:

1) Am 12. Juli 2012 wurde der Hema[1014] Thomas Lubanga Dyila, Jg. 1960, zu 14 Jahren Gefängnis verurteilt – unter Anrechnung der sechs in Untersuchungshaft verbrachten Jahre [1015]. Er wurde für schuldig befunden, als Chef der von Uganda unterstützten Rebellengruppe *Union des Patriotes Congolais* (UPC), im Ituri-Krieg 2002 Kindersoldaten rekrutiert und die Stadt Bunia besetzt zu haben.[1016] Zur Befreiung Bunias hat Frankreich mit Billigung des VN-Sicherheitsrats 2003 die *Opération Artemis* in den Kongo entsandt.

Lubanga ließ sich aber nicht entwaffnen und soll 2005 an der Ermordung von neun UNO-Blauhelmsoldaten beteiligt gewesen sein. Die Kongo-Armee hat ihn am 19. März 2005 verhaftet und in Kinshasa festgesetzt. Es war jedoch zunächst nicht geklärt, ob er vor dem Internationalen Strafgerichtshof oder vor einem nationalen Gericht angeklagt werden würde. Der Chefankläger des IStGH, Luis Moreno Ocampo, hat schließlich am 10. Februar 2006 einen Internationalen Haftbefehl gegen ihn ausgestellt. Am 17. März 2006 hat die Kongo-Regierung ihn an den IStGH in Den Haag übergeben. Da er lange ein Verbündeter von Museveni war, konnte er mit Nachsicht rechnen und so wurde im Laufe des Verfahrens nur der Vorwurf der Rekrutierung von Kindersoldaten aufrecht erhalten. Wäre er auch für den Tod der neun UNO-Soldaten schuldig befunden worden, wäre er wohl einer lebenslangen Gefängnisstrafe nicht entgangen.

2) Am 7. März 2014 wurde der Kongolese Germain Katanga für schuldig befunden, als mutmaßlicher Chef der *Force de Résistance Patriotique en Ituri* (FRPI) am 24. Februar 2003 in Vorgesetztenverantwortung Beihilfe zu Kriegsverbrechen

---

1013 Hoile 2014. Es handelt sich um eine reich dokumentierte (2075 Fußnoten), sehr kritische, stark von seinem Pro-Khartum Engagement geprägte Darstellung des ICC. Hoile bezieht sich darin vielfach auf *Building the ICC* von Benjamin Schiff (Schiff 2008) und die aus meiner Sicht erstaunlich kritischen Äußerungen von William Schabas zu dieser Institution.

1014 Die Hema sind eine im Osten der DR Kongo lebende, den ruandischen Tutsi und den ugandischen Hima nahestehende Pastoralgruppe.

1015 An seiner Verteidigung hat auch Jean-Marie Biju Duval mitgewirkt, der im Arusha-Gericht Ferdinand Nahimana verteidigt hat.

1016 Auszug aus der Anklageschrift: *Thomas Lubanga Dyilo is responsible, as co-perpetrator, for the charges of enlisting and conscripting children under the age of fifteen years into the FPLC and using them to participate actively in hostilities within the meaning of articles 8(2)(b)(xxvi) and 25(iii)(a) of the Statue from early September 2002 to 2 June 2003.* FPLC war die Armee der UPC.

beim Überfall auf das Dorf Bogoro geleistet zu haben.[1017] Am 23. Mai 2014 wurde er schließlich zu 12 Jahren Gefängnis bei Anrechnung der in der Haft verbrachten Zeit verurteilt.

3) Der Kongolese Matthieu Ngudjolo Chui wurde am 21. Dezember 2012 freigesprochen.[1018]

Laufende Vorgänge

In Den Haag angeklagt waren auch der kenianische Präsident Uhuru Kenyatta und sein Stellvertreter William Ruto. Während das Verfahren gegen Ruto, der im September 2013 nach Den Haag kam und sich für nicht schuldig erklärte,[1019] vorerst weitergeht, fand das Verfahren gegen Kenyatta einen überraschenden Abschluss.

Uhuru Kenyatta ist am 8. Oktober 2014 in Den Haag erschienen und ließ seine Verteidiger – darunter der Brite Steven Kay[1020] – für die Einstellung des Verfahrens plädieren. Als Anklagevertreter des Internationalen Strafgerichtshofs trat erstmals Ben Gumpert auf, früher Verteidiger von Justin Mugenzi beim Arusha-Gericht, der erstaunlicherweise erklärte, die Anklage halte das bisher vorliegende Beweismaterial nicht für ausreichend.[1021] Vom Gericht gedrängt, endlich Beweise vorzulegen, zog die Chefanklägerin Fatou Bensouda am 3. Dezember 2014 die Anklage gegen Kenyatta mit dem Hinweis zurück, die kenianische Regierung halte Informationen zurück.[1022]

Am 11. Dezember 2014 teilte Frau Bensouda mit, sie friere wegen mangelnder Unterstützung des VN-Sicherheitsrats die Ermittlungen gegen den Sudan-Staatschef Omar al Bashir ein[1023], gegen den der Chefankläger Luis Moreno

1017 Lt. taz.de vom 7.3.2014 ging das Gericht davon aus, Germain Katanga sei entgegen der Anklagebehauptung am 24.2.2003 nicht in Bogoro gewesen.

1018 Matthieu Ngudjolo Chui wurde nach seiner Freilassung von den Niederlanden im Zuge seines Asylantrags inhaftiert. Sein von der Anklage beantragtes Berufungsverfahren vor dem Internationalen Strafgerichtshof läuft parallel dazu weiter.

1019 Lt. Anklage soll Ruto nach der Präsidentenwahl 2007 – damals noch als Konkurrent von Kenyatta – ethnische Unruhen organisiert haben.

1020 Steven Kay hat im Arusha-Gericht Alfred Musema verteidigt.

1021 „*GUMPERT: We do not believe that either of the avenues which we identified have any reasonable prospect of leading to evidence which could in combination with the existing evidence persuade a court beyond doubt of Mr Kenyatta's guilt.*"

1022 Zum Fall Ruto war zum Zeitpunkt des Manuskriptabschlusses noch keine Entscheidung gefällt.

1023 Vgl. *taz.de* vom 15.12.2014.

Ocampo am 12. Juli 2010 wegen angeblicher Völkermordstraftaten in Darfur[1024] einen Haftbefehl ausgestellt hatte.[1025]

Seit 2008 läuft das Verfahren gegen den früheren Vize-Präsidenten der DR Kongo Jean-Pierre Bemba Gombo. Ihm wird vorgeworfen, 2002/2003 im Kongo-Krieg als Chef der von Uganda unterstützten Bürgerkriegspartei *Mouvement pour la Libération du Congo* (MLC) Übergriffe seiner Soldaten in der Zentralafrikanischen Republik gedeckt bzw. befohlen zu haben. Ob man ihm die Vorgesetzten-Verantwortung nachweisen kann, steht dahin. Sicher ist, dass die Anklage ein Vorwand war. Er sitzt in Den Haag im Gefängnis, weil er 2006 die Wahl von Joseph Kabila zum Präsidenten der DR Kongo nicht anerkannt hat und die „Internationale Gemeinschaft" weitere Unruhen im Kongo verhindern wollte.

In Den Haag befindet sich seit dem 26. März 2013 auch Jean-Bosco Ntaganda, Jg. 1972, in Untersuchungshaft. Bei seiner ersten Anhörung gab er sich als Kongolese aus, obwohl er seit 1990 mit Paul Kagame in der *Ruandischen Patriotischen Front* gekämpft hat. Gegen Ntaganda hatte seit langem ein Haftbefehl des IStGH wegen mutmaßlicher Kriegsverbrechen als CNDP-Militärchef bestanden. Im April 2012 hatte Ntaganda die Aufstandsbewegung M23 gegen Präsident Joseph Kabila gegründet, weil dieser die ihm im Abkommen vom 23. März 2009 nach der Auflösung der CNDP versprochenen Sonderrechte nicht eingehalten habe. Als die M23 im März 2013 unter Mithilfe der UNO-Mission MONUSCO militärisch geschlagen wurden, flüchtete Ntaganda in die US-Botschaft in Kigali, von wo aus er nach Den Haag verbracht wurde. Das Vorverfahren (*confirmation des charges*) begann am 10. Februar 2014. Das Gericht hat am 9. Juni 2014 die Anklage bestätigt.

Als weiterer Insasse des IStGH-Gefängnisses kam am 30. November 2011 der frühere Staatschef der Elfenbeinküste Laurent Gbagbo hinzu.[1026] Sein Nachfolger Alassane Ouattara hatte ihn dorthin ausgeliefert, weil er nach dessen von

---

1024 In Zusammenhang mit dem Darfur-Konflikt wurde damals noch eine Reihe weiterer Haftbefehle erlassen. Dazu gehören der sudanesische Verteidigungsminister Abdel Raheem Muhammad Hussein sowie die beiden Kommandeure der Aufständischen Abdallah Banda Abakaer Nourain (er ist freiwillig vor Gericht erschienen; Verfahren soll am 18.11.2014 eröffnet werden) und Saleh Mohammed Jerbo Jamus (Verfahren nach dessen Tod eingestellt).

1025 Die Fragwürdigkeit der Anklagen gegen Omar al Bashir haben insbesondere Charles Onana (Onana 2010) und David Hoile (Hoile 2014) beschrieben.

1026 Der Prozess gegen Laurent Gbagbo soll 2015 beginnen. Auch gegen seine Frau Simone Gbagbo wurde am 12. November 2012 ein Haftbefehl vom ICC erlassen. Die

Gbagbo bestrittenem Wahlsieg zu Aufständen aufgerufen habe. Wie bei den Fällen Bashir und Bemba scheint es, als sollte auch mit Gbagbo ein Gegner eines westlichen Alliierten neutralisiert werden.[1027]

Wie schon erwähnt, wurde auch gegen den FDLR-Generalsekretär Callixte Mbarushimana ermittelt, der dann aber freigelassen wurde.

Per Haftbefehl wird auch Joseph Kony, Chef der ugandischen Lord Resistance Army, gesucht.

Gegen den Gaddafi-Sohn Saif al-Islam besteht seit Juni 2011 ein Haftbefehl.

Zur Charakterisierung der seit 2012 als Chefanklägerin amtierenden Gambierin Fatou Bensouda kann man mit Sicherheit sagen: Sie ist nicht so eitel wie ihr Vorgänger Luis Moreno Ocampo, der keine Gelegenheit zur Selbstdarstellung ausließ und an dem sogar eine Anzeige wegen *sexual harassment* abprallte.[1028] David Hoile hat ein vernichtendes Urteil über Ocampo gefällt: *„Es ist kein Geheimnis, dass der erste Chefankläger, Luis Moreno Ocampo, für das Gericht professionell, ethisch und moralisch eine unheilvolle Wahl war.“*[1029]

Fatou Bensouda muss vor allem mit Angriffen fertig werden, auch sie habe als bisherige Stellvertreterin Ocampos nur gegen Personen aus Afrika südlich der Sahara ermittelt. Beim Sondergipfel der Afrikanischen Union (AU) am 13. Oktober 2013 in Addis Abeba fand sich keine Mehrheit für eine Initiative zum Austritt der afrikanischen Staaten aus dem Rom-Vertrag. Frau Bensouda ist offenbar alarmiert. Die Einstellung des Verfahrens gegen den kenianischen Präsidenten Kenyatta und die Ankündigung vom 11. Dezember 2104, Ermittlungen gegen Bashir zu stoppen, sind klare Signale. Wollte sie Museveni den Wind aus den Segeln nehmen, der am nächsten Tag in Nairobi ankündigte, er werde beim nächsten AU-Gipfel einen Antrag zur Kündigung der Mitgliedschaft aller afrikanischen Staaten im Internationalen Strafgerichtshof einbringen?

Regierung der Côte d'Ivoire (Elfenbeinküste) will sie jedoch nicht nach Den Haag überstellen. Ihr Prozess begann am 26.12.2014 vor einem Gericht in Abidjan.

1027 Zum Hintergrund des Falles Gbagbo siehe vor allem Onana 2011.

1028 Dieses Ereignis ist im Kapitel 13 bei Onana 2010 genau beschrieben.

1029 Hoile 2014, S. 116.

8. Zu guter Letzt Über „Zauberlehrlinge“, „Brandstifter“, „weiße Lügner“ und eine Diktatur

8.1 Zauberlehrlinge

Der Zauberlehrling hat bei Goethe aus Selbstüberschätzung und Übermut gehandelt und mögliche Folgen nicht bedacht. Das dürfte auch für viele gelten, die den von Museveni und Kagame 1990 angezettelten Aggressionskrieg als nationalen Befreiungskrieg gefordert und gefördert haben.

Ein gutes Beispiel hierfür ist der MDR-Gründer Faustin Twagiramungu, der Staatschef Juvénal Habyarimana fast um jeden Preis ablösen wollte und damit viel zum Sieg Kagames beigetragen hat. Gedankt hat Kagame ihm dies nicht, es sei denn man wolle die Tatsache, dass er ihn nicht hat „verschwinden“ lassen, als eine Form des Dankes ansehen.

Twagiramungu wurde schon im August 1995 als erster Ministerpräsident der neuen Ordnung ausgebootet, als er nicht mehr als Hutu-Alibi für eine reine RPF-Machtordnung gebraucht wurde.[1030] Ein tragischer Zauberlehrling war der Habyarimana-Gegner Seth Sendashonga, der in der RPF als Hutu-Aushängeschild gehätschelt und Innenminister der neuen Ordnung wurde. Im August 1995 musste jedoch auch er die Regierung verlassen, weil Kagame seiner vielen Nachfragen über verschwundene Hutu überdrüssig war. Zudem wollte Kagame die von Sendashonga in der Regierung am Leben erhaltene Diskussion über die Möglichkeit der Flüchtlingsrückkehr aus Zaïre beenden. Für die von Sendashonga nach seinem Gang ins Exil an den Tag gelegten Dissidentenaktivitäten kannte Kagame kein Pardon: Seth Sendashonga wurde am 16. Mai 1998 in Nairobi ermordet.[1031] Zauberlehrlinge waren auch die MDR-Politiker Dismas Nsengiyaremye und Boniface Ngulinzira, deren *Kubohoza*-Diffamierungen des Habyarimana-Regimes Kagames Sieg gefördert haben, ohne dass er es ihnen gedankt hätte. (Ngulinziras Tod im April 1994 hätte Kagame wohl verhindern können.)

1030 Kagame konnte sich in seinem Bestreben, sich der Hutu-Helfer zu entledigen, auch durch den Besuch von Bundesaußenminister Kinkel in Kigali vom 25.–28.7.1995 ermutigt fühlen, mit dem die deutsche Anerkennung der RPF-Ordnung besiegelt wurde.

1031 André Guichaoua hat 2013 ein würdiges Erinnerungsbuch an Seth Sendashonga herausgegeben. (Guichaoua 2013).

Auch der liberale Hutu Justin Mugenzi, Handelsminister in der Regierung von Agathe Uwilingiyimana ab Juli 1993, gehörte zu den Habyarimana-Gegnern, die jahrelang zu den großen RPF-Förderern zählten. Nach der Ermordung des burundischen Hutu-Präsidenten Melchior Ndadaye am 21. Oktober 1993 brach er allerdings mit der RPF und mit seinem Tutsi-Stellvertreter Landoald Ndasingwa, der am 7. April 1994 ermordet worden ist.[1032] Mugenzi wurde am 9. April 1994 Minister in der Interimsregierung. Diesen „Verrat" musste er mit einem langjährigen Prozess in Arusha büßen. Er wurde erst am 4. Februar 2013 von der Berufungskammer freigesprochen.

Seine liberale Minister-Kollegin Agnès Ntamabyariro, Jg. 1937, geriet wie schon in Abschnitt 7.1 berichtet, in die Fänge der ruandischen Justiz[1033] und wurde am 19. Januar 2009 in einem der wenigen förmlichen Verfahren zu einer lebenslangen Gefängnisstrafe für den gleichen „Verrat", offiziell jedoch wegen angeblicher Vorgesetztenverantwortung für den Tod des Butare-Präfekten Jean-Baptiste Habyalimana am 20. April 1994, verurteilt.

Ein tragischer Zauberlehrling war auch der katholische Priester André Sibomana. Er war als Chefredakteur der katholischen Zeitschrift *Kinyamateka* ein sehr streitbarer Kritiker von Präsident Habyarimana und musste dafür sogar einige Zeit im Gefängnis verbringen.[1034] Nach dem RPF-Sieg blieb er – inzwischen Diözesanverwalter in Kabgayi – kämpferisch und geriet schnell mit den neuen Herrn in Konflikt. So kam Kagame Sibomanas schwere Erkrankung nicht ungelegen. Er verweigerte André Sibomana die Ausreise zu einer aussichtsreichen medizinischen Behandlung im Ausland und konnte seinen Tod 1998 abwarten. Hervé Deguine hat darüber 1998 ein Buch verfasst[1035], nachdem er 1997 an einem eindrucksvollen Interview-Buch von Sibomana mitgewirkt hatte.[1036]

1032 Es gibt Anhaltspunkte, dass Kagame an diesem Tod interessiert war, weil Ndasingwa nach dem RPF-Sieg ein Machtkonkurrent sein würde.

1033 Wie schon erwähnt ist sie 1997 aus Sambia nach Kigali entführt worden. Später hat sie vergeblich versucht, während einer Zeugenaussage für Justin Mugenzi in Arusha einen Asylantrag zu stellen, wurde aber zwangsweise wieder nach Kigali zurücktransportiert.

1034 In meinem Gespräch mit André Perraudin, dem emeritierten Erzbischof von Kabgayi, am 8.4.1995 in der Schweiz hat er die Ansicht vertreten, André Sibomana habe das Wirken von Präsident Habyarimana zu negativ gesehen. In seinen Memoiren (Perraudin 2003) äußert sich Perraudin dazu nicht.

1035 Deguine 1998.

1036 Sibomana et al. 1997; englische Fassung: Sibomana et al. 1999.

Aber auch Hervé Deguine selbst war ein weißer Zauberlehrling, weil er für *Reporters sans frontières* das Chrétien-Dupaquier-Buch *Les médias du génocide* herausgegeben und Ferdinand Nahimana verteufelt hat. Lugan[1037] beschreibt, wie Deguine sich 2008 von Jean-Pierre Chrétien abwandte und 2010 in einem Buch sein *mea culpa*[1038] vorlegte. Aber das hat Ferdinand Nahimana nichts genützt.

Zu den Zauberlehrlingen sind auch Théogène Rudasingwa, General Kayumba Nyamwasa und Oberst Patrick Karegeya zu zählen. Sie haben erst sehr spät eingestanden, dass sie einem üblen Diktator zur Macht verholfen haben. Der abtrünnige Patrick Karegeya wurde am 2. Januar 2014 in Johannesburg in einem Hotel von Kagames Schergen ermordet.

Zu den „bleichgesichtigen" Zauberlehrlingen par excellence zähle ich die in diesem Buch schon häufig erwähnten Filip Reyntjens[1039], Alison Des Forges[1040] und Gerard Prunier[1041], die nach langjährigem Kampf gegen Habyarimana erkennen mussten, dass sie mit Kagame einen Menschen verachtenden Diktator gefördert haben. Als sie in Kigali mit ihrer Kritik unangenehm auffielen, erklärte

---

1037 Lugan 2014, S. 26–27.

1038 Deguine 2010. Ich empfinde den eher diffamierenden Buchtitel *„Un idéologue dans le génocide rwandais. Enquête sur Ferdinand Nahimana"* einer *mea culpa* nicht angemessen.

1039 In einer Zuschrift an das Forum DHR (*Democracy and Human Rights*) habe ich am 3. Juli 2011 Filip Reyntjens sehr zu seinem Missfallen – wie man seiner Replik entnehmen konnte – mit Bezug auf seine fast selbstkritische Schrift *Les risques du métier* (Reyntjens 2009b) als *apprenti sorcier* – als Zauberlehrling also – bezeichnet.

1040 Der HRW-Vorsitzende Kenneth Roth ist in die gleiche Kategorie wie sie einzuordnen. Er hat den Sieg der RPF gefördert, aber später vehement die Untersuchung der RPF-Verbrechen gefordert.

1041 Der Franzose Gérard Prunier hat sich noch 1995 zur ersten englischen Veröffentlichung mit der Darstellung der Sichtweise der Clinton-Administration hinreißen lassen (Prunier 1995; nach der in Kampala erschienenen Erstausgabe ist das Buch im gleichen Jahr auch in London und New York erschienen), wurde aber nach dem Übergang zu einer kritischeren Darstellung mit einem Bann aus Kigali belegt. Ich habe ein persönliches Erlebnis aus dem Jahr 1997 in schlechter Erinnerung. Prunier hat 1997 meinen Beitrag in der der katholischen Kirche nahestehenden Zeitschrift DIALOGUE (Heft 194, S. S. 5–12) mit der Überschrift *Le contexte international des crises en Afrique des Grands Lacs* mit kritischen Hinweisen zu seinem Buch mit einer Zuschrift bedacht (Heft 195, S. 119/120). Er verglich meine Ausführungen in beleidigender Weise mit den antisemitischen „Protokollen der Weisen von Zion". Dies wurde bei meiner Anhörung im Medien-Prozess in Arusha im Mai 2003 von der Anklagevertreterin Simone Monasebian aufgegriffen, die glaubte mich auf einem „antisemitischen Fuß" erwischt zu haben, aber schnell feststellen musste, dass sie falsch lag.

Kagame sie ohne größere Reaktionen aus Washington einfach zu „unerwünschten Personen".

Ambivalente Zauberlehrlinge waren auch der Pariser Soziologie-Professor André Guichaoua und die französische Wissenschaftlerin Claudine Vidal. Beide haben nach langen Pro-RPF-Jahren 2005 dem Dissidenten Ruzibiza geholfen, sein Enthüllungsbuch über die Kagame-Verbrechen zu veröffentlichen[1042]. Als Rückfall sehe ich allerdings Guichaouas Buch aus dem Jahr 2010 an, in dem er nochmals die These von der „Völkermord-Interimsregierung" auftischte.[1043]

Zu den Zauberlehrlingen ist auch der 2012 verstorbene Schweizer Journalist Philippe Dahinden zu zählen. Als Teilnehmer an der Pro-Kagame-„*Untersuchungskommission*" im Januar 1993 hat er RPF-Propaganda betrieben. Anfangs war auch die von ihm mitgegründete *Fondation Hirondelle* ein Hilfsinstrument der neuen Ordnung. Nach der Zaïre-Invasion der RPF und der Vernichtung der Hutu-Flüchtlinge 1997, besonders aber auch nach der Ermordung von Seth Sendashonga 1998 wurde Dahinden[1044] Kagame-kritisch und konnte noch dazu beitragen, dass die anfangs Kagame-bestimmte Berichterstattung der *Agence Hirondelle* neutraler wurde.

Die Zauberlehrlinge stehen fast idealtypisch für eine romantische, das Risiko nicht wirklich bedenkende Rebellenverklärung. Für diese Geisteshaltung steht besonders spektakulär der Schweizer Jean Ziegler, der „ewige Rebell" und Bewunderer von Che Guevara. Er hat allgemein den Rebellen schon 1983 ein Buch[1045] gewidmet und später die RPF-Rebellen unterstützt. Die Zauberlehrlinge glaubten, der Kampf gegen das Habyarimana-Regime mit allen Mitteln sei zur Erreichung positiver Ziele gerechtfertigt, verdrängten aber die absehbaren fatalen Konsequenzen ihres Tuns. Sie glaubten im Kampf gegen „Hutu-Extremisten" Gutes zu bewirken, aber Gutes ist im Gebiet der Großen Seen Afrikas seit 1990 nicht entstanden. Herausgekommen ist der „Horror", mit dem bei Joseph Conrad der Leiter der Handelsstation am Kongo-Fluss Kurtz in seinem letzten Atemzug in der Erzählung „Herz der Finsternis" sein Leben resümiert.

Bei Goethe befahl der Hexenmeister den Besen in die Ecke zurück. Leider ist auf der internationalen Bühne immer noch kein mit Macht und Mut ausgestatteter „Hexenmeister" in Sicht, der dem Kagame-Spuk Einhalt gebieten könnte.

1042 Ruzibiza 2005.

1043 Guichaoua 2010.

1044 Siehe zu Dahinden auch Abschnitt 6.4.8.

1045 Ziegler 1983.

8.2 „Brandstifter“ und „blancs menteurs“

Fataler als die Wirkung der Zauberlehrlinge waren allerdings die Folgen des Tuns von mehrheitlich in der anglophonen Welt angesiedelten Brandstiftern [1046] und „weißen Lügnern“[1047].

Brandstifter
Die Rollen der großen Brandstifter im zentralen Afrika (Yoweri Museveni, Paul Kagame und ihre Verbündeten[1048]) sind in diesem Buch vielfach beschrieben worden. Und es sei wiederholt: Ohne die Unterstützung von Madeleine Albright, Bill Clinton und – später hinzugekommen – Tony Blair wäre Paul Kagame sicherlich nicht an die Macht gekommen und heute nicht mehr dort. Auch der belgische Außenminister Willy Claes, der schon am 8. April 1994 wegen der Ermordung von 10 belgischen UNO-Blauhelmsoldaten am Vortag den Abzug des belgischen Blauhelmkontingents verkündete und damit die Reduzierung der UNAMIR-Soldaten auf die symbolische Stärke von 270 Mann durch den UNO-Sicherheitsrat am 21. April 1994 einleitete, ist in diesem Zusammenhang zu nennen.[1049] Zu den britischen „Brandstiftern“ ist auch Blairs langjährige Entwicklungsministerin Claire Short zu rechnen, die die Politik der konservativen Museveni-Förderin Baroness Lynda Chalker[1050] weiterführte. Als besondere britische Förderin des Süd-Sudan Rebellen John Garang wirkte nach dessen Abkehr vom Marxismus über lange Jahre Baroness Caroline Cox, die Vorsitzende der evangelikalen NRO *Christian Solidarity Worldwide* mit besten Beziehungen zum *big business.*

1046 Ich spiele damit auf meinen Aufsatz an: *Der Sieg der « Brandstifter ». Eine Zwischenbilanz der kritischen Forschung zur zentralafrikanischen Katastrophe seit 1990.* (Strizek 2003a).

1047 Hier beziehe ich mich auf den Titel des Péan-Buchs *„Noires fureurs et blancs menteurs“* (Péan 2005).

1048 Dazu gehören auch alle 40 von Merelles und die 9 (teilweise überschneidend) von Bruguière mit internationalen Haftbefehlen gesuchten RPF-Militärs.

1049 Dass das Vorpreschen von Willy Claes den amerikanischen Wünschen entsprach, hat der frühere US-Botschafter in Kigali Robert Gribbin auf S. 78 seiner Memoiren bestätigt (Gribbin 2005, längeres Zitat daraus in Strizek 2011, S. 125). Dieses Verhalten kann mit dem schon an anderer Stelle erwähnten Ziel von Claes in Zusammenhang stehen, den Posten des NATO-Generalsekretärs nach dem absehbaren Tod von Manfred Wörner anzustreben.

1050 Ihren Einfluss auf Museveni beschreibt Noël Ndanyuzwe (Ndanyuzwe 2014) ausführlich.

Ein besonders effizienter weißer Brandstifter war der Amerikaner Roger Winter, der langjährige Chef des halbstaatlichen *US-Committee for Refugees,* später stellv. Direktor von *US-AID.*

Er hat sich bei der Unterstützung des Tutsi-Adels im Uganda-Exil deren kriegerisches Ziel zu erneuter Machtübernahme in Ruanda zu eigen gemacht.

Zusammen mit dem in Kalifornien lehrenden Linguistik-Professor Alexandre Kimenyi[1051], Angehöriger des Tutsi-Hochadels, hat Roger Winter 1988 in Washington die mehrfach erwähnte Konferenz organisiert, bei der am Rande die bewaffnete Rückkehr der alten Königsschicht beschlossen wurde.

In bestimmten Phasen der Geschichte sind der CIA-Chef John Deutch und die beiden US-Verteidigungsminister William Cohen und William Perry als Steigbügelhalter und Paten für Kagames Verbrechen zu nennen.

Auch ohne die Mithilfe von General Roméo Dallaire[1052] und besonders seines Förderers Maurice Baril, dem kanadischen General in UNO-Diensten, wäre Kagame nicht an die Macht gekommen. Als besonderen Brandstifter will ich bei der anglophonen Welt auch den niederländischen Sozialdemokraten und langjährigen Entwicklungsminister Jan Pronk einordnen, der schon nach dem Angriff vom 8. Februar 1993 nach Kigali fuhr und mit der Botschaft zurückkam, der Angriff sei gerechtfertigt gewesen, weil das Habyarimana-Regime einen Völkermord vorbereite. Pronk hat auch großen Einfluss gehabt, dass die SPD auf Kagame-Linie ging.

Bei der Vorbereitung des Kongo-Kriegs 1996/1997 waren Susan Rice, damals im Nationalen Sicherheitsrat tätig und heute Obama-Sicherheitsberaterin, und ihre Helferin Gayle Smith wichtige „Brandstifterinnen".

Brandstifter minder schweren Grades waren auch viele Vertreter der europäischen Linken, die sich teils offen, teils indirekt als RPF-Propagandisten missbrauchen ließen.

Kagame war es gelungen, sich als Gegner des französischen Kolonialismus und *„als linken Revolutionär darzustellen, der Mao Tse-Tung gelesen und von der Geschichte der Befreiungsbewegungen gelernt hat."* [1053] Zur Unterdrückung abweichender Meinungen in Universitäten, Forschungsinstitutionen

1051 Alexandre Kimenyi, 1948–2010.

1052 Die Bedeutung seines Adjutanten Brent Beardsley ist dabei nicht zu unterschätzen.

1053 Onana 2014, S. 59. Generell bringt er auf den Seiten 59–61 sein Unverständnis zum Ausdruck, dass *„linke Kämpfer und Zeitungen, die sich häufig als Oppositionelle des amerikanischen Imperialismus geben, durch ihre bedingungslose Unterstützung der ugandisch-ruandischen Rebellion objektiv zu Verbündeten dieses Imperialismus im Gebiet der Großen Seen Afrikas werden konnten."*

und Medien in Frankreich und Belgien schreibt Onana: *„Im Zeitraum von 20 Jahren hat zum Thema Ruanda eine Form von intellektuellem Terrorismus an den Universitäten, Forschungszentren, den öffentlichen und privaten Medien, Verbänden und sogar Parteien in Belgien und Frankreich Platz gegriffen. Wie ein Krake sind die kleinen Pro-Tutsi-Gruppen durch Einschüchterung, Belästigung, Erpressung, Drohung vorgegangen, um das Schweigen oder den Verzicht auf Äußerungen durch diejenigen zu erreichen, die die Lügen über die Ereignisse in Ruanda in Frage stellten.*"[1054] Onana hätte auch Deutschland nennen können.

In Frankreich haben Jean Carbonare und der frühere Ministerpräsident Michel Rocard zudem die französischen Protestanten vom Syndrom eines *nazisme tropical* des Habyarimana-Regimes überzeugt, für dessen Überwindung die RPF gelobt wurde.[1055]

Wichtig für die Akzeptanz der offiziellen Lesart durch die frankophone Linke waren auch Jean Châtin bei der kommunistischen Tageszeitung *L'Humanité*, Colette Braeckman bei *Le Soir* sowie zusammen mit François Misser bei *Le Monde diplomatique.* Auch Christophe Ayad bei der Zeitung *Libération und* Marie-France Gros bei *La Libre Belgique* sind hier zu nennen.

„Weiße Lügner (Blancs menteurs)"

Auf breiter Front hat der französische Publizist Pierre Péan die weißen Helfer Kagames und Musevenis bei der Etablierung der die historischen Fakten auf den

1054 Onana 2014, S. 384.

1055 Über Jean Carbonare wurde schon ausführlich im Zusammenhang mit der *„Internationalen Untersuchungskommission"* vom Januar 1993 berichtet. Der frühere Ministerpräsident Michel Rocard, seit seiner Entlassung ein mächtiger Kritiker Mitterrands, machte sich einen Namen, als er sich von Carbonare Ende August 1997 zu einer Reise nach Ruanda einladen ließ. Rocard schrieb in seinem Bericht: *L'initiative de cette mission revient à Jean Carbonare, ingénieur des Arts et métiers, qui a derrière lui une longue carrière de militant anticolonialiste commencée en Algérie.* In dem Bericht über die Reise nahm Rocard die von Jean-Pierre Chrétien schon am 26.4.1994 in einem Artikel der Zeitung *Libération* erfundene Formulierung vom *nazisme tropical* auf, der das Habyarimana-Regime vor seiner Überwindung charakterisiert habe.

Kopf stellenden offiziellen Lesart[1056] als *Blancs Menteurs*[1057] vorgeführt. Dabei spielt bei Péan der französische Historiker und RPF-Bewunderer Jean-Pierre Chrétien eine wichtige Rolle, der Erfinder des Terminus vom *nazisme tropical* des Habyarimana-Clans. Eng mit Chrétien hat Jean-François Dupaquier zusammen gearbeitet, der Ferdinand Nahimana sogar als den „Goebbels Ruandas“[1058] präsentierte.[1059]

Ganz besonders eindrucksvoll beschreibt Péan die Rolle des belgischen Liberalenchefs Jean Gol, der die belgische Regierung schnell dazu brachte, die Unterstützung Habyarimanas gegen die Aggressoren des 1. Oktober 1990 einzustellen und die Machteroberungsabsichten der RPF zu rechtfertigen. Er hat mit großem Erfolg in der belgischen Öffentlichkeit die historisch unhaltbare These verankert, die Tutsi seien die Juden Afrikas, die vom Hutu-Regime in Kigali seit der Sozialrevolution von 1959 unterdrückt würden und deren Rückkehr an die Macht ein Akt der Wiedergutmachung sei. Dass der Friedensnobelpreisträger Elie Wiesel sich dieser Sichtweise anschloss, verhalf ihr zu weiter Verbreitung.

Auch die Überlebende des Tutsi-Genozid Yolande Mukagasana, RPF-Aktivistin der frühen Stunde[1060] und Autorin verschiedener Bücher[1061], hat dazu beigetragen, das Schicksal der Juden mit dem der Tutsi 1994 zu vergleichen.[1062]

1056 Mehr erinnerungshalber will ich noch als Förderer der offiziellen Lesart nennen: den früheren US-Botschafter in Kigali Robert Gribbin, die englische Publizistin Linda Melvern, den früheren Mitarbeiter in der Clinton-Administration John Prendergast, den amerikanischen Schriftsteller Philipp Gourevitch, den früheren schwedischen Ministerpräsidenten Ingvar Carlsson und den langjährigen Inspirator des *National Prayer Breakfast* Douglas Coe. Insbesondere im Fall Gourevitch lässt sich die Albright-Taktik belegen, als links angesehene Journalisten zur Verbreitung der offiziellen Lesart ins Boot zu holen.

1057 Zuerst 2005 in seinem Buch *Noires Fureurs et Blancs Menteurs* („Schwarzer Zorn und weiße Lügner“) (Péan 2005) und 2010 mit *Carnages* (Schlächtereien) (Péan 2010).

1058 Vgl. Lugan 2014, S. 20.

1059 Vgl. z.B. Chrétien et al. 1995; Chrétien und Dupaquier 2007 und Dupaquier 2010.

1060 Yolande Mukagasana hat dies immer verheimlicht, aber Charles Onana schreibt, dass sie am 6. April 1994 beim RPF-Kontingent in Kigali war und von den Weißen Vätern versteckt und gerettet worden ist. (Onana 2014, S. 392).

1061 Ihr jüngstes Buch Mukagasana 2014.

1062 Zum Komplex „Die Tutsi – die Juden Afrikas“ sei generell auf das Kapitel 17 *„François Mitterrand et les profanateurs de la Shoah“* bei Onana 2014 verwiesen. Darin beschreibt er u. a. auch die Rollen von Jean Hatzfeld und André Glucksmann in diesem Zusammenhang. Für die Rolle von Esther Mujawayo zur Verbreitung der These von der Gleichsetzung von Tutsi-Opfern mit den jüdischen Opfern des Holocaust in Deutschland sei auf Abschnitt 7.3.1 rückverwiesen.

Péan verdankt man auch eine eingehende Analyse der Rolle von Jean Carbonare, der im Januar 1993 im Rahmen der *„Internationalen Untersuchungskommission“* zugunsten Kagames zusammen mit Alison Des Forges und William Schabas die Szene betrat.[1063] Als Carbonare 1994 offen ins Kagame-Lager wechselte, gleichsam „verbrannt“ war, hat François-Xavier Verschave seine Funktion bei der Organisation *Survie*, die Carbonare als Plattform gedient hatte, übernommen.[1064]

Als einen besonders wichtigen *„blanc menteur“* hat Péan auch den belgischen Politiker und zeitweiligen Entwicklungs-Kommissar Louis Michel[1065], den Nachfolger von Jean Gol als Chef der belgischen Liberalen, portraitiert. Aus dem gleichen politischen belgischen Lager kommen auch Alain Destexhe und Guy Verhofstadt. Der liberale Senator Destexhe, der 1994 mit einem Buch *Rwanda, essai sur le génocide*[1066] zur Propagierung der offiziellen Lesart beigetragen hatte, initiierte 1998 einen Senats-Untersuchungsausschuss[1067], der viele wertvolle Informationen lieferte, dessen bleibende Bedeutung aber die Weigerung der Untersuchung des Attentats vom 6. April 1994 ist.

Die politische Karriere seines Parteifreunds Guy Verhofstadt beginnt mit dem Vorsitz dieses Ausschusses. Verhofstadt ist später ein treuer Vertreter der offiziellen Lesart geblieben und scheute als belgischer Ministerpräsident nicht, sich am 6. April 2000 in Kigali für die niemals bewiesene belgische Schuld am Tutsi-Völkermord zu entschuldigen. Es sei hier auch nochmals an den amerikanischen Publizisten Philipp Gourevitch als wichtigen „blanc menteur“ erinnert.

Als wichtige *„blanche menteuse“* hat Péan die schon erwähnte belgische Journalistin Colette Braeckman identifiziert, die in ihrem bereits 1994 erschienenen Buch *„Rwanda. L'Histoire d'un génocide“*[1068] die These vom Abschuss der Präsidentenmaschine am 6. April 1994 durch „Hutu-Extremisten“ in besonders

---

1063 Die Rolle dieser Gruppe hatte schon der Kanadier Robin Philpot mit seinem Buch *„Ça ne s'est pas passé comme ça à Kigali“* 2003 (Philpot 2003) beschrieben. (Das Buch liegt seit 2013 in einer englischen Übersetzung vor: Philpot 2013.)

1064 François-Xavier Verschave ist 2005 gestorben. Die Organisation *Survie* hat danach an Einfluss verloren.

1065 Louis Michel ist der Vater des derzeitigen belgischen Ministerpräsidenten Charles Michel.

1066 Destexhe 1994.

1067 Belgique 1998.

1068 Braeckman 1994.

unverfrorener Weise verbreitete und seither kaum ein kritisches Wort zu Paul Kagame fand.[1069]

Péan hat auch die seltsame Rolle von Patrick de Saint-Exupéry, lange Jahre Journalist bei *Le Figaro*, beschrieben. Obwohl er 1994 mit der französischen *Opération turquoise* nach Ruanda kam und dabei nichts Anstößiges zu berichten wusste, hat er sich später zu einem vehementen Ankläger der französischen Armee entwickelt.[1070]

Zu den besonders dreisten weißen Wahrheitsvertuschern zählt in Frankreich François Soudan, der heutige Chefredakteur von *Jeune Afrique*. Er macht in Frankreich PR-Arbeit für Kagame und wird seit Jahren nicht müde, ein geschöntes Bild des heutigen Ruanda zu zeichnen.[1071]

Ein besonderer Förderer von Kagame wurde der abtrünnige Sozialist Bernard Kouchner als französischer Außenminister unter Präsident Sarkozy.[1072]

Die RPF-Unterstützer Alain Gauthier und seine ruandische Frau Daphrose Mukarumongi sind mit ihrem Nebenklägerkollektiv „*Collectif des parties civiles pour le Rwanda*“ immer präsent, wenn es darum geht, Anwürfe aus Kigali gegen vorgebliche Hutu-„génocidaires“ in Frankreich vor Gericht zu bringen. In diesem Zusammenhang ist auch Speciosa Mukayiranga zu nennen, die 2014 als Belastungszeugin im Prozess gegen Pascal Simbikangwa auftrat.

In der frankophonen Welt gab es eine Reihe weiterer „*blancs menteurs*“, die im Einzelnen zu beschreiben hier zu weit führen würde. [1073]

1069 In Reyntjens 2013 wird auf S. 126 berichtet, dass Kagame Colette Braeckman im Jahr 2000 wegen einer kritischen Äußerung auch einmal vorgeworfen habe, sie stehe im Solde von Kongo-Kinshasa. Aber wirklich getrübt hat dies ihre Sympathie für den RPF-Chef wohl nicht.

1070 Er hat zwei Bücher dazu veröffentlicht: Saint-Exupéry 2004 und Saint-Exupéry 2009. Siehe zur *Opération turquoise* vor allem Abschnitt 6.1.4.2.

1071 Am 6.11.2014 griff er wieder zur Feder, um in *jeuneafrique.com* den in BBC 2 im Oktober veröffentlichten Kagame-kritischen Beitrag *Rwanda's Untold story* der Journalistin Jane Corbin zu zerreißen.

1072 Pierre Péan hat ihm eine gesonderte Schrift gewidmet: Péan 2009.

1073 Hier sind z.B. noch zu nennen: François Misser, der als erster Paul Kagame eine Plattform zur Propagierung seiner Sichtweise geboten hat (Misser 1995) und bis heute einer der Propagandisten der offiziellen Lesart – u. a. in der *taz* – ist; die Französin Laure de Vulpian, die immer zur Stelle ist, wenn es gegen das französische Militär geht (z.B. Vulpian und Prungnaud 2012) und es Kagame zu verteidigen gilt; wenn es gegen Frankreich geht, war auch die Journalistin Maria Malagardis von der Zeitung *Libération* zur Stelle (z.B. Malagardis 2012) ; der Kanadier Gil Courtemanche mit seinem Buch „*A Sunday at the Pool in Kigali*“ (Courtemanche 2003); der

Man muss aber auch die afrikanischen „Weißen" in ihrer „Onkel-Tom-Rolle"[1074] als Kagame-Helfer erwähnen. „Gruppenchef" war sicherlich Kofi Annan, abgelöst durch den von ihm ins Amt gebrachten Chefankläger des Arusha-Gerichts Hassan Jallow. Als zuverlässiger „Helfer der Weißen" stand Jallow am Arusha-Gericht der tansanische Richter William Sekule zur Seite.

Als Kagame-Helferin stand auch die Somalierin Rakiya Omaar als Chefin von *African Rights* immer zu Diensten. René Degni-Ségui[1075] und Bacre Waly Ndiaye haben durch ihre Berichte für den UNO-Menschenrechtsausschuss 1994 der Clinton-Administration wertvolle Hilfe geleistet. Der Präsident des von der deutschen evangelischen Entwicklungshilfe teil-finanzierten *POLE Institute* in Goma, Aloys Tegera, ist ebenfalls ein guter „Onkel Tom", der seine Dienste auch der Anklage im Stuttgarter FDLR-Prozess zur Verfügung stellte. Ein ziemlich erfolgreicher „Lügner" zugunsten Kagames war auch der amerikanische evangelikale Geistliche Rick Warren. Viel Unheil hat auch Stephen Kinzer mit seiner Verherrlichung von Kagame angerichtet.[1076]

Für die deutschen Kagame-Unterstützer sei auf Abschnitt 7.3.1 (Deutsch-ruandische-Beziehungen seit 1973) zurückverwiesen.

---

belgische Rechtsanwalt Eric Gillet, ebenfalls Teilnehmer der „Reisegruppe" aus dem Jahr 1993; der französische Publizist Jean Hatzfeld (Hatzfeld 2004, Hatzfeld 2004b); Jean Gouteux mit seinen Anklagen gegen Frankreich (Gouteux 2001 und Gouteux 2007); der französische Linkskatholik und Herausgeber der Zeitschrift „Golias" Christian Terras; u. a.m.

1074 Gemeint ist die Haltung nachsichtiger Negersklaven in den USA, wie sie Harriet Beecher Stowe 1852 in dem Roman *Uncle Tom's Cabin* beschrieben hat.

1075 Degni-Ségui fiel bei Kagame wie andere „Zauberlehrlinge" schon 1997 wegen seines Insistierens auf eine Untersuchung des Attentats vom 6.4.1993 in Ungnade. (Vgl. Reyntjens 2013, S. 124).

1076 Hier ist vor allem zu nennen: Kinzer 2008. Am 27.1.2011 hat er in einem viel beachteten Artikel in *The Guardian* einiges davon zurückgenommen.

So gingen in verläßlicher Begleitung,
Den Strand des rotes Sudes wir entlang,
Aus dem der Wehruf der Gesottenen tönte.
Bis zu den Brau'n im Blut sah ich die einen:
Das sind Tyrannen, sagte der Zentaur.
Die reichlich Blut vergossen und geplündert,
Beweinen hier erbarmungslose Taten.
Dante Alighieri
(Die göttliche Komödie. Die Hölle, 12. Gesang)

8.3 Porträt einer Diktatur

Barrie Collins konnte 2014 die ergänzte Fassung seiner Londoner Dissertation (PhD) aus dem Jahr 2009 als Buch vorlegen, in dem er das Kagame-Regime treffend als die *„erste moralisch begründete Tyrannei in Afrika"*[1077] bezeichnet.

Rechtzeitig zum 20. Jahrestag des Attentats vom 6. April 1994 haben Gaspard Musabyimana und Emmanuel Neretse[1078] Hintergründe und Stand der ruandischen Diktatur bilanziert. Ihr Buch ist eine schonungslose Beschreibung eines Polizeistaats, *„der selbst Stalin erblassen ließe."*[1079]

Filip Reyntjens – obwohl von mir noch immer der Kategorie der Zauberlehrlinge zugeordnet – hatte sich schon 2013 sehr kritisch zur Bilanz der Kagame-Diktatur zu Wort gemeldet.[1080]

1077 *The first morally constituted tyranny in Africa* (Collins 2014, S. 218). Diese Feststellung nimmt Tiphaine Dickson in ihrem Vorwort auf, warnt aber davor, die Formel misszuverstehen und zu glauben, diese Tyrannei sei durch die behauptete Beendigung des Tutsi-Völkermords auch tatsächlich moralisch gerechtfertigt. Die Warnung macht Sinn, aber ich kann versichern, dass Barrie Collin nirgends einen Vorwand für ein solches Missverständnis liefert.

1078 Musabyimana und Neretse 2014. Dieses Buch von zwei ruandischen, in Belgien lebenden Oppositionellen unterstreicht seine Glaubwürdigkeit auch dadurch, dass die Autoren ihre Feststellungen vor allem auf Berichte von Organisationen und Persönlichkeiten stützen, die 1994 dem Sieg der RPF mit Sympathie gegenüberstanden, sich später aber kritisch zur neuen Ordnung äußerten. An erster Stelle sind dabei die Berichte von *Human Rights Watch* (HRW), von *Amnesty International* (AI) und auch die jährlichen Menschenrechtsberichte des US-*Department of State* zu nennen.

1079 *„... qui ferait pâlir même Staline!"* Musabyimana und Neretse 2014, S. 152.

1080 *Political Governance in Post-Genocide Rwanda* (Reyntjens 2013; eine französische Übersetzung ist seit Juni 2014 verfügbar: Reyntjens 2014). Das in New York erschienene Buch liefert unter Auslassung seiner früheren Rolle im Kampf gegen die „Habyarimana-Diktatur" und seiner frühen Rolle im Arusha-Gericht, eine große Anzahl unwiderleglicher Beweise für die Verbrechen der Kagame-Diktatur seit dem 18.7.1994.

Auch der Kongo-Kanadier Patrick Mbeko[1081] und der 1965 in Kigali geborene Noël Ndanyuzwe[1082] haben zum Zeitpunkt des 20-jährigen Bestehens der RPF-Diktatur bemerkenswerte Bücher vorgelegt.

Die reale Macht in Ruanda liegt nach wie vor bei der von der westlichen Welt unterstützten Armee, mit deren Hilfe General Paul Kagame auch vier Kriege in der benachbarten Demokratischen Republik Kongo geführt hat. Reyntjens hat dafür die griffige Formel von *„einer Armee mit einem Staat"* entwickelt.[1083] Ihr

---

1081 Das Buch von Patrick Mbeko (Mbeko 2014) befasst sich, wie sein Titel sagt, sehr ausführlich und kenntnisreich mit der Etablierung und weiteren Unterstützung der Kagame-Diktatur durch Kanada. Für mich war die Information neu, dass unter großer Geheimhaltung die kanadischen Spezialkräfte JTF2 schon beim Machteroberungskrieg 1994 eingesetzt worden waren. Auch die Ausführungen zur Rolle der kanadischen Armee im Zaïre-Krieg 1996/1997 sind lesenswert. Zur Frage seiner Einschätzung des US-Interesses an der Gründung eines Hima-Großreichs, wie es in einem Brief von Kagame an Bagaza vom 10.8.1994 und im Fall ISTO zum Ausdruck komme, wird auf die Abschnitte 6.1.5 und 6.7.3 verwiesen.

1082 Aus einer ganz anderen Perspektive ist das Buch von Noël Ndanyuzwe (Ndanyuzwe 2014) geschrieben. Er war wohl vor 1994 politisch in der ruandischen sozialdemokratischen PSD engagiert und nach eigenem Eingeständnis noch während des RPF-Eroberungskriegs überzeugt, dass die Hauptschuldigen am ruandischen Drama „Hutu-Extremisten" waren. In seiner Zeit in Tansania nach dem RPF-Sieg hat er seine Meinung geändert. In seinem Buch zitiert er aus 253 Vermerken, von denen er sagt, sie stammten aus den Archiven der Museveni-Armee und des ugandischen Geheimdienstes und seien ihm zugespielt worden. Bedeutsam an dem Buch ist die Herausarbeitung des Konflikts zwischen der anti-kolonialen Position von Julius Nyerere und Museveni nach der sich entwickelnden Abhängigkeit Musevenis von Großbritannien und den USA. Auch wenn Nyerere grundsätzlich keinen Einwand gegen die Ermordung Habyarimanas gehabt hätte, so habe ihm der Nutzen, den Museveni und Kagame daraus zogen, missfallen. Für wenig überzeugend halte ich die Beweislage, mit der Ndanyuzwe in Teil 5 (S. 433 ff) seine Behauptung belegt, die anglo-sächsische Welt stehe in toto hinter dem Konzept der *„Errichtung eines großen nilotischen Reiches"* unter *„britischem Protektorat"* (S. 440). Dass bestimmte Kreise in den USA und Großbritannien immer noch an der Herauslösung der Kivu-Provinzen und an der Gründung eines Darfur-Staats nach dem Teilerfolg der Gründung von Süd-Sudan arbeiten, widerspricht dem nicht. Stünden die USA aber in breiter Front hinter diesem Konzept, wären die Kivu-Provinzen längst integraler Bestandteil Ruandas.

1083 Siehe z.B. den Abschnitt *„An Army with a State"* in Reyntjens 2013. Aber auch hier kein Hinweis auf die zentrale Rolle der USA zur Unterstützung dieser überdimensionierten, alle Lebensbereiche dominierenden Armee.

unterstehen auch etwa 50.000 Angehörige der para-militärischen *Local Defence Force*[1084].

Kagames Blutspur[1085]

Eine lange Blutspur durchzieht das Leben des 1957 in Ruanda geborenen und seit 1961 vornehmlich in Uganda im Exil aufgewachsenen Tutsi-Adligen Paul Kagame, den die westliche Welt noch immer als *„our guy"* ansieht. Er wurde wirklich ein „großer Diktator" [1086]. Man weiß relativ wenig über ihn bis zum Sieg von Yoweri Museveni im ugandischen Buschkrieg 1986. Kagame hatte sich zusammen mit einer Gruppe junger Tutsi-Adliger im ugandischen Exil dessen Guerillaarmee angeschlossen, nachdem die ältere Generation zeitweise mit Idi Amin zusammengearbeitet hatte.

Nach Musevenis Sieg erwarb sich Kagame einen Ruf als besonders brutaler militärischer Sicherheitschef des neuen Regimes. Berüchtigt war die Methode, Gegner bis zum Tod in Containern der Sonne auszusetzen.

1987 gehörte er zum Gründerkreis der *Ruandischen Patriotischen Front* (RPF), die sich unter dem Vorsitz von Fred Rwigyema die militärische Rückeroberung der Macht in Ruanda vornahm.

Ins Rampenlicht der Geschichte trat Paul Kagame nach dem Tod von Fred Rwigyema, der schon in den ersten Tagen der RPF-Invasion in Ruanda vom 1. Oktober 1990 auf nicht völlig geklärte Weise ums Leben gekommen ist. Nach internen RPF-Auseinandersetzungen und dem Tod zweier weiterer RPF-Chefs bestimmte Museveni Kagame zum neuen RPF-Chef, den er zu diesem Zweck aus einer Fortbildung in Fort Leavenworth/Kansas zurückbeordert hatte.

Paul Kagame bildete nach seiner Rückkehr im Rang eines Majors die Rebellen-Truppe nach ihrer Ende Oktober 1990 besiegelten Niederlage in eine Guerilla-Armee nach Musevenis Vorbild um. Schnelligkeit und Brutalität wurden sein Markenzeichen, das er schon beim ersten kurzen Einfall nach Ruhengeri am

---

1084 Musabyimana und Neretse 2014, S. 104.

1085 Die im Folgenden aufgezählten Namen sind Beispiele und erheben keinen Anspruch, eine vollständige „Mordliste" darzustellen.

1086 Wer den persönlich unbeeindruckenden Paul Kagame jemals getroffen hat, wird den Vergleich mit Charly Chaplins karikaturalem Kunst-Hitler verstehen können. Auch der frühere amerikanische Botschafter in Burundi Robert Krueger war von Kagames Persönlichkeit wenig beeindruckt: *„Ja, ich verstand, dass er einen klassischen militärischen Sieg errungen hat. (…) Aber ich war erschüttert, dass diese Fähigkeiten von seiner offenkundigen Präferenz für Diktatur – vielleicht sogar seiner Sucht nach ethnischen Rachemassakern – zulasten von Demokratie und Toleranz verdüstert worden sind."* (Krueger und Krueger 2007, S. 110).

21. Januar 1991 als „Duftmarke" hinterließ. Mit dieser Taktik und amerikanischer Unterstützung wurde die RPF zu einem regionalen Machtfaktor.

Beim großen RPF-Angriff am 8. Februar 1993 wurde Kagames Brutalität ganz offenkundig. Etwa 40.000 Hutu-Zivilisten wurden getötet und mehrere Hunderttausend arme Hutu-Bauern für immer aus dem Norden des Landes vertrieben. Sie bildeten zusammen mit den schon im Juni 1992 aus dem Norden vertriebenen Hutu ein in fürchterlichen Umständen in der Nähe von Kigali lebendes „Flüchtlingsheer" von einer Million Menschen.

Bei den Wahlen für 18 Gemeinderäte in der entmilitarisierten, faktisch von der RPF kontrollierten Unterpräfektur Kirambo (Präfektur Ruhengeri)[1087] im November 1993 zeigte Kagame erneut seine Brutalität. Da nur Kandidaten der Habyarimana nahestehenden Partei *MRNDD* gewählt wurden, handelte Kagame schnell. Am 17. und 18. November 1993 waren alle tot.[1088]

Sein wahrscheinlich größtes Verbrechen hat Kagame an den Inlands-Tutsi 1994 begangen. Dass er tatsächlich ihre Vernichtung eingeplant hat, ist so monströs, dass man es nicht glauben mag. Aber vieles spricht dafür. Jean-Marie Ndagijimana, der ursprünglich der RPF wohlwollend gegenüberstand und in ihrer ersten Nachkriegsregierung einige Monate als Außenminister tätig war, hat ein Buch mit dem Titel *„Wie Kagame absichtlich die Tutsi geopfert hat"*[1089] geschrieben, in dem er mit verblüffender Eindeutigkeit genau dies beweist.

Auch General Dallaire hat im Januar 2004 vor dem Arusha-Gericht bezeugt, Kagame habe, als Dallaire ihm von den Warnungen eines Ministers der Regierung in Kigali berichtete, die Tutsi-Bevölkerung sei in größter Gefahr, wenn er den Krieg wieder aufnehme, geantwortet, diese Toten seien der für den RPF-Sieg zu zahlende Preis, Kagame habe sie also geopfert. Geopfert worden sind wohl gleich nach dem Attentat auch die französischen Stabsfeldwebel René Maier und Alain Didot sowie seine Frau Gilda. Man hat ihre Leichen am 13. April 1994 im Haus der Didots in der Nähe des RPF-Quartiers gefunden.

1087 Die ruandische Armee hatte sich im Waffenstillstandsabkommen von Kinihira vom 30. Mai 1993 aus diesem zur demilitarisierten Zone erklärten Gebiet zurückziehen müssen.

1088 Vgl. hierzu z.B. Karemera 2012, S. 130/131. Karemera erwähnt dabei auch die Rolle, die die stellv. US-Botschafterin Joyce Leader bei der Unterdrückung der Aufklärung dieser Morde gespielt hat. Und auch der UNAMIR-Chef General Dallaire machte keine Anstalten, diese Morde aufzuklären, was die Gewissheit unterstreicht, wer hier am Werk war.

1089 Ndagijimana 2009 in der französischen Originalfassung und Ndagijimana 2010 in englischer Übersetzung.

Am 15. April wurden sie nach Frankreich überführt. Im Informationsbericht der französischen Nationalversammlung aus dem Jahr 1998 heißt es, es gäbe Hinweise, die drei seien Opfer der RPF, aber das ließe sich nicht bestätigen.[1090] Kigali behauptete, sie seien Hutu-Extremisten-Opfer. Man ging in Paris der Sache nicht weiter nach.[1091]

Kaltblütig hat Paul Kagame beim RPF-Vormarsch 1994 auch die größtmögliche Zahl der Hutu-Zivilbevölkerung umbringen lassen.[1092] Die Massaker an den Tutsi durch Hutu-Banden während des RPF-Vormarsches machten es den Tutsi-Rebellen allerdings einfach, ihre Terrormaßnahmen gegen die Hutu-Zivilbevölkerung der internationalen Presse zu verheimlichen. Im Lande selbst verbreiteten sich die entsprechenden Informationen schnell und führten zu der von Kagame gewünschten Flucht der Hutu-Bevölkerung nach Süden und Westen. Seit der Vorlage des Berichts des spanischen Ermittlungsrichters Merelles 2008[1093] kennt man das Ausmaß der Hutu-Opfer ziemlich genau.

Eine Kagames Brutalität besonders gut charakterisierende Episode ereignete sich – wie schon erwähnt – am 23. April 1994. Nur zwei Tage nach dem UNO-Sicherheitsratsbeschluss zur Entmachtung der UNAMIR wurden in Kagames Anwesenheit im Stadion von Byumba mehr als 2.000 dort versammelte Hutu kaltblütig ermordet. Ruzibiza berichtet auch, dass Kagame am 12. Mai 1994 in dem in der Nähe von Byumba gelegenen Ort Muhura *„selbst auf seinen Jeep gestiegen ist und mit seiner 12.7-Luftabwehrkanone auf die versammelte Menge geschossen hat. Mehr als 800 Menschen wurden an diesem Tag getötet.“*[1094]

Die erwähnte Ermordung von drei Bischöfen, neun Priestern und des Generaloberen der Josephiten-Bruderschaft am 5. Juni 1994 in Gakurazo in der Nähe

---

1090 Vgl. Assemblée Nationale 1998, S. 260.

1091 Handelte es sich um einen Geheimauftrag, den man nicht preisgeben wollte? Immerhin ist nicht ganz klar, warum die beiden Spezialisten nach dem Abzug der französischen Militärs am 15. Dezember 1993 im April 1994 noch immer in Kigali waren. Luc Marchal schrieb 2010 in seiner Analyse des Mutsinzi-Berichts, er gehe davon aus, die RPF habe sie ermordet, weil sie vermutet habe, die Amateurfunker hätten ihren Funkverkehr abgehört.

1092 Dies bezeichnen viele als Völkermord, weil diese Massenmorde der Definition der UNO-Genozid-Konvention von 1948 entsprechen.

1093 Merelles 2008. Merelles beziffert die bei RPF-Rachemaßnahmen getöteten Zivilpersonen – vornehmlich Hutu – aufgrund von Zeugenaussagen mit 312.726.

1094 Ruzibiza 2005, S. 294.

von Kabgayi gab schon einen Vorgeschmack auf die antikatholische Stoßrichtung beim Kampf Kagames zur Errichtung der RPF- Diktatur.[1095]

Nach dem Sieg ging das Hutu-Morden weiter. Im Lande rauchten überall die Krematorien zur Verbrennung der Leichen aus den zuvor in Massengräbern verscharrten Hutu.[1096]

Einen weiteren Höhepunkt der Hutu-Vernichtung stellte der schon geschilderte Angriff auf die Hutu-Inlandsflüchtlingslager in Kibeho im April 1995 dar.

Aber das Schlimmste kam noch: Während des Vormarschs seiner Soldaten im ersten Kongo-Krieg 1996/1997 wurden in den Wäldern des damaligen Zaïre mehrere Hunderttausend[1097] zivile Hutu-Flüchtlinge planvoll ermordet. Es handelte sich dabei nach der Definition der UNO-Genozid-Konvention von 1948 – selbst nach Einschätzung der Menschenrechtskommissarin Navanethem Pillay – um einen weiteren Völkermord.[1098] Es sei nochmals daran erinnert, dass auch schon Roberto Garreton in einem Bericht vom Juli 1997 zu diesem Schluss gekommen war.

Eines der ersten Opfer dieses Kriegs war der Erzbischof von Bukavu Christophe Munzihirwa Mwene Ngabo. Er hatte am 22. Oktober 1996 den Angriff auf Zaïre öffentlich verurteilt und wurde nach der Einnahme Bukavus durch Kagames Soldaten am 29. Oktober 1996 ermordet. Im Zuge dieses Kriegs wurden am 18. Januar 1997 in Ruhengeri auch Maria Flors Sirera, Manuel Madrazo Osuna und Luis Valtuena Gallego, Mitarbeiter der spanischen Hilfsorganisation *Medicos del Mundo,* umgebracht. Auch der Tod von vier UNO-Menschrechtsberatern in Cyangugu am 2. Februar 1997 wird Kagame zugerechnet.[1099] Der kanadische katholische Priester Claude Simard war schon am 17. Oktober 1994 ermordet worden. Sein kanadischer Priesterkollege Guy Pinard erlitt am 2. Februar 1997 das gleiche Schicksal. Die beiden spanischen Priester Joaquim Vallmajó und

1095 Die Tatsache, dass Abbé Vénuste Linguyeneza als Augenzeuge per Zufall überlebt hat und nach dem Sieg nach Drohungen ins Exil gehen konnte, erlaubte ihm, den Fall zu dokumentieren: Linguyeneza 1999.

1096 Wie Ruzibiza schreibt, brachte man auch Hutu-Leichen an Orte, wo sie als Tutsi-Leichen deklariert wurden.

1097 Die genaue Zahl wird man niemals erfahren. Je nach Nähe zum heutigen Regime wird von 300.000 bis 400.000 zivilen Hutu-Opfern gesprochen. (Die Zahl 300.000 hat die UNHCR Hochkommissarin Sadako Osaka im Jahr 2000 Gérard Prunier gegenüber genannt. Nach: Prunier 2009, S. 148).

1098 Diese Morde sind inzwischen eindeutig im UNO-Bericht über das sog. Mapping Exercise dokumentiert (Pillay 2010). Auf die Schilderung der RPF-Verbrechen im Kongo sei auf den Abschnitt 6.1.5 zurückverwiesen.

1099 Onana 2014, S. 260 und eigene Aufzeichnungen.

Isidro Uzcudun Pouso wurden am 26. April 1997 bzw. am 10. Juni 2000 umgebracht. Der kroatische Priester Curic Vjecko ist am 31. Oktober 1998 getötet worden. Auch die belgische Direktorin einer Mädchen-Schule, die Ordensschwester Griet Bosmans, fand – von Ruzibiza bezeugt – zusammen mit 17 Schülerinnen am 27. April 1997 den Tod durch RPF-Soldaten – vermutlich weil sie verdächtigt worden war, sie habe dem früheren Innenminister Seth Sendashonga im Exil Informationen über die RPF-Gräueltaten zukommen lassen.[1100]

Im Dezember 1997 ließ man 7.000 Hutu einmauern, die sich nach dem Kongo-Krieg in den Höhlen von Kanama im Norden Ruandas versteckt hatten. Diese Mordaktion war Teil eines Programms zur Vernichtung der Ende 1996 aus den Lagern in Ost-Zaïre nach Ruanda zurückgekehrten Hutu-Flüchtlinge. Reyntjens schreibt, man könne davon ausgehen, dass unabhängig von den Toten der Kanama-Höhlen zwischen Oktober 1997 und Januar 1998 10.000 Rückkehrer ermordet worden sind. Nach außen hat man diese „Säuberungen" als Reaktionen auf Angriffe der ALIR gerechtfertigt. Aber: *„Amnesty International hat herausgefunden, dass die meisten Morde von der RPF-Armee begangen wurden, obwohl die Regierung den Großteil der Menschenrechtsverletzungen "Infiltranten" zuordnete, die als Mitglieder der Armée pour la Libération du Rwanda (ALIR) von der DR Kongo aus operiert hätten."*[1101]

Heute weiß man auch, dass die Kagame-Armee am 11. Dezember 1997 bis zu 300 Tutsi-Flüchtlinge aus dem Ost-Kongo in Mudende in Nord-Ruanda erschossen hat, um einen fiktiven Angriff von Hutu-Extremisten aus dem Ost-Kongo zu beweisen.[1102] In Zusammenhang mit der vom ersten Nachkriegs-Präsidenten Pasteur Bizimungu zusammen mit dem früheren Minister Charles Ntakirutimana 2001 gegründeten Partei PDR (*Parti Démocratique pour le Renouveau*) verloren der Tutsi-Offizier Frank Bizimungu (kein Verwandtschaftsverhältnis zu Pasteur Bizimungu) und Gratien Munyarubuga ihr Leben.[1103]

Zur Abwehr weiterer Nachfragen zu seinem Verhalten in den Kongo-Kriegen erreichte Kagame, nachdem er Kofi Annan am Vorabend durch eine

---

1100 Nach Reyntjens 2013, S. 109. Die Morde waren früher von ruandischen Behörden „Hutu-Extremisten" angelastet worden.

1101 Aus: Reyntjens 2013, S. 117. Reyntjens bezieht sich seinerseits zur AI-Feststellung auf S. 270 in Suhrke und Berdal 2012.

1102 Als Madeleine Albright Auskunft über den Vorgang verlangte, erklärte man nach einer Scheinuntersuchung, es habe sich um ein Versehen gehandelt. Der Vorgang ist in Strizek 2011, S. 247, dargestellt.

1103 Vgl. Reyntjens 2013, S. 28. Charles Ntakirutimana musste 10 Jahre im Gefängnis verbringen, während Pasteur Bizimungu nach fünf Jahren begnadigt wurde.

Abendessensabsage brüskiert hatte,[1104] am 8. Mai 1998 den Abzug der UNO-Menschenrechts-Berater.

Aus der langen Liste der Opfer von Kagame-Abtrünnigen Hutu hier nur einige prominente Namen:

- Augustin Cyiza, Offizier, Jurist und Gründer der Menschenrechtsorganisation ARDES, der 1994 in Ruanda geblieben und den „neuen Herren" gegenüber immer kritischer geworden war, verschwand nach einem Streit mit Kagame am 23.4.2003 spurlos[1105]
- Emmanuel Gapyisi, einer der Hoffnungsträger einer neuen Generation von Hutu-Politikern wurde schon am 18. Mai 1993 in Kigali ermordet, wohl weil er die Kooperation der MDR-Partei mit der RPF aufkündigen wollte
- Félicien Gatabazi, ein wichtiger PSD-Politiker, der Kagame beim RPF Eroberungszug hätte lästig werden können, fiel am 21. Februar 1994 einem Attentat zum Opfer
- Christophe Hakizabera, RPF-Offizier seit 1990[1106], brach nach dem Sieg mit Kagame und war einer der ersten, der die Kagame-Strategie in einem Schreiben vom 10. August 1999 an den früheren schwedischen Ministerpräsidenten Ingvar Carlsson publik gemacht hat.[1107] Er schloss sich später den FDLR an und wurde am 22. Oktober 2009 im Alter von 61 Jahren in einer Unterkunft für Asylbewerber in Rouen zusammengeschlagen und erlitt bleibende Schäden

---

1104 Kagame nahm Kofi Annan wohl übel, dass er sich am Nachmittag des 7.5.1998 im Parlament für die Unterlassungen der internationalen Gemeinschaft entschuldigt hatte. Der UNO-Generalsekretär sagte: "*The world must deeply repent this failure. Rwanda's tragedy was the world's tragedy. All of us who cared about Rwanda, all of us who witnessed its suffering, fervently wish that we could have prevented the genocide. Looking back now, we see the signs which then were not recognized. Now we know that what we did was not nearly enough--not enough to save Rwanda from itself, not enough to honor the ideals for which the United Nations exists. We will not deny that, in their greatest hour of need, the world failed the people of Rwanda ...*" Damit hatte er in den Augen Kagames die Schuld der Hutu relativiert.

1105 Seine Freunde haben ihm ein Buch gewidmet: Cruvellier 2004.

1106 Vgl. Collins 2014, S. 27. Hakizabera, Jg. 1949, hat die ruandische Offiziersschule absolviert und ging nach dem Habyarimana-Militärputsch 1973 nach Uganda ins Exil und schloss sich 1990 der RPF an.

1107 Hakizabera bezeugte auch die Verantwortung von Paul Kagame für das Attentat vom 6.4.1994.

- Léonard Hitimana, ein Politiker des bis dahin Kagame-freundlichen Teils der MDR-Partei, verschwand am 7. April 2003 für immer
- Théoneste Lizinde, den Kagame am 23. Januar 1991 in Ruhengeri aus dem Gefängnis befreite, wurde 1996 in Nairobi ermordet
- Seth Sendashonga, einer der wenigen Exil-Hutu, die sich der RPF angeschlossen hatten und der 1994 erster Innenminister der „neuen Ordnung" geworden war, traf am 16. Mai 1998 in Nairobi das gleiche Schicksal
- Théogène Turatsinze, ein Hutu mit Tutsi-Mutter, war Chef der staatlichen Entwicklungsbank, demissionierte aber, als er die Machenschaften der RPF-Granden nicht mehr decken wollte und ging 2007 ins Exil nach Mosambik, wo er auch studiert hatte. Als die Vorgänge in dieser Bank an die Oberfläche kamen und die ausländischen Kapitaleigner eine Untersuchung forderten, er die nötigen Informationen hätte geben können, fand man seinen Leichnam Mitte Oktober 2012 mit zusammengebundenen Händen in einem mosambikanischen See.[1108]

Wie gerade der Fall von Théogène Turatsinze zeigt, handelt es sich nicht um ein historisch überwundenes Phänomen, denn Kagame blieb bis in die jüngsten Tage bei seiner Mordlust. Man wird nicht ganz falsch liegen, wenn man seinem Regime auch die 40 im August 2014 in dem zwischen Ruanda und Burundi gelegenen Rweru-See gefundenen Leichen anlastet.[1109] Man darf Kagame auch hinter dem „Verschwinden" von Émile Gafarita in Nairobi im November 2014 vermuten, kurz bevor er in Paris bei den Ermittlungsrichtern Marc Trévidic und Natalie Poux zum Attentat vom 6. April 1994 aussagen wollte.

Am 24. Juni 2010 ließ Kagame den Journalisten Jean-Léonard Rugambage ermorden, weil er Kagames „Killer-Truppe" *(„hit squads")* zum Eliminierungsversuch von Kayumba Nyamwasa in Südafrika in seiner Internetseite beschrieben hatte.[1110]

1108 Inyenyerinews.org schrieb am 31.3.2014: *It is believed that Kagame's death squads murdered Théogène Turatsinze at a time when The Bank of Tokyo Ltd and other foreign investors had started carrying out an investigation into the financial troubles of BRD. He was a potential inconvenient witness against RPF regime. He had to be eliminated in an attempt to erase evidence.*

1109 Der burundische Generalstaatsanwalt hat die am burundischen Seeufer angeschwemmten Leichen am 14.10.2014 nach langwierigen Untersuchungen eindeutig als ruandischen Ursprungs bezeichnet. (Vgl. Jambonews.net vom 17.10.2014).

1110 Nach Reyntjens 2013, S. 49/50 und S. 66, wo berichtet wird, dass Rugambage schon 2005 wegen eines Artikels über korrupte Gacaca-Richter kurzzeitig inhaftiert war.

In Zusammenhang mit der Flucht von Nyamwasa ließ Kagame 2010 auch 17 Offiziere ermorden, von denen er vermutete, sie stünden mit Nyamwasa in Kontakt. Und schon 2004 hatte er acht Personen wegen ihres Wissens um das Attentat vom 6. April 1994 eliminieren lassen.[1111] Ob auch der angebliche Krebs-Tod von Abdul Joshua Ruzibiza – in Oslo am 22. September 2010 im Alter von nur 40 Jahren – auf Kagames Konto geht, wie Brave Bahibigwi, der Vorsitzende der Organisation *Jambonews* am 28. November 2014 in einem offenen Brief an die französischen Ermittlungsrichter Marc Trévidic und Natalie Poux behauptet, ist so unwahrscheinlich nicht.[1112]

Am 12. Januar 2014[1113] äußerte sich Kagame in der ihm eigenen Weise zur Ermordung seines langjährigen Geheimdienstchefs Patrick Karegeya, der seit 2010 in Südafrika im Exil lebte und am 1. Januar 2014 in einem Hotel in Johannesburg ermordet worden ist. Kagame leugnete, wie so oft in seinem Leben, vordergründig das Offenkundige, machte dann aber stolz klar, dass er die Hand im Spiel hatte. Er erklärte, er habe mit Karegeyas Tod nichts zu tun, bedaure jedoch, dass er es nicht selbst getan habe. Jeder, der sein Land verrate, müsse wissen, dass er zum Opfer werden würde. Er forderte die Staatsbediensteten auf, die Gegner der RPF-Ordnung zu ermorden, wo immer und wann immer sie dazu in der Lage seien.[1114]

Am Tag nach der Ermordung Karegeyas starb am 2. Januar 2014 nahe der Stadt Beni im Nord-Kivu der kongolesische Oberst Mamadou Ndala in einem Hinterhalt. Er galt als der Bezwinger der M23 und so darf man vermuten, dass

---

Generell ist der Abschnitt *„Eliminating the Independent Press“* auf den Seiten 63–69 dieses Buches eine Fundgrube zu diesem Fragenkomplex.

1111 Nach Reyntjens 2013, S. 90/91.

1112 Siehe www.*Jambonews.net* vom 28.11.2014. Ruzibizas rätselhaftes Teildementi seiner Aussagen aus dem Jahr 2009 könnte schon auf Todesdrohungen zurückgehen. Dies hat Ruzibiza Trévidic und Poux am 15.6.2010 in Norwegen – wie die Zeitschrift *Marianne* am 23.9.2010 berichtet hat – bestätigt.

1113 Kagame hielt am 12.1.2014 eine Ansprache zu grundsätzlichen Fragen beim *„National Prayer Breakfast“*, zu dem er Würdenträger seines Regimes zum Jahresbeginn vom Chef der *Rwanda Leaders Fellowship* versammeln lässt. Diese Veranstaltung ist eine Nachahmung des amerikanischen schon erwähnten *National Prayer Breakfast.*

1114 Nach Musabyimana und Neretse 2014, S. 146/147. Schon im Jahr 2012 hat Kagame versucht, seinen abtrünnigen Waffengefährten, General Kayumba Nyamwasa, in Südafrika ermorden zu lassen. Ein weiterer Attentatsversuch ist wohl unmittelbar nach dem Tod von Karegeya fehlgeschlagen.

auch hier der lange Arm von Paul Kagame im Spiel war.[1115] Das gilt auch für den Tod des Kongo-Generals Jean-Lucien Ambamba Bahuma. Er war als Generalstabschef der Kongo-Armee in Nord-Kivu ebenfalls an der Niederlage der M23 beteiligt und starb am 30. September 2014 im Alter von 57 Jahren in einem Militärkrankenhaus in Pretoria, wohin er nach einem angeblich in Uganda erlittenen Schlaganfall gebracht worden war. Wichtige Gruppen im Kongo sind davon überzeugt, dass er in Uganda Opfer eines Mordanschlags geworden war.

Am 5. Juni 2014 unterstrich Kagame noch einmal seine brutale Entschlossenheit. In einer Rede in Nyabihu im Nordwesten des Landes reagierte er auf Ermahnung des State Departments, die von HRW berichteten willkürlichen Verhaftungen zu unterlassen,[1116] trotzig, er werde weiterhin Verdächtige verhaften und wenn nötig am helllichten Tag diejenigen erschießen lassen, die seine Regierung zu destabilisieren beabsichtigen.[1117]

Um seinen Anhängern die Perfidie seiner ausländischen Kritiker zu erläutern, hat Kagame am 11. Februar 2013 vier Senatoren und drei Parlamentsabgeordnete unter Leitung des abtrünnigen katholischen Priesters Jean Damascène Bizimana eine etwa 200-seitige Schrift auf Kinyarwanda veröffentlichen lassen, deren Titel etwa so übersetzt werden könnte. „*Bericht über die Ungerechtigkeit, die Ruanda als Folge der Unsicherheit im Ost-Kongo zu erleiden hat.*“[1118] Darin

---

1115 Sein Fahrer, dem wegen unterlassener Hilfeleistung nach dem Attentat der Prozess gemacht wurde, ist am Tag nach seiner Prozess-Aussage am 3.10.2014 im Gefängnis in Beni/Nord-Ost Kongo „plötzlich und unerklärbar“ gestorben (Afrikarabia.com, 5.10.2014).

1116 Die stellv. Sprecherin des Department of State, Marie Harf, erklärte am 4.6.2014: „*The United States is deeply concerned by the arrest and disappearance of dozens of Rwandan citizens in Rwanda over the past two months. Rwandan authorities held individuals incommunicado for periods up to two months before presenting them to a court of law.*“

1117 Die auf Kinyarwanda gehaltene Rede ist im Internet verfügbar. Die Oppositionspartei RNC fasste den Teil der Rede in einer Erklärung vom 7.6.2014 so zusammen: „*In his speech, President Kagame acknowledged the illegal arrest, and disappearances, but promised instead, to take a step further, and start shooting in broad daylight those suspected to pose a security threat to his government.*“

1118 Die französische Übersetzung aus der Sprache Kinyarwanda lautet bei Musabyimana und Neretse 2014, S. 219: « *Rapport sur l'injustice que subit le Rwanda consécutivement à l'insécurité qui règne à l'Est de la République Démocratique du Congo* ». Ich soll darin ebenso als Kagame-Gegner erwähnt sein wie beispielsweise Pater Serge Desouter und die Professoren Filip Reyntjens, André Guichaoua und Bernard Lugan. So ergeht es auch den Nichtregierungsorganisationen *Human Rights Watch, EURAC, Amnesty International* oder auch dem von Joseph Matata in Brüssel

wird das Regime in leuchtenden Farben gezeichnet. Die Ermittlungsrichter Jean Louis Bruguière und Fernando Andreu Merelles wurden als Lügner abqualifiziert. Der Bericht über das sog. *Mapping Exercise* zu den im Kongo begangenen Verbrechen der Kagame-Soldaten wird als ein „Fetzen Papier" bezeichnet.

Fazit von Gaspard Musabyimana und Emmanuel Neretse zur Schrift der Parlamentarier: *„Die Forderung der Autoren ist einfach: jede natürliche oder juristische Person muss als Feind Ruandas betrachtet werden, die zu irgendeinem Zeitpunkt die Verbrechen von Paul Kagame verurteilt oder auch nur ganz einfach eine kritische Bemerkung zu seinem seit 1994 wütenden diktatorischen Regime geäußert hat."*[1119]

Gefängnisse und Zwangsarbeit

Ein besonders sichtbares Zeichen der Kagame-Diktatur sind die auch heute noch überfüllten Gefängnisse, in denen zu Beginn seiner Herrschaft Tausende ums Leben gekommen sind.[1120] Noch immer ist im Straßenbild ein Heer von Zwangsarbeitern aus den Gefängnissen an ihren rosafarbenen „Uniformen" erkennbar. Tim Townsend hat am 13. April 2014 in CNN berichtet, es seien noch immer 36.000 von einstmals mehr als 130.000 Menschen inhaftiert.[1121]

„Führende Rolle der Partei"

Das ruandische Herrschaftsmodell beruht auf dem aus Stalins Verfassung von 1936 beruhenden Prinzip der „führenden Rolle der Partei". In Ruanda nimmt die faktische Staatspartei *Ruandische Patriotische Front* diese Rolle ein und wird von einem System von Satellitenparteien umgeben. Die Vorgaben werden in einem in Art. 57 der Verfassung von 2003 verankerten *„Forum der Politischen Organisationen"* (Forum of Political Organizations) übermittelt. Mitglieder des Forums können nur staatlich genehmigte Organisationen sein.

---

geleiteten *Centre des Lutte contre l'Impunité et l'Injustice au Rwanda* (CLIIR). Dass auch die Autoren Pierre Péan, Charles Onana, Peter Verlinden, Marie-Roger Biloa, Stephen Smith und die Brüder Philpot nicht verschont werden, versteht sich. Ganz besonders aber nimmt sich der Bericht wieder Frankreichs, des Lieblingsfeinds Kagames, an. Auch Steve Hege, der Verfasser einiger UNO-Berichte zu Kagames Implikationen im Ost-Kongo, wird abqualifiziert.

1119 Musabyimana und Neretse 2014, S. 219.

1120 Vgl. hierzu besonders die Ausführungen in Abschnitt 7.1.1 und den Hinweis auf Tertsakian 2008.

1121 Siehe *http://religion.blogs.cnn.com/2014/04/13/ministering-to-evil-and-forgiving-the-unforgivable-in-rwanda/?hpt=hp_c3*).

Wer diesen Führungsanspruch nicht akzeptieren, aber dennoch am politischen Willensbildungsprozess in Ruanda teilnehmen wollte, fand sich bald im Gefängnis wieder. Denn jegliche politische Opposition wird unterdrückt und verfolgt.

Schon am 13. Juli 2010 wurde der Tutsi André Kagwa Rwisereka, Generalsekretär der Partei der Grünen, mit abgeschlagenem Kopf in der Nähe von Butare aufgefunden. Niemand zweifelt, dass hinter dem Tod dieses Wahlkämpfers die Todesbrigaden des Regimes steckten. Der Gedanke ist nicht abwegig, dass auch der Tod des 33-jährigen Gustave Sharangabo Makonene am 17. Juli 2013 etwas mit dem Wirken dieser Kräfte zu tun hat. Er hatte in Kigali als Vorsitzender des ruandischen Chapters von *Transparency International* (TI) eine viel riskantere Position inne, als das die allgemeine, von der Organisation selbst verbreitete Reputation[1122] als nichtkorruptes Regime vermuten ließ.[1123]

Zum Symbol für oppositionellen Mut wurde die Hutu-Politikerin Victoire Ingabire Umuhoza, die, nur weil sie ihre Partei *FDU-Inkingi* zur Präsidentschaftswahl 2010 anmelden und selbst kandidieren wollte, kurz nach ihrer Ankunft in Kigali im Januar 2010 inhaftiert und am 13. Dezember 2013 zu 15 Jahren Gefängnis verurteilt wurde.[1124] In der deutschen Presse wurde darüber so gut wie nicht berichtet und auch der Bundesregierung scheint das skandalöse Urteil kein Kopfzerbrechen zu bereiten.

Besonders tragisch ist der Fall des Tutsi Déogratias Mushayidi, dessen Familie 1994 viele Opfer zu beklagen hatte und der ebenfalls zur Präsidentschaftswahl

---

1122 Noch im Februar 2014 lobte die Vorsitzende von *Transparency International*, die Kanadiern Huguette Labelle, bei einem Besuch in Kigali die Performance des Regimes: *"We are pleased with the good rankings that Rwanda registers concerning corruption."* (The Rwanda Focus, 17.2.2014) Bei einer Kranzniederlegung zur Erinnerung an seinen Tod war keine Kritik an den erfolglosen Ermittlungen zu vernehmen. Und auch ein Jahr nach seiner Ermordung war TI, mit Sekretariatssitz in Berlin, dieser Tod nur eine dürre Beileidsbekundung für die Familie wert. (Bei ihrem Besuch erinnerte Huguette Labelle auch an den Tod des Journalisten und TI-Aktivisten Yves Nyirinkwaya. Ob sein Ableben so natürlich war wie dargestellt?)

1123 Aus Südafrika *(http://fr.starafrica.com)* wurde am 30.12.2014 gemeldet, zwei Polizisten werde im Januar 2015 in Kigali der Prozess gemacht. Sie hätten sich schuldig bekannt, Gustave Sharangabo Makonene ermordet zu haben, weil sie seine Enthüllungen über ihre Verwicklungen in illegale Coltan-Importe aus der DR Kongo befürchtet hätten. Das schließt nicht aus, dass sie nur Sündenböcke sind.

1124 In diesem Zusammenhang sei auch nochmals an den amerikanischen Jura-Professor Peter Erlinder erinnert, der in Kigali für einige Zeit im Gefängnis festgehalten wurde, als er Victoire Ingabire Umuhoza verteidigen wollte.

2010 mit seiner Partei antreten wollte. Er wurde von Burundi aus nach Kigali entführt und seine lebenslange Haftstrafe wurde am 24. Februar 2012 vom Berufungsgericht bestätigt. Auch der Parteichef der offiziell zur Wahl zugelassenen *Parti Social-Imberakuri,* Rechtsanwalt Bernard Ntaganda, saß zwischen 2010 und 2014 im Gefängnis. Die Journalistin Agnès Uwimana Nkusi hat wegen angeblicher Diffamierung des Staatschefs vier Jahre im Gefängnis verbringen müssen.[1125]

Bei den Präsidentschaftswahlen am 9. August 2010 „gönnte" sich Kagame schließlich – faktisch ohne Gegenkandidaten – 93 % Stimmenanteil für ein siebenjähriges Mandat.

Am 16. September 2013 ließ Kagame wieder ein Parlament „wählen" und seiner RPF rund 76 % der abgegebenen Stimmen gutschreiben.

Gespaltene Nation

Entgegen der wohlklingenden propagierten Versöhnungspolitik, die offiziell keine ethnischen Gruppen mehr kennt und zur Erleichterung der Bildung der nationalen Einheit die Leugnung des Völkermords unter Strafe stellt, wird Ruanda seit 20 Jahren von den Exil-Tutsi beherrscht. Ein Machtinstrument war dabei die Einführung des Englischen neben dem Kinyarwanda als zweite offizielle Sprache. Dies erleichtert die Durchsetzung des Prinzips, nur die Vertreter der anglophonen Rückkehrer aus dem Exil in den obersten Staats- und noch mehr in den Militärgremien mit Ämtern zu bedenken. Die frankophonen Tutsi-Vorkriegs-Eliten sind damit automatisch im Nachteil und die frankophonen Hutu-Eliten wurden, soweit sie nicht 1994 geflohen sind, völlig von der Macht verbannt.

Zur Einschüchterung aller Abweichler hat Kagame im November 2013 eine Kampagne *„Ich bin Ruander"* (*„Ndi umunyarwanda"*) in Gang gesetzt, die von allen Hutu das Eingeständnis einer Kollektivschuld als Völkermörder gegenüber der Tutsi-Bevölkerung fordert, für die sie sich zu entschuldigen hätten. Jean-Marie Vianney Ndagijimana, dem niemand eine Anti-Tutsi-Haltung vorwerfen kann, fordert in einem Aufruf vom 30. November 2013 zu Recht, ein solcher Rassismus solle von der Weltgemeinschaft verurteilt werden. Er schreibt: *„Zu behaupten, der Tutsi-Genozid sei im Namen aller Hutu begangen worden, ist eine der historischen Wahrheit zuwiderlaufende Staatslüge. Das ist der Versuch, bewusst die Hutu und Tutsi gegeneinander aufzubringen und dabei auch noch zu vertuschen, dass Paul Kagame, der alles unternommen hat, um die Militärmission der Vereinten Nationen, die den Genozid hätte aufhalten sollen, hinauszuzögern,*

1125 Sie wurde am 18.6.2014 nach Verbüßung ihrer Strafe aus dem Gefängnis entlassen.

eine große Verantwortung für diesen Genozid trägt."[1126] Besser könnte man kaum beschreiben, dass Ruanda heute ethnisch gespaltener ist denn je. Das Fazit von Musabyimana und Neretse: *„Man kommt nicht umhin nach 20 Jahren festzustellen, dass die ehemaligen Rebellen aus Uganda unter dem Schirm schöner Reden und einer hervorragenden Propaganda autoritär mit Hilfe von Lügen und Unterdrückung herrschen und das Land mit systematischer Ausbeutung (en coupe réglée) regieren.*"[1127]

Das große offiziell gegen die Bevölkerungsexplosion gerichtete Sterilisierungsprogramm wird, weil faktisch nur Hutu davon betroffen sind, von der Hutu-Bevölkerung nicht zu Unrecht als Ausdruck rassistischer Verachtung der Bevölkerungsmehrheit begriffen.[1128]

Auch im „Erziehungslager"[1129] *Iwawa* auf der Kivu-See-Insel Idjwi werden allen verfügbaren Informationen zufolge nur Hutu-Jugendliche „umerzogen".

Die propagierte nationale Versöhnung konnte unter diesen Bedingungen nicht stattfinden und die im Pro-Kagame-Lager immer wieder auftauchenden Berichte über Opfervergebung durch Teile der Tutsi-Bevölkerung haben eine politisch vordergründige Funktion.[1130]

Ein Wirtschaftswunderland?

Im von Weltbank, IWF, der Afrikanischen Entwicklungsbank unter dem Vorsitz des früheren Kagame-Finanzministers Donald Kaberuka und den internationalen Medien verbreiteten Narrativ wird Ruanda als ein Wirtschaftswunderland beschrieben. Zur Demonstration wurde die Hauptstadt Kigali mit den Einkünften aus im Kongo eroberten Bodenschätzen und mit Hilfe der reichlich fließenden Budgethilfen der Entwicklungskooperation zu einem leuchtenden Schaufenster ausgebaut. Aber die Einkünfte aus geraubten Bodenschätzen gingen mit dem Ende des 4. Kongokriegs nach der Niederlage der von Ruanda gestützten M23-Bewegung im November 2013 rapide zurück. Kagame sah sich 2012 zur

1126 *www.avaaz.org/fr/petition/Communaute_internationale_ONG_et_democrates_rwandais_Demandons_le_Retrait_immediat_du_programme_Ndi_umunyarwanda/?copy.*

1127 Musabyimana und Neretse 2014, S. 5.

1128 Vgl. hierzu ganz besonders das Kapitel *„Stérilisation obligatoire de la population"* in: Musabyimana und Neretse 2014.

1129 Offizieller Name: *Iwawa Rehabilitation & Vocational Skills Development Center.*

1130 In diesem Sinne interpretiere ich den Bericht in Nr. 7/2014 des evangelischen Magazins *chrismon*. Mit der Schilderung einer Reuehandlung eines Hutu gegenüber seiner damaligen Tutsi-Opfer-Nachbarin soll dem von der EKD mit viel Nachsicht behandelten RPF-Staat etwas Gutes getan werden.

Füllung der sich abzeichnenden Finanzierungslücke gezwungen, den Solidaritätsfonds *Agaciro* aufzulegen.[1131]

Die ohnedies wirtschaftlich katastrophale Lage der großen Mehrheit der Hutu-Bevölkerung auf dem Lande wird dadurch noch weiter belastet. Die einkommensschaffende Kaffee- und Teeproduktion wurde in den letzten 20 Jahren leicht gesteigert. Aber dies ging zulasten der Nahrungsmittelproduktion, der Existenzgrundlage der Menschen. Ihre Lage wurde zudem noch durch eine der Kollektivierung seligen Angedenkens vergleichbare Kampagne zur „Verdörflichung" (*imidugudu*) der bisher in Streusiedlungen lebenden Hutu-Familien verschärft.[1132]

Eine Industrialisierung hat nicht stattgefunden und auch der Traum vom regionalen Dienstleistungszentrum nach dem Vorbild der Schweiz oder auch Singapurs wird sich wohl nicht realisieren lassen. Musabyimana und Neretse resümieren in Übereinstimmung mit vielen anderen Beobachtern[1133] die Lage so: *„Die Bevölkerung auf dem Land vegetiert in größter Armut dahin und der Graben zwischen Reichen und Armen wird immer größer. Als ob das nicht reicht, werden noch immer ungerechte Maßnahmen ergriffen, um das einfache Volk zugunsten der seit 20 Jahren etablierten Oligarchie noch weiter zu verarmen.*"[1134]

Ruanda dürfte unter den Bedingungen der RPF-Herrschaft kein Bündnispartner der Bundesrepublik Deutschland sein.[1135] Aber mit der historisch falschen Begründung, diese Diktatur habe Nachsicht verdient, weil sie den Tutsi-Völkermord beendet habe, wurde der Bruch mit dem Kagame-Regime unter dem Einfluss der Clintons, Blairs und anderer RPF-Unterstützer weder von der Bundesregierung, noch den Parteien und gesellschaftlichen Gruppen jemals ernsthaft in Erwägung gezogen.[1136]

1131 Vgl. hierzu beispielsweise Musabyimana und Neretse 2014, S. 309ff.

1132 Zu dem „Modernisierungs-Programm" *imidugudu* hat Catharine Newbury in Straus und Waldorf 2011 einen informativen Beitrag geschrieben.

1133 Bei meinem einzigen Treffen mit Alison Des Forges am Rande einer Tagung in der Evangelischen Akademie Loccum am 6.3.2004 hat sie mir schon die fürchterliche Lage der Landbevölkerung im „neuen Ruanda" geschildert.

1134 Musabyimana und Neretse 2014, S. 307.

1135 Zu diesem Schluss kam schon 1998 bei Anwendung der damals gültigen 5 entwicklungspolitischen Kriterien für die Entwicklungszusammenarbeit eine von mir organisatorisch betreute, nicht veröffentlichte und vom Auswärtigen Amt zurückgewiesene BMZ-Evaluierung.

1136 Die Erklärung von Entwicklungsminister Dirk Niebel vom 5.6.2013, Ruanda sei *„eine Demokratie in Entwicklung"*, war zynisch. (In einem Interview mit Elvira Treffinger vom Evangelischen Presse-Dienst nach seiner letzten Auslandsreise mit

Der Vertreter der Generalbundesanwaltschaft hat im Schlussplädoyer des Prozesses der Staatsschutzkammer des Frankfurter Oberlandesgerichts gegen Onesphore Rwabukombe am 28. Januar 2014 ein ganz besonders eklatantes Beispiel für die mangelnde Distanz gegenüber der Kagame-Diktatur geboten. Er wusch das Regime mit der Feststellung rein, niemand habe in Kigali ein Interesse an einem falschen Urteil in Frankfurt und niemand habe die aus Ruanda kommenden Zeuginnen und Zeugen jemals eingeschüchtert. Und die para-staatliche Opferorganisation *Ibuka*[1137] die bei Musabyimana und Neretse als Zentrum *eines Syndikats von Verleumdern* dargestellt wird, und in Frankfurt faktisch als Nebenkläger vertreten war, hätte überhaupt kein Interesse an der Verurteilung eines Unschuldigen.

Aber kein Staatschutzsenat und keine Bundesregierung haben gewagt, den Terrorakt des Flugzeugabschusses vom 6. April 1994 auch nur im Ansatz zu untersuchen.

Eine beklagenswerte Nachsicht hat die Bundesregierung auch im Fall des abgeschobenen Asylbewerbers Innocent Irankunda an den Tag gelegt, der sofort nach Ankunft in Kigali am 15. Oktober 2009 ohne Protest des Auswärtigen Amts inhaftiert und unter vorgeschobenen Anschuldigungen verurteilt wurde.[1138]

Die demokratische Partei FDU-Inkingi von Victoire Ingabire Umuhoza hat zusammen mit anderen Organisationen am 1. August 2014 im Hinblick auf den amerikanisch-afrikanischen Gipfel vom 6. August 2014 an Präsident Barack Obama appelliert, sich von der Kagame-Diktatur zu distanzieren, weil sie allen von den USA vertretenen Werten widerspreche. Dem sollte sich auch die Bundesregierung anschließen.

Kagame konnte am 7. April 2014 den zwanzigsten Jahrestag des Beginns seiner Machteroberung begehen und nochmals seiner Leidenschaft der

---

einem Kigali-Besuch. Das Interview wurde interessanterweise nur auf der Internetseite der ruandischen Botschaft in Berlin veröffentlicht.).

1137 Reyntjens schreibt in *African Affairs*, 4/ 2011, S. 13, *Ibuka* sei im Jahr 2000 gleichgeschaltet worden. Daraufhin sei der Vize-Vorsitzende Josué Kayijaho ins Exil gegangen und sein Bruder Assiel Kabera ermordet worden.

1138 Nach deutschem Recht hätte er nicht abgeschoben werden dürfen, wenn die Gefahr bestand, dass er für seinen Asylantrag bestraft würde. Die Rechtsanwältin Florentine Heiber hatte seine Abschiebung mit großem Einsatz – leider letztlich erfolglos – zu verhindern versucht. Unter dem Eindruck der Haftstrafe für Irankunda in Ruanda hat sie die Bundesregierung aufgefordert, ihn zurückzuholen.

Beschuldigungen Frankreichs frönen.[1139] Das RPF-Netzwerk konnte mit einiger Genugtuung die Flut von Medienbeiträgen im Geist der offiziellen Lesart konstatieren.

Aber es klingt wie das Pfeifen im Wald, wenn Kagame auf die Frage seines „Hofjournalisten" François Soudan, ob es ihn denn nicht beunruhige, dass er kaum noch Freunde in Washington habe, antwortete: *„Meines Wissens gibt es kein wirkliches Problem. Es waren amerikanische Flugzeuge, die unsere Truppen zum Einsatz in die Zentralafrikanische Republik brachten und unsere Kooperationen auf vielen Gebieten bleiben gut. Die wenigen Statements, auf die Sie sich beziehen, sind Interviewantworten, aber keine offiziellen Erklärungen."*[1140]

1139 In einem antifranzösischen Interview mit *Jeune Afrique* einige Tage zuvor hat er den Besuch der ihm gewogenen französischen Justizministerin Christiane Taubira – sie war als Belastungszeugin im Péan-Prozess aufgetreten! – verhindert und dann sogar den französischen Botschafter von den Feierlichkeiten ausgeladen.

1140 Aus dem Interview mit François Soudan in *The Africa Report*, London, Heft 61, Juni 2014, S. 52.

Teil II: Dokumentation

A) Namensliste der Angeklagten des Arusha-Gerichts

Nr.	Name, Vorname/ Prozess-Aktenzeichen	Funktion im April 1994	Inhalt des letztinstanzlichen Urteils. In Klammern der Ort der Strafverbüßung
1	Anonym „GAA“ ICTR-07-90-R77	Unbekannt (Meineidsverfahren)	9 Monate
2	AKAYESU, Jean Paul ICTR-96-4-T	Bürgermeister der Gemeinde Taba	Lebenslang (Mali)
3	BAGAMBIKI, Emmanuel ICTR 99-46	Präfekt in Cyangugu	Freispruch
4	BAGARAGAZA, Michel ICTR 05-86	Generaldirektor der Tee-Behörde OCIR/Thé	8 Jahre Gefängnis (Schweden; inzwischen frei)
5	BAGISILSHEMA, Ignace ICTR 05-86	Bürgermeister der Gemeinde Mabanza	Freispruch
6	BAGOSORA, Théoneste ICTR-98-41-T (Prozess Militär I)	Staatssekretär im Verteidigungsministerium als Oberst i.R.	35 Jahre (Mali)
7	BARAYAGWIZA Jean Bosco ICTR-99-52-T	Politischer Direktor im Außenministerium; Mitgründer der Partei CDR; Mitgründer von RTLM	32 Jahre (am 27. 6.2009 in Porto Novo/Benin verstorben)
8	BICAMUMPAKA, Jérôme ICTR 99-50-T	Außenminister der Interimsregierung	Freispruch
9	BIKINDI, Simon ICTR-01-72-T	Ruandischer Sänger	15 Jahre (Benin)
10	BISENGIMANA, Paul ICTR 00-60-T	Bürgermeister der Gemeinde Gikore	15 Jahre (Mali)
11	BIZIMANA, Augustin ICTR-98-44F-R71bis	Verteidigungsminister der Interimsregierung	Flüchtig
12	BIZIMUNGU, Augustin ICTR-2000-56	Generalstabschef der ruandischen Armee ab 17.4.1994	30 Jahre (noch offen)

Nr.	Name, Vorname/ Prozess-Aktenzeichen	Funktion im April 1994	Inhalt des letztinstanzlichen Urteils. In Klammern der Ort der Strafverbüßung
13	BIZIMUNGU, Casimir ICTR-99-50-T (Prozess Regierung II)	Gesundheitsminister der Interimsregierung	Freispruch
14	BUCYIBARUTA, Laurent ICTR 2005–85	Präfekt von Gikongoro	Verfahren an Frankreich überstellt
15	GACUMBITSI, Sylvestre ICTR-2001-64-T	Bürgermeister der Gemeinde Rusumo	Lebenslang
16	GATETE, Jean-Baptiste ICTR-2000-61-T	Direktor im Jugendministerium, vorher Bürgermeister in Murambi	40 Jahre
17	HATEGEKIMANA, Ildephonse ICTR-00-55B-T	Befehlshaber des Militärcamps Ngoma in der Präfektur Butare.	Lebenslang
18	IMANISHIMWE, Samuel ICTR-99-46-T	Chef des Militärcamp Karambo in Cyangugu	12 Jahre (Mali; inzwischen frei)
19	KABILIGI, Gratien ICTR-98-41-T	Armee-General	Freispruch
20	KABUGA, Félicien ICTR-98-44B-R71bis	Unternehmer; Mitgründer von RTLM	Flüchtig
21	KAJELIJELI, Juvénal ICTR-98-44A	Bürgermeister von Mukingo	45 Jahre
22	KALIMANZIRA, Callixte ICTR-05-88-T	Innen-Staatssekretär der Interimsregierung	25 Jahre
23	KAMBANDA, Jean ICTR 97-23-S	Chef der Interimsregierung	Lebenslang (Mali)
24	KAMUHANDA, Jean de Dieu ICTR-95-54A-T	Schulminister der Interimsregierung (ab Mai 1994)	Lebenslang (Mali)
25	KANYABASHI, Joseph ICTR 96-15 und ICTR-98-42-T	Bürgermeister der Gemeinde Ngoma/Butare	Berufungsurteil 2015 erwartet

Nr.	Name, Vorname/ Prozess-Aktenzeichen	Funktion im April 1994	Inhalt des letztinstanzlichen Urteils. In Klammern der Ort der Strafverbüßung
26	KANYARUKIGA, Gaspard ICTR-2002-78-T	Geschäftsmann in Kivumu und Kigali	30 Jahre (Benin)
27	KAREMERA, Edouard ICTR-98-44	MRNDD-Vizepräsident (Innenminister der Interimsregierung ab 17.5.1994)	Lebenslang (noch offen)
28	KARERA, François ICTR-01-74-A	Präfekt Kigali-Land	Lebenslang (Benin)
29	KAYISHEMA, Clement ICTR 95-1-T	Präfekt in Kibuye	Lebenslang (Mali)
30	KAYISHEMA, Fulgence ICTR 01-67- RIIbis	Polizeiinspektor der Gemeinde Kivumu (Präfektur Kibuye)	Flüchtig
31	MBARUSHIMANA, Callixte N0050/01/3.2	Bei UNO in Kigali tätig	Ermittlungen eingestellt
32	MBARUSHIMANA, Eugène	Nationalsekretär der MRNDD-*Interahamwe*	Keine Anklage
33	MPAMBARA, Jean ICTR-01-65-T	Bürgermeister der Gemeinde Rukara	Freispruch
34	MPIRANYA, Protaïs ICTR- 2000-56-I	Chef der Präsidentengarde	flüchtig (wahrscheinlich verstorben)
35	MUGENZI, Justin ICTR-99-50-A	Handelsminister der Interimsregierung	Freispruch
36	MUGESERA, Léon (Kein ICTR-Vorgang)	Er war 1994 schon nach Kanada geflohen	Aus Kanada nach Kigali abgeschoben
37	MUGIRANEZA, Prosper ICTR-99-50-A	Minister für den öffentlichen Dienst der Interimsregierung	Freispruch
38	MUHIMANA, Mikaeli ICTR- 95-1B-T	Conseiller der Gemeinde Gishyita	Lebenslang (Mali)
39	MUNYAGISHARI, Bernard ICTR-05-89-ARl1/bis	Vermuteter Milizen-Chef in Gisenyi	Am 24.7.2013 Abgabe des Verfahrens nach Kigali
40	MUNYAKAZI, Yussuf ICTR-97-36A-T	Wohlhabender Landwirt in der Präfektur Cyangugu	25 Jahre (Mali)

Nr.	Name, Vorname/ Prozess-Aktenzeichen	Funktion im April 1994	Inhalt des letztinstanzlichen Urteils. In Klammern der Ort der Strafverbüßung
41	MUNYARUGAMA, Pheneas Fall Nr. 02-79-R11bis	Offizier	Flüchtig
42	MUNYESHYAKA, Wenceslas ICTR-05-87-I	Kath. Priester in Kigali	Verfahren an Frankreich abgegeben
43	MUSABYIMANA, Samuel ICTR 01-62	Bischof der anglikanischen Kirche der Diözese Shyogwe/Gitarama	Vor Urteil verstorben
44	MUSEMA, Alfred ICTR-96-13-A	Direktor der Teefabrik Gisovu/Kibuye	Lebenslang (Mali)
45	MUVUNYI, Tharcisse ICTR-2000-55A	Oberstleutnant, Chef der Unteroffiziersschule ESO	15 Jahre (am 6.5.2012 aus der Haft entlassen)
46	NAHIMANA, Ferdinand ICTR-99-52-A	Universitätsprofessor (Historiker)	30 Jahre (Mali)
47	NCHAMIHIGO, Siméon ICTR 01-63	Staatsanwalt in Cyangugu	40 Jahre (Benin)
48	NDAHIMANA, Grégoire ICTR 2001-68	Bürgermeister von Kivumu	25 Jahre
49	NDAYAMBAJE, Elie ICTR-96-8	Bürgermeister von Muganza/Butare	Berufungsurteil 2015
50	NDIMBATI, Aloys ICTR-95-1F-R11bis	Bürgermeister von Gisovu	Flüchtig
51	NDINDABAHIZI, Emmanuel ICTR-01-71-A	Finanzminister der Interimsregierung	Lebenslang (Benin)
52	NDINDILIYIMANA, Augustin ICTR-2000-56	Gendarmerie-Generalstabschef	Freispruch
53	NGEZE, Hassan ICTR-99-52-T	Journalist	35 Jahre (Mali)
54	NGIRABATWARE, Augustin ICTR 99-54-T	Planungsminister der Interimsregierung	30 Jahre (noch offen)

Nr.	Name, Vorname/ Prozess-Aktenzeichen	Funktion im April 1994	Inhalt des letztinstanzlichen Urteils. In Klammern der Ort der Strafverbüßung
55	NGIRUMPATSE, Matthieu; ICTR-98-44-T	MRNDD-Vorsitzender	Lebenslang (noch offen)
56	NIYITEGEKA, Eliézer Prozess-Nr. ICTR 96–14	Informationsminister der Interimsregierung	Lebenslang (Mali)
57	NIZEYIMANA, Ildephonse; ICTR-2000-55-T	Hauptmann an der Unteroffiziersschule ESO in Butare	35 Jahre (noch offen)
58	NSABIMANA, Sylvain ICTR-98-42-T	Präfekt in Butare (bis 17.6.1994)	Berufungsurteil 2015
59	NSENGIMANA, Hormisdas ICTR-01-69-T	Kath. Priester	Freispruch
60	NSENGIYUMVA, Anatole ICTR-98-41-T (Militär I)	Oberstleutnant, Militärchef von Gisenyi	15 Jahre (nach Urteil freigelassen)
61	NSHOGOZA, Léonidas ICTR-2007-91	Jurist (mehr ist nicht bekannt)	10 Monate
62	NTABAKUZE, Aloys ICTR-98-41-T/ICTR 98-41A	Major. Kommandeur des Fallschirmjäger-Bataillons in Kigali	35 Jahre (Benin)
63	NTAGANZWA, Ladislas ICTR-96-9-R11bis	Früher Bürgermeister von Nyakizu (Präfektur Butare)	Flüchtig
64	NTAGERURA, André ICTR-99-46-A	Transportminister der Interimsregierung	Freispruch
65	NTAHOBALI, Arsène Shalom ICTR-98-42-T	Student, Teilzeit-Hotelmanager (Sohn der Familienministerin Pauline Nyiramasuhuko)	Berufungsurteil 2015
66	NTAKIRUTIMANA, Elizaphan ICTR-96-10	Pastor und Präsident der West-Ruanda-Vereinigung der Adventisten-Kirche des 7. Tags	10 Jahre (verstorben)
67	NTAKIRUTIMANA, Gérard ICTR-96-17-T	Arzt; Sohn von Elizaphan Ntakirutimana	25 Jahre (Benin)

Nr.	Name, Vorname/ Prozess-Aktenzeichen	Funktion im April 1994	Inhalt des letztinstanzlichen Urteils. In Klammern der Ort der Strafverbüßung
68	NTAWUKULILYAYO, Dominique ICTR-05-82-T	Subpräfekt in der Unterpräfektur Gisagara/ Präfektur Butare	20 Jahre (Mali)
69	NTEZIRYAYO, Alphonse ICTR 97-29	Präfekt von Butare	Berufungsurteil 2015
70	NTIWIRAGABO, Aloys ICTR-97-35-DP	Oberst, Chef des militärischen Gemeindiensts (G2) im Generalstab	Haftbefehl wurde nie ausgeführt, untergetaucht
71	NTUYAHAGA, Bernard ICTR-98-40-T	Major im Generalstab der Armee	In Arusha Verfahren eingestellt, aber im Prozess in Belgien am 4.7.2007 zu 20 Jahren verurteilt
72	NYIRAMASUHUKO, Pauline ICTR-98-42-T	Familienministerin der Interimsregierung	Berufungsurteil 2015
73	NZABIRINDA, Joseph ICTR-01-77	Encadreur de la Jeunesse seiner Heimatgemeinde	7 Jahre (inzwischen frei)
74	NZABONIMANA, Callixte ICTR-98-44D-T	Jugendminister in der Interimsregierung	Lebenslang (noch offen)
75	NZIRORERA, Joseph ICTR 98-44-I	MRNDD-Generalsekretär	Vor Urteil verstorben
76	NZUWONEMEYE, François-Xavier ICTR-2000-56	Major, Chef des Aufklärungsbataillons in Kanombe/Kigali	Freispruch
77	RENZAHO, Tharcisse ICTR-97-31-A	Oberst; Präfekt von Kigali-Stadt	Lebenslang (Mali)
78	RUGAMBARARA, Juvénal ICTR-00-59-T	Bürgermeister der Gemeinde Tare	11 Jahre (Benin; inzwischen frei, Aufenthaltsort unbekannt)
79	RUGGIU, Georges (Omar) ICTR 37-32-I	italo-belgischer Journalist bei RTLM	12 Jahre (Italien; inzwischen frei)
80	RUKUNDO, Emmanuel ICTR 01–70	Kath. Militärgeistlicher	23 Jahre (Mali)

Nr.	Name, Vorname/ Prozess-Aktenzeichen	Funktion im April 1994	Inhalt des letztinstanzlichen Urteils. In Klammern der Ort der Strafverbüßung
81	RUSATIRA, Léonidas ICTR 02–80	General	Anklage aufgehoben
82	RUTAGANDA, George ICTR-96-3-T	Geschäftsmann und Mitglied der provisorischen Führung der MRNDD-Interahamwe	Lebenslang (in Benin 2010 im Gefängnis verstorben)
83	RUTAGANIRA, Vincent ICTR-95-1C-T	Mechaniker; gewählter Gemeinderat für den Sektor Mubuga der Gemeinde Gishyita	6 Jahre (inzwischen frei)
84	RUZINDANA, Obed ICTR-95-1 und ICTR-96–10	Geschäftsmann in Kigali (lebte nach 6.4.1994 in der Präfektur Kibuye)	25 Jahre (Mali)
85	RWAMAKUBA, André ICTR-98-44C-T	Minister für das Primar- und Sekundarschulwesen in der Interimsregierung	Freispruch
86	RYANDIKAYO , Charles ICTR-95-1	Restaurantbesitzer in der Gemeinde Gishyita/ Präfektur Kibuye	Flüchtig
87	SAGAHUTU, Innocent ICTR-2000-56	Hauptmann, Stellv. Chef des Aufklärungsbataillons in Kanombe/Kigali	15 Jahre (inzwischen frei)
88	SEBUREZE, Déogratias ICTR 99-54-T und MICT-13-40-AR9	Jurist, erst 2013 im Rahmen der Mitwirkung an der Verteidigung von Ngirabatware im Rahmen des „Mechanismus" beschuldigt	Ermittlungen eingestellt
89	SEMANZA, Laurent ICTR-97-20	Nach Ablösung als Bürgermeister der Gemeinde Bicumbi/ Präfektur Kigali-Land 1993 noch Mitglied der nationalen MRNDD-Führung	35 Jahre (Mali)
90	SEROMBA, Athanase ICTR-2001-66-A	Kath. Priester der Kirchengemeinde Nyange (Präfektur Kibuye)	Lebenslang (Benin)

Nr.	Name, Vorname/ Prozess-Aktenzeichen	Funktion im April 1994	Inhalt des letztinstanzlichen Urteils. In Klammern der Ort der Strafverbüßung
91	SERUGENDO, Joseph ICTR-2005-84-I	Technikchef von RTLM	6 Jahre (am 22.8.2006 im Gefängnis in Arusha verstorben)
92	SERUSHAGO, Omar ICTR-98-39-A	Mutmaßliches Führungsmitglied der MRNDD-Interahamwe in Gisenyi	15 Jahre (Mali; nach Haftentlassung verstorben)
93	SETAKO, Ephrem ICTR-04-81-A	Oberstleutnant; ab November 1993 Chef der Rechtsabteilung des Verteidigungsministeriums	25 Jahre (Benin)
94	SIKUBWABO, Charles ICTR-95-1D-R11bis	Bürgermeister der Gemeinde Gishyita/ Präfektur Kibuye	Flüchtig
95	SIMBA, Aloys ICTR-2001-76-T	Pensionierter Oberstleutnant	25 Jahre (Benin)
96	TURINABO, Maximilien ICTR 99-54-T und MICT-13-40-AR9	2013 Ermittler für die Ngirabatware-Verteidigung	Ermittlungen eingestellt
97	UWILINGIYIMANA, Juvénal	Direktor der staatlichen Tourismusbehörde	Am 22.12.2005 tot in Brüssel aufgefunden
98	UWINKINDI, Jean ICTR-01-75	Pastor der Pfingstkirche in Kanzenze/Präfektur Kigali-Land	Verfahren nach Kigali überstellt
99	ZIGIRANYIRAZO, Protaïs ICTR-01-73-T	Geschäftsmann (Bruder von Frau Kanziga-Habyarimana)	Freispruch

B) Kurzaufzeichnungen[1141] zu allen Verfahren des Arusha-Gerichts

(Stand Dezember 2014)

1) Anonym „GAA“

Biographische Angaben	Im Prozess gegen Minister Jean de Dieu Kamuhanda hatte der anonyme, ausdrücklich als Tutsi bezeichnete Zeuge der Anklage „GAA“ ausgesagt, er habe den Angeklagten am 12. April 1994 in der Kirchengemeinde Gikomero gesehen.[1142] Im Berufungsgericht hat er dann diese Aussage widerrufen und im Sinne der Verteidigung ausgesagt, er sei am 12.4.1994 nicht in Gikomero gewesen. Im Meineid-Prozess, dem eine Schuldanerkennungsvereinbarung vorausgegangen war, glaubte man ihm, dieser Widerruf sei eine Falschaussage gewesen. Er sei doch am 12.4.1994 in Gikomero gewesen und habe Kamuhanda gesehen. „GAA“ wurde nach Verbüßung der Strafe auf freien Fuß gesetzt.
Anklage-Inhalt	Im 11. Juni 2007 wurde Anklage gegen „GAA“ erhoben, weil er in verschiedenen Statements eingestanden habe, am 18. Mai 2005 unter Eid vor dem Berufungsgericht im Fall Jean de Dieu Kamuhanda bewusst falsche Aussagen gemacht zu haben.
Kammer-Verfahren	**Urteil am 4.12.2007** **Richter:** Dennis C. M. Byron (Vorsitz), Gberdao Gustave Kam, Vagn Joensen; **Anklage:** Jallow et al.; **Verteidigung:** Cecil J. Maruma **Inhalt** 9 Monate Haft auf der Basis einer Schuldeingeständnis-Vereinbarung mit der Anklage. Er erklärte, er sei von Léonidas Nshogoza (siehe zu ihm gesonderte Aufzeichnung) bestochen worden, im Berufungsgericht am 18.Mai 2005 seine Aussagen im Hauptverfahren für falsch zu erklären.
Berufungs-Verfahren	---

1141 In den Fußnoten zu den einzelnen Aufzeichnungen wird häufig auf Textziffern (Tz.) der Urteile verwiesen. Wenn nichts anderes vermerkt, sind diese über die Kategorie *Cases* herunterzuladen bei: *www.unictr.org* oder in der Gerichts-Datenbank *http://trim.unictr.org* zu finden.

1142 Vgl. Tz. 334 im Kammer-Urteil gegen Kamuhanda.

Kurz-Bewertung	Dieses milde Urteil ist nur unter dem Aspekt verständlich, dass Minister Jean de Dieu Kamuhanda nur dann lebenslänglich verurteilt werden konnte, wenn man glaubte, „GAA" habe den Minister tatsächlich am 12.4.1994 in Gikomero gesehen. Bei den Aussagen von „GAA" im Meineid-Prozess wird nicht wirklich klar, wann er gelogen hat. Man kann davon ausgehen, dass Kamuhanda am 12.4.1994 nicht in Gikomero war und zu Unrecht verurteilt wurde.

2) Jean-Paul Akayesu[1143]

Biographische Angaben	Jean Paul Akayesu ist 1953 in der Gemeinde Taba, Präfektur Gitarama, geboren. Er war Lehrer und Schulinspektor in Taba. 1991 gehörte er zu den Gründungsmitgliedern der Twagiramungu-Partei MDR. Im April 1993 wurde er zum Bürgermeister in Taba gewählt und blieb bis zu seiner Flucht beim Vordringen der RPF im Juni 1994 im Amt. Er wurde am 10.10.1995 in Sambia verhaftet. Akayesu ist der erste Verurteilte des Arusha-Gerichts. Nach der Bestätigung seiner lebenslangen Haftstrafe durch das Berufungsgericht wurde er im Dezember 2001 zur Verbüßung seiner Strafe nach Mali überstellt, dessen damaliger Präsident Amadou Toumani Touré dem Aufruf des Arusha-Gerichts zur Aufnahme von Verurteilten gefolgt war.
Anklageinhalt	Neben dem Anklagepunkt Völkermord war der Vorwurf zentral, Akayesu habe Vergewaltigungen und andere sexuelle Übergriffe im Umfeld des Rathauses nicht verhindert. Diese Tatbestände waren erst während des Prozesses am 17.6.1997 von der Chefanklägerin Louise Arbour (Kanada) auf Druck der USA – insbesondere auch von Außenministerin Madeleine Albright nach einem Besuch der Präsidentengattin Hillary Clinton in Arusha – in eine neue Fassung der am 16.2.1996 vom ersten Chefankläger Richard Goldstone vorgelegten Anklageschrift[1144] aufgenommen worden. In der Akayesu-Anklage ist der Punkt Völkermordplanung (*Conspiracy to commit genocide)*, der in fast allen späteren Anklageschriften auftaucht, nicht enthalten.

1143 Siehe hierzu auch Abschnitt 6.7.2.

1144 Auszug aus den in die Anklageschrift eingefügten Passagen: *Jean Paul AKAYESU knew that the acts of sexual violence, beatings and murders were being committed and was at times present during their commission. (...) By virtue of his presence during the commission of the sexual violence, beatings and murders and by failing to prevent the sexual violence, beatings and murders, Jean Paul AKAYESU encouraged these activities.*

Kammer-Verfahren	**Urteil 1. Instanz 2.9.1998 (Strafmaßverkündung am 2.10.1998)** **Richter:** Laïty Kama (Vors.), Lennart Aspegren, Navanethem Pillay; **Anklage:** Pierre-Richard Prosper et al.: **Verteidigung:** Nicolas Tiangaye und Patrice Monthé (zuerst Johan Scheers und nach dessen Zurückweisung durch den Gerichtskanzler als Pflichtverteidiger Michael Karnavas)[1145] **Inhalt** Lebenslange Haftstrafe. Neben der auf offenkundigen Falschaussagen beruhenden Verurteilung wegen Vergewaltigung ist die Feststellung des Gerichts zentral, Akayesu habe, als er zum Widerstand gegen die RPF-Rebellen Inkotanyi und ihre Helfershelfer (*ibyitso*) aufgerufen hat, gewusst, dass dies von der Bevölkerung als Aufruf verstanden wurde "alle Tutsi zu töten".[1146] Dies entsprach den Aussagen von Alison Des Forges, die ab diesem Prozess zur „Chefexpertin" der Anklage wurde.
Berufungs-Verfahren	**Urteil des Berufungsgerichts vom 1.6.2001** **Richter:** Claude Jorda (Vors.), Lal Chand Vohrah, Mohamed Shahabuddeen, Raphael Nieto-Navia und Fausto Pocar; **Anklage:** Carla Del Ponte et al.; **Verteidigung:** John Philpot und André Tremblay **Inhalt** Das Berufungsgericht wies alle Berufungspunkte zurück und bestätigte das lebenslängliche Urteil. Wichtigster Teil war die Diskussion der Frage, ob Akayesu generell abgestritten habe, es hätten sexuelle Übergriffe stattgefunden. Er hat abgestritten, dass er in Taba derartige Übergriffe gesehen habe, aber erklärt, dass es in der Zeit in Ruanda Vergewaltigungen gegeben habe. Das Gericht schloss daraus, Akayesu sei unglaubwürdig, wenn er in Taba Vergewaltigungen abstreite, obwohl es doch in Ruanda solche gegeben habe.

1145 Am 16.1.1997 lehnte das Gericht den Antrag des Angeklagten auf weiteren Verteidigerwechsel ab und hob auch die bis dahin mögliche Befragung von Zeugen durch den Angeklagten selbst auf. Aus einer Entscheidung des Gerichtskanzlers Okali vom 24.3.1999 geht hervor, dass gegen den Willen des Angeklagten der Italiener Giacomo Barletta-Caldarera als Pflichtverteidiger beibehalten werden sollte, was aber wohl nicht umgesetzt wurde.

1146 Vgl Tz. 361 des Kammerurteils.

Kurz-Bewertung	Beide Urteile sind schon allein aufgrund der Umstände der nachträglichen Einführung des Anklagepunkts Vergewaltigung in Zusammenhang mit dem Gerichtsbesuch von Hillary Clinton im März 1997 sehr fragwürdig.[1147] Dabei kann die Spitzfindigkeit, er müsse auch von Vergewaltigungen in Taba gewusst haben, weil er wusste, dass es im Territorium Ruandas zu Vergewaltigungen gekommen sei, niemanden überzeugen. Das Verfahren hatte Präzedenzcharakter für alle folgenden Urteile des Arusha-Gerichts. Die Aussagen von Alison Des Forges und eine Reihe von Dokumenten legten im Kammer-Verfahren die offizielle Lesart der Ereignisse fest, die dann mit Hilfe von verschiedenen *judicial notices* kanonisiert wurde. Ganz besonders wichtig war, dass die RPF als disziplinierte Truppe dargestellt wurde, damit man nicht auf die Idee kam, sie könnten Kriegsverbrechen begangen haben. (Tz. 627) Dieses Urteil hat die heute längst als falsch widerlegte offizielle Lesart des Ablaufs der Ereignisse für sakrosankt erklärt, auch wenn Akayesu nicht für Völkermordplanung (*conspiracy to commit genocide*), verurteilt wurde. Dem RPF-Unterstützernetzwerk ist es gelungen, die internationalen Medien davon abzuhalten, die kritischen Darstellungen zu den Vorgängen um dieses Verfahren von Robin Philpot und Thierry Cruvellier[1148] zur Kenntnis zu nehmen. André Sirois, der an den ersten Ermittlungen zum Fall Akayesu beteiligt war, hat am 13.11.2014 beschrieben, wie sie in der Folge manipuliert wurden.[1149]

1147 Vgl. hierzu vor allem Kapitel 14 in Philpot 2007a und das lange Zitat in Abschnitt 6.7.2.

1148 Cruvellier 2010. Dabei handelt es sich um eine nur leicht ergänzte französische Übersetzung von Cruvellier 2006.

1149 André Sirois schrieb am 13.11.2014: *J'ai participé à l'enquête sur Akayesu; je suis allé à Taba avec des enquêteurs hollandais pour interviewer des témoins à charge présentés comme solides et intéressants pour la poursuite. Non seulement l'expédition est-elle revenue bredouille [mit leeren Händen], les témoins n'ayant rien à dire ou n'offrant pas de témoignage fiable, mais l'un des interviewés s'est révélé être un excellent témoin éventuel pour la défense en présentant un remarquable exposé des faits et gestes d'Akayesu durant la période visée, qui lui était très favorable. J'ai été renversé d'apprendre que la poursuite avait «découvert» de nouveaux témoins à charge contre Akayesu (puis je me suis alors rappelé que les enquêteurs avaient appris qu'à Butare à cette époque n'importe qui pouvait louer les services d'une brigade de six faux témoins pour 25$ US). Text verfügbar unter: http://www.mondialisation.ca/les-mauvais-debuts-du-tribunal-international-pour-le-rwanda/5413802.* Englische Fassung des Textes in: Sirois 2014.

3) Emmanuel Bagambiki

Biographische Angaben	Emmanuel Bagambiki wurde am 8.3.1948 in der Präfektur Cyangugu geboren. Vom 4.7.1992 bis zum 17. 7. 1994 war er Präfekt seiner Heimatpräfektur. Zuvor war er Präfekt von Kigali-Land. Ihm wurde der Prozess in einem verbundenen Verfahren mit den in der gleichen Präfektur tätig gewesenen Angeklagten André Ntagerura und Samuel Imanishimwe[1150] gemacht. Nach seinem **Freispruch** erstritt sich Emmanuel Bagambiki vor Gericht erfolgreich die Ausreise zu seiner Familie nach Belgien – im Unterschied zu André Ntagerura, dem Belgien, Frankreich und Kanada die Einreise bis heute verweigert haben.
Anklageinhalt	Die Anklageschrift wirft Bagambiki und seinen Mitangeklagten Ntagerura und Imanishimwe Völkermordplanung und Völkermord in der Präfektur Cyangugu im Südwesten Ruandas vor. In der von der Chefanklägerin Louise Arbour unterzeichneten Anklageschrift vom 9.10.1997 und in der später ergänzten Fassung vom 10.8.1999[1151] werden eine Vielzahl von Einzelvorwürfen vor allem in Zusammenhang mit Massakern in der Kathedrale und im Stadion der Stadt erhoben.
Kammer-Verfahren	**Urteil 1. Instanz am 25.2.2004** **Richter:** Lloyd G. Williams (Vors.), Yakov Ostrovsky und Pavel Dolenc; **Anklage:** Richard Karegyesa[1152] et al.; **Verteidigung:** Vincent Lurquin und Seydou Doumbia **Inhalt** Präfekt Bagambiki wurde von allen Anklagepunkten freigesprochen. Das Gericht fand die Anklageschrift in allen Einzeltatvorwürfen unzureichend begründet und verneinte seine Vorgesetztenverantwortung. Er habe immer wieder versucht, die Flüchtlinge zu schützen. Auch Minister Ntagerura wurde freigesprochen; Verurteilt wurde nur Leutnant Samuel Imanishimwe, der damalige amtierende Befehlshaber des Karambo-Militärcamps in Cyangugu.

1150 Zu beiden siehe gesonderte Aufzeichnungen.

1151 Kurz danach gab Louise Arbour die Funktion als Chefanklägerin auf und wechselte als Richterin an den Obersten Gerichtshof in Kanada.

1152 Karegyesa ist im Prozess gegen Onesphore Rwabukombe vor dem OLG Frankfurt/M. angehört worden und hat den Senat belogen, es habe niemals Druck auf das Arusha-Gericht gegeben.

Berufungs-Verfahren	**<u>Urteil Berufungsgericht am 7.7.2006</u>** **<u>Richter</u>:** Fausto Pocar (Vors.), Mehmet Güney, Andrésia Vaz, Theodor Meron und Wolfgang Schomburg; **<u>Anklage:</u>** Jallow et al.; **<u>Verteidigung:</u>** Vincent Lurquin **<u>Inhalt</u>** Die Anklagebehörde hatte gegen den Freispruch Berufung eingelegt. Aber das Gericht bestätigte den Freispruch.
Kurz-Bewertung	Ein unerwarteter Freispruch, der als Ohrfeige für die Arbeit der Anklagebehörde empfunden wurde. Ruanda hat Bagambiki später in absentia wegen Vergewaltigung verurteilt und von Belgien erfolglos seine Auslieferung beantragt.

4) Michel Bagaragaza

Biographische Angaben	Michel Bagaragaza wurde 1945 im Ortsteil Bushiru der Gemeinde Giciye (Präfektur Gisenyi) geboren. Er wurde Agraringenieur. 1994 war er Generaldirektor der Tee-Behörde OCIR/Thé, der elf Teefabriken unterstanden. Zugleich war er Vizepräsident der *Banque Continentale Africaine au Rwanda* ("BACAR") und Mitglied des Präfektur-Komitees der MRNDD in Gisenyi. Nach seiner Verurteilung am 5.11.2009 wurde er am 29.10.2010 in ein Gefängnis in Schweden transferiert. Auf Antrag der schwedischen Regierung nach Verbüßung von 4/5 der Strafe wurde ihm vorzeitige Freilassung am 1.12.2011 durch die Gerichtspräsidentin Khan gewährt. Er lebt mit seiner Familie in Schweden.
Anklageinhalt	In einer ersten Anklageschrift vom 28.7.2005 wurde Michel Bagaragaza wegen Völkermordplanung (*conspiracy to commit genocide)* für seine Mitwirkung u.a. bei der Ermordung von mehr als tausend Tutsi am Kesho Hügel und in der Kathedrale von Nyundo angeklagt. Am 15.8.2005 stellte er sich freiwillig und erklärte sich zur Zusammenarbeit mit dem Gericht bereit. Nach einer langen Verfahrensprozedur, bei der es unter anderem darum ging, ihn in Norwegen oder den Niederlanden vor Gericht zu stellen, wurde kurz vor Prozessbeginn am 17.8.2009 eine Schuldanerkenntnisvereinbarung zu einer Reihe festgelegter Punkte zwischen Bagaragaza und der Anklagebehörde getroffen. Das Gericht akzeptierte diese Vereinbarung anfangs nicht. Am 17.9.2009 legte die Anklagebehörde eine neue nur 5-seitige Anklageschrift vor, in der er nur der *complicity in genocide* (Beihilfe zum Völkermord) beschuldigt wird. Er habe zwischen dem 7. und 13. April 1994 wissentlich Beihilfe zur Vernichtung von Tutsi geleistet. Am 3.11.2009 wurde eine Schuldanerkenntnisvereinbarung, in der der Angeklagte u.a. behauptete, Mitglied des von der Familie des Präsidenten Habyarimana organisierten Geheimzirkels *akazu* gewesen zu sein, vom Gericht anerkannt, auf deren Basis dann ein kurzes Verfahren mit nur einer Zeugenanhörung stattfand.

Kammer-Verfahren	**Kammer-Urteil am 5.11.2009** **Richter:** Vagn Joensen (Vorsitz), Bakhtiyar Tuzmukhamedov, Gberdao Gustave Kam; **Anklage:** Wallace Kapaya et al.; **Verteidigung:** Geert-Jan Alexander Knoops, Wayne Jordash und Anne-Marie Verwiel **Inhalt** 8 Jahre Gefängnis unter Anrechnung der im Gefängnis verbrachten Zeit wegen Beihilfe zum Völkermord („Complicity in genocide") auf der Basis seiner Schuldanerkenntniserklärung.
Berufungs-Verfahren	--
Kurz-Bewertung	Allein die Tatsache, dass er sich schuldig bekannte, dem *akazu* angehört zu haben, das eine Erfindung der MDR-Partei war, machte das Verfahren zur Farce. Seine vorzeitige Freilassung zum 1.12.2011 war Teil dieser Farce. Die Schwere der Anschuldigungen in der Anklageschrift macht im Vergleich zur Strafe deutlich, dass sie nicht seriös war: ein weiteres Beispiel für die „lockere" Arbeit der Anklagebehörde.

5) Ignace Bagilishema

Biographische Angaben	Ignace Bagilishema wurde am 21. Mai 1955 im Sektor Rubengera der Gemeinde Mabanza in der Präfektur Kibuye geboren. Nach einem zweijährigen Besuch der Militärhochschule wechselte er in den öffentlichen Dienst und arbeitete von 1978–1980 im Jugendministerium. Am 8. Februar 1980 wurde er im Alter von nur 25 Jahren zum Bürgermeister der Gemeinde Mabanza ernannt und blieb bis zu seiner Flucht im Juli 1994 auf diesem Posten. Am 14.12. 1998 wurde er aufgrund eines Haftbefehls des Arusha-Gerichts in Südafrika verhaftet und am 20.2.1999 nach Arusha überstellt. Nach seinem Freispruch auch in zweiter Instanz 2002 konnte er nach Frankreich ausreisen.
Anklage-Inhalt	Der Prozess begann am 25. Oktober 1999 mit neuer Anklageschrift, nachdem sich die erste vom 29.4.1996 als unhaltbar erwiesen und zur Prozessunterbrechung geführt hatte. Bagilishema wurde insbesondere eine Verantwortung für den Tod von tausenden von Tutsi im Kirchengelände und im Stadion der Präfekturhauptstadt Kibuye vorgeworfen.

Kammer-Verfahren	<u>**Kammer-Urteil am 7.6.2001**</u> <u>**Richter**</u>**:** Erik Møse (Vors.), Asoka de Zoysa Gunawardana und Mehmet Güney; <u>**Anklage**</u>**:** Jane Anywar Adong[1153], Charles Adeogun-Phillips et al.; <u>**Verteidigung**</u>**:** Francois Roux, Maroufa Diabira, Heleyn Unac, Wayne Jordash. <u>**Inhalt**</u> Freispruch in allen Punkten der Anklage. Das Gericht folgte damit nicht dem Gutachter der Anklage André Guichaoua, der jedem im Amt verbliebenen Bürgermeister eine Verantwortung für das Geschehen in seiner Gemeinde nach dem 6. April 1994 zugeschrieben hatte.[1154]
Berufungs-Verfahren	<u>**Berufungsgerichtsurteil 3.7.2002**</u> Die Anklage hatte Berufung eingelegt. <u>**Richter:**</u> Claude Jorda (Vors.), Mohamed Shahabuddeen, David Hunt, Fausto Pocar und Theodor Meron; <u>**Anklage:**</u> Carla Del Ponte et al.; <u>**Verteidigung**</u>**:** Francois Roux und Maroufa Diabira <u>**Inhalt**</u> Bestätigung des Freispruchs.
Kurz-Bewertung	Der Anwalt François Roux hat die Schwächen der Anklage so klar aufgezeigt, dass beide Kammern nur Freispruch für möglich hielten. Das Urteil machte klar, dass Bagilishema's Verbleib im Amt im Sommer 1994 nicht mit einer Verstrickung in den Tutsi-Völkermord gleichzusetzen war. Auch wurde klar, dass Straßensperren in diesem Krieg nicht unbedingt ein Mittel zur Tötung von Tutsi sein mussten.

1153 Nach Cruvellier 2010, S. 128 war Jane Anywar Adong bei der Urteilsverkündung nicht anwesend, weil sie einige Monate vorher – wohl als Sündenbock – entlassen worden war.

1154 Richter Gunawardana fertigte eine 44-seitige Erklärung zur juristischen Untermauerung des Freispruchs an. Richter Güney legte dagegen eine 64-seitige Erklärung vor, in der er entgegen der Mehrheitsmeinung der Kammer, die Verstrickung des Angeklagten in die Tutsi-Morde als Vorgesetztenverantwortung nachzuweisen versuchte.

6) Théoneste Bagosora[1155]

Biographische Angaben	Théoneste Bagosora wurde am 16.8.1941 in der Gemeinde Giciye in der Präfektur Gisenyi geboren. 1964 schloss er die ruandische Offiziersschule als Unterleutnant ab. Nach Fortbildungsstationen in Belgien und Frankreich wurde er am 1.10.1989 zum Obersten ernannt.[1156] In diesem Rang wurde er von der – MDR-geführten – Koalitionsregierung 1993 demobilisiert und zum Staatssekretär (*Secrétaire Général*) im Verteidigungsministerium berufen. In dieser Funktion berief er nach der Ermordung von Staatspräsident Habyarimana am Abend des 6.4.1994 einen militärischen Krisenstab ein, der sich nach der von ihm initiierten Interimsregierung am 9.4.1994 auflöste. In der Interimsregierung blieb er bis zum Sieg der RPF im Juli 1994 Staatssekretär im Verteidigungsministerium. Danach Flucht nach Zaïre und später nach Kamerun. Dort wurde er am 9. März 1996 verhaftet und am 23.1.1997 zum Arusha-Gericht überstellt. Oberst Bagosora wurde von der Weltpresse und den Pro-RPF-Menschenrechtsorganisationen wegen seines Vorsitzes beim Krisenkomitee am 6.4.1994 abends als Genozid-Chefplaner (mastermind) vorverurteilt. Am 4.7.2012 wurde er zur Verbüßung seiner Strafe nach Mali überstellt.
Anklage-Inhalt	Eine erste Anklageschrift gegen Bagosora wurde am 5.8.1996 vorgelegt. Eine veränderte Fassung wurde vom stellv. Chefankläger Bernard A. Muna am 12.8.1999 unterzeichnet und enthält 12 Anklagepunkte, darunter auch Völkermordplanung (*Conspiracy to commit Genocide* bzw. *Entente en vue de commettre le génocide*).

1155 Siehe hierzu auch Abschnitt 6.7.6.

1156 An den ruandisch-deutschen Regierungsverhandlungen in Bonn vom 12.–16. Juni 1989 hat er noch als Oberstleutnant teilgenommen, um die Interessen des von der Armee getragenen Berufsbildungsprojekts von AFOTEC (Association pour la formation technique) zu vertreten.

Kammer-Verfahren	**<u>Verfahrensablauf</u>** Nach verschiedenen prozeduralen Schwierigkeiten ging das als **<u>Militär I</u>** zusammengefasste Verfahren gegen Oberst Bagosora, General Kabiligi, Oberstleutnant Anatole Nsengiyumva[1157] und Major Aloys Ntabakuze am 4. 6.2003 mit neuer Anklageschrift an die I. Kammer unter dem Vorsitz von Richter Eric Møse über[1158]. **<u>Kammer-Urteil am 18.12.2008 (Militär I)</u>** **<u>Richter</u>:** Erik Møse (Vors.), Jai Ram Reddy und Sergei Alekseevich Egorov; **<u>Anklage</u>:** Barbara Mulvaney et al.; **<u>Verteidigung</u>:** Raphaël Constant **<u>Inhalt</u>** Verurteilung zu lebenslanger Haft zusammen mit Oberstleutnant Anatole Nsengiyumva und Major Ntabakuze. Der mitangeklagte General Kabiligi wurde freigesprochen. Wie alle Angeklagten im Verfahren Militär I wurde Bagosora vom Vorwurf der Völkermordplanung freigesprochen. In seiner Eigenschaft als Staatssekretär im Verteidigungsministerium und als Vertreter des abwesenden Verteidigungsministers Augustin Bizimana im Rahmen der globalen Vorgesetztenverantwortung wurde er jedoch für die den Militärs zwischen dem 7. und 9.4.1994 zugeordneten Morde verurteilt.[1159] Das Bedeutsame an dem Urteil ist die Feststellung, eine Planung des Völkermords durch die in diesem Prozess Angeklagten sei nicht zweifelsfrei nachweisbar. Auch könne der ihm über Jahre hin nachgesagte Ausspruch, er fahre nun aus Arusha nach Ruanda zurück, um die Apokalypse vorzubereiten, nicht nachgewiesen werden.[1160] Auch sei die Existenz der geheimen Gruppe AMASASU, deren Chef er gewesen sein soll, nicht nachweisbar. Auch wenn konzediert wird, Bagosora habe die Ermordung von Premierministerin Agathe Uwilingiyimana nicht angeordnet[1161], wurde er in Vorgesetztenverantwortung dafür verurteilt.

1157 Ich wurde im Mai 2005 als Gutachter in diesem Verfahren auf Antrag der Verteidigung von Oberstleutnant Anatole Nsengiyumva angehört, aber auch von den Verteidigern der anderen Angeklagten befragt. (Siehe dazu mehr in Abschnitt 6.7.6).

1158 Ursprünglich war Bagosora der II. Kammer unter dem Vorsitz von Richter William Sekule und den Richtern Yakov Ostrovsky und Navanethem Pillay zugeordnet.

1159 Das Kammerurteil ist in Tz. 7 des Berufungsgerichts-Urteils vom 14.12.2011 knapp zusammengefasst.

1160 Vgl. Tz. 222 des Kammerurteils vom 18.12.2008.

1161 Der Text der Tz. 720 des Kammerurteils ist fast identisch mit Tz. 20 dieses Urteils.

Berufungs-Verfahren	**<u>Berufungsgerichts-Urteil vom 14.12.2011</u>** (im Verfahren Militär I mit Ausnahme des Falls Ntabakuze) **<u>Richter:</u>** Theodor Meron (Vors.), Patrick Robinson, Mehmet Güney, Fausto Pocar und Liu Daqun; **<u>Verteidiger:</u>** Raphaël Constant **<u>Inhalt</u>** Reduzierung der Strafe auf 35 Jahre bei Anrechnung der Untersuchungshaft ab 1996.[1162] Das Berufungsgericht widerrief (reversed) am 14.12.2011 das Urteil vom 18.12.2008 in ganz wesentlichen Teilen. Das Berufungsgericht schrieb Bagosora allerdings zwischen dem 7. und 9. April 1994 weiterhin eine große Machtfülle zu. In diesem Urteil wird er indirekt noch immer für die Ermordung von Ministerpräsidentin Agathe Uwilingiyimana verantwortlich gemacht.
Kurz-Bewertung	Beide Urteile sind nicht nachvollziehbar. Die Reduzierung der Gesamtstrafe auf 35 Jahre spiegelt nur sehr unvollkommen die faktische inhaltliche Aufhebung des Kammerurteils wider. Man spürt, dass es für die im Arusha-Gericht vertretene „internationale Gemeinschaft" nicht hinnehmbar gewesen wäre, wenn man den immer als Chefplaner des Tutsi-Völkermords bezeichneten Théoneste Bagosora einfach freigesprochen hätte. Das Berufungsgericht sprach Bagosora zwischen dem 7. und 9. April 1994 eine Machtfülle zu, über die damals nur die RPF und vielleicht auch General Dallaire verfügte. Im Lichte des Freispruchs von Major Nzuwonemeye am 11. Februar 2014 lässt sich die Bagosora im Berufungsurteil zugewiesene Vorgesetztenverantwortung für den Mord an der Ministerpräsidentin Agathe Uwilingiyimana am 7.4.1994 nicht mehr aufrecht erhalten. Auch dieser Prozess müsste vom Residual-Mechanismus (MICT) neu aufgerollt werden.

1162 Die Richter Fausto Pocar und Liu Daqun gaben abweichende Voten ab und plädierten für Beibehaltung der lebenslangen Strafe.

7) Jean-Bosco Barayagwiza[1163]

Biographische Angaben	Jean-Bosco Barayagwiza (1950 - 25.4.2010) wurde in der Gemeinde Mutura in der Präfektur Gisenyi im Nord-Westen Ruandas geboren. Er studierte Jura und trat in den diplomatischen Dienst seines Landes ein. 1992 war er *Directeur des affaires politiques au Ministère des affaires étrangères.* 1992 war er einer der Gründer der allgemein als rechtsextrem bezeichneten *Coalition pour la Défense de la République* (CDR). 1993 gehörte er zum Gründerkreis von RTLM (Radio-Télévision Libre des Mille Collines). Er hat das Arusha-Friedens-Abkommen vom August 1993 kritisiert. Im Exil in Kamerun schrieb er ein Buch mit dem Titel *Le sang Hutu est-il rouge?*[1164], das man ihm als besonderes Zeichen von Rassismus ausgelegt hat. Barayagwiza wurde am 26.3.1996 auf Antrag der ruandischen und belgischen Regierungen in Kamerun verhaftet. Der kamerunische Staatsgerichtshof widersprach seiner Auslieferung und ließ ihn am 21.2.1997 frei. Auf Antrag der Chefanklägerin Louise Arbour und auf amerikanischen Druck hin genehmigte Staatspräsident Paul Biya am 17.11.1997 seine erneute Inhaftierung und seine Überstellung an das Arusha-Gericht. Barayagwiza hat im Gefängnis in Arusha am 5. Oktober 2000 einen Schriftsatz mit dem Titel *„International Criminal Tribunal for Rwanda (ICTR). Impossible Justice"* zum Arusha-Gericht verfasst. Nachdem seine Verurteilung letztinstanzlich bestätigt worden war, wurde Barayagwiza am 27. Juni 2009 zur Verbüßung seiner Haftstrafe nach Benin transferiert, wo er am 25.4.2010 im Krankenhaus der Haftanstalt Porto Novo (Benin) an den Folgen einer Hepatitis C gestorben ist. In einem Brief der Familie, den seine Anwältin Carmelle Marchessault am 22.5.2010 bei der 2. Anwälte-Konferenz in Brüssel verlesen hat, beklagt die Familie, man habe ihm die nötige medizinische Behandlung verweigert.[1165]

1163 Siehe hierzu ganz besonders auch die Ausführungen in Abschnitt 6.7.14 (Medien-Prozess) zu den Umständen seiner Freilassung durch die Berufungskammer unter dem Vorsitz der amerikanischen Richtern Kirk McDonald und den Anstrengungen der Chefanklägerin Del Ponte, diese Entscheidung rückgängig zu machen.

1164 Man müsste das wohl mit: *Sind auch Hutu Menschen?* übersetzen.

1165 Die Verlesung des Briefes ist als Download zu finden unter: *http://vimeo.com/12533669.*

Anklage-Inhalt	Jean-Bosco Barayagwiza wurde in der ersten Anklageschrift aus dem Jahr 1997 als ein Haupttäter für den Tutsi-Genozid eingestuft. In der geänderten Anklageschrift vom 13.4.2000 wurde ihm vor allem seine Mitwirkung bei der Gründung und Leitung des als Anti-Tutsi-Sender eingestuften Radios RTLM vorgeworfen. Er soll sich mit fast allen Hutu-Politikern von Rang und Namen zur Vernichtung der Tutsi-Bevölkerung verschworen haben. Dies wurde als Völkermordplanung (conspiracy to commit genocide) eingestuft. Er soll eine Art geistiger Ziehvater der CDR-Jugendmilizen *Impuzamugambi* gewesen sein. Zudem soll er Waffen an die Jugendmilizen geliefert und Straßensperren überwacht haben.
Kammer-Verfahren	**Kammer-Urteil am 3.12.2003 (Medien-Prozess)** **Richter:** Navanethem Pillay (Vorsitzende), Erik Møse und Asoka de Zoysa Gunawardana; **Anklage:** Stephen Rapp[1166] et al.; **Verteidigung:** Giacomo Barletta-Caldarera als Pflichtverteidiger.[1167] **Inhalt** 35 Jahre Gefängnis. Er wurde der Genozidplanung[1168] und in seiner Vorgesetztenverantwortung bei Radio RTLM auch für die Ausführung des Tutsi-Völkermords für schuldig befunden. Er wurde allerdings vom Vorwurf der complicité dans le génocide und wegen crimes contre l'humanité (assassinat) freigesprochen. Eigentlich wäre er wie Nahimana zu einer lebenslangen Haftstrafe verurteilt worden, aber das Gericht wollte damit formal die bei seiner Wiederverhaftung erklärte Zusage einlösen, die ungebührlich lange Untersuchungshaft im Urteil zu berücksichtigen.
Berufungs-Verfahren	**Berufungsgerichts-Urteil am 28.11.2007** **Richter:** Fausto Pocar (Vors.), Mohamed Shahabuddeen, Mehmet Güney, Andrésia Vaz und Theodor Meron; **Anklage:** Jallow et al.; **Verteidigung:** Donald Herbert und Frau Tanoo Mylvaganam[1169] **Inhalt** Reduzierung der Strafe von 35 auf 32 Jahre wegen der Verfahrensmängel in Zusammenhang mit seiner langen Untersuchungshaft. Die Anklagepunkte Völkermordplanung, öffentliche Anstiftung zum Völkermord, Vorgesetztenverantwortung für RTLM sowie CDR und Vernichtung (Extermination) wurden fallengelassen.

1166 Der Amerikaner Stephen Rapp spielte nach dem Ausscheiden von Carla Del Ponte als Chefanklägerin eine wichtige Rolle in der Behörde des neuen Chefanklägers Hassan Bubacar Jallow und wurde später US-Sonderbotschafter für Kriegsverbrechen.

1167 Der Sizilianer Giacomo Barletta-Caldarera bleibt mir in Erinnerung, weil er mir beim Mittagessen mit Stolz erklärte, die Sizilianer hätten Hitler niemals im Stich gelassen!

1168 Urteilstext Tz. 1050.

1169 Anfangs war Giacomo Barletta-Caldarera auch in diesem Verfahren Offizialverteidiger.

Kurz-Bewertung	Das Berufungsurteil macht deutlich, dass von der ursprünglichen Anklage fast nichts übrig geblieben ist, man aber nicht bereit war, dies bei der Strafzumessung anzuerkennen. Nancy Combs erkennt in diesem Fall den politischen Druck aus Kigali auf das Gericht an[1170], die Freilassung von Barayagwiza rückgängig zu machen. Wäre dies nicht geschehen, hätte Ruanda das Gericht auffliegen lassen können, was niemand wollte. In diesem Urteil ist auch bezeichnend, dass Verbrechen gegen die Hutu-Zivilbevölkerung im Jahr 1994 nicht als Völkermord anerkannt werden, weil die Hutu im Sinne des Statuts nicht als „geschützte Gruppe" angesehen werden könnten.[1171]

8) Jérôme-Clément Bicamumpaka

Biographische Angaben	Jérôme-Clément Bicamumpaka wurde 1957 in der Gemeinde Ruhondo (Präfektur Ruhengeri) geboren. Nach Abschluss der Sekundarschule übernahm er das Geschäft seines Vaters Balthasar Bicamumpaka, der schon vor und nach der Unabhängigkeit 1962 eine politische Rolle gespielt hatte. Daneben studierte Jérôme Bicamumpaka Betriebswirtschaft. 1984 setzte er dieses Studium an der Université Libre de Bruxelles fort. 1987 wechselte er an die Katholische Universität in Löwen. Nach seiner Rückkehr nach Ruanda gründete er Anfang der 90er Jahre eine Consultingfirma. Im Juni 1991 schloss er sich der MDR-Partei von Faustin Twagiramungu an. In der Koalitionsregierung von 1992 unter Führung des MDR-Politikers Dismas Nsengiyaremye wurde er erstmals Minister. In der Interimsregierung vom 9.4.1994 wurde er Außenminister. Am 6. April 1999 wurde er in Kamerun verhaftet.
Anklage-Inhalt	Völkermordplanung und andere schwerste Verbrechen.
Kammer-Verfahren	**Kammer-Urteil 30.9.2011** **Richter:** Khalida Rachid Khan (Vors.), Lee Gacuiga Muthoga und Emile Francis Short; **Anklage:** Paul Ng'arua et al.; **Verteidigung:** Michel Croteau und Philippe Larochelle **Inhalt** Freispruch
Berufungs-Verfahren	--

1170 Siehe Combs 2010, S. 192.

1171 Vgl. Tz. 496 des Berufungsurteils.

Kurz-Bewertung	Logische Schlussfolgerung aus der Beweislage. Insgesamt aber dennoch überraschend, auch dass die Anklage nicht in Berufung ging. Dass Jérôme Bicamumpaka auch Ende 2014 noch in einem Safe House in Arusha leben muss, weil kein Land seiner Wahl ihm eine Aufenthaltsgenehmigung erteilt hat, ist skandalös.

9) Simon Bikindi

Biographische Angaben	Simon Bikindi ist am 28.9.1954 in der Gemeinde Rwerere in der Präfektur Gisenyi geboren. Er wurde als Sänger und Komponist bekannt und hat 1994 im Jugendministerium gearbeitet. Seine Songs wurden häufig im Radio RTLM gespielt. Er wurde am 12.7.2001 in den Niederlanden verhaftet und am 27.3.2002 nach Arusha überstellt. Nach seiner Verurteilung wurde er am 20.3.2012 zur Verbüßung seiner Strafe nach Benin verbracht.
Anklage-Inhalt	In der Anklageschrift wird ausgeführt, welche Wirkung die Aufführung seiner Songs durch RTLM gehabt hätte.[1172] In der langen Liste der ihm zur Last gelegten Anklagepunkte figuriert – eher beiläufig- , dass er Ende Juni 1994 auf der Straße zwischen den Gemeinden Kivumu und Kayove von einem Auto aus, das den „*Interahamwe*"-Milizen gehört haben soll, zur Tötung der Tutsi-Bevölkerung aufgerufen habe. Nur dieser Vorwurf führte schließlich zu seiner Verurteilung.[1173]
Kammer-Verfahren	**Kammer-Urteil am 2.12.2008** **Richter:** Inés Mónica Weinberg de Roca (Vors.), Florence Rita Arrey und Robert Fremr; **Anklage:** William T. Egbe et al. ; **Verteidigung:** Andreas O'Shea (er hat 2007 Wilfred Nderitu ersetzt, dessen Abberufung Simon Bikindi gefordert hatte) und Jean de Dieu Momo **Inhalt** 15 Jahre Gefängnisstrafe. Die beiden anonymen Zeugen AKJ und AKK[1174] hätten bezeugt, Bikindi habe Ende Juni 1994 an der Straße Kivumu-Kayove öffentlich zum Völkermord aufgerufen. Alle anderen Anklagepunkte wurden vom Gericht als nicht bewiesen zurückgewiesen.[1175] Eugène Shimamungu ist als sachverständiger Zeuge angehört worden.

1172 Vgl. Tz.14 und 16 der Anklageschrift.

1173 Vgl. Kammerurteil Tz. 267.

1174 Beide wurden in Tz. 257 des Kammerurteil als Hutu ausgewiesen, wohl um in diesem Fall ihre vorgebliche Glaubwürdigkeit zu erhöhen.

1175 Vgl. Tz. 3 des Berufungsurteils vom 18.3.2010.

Berufungs-Verfahren	**Berufungsurteil vom 18.3.2010** **Richter:** Patrick Robinson (Vors.), Mehmet Güney, Fausto Pocar, Liu Daqun und Theodor Meron; **Anklagevertreter** : Jallow et al.: **Verteidigung:** Andreas O'Shea **Inhalt** Bestätigung des Urteils der ersten Instanz. Das Gericht erklärt, die mögliche Inkompetenz des Ko-Verteidigers Momo habe keine Bedeutung für das Urteil gehabt. Im Übrigen seien die Zeugen glaubhaft gewesen hinsichtlich seiner Anwesenheit an der Straße Kivumu-Kayove Ende Juni 1994.
Kurz-Bewertung	Es gibt Zeugen dafür, dass Bikindi zum Zeitpunkt der im Urteil erwähnten Daten zu einem Konzert in Trier war. Beide Urteile beruhen auf einem juristischen Trick. Um keine Diskussion über den Wert von Kunst führen zu müssen, hat man aus der Anklageschrift nur den Punkt herausgegriffen, der nichts mit den Songs von Bikindi zu tun hat. Man wagte wegen der jahrelangen Vorverurteilung keinen Freispruch.[1176]

10) Paul Bisengimana

Biographische Angaben	Paul Bisengimana wurde 1948 im Sektor Duha der Gemeinde Gikoro in der späteren Präfektur Kigali-Land geboren. Nach Abschluss der Sekundarschule in Rwamagana besuchte er die Lehrerbildungsstätte (Ecole Normale) in Byumba. Von 1970–1974 war er Lehrer in der Gemeinde Gikoro. 1981 wurde er dort zum Bürgermeister ernannt. Diese Position behielt er bis zur Flucht aus Ruanda 1994 bei. Seit dem 31.12.2012 ist er nach Verbüßung des größten Teils seiner Gefängnisstrafe in Mali auf freiem Fuß, lebt dort wohl aber unter prekären Verhältnissen, weil er kein Aufnahmeland fand.
Anklage-Inhalt	Paul Bisengimana hat sich während des Prozesses in Zusammenhang mit den Tutsi-Massakern in der Kirche in Musha und im protestantischen Schulkomplex in Ruhanga in der Gemeinde Gikoro zwischen dem 13. und 15. April im Sinne der Anklage der Beihilfe (aiding and abetting) nach einem Plea Agreement mit der Anklage für schuldig erklärt. Bisengimana erklärte, er habe beim Schutz der Bevölkerung versagt. Dies bereue er und bitte die betroffenen Familien um Entschuldigung.[1177] Damit war klar, dass kein Prozess geführt werden musste und die Kammer ohne Beweisaufnahme direkt ein Urteil fällen konnte.

1176 Die Professorin M. J. Grant hat an der Uni Göttingen zeitweise zu dem Fall gearbeitet und das Urteil zu rechtfertigen versucht.

1177 Vgl. Tz. 1 des Urteils.

Kammer-Verfahren	**<u>Kammer-Urteil am 13.4.2006</u>** **<u>Richter:</u>** Arlette Ramaroson (Vors.), William H. Sekule und Solomy Balungi Bossa; **<u>Anklage</u>:** Charles Adeogun-Phillips et al.; **<u>Verteidigung:</u>** Catherine Mabille und Nathalie Passeron **<u>Inhalt</u>** Verurteilung zu 15 Jahren Haft unter Anrechnung der seit seiner Verhaftung am 4.12.2001 in Haft verbrachten Zeit.
Berufungs-Verfahren	Es wurde kein Berufungs-Verfahren angestrebt.
Kurz-Bewertung	Angesichts der Schuldanerkennungsvereinbarung mit der Anklagebehörde eher eine hohe Strafe. Dafür ist sicherlich auch der „Scharfmacher"-Richter William Sekule verantwortlich. Inhaltlich hatte die Schuldanerkennung somit nur geringe Bedeutung, obwohl zur Erreichung einer geringeren Strafe alles eingestanden wurde, was die Anklage erwartete.

11) Augustin Bizimana

Biographische Angaben	Augustin Bizimana wurde 1954 in der Gemeinde Gituza/Präfektur Byumba geboren. Er war Präfekt in Byumba, bevor er am 18.7.1993 als Nachfolger von James Gasana, der in die Schweiz ins Exil gegangen war, ziviler ruandischer Verteidigungsminister wurde. Während des Attentats am 6.4.1994 war er auf Dienstreise und wurde nach seiner Rückkehr am 9.4.1994 Verteidigungsminister der Interimsregierung. Er hat sich einem **Prozess durch Flucht entzogen** und konnte trotz einer Belohnung von 5 Mio. $, die die USA für seine Ergreifung ausgesetzt haben, nicht gefasst werden. Das Arusha-Gericht stellte sicher, dass ihm auch nach seiner Ergreifung noch der Prozess gemacht werden kann. Agence Hirondelle meldete am 19.8.2013, man gehe davon aus, dass er im Exil verstorben sei, was der Chefankläger Jallow jedoch nicht als gegeben ansehen will. Da Augustin Bizimana als ein „Haupttäter" angesehen wird, ist sein Fall dem Residual-Mechanismus zugewiesen worden.

Anklage-Inhalt	Verteidigungsminister Augustin Bizimana soll ab 1993 Waffen für MRNDD-Aktivisten besorgt haben. Im Januar 1994 soll er eine Sitzung zur Hintertreibung der im Arusha-Friedensvertrag vorgesehenen Entwaffnung der Armee geleitet haben. Im Rahmen der Interimsregierung habe er das Zivilverteidigungsprogramm geleitet. Zudem habe er nichts unternommen, um die Tutsi-Massaker zu unterbinden.[1178]
Sonder-Verfahren	**Beschluss des Sonderverfahrens (Preservation of Evidence) am 5.5.2011** **Richter:** Dennis C.M. Byron (Vors.), Gberdao Gustave Kam und Vagn Joensen; **Anklage:** Jallow et al.; **Verteidigung:** Yitiha M. Z. Simbeye (Duty Counsel) **Inhalt** Die III. Kammer beschloss, für den Fall seiner Ergreifung die Beweise zu sichern und einen Prozess zu ermöglichen (Preservation of Evidence).[1179]
Kurz-Bewertung	-

1178 Da ich die Anklageschrift nicht aus den Datenbanken des Gerichts herunterladen konnte, hier eine Anklage-Beschreibung nach www.trial-ch.org: *According to the indictment, from July 1993 to July 1994, Augustin Bizimana encouraged and facilitated the acquisition of weapons for militants of the MRND. On 7 January 1994, he participated in a meeting at the headquarters of the MRND, which was in opposition to the disarmament programme. On 25 May 1994, the Interim Government, of which Bizimana was a member, adopted a civilian self-defence programme. This programme was aimed, on the one hand, at legalising the distribution of arms to the militiamen and, on the other, at legitimising the massacres of the civilian population. (…) Despite being aware that massacres were being committed against the civilian population, Augustin Bizimana, in his capacity as Minister of Defence with authority over the entire Rwandan Army, took no measures whatsoever to put a stop to them.*

1179 Die Kammer „*Orders that all the proceedings shall be held in camera*".

12) Augustin Bizimungu[1180]

Biographische Angaben	Augustin Bizimungu wurde am 28.8.1952 in der Gemeinde Mukarange/ Präfektur Byumba geboren. Er besuchte die ruandische Militärhochschule zwischen 1972 und 1974 und wurde Berufsoffizier. Augustin Bizimungu wurde von der ruandischen Interimsregierung am 16.4.1994 als Nachfolger von Oberst Marcel Gatsinzi zum Generalstabschef der Armee ernannt und gleichzeitig zum Generalmajor befördert. Vorher war er Befehlshaber der Armee des Sektors Ruhengeri. Nach der Niederlage der ruandischen Armee Mitte Juli 1994 floh er nach Zaïre. Er wurde am 2.8.2002 in Angola verhaftet. In dem Film *Hotel Ruanda* aus dem Jahr 2004 erscheint Bizimungu als schlimmer Schurke und war damit international vorverurteilt.[1181]
Anklage-Inhalt	Die Anklageschrift enthält alle für die ruandischen Offiziere denkbaren Anklagepunkte in ihrer Eigenschaft als Dienstvorgesetzte einschließlich Vergewaltigung.
Kammer-Verfahren	**Prozessverlauf** Das Verfahren gegen General Augustin Bizimungu wurde mit denen gegen General Augustin Ndindiliyimana, Major François-Xavier Nzuwonemeye und Hauptmann Innocent Sagahutu zusammengefasst und wird normalerweise als Prozess Militär II (Prosecutor v. Ndindiliyimana et al.) bezeichnet. Es handelt sich bei diesem Prozess neben dem Prozess Militär I (Prosecutor vs. Bagosora et al.) um einen der „großen Prozesse", die gegen Hauptschuldige konzipiert worden waren, und 395 Verhandlungstage erforderte. Sowohl die Anklage als auch die Verteidigung brachten alle „großen Namen" wie z.B. General Dallaire, Alison Des Forges, Oberst Luc Marchal und Bernard Lugan ins Spiel. Der Prozess begann am 20.9.2004 und schloss am 26.9.2009. **Kammerurteil am 17.5.2011 (Urteil Militär II**[1182]) **Richter:** Asoka de Silva (Vorsitz), Taghrid Hikmet, Seon Ki Park; **Anklage:** Alphonse Van et al.; **Verteidigung:** Gilles St. Laurent und Benoît Henry

1180 Vgl. hierzu ganz besonders die Ausführungen in Abschnitt 6.7.7 (Verfahren Militär II).

1181 In Deme 2012a, S. 165/166 stellt der senegalesische frühere UNAMIR-Offizier Amadou Deme klar, dass dies eine Verunglimpfung war und keineswegs seinen Erfahrungen mit General Bizimungu entsprach.

1182 General Ndindiliyimana wurde zu einer Freiheitsstrafe in Höhe der seit seiner Verhaftung in Belgien am 29.1.2000 im Gefängnis verbrachten Zeit verurteilt und auf freien Fuß gesetzt, Major Nzuwonemeye und Hauptmann Sagahutu zu jeweils 20 Jahren Gefängnis und Anrechnung der seit der Verhaftung am 15.2.2000 in Frankreich bzw. Belgien im Gefängnis verbrachten Zeit. Im Berufungsverfahren wurde Ndindiliyimana am 14.2.2014 freigesprochen und erhielt schließlich am 17.9.2014 in Belgien eine Aufenthaltsgenehmigung.

	Inhalt 30 Jahre Gefängnis wegen Völkermords unter Anrechnung der seit 2002 im Gefängnis verbrachten Zeit.[1183] Zum Anklagepunkt *Conspiracy to commit genocide* wurde er und alle Mitangeklagten für nicht schuldig befunden. Das Gericht sah es als erwiesen an, dass Augustin Bizimungu am 7.4.1994, also bevor er Generalstabschef der Armee war, in der Gemeinde Mukingi (Präfektur Ruhengeri) in einer Ansprache im Haus von Joseph Nzirorerас Mutter (Joseph Nzirorera ist während seines Prozesses verstorben) zum Töten der Tutsi aufgerufen habe, was unmittelbar zu Morden im benachbarten Sektor Rwankeri geführt habe. Daneben verurteilte ihn die Kammer wegen Vorgesetztenverantwortung für eine Reihe von der Armee angelastete Verbrechen.
Berufungs-Verfahren	**Verfahrensverlauf** Das Verfahren war kurz vor dem Berufungsurteil im Verfahren Militär II am 11.2.2014 ohne Begründung abgetrennt und auf unbestimmte Zeit verschoben worden. Im Berufungsurteil vom 30.6.2014 wird erklärt, das Urteil habe in seinem Fall so viele Fehler enthalten, dass am 11.2.2014 noch keine Entscheidung der Berufungskammer möglich gewesen sei. Die Berufungskammer habe deshalb ihr Recht für ein neues Urteil wahrgenommen. In Tz. 8 der Zusammenfassung des Berufungs-Urteils vom 30.6.2014 findet sich der sensationelle Satz: *"Das Fehlen jeglicher rechtlichen Begründung im Kammerurteil stellte einen manifesten Defekt dar, der eine begründete Meinungsbildung verhinderte. Die Berufungskammer betrachtet den Umfang dieses Fehlers als beispiellosen Vorgang in der Geschichte des Gerichts."*[1184] **Berufungsurteil am 30.6.2014** **Richter:** Theodor Meron (Vors), Liu Daqun, Carmel Agius, Khalida Rachid Khan und Bakhtiyar Tuzmukhamedov; **Anklage**: Hassan Jallow, Abdoulaye Seye et al.; **Verteidigung:** Gilles St. Laurent. **Inhalt** Bestätigung des Strafmaßes des Kammerurteils, obwohl erklärt wurde, der Zeuge GAP, auf dessen Aussage hin er für eine Ansprache am 7.4.1994 verurteilt worden sei, sei unglaubwürdig und deshalb müsse dieser Verurteilungsgrund entfallen. Generell sei aber Vorgesetztenverantwortung für Taten der Armee[1185] zu bejahen, auch wenn seine Verantwortung für Taten der „*Interahamwe*" nicht bewiesen worden sei.

1183 Für die Zusammenfassung des Kammerurteils siehe die Textziffern 3 und 4 des Berufungsurteils vom 30.6.2014.

1184 Dies ist eine Ohrfeige für die Richter Asoka de Silva (Vors.), Taghrid Hikmet und Seon Ki Park und das, obwohl Richter Park jetzt sogar zur Richterschaft des Residual-Mechanismus gehört.

1185 Vgl. Tz. 42 aus dem Summary des Berufungsurteils vom 30.6.2014.

Kurz-Bewertung	Hochpolitisch motivierte Strafe. Die Beweislage im Kammerverfahren war offenkundig sehr schlecht. In fast allen Anklagepunkten räumte schon die Kammer ein, dass die Anklage sie nicht beweisen konnte. Man wollte mit dem erwähnten Hinweis auf die Fehler des Kammerurteils aber immerhin signalisieren, dass man lieber ein anderes Urteil gefällt hätte. Denn auch in diesem Urteil, das die persönliche Integrität von General Bizimungu unterstreicht, konnte – wie auch in keinem anderen Arusha-Gerichtsurteil – der Beweis einer planvollen Beteiligung der Armeeführung am Tutsi-Völkermord nicht erbracht werden. Augustin Bizimungu kam an einer Stelle des Verfahrens wohl der Wahrheit am nächsten, wenn er sagte, er habe den Eindruck, das Gericht hätte wohl von ihm erwartet, dass er *„sein Land gnädig dem Feind aushändigt.“*[1186] Die in Abschnitt 6.7.7 geschilderte Entlastung von Augustin Bizimungu durch den senegalesischen Blauhelm-Offizier Amadou Deme haben beide Instanzen nicht berücksichtigt.

13) Casimir Bizimungu[1187]

Biographische Angaben	Casimir Bizimungu wurde 1951 in der Gemeinde Nyamugari/ Präfektur Ruhengeri geboren. Er hat an der Universität Butare Medizin studiert und erwarb einen Doktorgrad in Öffentlichem Gesundheitswesen an der Universität von Illinois/USA. Nach seiner Rückkehr nach Ruanda 1984 wurde er Professor an der Universität Butare. 1987 wurde er ruandischer Gesundheitsminister und 1989 bei einer Kabinettsumbildung Außenminister. In dieser Zeit hat er wesentlich zu einer Vereinbarung zur Rückkehr der Tutsi-Flüchtlinge aus Uganda beigetragen, deren Umsetzung durch die RPF-Invasion vom 1.10.1990 verhindert wurde. In der Koalitionsregierung von 1992 wurde er wieder Gesundheitsminister. Diesen Posten bekleidete er auch in der Interimsregierung 1994. Beim Sieg der RPF begab er sich nach Zaïre. Bei einem kurzen Aufenthalt in Kenia wurde er am 11. Februar 1999 in Nairobi verhaftet und an das Arusha-Gericht verbracht. Er wurde im sog. Prozess Regierung II zusammen mit Außenminister Jérôme Bicamumpaka, Handelsminister Justin Mugenzi und dem Minister für den öffentlichen Dienst Prosper Mugiraneza angeklagt.

1186 Vgl. Tz.162 des Berufungs-Urteils.

1187 Vgl. auch Abschnitt 6.7.8. Ich habe als Sachverständiger Zeuge der Verteidigung in diesem Prozess einen Bericht geschrieben und wurde im Februar 2007 per Video-Konferenz angehört.

Anklage-Inhalt	Als Mitglied der Interimsregierung habe er den Tutsi-Völkermord geplant. Alle Mitglieder der Interimsregierung hätten den jeweiligen „Hutu-Power-Flügeln dieser Koalitionsregierung angehört, die die Tutsi-Vernichtung betrieben hätten.[1188].
Kammer-Verfahren	**Kammer-Urteil am 30.9.2011 (Prozess Regierung II)** **Richter:** Khalida Rachid Khan (Vorsitzende), Lee Gacuiga Muthoga und Emile Francis Short; **Anklage:** Paul Ng'arua et al.; **Verteidigung:** Michelyne C. St-Laurent und Andrea Valdivia (vorher Alexandra Marcil) **Inhalt** Freispruch[1189] von allen Anklagepunkten (wie auch Jérôme Bicamumpaka)[1190].
Berufungs-Verfahren	Beide Seiten haben auf Berufung verzichtet.
Kurz-Bewertung	Wenngleich erkennbar war, dass Casimir Bizimungu nichts im Sinne der Anklage vorgeworfen werden konnte, war der Freispruch dennoch überraschend, da man vermutet hatte, alle Mitglieder der Interimsregierung würden verurteilt. Wie sträflich oberflächlich die Anklageschrift war, macht die Diskrepanz zwischen den darin enthaltenen Beschuldigungen und dem Freispruch deutlich.

14) Laurent Bucyibaruta

Biographische Angaben	Laurent Bucyibaruta wurde 1944 in der Gemeinde Musange (Präfektur Gikongoro) geboren. Von 1992 bis Juli 1994 war er Präfekt von Gikongoro. Flucht nach Frankreich. Schon 2000 wurde er kurz verhaftet, weil ihn eine Gruppe von Überlebenden mit Unterstützung der *International Federation of Human Rights* und der *League of Human Rights* in Paris angezeigt hatte. Im Dezember 2000 wurde er auf freien Fuß gesetzt. Danach hat das Arusha-Gericht einen Haftbefehl gegen ihn ausgestellt. Auf dieser Basis wurde er am 20.7.2007 in Frankreich verhaftet, am 2.8.2007 aber auf freien Fuß gesetzt, um das juristische Verfahren abzuwarten.
Anklageinhalt	Die Anklageschrift aus dem Jahr 2005 beschuldigt ihn vor allem im Rahmen von Vorgesetztenverantwortung für alle Vorgänge in der Präfektur Gikongoro zwischen April und seiner Flucht im Juli 1994.

1188 Vgl. hierzu Textziffer 5 des Summary des Urteils vom 30.9.2011.

1189 Vgl. Tz. 59 des Summary des Urteils vom 30.9.2011.

1190 Die Angeklagten Mugenzi und Mugiraneza wurden erst am 4.2.2013 vom Berufungsgericht freigesprochen.

Referral-Verfahren	**Referral-Kammer-Entscheidung am 20.11.2007** **Richter:** Inés Mónica Weinberg de Roca (Vors.), Lee Gacuiga Muthoga und Robert Fremr; **Verteidigung:** Philippe Greciano **Inhalt** Das Gericht gab dem Antrag Frankreichs zur Überstellung des Verfahrens nach Frankreich statt. 2008 begann das Verfahren in Frankreich. Am 22.2.2013 zeigte sich das Arusha-Gericht „besorgt", dass in Frankreich noch immer keine Anklage erhoben worden sei. Am 22.7.2013 meldete Agence Hirondelle, Frankreich wolle das Verfahren spätestens 2015 abschließen.
Berufungs-Verfahren	----
Kurz-Bewertung	----

15) Sylvestre Gacumbitsi

Biographische Angaben	Sylvestre Gacumbitsi wurde 1943 in der Gemeinde Rusumo in der Präfektur Kibungo im Südosten Ruandas geboren. 1994 war er Bürgermeister seiner Heimatgemeinde. Am 20. Juni 2001 wurde er in Kigoma/Tansania verhaftet. Er verbüßt seine lebenslange Haftstrafe in Mali.
Anklageinhalt	Am 20. Juni 2001 unterzeichnete die Chefanklägerin Carla Del Ponte eine Anklageschrift, in der Gacumbitsi die Organisation des Tutsi-Völkermords in seiner Gemeinde und in der Präfektur Kibungo angelastet wird. Vor allem wird ihm vorgeworfen, den Angriff auf die Kirche in Nyarubuye zwischen dem 15. und 17. April 1994 geleitet zu haben, in die eine große Anzahl von Tutsi geflohen war. Zudem wurde ihm Vorgesetztenverantwortung für Vergewaltigungen vorgeworfen. Allerdings wurde er nicht der Völkermordplanung bezichtigt.
Kammer-Verfahren	**Kammer-Urteil am 17.6.2004** **Richter:** Andrésia Vaz (Vors.), Jai Ram Reddy und Sergei Alekseevich Egorov; **Anklage:** Richard Karegyesa et al.; **Verteidigung:** Kouengoua und Anne Ngatio Mbattang **Inhalt** Verurteilung zu 30 Jahren Gefängnis wegen Völkermord und auch Vergewaltigung. Ihm wurde die Ermordung des Tutsi Murefu persönlich angelastet.

Berufungs-Verfahren	**<u>Berufungsgerichts-Urteil am 7. Juli 2006</u>** **<u>Richter:</u>** Mohamed Shahabuddeen (Vors.), Mehmet Güney, Liu Daqun, Theodor Meron und Wolfgang Schomburg; **<u>Anklage</u>:** Hassan Bubacar Jallow et al. (Karegyesa wird im Berufungs-Urteil nicht genannt); **<u>Verteidigung</u>:** Kouengoua und Anne Ngatio Mbattang **<u>Inhalt</u>** **Verschärfung der 30jährigen Gefängnisstrafe in lebenslange Haft.** Das Berufungsurteil befasste sich nicht mit der Frage, ob der Zeuge für den Mord an Murefu glaubhaft war, sondern nur, wie der Umstand zu bewerten ist, dass er nicht in der Anklageschrift erwähnt worden war.[1191]
Kurz-Bewertung	Die Erhöhung der Strafe im Berufungs-Verfahren ist empörend. In dem Urteil spiegelt sich die Ansicht der Expertin Alison Des Forges über die Allmacht der Bürgermeister wider. Man wollte auf jeden Fall einen Verantwortlichen für das Kirchenmassaker in Nyarubuye verurteilen, obwohl die Kammer anerkannte, dass Gacumbitsi bisher geradezu als Freund der Tutsi-Bevölkerung galt.[1192] Auch in diesem Berufungsgerichts-Urteil hat sich der deutsche Richter Wolfgang Schomburg als besonders unerbittlicher Richter hervorgetan.[1193] Neben dem Urteil gegen Jean-Baptiste Gatete hat auch das Gacumbitsi-Urteil den Staatsschutzsenat des Frankfurter Oberlandesgerichts am 18. Februar 2014 zu seinem harten Urteil gegen Onesphore Rwabukombe ermuntert. (Vgl. Abschnitt 7.3.2.1)

1191 Richter Wolfgang Schomburg hat in einem Sondervotum behauptet, die Kammermehrheit habe diesen Mangel der Anklageschrift zu Unrecht kritisiert.

1192 Vgl. Tz. 352 und 353 des Kammerurteils.

1193 Aus der Separate Opinion of Judge Schomburg: Gacumbitsi *"had strong influence not only on his subordinates, but on people living in his commune in general. He used this influence to ensure that the genocidal campaign against the Tutsi population would be implemented successfully."*

16) Jean-Baptiste Gatete[1194]

Biographische Angaben	Jean-Baptiste Gatete wurde 1953 im Sektor Rwankuba der Gemeinde Murambi (Präfektur Byumba) im Nord-Osten Ruandas geboren. Nach dem Studium wurde er von Staatspräsident Habyarimana 1982 zum Bürgermeister seiner Heimatgemeinde ernannt und blieb bis Juni 1993 in dieser Funktion, als er – Mitglied der Partei MRNDD – von der 2. Koalitionsregierung unter dem MDR-Ministerpräsidenten Dismas Nsengiyaremye im Rahmen des sog. *kubohoza*[1195] abgesetzt und durch das MDR-Mitglied Jean de Dieu Mwange[1196] ersetzt wurde. Danach wurde er in Kigali von der Ministerin Pauline Nyiramasuhuko (MRNDD) als Direktor im Familien- und Frauenministerium ernannt.[1197] Er blieb aber MRNDD-Parteivorsitzender in Murambi und hielt sich deshalb häufig dort auf. Im September 1990 war er in die *„Nationale Synthese Kommission“* berufen worden, deren Ergebnisse 1991 zur demokratischen Verfassung und der Zulassung neuer Parteien geführt hat.[1198] Nach dem Vorrücken der RPF Rebellenarmee RPF in den ersten Tagen nach dem Attentat vom 6. April 1994 floh Gatete zusammen mit den Bewohnern der Gemeinden Muvumba und Murambi nach Süden. Nach dem Sieg der RPF am 17. Juli 1994 flüchtete er nach Zaïre, wo er am 11. September 2002 verhaftet und an das Ruanda-Gericht in Arusha überstellt wurde.
Anklage-Inhalt	Die Anklageschrift vom 14.12.2000 – geändert am 10.5.2005 und auf Anforderung des Gerichts am 7.7.2009 – wirft Gatete Völkermord und andere vom Arusha-Gericht zu verfolgende Verbrechen – darunter Vergewaltigung – vor. Er soll u. a. für die Tutsi-Massaker in der Kirche von Kiziguro am 11. April 1994 verantwortlich sein.

1194 Auf die Ausführungen in Abschnitt 6.7.11 wird verwiesen.

1195 *Kubohoza* wurde allgemein das vor allem von der MDR benutzte Mobbingsystem zur Anschwärzung von MRNDD-Amtsträgern bezeichnet.

1196 Mwange wurde Anfang August 2011 per Video-Konferenz aus dem Gefängnis in Kigali im Rwabukombe-Prozess in Frankfurt/M. vernommen.

1197 Im Berufungsurteil heißt es irrtümlich, Gatete sei erst im April 1994 dazu ernannt worden.

1198 Vgl. Karemera 2012, S. 61. Es fällt auf, dass vom Arusha-Gericht eine Reihe der Mitglieder dieser Demokratisierungskommission angeklagt wurden. Eine Folge der Wut der RPF, weil sie ihnen die Anti-Habyarimana-Propaganda erschwert hat?

Kammer-Verfahren	Am 7.11.2008 lehnte die Kammer den Antrag der Anklagebehörde ab, Gatete nach Ruanda zu überstellen. **Kammer-Urteil am 31.3.2011** **Richter:** Khalida Rachid Khan (Vorsitzende), Lee Gacuiga Muthoga und Aydin Sefa Akay; **Anklage:** Richard Karegyesa (Uganda) et al.; **Verteidigung:** Richard Dubé und Isabelle Téolis (bis zum 26.3.2009). Danach Marie-Pierre Poulain und Kate Gibson. **Inhalt** Lebenslange Haft auf der Basis der Aussagen anonymer Zeugen. Gatete sei ein Teil eines *Joint Criminal Enterprise* gewesen. Vom Vorwurf sexueller Übergriffe wurde er freigesprochen, weil die Anklage dies nicht hinreichend hätte beweisen können.[1199] Die Verantwortung für die Massaker in der Kirchengemeinde Kiziguro wird Gatete in ganz besonderem Maße angelastet.[1200] Die Kammer kam zu dem Schluss, *„das Maß an Koordinierung habe nur durch eine vorausgehende Verabredung und Planung durch die daran beteiligten Personen erreicht werden können.“*[1201]
Berufungs-Verfahren	Der Chefankläger und die Verteidigung hatten Berufung beantragt. **Berufungsgerichts-Urteil am 9.10.2012** **Richter:** Liu Daqun (Vorsitz), Mehmet Güney, Fausto Pocar, Andrésia Vaz und Carmel Agius; **Anklage:** Jallow et al.: **Verteidigung**: Marie-Pierre Poulain **Inhalt** Reduzierung der lebenslangen Haftstrafe auf 40 Jahre, da sein Verfahren ungewöhnlich lange gedauert habe.[1202] Ansonsten wies das Berufungsgericht die Berufungsgründe vollständig zurück und gab sogar dem Antrag der Anklage statt, Gatete entgegen dem Kammerurteil auch für Völkermordplanung zu verurteilen. Eigentlich sei sogar die lebenslange Haftstrafe gerechtfertigt. Davon habe man aber abgesehen, weil die Anklage mit ihrem Antrag keine Straferhöhung gefordert habe.[1203] Wichtig ist Tz. 127, in der die von Gatete bestrittene und für das Urteil zentrale Frage der Anwesenheit in der Kirche von Kiziguro am 11.4.1994 als bewiesen erklärt wurde.

1199 Vgl. Tz. 26 des Kammerurteils.

1200 Für das Kirchenmassaker in Kiziguro wurde am 18.2.2014 vom Staatsschutzsenat des Oberlandesgerichts Frankfurt/M. auch der Bürgermeister der Gemeinde Muvumba, Onesphore Rwabukombe, der in Amtshilfe in der Gemeinde Murambi tätig war, zu 14 Jahren Haft verurteilt. Auf Abschnitt 7.3.2.1 wird verwiesen.

1201 Vgl. Tz. 24 des Kammerurteils.

1202 Vgl. Tz. 286 des Berufungsurteils.

1203 Aus Tz. 265 des Berufungsurteils: *The Appeals Chamber, Judges Pocar and Agius dissenting, enters a conviction for conspiracy to commit genocide in relation to Rwankuba sector and Kiziguro and Mukarange parishes. Because the Prosecution has not sought an increase in sentence with respect to this additional conviction, the Appeals Chamber declines to consider any potential impact on sentencing that this new conviction might have had.*

Kurz-Bewertung	Gatete hatte beim Anklagevorwurf Kirchenmassaker keine Chance für ein faires Verfahren. Im übrigen darf man sich fragen, was man davon halten muss, dass ein Gericht z.B. den gesamten Komplex Vergewaltigung für nicht bewiesen erklärte und die Qualität der Anklageschrift nur dort für gegeben hält, wo es ins Konzept passt. Die Zurückhaltung, die sich die III. Kammer im Urteil vom 31.3.2011 in der Planungsfrage auferlegte, glaubte sich das Berufungsgericht am 8.10.2012 nicht mehr antun zu müssen. Dass die Minister Mugenzi und Mugiraneza, die in erster Instanz wegen Völkermordplanung verurteilt worden waren am 4.2.2013 im Berufungsurteil freigesprochen wurden, müsste auch im Fall Gatete zu einer Neuaufnahme des Verfahrens führen. Das Kammerurteil gehört nicht zu den Glanzleistungen der Richterin Khan.

17) Ildephonse Hategekimana

Biographische Angaben	Ildephonse Hategekimana wurde am 1. Februar 1964 in der Gemeinde Mugina/Präfektur Gitarama geboren. Er wurde Berufsoffizier. 1994 war er im Rang eines Leutnants Befehlshaber des Militärcamps Ngoma in der Präfektur Butare. In dieser Funktion war er auch Mitglied des Sicherheitsrats der Präfektur Butare. Zur Verbüßung seiner lebenslangen Haftstrafe wurde Ildephonse Hategekimana in das Gefängnis in Koulikoro/Mali verbracht.
Anklage-Inhalt	Er wurde für eine Reihe von Tutsi-Morden in der Präfektur Butare und für Massaker in der Kirche von Ngoma (identisch mit dem Stadtgebiet von Butare) und Entführungen in einem Frauenkloster angeklagt.
Kammer-Verfahren	Chefankläger Jallow hatte am 7.9.2007 vergeblich versucht, seinen Fall nach Kigali zu transferieren. **Kammer-Urteil am 6.12.2010** **Richter:** Arlette Ramaroson (Vors.), Taghrid Hikmet und Joseph Masanche; **Anklage:** William T. Egbe et al.; **Verteidigung:** Jean de Dieu Momo und Ata Quam Avouyi-Dovi **Inhalt** Lebenslänglich wegen Völkermord und Vorgesetztenverantwortung für Vergewaltigung im Rahmen eines *Joint Criminal Enterprise*. Die Verurteilung basiert auf den Aussagen der anonymen Zeuginnen BYO, BYS, QCQ.[1204] BYO, eine Benebekira-Nonne, die per Video angehört wurde, hat vom Hörensagen über Verbrechen von Soldaten des Militärcamps Ngoma berichtet.

1204 Zur Charakterisierung dieser Zeugen siehe Tz. 206 des Kammer-Urteils.

Berufungs-Verfahren	**<u>Berufungsgerichts-Urteil am 8.5.2012</u>** **<u>Richter</u>:** Fausto Pocar (Vors.), Patrick Robinson, Mehmet Güney, Andresia Vaz und Carmel Agius; **Anklage:** Jallow et al.: **<u>Verteidigung</u>:** Jean de Dieu Momo **<u>Inhalt</u>** Bestätigung der lebenslangen Haftstrafe.
Kurz-Bewertung	Nach den Erfahrungen mit den Urteilen des Arusha-Gerichts war ein Freispruch ausgeschlossen, da auch hier Kirchenmassaker im Spiel waren. Die Frage der Verantwortung des Angeklagten ist allerdings auf der Basis von Aussagen anonymer Zeuginnen höchst fragwürdig. Das Gericht hat sich auch hier wieder nicht die Mühe gemacht, den Gesamtzusammenhang zu untersuchen, sondern begnügte sich mit dem judicial notice in Fußnote 1 des Urteils: *The Appeals Chamber has taken judicial notice that genocide against Tutsis and widespread or systematic attacks against a civilian population, based on Tutsi ethnic identification, which occurred in Rwanda between April and July 1994, are facts of common knowledge, not subject to reasonable dispute.* Hategekimana wird nicht beschuldigt, an Vergewaltigungen direkt beteiligt gewesen zu sein. Auch hier wird wieder die Vorgesetztenverantwortung sehr weit ausgelegt.[1205]

18) Samuel Imanishimwe[1206]

Biographische Angaben	Samuel Imanishimwe wurde am 25.10.1961 in der Präfektur Gisenyi geboren. Er war Berufsoffizier und war ab Oktober 1993 bis zu seiner Flucht im Juli 1994 im Rang eines Leutnants der amtierende Befehlshaber des Militärcamps Karambo in Cyangugu im Südwesten Ruandas. Er wurde am 11. August 1997 in Kenia verhaftet und nach Arusha überstellt. Imanishimwe wurde nach Verbüßung seiner Strafe in Koulikoro/Mali am 8.8.2009 aus dem Gefängnis entlassen. Eine Ausreise zu seiner Familie wurde ihm verweigert. Er lebt seither in sehr prekärer Situation ohne finanzielle Unterstützung in Mali.[1206]

1205 Vgl. Tz.727 und 728 des Urteils.

1206 Vgl. hierzu: *Mémorandum des Acquittés du TPIR au Conseil de Sécurité* vom 22.2.2013 (engl. *Memorandum to the Security Council by the ICTR Acquitted persons)*, in dem auch sein besonders schwieriger Fall geschildert wird. (Zu finden unter *http://jkanya.free.fr/Texte13/memo220213.pdf).*

Anklage-Inhalt	Leutnant Samuel Imanishimwe wurde im sog. Cyangugu-Verfahren zusammen mit dem aus der Präfektur Cyangugu im Südwesten Ruandas stammenden Transportminister André Ntagerura und dem Cyangugu-Präfekten Emmanuel Bagambiki angeklagt. Die drei Angeklagten wurden für die den „Interahamwe"-Milizen angelasteten Tutsi-Morde in der Präfektur Cyangugu bis zum Eintreffen der französischen Opération Turquoise in Vorgesetztenverantwortung verantwortlich gemacht. Ganz besonders spielen dabei die Massaker in der Kathedrale von Cyangugu und in den Kirchengemeinden Nyamasheke, Mibilizi und Shangi eine Rolle.
Kammer-Verfahren	**Kammer-Urteil am 25.2.2004** (zusammen mit Emmanuel Bagambiki und André Ntagerura) **Richter:** Lloyd G. Williams (Vors.), Yakov Ostrovsky und Pavel Dolenc; **Anklage:** Richard Karegyesa et al.; **Verteidigung:** Marie Louise Mbida und Jean-Pierre Fofé Djofia Malewa. **Inhalt** 27 Jahre Gefängnis u. a. wegen Misshandlung von sieben Flüchtlingen, die am 11.4.1994 von Soldaten in der Nähe der Kathedrale verhaftet und in das Militärcamp Karambo gebracht worden waren. Am 6. Juni seien dort auch eine Reihe von Flüchtlingen in Anwesenheit von Imanishimwe getötet worden.[1207]
Berufungs-Verfahren	**Berufungsgerichts-Urteil am 7.7.2006** **Richter:** Fausto Pocar, Vors., Mehmet Güney, Andrésia Vaz, Theodor Meron, und Wolfgang Schomburg; **Anklage:** Jallow et al.; **Verteidiger:** Marie Louise Mbida, Jean-Pierre Fofé Djofia Malewa. **Inhalt** Gegen das Votum von Richter Wolfgang Schomburg Reduzierung der Haftstrafe auf 12 Jahre.[1208]
Kurz-Bewertung	Die Fragwürdigkeit des Verfahrens gegen Samuel Imanishimwe ohne handfeste Beweise hat sein Anwalt Jean-Pierre Fofé in einem Buch eindrucksvoll beschrieben.[1209]

1207 Bei der Verurteilung von Imanishimwe mag eine Rolle gespielt haben, dass zeitweise Siméon Nchamihigo unter falschem Namen als Ermittler für ihn tätig war. (Vgl. Aufzeichnung zu Nchamihigo).

1208 Die Straf-Reduzierung sieht Edouard Karemera als besonderes Verdienst der brillanten Verteidigung von Jean-Pierre Fofé an. Siehe Karemera 2012, S. 402/403.

1209 Fofé 2006.

19) Gratien Kabiligi

Biographische Angaben	Gratien Kabiligi wurde am 18.12.1951 in der Gemeinde Kamembe/ Präfektur Cyangugu geboren. Nach Abschluss der Militärhochschule in Kigali wurde er Berufsoffizier. Zum Zeitpunkt des Attentats vom 6.4.1994 war er - noch als Oberst - Chef des Büros für Militäroperationen (G3) im Generalstab der ruandischen Armee. Am 17.4.1994 wurde er von der Interimsregierung zum Generalmajor befördert. Nach der Niederlage der ruandischen Armee bekleidete er im Exil noch den Posten des stellv. Generalstabschefs der Exilarmee bis zu ihrer Auflösung. Er wurde am 18.7.1997 in Nairobi verhaftet. Er war der ranghöchste angeklagte Offizier im Rahmen des Prozesses Militär I.[1210]
Anklage-Inhalt	Die Anklage beschuldigte ihn zusammen mit den mitangeklagten Offizieren der Teilnahme an der Völkermordplanung (*Conspiracy to commit genocide).*
Kammer-Verfahren	**Kammer-Urteil am 18.12.2008 (Militär I)** **Richter:** Erik Møse (Vors.), Jai Ram Reddy und Sergei Alekseevich Egorov; **Anklage:** Barbara Mulvaney et al.; **Verteidigung:** Paul Skolnik (bis zu seiner Entlassung durch den Gerichtskanzler am 25.10.2004 Jean Yaovi Degli)[1211] **Inhalt** Freispruch
Berufungs-Verfahren	--
Kurz-Bewertung	In diesem Fall waren die Meineide der Belastungszeugen so eindeutig, dass selbst die Anklage auf Berufung verzichtete.[1212]

1210 Die Mitangeklagten waren Oberst Bagosora, Oberstleutnant Anatole Nsengiyumva und Major Ntabakuze.

1211 Dieser Fall ist ausführlich bei Onana 2005a, S. 401–410 beschrieben.

1212 Der Freispruch wird in Combs 2010, S. 268 gut erklärt.

20) Félicien Kabuga

Biographische Angaben	Félicien Kabuga ist am 19. Juli 1935 in Mugina (Gemeinde Mukarange/ Präfektur Byumba) geboren. Er war ein erfolgreicher Unternehmer und familiär mit der Familie Habyarimana verbunden. Zudem ist er der Schwiegervater des früheren Planministers Augustin Ngirabatware.[1213] Kabuga ist im Juni 1994 aus Ruanda geflohen und seither untergetaucht. Man weiß, dass es am 29.12.1995[1214] einen – fast gelungenen – RPF-Attentatsversuch in Nairobi auf ihn gab. Im Urteil zum Medienprozess vom 3.12.2003 findet sich in TZ 562 der *Satz: Aucun élément n'a été produit quant à ce qui est arrivé à Félicien Kabuga après le 6 avril 1994 ni quant à l'endroit où il pouvait se trouver.*
Anklage-Inhalt	Er wird vor allem als „Vater" von Radio RTLM verfolgt.
Sonder-Verfahren	**Entscheidung des Sonderrichters am 6.5.2011** (SPECIAL DEPOSITION PROCEEDINGS) **Richter:** Vagn Joensen; **Anklage:** Jallow et al.; **Verteidigung:** Mr. Bahame Tom Nyanduga (Duty Counsel) und für die Familie Mr. Emmanuel Altit **Inhalt** Richter Joensen stellte vor allem sicher, dass die Anklage gegen Félicien Kabuga auch nach dem Ende des Arusha-Gerichts aufrecht erhalten bleibt. Zuvor hatten verschiedene Gerichtsinstanzen Anträge der Familie abgelehnt, die Anklage aufzuheben. **Hinweis:** Da Félicien Kabuga als „Haupttäter" angesehen wird, ist sein Dossier inzwischen dem Residual-Mechanismus (MICT) zugewiesen worden.
Berufungs-Verfahren	---
Kurz-Bewertung	Niemand konnte bisher die Schuld von Félicien Kabuga belegen, die – soweit sie Vorwürfe zur Gründung und Anfangsfinanzierung von RTLM betrifft – zudem außerhalb des Zuständigkeitszeitraums des Arusha-Gerichts liegt. Darüberhinaus hat das Berufungsurteil im Medien-Prozess bestätigt, dass RTLM vor dem Attentat vom 6. April 1994 keine rassistische Anti-Tutsi-Hetze verbreitet hat. Eine Verantwortung für Sendungen danach konnte ihm niemand nachweisen.

1213 Siehe zu Ngirabatware vor allem Abschnitt 6.7.13 und die gesonderte Aufzeichnung unter B/54.

1214 Vgl. den Brief des Kabuga-Unterstützungskomitees an Ban Ki Moon vom 19.8.2008.

21) Juvénal Kajelijeli

Biographische Angaben	Juvénal Kajelijeli wurde am 26.12. 1951 in der Gemeinde Mukingo (Präfektur Ruhengeri) geboren. Er war von 1988 -1993 Bürgermeister seiner Heimatgemeinde[1215]. Ende Juni 1994 wurde er dort nach dem Tod von Bürgermeister Harerimana am 8.4.1994 erneut Bürgermeister (vom Gemeinderat gewählt) und blieb es bis zu seiner Flucht nach dem Sieg der RPF. Am 5. Juni 1998 wurde er in Benin im Haus von Joseph Nzirorera verhaftet und am 9.9.1998 an das Arusha-Gericht überstellt. Juvénal Kajelijeli verbüßt seine Strafe seit dem 27.6.2009 in Benin.
Anklage-Inhalt	Kajelijeli wurde vorgeworfen, unter der Anleitung von Joseph Nzirorera, damals Generalsekretär der Partei MRNDD, die von den Jugendmilizen in der Präfektur Ruhengeri begangenen Massaker angeleitet zu haben. Er wurde neben den anderen üblichen Anklagepunkten (z.B. Vergewaltigung) der Völkermordplanung beschuldigt.
Kammer-Verfahren	**Kammer-Urteil am 1.12.2003** **Richter:** William H. Sekule (Vors.), Winston C. Matanzima Maqutu und Arlette Ramaroson; **Anklage:** Ifeoma Ojemeni; **Verteidiger:** Lennox S. Hinds und Nkeyi M. Bompaka **Inhalt** Lebenslange Haftstrafe. Die Kammer hat Kajelijeli wegen Völkermords verurteilt, weil er es unterlassen habe, „ihn nach Kräften zu verhindern". Völkermordplanung wurde ihm nicht vorgeworfen.[1216] Die Richterin Ramaroson gab eine abweichende Meinung mit ihrer Missbilligung ab, dass der Vorwurf der Vergewaltigung fallen gelassen wurde. Sie halte ihn verantwortlich für die in Ruhengeri begangenen sexuellen Übergriffe.
Berufungs-Verfahren	**Berufungsgerichts-Urteil am 23.5.2005** **Richter:** Fausto Pocar (Vors.), Mohamed Shahabuddeen, Florence Ndepele Mwachande Mumba, Wolfgang Schomburg[1217] und Inés Mónica Weinberg de Roca; **Anklage:** Hassan B. Jallow und James Stewart; **Verteidigung:** Lennox S. Hinds, Sherrie L. Russell-Brown und Juliette Chinaud

1215 Bruder von Dr. Tharcisse Ngiruwonsanga, der in Deutschland studiert hat und den ich in Berlin als Vorstandsmitglied des Vereins Akagera-Rhein e.V. kennengelernt habe.

1216 Vgl. Tz. 795 und 796 des Kammerurteils.

1217 Er hat am 31.8.2004 Theodor Meron ersetzt.

	Inhalt Reduzierung der lebenslangen Haft auf 45 Jahre. Die Kammer habe in seinem Fall nicht ausreichend den Schutz von Tutsi durch den Angeklagten gewürdigt. Aber insgesamt habe die Kammer ihr Beurteilungsrecht nicht überzogen.[1218]
Kurz-Bewertung	Es handelt sich um ein Urteil nach klassischem Muster mit nur anonymen Zeugen der Anklage und Ablehnung der Aussagen der Zeugen der Verteidigung. Da der Angeklagte nur drei Wochen in der unter die Jurisdiktion des Gerichts fallenden Zeit Bürgermeister war, fand selbst Richter Sekule, der sonst keine Gelegenheit zur Feststellung der *conspiracy to commit genocide* ausließ, dass man Kajelijeli nicht zum Planer erheben konnte.

22) Callixte Kalimanzira

Biographische Angaben	Callixte Kalimanzira wurde 1953 in der Gemeinde Muganza/ Präfektur Butare geboren. Er hat Agrarwissenschaften studiert. Ab 1986 bekleidete er verschiedene Funktionen im Regierungsapparat. Er war u. a. Unterpräfekt in Butare und Byumba. 1992 wurde er Staatssekretär (*Secrétaire Général*) im Innenministerium. Zur Zeit des Attentats am 6.4.1994 war er dort Kabinettsdirektor. In der Interimsregierung war er vom 9. April bis zum 25. Mai 1994 in dieser Funktion faktisch Innenminister, da der formelle Amtsinhaber Faustin Munyazesa nach dem 6. April 1994 nicht aus Daressalam nach Ruanda zurückgekehrt ist und seinen Posten nicht angetreten hat.[1219] Am 8. November 2005 stellte sich Kalimanzira nach dem Erlass eines Haftbefehls durch das Arusha-Gericht freiwillig in Nairobi.
Anklage-Inhalt	Callixte Kalimanzira wurde als wichtiger Amtsträger und Akademiker beschuldigt, großen Einfluss auf die Tutsi-Vernichtung in der Präfektur Butare ausgeübt zu haben. Dazu gehören vor allem die Morde am Hügel Kabuye in der Nähe von Butare.

1218 Vgl. Tz. 310 und 311 des Berufungsgerichtsurteils.

1219 Der Interimsstaatspräsident Sindikubwabo hat am 25.5.1994 Edouard Karemera zum neuen Innenminister ernannt.

Kammer-Verfahren	**Kammer-Urteil am 22.6.2009** **Richter:** Dennis C. M. Byron (Vors.), Gberdao Gustave Kam und Vagn Joensen; **Anklage:** Christine Graham et al.; **Verteidigung:** Arthur Vercken und Anta Guissé **Inhalt** 30 Jahre Gefängnis unter Anrechnung der in Haft verbrachten Zeit. Er wurde in Vorgesetztenverantwortung wegen Beihilfe zum Völkermord insbesondere am Kabuye Hügel bei Butare am 23. April 1994 und für Anstiftung zum Völkermord an verschiedenen Orten verurteilt. Sein Alibi in fraglicher Zeit nicht in der Präfektur Butare, sondern am Sitz der Interimsregierung in Gitarama gewesen zu sein, wurde vom Gericht verworfen.
Berufungs-Verfahren	**Berufungsgerichts-Urteil am 22.10.2010** **Richter:** Theodor Meron (Vors.), Mehmet Güney, Fausto Pocar, Andrésia Vaz und Carmel Agius; **Anklage:** Jallow et al.; **Verteidigung:** Arthur Vercken und Anta Guissé **Inhalt** Reduzierung der Strafe auf 25 Jahre Gefängnis unter Anrechnung der in Haft verbrachten Zeit. Der Antrag der Anklage, ihn zu lebenslanger Haft zu verurteilen wurde abgewiesen.
Kurz-Bewertung	Es handelt sich um ein „normales" Arusha-Urteil, das nur auf Aussagen anonymer Zeugen der Anklage beruht. Vor allem für die Massaker am Kabuye-Hügel wollte man einen Verantwortlichen präsentieren. Man kann vermuten, dass beide Instanzen Kalimanzira als zeitweilig faktisch amtierenden Innenminister für das Zivilverteidigungsprogramm, das immer wieder als Genozidprogramm angesehen wurde, verantwortlich machten, ohne das explizit zu sagen.

23) Jean Kambanda[1220]

Biographische Angaben	Jean Kambanda wurde am 19.10.1955 in der Gemeinde Gishamvu/ Präfektur Butare geboren. Er hat 1984 in Lüttich ein Diplom als *Ingenieur Commercial* erworben und arbeitete - nach einer Tätigkeit bei der staatlichen Hypothekenbank - zwischen Mai 1989 und April 1994 bei der *Union des Banques Populaires*, zuletzt als Direktor. Er gehörte nach der Demokratisierung des Habyarimana-Regimes zum Gründerkreis[1221] der Partei MDR, die aber kurz nach dem prov. Gründungskongress im Mai 1991 von Faustin Twagiramungu dominiert wurde. Kambanda wurde MDR-Vizepräsident in Butare und Mitglied des Politischen Büros auf nationaler Ebene. Nach dem Zerwürfnis Twagiramungus mit der Parteimehrheit kandidierte Kambanda als künftiger Ministerpräsident der im Arusha-Abkommen vom August 1993 vorgesehenen Übergangsregierung, kam aber zugunsten von Faustin Twagiramungu nicht zum Zug. In seinem Buch aus dem Jahr 2012 mit dem Titel *Rwanda face à l'apocalypse 1994. Contribution aux progrès de la justice et aux efforts de réconciliation du peuple rwandais*[1222] berichtet er, wie er am 24.2.1994 von Habyarimana an Faustin Twagiramungu vorbei fast noch zum Ministerpräsidenten berufen worden wäre. (Dies sei an Habyarimanas Bürochef Enoch Ruhigira gescheitert, der im Vorfeld der Sitzung Faustin Twagiramungu unterrichtet hätte.)[1223] Jean Kambanda war während des wiederaufgenommenen Eroberungskriegs durch die RPF ab dem 9.4.1994 bis zum endgültigen militärischen Sieg der Kagame-Soldaten Ministerpräsident der ruandischen Interimsregierung und später der kurzlebigen Exilregierung.[1224] Nach eigenen Angaben[1225] floh er 1996 aus Ost-Zaïre nach Kenia, weil er sich von der RDR und den früheren MRNDD-Machtträgern bedroht fühlte.

1220 Auf die Schilderung des Falles Kambanda in Abschnitt 6.7.3 wird verwiesen. Der Fall Kambanda ist auch behandelt in Laughland 2008.

1221 Er hatte schon im März 1991 ein Manifest mit der Forderung nach Wiedergründung der Kayibanda-Partei MDR-Parmehutu verfasst.

1222 Kambanda 2012.

1223 Vgl. die Seiten 147 ff. bei Kambanda 2012.

1224 Zum eher mysteriösen Fall ISTO wird auf die Schilderung seines Prozesses in Abschnitt 6.7.3 verwiesen.

1225 Vgl. S. 71 in Kambanda 2012.

	Er wurde in Nairobi am 18.7.1997 – unter Mithilfe der kanadischen Gerichtsermittler Pierre Duclos und Marcel Desaulniers – verhaftet und an das Arusha-Gericht überstellt. Danach wurde er über Monate in Dodoma (Tansania) inhaftiert und insbesondere von Pierre Duclos und Marcel Desaulniers im Auftrag der Chefanklägerin Louise Arbour[1226] verhört. Dort hat er mit den Anklagevertretern gegen eine Zusage für ein geringes Strafmaß oder sogar Freispruch ein Schuldeingeständnis ausgehandelt. Er bestätigte dem Gericht dieses Schuldeingeständnis und wurde auf dieser Basis ohne Gerichtsverfahren am 4.9.1998 unter Vorsitz des ersten Präsidenten Laïty Kama zu einer lebenslangen Gefängnisstrafe verurteilt. Dabei musste Kambanda verblüfft feststellen, dass das Gericht die mit der Anklagebehörde ausgehandelten Zugeständnisse nicht respektierte. Man weiß heute, dass sie der Richterbank in betrügerischer Weise vorenthalten wurden. Kambanda hat später sein Schuldeingeständnis widerrufen und in langen Schriftsätzen erklärt, unter welch seltsamen Umständen es dazu gekommen war. Jean Kambanda verbüßt nach dem Inkrafttreten des Urteils nach Beendigung seines Berufungs-Verfahrens seine Haftstrafe in Koulikoro nahe der Hauptstadt Bamako (Mali).
Anklage-Inhalt	Am 16. Oktober 1997 legte die Chefanklägerin eine Anklageschrift vor, die von Richter Yakov Ostrovsky als Basis für die Verlängerung der Untersuchungshaft anerkannt wurde. Kambanda wurde wegen Völkermord, Völkermordplanung (conspiracy to commit genocide), direktem und öffentlichem Aufruf zur Begehung des Völkermords, Beihilfe zum Völkermord (Complicity in genocide), Verbrechen gegen die Menschlichkeit (Mord) gem. Art. 3 a des Statuts und Verbrechen gegen die Menschlichkeit (Vernichtung) gem. Art. 3 b des Statuts angeklagt. Bei seinem ersten Erscheinen vor Gericht am 1.5.1998 erklärte er sich im Sinne der Anklage für schuldig. In einer geheimen Vereinbarung mit der Anklage (*plea agreement*) wurden die Verbrechen, derer er sich für schuldig bekannte, festgehalten. Ihm wurde dafür als Kronzeuge eine sehr weitgehende Strafminderung garantiert.

1226 Auf den Umstand, dass es sich bei Duclos um einen in Kanada gerichtsnotorischen Betrüger handelte, der sich auf diese Art dem Verfahren entziehen konnte, hat Edouard Karemera hingewiesen (Karemera 2006, S. 148).

Kammer-Verfahren	**<u>Kammer-Urteil am 4.9.1998</u>** **<u>Richter</u>:** Laïty Kama, (Vorsitz), Lennart Aspegren und Navanethem Pillay; **<u>Anklage</u>:** Bernard Muna et al. (darunter Udo Gehring); **<u>Verteidigung</u>:** Oliver Michael Inglis (nachdem Johan Scheers abgelehnt worden war) **<u>Inhalt</u>** Aufgrund des ausführlichen und äußerst weitgehenden Schuldanerkennung (*plea agreement*) Verurteilung zu lebenslanger Haft. Das Schuldeingeständnis wird unter Tz. 39 des Kammerurteils referiert. Der Inhalt entspricht genau dem, was heute als die offizielle Lesart des Tutsi-Völkermords gilt.
Berufungs-Verfahren	**<u>Berufungsgerichts-Urteil am 19.10.2000</u>** **<u>Richter:</u>** Claude Jorda (Vors.), Lal Chand Vohrah, Mohamed Shahabuddeen, Rafael Nieto-Navia und Fausto Pocar; **<u>Anklage</u>:** Carla Del Ponte et al.; **<u>Verteidigung</u>:** Tjarda van der Spoel und Gerard PMF Mols **<u>Inhalt</u>** Bestätigung der lebenslangen Haftstrafe. Das Gericht wies den Antrag auf Annullierung seiner Schuldanerkennung und auf Neuaufnahme des Verfahrens zurück. Hinsichtlich der Frage, ob er nicht wusste, was sein Schuldleingeständnis bedeutet, heißt es in Tz. 63 und 64: *The Appeals Chamber further notes that the Appellant does not claim that he was in any way threatened or induced to plead guilty.(…) The Appeals Chamber finds no merit in the Appellant's claim that his guilty plea was involuntary and thus rejects this issue* on appeal.
Kurz-Bewertung	Es ist eines der problematischsten Urteile des Arusha-Gerichts. Unter dem Eindruck der weitgehenden und unverständlichen Schulderklärung vom 1.5.1998 ist juristisch die Verhängung der Höchststrafe erklärlich. Objektiv ist das Urteil aber inakzeptabel, weil die Richter hätten erkennen können, dass hier etwas nicht stimmt. Das Urteil ist besonders deshalb so bedeutsam, weil damit die politische *raison d'être* des Gerichts vor aller Welt bewiesen schien. Man darf mit Edouard Karemera feststellen, Kambanda ist „reingelegt" worden[1227].

1227 Kambanda « …*avait été totalement roulé dans la farine* ». Karemera 2012, S. 372.

24) Jean de Dieu Kamuhanda[1228]

Biographische Angaben	Jean de Dieu Kamuhanda wurde am 3. März 1953 in der Gemeinde Gikomero (Präfektur Kigali[1229]) geboren. Er war zum Zeitpunkt des Attentats vom 6.4.1994 Beamter im Höheren Dienst der Erziehungsverwaltung in Kigali. Er wurde Ende Mai 1994 als Nachfolger von Daniel Mbangura[1230] Minister für Hochschulwesen in der Interimsregierung. Nach seiner Flucht wurde er am 26.11.1999 in Bourges in Frankreich verhaftet. Ursprünglich war sein Verfahren zusammen mit dem Prozess gegen den Planminister der Interimsregierung Augustin Ngirabatware vorgesehen. Das Kamuhanda-Verfahren wurde dann als Einzelprozess geführt, weil sich Ngirabatware einer Verhaftung lange entziehen konnte.[1231] Zur Verbüßung seiner lebenslangen Haftstrafe wurde er am 7.12.2008 nach Mali überstellt.
Anklage-Inhalt	In seiner Zeit vor der Berufung zum Minister in der Interimsregierung soll Jean de Dieu Kamuhanda am 12.4.1994 Verantwortung für ein Kirchenmassaker in seiner Heimatgemeinde Gikomero tragen.
Kammer-Verfahren	**Kammer-Urteil am 22.1.2004** **Richter:** William Hussein Sekule (Vors.), Winston C. Matanzima Maqutu und Arlette Ramaroson[1232]; **Anklage:** Hassan Jallow; **Verteidigung:** Aïcha Condé[1233] et al.

1228 Vgl. hierzu die Aufzeichnung Nr. 1 zu Anonym GAA.

1229 Später Präfektur Kigali Land.

1230 Mbangura wurde zu diesem Zeitpunkt Sonderberater des Interimspräsidenten Sindikubwabo. Sein Name taucht auch als Nbangura auf.

1231 Ngirabatware wurde erst am 17.9.2007 in Frankfurt am Main verhaftet. Am 20.12.2012 wurde er in erster Instanz von der II. Kammer des Arusha-Gerichts unter Vorsitz von Richter Sekule zu 35 Jahren Haft und am 18.12.2014 vom Residual-Mechanismus (MICT) unter Vorsitz von Richter Meron zu 30 Jahren Gefängnis verurteilt.

1232 Das Verfahren war unter Vorsitz von Richter Kama begonnen worden und nach dessen Tod unter Vorsitz von Richter Sekule neu begonnen worden.

1233 Tochter der Schriftstellerin Maryse Condé.

	Inhalt Lebenslängliche Haftstrafe mit einer „Separate and Concurring Opinion on the Verdict" durch Richter Maqutu vom 22.12004. Kamuhanda wurde insbesondere für seine mutmaßliche Mitwirkung an dem Massaker in der protestantischen Kirche in Gikomero am 12.4.1994, also vor seiner Zeit als Minister der Interimsregierung[1234], für schuldig befunden. In dem Verfahren wurde Dr. Nkiko Nsengimana als Gutachter der Verteidigung angehört, dessen Inhalt allerdings für das Urteil nicht herangezogen wurde, weil der Gutachter nichts zum konkreten Fall Gikomero habe sagen können.
Berufungs-Verfahren	**Berufungsgerichts-Urteil vom 19.9.2005** (in Den Haag) **Richter:** Theodor Meron (Vors.), Mohamed Shahabuddeen, Florence Ndepele Mwachande Mumba, Wolfgang Schomburg und Inés Mónica Weinberg de Roca; **Anklage:** Marks Moore et al.; **Verteidigung:** Aïcha Condé et al. **Inhalt** Bestätigung des Urteils der ersten Instanz bei einigen abweichenden Voten[1235], obwohl der Zeuge GAA im Verfahren erklärt hat, er habe im Hauptverfahren einen Meineid begangen, als er behauptete den Angeklagten am 12.4.1994 im Compound der Kirchengemeinde Gikomero gesehen zu haben. Das Gericht hielt das Eingeständnis des Meineids für unglaubwürdig und misst ihm keine Bedeutung für die Urteilsfindung bei.[1236] Das Gericht hatte die Anklagebehörde beauftragt, einen Bericht hierzu vorzulegen, hat aber dann den von der Amerikanerin Loretta Lynch erstellten Bericht vor Urteilsverkündung nicht abgewartet.[1237] In einer Zusatzerklärung gab Richter Wolfgang Schomburg zu Protokoll, er halte es für falsch, dass die Mehrheit des Berufungsgerichts die Feststellung der Kammer in der ersten Instanz habe fallen lassen, Kamuhanda habe in Gikomero auch Waffen verteilt.[1238]

1234 Für seine Ministertätigkeit bescheinigt ihm die Kammer in Tz. 245 des Urteils, dass keine Beanstandungen vorlägen. Dort heißt es: The Chamber notes that no specific evidence has been brought by the Prosecution with regards to the acts and conduct of the Accused after he became Minister of the Interim Government.

1235 Die Richter Meron, Schomburg, Shahabuddeen und Weinberg de Roca gaben sich teilweise widersprechende Sondervoten ab, was schon allein auf ein problematische Urteil hindeutet.

1236 Vgl. Tz. 221 des Berufungsurteils.

1237 In Karemera 2012, S. 21 wird ausgeführt, der Bericht sei weggeschlossen worden, weil er die Wiederaufnahme des Verfahrens empfohlen habe.

1238 Vgl. Tz. 367 des Berufungsgerichtsurteils.

	Die Richterin Ines Weinberg de Roca hat in einem langen Sondervotum wegen der vielen Schwächen der Anklageschrift – allerdings vergeblich – eine Neuaufnahme des Verfahrens gefordert.[1239]
Kurz-Bewertung	Es bestehen sehr begründete Zweifel an der Anwesenheit in seiner Heimatgemeinde Gikomero am 12. April 1994. Kamuhanda erklärte, die Kriegslage hätte dies nicht erlaubt. Die Kammer stellte aber fest, technisch sei eine Fahrt dorthin möglich gewesen[1240] und so sei den Zeugen Glauben zu schenken, die ihn dort gesehen haben wollen. Ein solcher „Beweis" ist völlig unsinnig. Dass der gleiche Trick, die Möglichkeit als Beweis zu präsentieren, in den Urteilen gegen Augustin Ngirabatware 2012 und 2014 wieder auftaucht, ist grotesk. Es ist unverständlich, dass die Verurteilung des anonymen Zeugen GAA (siehe die gesonderte Aufzeichnung dazu) im Meineid-Verfahren am 4.12.2007 nicht zu der schon von Richterin Weinberg de Roca am 19.9.2005 geforderten Wideraufnahme des Verfahrens geführt hat und dass auch der Lynch-Bericht nicht herangezogen wurde. Ein klarer Fall eines Fehlurteils, das auch in dem abweichenden Votum von Richter Maqutu zum Ausdruck kommt.[1241] Und: Auch im Fall Kamuhanda hat Wolfgang Schomburg seine Reputation als harter Richter bestätigt.

25) Joseph Kanyabashi

Biographische Angaben	Joseph Kanyabashi wurde 1937 in der Gemeinde Huye/Präfektur Butare geboren. Er war von 1974 bis zu seiner Flucht aus Ruanda im Juli 1994 Bürgermeister der Gemeinde Ngoma, auf deren Gebiet auch die Präfekturhauptstadt Butare liegt.[1242] Bei der Demokratisierung des Habyarimana-Regimes 1991 schloss er sich der neugegründeten Habyarimana-kritischen Partei PSD (*Parti Social Démocrate*) an. Nach seiner Flucht wurde er am 28.6.1995 in Belgien verhaftet und am 8. November 1996 nach Arusha verbracht. Im Urteil vom 24.6.2011 – er hatte also zu diesem Zeitpunkt schon 16 Jahre in Untersuchungshaft verbracht – wird ausdrücklich erwähnt, dass seine Frau Bernadette Kamanzi eine Tutsi ist.

1239 Tz. 438: *Pursuant to Rule 118(C) of the Rules of Procedure and Evidence, I would order a retrial.*

1240 Vgl. Tz. 220 des Kammer-Urteils.

1241 Vgl. Tz. 5 des abweichenden Votums von Richter des Maqutu. Karemera schreibt, dieses und andere abweichende Voten hätten Maqutu Schwierigkeiten eingebracht und zur Ablehnung der Verlängerung des Mandats geführt. (Karemera 2012, S. 415).

1242 Im Urteil wird erwähnt, dass Kanyabashi alle Aussagen vor dem Gericht verweigert hat und man deshalb wenig über seinen Lebenslauf wisse.

Anklage-Inhalt	Der langjährige Bürgermeister der Gemeinde Ngoma (faktisch der Präfekturhauptstadt Butare) wurde aller Verbrechen angeklagt, die die Gerichtsstatuten vorsehen.[1243]
Kammer-Verfahren	**Kammer-Urteil am 24.6.2011 als Teil des Butare-Prozess**[1244] **Richter:** William H. Sekule (Vors.), Arlette Ramaroson und Solomy Balungi Bossa; **Anklage:** Jallow et al.; **Verteidigung:** Michel Marchand und Alexandra Marcil **Inhalt** 35 Jahre Haft, obwohl Filip Reyntjens als Zeuge der Verteidigung aufgetreten und ihn entlastet hatte. Er wurde zwar vom Anklagepunkt „Genozidplanung" freigesprochen, ansonsten hielt ihn die Kammer vor allem in seiner Vorgesetztenverantwortung für schuldig. Generell wird ihm ein guter Charakter und vor dem 6. April 1994 eine tadellose zwanzigjährige Tätigkeit als Bürgermeister bescheinigt.[1245]
Berufungs-Verfahren	Das Berufungsurteil wird erst 2015 erwartet.
Kurz-Bewertung	Eine völlig ungerechtfertigte Verurteilung in erster Instanz. Alle die ihn kannten, so gerade auch Filip Renytjens, bestätigen, dass es sich bei Joseph Kanyabashi um einen vertrauenswürdigen, gemäßigten Mann handelt. Das Butare-Urteil wurde stark durch den sachverständigen Zeugen der Anklage André Guichaoua geprägt. Da Kanyabashi bei der Amtseinführung von Präfekt Nsabimana anwesend war, hielt auch Guichaoua ihn für schuldig. Das gilt auch für die Prozess-Aussagen von Alison Des Forges, die das Urteil nicht mehr erlebt hat. Dieses Urteil hat auch Madeleine Raffin, die lange Jahre in der Region – zuerst als franzöische Expertin, später für Caritas Ruanda – gearbeitet hat, betroffen kommentiert. (Vgl. Raffin 2012, S. 37).

1243 Die in der Schweiz beheimatete Internetseite TRIAL referierte – völlig im Sinne der Anklage – die vorverurteilende Anklageschrift sehr ausführlich auf Deutsch (*http://www.trialch.org/de/ressourcen/trial-watch/trial-watch/profils/profile/74/action/show/controller/Profile.html*).

1244 Prosecutor v. Pauline Nyiramasuhuko, Arsène Shalom Ntahobali, Sylvain Nsabimana, Alphonse Nteziryayo, Joseph Kanyabashi und Élie Ndayambaje.

1245 Vgl. die Tz. 6253-6257 des Kammer-Urteils.

26) Gaspard Kanyarukiga

Biographische Angaben	Gaspard Kanyarukiga, Jg. 1945[1246], stammt aus der Gemeinde Kivumu/Präfektur Gisenyi. Die Firma des analphabetischen Geschäftsmanns – möglicherweise ein Tutsi[1247] – besaß im Sektor Nyange seiner Heimatgemeinde Kivumu neben anderen Geschäften auch eine Apotheke mit einer Niederlassung in Kigali. Gaspard Kanyarukiga wurde am 16.7.2004 in Südafrika verhaftet. Seit dem 3.7.2012 verbüßt er seine Haftstrafe in Benin.
Anklage-Inhalt	Kanyarukiga wurde beschuldigt, vor allem an Angriffen auf die Kirche in Nyange zwischen dem 12. und 16.4.1994 beteiligt gewesen zu sein, bei denen insgesamt 2.000 Tutsi ums Leben gekommen sein sollen.
Kammer-Verfahren	Der Prozess begann erst am 31.8.2009, nachdem der Antrag des Chefanklägers vom 7.9.2007, seinen Fall nach Kigali zu transferieren, von einer Kammer und dem Berufungsgericht abgelehnt worden waren. **Kammer-Urteil am 1.11.2010** **Richter:** Taghrid Hikmet (Vors.), Seon Ki Park, Joseph Masanche; **Anklage:** Holo Makwaia et al.; **Verteidigung:** David Jacobs, Claver Sindayigaya, Marc Nerenberg, Iain Edwards[1248] **Inhalt** 30 Jahre Gefängnis. Die Kammer hielt die anonymen Zeugen der Anklage für glaubwürdig, die den Angeklagten zum Zeitpunkt des großen Massakers am 16.4.1994 an der Nyange-Kirche gesehen haben wollen.
Berufungs-Verfahren	**Berufungsgerichts-Urteil am 8.5.2012** **Richter:** Patrick Robinson (Vors.), Mehmet Güney, Fausto Pocar, Arlette Ramaroson und Andrésia Vaz; **Anklage:** Jallow et al.; **Verteidigung:** David Jacobs und Peter Zaduk **Inhalt** Das Gericht bestätigte das Urteil der ersten Instanz.

1246 Dieses Geburtsjahr steht nur in der Anklageschrift vom 14.11.2007, kommt aber weder im Kammer- noch im Berufungsgerichts-Urteil vor.

1247 Diesen Hinweis habe ich am 25.9.2008 beim Bonn-Besuch des später verstorbenen Anwalts, Prof. Ernest Midagu Bahati, erhalten. Wenn das richtig sein sollte, wäre Gaspard Kanyarukiga der einzige Tutsi, der vom Arusha-Gericht verurteilt worden ist.

1248 Bei dem erwähnten Treffen in Bonn am 25.9.2008 hatte ich dem Verteidiger Midagu Bahati zugesagt, als Gutachter in dem Verfahren mitzuwirken. Nach seinem Tod, von dem ich nur durch eine Meldung bei *Hirondelle News* vom 1.11.2010 erfuhr, habe ich nichts mehr von den neuen Verteidigern gehört.

Kurz-Bewertung	Die von beiden Kammern anerkannten Beweise sind für einen kritischen Leser der Urteile nicht nachvollziehbar. Da das Kirchenmassaker in der Nyange-Kirche im Mittelpunkt stand, war klar, dass beide Instanzen dem moralischen Druck auf Verurteilung nachgeben würden. Hinzu kommt, dass Pater Athanase Seromba schon am 12.3.2008 vom Arusha-Berufungsgericht wegen seiner angeblichen Verwicklungen in das Nyange-Kirchenmassaker zu lebenslanger Haft verurteilt worden war.[1249]

27) Edouard Karemera

Biographische Angaben	Édouard Karemera wurde am 1. September 1951 in der Gemeinde Mwendo/Präfektur Kibuye geboren. Er studierte Jura an der Université Catholique de Louvain/Belgien. Nach seiner Rückkehr nach Ruanda 1976 bekleidete er hohe Staatsämter (u.a. Minister für den Öffentlichen Dienst, Minister im Präsidialamt und für Institutionelle Beziehungen). Von 1982 –1993 war er Parlamentsabgeordneter für Kibuye. 1991–1992 war er Nationalsekretär der MRNDD[1250] und Vorsitzender der Kommission zur Vorbereitung der demokratischen Öffnung des Habyarimana-Regimes. Nachdem Habyarimana den Parteivorsitz niedergelegt hatte, wurde er im Juli 1993 als Vertreter des neuen MRNDD-Vorsitzenden Matthieu Ngirumpatse Vizepräsident. Vom 25. Mai bis 17. Juli 1994 war er neben seiner Parteifunktion auch Innenminister der Interimsregierung.[1251] In dieser Phase war er mit der Umsetzung des Konzepts der zivilen Verteidigung befasst, das der Interimsministerpräsident Jean Kambanda verkündet hatte.

1249 Auch der damalige Bürgermeister von Kivumu, Grégoire Ndahimana, wurde am 30.12.2011 in erster Instanz zu 15 Jahren Haft verurteilt, weil er die mutmaßlich an den Massakern beteiligten Kommunalpolizisten nicht gebührend bestraft habe. Das Berufungsgericht hat seine Strafe sogar auf 25 Jahr erhöht (s. die entsprechende Kurzaufzeichnung).

1250 Die bisherige Staatspartei MRND wurde am 28.4.1991 unter dem offiziellen Namen MRNDD (Mouvement Républicain National pour la Démocratie et le Développement) eine demokratische Partei, behielt aber nach außen die Abkürzung MRND bei, was es ihren Gegnern leicht machte, sie als reine Fortsetzung der Staatspartei darzustellen.

1251 Die Interimsregierung hat zu diesem Zeitpunkt beschlossen, den Posten des Innenministers nicht länger für Faustin Munyazesa freizuhalten, der nach dem 6. April 1994 von Daressalam aus nicht nach Ruanda zurückgekehrt war und auf die Übernahme seines Ministerpostens verzichtete.

	Nach seiner Flucht aus Ruanda wurde Edouard Karemera am 5. Juni 1998 in Lomé/Togo verhaftet und an das Arusha-Gericht überstellt. Aus dem Gefängnis heraus hat er zwei sehr UNO-kritische Bücher veröffentlicht.[1252]
Anklage-Inhalt	Karemera wurde zusammen mit Matthieu Ngirumpatse und Joseph Nzirorera der Prozess gemacht. Faktisch handelte es sich um einen MRNDD-Prozess. In der ergänzten Anklageschrift vom 24.8.2005 heißt es, Karemera, Ngirumpatse und Nzirorera seien in ihren MRNDD-Funktionen Mitglieder[1253] eines „*Joint criminal enterprise*" gewesen, dessen Ziel „die Vernichtung der Tutsi-Bevölkerung" war. Beide hätten „*ihr Land mit Absicht in den Genozid gesteuert.*"[1254]
Kammer-Verfahren	Bevor der Prozess wirklich beginnen konnte, hat das Berufungsgericht am 16. Juni 2006 in diesem Verfahren eine die gesamte Arbeit des Arusha-Gerichts bestimmende rechtsverbindliche Feststellung (sog. *judicial notice)* zur offiziellen Wahrheit über die Ereignisse 1994 getroffen.[1255] **Kammer-Urteil am 2.2.2012** (zusammen mit Matthieu Ngirumpatse[1256]) **Richter:** Dennis C.M. Byron (Vors.), Gberdao Gustave Kam und Vagn Joensen; **Anklage:** Don Webster et al.; **Verteidigung**[1257]**:** Dior Diagne Mbaye und Moussa Félix Sow **Inhalt** Lebenslange Haftstrafe wegen Völkermordplanung und Völkermord.[1258] Aber da das Strafmaß für beide Straftatbestände gleich sei, verurteile man ihn „nur" für Völkermord. Damit umging man das Problem, dass am 18.12.2008 die I. Kammer im Verfahren Militär I festgestellt hatte, eine zentrale Völkermordplanung habe sich nicht beweisen lassen.

1252 Karemera 2006 und Karemera 2012.

1253 Als andere Mitglieder dieses JCE werden fast alle Hutu-Politiker mit Rang und Namen aufgeführt – darunter der zum Zeitpunkt der Erstellung der Anklageschrift vom Gericht schon über ein Jahr zuvor freigesprochene Minister André Ntagerura.

1254 Tz. 1729 des Kammerurteils

1255 Es wird an Abschnitt 6.5.10 zu den rechtsverbindlichen Feststellungen (*judicial notice/constat judiciaire*) erinnert.

1256 Joseph Nzirorera ist während des Prozesses am 1.7.2010 gestorben.

1257 Der Verteidiger Emmanuel Leclerc hat am 6.4.1999 das Mandat von Edouard Karemera über einen Streit zur Frage, ob es sich in Ruanda um einen Tutsi-Genozid oder nur um Massenmassaker gehandelt habe, während der Anhörungssitzung zur Prozesseröffnung niedergelegt. (Vgl. Karemera 2012, S. 137).

1258 Das Kammerurteil ist in Tz.750 der Berufungsurteile gut zusammengefasst.

Berufungs-Verfahren	**Berufungsurteil am 29.9.2014** (zusammen mit Matthieu Ngirumpatse) **Richter:** Theodor Meron (Vors.), Fausto Pocar, Arlette Ramaroson, Bakhtiyar Tuzmukhamedov und Koffi Kumelio A. Afanđe; **Anklage:** Jallow et al.; **Verteidigung:** Dior Diagne Moussa und Félix Sow **Inhalt** Bestätigung der lebenslangen Haft.
Kurz-Bewertung	Aufgrund der *judicial notice* vom 16.6.2006 mit der Vorverurteilung der MRNDD und der Funktionen der Angeklagten darin, hatten die beiden MRNDD-Chefs keine Chance auf ein faires Verfahren. Das Mindeste was man zu den Verurteilungen in beiden Instanzen sagen kann: Sie sind intellektuell vielleicht noch ein Stück unredlicher als alle anderen Verurteilungen auf der Grundlage von Gefängniszeugen aus Kigali. In seinem Schlusswort im Gericht am 25. August 2011 hat Karemera auf die Unmöglichkeit hingewiesen, bei den Bisesero-Massakern anwesend gewesen zu sein. Dass man die Hutu-Elite treffen wollte, die am Neuaufbau des Staates hätte mitwirken können, wird durch den enthüllenden Satz in Tz. 1731 des Kammer-Urteils unterstrichen: *The Accused were among the most learned, respected, powerful and privileged citizens of Rwanda…* Es ist so gekommen, wie es Karemera schon in seiner Gerichtskritik in seinem Buch aus dem Jahr 2006[1259] vorhergesagt hat. Die lebenslange Gefängnisstrafe ist auch eine Strafe dafür.

28) François Karera

Biographische Angaben	François Karera wurde 1938 im Sektor Huro der Gemeinde Musasa/Präfektur Kigali-Land geboren. Ab 1958 arbeitete er in verschiedenen Bildungsinstitutionen. Von 1972–1974 war er zuerst bei der *Caisse d'épargne* und dann bei der Caisse sociale tätig. Ende 1974 wurde er Sub-Präfekt von Byumba. Am 28.7.1975 wurde er zum Bürgermeister der Gemeinde Nyarugenge (Stadt Kigali) ernannt und blieb es bis 1990. Nach Beginn des RPF-Angriffskriegs wurde er am 9. November 1990 zum Sub-Präfekten der Präfektur Kigali-Land berufen. Am 17.4.1994 wurde er von der Interimsregierung zum Präfekten der Präfektur Kigali-Land ernannt. Nach dem Fall von Kigali am 4.7.1994 floh er nach Zaïre, wo seine Frau und drei seiner acht Kinder in einem Flüchtlingslager ums Leben kamen. Später floh er nach Kenia. Dort wurde er 2001 verhaftet und nach Arusha verbracht. Nach seiner endgültigen Verurteilung wurde Karera am 27.6.2009 nach Benin überstellt.

1259 Karemera 2006.

Anklage-Inhalt	Die Anklage bezichtigte Karera, Verbrechen gegen die Tutsi-Bevölkerung „*angeordnet, autorisiert oder nichts dagegen unternommen zu haben.*“ Ganz besonders schwerwiegend sei seine Rolle beim Kirchenmassaker in Ntarama am 15.4.1994 gewesen.
Kammer-Verfahren	**Kammer-Urteil 7.12.2007** **Richter:** Erik Møse (Vors.), Sergei Alekseevich Egorov und Florence Rita Arrey; **Anklage:** Charles Adeogun-Phillips et al.; **Verteidigung:** Carmelle Marchessault und Steven Kelliher **Inhalt** Lebenslange Gefängnisstrafe wegen Völkermord. Die Kammer hielt ihn in besonderem Maße verantwortlich für die Tutsi-Massaker in der Kirche von Ntarama[1260] am 15. April 1994.[1261] Die Verteidigung und der Angeklagte machten geltend, er habe für diese Zeit ein Alibi, weil er sich zwischen dem 7. und 19. April im Universitätscampus Nyakinama bei Ruhengeri im Haus seines Sohns aufgehalten habe.[1262] Dieses Alibi wurde vom Gericht nicht anerkannt.
Berufungs-Verfahren	**Berufungsgerichts-Urteil 2.2.2009** **Richter:** Fausto Pocar (Vors.), Mohamed Shahabuddeen, Mehmet Güney, Liu Daqun und Theodor Meron; **Anklage:** Jallow et al.; **Verteidigung:** Carmelle Marchessault und Alexandre Bergevin **Inhalt** Bestätigung der lebenslangen Haftstrafe.
Kurz-Bewertung	Wie auch in anderen Fällen musste die Kammer konzedieren, dass große Teile der Anklage nicht richtig waren.[1263] Aber klar ist: das Kirchenmassaker in Ntarama am 15.4.1994 musste einen Schuldigen finden.

1260 In der offiziellen Lesart geht man von ca. 1.000 Tutsi-Opfern aus. An diesem Ort in der damaligen Präfektur Kigali-Land im Gebiet Bugesera befindet sich heute die zentrale Gedenkstätte für den Tutsi-Völkermord 1994.

1261 Vgl. Urteilstext Tz. 315.

1262 Vgl. Tz. 275 des Kammer-Urteils.

1263 So z.B. in Tz. 83 des Kammer-Urteils.

29) Clément Kayishema

Biographische Angaben	Dr. med. Clément Kayishema wurde 1954 im Sektor Bwishyura der Präfektur-Hauptstadt Kibuye geboren. 1975 konnte er ein Medizinstudium an der Universität Butare beginnen. Nach Abschluss des Studiums arbeitete er als Internist und Chirurg. 1984 wurde er von der ruandischen Regierung als Arzt in ein Flüchtlingslager in Uganda entsandt. 1986–1991 arbeitete er als Chef des Krankenhauses in Nyanza und wurde danach Chef des Krankenhauses in Kibuye. Mit der politischen Öffnung trat er der Christlich-demokratischen Partei PDC bei und wurde am 3.7.1992 von der neuen Koalitionsregierung zum Präfekten von Kibuye ernannt. Die Interimsregierung 1994 bestätigte ihn in dieser Funktion. Nach seiner Flucht wurde er am 2.5.1996 in Sambia verhaftet und am 26.5.1996 nach Arusha verbracht. Das Arusha-Gericht hat ihn in beiden Instanzen zu einer lebenslangen Haft verurteilt, die er in Mali verbüßt.
Anklage-Inhalt	Die Anklage hält ihn insbesondere für die Massaker in den Kirchen in Kibuye (sowie im angrenzenden sog. Home St. Jean) und Mubuga, im Stadion Kibuye und im Gebiet Bisesero für mitverantwortlich.
Kammer-Verfahren	**Kammer-Urteil am 21.5.1999 (zusammen mit Obed Ruzindana)** **Richter:** William H. Sekule (Vors.), Yakov A. Ostrovsky und Tafazzal Hossain Khan; **Anklage:** Jonah Rahetlah et al.; **Verteidigung:** André Ferran und Philippe Moriceau **Inhalt** Lebenslänglich wegen Völkermord und seiner Mitverantwortung für die in der Anklageschrift genannten Tutsi-Massaker in der Präfektur Kibuye. (Der in diesem Prozess Mitangeklagte Obed Ruzindana wurde zu 25 Jahren Gefängnis verurteilt.)
Berufungs-Verfahren	**Berufungsgerichts-Urteil am 1.6.2001** **Richter:** Claude Jorda (Vors.), Lal Chand Vohrah, Mohamed Shahabuddeen, Rafael Nieto-Navia und Fausto Pocar; **Anklage:** Carla del Ponte et al.; **Verteidigung:** André Ferran und Philippe Moriceau **Inhalt** Bestätigung der lebenslangen Haftstrafe für Kayishema[1264] und der 25 Jahre Haft für Obed Ruzindana.

1264 Clément Kayishema ist 2010 im Kammer-Verfahren gegen Grégoire Ndahimana als Zeuge der Verteidigung aufgetreten, wurde aber von der Kammervorsitzenden Florence Arrey für unglaubwürdig erklärt.

Kurz-Bewertung	Da hier so zentrale Verbrechen wie die Kirchenmassaker in Kibuye und die Tutsi-Morde am Bisesero-Massiv, die in Frankreich vom RPF-Sympathisantennetzwerk zudem der französischen Armee wegen unterlassener Hilfeleistung angelastet werden, zur Aburteilung anstanden, war in diesem frühen Urteil für den politisch verantwortlichen Präfekten nur die Höchststrafe zu erwarten. Das fact-finding spielte dabei, wie auch Nancy Combs bestätigt[1265], keine Rolle. Zu diesem Urteil kontrastiert der Freispruch für Bürgermeister Ignace Bagilishema, der Kayishema unterstellt war.

30) Fulgence Kayishema

Biographische Angaben	**Auf der Flucht** **Angaben zur Person** Fulgence Kayishema wurde 1961 in der Gemeinde Kivumu/Präfektur Kibuye geboren. 1994 war er Polizeiinspektor der Gemeinde Kivumu. Chefankläger Jallow hatte schon 2007 den Transfer seiner Akte nach Kigali gefordert, was aber von der Kammer abgelehnt worden war.
Anklage-Inhalt	Keine Anklageschrift wegen Transferantrag
Transfer-Verfahren	**Entscheidung vom 22.2.2012** Für den Fall der Festnahme Transfer des Verfahrens nach Kigali.
Berufungs-Verfahren	---
Kurz-Bewertung	----

1265 Vgl. Combs 2010, S. 190–192 und 256–257.

31) Callixte Mbarushimana

Biographische Angaben/Sachverhalt	Der ruandische Hutu Callixte Mbarushimana, Jg. 1963, war 1994 ein Angestellter von UNDP in Kigali. Während einer UNO-Anschlussverwendung im Kosovo wurde er aufgrund von Angaben aus Kigali verhaftet. Nach Abschluss seines Verfahrens in Arusha konnte er nach Frankreich ausreisen, wo er Asyl erhielt. Er schloss sich den *Forces Démocratiques de Libération du Rwanda* (FDLR) an und wurde deren Generalsekretär. In diesem Zusammenhang stellte Kigali einen internationalen Haftbefehl gegen ihn aus. Auf dieser Basis wurde er am 7. Juli 2008 bei einer Zwischenlandung in Frankfurt verhaftet. Deutschland ließ ihn aber nach kurzer Zeit nach Frankreich ausreisen. Nun stellte der Chefankläger des Internationalen Strafgerichtshofs in Den Haag, Moreno Ocampo, einen Haftbefehl aus, den Frankreich umsetzte und ihn nach Den Haag überstellte. Aber auch der Internationale Strafgerichtshof konnte keine Gründe für einen Prozess finden und ließ ihn am 23. Dezember 2011 frei. Das vom ICC-Ankläger angerufene Berufungsgericht bestätigte am 30. Mai 2012 die Niederschlagung des Verfahrens.
Anklageinhalt	Es wurde behauptet, Callixte Mbarushimana habe während des Tutsi-Völkermords im Sommer 1994 eine Tutsi-Kollegin denunziert und sei somit an ihrer Ermordung schuld. Die von der UNO angestellten Ermittlungen konnten dies nicht bestätigen, so wurde ihm zwar von der UNO gekündigt, aber er wurde freigelassen. Kigali ließ nicht locker und so wurde die Chefanklägerin des Arusha-Gerichts Carla Del Ponte zu erneuten Ermittlungen bewogen. Sie konnte die Vorwürfe nicht bestätigen und unterzeichnete am 11. September 2002 eine sog. Ordonnance de Non-lieu zur förmlichen Einstellung der Untersuchungen.
Kammer-Verfahren	--
Berufungs-Verfahren	--
Kurz-Bewertung	Gutes Beispiel, wie leichtfertig Verleumdungen in die Welt gesetzt wurden.

32) Eugène Mbarushimana

Biographische Angaben	Eugène Mbarushimana war National-Sekretär des Gründungskomitees der MRNDD-Interahamwe.[1266] Er wurde am 12.4.1994 aus der französischen Botschaft in Kigali nach Burundi evakuiert. Er war bis zu seiner Scheidung ein Schwiegersohn von Félicien Kabuga. Trotz seiner Funktion beim Gründungskomitee der MRNDD-Interahamwe hat ihn das Arusha-Gericht nie belangt. Er lebt in Frankreich und hält seit einiger Zeit Kontakt zum RPF-Regime.
Vorgang	Im Verfahren gegen Karemera et al. wurde die Kammer vom Angeklagten Nzirorera aufgefordert, Eugène Mbarushimana zwangsvorführen zu lassen, um zu seiner Tätigkeit auszusagen. Am 29.1.2009 gab die Kammer unter Vorsitz von Richter Dennis C. M. Byron und unter Mitwirkung der Richter Gberdao Gustave Kam und Vagn Joensen formal dem Antrag statt. Die Kammer verzichtete aber später darauf, von dieser Möglichkeit Gebrauch zu machen.
Kurz-Bewertung	Ein weiterer Beweis dafür, dass das Arusha-Gericht den „*Interahamwe*"-Komplex nicht aufarbeiten wollte, obgleich es die *MRNDD-Interahamwe* immer pauschal als eine verbrecherische Organisation eingestuft hat.

1266 Zur Geschichte des Begriffs „*Interahamwe*" siehe Abschnitt 6.5.15.

33) Jean Mpambara

Biographische Angaben	Jean Mpambara wurde im Juli 1989 in seiner Heimatgemeinde Rukara in Ost-Ruanda zum Bürgermeister ernannt. Er hatte in Butare studiert und später im Öffentlichen Dienst – u. a. im Präsidialamt – gearbeitet. Er hat persönlich am 12. und 13. April 1994 die Attacke gegen die Kirche in Rukara durch jugendliche Banden erlebt und bestätigt, dass dabei ca. 1.000 Tutsi ums Leben kamen. Er hatte am 10. April 1994 die beiden noch in Rukara anwesenden spanischen weißen Väter Santos Canuza und Melchior Fullana überreden können, den schon belagerten Kirchen-Compound nicht zu verlassen. Er erklärte ihnen, nur bei ihrer Anwesenheit hätten die bedrohten Tutsi noch eine Chance.[1267] Nach dem Vordringen der RPF floh Mpambara nach Tansania, wo er am 20.6.2001 verhaftet und später nach Arusha verbracht wurde.
Anklage-Inhalt	In der Anklageschrift wird Bürgermeister Jean Mpambara beschuldigt, er habe durch sein Verhalten vor allem die Angreifer der Tutsi in der Kirche von Rukara am 12. und 13. April 1994 ermuntert und nicht genügend zur Verhinderung der Massaker getan. Eine aktive Beteiligung wurde ihm nicht vorgeworfen.
Kammer-Verfahren	**Urteil 1. Instanz am 11.9.2006** **Richter:** Jai Ram Reddy (Vors.), Sergei Alekseevich Egorov, Flavia Lattanzi; **Anklage:** Richard Karegyesa et al.; **Verteidigung:** Arthur Vercken und Vincent Courcelle-Labrousse **Inhalt** Freispruch. (Urteil einstimmig, aber Sondervotum der Richterin Lattanzi zur Bedeutung des Wortes Unterlassung in der Anklageschrift.) Der Freispruch geht im wesentlichen auf die Zeugenaussage des Weißen Vaters Santos Canuza zurück, der die Vorgänge in der Kirchengemeinde Rukara authentisch beschreiben und Bürgermeister Mpambara entlasten konnte. Nach seinem Freispruch konnte Jean Mpambara nach Frankreich ausreisen.

1267 In der Urteilszusammenfassung liest sich der Vorgang folgendermaßen: *Before the second attack, a group of Belgian soldiers arrived in the Commune to evacuate any Europeans. Father Santos described Mpambara's reaction: I stopped [Mpambara] and I said, "Goodbye". And [Mpambara] said, "Why?" I said, "We are leaving for Spain". "You are leaving for Spain", he said. "How? And you are leaving the refugees behind?" He was somewhat shocked. He said, "If you leave today, they will kill all the refugees". And he went on to say, "I am not sure that if you stay it will save them." And he was pointing with his finger. "But if I had any bit of hope left, it was you, and if you leave everyone will be killed." I turned to my fellow priest and I told him, "Have you heard? I am remaining behind – I am staying behind…". The Prosecution was unable to give any convincing explanation as to why the Accused would wish Father Santos to be present if his true intention was to kill the Tutsi refugee sat the church.*

Berufungs-Verfahren	---
Kurz-Bewertung	Die Anklage war in allen Punkten erfunden. Das Gericht hat in diesem Fall die anonymen Zeugen der Anklage mit der nötigen Distanz behandeln müssen. Interessant ist, dass im Urteil mehrfach vom *mob of attackers* oder *gangs of youths* gesprochen wird und nicht nur von *„Interahamwe"*.

34) Protaïs Mpiranya

Biographische Angaben	Protaïs Mpiranya wurde 1960 in der Gemeinde Giciye/ Präfektur Gisenyi geboren. Er wurde Berufssoldat und war im Rang eines Majors zum Zeitpunkt der Ermordung von Präsident Habyarimana am 6.4.1994 Chef der Präsidentengarde. Er hat sich einem Prozess durch Flucht entzogen und konnte trotz eines „Kopfgelds" des Arusha-Gerichts von 5 Mio. US$ nicht gefasst werden. Der Verleger seiner 2010 erschienen Erinnerungen[1268] spricht von einem posthumen Buch und geht von Mpiranyas Tod am 5. Oktober 2006 aus. In einem Buch von Emmanuel Neretse[1269] ist ein Memorandum abgedruckt, das Mpiranya am 14.9.1994 während seiner Flucht verfasst habe. Darin legt er dar, dass allein schon die geringe Stärke der Präsidentengarde es rein physisch nicht erlaubt hätte, die ihm zur Last gelegten Verbrechen zu begehen.
Anklage-Inhalt	Mpiranya galt als ein „Hauptverantwortlicher" für den Tutsi-Völkermord, weil die Präsidentengarde nach Ansicht der Anklage für den Großteil der politischen Morde nach dem Attentat vom 6.4.1994 verantwortlich gewesen sei.
Sonder-Verfahren	**Special Deposition Proceeding vom 15.9.2011** **Einzelrichterin:** Florence Rita Arrey **Inhalt** Die Richterin ordnete den Beginn des special-deposition-Verfahrens zur Aufrechterhaltung der Anklage für den 19.10.2011 an. Soweit erkennbar, kam es nicht dazu. Sein Fall wird wegen seiner besonderen Bedeutung vom Residual-Mechanismus weiterverfolgt.

1268 Mpiranya 2010.
1269 Neretse 2010, S. 172–174.

35) Justin Mugenzi

Biographische Angaben	Justin Mugenzi wurde 1939 in der Gemeinde Rukara/Präfektur Kibungo im Südosten Ruandas geboren. Er wurde nach kürzeren anderen Tätigkeitsfeldern ein erfolgreicher Geschäftsmann und Unternehmer. 1991 gründete er (Hutu) zusammen mit Landoald Ndasingwa (Tutsi) die Liberale Partei (Parti libéral/PL) und wurde ihr Vorsitzender. Am 18. Juli 1993 wurde er Handels- und Industrieminister der neuen Koalitionsregierung unter Agathe Uwilingiyimana, während Landoald Ndasingwa schon 1992 als PL-Vertreter Arbeitsminister in der Koalitionsregierung unter Dismas Nsengiyaremye geworden war. Mugenzi und Ndasingwa traten für einen Friedensschluss mit der RPF ein. Für Mugenzi änderte sich das definitiv mit der Ermordung des burundischen Präsidenten Ndadaye am 21. Oktober 1993, für die er die RPF verantwortlich machte. Sein Positionswechsel danach führte zum Bruch innerhalb der PL. Der Mugenzi-Flügel wurde als „Hutu-Power"-Fraktion bezeichnet[1270], während Landoald Ndasingwa Chef der RPF-freundlichen Fraktion blieb. Landoald Ndasingwa wurde am 7. April 1994 ermordet. Mugenzi wurde in der Interimsregierung am 9. April 1994 wieder Handels- und Industrieminister. Justin Mugenzi floh nach dem RPF-Sieg nach Kamerun und wurde dort am 6. April 1999 verhaftet.
Anklage-Inhalt	Justin Mugenzi wurde zusammen mit Casimir Bizimungu, Prosper Mugiraneza und Jérôme Bicamumpaka faktisch in seiner Funktion als Minister der Interimsregierung im sog. Prozess „Regierung II" angeklagt, auch wenn die Anklageschrift vermeidet, ihn global wegen seiner Mitgliedschaft in der Interimsregierung zu beschuldigen. Er soll als Minister der Interimsregierung für die Absetzung und den kurz darauf erfolgten Mord des Butare-Präfekten Jean-Baptiste Habyalimana mitverantwortlich gewesen sein.

1270 Wegen dieses Kurswechsels hat die RPF am 21.1.1994 ein – gescheitertes – Attentat auf ihn verübt. (Vgl. Desouter 2007, S. 137 und Karemera 2012, S. 131).

Kammer-Verfahren	**Urteil 1. Instanz am 30.9.2011 (Regierung II)** **Richter:** Khalida Rachid Khan (Vorsitz), Lee Gacuiga Muthoga und Emile Francis Short; **Anklage:** Paul Ng'arua et al.; **Verteidigung:** Ben Gumpert und Jonathan Kirk **Inhalt** 30 Jahre Gefängnisstrafe für Mugenzi und Mugiraneza[1271] u. a. wegen Völkermordplanung. Ihnen wurde vorgeworfen, bei der Ministerratssitzung am 17.4.1994 in Murambi/Gitarama mit der Absetzung des Tutsi-Präfekten Jean-Baptiste Habyalimana an der In-Gang-Setzung des Tutsi-Völkermords in der Präfektur Butare mitgewirkt zu haben.[1272] Diese Absicht sei auch durch die Teilnahme an der Amtseinführung von dessen Nachfolger Sylvain Nsabimana in Butare am 19.4.1994 bestätigt worden.
Berufungs-Verfahren	**Urteil Berufungsgericht am 4.2.2013** **Richter:** Theodor Meron (Vorsitz), Patrick Robinson, Liu Daqun, Andrésia Vaz und Bakhtiyar Tuzmukhamedov; **Anklage:** Jallow et al.; **Verteidigung:** Kate Gibson und Christopher Gosnell **Inhalt** Freispruch mit abweichendem Votum von Richter Liu Daqun. Das Berufungsgericht hielt es nicht für erwiesen, dass die Interimsregierung mit der Absetzung von Präfekt Habyalimana am 17.4.1994 den Tutsi-Völkermord in der Präfektur Butare in Gang setzen wollte. Die Personalwechsel auf der Präfekten-Ebene seien aus den Koalitionsvereinbarungen bei der Gründung der Interimsregierung erklärlich. Und auch die Teilnahme an der Amtseinführung des neuen Präfekten Sylvain Nsabimana sei nicht als ein Aufruf zum Tutsi-Völkermord zu werten. Indirekt rückt das Urteil auch von der bisherigen Interpretation ab, die bei diesem Anlass gehaltene Rede des Interimspräsidenten Théodore Sindikubwabo sei eindeutig ein Aufruf, mit der „Arbeit" (*gukora*) des Tötens der Tutsi zu beginnen.

1271 Freisprüche für Casimir Bizimungu und Jérôme Bicamumpaka, weil sie an der Ministerratssitzung am 17.4.1994 und auch bei der Amtseinführung von Präfekt Sylvain Nsabimana am 19.4.1994 wegen nachweislicher Auslandsreisen nicht anwesend waren.

1272 Vgl. dafür das Summary des Kammerurteils in Tz. 4 des Berufungsurteils.

Kurz-Bewertung	In dem Kammerurteil wurde noch eine der Thesen der offiziellen Lesart voll übernommen, wonach die Interimsregierung mit der Absetzung des Präfekten Jean-Baptiste Habyalimana, dem einzigen Tutsi-Präfekten, den Tutsi-Völkermord im Süden-Ruandas in Gang setzen wollte. Auch wurde kritiklos übernommen, dass der Interimspräsident Théodore Sindikubwabo bei der Rede zur Amtseinführung des neuen Präfekten Sylvain Nsabimana am 19. Juli 1994 zur Tötung der Tutsi-Bevölkerung aufgerufen habe. Positiv aufgefallen war, dass mit den Freisprüchen für die Minister Casimir Bizimungu und Jérôme Bicamumpaka die Interimsregierung nicht global als Völkermörderregierung verurteilt wurde. Die Freisprüche vom 4.2.2013 für die Minister Justin Mugenzi und Prosper Mugiraneza durch das Berufungsgericht unter Vorsitz von Richter Meron wurden als Sensation empfunden. Insofern ist die wütende Reaktion in Kigali mit organisierten Protestmärschen nicht verwunderlich.[1273] Diese Reaktionen haben Meron allerdings veranlasst, im Berufungsurteil gegen General Augustin Bizimungu am 6.7.2014 wieder den „harten Meron" zu geben.

36) Léon Mugesera

Biographische Angaben	Im Arusha-Gericht wurde vielfach eine Rede von Léon Mugesera am 22.11.1992 bei einer MRNDD-Veranstaltung als Beweis für die Genozidplanung durch das Habyarimana-Regime dargestellt. Mugesera, Jg. 1952, konnte jedoch formal nicht in Arusha angeklagt werden, weil diese als Anstachelung zum Tutsi-Hass angesehene Rede außerhalb des Zuständigkeitszeitraums des Gerichts lag. Léon Mugesera hat Ruanda schon 1993, etwa ein Jahr vor dem den Völkermord auslösenden Attentat vom 6. April 1994, über Bedrohungen wegen seiner Rede verlassen und in Kanada Asyl beantragt. In Kanada wurde ihm nie ein Prozess gemacht. Er wurde nur aufgrund von behaupteten Falschangaben in seinen Einreisedokumenten 2012 nach Kigali abgeschoben und steht dort seit Januar 2013 vor Gericht. (Vgl. Ausführungen im Abschnitt 7.1.1).

1273 Am 12.6.2013 hat der damalige stellv. ruandische Vertreter im UNO-Sicherheitsrat, Olivier Nduhungirehe, in Anwesenheit von Meron diese Urteile nochmals kritisiert. Am 17.6.2013 sickerten auch Meldungen über ein Schreiben des dänischen Richters Harhoff (er ist am 21.10.2013 ausgeschieden) beim Jugoslawien-Gericht durch, der Meron beschuldigte, Richterkollegen zur Erreichung von Freisprüchen unter Druck gesetzt zu haben. Wohl als Reaktion darauf wurde Harhoff am 29.8.2013 aus dem Seselj Verfahren ausgeschlossen *for being „biased," the ICTY announced.*

37) Prosper Mugiraneza

Biographische Angaben	Prosper Mugiraneza wurde 1957 in der Gemeinde Kigarama/ Präfektur Kibungo geboren. Von 1978 bis 1982 studierte er Jura an der Universität Butare. Danach wurde er zuerst stellv. Staatsanwalt in Byumba und 1985 Staatsanwalt in Gisenyi. 1987 wurde er Staatssekretär im Justizministerium in Kigali. Am 30.12.1991 wurde er Arbeits- und Sozialminister und 1992–1993 war er Minister für den Öffentlichen Dienst und Berufsausbildung. In der Interimsregierung wurde er am 9.4.1994 Minister für den Öffentlichen Dienst. Nach dem Militärsieg der RPF im Juli 1994 floh er nach Kamerun und wurde dort am 6.4.1999 verhaftet.
Anklage-Inhalt	Mugiraneza wurde zusammen mit Justin Mugenzi, Casimir Bizimungu und Jérôme Bicamumpaka faktisch in seiner Funktion als Minister der Interimsregierung im sog. Prozess „Regierung II" angeklagt, auch wenn die Anklageschrift eine Vielzahl einzelner Vorwürfe enthält. Es ging vor allem um die Absetzung und den kurz darauf erfolgten Mord des Butare-Präfekten Jean-Baptiste Habyalimana.
Kammer-Verfahren	**Kammer-Urteil am 30.9.2011** **Richter:** Khalida Rachid Khan (Vors.), Lee Gacuiga Muthoga und Emile Francis Short; **Anklage:** Paul Ng'arua et al.; **Verteidigung:** Tom Moran und Cynthia J. Cline **Inhalt** 30 Jahre Gefängnis wie auch für den mitangeklagten Minister Justin Mugenzi (vgl. die entsprechende Aufzeichnung) vor allem wegen der Absetzung des Präfekten von Butare Jean-Baptiste Habyalimana (ein Tutsi) durch den Ministerrat am 16.4.1994 und der Teilnahme an der Amtseinführung des neuen Präfekten Sylvain Nsabimana in Butare durch den Interimsstaatspräsidenten Theodore Sindikubwabo am 19.4.1994. Beide Ereignisse wurden als Völkermordplanung eingestuft.
Berufungs-Verfahren	**Berufungsgerichts-Urteil am 4.2.2013** **Richter:** Theodor Meron (Vors.), Patrick Robinson, Liu Daqun, Andrésia Vaz und Bakhtiyar Tuzmukhamedov; **Anklage:** Jallow et al.; **Verteidigung:** Tom Moran und Cynthia J. Cline **Inhalt** Freispruch mit gleicher Begründung wie für den mitangeklagten Minister Justin Mugenzi.
Kurz-Bewertung	Vgl. Ausführungen in der Aufzeichnung zu Justin Mugenzi.

38) Michaeli (Mika) Muhimana

Biographische Angaben	Mikaeli Muhimana wurde am 24. Oktober 1961 im Sektor Gishyita der Gemeinde mit gleichem Namen in der Präfektur Kibuye geboren. 1990 wurde er in seinem Heimatsektor zum Gemeinderat (Conseiller), einer Art Sektorbürgermeister, ernannt. In dieser Funktion war er auch nach dem 6. April 1994 tätig. Aufgrund eines Haftbefehls des Arusha-Gerichts wurde er am 8. November 1999 in Daressalam verhaftet.
Anklage-Inhalt	In der am 21.1.2004 geänderten Anklageschrift werden ihm eine Vielzahl von Verbrechen - in ganz besonderem Maße auch Vergewaltigungen - im Gebiet des Bisesero-Massivs und seiner Heimatgemeinde Gishyita vorgeworfen.
Kammer-Verfahren	**Kammer-Urteil am 25.4.2005**[1274] **Richter:** Khalida Rachid Khan (Vors.), Lee Gacuiga Muthoga, Emile Francis Short; **Anklage:** Charles Adeogun-Philips et al. ; **Verteidigung:** Nyabirungu Songa und Kazadi Kabimba **Inhalt** Lebenslange Haftstrafe. Muhimana wurde für die meisten in der Anklageschrift aufgeführten Verbrechen gegen die Tutsi, insbesondere auch wegen Vergewaltigungen für schuldig befunden.[1275]
Berufungs-Verfahren	**Berufungsurteil am 21.5.2007** **Richter:** Fausto Pocar (Vors.), Mohamed Shahabuddeen, Mehmet Güney, Liu Daqun, Wolfgang Schomburg; **Anklage:** Jallow et al.; **Verteidigung:** Nyabirungu Songa, Kazadi Kabimba und Mathias Sahinkuye **Inhalt:** Bestätigung der lebenslangen Haftstrafe bei teilweise abweichendem Votum der Richter Schomburg und Shahabuddeen.[1276]

1274 Ursprünglich sollte Muhimana zusammen mit Clement Kayishema, Ignace Bagilishema, Charles Sikubwabo, Aloys Ndimbati, Vincent Rutaganira, Ryandikayo and Obed Ruzindana abgeurteilt werden. Sein Fall wurde am 6.7.2000 von diesen Verfahren abgetrennt.

1275 Zur Urteilsbegründung vgl. Tz. 3 des Berufungsurteils.

1276 Sie hatten Einwände gegen die Schlussfolgerung der Mehrheit, in zwei spezifischen Fällen von Vergewaltigung sei der Beweis nicht eindeutig erbracht worden.

Kurz-Bewertung	Muhimana passt wegen seiner begrenzten Amtsfunktion überhaupt nicht in das Schema der Haupttäter, die vom Arusha-Gericht abgeurteilt werden sollten. Er sollte wohl als Exempel für Vergewaltigungsverbrechen dienen. Ob die Vergewaltigungen so stattgefunden haben, wie im Urteil behauptet, ist selbst nach Ansicht von Nancy Combs[1277] mehr als fraglich. Entscheidend war, dass man ihn beschuldigte, an den Kirchenmassakern in seinem Heimatsektor in Mubuga beteiligt gewesen zu sein. Solche Anklagen führten immer zu Verurteilungen, ob sie stimmen oder nicht.

39) Bernard Munyagishari

Biographische Angaben	Bernard Munyagishari wurde 1959 in der Gemeinde Rubavu/ Präfektur Gisenyi geboren. Er war Lehrer und wurde als Fußballschiedsrichter in Gisenyi bekannt. Nach der Umwandlung der Staatspartei in die demokratische Partei MRNDD wurde er ihr Vorsitzender in der Stadt Gisenyi. In den Dokumenten des Gerichts wird er als *„President of Interahamwe and Secretary of MRND"* in der Präfektur Gisenyi bezeichnet. Nach dem Sieg der RPF floh er nach Zaïre. Gegen Bernard Munyagishari wurde 2005 Anklage erhoben. Er entzog sich der Verhaftung und konnte erst am 25.5.2011 in Nord-Kivu verhaftet werden. Im Juli 2013 ist sein Fall vom Arusha-Gericht an Kigali abgegeben worden. Er traf dort am 27. Juli 2013 ein.
Anklage-Inhalt	Bernard Munyagishari soll laut der vom Chefankläger Jallow am 9.6.2005 unterzeichneten Anklageschrift zwischen April und Juli 1994 gleichsam Chef aller Jugendmilizen in Gisenyi gewesen sein und unter anderem eine Frauenjugendbande angestiftet haben, Tutsi-Frauen sexuell zu foltern und sie dann zu töten. In der Anklageschrift wird ihm auch eine Kooperation mit dem aus der Präfektur Gisenyi stammenden Planungsminister Ngirabatware zugeschrieben.

1277 Vgl. Combs 2010. Sie schreibt auf S. 144: *„Muhimana prosecution witness AT testified that the defendant had raped a woman named Mukasine in Ngoma, two defense witnesses - AR1 und TQ 28 - testified that Mukasine was a student at Butare University and was not even present in Ngoma during the month in which the rape allegedly took place."*. Auf S. 107 weist sie darauf hin, dass im Muhimana-Prozess die Zeugin AP offenkundig den Namen eines Vergewaltigungsopfers, das sie gut gekannt haben will, im Pre-trial-statement anders angibt als vor Gericht. Auf S. 120/121/123 schreibt Combs, dass 51 % der Zeugen im Fall Muhimana vor Gericht von ihren Pre-trial Aussagen abgewichen sind. Und 9 Zeugen der Anklage *„testified seriously inconsistently"*.

Transfer-Verfahren	**Entscheidung der Transfer-Sonderkammer am 6.6.2012** Nach seiner Überstellung nach Arusha stellte der Ankläger den Antrag, seinen Fall nach Kigali zu transferieren. Die aus den Richtern Lee Gacuiga Muthoga (Vors.), Seon Ki Park und Gberdao Gustave Kam bestehende Transfer-Sonderkammer gab dem Antrag am 6.6.2012 statt, wobei Kigali einige Auflagen für eine faire Prozessführung aufgeben wurden. Sie fordert, dass sein Prozess auf Französisch geführt wird, da er Kinyarwanda nicht verstehe, weil er im Kongo aufgewachsen und inzwischen auch Staatsbürger der RD Kongo sei.
Berufungs-Verfahren	Die Verteidigung (Philippe Moriceau und Natacha Fauveau Ivanovic) erhob Einspruch. Am 3.5.2013 gab das Berufungsgericht[1278] dem Einspruch nur teilweise statt und legte der Anklage die Vorlage einer neuen Anklageschrift bis zum 13.5.2013 auf. Am 24.7.2013 ist er nach Kigali überstellt worden.
Kurz-Bewertung	In Kigali ist ein fairer Prozess nach wie vor ausgeschlossen.

40) Yussuf Munyakazi

Biographische Angaben	Der Muslim Yussuf Munyakazi wurde 1936 in der Gemeinde Rwamatamu/Präfektur Kibuye geboren. Er hat niemals eine Schule besucht, hat später aber Kinyarwanda lesen und schreiben gelernt. 1960 zog er nach Bugarama in der Präfektur Cyangugu. Dort erwarb er Land und war auch 1994 als relativ reicher Farmer tätig. Er war 1968 Gründungsmitglied und ab 1991 auch Vorsitzender der lokalen Agrarkooperative CAVECUVI. Zudem war er auch Vorsitzender der lokalen Niederlassung der *Banque Populaire*. Er wurde nach der Umwandlung der Staatspartei in eine demokratische Partei 1991 Mitglied der MRNDD, ohne jemals ein politisches Amt zu bekleiden. Am 7. Juli 1994 floh er nach Zaïre. Er wurde am 5.5.2004 in der DR Kongo verhaftet und nach Arusha überstellt. Am 3.7.2012 wurde er zur Verbüßung seiner Strafe in das UNO-Gefängnis in Mali verlegt.
Anklage-Inhalt	Munyakazi wurde von der Anklagebehörde als Chef der lokalen „*Interahamwe*“-Milizen mit faktischer Befehlsgewalt angesehen und vor allem wegen angeblicher Beteiligung an Massakern in den Kirchen von Nyamasheke, Shangi und Mibilizi angeklagt.

1278 Die Richter: Theodor Meron (Vors.), Mehmet Güney, Arlette Ramaroson, Andrésia Vaz und Khalida Rachid Khan.

Kammer-Verfahren	**Kammer-Urteil am 30.6.2010** **Richter:** Florence Rita Arrey (Vors.), Mparany Mamy Richard Rajohnson und Aydin Sefa Akay; **Anklage:** Karegyesa et al.; **Verteidigung:** Jwani Mwaikusa et al. **Inhalt** 25 Jahre Gefängnis. Die Kammer wies den Anklagepunkt der Mitgliedschaft in einem *joint criminal enterprise* zurück. Man erklärte aber, dass er verantwortlich sei (*liable for „committing"*) für die Massaker in den Kirchen von Shangi am 29.4.1994 und Mibilizi am 30.4.1994.
Berufungs-Verfahren	**Berufungsgerichts-Urteil am 28.9.2011** **Richter:** Patrick Robinson (Vors.), Mehmet Güney, Liu Daqun, Andrésia Vaz und Carmel Agius; **Anklage:** Jallow et al.; **Verteidigung:** Barnabé Nékuie **Inhalt** Volle Bestätigung des Kammerurteils: 25 Jahre bei Anrechnung der in Haft verbrachten Zeit seit 2004.
Kurz-Bewertung	Offenkundiges politisches Urteil. Dem Angeklagten konnte nichts nachgewiesen werden. Man hat sogar zugegeben, dass er niemals Anzeichen von Tutsi-Feindlichkeit habe erkennen lassen. Aber: Wenn Kirchenmassaker im Spiel waren, hat keine Kammer und auch kein Berufungsgericht einen Freispruch gewagt. Da wurde auf Biegen und Brechen den Zeugen der Anklage aus Kigali geglaubt.

41) Pheneas Munyarugama

Biographische Angaben	Oberstleutnant Pheneas Munyarugama war 1994 Kommandeur des Militärlagers Gako in der Gemeinde Kanzenze in der Region Bugesera. Die USA haben für Hinweise, die zu seiner Verhaftung führen können, eine Belohnung ausgesetzt. **Auf der Flucht**.
Verfahrens-Stand	Am 28. Juni 2012 beschloss das Gericht, sein Dossier nach Kigali zu überstellen. Dagegen hat der Pflichtverteidiger Berufung eingelegt. Diese wurde am 5.10.2012 vom Berufungsgericht des Residual-Mechanismus unter Vorsitz von Richter Theodor Meron abgewiesen. Am 28.11.2012 übergab der Chefankläger Jallow in Kigali die Akte an den damaligen ruandischen Generalstaatsanwalt Martin Ngoga.

42) Wenceslas Munyeshyaka

Biographische Angaben	Der katholische Priester Wenceslas Munyeshyaka wurde am 30.7.1958 in der Gemeinde Ngoma/Präfektur Butare geboren. Er studierte an der katholischen Hochschule (Grand Séminaire) Nyakibanda, wurde zum Priester geweiht und begann 1992 seinen Dienst als Pfarrer der Gemeinde Sainte Famille in Kigali, wo er bis zu seiner Flucht im Juli 1994 - ab dem 7.4.1994 als Leiter der Kirchengemeinde - tätig war. Er gelangte nach Frankreich und war dort als Priester tätig. Auf Drängen Kigalis erließ das Arusha-Gericht 2005 - also nach Ablauf der Sicherheitsratvorgabe in der *Completion Strategy* vom 28.8.2003, keine neuen Anklagen mehr zu erheben - einen Haftbefehl. In Kigali wurde er im November 2006 von einem Militärgericht in Abwesenheit zu lebenslanger Haft verurteilt. Am 21. Juli 2007 wurde Abbé Munyeshyaka in Frankreich verhaftet, aber am 5.8.2007 wieder auf freien Fuß gesetzt. Die französische Justiz vereinbarte mit dem Gericht, seinen Fall in Frankreich zu untersuchen. Am 20.11.2007 beschloss das Gericht, dem Antrag zu entsprechen und seinen Fall nach Frankreich zu transferieren. Beim Besuch von Staatspräsident Sarkozy in Kigali am 25.2.2010 wurde der Fall von Kagame angesprochen. Aber bisher hat kein französisches Gericht Anklage erhoben. Die französische Justiz erklärte im August 2014 nur, die Ermittlungen stünden vor dem Abschluss.
Anklageinhalt	Die vom Chefankläger Jallow am 20. Juli 2005 unterzeichnete Anklageschrift wirft ihm vor, sich gegenüber den Tutsi, die nach dem Attentat vom 6.4.1994 in seiner Gemeinde Zuflucht gesucht haben, verbrecherisch verhalten zu haben. Es werden ihm u. a. auch Vergewaltigungen vorgeworfen.
Transfer-Entscheidung	**Transferentscheidung vom 20.11.2007** **Richter:** Inés Mónica Weinberg de Roca (Vors.), Lee Gacuiga Muthoga und Richter Fremr; **Verteidigung:** François Roux **Inhalt** Das Gericht beschloss, den Fall nach Frankreich abzugeben.
Berufungs-Verfahren	----
Kurz-Bewertung	Der Fall des Abbé Munyeshyaka hat die Gemüter sehr erhitzt und zu so mancher anti-katholischen und antifranzösischen Manifestation Anlass gegeben. Viele Aussagen deuten darauf hin, dass an den Beschuldigungen nichts dran sein kann. Interessant ist in diesem Fall, dass das *Tribunal de Grande Instance de Paris* am 27.11.2014 seiner Klage gegen das französische Fernsehen wegen Vorverurteilung stattgegeben und ihm eine Entschädigung von 5.000 € zugesprochen hat.[1279]

1279 Vgl. zum Fall Wenceslas Munyeshyaka auch Abschnitt 7.2.4.

43) Samuel Musabyimana

Biographische Angaben	Samuel Musabyimana wurde am 6. Juli 1956 in der Gemeinde Mwendo, in der Präfektur Kibuye (Ruanda) geboren. Zur Zeit der RPF-Machteroberung war Samuel Musabyimana Bischof der anglikanischen Kirche der Diözese Shyogwe (Präfektur Gitarama). Er wurde am 24. April 2001 in Kenia verhaftet und an das Arusha-Gericht überstellt. Vor Prozessbeginn ist er am 24. Januar 2003 gestorben.
Anklage-Inhalt	Die Anklageschrift warf dem anglikanischen Bischof Mitverantwortung an der Vernichtung von Tutsi vor, die in das Gebiet seiner Diözese geflohen waren.
Kammer-Verfahren	Kein Urteil, da das Verfahren nach seinem Tod eingestellt wurde.

44) Alfred Musema

Biographische Angaben	Alfred Musema wurde am 22. August 1949 in der Gemeinde Rutare (Präfektur Byumba) geboren. Er studierte Agrarwissenschaften in Gembloux/Belgien und schloss mit 25 Jahren mit einem Prädikatsdiplom ab. Nach Rückkehr wurde er 1974 Mitarbeiter des Landwirtschaftsministeriums in Kigali. Schon 1976 wurde er in einer Blitzkarriere zum Generaldirektor befördert. 1984 wurde er – was er als Strafversetzung empfand[1280] – zum Direktor der abgelegenen staatlichen Teefabrik in Gisovu (Präfektur Kibuye) ernannt, die er bald auf Schwung brachte. Dennoch gelang es ihm nicht, wieder in die Hauptstadt zurückzukehren, wo seine Söhne auf die Schule gingen. So war er auch noch zum Zeitpunkt des Attentats vom 6.4.1994 Direktor der Teefabrik Gisovu. Von der Interimsregierung erhielt er den Auftrag, eine Bestandsaufnahme der Lage der Teefabriken zu machen, weil man wieder mit der Produktion beginnen wollte. Beim Vorrücken der RPF floh er in die Schweiz und beantragte dort Asyl. Aufgrund einer Anzeige von Tutsi-Opferverbänden wurde er am 11.2.1995 verhaftet und dort angeklagt. Die Schweiz entsprach schließlich am 12.5.1997 dem Überstellungsantrag des Arusha-Gerichts vom 12.3.1996. Zur Verbüßung seiner lebenslangen Haftstrafe wurde Musema am 9.12.2001 nach Mali überstellt.

1280 Man nimmt an, dass diese Versetzung in Zusammenhang mit dem Verdacht stand, er sei in den Putschversuch gegen Habyarimana 1980 verwickelt, weil gegen seinen Bruder ermittelt wurde.

Anklage-Inhalt	Alfred Musema wurde vor allem beschuldigt, die Massaker der auf den Hügel Muyira im Bisesero-Massiv geflohenen Tutsi am 13. und 14. Mai 1994 organisiert zu haben. Er habe auch Vergewaltigungen gefördert und selbst begangen.
Kammer-Verfahren	**Kammer-Urteil am 27.1.2000** **Richter:** Lennart Aspegren, (Vors.), Laïty Kama und Navanethem Pillay; **Anklage:** Carla Del Ponte, Jane Anywar Adong, Charles Adeogun-Philips und Holo Makwaia; **Verteidigung:** Steven Kay[1281] und Michaïl Wladimiroff **Inhalt** Lebenslange Haftstrafe. Verurteilung wegen Völkermord auch wegen angeblich selbst begangener Vergewaltigungen. Vor allem hat das Gericht die Alibi-Zeugen als unglaubwürdig abgelehnt. Die Richterin Pillay erklärte die Aussagen von Musema global als unglaubwürdig. Als sachverständiger Zeuge (expert witness) der Anklage war André Guichaoua aufgetreten.
Berufungs-Verfahren	**Berufungsgerichts-Urteil am 16.11.2001** **Richter:** Claude Jorda (Vors.), Lal Chand Vohrah, Mohamed Shahabuddeen, Rafael Nieto-Navia und Fausto Pocar; **Anklage:** Carla Del Ponte; **Verteidigung:** Steven Kay, Michail Wladimiroff und Sylvia de Bertodano **Inhalt** Aufhebung des Tatvorwurfs Vergewaltigung, aber dennoch Bestätigung der lebenslangen Haftstrafe, weil man von seiner Präsenz bei den Massakern am Hügel Muyira im Bisesero-Massiv ausging.
Kurz-Bewertung	Die eingehende Schilderung des Prozess-Ablaufs bei Thierry Cruvellier[1282] erlaubt die Feststellung: Alfred Musema ist Opfer eines Fehlurteils beider Arusha-Instanzen. Beide Kammern glaubten wider alle Vernunft an die Präsenz von Alfred Musema bei den Massakern auf dem Muyira-Hügel im Bisesero-Massiv. Das Berufungsgericht hielt an der lebenslangen Strafe fest, obwohl es die ganz besonders bizarren Irrtümer der ersten Instanz hinsichtlich des Vergewaltigungsvorwurfs korrigiert hat. (Dies allein hätte eigentlich zu einer Neuaufnahme des Verfahrens führen müssen.)

1281 Im Gegensatz zu vielen anderen Verfahren konnte die Verteidigung in diesem Verfahren Dokumente als Unschuldsbeweise vorlegen, die sie schon 1995 bei einem Besuch der Teefabrik Gisovu gefunden hatte.

1282 Cruvellier 2010, Kap. 10, S. 83–101. Auf die ergänzende Schilderung des Musema-Verfahrens in Abschnitt 6.7.4 im Rahmen der Kibuye-Prozesse wird verwiesen.

	Alfred Musema hat die Tutsi-Massaker als Völkermord-Verbrechen[1283] anerkannt und ihm konnte nicht vorgeworfen werden, schon immer ein Tutsi-Hasser gewesen zu sein, gerade auch weil ein Großteil seiner ermordeten Mitarbeiter Tutsi waren. Wenn man Cruvellier glauben darf, so ist er verurteilt worden, weil er eingestandenermaßen in schwierigen Situationen kein Held war und sich aus Furcht nicht mit den Mördern angelegt hat. Auch Nancy Combs weist sehr kritisch auf dieses Urteil hin.[1284] So schildert sie z.B. auf S. 97/8, die Zeugin I habe in ihrer Pre-trial-Stellungnahme von einer Vergewaltigung berichtet, während sie vor Gericht, dazu nichts sagte. Auf S. 192/3 schildert Combs, dass das Gericht festgestellt habe, die Zeugin I sei *„confusing in certain respects"*, habe ihre Aussagen aber dennoch als *„clear and consistent"* bezeichnet und akzeptiert. Die Richterin Navanethem Pillay hat eine *Separate Opinion* zum Urteil der ersten Instanz abgegeben, in dem sie auch das Alibi für unglaubwürdig erklärt, weil sie den Aussagen des Angeklagten insgesamt nicht traue[1285]. Und, wie Cruvellier schreibt[1286], hat die Richterin Pillay die Zeugen zum Tatbereich Vergewaltigung gegen alle Vernunft für glaubwürdig erklärt. Kein Ruhmesblatt für die spätere Menschenrechtskommissarin der Vereinten Nationen.

1283 Von einer verlässlichen Quelle weiß ich, dass sein Verteidiger Steven Kay sogar die – aus meiner Sicht falsche - Ansicht vertritt, der Völkermord gegen die Tutsi beginne, wie das gerade auch von Unterstützern des Kagame-Regimes behauptet wird, schon während der Sozialrevolution von 1959.

1284 Combs 2010.

1285 In der *Separate Opinion* der Richterin Pillay vom 27.1.2000 heißt es in Tz. 30: *For these reasons, I reject the testimony of the Accused as inherently unreliable in its entirety.*

1286 Cruvellier 2010, S. 100

45) Tharcisse Muvunyi

Biographische Angaben	Tharcisse Muvunyi wurde am 19. August 1953 in der Gemeinde Mukarange/Präfektur Byumba geboren. Er wurde Berufsoffizier. Am 7. April 1994 wurde er im Rang eines Oberstleutnants Interims-Chef der Unteroffiziersschule (ESO) in Butare als Nachfolger von Oberst Marcel Gatsinzi.[1287] Muvunyi floh nach dem RPF-Sieg ins Ausland und wurde am 5. Februar 2000 in London verhaftet, wo er inzwischen Asyl erhalten hatte. Am 30.10.2000 wurde er an das Arusha-Gericht überstellt. Am 6.3.2012 gab Richter Vagn Joensen Muvunyis Antrag auf vorzeitige Haftentlassung statt. Er ist am 6.5.2012 nach Verbüßung von 3/5 seiner Strafe aus dem Gefängnis entlassen worden, konnte aber nicht zu seiner Familie nach Großbritannien reisen, weil ihm zwischenzeitlich der britische Asylstatus aberkannt worden war. Er lebt noch immer im UNO-*Safe House* in Arusha.
Anklage-Inhalt	Oberstleutnant Muvunyi wurde vor allen Dingen vorgeworfen, sich nicht von der Rede des Interimsstaatspräsidenten Sindikubwabo vom 19.4.1994 distanziert zu haben,[1288] die im Verständnis der Anklage nicht zur Verteidigung des Landes, sondern zur Vernichtung der Tutsi aufgerufen habe. Muvunyi habe bei einer Rede vor den Angehörigen der Unteroffiziersschule Ende Mai 1994 die Umsetzung der Sindikubwabo-„Anweisungen" befohlen.[1289] Generell wurde er als damals ranghöchster Vertreter der Armee in den Präfekturen Butare und Gikongoro in seiner Vorgesetzten-Verantwortung für alle der Armee angelasteten Verbrechen nach dem 6. April 1994 , darunter auch Vergewaltigungen, für mitschuldig erklärt.
Kammer-Verfahren	**<u>Verfahrensablauf</u>** Tharcisse Muvunyi ist der einzige Angeklagte, der zwei volle Prozesszyklen durchlaufen musste. Das Berufungsgericht ordnete am 29.8.2008 an, den Prozess mit geänderter Anklage und anderen Kammer-Richtern neu aufzurollen. **<u>1. Kammerurteil vom 12.9.2006</u>** **<u>Richter</u>:** Asoka de Silva (Vors.), Flavia Lattanzi und Florence Rita Arrey; **<u>Anklage</u>:** Charles Adeogun-Phillips et al. **<u>Verteidigung</u>:** William E. Taylor III

1287 Gatsinzi war dann bis zum 16.April 1994 Generalstabschef der ruandischen Streitkräfte. Nach dem Sieg der RPF unterwarf er sich der „neuen Ordnung" und wurde 2002 sogar deren Verteidigungsminister.

1288 Vgl. Abschnitt 3.20 der Anklageschrift.

1289 *Muvunyi „informed them that the wishes of the President should be considered as orders which were to be obeyed."*(aus der Anklageschrift).

	Inhalt 25 Jahre Gefängnis wegen Völkermord und Verbrechen gegen die Menschlichkeit unter Anrechnung der mehr als 6 Jahre in Haft verbrachten Zeit. **2. Kammerurteil am 11.2.2010** **Richter:** Dennis C. M. Byron (Vorsitz), Gberdao Gustave Kam, Vagn Joensen; **Anklage:** Charles Adeogun-Phillips et al.; **Verteidigung:** William E. Taylor III **Inhalt** 15 Jahre Gefängnis unter Anrechnung der Zeit seit seiner Verhaftung im Jahr 2000. Muvunyi wurde für schuldig befunden, Ende Mai 1994 in einer Ansprache im Gikore-Handelszentrum in der Gemeinde Nyaruhengeri/Präfektur Butare zum Völkermord aufgerufen zu haben (direct and public incitement to commit genocide).
Berufungs-Verfahren	**1. Berufungsurteil vom 29.8.2008** **Richter:** Fausto Pocar (Vors.), Mohamed Shahabuddeen, Liu Daqun, Theodor Meron und Wolfgang Schomburg; **Anklage:** Jallow et al.; **Verteidigung:** William E. Taylor III et al. **Inhalt** Aufhebung aller Anklagepunkte mit Ausnahme der Anstiftung zum Völkermord. Zur Neuverhandlung dieses Punktes Rückverweisung an eine Kammer in anderer Zusammensetzung. Dem Gericht wurde aufgegeben, keine Strafe über 25 Jahre zu verhängen. **2. Berufungsgerichtsurteil am 1.4.2011** **Richter:** Patrick Robinson (Vors.), Fausto Pocar, Liu Daqun, Theodor Meron, Carmel Agius; **Anklage:** Jallow et al.; **Verteidigung:** William E. Taylor III **Inhalt** Bestätigung der Haftstrafe von 15 Jahren durch Mehrheitsentscheid (Anrechnung der Haftzeit). Die Richter Liu Daqun und Meron gaben ein Sondervotum ab und hielten den Anklagepunkt des Aufrufs zum Völkermord für nicht bewiesen, da die inkriminierte Rede keineswegs Ende Mai 1994, sondern – wenn überhaupt – in der zweiten Juni-Hälfte 1994 stattgefunden haben könne.
Kurz-Bewertung	Wenn man bedenkt, dass im 1. Berufungsgerichtsurteil faktisch die Anklageschrift aufgehoben wurde und im 2. Berufungsgerichtsurteil die Richter Theodor Meron und Liu Daqun für Freispruch plädierten, ist völlig klar, dass es sich hier um ein Fehlurteil handelt. Dies gilt umso mehr nach dem Freispruch-Urteil für die Minister Mugenzi und Mugiraneza vom 4.2.2013. Dort wurde festgestellt, dass die Sindikubwabo-Rede vom 19.4.1994 keineswegs so eindeutig war, wie immer behauptet wird.

46) Ferdinand Nahimana[1290]

Biographische Angaben	Der ruandische Historiker Ferdinand Nahimana wurde am 15. Juni 1950 in der Gemeinde Gatonde in der Präfektur Ruhengeri im Norden Ruandas geboren. Er hat Geschichte studiert und wurde nach seinem Studienabschluss in Kanada 1977 Professor, später Dekan der Philosophischen Fakultät an der Nationalen Universität in Butare. Der Fakultätsrat verweigerte ihm eine zweite Amtszeit als Dekan, weil er den Umzug der Philosophischen Fakultät vom Tutsi-freundlichen Butare in den neuen von der Europäischen Gemeinschaft finanzierten Universitätscampus im Hutu-Kernland Ruhengeri organisiert hatte.[1291] 1986 promovierte er an der Universität Paris mit einer Arbeit zur Staatswerdung Ruandas.[1292] Nach der Aggression der RPF am 1.10.1990 wurde er Direktor der staatlichen Informationsbehörde ORINFOR, der auch der staatliche Rundfunk unterstand. 1992 wurde er bei der Bildung der Koalitionsregierung von diesem Posten abberufen. Als Privatmann war er 1992 einer der Initiatoren der Gründung des Privatradios RTLM, weil die bisherige Staatspartei MRND nach ihrer Umwandlung in die demokratische Partei MRNDD unter den Bedingungen der Koalitionsregierung praktisch kein Sprachrohr mehr hatte. RTLM ging gleichzeitig mit der Unterzeichnung des Arusha-Friedensabkommens am 4.8.1993 auf Sendung und sollte auch als Gegengewicht zum RPF-Sender *Radio Muhabura* dienen. In der beim Arusha-Friedensvertrag beschlossenen Übergangsregierung war Nahimana auf dem MRNDD-Ticket als Minister für das Hochschulwesen vorgesehen. Nach dem Attentat vom 6. April 1994 floh Nahimana am 7.4.1994 mit seiner Familie in die französische Botschaft. Am 12.4.1994 wurde er bei der Schließung der französischen Botschaft von den Franzosen nach Burundi ausgeflogen und kam später als Berater des Interimspräsidenten Sindikubwabo nach

1290 Vgl. auch die Ausführungen zu Nahimana im Rahmen der Darstellung des Medienprozesses in Abschnitt 6.7.14.

1291 Vgl. Nahimana 2011, S. 4/5.

1292 Diese Arbeit erschien 1993 als Buch unter dem Titel *Le Rwanda. Emergence d'un Etat*. Nahimana 1993.

	Gisenyi zurück, nachdem die Interimsregierung ihren Sitz auf der Flucht vor der vorrückenden RPF dorthin verlegt hatte. Nach der endgültigen Niederlage der ruandischen Armee Mitte Juli 1994 ging Nahimana nach Kamerun ins Exil. In Yaoundé schrieb er den Text: *Rwanda: L'élite hutu accusée.* Dies galt als Beweis, ein radikaler Hutu-Rassist zu sein. In Yaoundé wurde er am 27.3.1996 auf Antrag der Kigali-Regierung verhaftet, aber schließlich am 23.1.1997 dem Wunsch des Arusha-Gerichts entsprechend dorthin überstellt. Aus dem Gefängnis in Arusha heraus hat er 2007 sein Buch *Rwanda: Les virages ratés* veröffentlicht.[1293] Im Dezember 2008 wurde er zur Strafverbüßung nach Mali verbracht. 2011 erschien die in Mali verfasste Schrift *Le Combat pour la vérité*.[1294]
Anklage-Inhalt	Die Anklage warf ihm vor allem seine Rolle bei dem Radiosender RTLM vor, der von Beginn seiner Sendungen im August 1993 an von den RPF-Rebellen als Hetzradio zur Tutsi-Völkermord-Planung der Eliminierung der Tutsi dargestellt wurde.
Kammer-Verfahren	**Kammer-Urteil am 3.12.2003** **Richter:** Navanethem Pillay (Vorsitzende), Erik Møse, Asoka de Zoysa Gunawardana; **Anklage:** Stephen Rapp, Simone Monasebian, Charity Kagwi et al.; **Verteidigung:** Jean-Marie Biju-Duval und Diana Ellis **Inhalt** Lebenslänglich. Ihm wurden alle Entgleisungen des Radiosenders RTLM nach dem 6. April angelastet, obwohl er Kigali schon am 12. April 1994 verlassen hatte. Im Prozessverlauf hatte die Anklage Georges Ruggiu und die Organisatoren der MRNDD-Jugendorganisation *Interahamwe za MRND*[1295], Dieudonné Niyitegeka und Omar Serushago, gegen weit gehende Vergünstigungszusagen als Zeugen der Anklage gewinnen können.

1293 Nahimana 2007.

1294 Nahimana 2011.

1295 Wie schon verschiedentlich erwähnt, behielt die MRNDD-Partei nach außen den Traditionsnamen MRND bei.

Berufungs-Verfahren	**Berufungsgerichts-Urteil am 28.11.2007** **Richter:** Fausto Pocar (Vors.), Mohamed Shahabuddeen, Mehmet Güney, Andrésia Vaz und Theodor Meron; **Anklage:** Jallow et al.; **Verteidigung:** Jean Marie Biju-Duval und Diana Ellis **Inhalt** Reduzierung der Haftstrafe von lebenslänglich auf 30 Jahre. Der Anklagepunkt Völkermord wurde aufgehoben. Nahimana wurde auch von dem Vorwurf entlastet, als „Chefideologe" den Hass der Medien gegen die Tutsi organisiert zu haben. Nahimana wurde vor allem verurteilt, weil nach Aussage von Alison Des Forges ein französischer Diplomat, der im Prozess keine Aussagegenehmigung erhalten hatte, in Gisenyi gesagt haben soll, Nahimana hätte die Einstellung der RTLM-Sendungen bewirkt, weil er dies von ihm gefordert habe. Das habe eine Art Vorgesetztenverantwortung für die Entgleisungen von RTLM nach dem 6. April 1994 bewiesen.
Kurz-Bewertung	Das Berufungsgerichtsurteil war eine schwere Ohrfeige für die Kammer-Vorsitzende Navanethem Pillay.[1296] Dies fiel in der internationalen Öffentlichkeit nicht sehr auf, weil die geringe Abmilderung der Strafe in keinem Verhältnis zu den Restvorwürfen steht. So konnte man einen Proteststurm aus Kigali vermeiden. In der Sache ist das abweichende Votum des Berufungsrichters Meron sensationell, der schrieb, dass man Nahimana nichts Gravierendes vorwerfen kann und man eigentlich den Prozess hätte neu beginnen müssen. Das Urteil auf die Behauptung von Alison Des Forges zu stützen, Nahimana habe auch später noch von Gisenyi aus die Fäden in der RTLM-Redaktion in der Hand gehalten, war abenteuerlich.

47) Siméon Nchamihigo

Biographische Angaben	Siméon Nchamihigo wurde am 7. August 1959 in der Gemeinde Gatare/Präfektur Cyangugu geboren. Er war 1994 Stellv. Staatsanwalt in Cyangugu. Am 17. Juli 1994 floh er von Cyangugu nach Bukavu auf der westlichen Seite des Grenzflusses Ruzizi. Er wurde am 19. Mai 2001 von der tansanischen Polizei im Gerichtsgebäude in Arusha verhaftet, wo er unter dem falschen Namen „Sammy Bahati Weza" als Ermittler für die Verteidigung des Angeklagten Samuel Imanishimwe gearbeitet hatte. Nchamihigo verbüßt seine Strafe in Benin.

1296 Das fiel auch deshalb nicht so sehr auf, weil Navanethem Pillay zum Zeitpunkt des Berufungsurteils das Gericht schon in Richtung Den Haag (ICC) verlassen hatte.

Anklage-Inhalt	Laut der von Hassan Jallow am 11.12.2006 „nachgebesserten" (amended) Anklageschrift soll Siméon Nchamihigo Teil eines *Joint Criminal Enterprise* gewesen und in dessen Rahmen auch den Tutsi-Völkermord in Cyangugu geplant haben. Ihm wurde auch vorgeworfen, in die Massaker im Kamarampaka-Stadion in Cyangugu involviert gewesen zu sein.
Kammer-Verfahren	**Kammer-Urteil am 24.9.2008** [1297] **Richter:** Dennis C. M. Byron (Vors.), Gberdao Gustave Kam und Robert Fremr: **Anklage:** Alphonse Van et al. ; **Verteidigung:** Denis Turcotte und Benoît Henry **Inhalt** Lebenslange Haftstrafe. Zentral war, dass man einem Zeugen der Anklage Glauben schenkte, Nchamihigo sei bei der Planung der Massaker im Kamarampaka-Stadion in Cyangugu beteiligt gewesen. Nchamihigos Alibi wurde nicht akzeptiert.
Berufungs-Verfahren	**Berufungsgerichts-Urteil am 18.3.2010** **Richter:** Patrick Robinson (Vors.), Fausto Pocar, Liu Daqun, Theodor Meron und Carmel Agius; Anklage: Jallow et al.; **Verteidigung:** Denis Turcotte und Nathalie Leblanc **Inhalt** Reduzierung der Strafe auf 40 Jahre unter Anrechnung der in Haft verbrachten Zeit. In einem Sondervotum plädierten die Richter Pocar und Daqun für die Beibehaltung der lebenslangen Strafe.
Kurz-Bewertung	Das Verfahren ist insofern typisch, als beide Instanzen in vielen Fällen die Anklageschrift für unbewiesen erklärten[1298], aber den Zeugen Glauben schenkten, mit deren Aussagen man eine schwere Strafe rechtfertigen konnte. Ein Beispiel dafür, dass die Anklage offenbar frei erfunden hat, ist die nachweislich falsche Behauptung, der Angeklagte habe seine Position als Stellv. Staatsanwalt durch ein gefälschtes Diplom erhalten. Interessant ist, dass im Kammer-Urteil im Jahr 2008 Präfekt Bagambiki schwer belastet wird, obwohl sogar das Berufungsgericht 2006 seinen Freispruch aus dem Jahr 2004 bestätigt hatte. In dem Urteil drückt sich – obwohl dieser Vorgang nirgends bewertet wird – selbstverständlich auch der Ärger des Gerichts aus, dass es dem Angeklagten sogar gelungen war, unter falschem Namen im Auftrag des Gerichts für die Verteidigung von Samuel Imanishimwe zu arbeiten.

1297 Die schriftliche Urteilsfassung trägt das Datum 12.11.2008.

1298 Gute Beispiele hierfür finden sich im Urteils-Summary.

48) Grégoire Ndahimana

Biographische Angaben	Grégoire Ndahimana wurde 1952 in der Gemeinde Kivumu in der Präfektur Kibuye geboren. Bevor er im Juni 1993 zum Bürgermeister von Kivumu als Kandidat der Partei MDR gewählt wurde, hat er als Agraringenieur gearbeitet. Er verließ Ruanda im Juli 1994 und wurde erst am 11.8.2009 in der DR Kongo verhaftet.
Anklage-Inhalt	Bürgermeister Ndahimana soll nach dem Attentat vom 6.4.1994 zusammen mit Pater Athanase Seromba, dem Geschäftsmann Gaspard Kanyarukiga, die beide vom Arusha-Gericht verurteilt wurden, sowie dem flüchtigen Polizeiinspektor Fulgence Kayishema und dem offenbar nicht mehr auffindbaren Lehrer Télesphore Ndungutse ein *Joint Criminal Enterprise* zur Vernichtung der Tutsi-Bevölkerung gebildet haben. Sie hätten gemeinsam die Massaker an den in die Kirchengemeinde Nyange geflohenen Tutsi zu verantworten.
Kammer-Verfahren	**Kammer-Urteil am 30.12. 2011** **Richter:** Florence Rita Arrey (Vors.), Bakhtiyar Tuzmukhamedov und Aydin Sefa Akay; **Anklage:** Holo Makwaia et al.; **Verteidigung:** Bharat B. Chadha, Wilfred Ngunjiri Nderitu,[1299] Tharcisse Gatarama, Marie-Pier Barbeau **Inhalt** 15 Jahre Gefängnis. Grégoire Ndahimana wurde vor allem für schuldig befunden, am 15. und 16. April 1994 im Rahmen seiner Mitgliedschaft in einem *Joint Criminal Enterprise* von der geplanten Vernichtung von fast 2.000 in das Gelände der Kirchengemeinde Nyange in der Gemeinde Kivumu geflohenen Tutsi beteiligt gewesen zu sein. Allerdings stellt das Urteil – entgegen der abweichenden Meinung der Vorsitzenden Arrey, die eine höhere Strafe gefordert hatte[1300] – fest, die Anklage habe keine direkte Beteiligung des Angeklagten und auch keine Genozid-Absichten beweisen können. Die Kammer kam nur zu dem Schluss, Ndahimana müsse gewusst haben, dass schlimme Ereignisse bevorstanden. Er habe

1299 Er folgte im Juni 2010 auf Beth Lyons, die von ihrer Verteidigertätigkeit auf Antrag des Angeklagten entpflichtet worden war.

1300 Die Vorsitzende Arrey, Jg. 1948, aus Kamerun hat sich in ihrem außergewöhnlich langen abweichenden dissenting vote als besondere Scharfmacherin erwiesen. Sie vertritt darin die Planungstheorie und plädierte deshalb für eine höhere Strafe.

	nicht genügend getan, um die Ortspolizisten, die unter seinem Befehl standen, von Aktionen gegen die Tutsi abzuhalten oder sie wenigstens zu betrafen. Zur Urteilsbegründung glaubt die Kammer, Ndahimana sei bei der Zerstörung der Kirche in Nyange durch einen Bulldozer anwesend gewesen, ohne dass man beweisen könne – immer gegen das Votum der Vorsitzenden – , Ndahimana habe *„diese Attacke veranlasst oder überwacht."*[1301] Das Urteil billigte ihm zu, er könnte unter Zwang (duress) gehandelt haben. Wie üblich, erklärte die Kammer die Alibi-Beweise der Verteidigung global für unglaubwürdig.
Berufungs-Verfahren	**Berufungsgerichtsurteil am 16.12.2013** Sowohl Ndahimana als auch die Anklage hatten Berufung beantragt. **Richter:** Theodor Meron (Vors.), Arlette Ramaroson, William Sekulé[1302], Carmel Agius und Khalida Rachid Khan[1303]; **Anklage:** Jallow et al.; **Verteidigung:** Bharat B. Chadha **Inhalt** **Strafverschärfung** von 15 auf 25 Jahre Gefängnis. Dies entspricht der Forderung des Anklagevertreters James Arguin bei der mündlichen Verhandlung am 6.5.2013. Dabei hat Ndahimana nochmals vorgetragen, er sei am 16. April 1994 nicht in Nyange gewesen.[1304] Das Berufungsgericht hält nun Ndahimana für ein Mitglied eines *Joint Criminal Enterprise* und seine Absicht, die Tutsi zu vernichten, für gegeben. Zentral für das Urteil ist seine angebliche Teilnahme an einem Umtrunk nach der Zerstörung der Kirche in Nyange am 16.4.1994.[1305]

1301 Aus Tz.23 der Zusammenfassung des Urteils.

1302 In der Meron-Mitteilung vom 27.3.2012 über die Zusammensetzung der Berufungskammer im Fall Ndahimana fand sich der Name von Richterin Andrésia Vaz. Ohne weitere Mitteilung taucht im April 2013 William Sekule als Richter bei der mündlichen Verhandlung auf.

1303 Khalida Rachid Khan hat durch die Meron-Entscheidung vom 27.3.2012 Patrick Robinson in der gemeinsamen ICTY/ICTR-Berufungskammer ersetzt.

1304 Aus *Agence Hirondelle* vom 6.5.2013: *Pour sa part, l'ancien responsable administratif a affirmé, comme en première instance, que l'accusation n'avait pas prouvé la participation des policiers communaux à ces massacres. Il a également réitéré sa défense d'alibi selon laquelle il ne se trouvait pas à Nyange dans la journée du 16 avril1994.*

1305 Vgl. Tz. 20 des Berufungsurteils.

Kurz-Bewertung	Bei der Lektüre des Kammerurteils wird klar, dass Ndahimana eigentlich hätte freigesprochen werden müssen. 90% der Anklagevorwürfe wurden – immer gegen das Votum der Vorsitzenden Arrey – als unbewiesen zurückgewiesen. Auch wurde bestätigt, dass Ndahimana während des Eroberungskriegs der RPF nachweislich Tutsi geholfen habe. Es wird deutlich, dass der Angeklagte unter dem Druck der Weltmeinung auf keinen Fall freigesprochen werden sollte. Das hat sich im Berufungsurteil noch deutlicher bestätigt. Faktisch wurde der Position von Richterin Rita Arrey im Urteil der ersten Instanz stattgegeben. Deshalb musste auch das Alibi für den 16. April 1994 verworfen werden. Es sieht so aus, als hätte Richter Meron auf die Kritik seiner Freisprüche der Minister Mugenzi und Mugiraneza am 4.2.2013 reagiert. Hinzu kommt, dass Ndahimana auch deshalb keine guten Karten hatte, weil Meron – damals zusammen mit Wolfang Schomburg – am 12.3.2008 im Berufungsfall des katholischen Priesters Athanase Seromba wegen des Kirchenmassakers in Nyange an einer Strafverschärfung auf eine lebenslange Haft mitgewirkt hatte. Zudem war die Richterin Arlette Ramaroson am 8.5.2012 auch an der Bestätigung der Verurteilung von Gaspard Kanyarukiga zu 30 Jahren Gefängnis wegen seiner angeblichen Beteiligung am Nyange-Kirchenmassaker beteiligt gewesen. Und Richter Sekule war Vorsitzender der Kammer, die den Präfekten Clément Kayishema am 21.5.1999 lebenslänglich verurteilt hatte. Die Berufungskammer war somit am 16.12.2013 aus verschiedenen Gründen befangen.

49) Elie Ndayambaje

Biographische Angaben	Elie Ndayambaje wurde am 8. März 1958 in der Gemeinde Muganza/ Präfektur Butare geboren. Er studierte Sozialwissenschaften an der Universität Butare und auch kurz in Belgien. Nach Rückkehr 1981 fand er bei der *Société Rwandaise* eine Anstellung als Chefbuchhalter. Von 1983 bis 1992 war er Bürgermeister seiner Heimatgemeinde. Danach nahm er sein Studium an der Universität Butare wieder auf, schloss mit einer *Licence* ab und war danach als privater Geschäftsmann tätig. Am 18. Juni 1994 wurde er von Präfekt Nteziryayo wieder zum Bürgermeister von Muganza berufen, nachdem er Bürgermeister Bimenyimana entlassen hatte. Schon am 7. Juli 1994 verließ Bürgermeister Ndayambaje Ruanda und kam über Burundi und Tansania nach Belgien, wo er auf Antrag des Arusha Gerichts am 28.6.1995 verhaftet wurde. Am 8.11.1996 wurde er nach Arusha transferiert. Am 5.10.1999 wurde sein Verfahren in den sog. Butare-Prozess integriert.

Anklage-Inhalt	In der Urteilszusammenfassung vom 24.6.2011 heißt es: „*Nsabimana, Nteziryayo, Kanyabashi, und Ndayambaje werden verdächtigt, dem Plan der Interimsregierung zugestimmt zu haben, bei der Zeremonie am 19. April Tutsi zu töten.*"[1306] Er soll auch am 22.4.1994 bei den Massakern am Kabuye Hügel anwesend gewesen sein. Bei seiner Amtseinführung als neuer Bürgermeister am 22.6.1994 soll er zur Tötung der Tutsi aufgerufen haben.
Kammer-Verfahren	**Kammer-Urteil am 24.6.2011 (Butare-Prozess)**[1307] **Richter:** William H. Sekule (Vors.), Arlette Ramaroson und Solomy Balungi Bossa; **Anklage:** Jallow et al.; **Verteidigung:** Pierre Boulé und Claver Sindayigaya **Inhalt** Lebenslange Haftstrafe. Vom Vorwurf der Genozidplanung (Conspiracy to Commit Genocide) wurde Ndayambaje freigesprochen. Er wurde wegen Völkermords für Beihilfe zu dem Kirchenmassaker in Mugombwa und den Massakern am Kabuye Hügel verurteilt. Auch seine behaupteten Aufrufe bei seiner Amtseinführung am 22. Juni 1994 wurden als Völkermordverbrechen gewertet.
Berufungs-Verfahren	Berufungsurteile im Butare-Prozess werden erst 2015 erwartet
Kurz-Bewertung	Das Kammer-Urteil im Butare-Prozess ist generell der Versuch, die milderen Urteile hinsichtlich der Verantwortung der Interimsregierung – ganz besonders auch von Interimspräsident Sindikubwabo mit seiner Rede vom 19. April 1994 in Butare – mit tatkräftiger Unterstützung durch den „chercheur-procureur" André Guichaoua – zu unterlaufen.

50) Aloys Ndimbati

Biographische Angaben	Aloys Ndimbati, Jg. 1950 war von 1990 bis zu seiner Flucht nach Zaïre im Juli 1994 Bürgermeister der Gemeinde Gisovu/Präfektur Kibuye. Er ist weiterhin **auf der Flucht**.
Anklage-Inhalt	In der Anklageschrift wird Ndimbati der Mitverantwortung für die großen Massaker in der Präfektur Kibuye (in der Kirche von Kibuye, im Stadion Kibuye, in der Kirche Mubuga und im Gebiet Bisesero) beschuldigt.

1306 Es handelt sich um die Amtseinführung von Präfekt Sylvain Nsabimana durch Interimspräsident Sindikubwabo in Butare am 19.4.1994.

1307 In diesem Verfahren wurden die Prozesse gegen Pauline Nyiramasuhuko, ihren Sohn Arsène Shalom Ntahobali, Sylvain Nsabimana, Alphonse Nteziryayo, Joseph Kanyabashi und Elie Ndayambaje abgehandelt.

Transferverfahren	**Referral-Verfahrens-Entscheidung am 25.6.2012** **Richter:** Vagn Joensen (Vors.), Rita Arrey, Gberdao Gustave Kam; **Anklage:** Jallow et al.; **Verteidigung:** Ronilick Mchami (Pflichtverteidiger). **Inhalt:** Billigung des Anklage-Antrags, Ndimbati im Falle der Verhaftung nach Kigali zu überstellen.
Berufungs-Verfahren	---
Kurz-Bewertung	---

51) Emmanuel Ndindabahizi

Biographische Angaben	Emmanuel Ndindabahizi wurde 1950 im Ortsteil Gasharu der Gemeinde Gitesi/ Präfektur Kibuye geboren. Nach dem Studium der Wirtschafts- und Sozialwissenschaften arbeitete er bei der Konsumgenossenschaft Trafipro und dem staatlichen Wasser- und Elektrizitätsversorgungsunternehmen Electrogaz. 1995 wurde er als Leiter des internen Finanzwesens in das Planungsministerium versetzt. 1991 verließ er den öffentlichen Dienst und arbeitete für eine private Consulting und Wirtschaftsprüfungsgesellschaft. 1992 schloss er sich der sehr Habyarimana-kritischen Sozialdemokratischen Partei (Parti Social Démocrate, PSD) an und wurde bald ihr Vorsitzender in der Präfektur Kibuye. Im September 1992 wurde er zum Kabinettsdirektor des PSD-Finanzministers in der ersten Koalitionsregierung unter Dismas Nsengiyaremye ernannt. Am 9. April 1994 wurde er für die PSD Finanzminister in der Interimsregierung. Er ging nach dem RPF-Sieg im Juli 1994 ins Exil. Am 27.6.2009 wurde er zur Verbüßung seiner Haftstrafe nach Benin überstellt.
Anklage-Inhalt	In der Anklageschrift wird ihm Mitschuld an Verbrechen gegen die Tutsi-Bevölkerung an fünf Tatorten (Gitwa Hügel, Stadt Kibuye, Straßensperren, Ortsteil Gasharu und am Markt in Kibirizi) in seiner Heimat-Präfektur Kibuye vorgeworfen. Für seine Tätigkeit als Minister wurde er nicht angeklagt.

Kammer-Verfahren	<u>**Kammer-Urteil am15.7.2004**</u> <u>**Richter:**</u> Erik Møse (Vors.), Khalida Rachid Khan und Solomy Balungi Bossa; <u>**Anklage:**</u> Charles Adeogun-Phillips et al.; <u>**Verteidigung:**</u> Pascal Besnier und Guillaume Marçais. <u>**Inhalt**</u> Verurteilung zu lebenslanger Haft insbesondere wegen Anstiftung und Mithilfe zum Völkermord (Gitwa-Hügel und Straßensperren); die Vorwürfe hinsichtlich der Verbrechen in der Stadt Kibuye, im Ortsteil Gasharu und am Markt in Kibirizi wurden fallengelassen. Als entlastender Faktor, wenngleich ohne Auswirkung auf das Urteil, wurde festgestellt, dass seine Partei PSD eigentlich gemäßigt gewesen und er an relativ wenigen Verbrechen beteiligt gewesen sei. Man habe ihn aber verurteilen müssen, weil er eine bekannte Persönlichkeit mit Einfluss auf die Bevölkerung gewesen sei.
Berufungs-Verfahren	<u>**Berufungsurteil am 17.1.2007**</u> <u>**Richter:**</u> Wolfgang Schomburg (Vors.), Mohamed Shahabuddeen, Mehmet Güney, Liu Daqun und Theodor Meron; <u>**Verteidigung:**</u> Michel Konitz und Magali Pirard. <u>**Inhalt**</u> Bestätigung der lebenslangen Haftstrafe trotz Aufhebung wichtiger Straftatbestände (z.B. Beteiligung an der Gaseke-Straßensperre).
Kurz-Bewertung	Ndindabahizi wurde auf der Grundlage zweier anonymer, wenig glaubwürdiger Opferzeugen (CGY und CGN) verurteilt. Nancy Combs[1308] hat sich kritisch mit dem Aspekt der Widersprüchlichkeit von Zeugen in diesem Urteil befasst. Als Vorsitzender des Berufungsgerichts hat sich Wolfgang Schomburg ein – vor dem Urteil gegen Seromba – vorletztes bleibendes „Denkmal der Härte“ gesetzt.

1308 Vgl. Combs 2010, S. 97

52) Augustin Ndindiliyimana[1309]

Biographische Angaben	Augustin Ndindiliyimana wurde 1943 in der Gemeinde Nyaruhengeri/Präfektur Butare geboren. Von 1996 bis 1968 erhielt er eine erste militärische Ausbildung an der ruandischen Militärakademie. Daran schloss sich ein Studium an der belgischen Militärhochschule an. 1974 kehrte er nach Ruanda zurück und begann seine berufliche Laufbahn bei den ruandischen Streitkräften. 1992 wurde er als Oberst Generalstabschef der ruandischen Gendarmerie. Am 1.1.1994 wurde er zum Generalmajor befördert. Nach dem Attentat vom 6.4.1994 gehörte er dem Armee-Krisenkomitee an, das die Bildung der Interimsregierung vorbereitet hat. Im Juni 1994 wurde er von der Interimsregierung seines Postens als Gendarmerie-Generalstabschef enthoben und verließ am 17.6.1994 Ruanda. Anfang Juli 1994 kam er nach Belgien, wo er am 6.10.1998 politisches Asyl erhielt. Er wurde in Belgien auf Antrag des Arusha-Gerichts am 28.1.2000 verhaftet und nach dorthin überstellt.[1310] Nach seinem Freispruch konnte er am 24. September 2014 zu seiner Familie nach Belgien reisen.
Anklage-Inhalt	Wie alle anderen Angeklagten im Prozess Militär II[1311] wurde er wegen *conspiracy to commit genocide* angeklagt. Ihm wurden vor allem *search operations* in Kigali vorgeworfen.
Kammer-Verfahren	Ndindiliyimana war im Rahmen des Verfahrens Militär II angeklagt. Der Prozess begann 20.9.2004 und schloss am 26.9.2009. Die Urteilsverkündung ließ auf sich warten. **Kammer-Urteil am 17.5.2011 im Prozess Militär II** **Richter:** Asoka de Silva (Vorsitz), Taghrid Hikmet, Seon Ki Park; **Anklage:** Alphonse Van et al.; **Verteidigung:** Christopher Black und Vincent Lurquin **Inhalt** Verurteilung von Ndindiliyimana zu den seit seiner Verhaftung in Belgien am 29.1.2000 in Haft verbrachten 11,3 Jahren und danach Freilassung in Arusha. Im Vergleich zu den Mitangeklagten wird ihm nur eine eingeschränkte Vorgesetztenverantwortung für die der Gendarmerie nachgesagten Verbrechen zugeschrieben.

1309 Vgl. Darstellung seines Falles im Verfahren Militär II (Abschnitt 6.7.7).

1310 Am 4.8.2010 hat Ndindiliyimana in einem offenen Brief auf die Anschuldigungen gegen ihn persönlich, die Armee und die Interimsregierung im Buch von Guichaoua (Guichaoua 2010) reagiert.

1311 Ich selbst wurde als von der Verteidigung benannter sachverständiger Zeuge im Verfahren gegen Hauptmann Sagahutu per Videokonferenz aus Den Haag am 24. und 25. November 2008 angehört.

Berufungs-Verfahren	**<u>Berufungsurteil am 11.2.2014</u>**[1312] **<u>Richter</u>:** Theodor Meron (Vors.), Liu Daqun, Carmel Agius, Khalida Rachid Khan und Bakhtiyar Tuzmukhamedov **Anklage:** Jallow et al., **<u>Verteidigung</u>:** Christopher Black und Vincent Lurquin **<u>Inhalt</u>** Freispruch. Die ihm im Kammerurteil zugesprochene Vorgesetztenverantwortung lasse sich nicht nachweisen.
Kurz-Bewertung	Die Kammer muss wohl selbst gespürt haben, dass General Ndindiliyimana kein Völkermörder sein kann. So sprach man zunächst ein Urteil, das einem Freispruch nahe kam. Das Berufungsgericht hatte den Mut ihn freizusprechen und erwartungsgemäß protestierte und drohte Kigali.

53) Hassan Ngeze

Biographische Angaben	Der Muslim Hassan Ngeze wurde am 25.12.1957 in der Gemeinde Rubavu/Präfektur Gisenyi geboren. Seit 1978 war er als Journalist tätig. Nach einer Tätigkeit bei der RPF-nahen[1313] Zeitschrift *Kanguka*[1314] wurde er in Gisenyi Chefredakteur des nach dem RPF-Angriff vom 1.10.1990 sehr RPF-kritischen Organs *Kangura*.[1315] Nach dem Attentat vom 6. April 1994 erschien seine Zeitschrift *Kangura* nicht mehr, er rief aber – teilweise über RTLM – die Hutu-Bevölkerung zum Widerstand gegen die RPF-Invasion auf. Er ging im Juni 1994 ins Exil. Er wurde am 18.7.1997 in Mombasa/Kenia verhaftet und später an das Arusha-Gericht überstellt.[1316] Ngeze verbüßt – wie auch Ferdinand Nahimana – seine Strafe in Mali.
Anklage-Inhalt	Hassan Ngeze wurde von der Anklagebehörde wegen sein Veröffentlichungen in *Kangura* und wegen seiner Auftritte beim Radiosender RTLM[1317] beschuldigt, ein Völkermordplaner zu sein.

1312 Ndindiliyimana hatte Berufung zur Erreichung seiner vollen Rehabilitierung beantragt.

1313 Hinter der Kanguka-Gründung stand Valens Kajeguhakwa, der später zum Finanzier der RPF-Invasion vom Oktober 1990 wurde.

1314 In der Anklageschrift wird Kanguka – die RPF-Nähe kaschierend – so beschrieben: *Kanguka was a satirical newspaper which expressed anti-ethnic ideas and criticized the regime, notably the military. Its editor-in-chief was arrested and imprisoned.*

1315 Vgl. auch die Ausführungen zu Ngeze in Abschnitt 6.7.14.

1316 Nach Temple-Raston 2005, S. 81.

1317 Radio-Télévision des Mille Collines.

Kammer-Verfahren	**Urteil am 3.12.2003 (Medien-Prozess)** **Richter:** Navanethem Pillay, (Vorsitzende), Erik Møse[1318], Asoka de Zoysa Gunawardana; **Anklage:** Stephen Rapp, Simone Monasebian et al.; **Verteidigung:** John Floyd III und René Martel. **Inhalt** Lebenslange Haftstrafe. Man glaubte vor allem der sachverständigen Zeugin Alison Des Forges, Ngeze trage mit der Veröffentlichung der *10 Gebote eines Hutu* aus dem Jahr 1990 Verantwortung für den Tutsi-Völkermord 1994.
Berufungs-Verfahren	**Berufungsgerichts-Urteil vom 28.11.2007 (Medien-Prozess)** **Richter:** Fausto Pocar (Vors.), Mohamed Shahabuddeen, Mehmet Güney, Andrésia Vaz und Theodor Meron; **Anklage:** Jallow et al.; **Verteidigung:** Bharat B. Chadha und Dev Nath Kapoor **Inhalt** Verringerung der Haftstrafe von lebenslang auf 35 Jahre, obwohl auch in seinem Fall ein Großteil der Anklagepunkte im Medienprozess aufgehoben worden ist.[1319] Selbst die Veröffentlichung der „Zehn Gebote für die Hutu" aus dem Jahr 1990 wurde als strafrechtlich irrelevant erklärt. Verurteilt wurde er nur für Beihilfe zur Anstiftung zum Völkermord 1994.
Kurz-Bewertung	Hartes Urteil, obwohl den Berufungs-Richtern klar war, dass sie es beim Medienurteil der Kammer mit einem politischen Urteil zu tun hatten und die meisten Feststellungen aus dem Kammerurteil aufheben mussten.

1318 Pillay war damals Präsidentin und Møse Vizepräsident des Gerichts.

1319 In einem dissenting Vote erklärte Richter Meron: *The sheer number of errors in the Trial Judgement indicates that remanding the case, rather than undertaking piecemeal remedies, would have been the best course.*

54) Augustin Ngirabatware[1320]

Biographische Angaben	Augustin Ngirabatware wurde am 12.1.1957 in der Gemeinde Nyamyumba/Präfektur Gisenyi im Nordwesten von Ruanda geboren. Nach Abschluss der Sekundarschule hat er von 1976–1986 an der Université de Fribourg in der Schweiz Wirtschaftswissenschaften studiert und mit einer Promotion abgeschlossen. Danach begann er seine Tätigkeit in verschiedenen ruandischen Ministerien und lehrte zugleich an der Universität Butare. Bevor er am 9. Juli 1990 vom Staatspräsidenten zum Planungsminister berufen wurde, war er Generaldirektor[1321] am Ministerium für Industrie, Bergbau und Handwerk. Ngirabatware gehörte seit 1990 bis zur Habyarimana-Ermordung am 6.4.1994 allen Kabinetten als Planungsminister an. Diese Funktion behielt er auch in der ruandischen Interimsregierung vom 9. April 1994 bis zu deren Flucht nach Ost-Zaïre. Danach ging er nach Gabun. Die dortige Regierung riet ihm, das Land zu verlassen, als klar wurde, dass das Arusha-Gericht gegen ihn ermittelt. Er ging nach Paris, wo er eine Anstellung bei einem Forschungsinstitut der OECD fand. Als in Arusha 1999 Anklage gegen ihn erhoben wurde und er mit einer Überstellung dorthin rechnen musste, ging er in den Untergrund. In dieser Zeit schrieb er sein 2006 in Lille veröffentlichtes Buch mit dem Titel: *Rwanda. Le faîte du mensonge et de l'injustice*. Am 17.9.2007 wurde er in Frankfurt/M. verhaftet und auf Antrag des Gerichts am 8.10.2008 mit Zustimmung des Bundesverfassungsgerichts nach Arusha überstellt. Das Gerichtsverfahren begann am 23.9.2009.
Anklage-Inhalt	Eine erste Anklageschrift war für ein Verfahren zusammen mit Jean de Dieu Kamuhanda erstellt und vom stellv. Chefankläger Muna (Kamerun) unterzeichnet worden. Eine geänderte Anklageschrift für ein Einzelverfahren wurde am 13.4.2009 von der II. Kammer des Gerichts unter Vorsitz von Richter William Hussein Sekule akzeptiert. Ngirabatware soll sich mit allen Personen von Rang und Namen zur Planung des Tutsi-Völkermords verschworen haben. Am 7. und 8. April 1994 habe er in seiner Heimatgemeinde Nyamyumba Waffen verteilt und Milizen zu Verbrechen angestiftet.

1320 Vgl. zu Augustin Ngirabatware auch die Ausführungen in Abschnitt 6.7.13.

1321 Das entspricht in der deutschen Verwaltung einem Ministerialdirektor.

Kammer-Verfahren	**Kammer-Urteil am 20.12.2012** **Richter:** William Hussein Sekule (Vors.), Solomy Balungi Bossa, Mparany Rajohnson; **Anklage:** Wallace Kapaya et al.; **Verteidigung:** Mylène Dimitri[1322], Claver Sindayigaya und Déogratias Sebureze[1323] **Inhalt** 35 Jahre Haft wegen Völkermord, direkter und öffentlicher Anstiftung zum Völkermord und wegen Verantwortung für Vergewaltigung. Ngirabatware wurde auf der Basis von Zeugenaussagen aus Ruanda für schuldig befunden, am 7. April 1994 in seiner Heimatgemeinde Nyamyumba im Nordwesten Ruandas zusammen mit dem Bürgermeister Bagango ein *Joint Criminal Enterprise* gegründet und persönlich Waffen verteilt zu haben. Diese Gruppe habe die dortigen Milizen zur Ermordung von Tutsi und zur Vergewaltigung von Tutsi-Frauen angestiftet. Das Gericht folgte der Anklage, weil die Reise in die Heimatgemeinde am 7. April möglich gewesen wäre und das beweise den Wahrheitsgehalt der entsprechenden Zeugenaussagen. Die Widersprüche der Zeugen hinsichtlich von Ort und Zeit der Waffenverteilung seien zu vernachlässigen. Er wurde auch für schuldig befunden, nach der Ermordung des CDR-Vorsitzenden Martin Bucyana an einer Straßensperre in seiner Heimatgemeinde am 22.2.1994 eine Hetzrede gegen die Tutsi-Bevölkerung gehalten zu haben. Die Behauptung des Anklage-Zeugen, er sei auch am 8.4.1994 in Nyamyumba gewesen wurde abgelehnt, weil ein Telegramm der französischen Botschaft beweise, dass er an diesem Tag dort gewesen sei.
Berufungs-Verfahren (MICT-12-29-A)	Das Berufungs-Verfahren wurde als erstes Verfahren der Berufungskammer des Residual-Mechanismus (MICT) zugewiesen. Eine mündliche Anhörung fand am 30.6.2014 statt. **a) Entscheidung der Berufungskammer des Residual-Mechanismus vom 21.11.2014** **Richter:** Theodor Meron (Vors.), Bakone Justice Moloto, Christoph Flügge, Berton Hull und Liu Daqun; **Anklage:** Jallow et al.; **Verteidigung:** Mylène Dimitri und Guénaël Mettraux Ngirabatware hatte den Antrag auf Neueinführung von Beweisen im Berufungsverfahren gestellt, weil ihm die Anklagebehörde im Kammerverfahren Informationen der früheren Ministerkollegen Prosper Mugiraneza und Pauline Nyiramasuhuko vorenthalten hat, die sein Alibi am 7./8.4.1994 beweisen.

1322 Sie war zuerst 2. Verteidigerin und wurde nach dem Austausch von zwei Verteidigern zur Hauptverteidigerin.

1323 Zu seinem Fall siehe Dokumentation B/82.

	Die Richter des Residual-Mechanismus bestätigten die Kritik am Verhalten des Chefanklägers, wiesen aber, bei abweichendem Votum von Richter Moloto das Petitum ab. Ngirabatware hätte Gelegenheit gehabt, sich während des Kammerverfahrens die nötigen Informationen selbst zu beschaffen. **b) Urteil der Berufungskammer des Residual-Mechanismus am 18.12.2014**[1324] **Richter:** Theodor Meron (Vors.), Bakone Justice Moloto, Christoph Flügge, Berton Hull und Liu Daqun; **Anklage:** Jallow et al.; **Verteidigung:** Mylène Dimitri und Guénaël Mettraux **Inhalt** Reduzierung der Strafe des Kammerurteils von 35 auf 30 Jahre Gefängnis. Der Anklagepunkt Vergewaltigung wurde aufgehoben. Richter Moloto gab eine abweichende Meinung zu Protokoll, in der alle Beweise der Anklage hinsichtlich der Präsenz von Ngirabatware am 7. April in Nyamyumba im Nordwesten Ruandas für irrelevant erklärt werden. Er könne das Urteil in toto nicht billigen. Dem Antrag des Angeklagten auf Freispruch hätte stattgegeben werden müssen. Denn die Kammer habe a) sich mit einer falschen Frage und folglich mit irrelevanten Fakten befasst, b) sich auf spekulative Beweise gestützt und unakzeptable Schlussfolgerungen daraus gezogen und c) sei ihre Alibi-Theorie durch keine Beweise belegt. (Text der dissenting opinion folgt als Anhang).
Kurz-Bewertung	Politische Verurteilung. Man wollte um keinen Preis einen Freispruch für den Schwiegersohn des „Völkermordfinanziers" Félicien Kabuga. Die abweichende Meinung von Richter Moloto bestätigt diese Bewertung in vollem Umfang. Die Mehrheit der Richter hat nach den Ausführungen von Richter Moloto alle Anflüge von gesundem Menschenverstand unterdrückt und ihr Gewissen belastet.

Anhang zur Aufzeichnung Ngirabatware

X. DISSENTING OPINION OF JUDGE BAKONE JUSTICE MOLOTO

1. The majority dismissed Ngirabatware's appeal against conviction for instigating and aiding and abetting genocide at Nyamyumba Commune on 7 April 1994 and confirmed his conviction by the Trial Chamber. I respectfully disagree. I do so for the following reasons:

1324 Das Urteil ist zu finden auf der Internetseite des Residual-Mechanismus MICT (www.unmict.org).

1) the Trial Chamber considered the wrong question, therefore irrelevant facts;
2) the Trial Chamber's assessment of the evidence was speculative and without a reasoned opinion and;
3) the theory of the Prosecution's case on the alibi is inconsistent with the Prosecution's evidence.

1. The Trial Chamber Considered Irrelevant Facts

2. Ngirabatware presented an alibi defence to show that he was not at Nyamyumba Commune in 7 April 1994. He stated that he was at the Presidential Guard Camp (PGC) in Kigali on the day in question. To succeed in his defence Ngirabatware bore the burden to show, on a preponderance of the evidence, that he was at the PGC in Kigali at the relevant time.
3. On the other hand, in order to rebut the alibi, the Prosecution had to prove, beyond a reasonable doubt, that (i) Ngirabatware was not at the PGC on the day and at the time he was alleged to have been in Nyamyumba Commune and (ii) that he was, in fact, at Nyamyumba Commune on the said day and at the said time.

<u>(a) Whether Ngirabatware was at the PGC</u>

4. For its rebuttal of Ngirabatware's presence at the PGC on 7 April 1994, the Prosecution led evidence to show that it was feasible to travel from Kigali to Nyamyumba Commune on the day in question despite the difficulty to do so because of the war situation. **This is the wrong question.** (Hervorhebung Str.) The correct question is whether Ngirabatware was not at the PGC on 7 April 1994 and if he was, whether he did travel to Nyamyumba Commune on that day. It is always possible to travel from point A to point B and indeed from Kigali to Nyamyumba Commune, despite any difficulties. Proving feasibility to travel does not prove that travel did in fact take place. More is required to show that Ngirabatware did travel to Nyamyumba Commune, for example, the time he is alleged to have left Kigali, the route he actually took and the time he arrived. Instead the Prosecution postulated possible routes he might have taken and chose one that would take 4 to 5 hours to travel.
5. It is important to note that by addressing feasibility to travel, the Prosecution (and the Trial Chamber when accepting the argument) implicitly acknowledged that Ngirabatware was in Kigali on 7 April 1994. This acknowledgement necessitates leading evidence to show that Ngirabatware did travel to Nyamyumba Commune on 7 April 1994. As no such evidence was proffered, the Trial Chamber's finding was based on speculation and irrelevant facts.

6. I therefore conclude that the Prosecution failed to discharge the first leg of its burden of proof that Ngirabatware was not at the PGC in Kigali on 7 April 1994. On the contrary, the Prosecution implicitly confirms that Ngirabatware was in Kigali on 7 April 1994.

(b) Whether Ngirabatware was at Nyamyumba Commune.

7. The Prosecution led evidence to show that Ngirabatware was at Nyamyumba Commune on 7 April 1994. The veracity of this evidence must be assessed, which I will do below.

2. *The Trial Chamber's Evaluation of the Evidence*

(a) Defence Evidence

8. Ngirabatware led evidence of several witnesses all of whom confirm that he was at the PGC in Kigali from the night of 6 April 1994 until he left for the French Embassy on 8 April 1994. The Trial Chamber did not point to any inconsistencies or contradictions in the evidence. Instead, it dealt with other matters which I will address below.

9. I recall that a Trial Chamber has wide discretion in evaluating evidence, given that it has the advantage of hearing evidence directly and observing the demeanour of witnesses. The Appeals Chamber usually defers to the Trial Chamber, unless the Trial Chamber failed to provide a reasoned opinion for its findings (error of law) or the Trial Chamber's finding on a fact is so unreasonable that no trier of fact could reasonably come to the same conclusion (error of fact). In my view, the Trial Chamber did not give a reasoned opinion for rejecting the Defence evidence in this case. Instead it made speculative conclusions for the most part and relied on 'facts' not supported by the evidence in other parts.

10. The Trial Chamber dismissed the evidence of the Defence witnesses on the basis that they 'may have been motivated to protect Ngirabatware in this trial. To say 'may' is not stating a fact; it is mere suspicion or speculation. This speculation was based solely on the personal and/or professional relationship Ngirabatware had with the Defence witnesses. Personal and professional relationships can result into one of three motives. The witness may, indeed, be biased in favour of an accused, but may also be biased against the accused because of jealousy or hatred, for example. Thirdly such witness may be honest and truthful, hence unbiased. Therefore, to find that a witness is biased in favour of the accused a Trial Chamber must point to something beyond the mere relationship, such as an inconsistency or contradiction in the evidence or demeanour evincing such bias. Where such evidence or demeanour is not evident, the Trial Chamber must exclude the probability that the witness is honest or biased against the accused. That is, bias in favo-

ur of the accused must be the only reasonable inference from the evidence. Failure to do either is speculative or results in cherry-picking by the Trial Chamber. In this case the Trial Chamber rejected the evidence of some of Ngirabatware's witnesses based on their personal or professional relationship to him.

11. The Trial Chamber rejected the evidence of Musabeyezu-Kabuga because she is Ngirabatware's sister-in-law. Beyond that the Trial Chamber disbelieved Musabeyezu-Kabuga that she spoke to Ngirabatware every 45 minutes during the night of 6 April 1994. Yet, Musabeyezu-Kabuga explained that this was because she was pregnant at the time, hence she had to frequently visit the toilet, passing where Ngirabatware was sleeping. The reasoning of the Trial Chamber that it was remarkable that Musabeyezu-Kabuga did not speak to her husband who was also at the PGC is not borne out by the evidence. The evidence shows she did speak to her husband. Equally unsupported by the evidence is the Trial Chamber's finding that Musabeyezu-Kabuga was with her children at the time. The evidence shows she had no children at the time. This demonstrates the fact that the Trial Chamber considered irrelevant facts. Finally the Trial Chamber disbelieved Musabeyezu-Kabuga because Ngirabatware helped her find refuge at the PGC. Relatives, especially close ones like in-laws, usually help one another and there is nothing sinister about Ngirabatware helping Musabeyezu-Kabuga find refuge. The fact that a person helps another does not preclude that other from being truthful. Again, the Trial Chamber must point to something beyond just the help and personal relationship.
12. The Trial Chamber also rejected the evidence of Bicamumpaka, DWAN-I22 and Kayitana, Ngirabatware ' s driver, based on personal or professional relationships. The following paragraph 1203 from the Trial Judgement is telling: *"The Chamber notes testimony from Bicamumpaka, witness DWAN-122 and Kayitana, but attaches limited weight to their evidence, due to the close personal or professional relationship between these individuals and Ngirabatware".*
13. With respect to Kayitana the Trial Chamber also implied that he had a monetary incentive to be biased in favour of Ngirabatware, as he was granted "improved financial gains". The Trial Chamber does not say where the 'improved financial gains' came from. Kayitana was employed by the Ministry of Planning in the Government, not by Ngirabatware. In any case, at the time of testifying Ngirabatware was in detention hence in no position to influence Kayitana's work or income. There is also no evidence that Ngirabatware influenced his income while in government. It is remarkable that the Trial

Chamber did not expand on this finding given its serious nature and the impact it must have had on the weight attributed to Kayitana's evidence.

(b) Prosecution Evidence

14. Neither of the three Prosecution witnesses that testified regarding Ngirabatware's alleged weapons deliveries at Nyamyumba Commune testified that this occurred on 7 April 1994. Witness ANAM said the delivery took place seven or eight days after the death of President Habyarimana, while Witness ANAE said it was in April. How long after the death of President Habyarimana is not mentioned. As a result it is not mentioned how the witnesses could be referring to the same incident based on that evidence. The only common piece of information between the witnesses is that it happened before the attack on Safari Nyambwega. Safari Nyambwega was attacked on 7 April 1994 thus the Trial Chamber determined that the deliveries took place on 7 April 1994, relying on two witnesses (ANAF and OWAN-3) who did not testify about weapons deliveries. It is not mentioned how long before the attack on Safari Nyambwega the deliveries occurred or at what time during the day, despite the fact that both witnesses ANAF and OWAN-3 testified the attack on Safari Nyambwega occurred during the morning of 7 April 1994.
15. The Prosecution witnesses ANAM, ANAE, and ANAL placed the delivery of weapons at two different spots in Nyamyumba Commune, leading to the Trial Chamber believing that they were testifying to two different incidents. Witness ANAE testified to distribution of machetes at a roadblock in Busheke cellule, Witness ANAM testified about the distribution of grenades and rifles at Gitsimbi and Bruxelles roadblocks, and Witness ANAL testified about the distribution of grenades and rifles at Bananiye's house. Given that they purported to be testifying about the same incident, the Trial Chamber changed from believing that they were testifying about two incidents and determined that the witnesses testified about a single incident. It is worth noting that the Trial Chamber neither pointed to any additional evidence clarifying the inconsistencies nor provided any reasoned opinion for changing its mind. Instead, the Trial Chamber proceeded to rationalise the inconsistencies in the evidence by determining that the two spots were not far from each other – the Gitsimbi and the Bruxelles roadblocks – and that it concerned two weapons deliveries that occurred on the same day.
16. Thus, while all three Prosecution witnesses (ANAM, ANAE, and ANAL) who testified regarding weapons deliveries provide different dates and different locations for the deliveries, the Trial Chamber relies on only one witness (ANAM) in relation to the locations of the distributions, whereas it relies

on neither of them in relation to the date on which the distributions would have taken place. This is a finding without a reasoned opinion. No trier of fact could reasonably come to the same conclusion based on the evidence proffered by the Prosecution.

17. The Trial Chamber's evaluation of the evidence was based on speculation and irrelevant facts.

(c) Evidence as a Whole

18. Viewed in its totality it is clear that, but for the personal and professional relationships to Ngirabatware, the evidence presented by the alibi witnesses was consistent, credible and without contradictions. As against the Defence evidence, the Prosecution evidence is fraught with deficiencies and is incredible.

3. The Prosecution's Theory of the Case

19. I have already referred to the Prosecution's attempt to rebut Ngirabatware's presence at the PGC by using feasibility to travel theory. I recall that it was the Prosecutions theory that a single trip would take up to 4 to 5 hours. I also recall that the Trial Chamber found that two deliveries were made. There is no evidence of where the weapons were collected from, when the trips started and along which route Ngirabatware is supposed to have travelled. In fact there is no evidence that he travelled from Kigali as shown above. The only distance addressed is from Kigali to Nyamyumba Commune.

20. It is alleged that the two deliveries took place in the day on 7 April 1994. Excluding time for loading and off-loading, it would take some 16 to 20 hours to do the two trips which makes it impossible that the two deliveries could have occurred in the day. Therefore, the Prosecution's theory of this part of the case is incompatible with the evidence.

4. Conclusion

21. Quite clearly Ngirabatware proved on a preponderance of the evidence that he was at the PGC in Kigali on 7 April 1994 and the Prosecution failed to disprove that and failed to place Ngirabatware at Nyamyumba Commune on 7 April 1994.

22. In these circumstances it is my view that the Trial Chamber erred in convicting Ngirabatware of instigating and aiding and abetting genocide at Nyamyumba Commune on 7 April 1994. In the same vein I do not agree with the majority in dismissing Ngirabatware's appeal and confirming his conviction. In my view Ngirabatware's appeal should succeed.

Judge Bakone Justice Moloto

Done in English and French, the English version being authoritative.
Done this 18th day of December 2014 at Arusha Tanzania

55) Matthieu Ngirumpatse[1325]

Biographische Angaben	Matthieu Ngirumpatse wurde am 12. Dezember 1939 in der Gemeinde Rulindo/Präfektur Kigali geboren. Er wollte nach Abschluss der Sekundarschule an der Universität von Burundi in Bujumbura Jura studieren, musste aber aus Sicherheitsgründen nach Ruanda zurückkehren. Er wurde nach einer Tätigkeit bei der Staatsanwaltschaft in Butare bis 1973 Staatsanwalt in Kigali. 1974 ernannte ihn Staatspräsident Habyarimana zum Botschafter in Addis Abeba. Von 1979 bis 1982 war er Botschafter in Bonn, wo er sich in der Diplomatenwelt auch als Kirchenmusiker einen Namen machte. Bevor er 1985 als juristischer Präsidentenberater nach Ruanda zurückkehrte, setzte er seine Jurastudien an der Universität Straßburg fort und wurde dort promoviert. 1990 wurde er Generaldirektor der staatlichen Versicherungsgesellschaft SONARWA. Neben seiner beruflichen Tätigkeit war er ehrenamtlich als Musiker und Literat tätig. In der Phase der Öffnung der Habyarimana-Ordnung wurde er 1991 Vorsitzender in der Präfektur Kigali-Stadt der in eine demokratische Partei umstrukturierten bisherigen Staatspartei mit dem Namen MRNDD. In der kurzlebigen Regierung Nsanzimana war er 1991/1992 Justizminister. 1992 wurde er MRNDD-National-Sekretär. Nach dem Rückzug von Präsident Habyarimana vom MRNDD-Parteivorsitz im März 1993 wurde Matthieu Ngirumpatse Partei-Vorsitzender und blieb es bis zum Verlassen Ruandas im Juli 1994. Am 5.6.1998 wurde er in Bamako/Mali verhaftet und an das Arusha-Gericht überstellt. Während seines Prozesses erkrankte er schwer, konnte aber nach Genesung wieder an den Verhandlungen teilnehmen.
Anklage-Inhalt	Matthieu Ngirumpatse wurde zusammen mit Edouard Karemera und Joseph Nzirorera[1326] auf der Grundlage der Anklageschrift vom 24.8.2005 als Hauptschuldige für den Tutsi-Völkermord angeklagt.

1325 Auf die Bewertung in der Kurzaufzeichnung zu Edouard Karemera wird verwiesen.
1326 Joseph Nzirorera starb während des Prozesses am 1.7.2010.

Kammer-Verfahren	**Kammer-Urteil am 2.2.2012 (zusammen mit Edouard Karemera)** **Richter:** Dennis C.M. Byron (Vors.), Gberdao Gustave Kam und Vagn Joensen; **Anklage:** Don Webster et al.; **Verteidigung:** Chantal Hounkpatin und Frédéric Weyl **Inhalt** Lebenslange Haftstrafe. Er wurde inhaltlich der *conspiracy to commit genocide* für schuldig befunden, aber nur für *genocide* verurteilt.[1327]
Berufungs-Verfahren	**Berufungsurteil am 29.9.2014 (zusammen mit Edouard Karemera)** **Richter:** Theodor Meron (Vors.), Fausto Pocar, Arlette Ramaroson, Bakhtiyar Tuzmukhamedov und Koffi Kumelio A. Afande; **Anklage:** Jallow et al.; **Verteidigung:** Frédéric Weyl **Inhalt** Bestätigung der lebenslangen Haftstrafe.[1328]
Kurz-Bewertung	Die Kammer-Urteile gegen Ngirumpatse und Karemera sind von dem politischen Willen diktiert, um jeden Preis die demokratische MRNDD-Partei als direkte Fortsetzung der Habyarimana-Staatspartei MRND zu diskreditieren und als geistigen Urheber des Tutsi-Völkermords zu brandmarken.

56) Eliézer Niyitegeka

Biographische Angaben	Eliézer Niyitegeka wurde am 12.3.1951 in Gitabura/ Gemeinde Gisovu/Präfektur Kibuye geboren. Er hat in Rumänien Journalismus studiert und danach bei Radio Ruanda gearbeitet. Später war er zeitweise Parlamentsmitglied. Danach wurde er Chef einer Textilfabrik und schließlich freier Geschäftsmann. Bei der Zulassung von Parteien 1991 war er Mitgründer der zur Habyarimana-Partei MRNDD in Konkurrenz stehenden, anfangs mit der RPF kooperierenden Partei MDR unter Vorsitz von Faustin Twagiramungu. Nach der Ermordung des burundischen Staatschefs Ndadaye am 21. Oktober 1993 schloss er sich dem MDR-Flügel an, der die Zusammenarbeit mit der RPF aufkündigte und häufig als „MDR Power" bezeichnet wurde. Am 9. April 1994 entsandte ihn die Rest-MDR als Informationsminister in die Interimsregierung. Beim RPF-Sieg Mitte Juli 1994 floh er nach Zaïre. Am 16.12.1998 wurde vom Arusha-Gericht ein Haftbefehl gegen ihn erlassen; am 9. Februar 1999 wurde er in Kenia verhaftet und zum Arusha-Gericht überstellt. Er wurde von beiden Instanzen des Arusha-Gerichts zu lebenslanger Haft verurteilt, verbüßt seine Strafe seit Dezember 2008 in Mali.

1327 Vgl. Tz. 1571 des Kammerurteils.

1328 In einem abweichenden Votum hat Richter Tuzmukhamedov eine Strafreduzierung gefordert.

Anklage-Inhalt	Dem Prozess lag ursprünglich eine Anklageschrift der Chefanklägerin Carla Del Ponte vom 28.2.2001 zugrunde. Die Anklage warf ihm als Minister der Interimsregierung Völkermord, Verbrechen gegen die Menschlichkeit und Kriegsverbrechen vor allem in Zusammenhang mit den Massakern an den Tutsi vor, die sich in den Hügeln um Bisesero bzw. Muyira in der Präfektur Kibuye im Westen Ruandas verschanzt hatten.
Kammer-Verfahren	Nachdem ursprünglich ein zusammengefasstes Verfahren vorgesehen war, wurde Niyitegeka im Februar 2002 als Einzelverfahren der I. Kammer zugewiesen. **Kammer-Urteil am 16.5.2003** **Richter:** Navanethem Pillay (Vors.), Erik Møse und Andrésia Vaz; **Anklage:** Carla Del Ponte et al.; **Verteidiger:** Sylvia Geraghty und Feargal Kavanagh **Inhalt** Lebenslange Haftstrafe. Die Kammer hatte am 4.9.2002 in einer *Judicial Notice of Facts* autoritativ festgestellt, dass zwischen April und Juli 1994 Zivilpersonen wegen ihrer politischen und ethnischen Zugehörigkeit verfolgt worden seien und dass am 13. und 14. Mai 1994 ein umfassender Angriff (large-scale attack) gegen Tutsi-Flüchtlinge im Bisesero-Massiv oberhalb von Kibuye stattgefunden hätte. Aufgrund dieser „Faktenfeststellung“ wurde Niyitegeka wegen Völkermord, Völkermordplanung, Aufruf zum Völkermord, Mord und Vernichtung sowie anderer Verbrechen gegen die Menschlichkeit verurteilt.
Berufungs-Verfahren	**Berufungsgerichts-Urteil am 9.7.2004** **Richter:** Theodor Meron (Vors.), Mohamed Shahabuddeen, Florence Ndepele Mwachande Mumba, Wolfgang Schomburg und Inés Mónica Weinberg de Roca; **Anklage:** Hassan Jallow et al. ; **Verteidigung:** Sylvia Geraghty und Feargal Kavanagh **Inhalt** Vollumfängliche Bestätigung des Urteils der ersten Instanz und schroffe Ablehnung der Berufungsgründe. Alle Zweifel an den aus Kigali kommenden Zeugen wurden zurückgewiesen. Die Berufungskammer erklärte, sie weiche nur bei ganz besonders gravierenden juristischen Fehlern von Kammerurteilen ab. Dies sei hier nicht der Fall gewesen.[1329] **Ablehnung der Wiederaufnahme am 4.12.2012** Die III. Kammer des Arusha-Gericht hat am 28.11.2012 den Antrag von Niyitegeka, gegen einen anonymen Zeugen der Anklage wegen Falschaussage zu ermitteln, abgelehnt. Der Angeklagte habe nicht hinreichend klar machen können, dass der Zeuge gelogen habe. Das Gericht lehnte auch den Antrag ab, die Identität aller Zeugen der Anklage zum Zwecke der Ermittlungen im Ausland preiszugeben. Dazu müsste ein Antrag der ruandischen Regierung vorliegen.

1329 Vgl. Tz. 8 des Berufungsurteils.

Kurz-Bewertung	Wie in anderen Fällen beruht das Urteil auf unklaren Zeugenaussagen, die vom Gericht akzeptiert wurden. Beispiel in Tz. 66 des Kammerurteils in Zusammenhang mit Waffenverteilungen am 10. April 1994 in Gisovu: *The Chamber has taken into account all the above matters in assessing the witness's credibility. Although the witness's testimony on the 13 April and end May attacks does not accord with his prior written statement, the Chamber notes that the witness's testimony in court relating to these two events was clear. The Chamber recalls that sworn testimony before the Chamber has considerably more probative value than the witness's declarations in prior written statements.* Auch in Zusammenhang mit den Ereignissen am Bisesero-Hügel am 20. Mai 1994 vertraut das Gericht einem Zeugen, dessen Widersprüche nachgewiesen worden sind.[1330] Auch zu diesem harten Berufungsgerichts-Urteil hat Wolfgang Schomburg beigetragen.

57) Ildephonse Nizeyimana

Biographische Angaben	Ildephonse Nizeyimana wurde am 5.10.1963 in der Gemeinde Mutura/Präfektur Gisenyi geboren. 1994 war er Hauptmann in der Unteroffiziersschule ESO (École des Sous-Officiers) in Butare. Dort war er zwischen April und Mitte Mai 1994 als Stellvertreter des ebenfalls vom Arusha-Gericht verurteilten interimistischen ESO-Kommandeurs Tharcisse Muvunyi als sog. S2/S3-Offizier für Aufklärung und Planung (intelligence and military operations) zuständig. Ildephonse Nizeyimana wurde am 5. Oktober 2009 in Kampala verhaftet.[1331]
Anklage-Inhalt	Die Anklage beschuldigte Hauptmann Ildephonse Nizeyimana, ESO-Spezialeinheiten und Milizen befehligt zu haben, die für Massaker an der Universität Butare verantwortlich waren. Auch an der Sekundarschule Groupe Scolaire und im Benebikira Konvent[1332] sollen seine Leute für viele Tutsi-Tote und Vergewaltigungen verantwortlich sein. Auch für die Massaker in der Kirchengemeinde Cyahinda (Gemeinde Nyakizu) wird er verantwortlich gemacht. Ihm wird auch vorgeworfen, an der Ermordung der Königswitwe Rosalie Gicanda mitgewirkt zu haben.

1330 Siehe dazu Tz. 59 des Kammerurteils.

1331 Wahrscheinlich hat in diesem Fall jemand zumindest einen Teil der 5 Mio. $ kassieren können, die die USA für seine Ergreifung ausgesetzt hatten.

1332 Dieser Vorgang spielt auch im Prozess gegen Leutnant Ildephonse Hategekimana eine Rolle.

Kammer-Verfahren	**Kammer-Urteil 19.6.2012** **Richter:** Lee Gacuiga Muthoga (Vors.), Seon Ki Park und Robert Fremr; **Anklage:** Drew White et al.; **Verteidigung:** John Philpot et al. **Inhalt** Lebenslange Haftstrafe wegen Völkermord. Der Tod von Rosalie Gicanda, der Witwe von König Mutara III. Rudahigwa, und auch die Angriffe auf die Kirchengemeinde Cyahinda und andere in der Anklageschrift erwähnte Verbrechen gingen auf sein Konto. Seine Verantwortung für die Attacken gegen das Kloster des Frauenordens Benebikira hätte die Anklage allerdings nicht hinreichend beweisen können.
Berufungs-Verfahren	**Berufungsurteil am 29.9.2014** **Richter:** Theodor Meron (Vors.), William H. Sekule, Mehmet Güney, Liu Daqun und Arlette Ramaroson; **Anklage:** Jallow et al.; **Verteidigung:** John Philpot und Melissa Kanas **Inhalt** Reduzierung der lebenslangen Haft auf 35 Jahre. Aber die Beschuldigung, er habe von der bevorstehenden Ermordung der Königswitwe Rosalie Gicanda gewusst und sie folglich gebilligt, wurde beibehalten.
Kurz-Bewertung	Mit beiden Urteilen wollte man um jeden Preis einen Schuldigen für die Ermordung der Königswitwe Rosalie Gicanda, einer Tante des aktuellen Staatschefs Paul Kagame, finden. Offenbar wollte man so Kagame von dem Gerücht entlasten, er hätte sie 1994 retten können, habe aber nichts unternommen, um sich nach dem militärischen Sieg nicht mit Machtansprüchen ihres Clans auseinandersetzen zu müssen.

58) Sylvain Nsabimana

Biographische Angaben	Sylvain Nsabimana wurde am 29.7.1951 in der Gemeinde Mbazi/ Präfektur Butare geboren. Er erhielt seine Sekundarschulausbildung in der sog. *Groupe Scolaire* in Butare. Danach studierte er bis 1981 Agrarwissenschaften in der Sowjetunion. Nach Rückkehr wurde er Dozent an der Agrarfakultät der Universität Butare. Ende 1984 ging er für zwei Jahre zum Studium nach Kanada. Nach seiner Rückkehr nach Ruanda wurde er zum Mais-Experten an verschiedenen Projekten. 1988 folgte ein Studienaufenthalt in Dänemark. Ende 1990 wurde er zum Entwicklungsbeauftragen an der Unterpräfektur in Busoro in der Präfektur Butare berufen. Von 1993 bis April 1994 war er Direktor des nationalen Kaffeeprojekts in Kigali. 1991 war er der neuen vom langjährigen Agrarminister Frédéric Nzamurambaho gegründeten Sozialdemokratischen Partei PSD in der Präfektur Butare beigetreten. Nach seinem Wechsel nach Kigali war er PSD-Vorsitzender in der Präfektur Kigali-Stadt. Am 17. April 1994 wurde er von der Interimsregierung als Nachfolger von Jean-Baptiste Habyalimana zum Präfekten von Butare ernannt und am 19.4.1994 durch Interimspräsident Theodore Sindikubwabo und Interimsministerpräsident Jean Kambanda in sein Amt eingeführt. Schon am 17. Juni wurde Sylvain Nsabimana durch Alphonse Nteziryayo als Präfekt abgelöst. Nsabimana verließ beim Sieg der RPF das Land. Am 18. Juli 1997 wurde er in Kenia auf Antrag des Arusha-Gerichts verhaftet.
Anklage-Inhalt	Seine Amtseinführung durch Sindikubwabo sei das Startsignal für den Tutsi-Völkermord der Präfektur Butare gewesen und während seiner kurzen Zeit als Präfekt habe er für die in dieser Präfektur begangenen Verbrechen Vorgesetztenverantwortung getragen. Er habe vor allem nicht genug zur Bestrafung der ihm bekannten Verbrecher getan oder geschwiegen.[1333]
Kammer-Verfahren	**Kammer-Urteil am 24.6.2011 (Teil des Butare-Prozesses)** **Richter:** William H. Sekule (Vors.), Arlette Ramaroson, Solomy Balungi Bossa; **Anklage:** Jallow et al.; **Verteidigung:** Josette Kadji und Pierre Tientcheu Weledji **Inhalt** 25 Jahre Gefängnis.
Berufungs-Verfahren	Das Berufungsgerichts-Urteil soll erst 2015 gefällt werden.
Kurz-Bewertung	Das „Sekule-Kammer-Urteil“ ist wie alle Urteile im Rahmen des Butare-Prozesses als Ausdruck besonderer „Kagame-Freundlichkeit“ nicht haltbar.

1333 Als Beispiel wird auf Abschnitt 6.37 der Anklageschrift verwiesen.

59) Hormisdas Nsengimana

Biographische Angaben	Hormisdas Nsengimana wurde am 6. August 1954 in der Gemeinde Cyanika/Präfektur Gikongoro geboren. Er studierte an der Katholischen Hochschule in Nyakibanda und wurde Priester. 1994 war er Rektor der prestigereichen Sekundarschule Collège Christ-Roi in der früheren Königsstadt Nyanza in der Präfektur Butare. Nach seinem Freispruch konnte Hormisdas Nsengimana im März 2011 in eine Diözese im Norden Italiens ausreisen.
Anklage-Inhalt	Die Anklageschrift beschuldigt ihn des Völkermords, Mords und der Vergewaltigung. Für die Verbrechen werden mehr als 20 Einzelfälle aufgelistet.
Kammer-Verfahren	**Kammer-Urteil am 17.11.2009** **Richter:** Erik Møse (Vors.), Sergei Alekseevich Egorov und Florence Rita Arrey; **Anklage:** Wallace Kapaya et al.; **Verteidigung:** Emmanuel Altit, David Hooper **Inhalt** Der Priester Hormisdas Nsengimana wurde von allen Anklagepunkten freigesprochen.
Berufungs-Verfahren	**Berufungsgerichts-Urteil am 16.12.2012** **Richter:** Liu Daqun (Vors.), Mehmet Güney, Andrésia Vaz, Theodor Meron, Carmel Agius; **Anklage:** Jallow et al.; **Verteidigung:** Emmanuel Altit und David Hooper **Inhalt** Das Berufungsgericht sollte auf Antrag der Anklagebehörde die Zurückweisung der Kammer aufheben, das Verteidigerteam strafrechtlich wegen illegalen Einflussversuchs auf Zeugen der Anklage zu verfolgen. Der Antrag der Anklage wurde zurückgewiesen. Der Freispruch war damit endgültig rechtskräftig.
Kurz-Bewertung	Es ist ein erstaunliches Kammer-Urteil, wenn man bedenkt, welche Verbrechen sich die Anklage ausgedacht hatte, um dem internationalen Druck – vor allem aus den USA – zur Verantwortungszuweisung an die katholische Kirche für den Tutsi-Völkermord in Ruanda nachzukommen. Hier hat sich Richter Møse ein positives „Denkmal" gesetzt und bis zu einem gewissen Grade auch das Urteil gegen Athanase Seromba aus dem Jahr 2008 relativiert. Vielleicht wollte Møse kurz vor seinem Ausscheiden als Richter des Arusha-Gerichts noch den schlechten Eindruck relativieren, den sein lebenslängliches Urteil gegen den Präfekten Tharcisse Renzaho am 4.7.2009 hinterlassen hatte.

60) Anatole Nsengiyumva[1334]

Biographische Angaben	Anatole Nsengiyumva ist am 4.9.1950 in der Gemeinde Santinsyi/ Präfektur Gisenyi geboren. Von 19769–1971 absolvierte er die Offiziersschule (später Militärhochschule École *Supérieure Militaire*) in Kigali. Er wurde der Nationalen Polizei zugeordnet. 1972 war er einige Zeit zu einer Polizei-Fortbildung in Deutschland. Im Oktober 1988 wurde er zum Oberstleutnant befördert, nachdem er als Nachfolger des im April 1988 ermordeten Oberst Mayuya für zwei Monate Kommandeur des Militärcamps Kanombe und Chef des dort stationierten Fallschirmjägerbataillons gewesen war. Er wurde dann wieder militärischer Geheimdienstchef (G2-Offizier) im Generalstab der Armee und blieb es bis 1993. Danach übernahm er das Militärkommando im Sektor Gisenyi. Im Juni 1994 wurde er zum Verbindungsoffizier zur *Opération Turquoise* bestimmt und verließ Ruanda bei der militärischen Niederlage der Regierungsarmee am 17. Juli 1994. Nach einer Zeit im Flüchtlingslager in Mugunga in Ost-Zaïre gelangte er nach Kamerun, wo er am 27.3.1996 auf Antrag des Arusha-Gerichts verhaftet und am 23.1.1997 dorthin verbracht wurde. Seit seiner Freilassung am 14.12.2011 ist er in Arusha blockiert, weil er von keinem europäischen Land eine Einreisegenehmigung erhielt und somit nicht zu seiner in Frankreich lebenden Familie (sechs Kinder) reisen konnte.
Anklage-Inhalt	Nsengiyumva galt aufgrund seiner langjährigen Tätigkeit im Armee-Geheimdienst als ein besonders wichtiger „Völkermord-Planer“.
Kammer-Verfahren	**Kammer-Urteil am 18.12.2008 (im Rahmen von Militär I)**[1335] **Richter:** Erik Møse (Vors.), Jai Ram Reddy und Sergei Alekseevich Egorov; **Anklage:** Barbara Mulvaney et al.; **Verteidigung:** Kennedy Ogetto und Gershom Otachi Bw'Omanwa **Inhalt** Lebenslange Haftstrafe[1336] für Völkermord und andere der Armee zugeschriebene Verbrechen in der Präfektur Gisenyi.

1334 Auf die Darstellung des Verfahrens Militär I in Abschnitt 6.7.6 wird verwiesen.

1335 Ich bin auf Antrag von Nsengiyumvas Verteidigung 2005 als sachverständiger Zeuge (expert witness) angehört worden und habe zusammen mit seinem Verteidiger Kennedy Ogetto dem Gericht beweisen können, dass die von der Anklage als Beweise der Völkermordplanung vorgelegten Dokumente von Alison Des Forges und anderen bewusst falsch interpretiert worden sind. Siehe Strizek 2005 (Expertenbericht).

1336 In erster Instanz wurden auch Bagosora und Ntabakuze zu lebenslanger Haftstrafe verurteilt.

Berufungs-Verfahren	**Berufungsgerichts-Urteil 14.12.2011 (gegen Bagosora und Nsengiyumva)**[1337] **Richter:** Theodor Meron (Vors.), Patrick Robinson, Mehmet Güney, Fausto Pocar und Liu Daqun; **Anklage:** Jallow et al.; **Verteidigung:** Kennedy Ogetto und Gershom Otachi Bw'Omanwa **Inhalt** Reduzierung der Strafe auf 15 Jahre unter Anrechnung der in Haft verbrachten Zeit.[1338] Dadurch wurde er mit dem Tag der Urteilsverkündung auf freien Fuß gesetzt.
Kurz-Bewertung	Die Freilassung am 14.12.2011 war mehr als gerechtfertigt. Dass er noch immer in Arusha leben muss, ist ein Skandal.

61) Léonidas Nshogoza

Biographische Angaben	Léonidas Nshogoza wurde 1961 in der Gemeinde Muhanga, Präfektur Butare (heutige Südprovinz), geboren. Er schloss sein Jurastudium an der Universität Butare 1986 ab. Ende 2001 wurde er für das Verteidigungsermittlungsteam des Angeklagten Jean de Dieu Kamuhanda tätig. 2005 wurde er als Rechtsanwalt in Kigali zugelassen.
Anklage-Inhalt	Léonidas Nshogoza wurde vorgeworfen, den Zeugen der Anklage „GAA"[1339] und andere geschützte Zeugen widerrechtlich getroffen, ihre Identität preisgegeben und einige von ihnen zu Falschaussagen angestiftet zu haben. Nachdem er von dem Haftbefehl des Arusha-Gerichts erfahren hat, stellte er sich am 8.2.2008 freiwillig und wurde inhaftiert.

1337 Die Strafe für Bagosora wurde auf 35 Jahre reduziert. Das Berufungs-Verfahren gegen Ntabakuze war abgetrennt worden.

1338 Die Richter Meron und Robinson hatten für Freispruch plädiert.

1339 Siehe gesonderte Aufzeichnung.

Kammer-Verfahren	**Kammer-Urteil am 2.7.2009** **Richter:** Khalida Rachid Khan (Vors.), Lee Gacuiga Muthoga und Aydin Sefa Akay; **Anklage:** Richard Karegyesa[1340] et al.; **Verteidigung:** Allison Turner[1341] **Inhalt** Nshogoza wurde zu 10 Monaten Gefängnis verurteilt, weil er geschützte Zeugen sowohl der Anklage als auch der Verteidigung kontaktiert und deren Identität preisgegeben habe. Er wurde vom Vorwurf des Bestechungsversuchs gegenüber dem Zeugen „GAA" freigesprochen. Unter Anrechnung der 17 in Untersuchungshaft verbrachten Monate wurde er unmittelbar auf freien Fuß gesetzt. [1342]
Berufungs-Verfahren	**Berufungsgerichts-Urteil am 15.3.2010** **Richter:** Patrick Robinson (Vorsitz), Mehmet Güney, Fausto Pocar, Liu Daqun, Andrésia Vaz; **Anklage:** Hassan Bubacar Jallow, **Verteidigung:** Allison Turner **Inhalt** Nshogoza wollte einen kompletten Freispruch erreichen, aber das Berufungsgericht hat das ohnedies milde Urteil aus der ersten Instanz bestätigt.
Kurz-Bewertung	Das Gericht hatte ein Interesse daran festzustellen, dass der Angeklagte den Zeugen GAA nicht bestochen hat, weil dadurch dessen Widerruf seiner Aussage vor dem Berufungsgericht glaubwürdiger und das Kamuhanda-Urteil aus der Sicht des Gerichts unangreifbarer wurde.

1340 Karegyesa ist im Prozess gegen Onesphore Rwabukombe vor dem OLG Frankfurt/M. angehört worden und hat das Gericht belogen, es habe niemals Druck auf das Arusha-Gericht gegeben.

1341 Allison Turner hat 2005 an der Universität Montréal eine Dissertation zum Thema "Untying the Gordian Knot: Defining the Crime of Aggression" vorgelegt.

1342 Vgl. Tz. 74 des Kammerurteils.

62) Aloys Ntabakuze

Biographische Angaben	Aloys Ntabakuze ist am 20. August 1954 in der Gemeinde Karago/ Präfektur Gisenyi geboren. Er hat die ruandische Militärhochschule am 28.6.1978 abgeschlossen und tat danach in der ruandischen Armee in verschiedenen Funktionen Dienst. 1986 und 1988 war er zur Fortbildungslehrgängen auch in den USA, u.a. in Fort Leavenworth/Kansas, wo 1990 auch Paul Kagame war. 1991 wurde Ntabakuze zum Major befördert. Von 1988 bis zum Fall Kigalis am 4.7.1994 war er Kommandeur des Fallschirmjägerbataillons in Kanombe/Kigali, danach bei Beibehaltung des Kommandos des Fallschirmjägerbataillons Militärchef in Gitarama. Nach der endgültigen Niederlage der ruandischen Armee Mitte Juli 1994 verließ er Ruanda. Bis zu ihrer Auflösung blieb er im Dienst der ruandischen Exilarmee. Am 18. Juli 1997 wurde er in Nairobi verhaftet und danach an das Arusha-Gericht überstellt. Im Juli 2012 wurde er, zur Strafverbüßung nach Koulikoro/Mali verbracht.
Anklage-Inhalt	Die Anklage beschuldigte Major Ntabakuze, wie die Mitangeklagten im Verfahren Militär I (Kabiligi, Bagosora und Nsengiyumva), ein wichtiger Völkermordplaner gewesen zu sein.
Kammer-Verfahren	**Kammer-Urteil am 18.12.2008** (im Rahmen des Urteils Militär I) **Richter:** Eric Møse (Vors.), Jai Ram Reddy und Sergei Alekseevich Egorov; **Anklage:** Barbara Mulvaney et al.; **Verteidigung:** Peter Erlinder[1343] **Inhalt** Lebenslange Haft wegen Völkermord und Verbrechen gegen die Menschlichkeit. Das Gericht erklärte ihn verantwortlich für eine Reihe von Verbrechen in Kigali und Umgebung (vor allem am Nyanza Hügel, wo sich heute eine große Gedenkstätte für die Tutsi-Opfer befindet).[1344]

1343 Auszüge des von Peter Erlinder und Marc Nerenberg verfassten Schriftsatzes zum Abschluss des Verfahrens (Amended Final Trial Brief) vom 24.5.2007 ist als Faksimile in Appendix 3-1 abgedruckt in Erlinder 2013.

1344 Vgl. Tz.5 des Kammerurteils.

Berufungs-Verfahren	**Ablauf:** Hier ist besonders die Abtrennung des Ntabakuze-Falles aus dem Berufungs-Verfahren Militär I wichtig, weil sein Verteidiger Peter Erlinder sich wegen seiner Erlebnisse in einem ruandischen Gefängnis[1345] geweigert hat, nochmals in das als unsicher angesehene Arusha zu kommen. **Berufungsgerichts-Urteil am 8.5.2012** **Richter:** Theodor Meron (Vorsitz), Mehmet Güney, Fausto Pocar, Liu Daqun, Arlette Ramaroson; **Anklage:** Jallow et al.; **Verteidigung:** André Tremblay **Inhalt** Reduzierung der Haftstrafe von lebenslang auf 35 Jahre unter Anrechnung der 12 in Haft verbrachten Jahre. Das Berufungsgericht entlastete ihn vor allem von der Verantwortung für die Massaker in Kabeza. Die Richter Liu und Pocar hatten für Beibehaltung der lebenslangen Haftstrafe plädiert.
Kurz-Bewertung	Erstaunlich war, dass noch 2012 ein solches Berufungsurteil von Richter Meron et al. gefällt wurde, nachdem Anatole Nsengiyumva nach dem Berufungs-Verfahren am 14.12.2011 auf freien Fuß gesetzt worden war. Ntabakuze wurde wohl auch für die Weigerung Erlinders, zum Berufungsverfahren nach Arusha zu kommen, bestraft.

63) Ladislas Ntaganzwa

Biographische Angaben	Ladislas Ntaganzwa wurde 1962 in der Gemeinde Nyakizu/Präfektur Butare geboren. 1993 wurde er Bürgermeister seiner Heimatgemeinde. Diese Position behielt er bis zu seiner Flucht aus Ruanda im Juli 1994 bei. **Auf der Flucht**
Anklage-Inhalt	Übliche Beschuldigungen von MRND-Bürgermeistern.
Transferverfahren	**Beschluss der Sonderkammer (gem. Rule 11 bis) am 8.5.2012** **Richter:** Vagn Joensen (Vors.), Florence Rita Arrey und Seon Ki Park; **Anklage:** Jallow et al.; **Verteidigung:** Francis K. Stolla als amtl. bestellter Verteidiger **Inhalt** Die Kammer beschloss für den Fall seiner Verhaftung die Überstellung des Vorgangs nach Ruanda, weil sich dort die Verhältnisse gebessert hätten und ein ordentlicher Prozess möglich sei.

1345 Der inzwischen emeritierte amerikanische Juraprofessor Peter Erlinder war in Zusammenhang mit dem Versuch zur Verteidigung von Victoire Ingabire Umuhoza einige Zeit in Kigali im Gefängnis.

Berufungs-Verfahren	----
Kurz-Bewertung	Die behauptete Verbesserung der Umstände in Kigali für ein ordentliches Verfahren ist bis dato reine Propaganda.

64) André Ntagerura

Biographische Angaben	André Ntagerura wurde am 2.1.1950 in der Präfektur Cyangugu geboren. Er hat u.a. in Quebec/Kanada studiert. Er gehörte ab 1981 bis Juli 1994 allen ruandischen Kabinetten - zuletzt als Transportminister der Interimsregierung - an. Er wurde am 27.3.1996 in Kamerun auf der Basis eines internationalen Haftbefehls der Kigali-Regierung verhaftet. In der Folge stellte das Arusha-Gericht den Antrag, seinen Fall zu behandeln. Am 23.1.1997 wurde er nach Arusha transferiert. Nach seiner Freilassung fand sich trotz Intervention des UN-Generalssekretärs Ban Ki Moon kein Land zu seiner Aufnahme bereit.
Anklage-Inhalt	Wie alle angeklagten Mitglieder der Interimsregierung wurde auch er der Völkermordplanung beschuldigt. Ihm wurde als Transportminister der Interimsregierung zur Last gelegt, für den Transport der Hutu-Mördermilizen gesorgt zu haben.[1346]
Kammer-Verfahren	**Kammer-Urteil am 24.2.2004** (zusammen mit Emmanuel Bagambiki und Samuel Imanishimwe) **Richter:** Lloyd G. Williams (Vors.),Yakov Ostrovsky und Pavel Dolenc; **Anklage:** Karegyesa et al.; **Verteidigung:** Benoït Henry und Hamuli Rety **Inhalt** Freispruch für Ntagerura und Bagambiki. 27 Jahre für Samuel Imanishimwe.

1346 Im Verfahren gegen Ntagerura wurden der Deutsche Uwe Friesecke und der Amerikaner Wayne Madsen als Gutachter abgelehnt. Der Ruander Antoine Nyetera wurde als Gutachter abgelehnt, aber als Zeuge der Verteidigung angehört. (Vgl. Hirondelle News Agency, 9. und 11.7.2002)

Berufungs-Verfahren	**<u>Berufungsgerichts-Urteil am 7.7.2006</u>** Die Anklage hat gegen die Freisprüche von Ntagerura und Bagambiki, Imanishimwe gegen sein Kammer-Urteil Berufung beantragt. **<u>Richter</u>:** Fausto Pocar (Vors.), Mehmet Güney, Andrésia Vaz, Theodor Meron und Wolfgang Schomburg; **<u>Anklage</u>:** Jallow et al.; **<u>Verteidigung</u>:** Benoït Henry und Hamuli Rety **<u>Inhalt</u>** Bestätigung des Freispruchs für Ntagerura und Bagambiki; Reduzierung der Haftstrafe für Samuel Imanishimwe auf 12 Jahre.
Kurz-Bewertung	Selbst die zur Kigali-Sicht neigende Fachwelt hat die Freisprüche für Ntagerura und Bagambiki nicht beanstandet, was aber Kigali nicht an zornigen Reaktionen gehindert hat. Der wirkliche Skandal liegt darin, dass Ntagerura – wie eine Reihe anderer freigesprochener Personen und sich in Arusha auf freiem Fuß befindlicher ehemaliger Angeklagter – alle westlichen Länder eine Aufenthaltsgenehmigung verweigert haben und er auch noch zum Zeitpunkt des Manuskriptabschlusses Ende 2014 in einem vom Gericht angemieteten *safe house* in Arusha leben muss.

65) Arsène Shalom Ntahobali[1347]

Biographische Angaben	Arsène Shalom Ntahobali[1348] ist 1970 während eines Aufenthalts seiner Mutter, der späteren Familienministerin und ebenfalls in Arusha angeklagten Pauline Nyiramasuhuko, in Israel geboren. Im April 1994 war er Student der Sozialwissenschaften und lt. Urteilstext *„part-time manager of Hotel Ihuliro“* in Butare. Anfang 1993 hat er Béatrice Munyenyezi geheiratet. Er verließ Ruanda mit seiner Familie[1349] im Juli 1994 und wurde am 27. Juli 1997 in Nairobi verhaftet.
Anklage-Inhalt	In dem sog. Butare-Prozess wurden 6 Verfahren gegen Angeklagte zusammengefasst, die aus der Präfektur Butare stammen. In der Anklageschrift erscheint bei Arsène Shalom Ntahobali - wie auch bei seiner Mutter - der Punkt Vergewaltigung an vorderster Stelle.
Kammer-Verfahren	**Kammer-Urteil am 24.6.2011 (Urteil Butare-Prozess)** **Richter:** William H. Sekule (Vors.), Arlette Ramaroson und Solomy Balungi Bossa; **Anklage:** Jallow et al.; **Verteidigung:** Normand Marquis und Mylène Dimitri **Inhalt** Lebenslange Haft. Ganz besonders wird ihm der Tod von 40 Tutsi am 21.4.1994 in Butare angelastet. Auch für die Morde in Zusammenhang mit den Straßensperren vor dem Hotel Ihuliro wurde er verurteilt. Dort soll er auch persönlich vergewaltigt haben. Das Gericht kritisierte die Anklage, sie habe Vergewaltigung nicht korrekt als Genozid behandelt.
Berufungs-Verfahren	Berufungsurteile im Butare-Prozess werden erst 2015 erwartet.

1347 Zum Butare-Verfahren in dem Pauline Nyiramasuhuko, ihr Sohn Arsène Shalom Ntahobali, Sylvain Nsabimana, Alphonse Nteziryayo, Joseph Kanyabashi und Élie Ndayambaje angeklagt waren, wird auf Abschnitt 6.7.9 verwiesen.

1348 Irrtümlicherweise war anfangs als Verwechslung Esdras Twagirimana an seiner Stelle verhaftet worden, aber später vom Arusha-Gericht freigelassen worden. Vgl. hierzu Philpot 2013, S. 187 und Kambanda 2012, S. 321. Über den Fall berichtet auch Calvo-Goller 2005, S. 37. Esdras Twagirimana wurde von der kanadischen Anwältin Tiphaine Dickson verteidigt, die 2014 das Vorwort für Collins 2014 geschrieben hat.

1349 Das Ehepaar hatte zu diesem Zeitpunkt ein Kind und seine Frau war schwanger. Béatrice Munyenyezi konnte in die USA einreisen, erhielt dort Asyl und erlangte die US-Staatsbürgerschaft. Am16.7.2013 wurde sie jedoch zu 10 Jahren Gefängnis verurteilt, weil sie angeblich bei der Einreise in die USA verschwiegen hatte, dass sie als Frau von Arsène Shalom Ntahobali in den Tutsi-Völkermord verstrickt gewesen sei. Über ihren Auslieferungsantrag aus Kigali ist noch nicht entschieden.

Kurz-Bewertung	Im Butare-Kammer-Urteil wurde Richter Sekule seinem Ruf als „RPF-Freund" in ganz besonderem Maße gerecht. Allen ins Bild passenden Zeuginnen und Zeugen aus Kigali hat die Kammer Glauben geschenkt. Im Fall Ntahobali gewinnt man den Eindruck, als habe er sich ab April 1994 nur mit Vergewaltigungen befasst. In diesem Zusammenhang ging der Fall der „Witness TA-Lach-Affäre" in die Gerichtsannalen ein.[1350]

66) Elizaphan Ntakirutimana

Biographische Angaben	Elizaphan Ntakirutimana wurde 1924 in der Gemeinde Gishyita/Präfektur Kibuye geboren und ist am 22.1.2007 kurz nach der Entlassung aus dem Gefängnis in Arusha gestorben. Im Jahr 1994 war er Pastor und Präsident der West-Ruanda Vereinigung der Adventisten-Kirche des 7. Tags mit Sitz im Mugonero-Kirchen-Zentrum in der Gemeinde Gishyita/Präfektur Kibuye. Nach dem RPF-Sieg ging Elizaphan Ntakirutimana zusammen mit seinem Sohn Gérard, der ab 1993 als Arzt am Krankenhaus des Mugonero Komplexes gearbeitet hatte, zu einem anderen Sohn Eliel (als als Arzt tätig) nach Laredo/Texas. Dort wurden Elizaphan und Gérard Ntakirutimana 1996 auf Veranlassung der US-Regierung verhaftet und nach einer Genehmigung durch den Supreme Court im Jahr 2000 an das Arusha-Gericht überstellt. Vater und Sohn wurde gemeinsam der Prozess gemacht.[1351]
Anklage-Inhalt	Vater und Sohn Ntakirutimana wurden zum einen wegen der Vorgänge im Mugonero-Komplex[1352] und zum anderen wegen der Vorgänge am Bisesero-Hügel verklagt. Man hat Pastor Ntakirutimana u.a. vorgeworfen, Mörderbanden in sein Kirchenzentrum gerufen zu haben, in das sich Hunderte Tutsi geflüchtet hatten. Man hat ihm auch vorgeworfen, auf einen Hilfebrief von Tutsi-Pastoren nicht angemessen reagiert und somit ihren Tod zumindest billigend in Kauf genommen zu haben.

1350 Dabei sollen die Richter den Verteidiger Normand Marquis ausgelacht haben, als er Details über die von einer Zeugin behauptete Vergewaltigung hinterfragt hat. Die Richterin Pillay hat dieses Lachen, das in Kigali von *Ibuka* und *AVEGA* als Verhöhnung der Zeugin ausgelegt wurde, in einer Presseerklärung vom 14.12.2001, nach Ansicht von Peskin wenig überzeugend, zu rechtfertigen versucht. (Vgl. Peskin 2008, S. 198/199).

1351 Siehe auch die gesonderte Aufzeichnung zu Gérard Ntakirutimana.

1352 In diesem Zusammenhang wurde auch der noch immer flüchtige Charles Sikubwabo angeklagt. (Siehe zu Sikubwabo die gesonderte Aufzeichnung).

Kammer-Verfahren	**Kammer-Urteil am 21.2.2003** (zusammen mit seinem Sohn Gérard) **Richter:** Erik Møse (Vors.), Navanethem Pillay und Andrésia Vaz; **Anklage:** Charles Adeogun-Phillips et al.; **Verteidigung:** Ramsey Clark[1353] und David Jacobs **Inhalt** Auf der Basis von Zeugenaussagen Verurteilung zu 10 Jahren Gefängnis wegen Völkermord.[1354]
Berufungs-Verfahren	**Berufungsgerichts-Urteil am 13.12.2004** (zusammen mit seinem Sohn Gérard) **Richter:** Theodor Meron (Vors.), Florence Mumba, Mehmet Güney, Wolfgang Schomburg und Inés Mónica Weinberg de Roca; **Anklage:** James Stewart et al.; **Verteidigung:** David Jacobs, David Paciocco[1355] und Ramsey Clark **Inhalt** Bestätigung der 10-jährigen Haftstrafe unter Anrechnung der in Haft verbrachten Zeit. So konnte er am 6.12.2006 aus dem Gefängnis entlassen werden. Kurz danach ist er am 22.1.2007 in Arusha gestorben.

1353 Ramsey Clark, Jg. 1927, war 1967–1969 US-Justizminister. Ich habe ihn 2009 bei der der Konferenz der Arusha-Anwälte in Den Haag kurz kennengelernt.

1354 Vgl. die Tz. 42 bis 44 Urteils-Summary von Richter Møse, wobei die Formulierung in Tz. 44 *The evidence does not reveal that Elizaphan Ntakirutimana killed anyone. Rather the Prosecution witnesses described him as transporting attackers in his vehicle, or as pointing out to attackers the whereabouts of Tutsi refugees* bezeichnend ist.

1355 Paciocco hat 2004 einen interessanten Aufsatz über die Schwierigkeiten der Verteidigung am Arusha- Gericht veröffentlicht (Paciocco 2004).

Kurz-Bewertung	Die Urteile gegen Vater und Sohn Ntakirutimana geben die Verurteilungspraxis des Gerichts 2003/2004 wieder, als man noch völlig überzeugt war, dass die offizielle Lesart unumstößlich war und man sich nach dem Fall Barayagwiza nicht noch einmal mit dem Regime in Kigali anlegen wollte. Das gilt sowohl für Richter Møse als auch für Theodor Meron. Glaubwürdig sind die Zeugen der Anklage nicht. Nancy A. Combs erwähnt z.B., dass der Zeuge OO drei verschiedene Versionen seiner Aussage geliefert habe.[1356] Der 78-jährige Pastor müsste voll krimineller Energie gesteckt haben. Und es ist überhaupt nicht einsehbar, dass man, nachdem man viele Anklagepunkte für unglaubwürdig erklärt hatte, gerade denjenigen Glauben schenkt, die ins Konzept passten. Schon die mündliche Urteilszusammenfassung von Richter Møse vom 21.2.2003 zeigt, auf welch unsicherem Grund man sich befand. Hätten die Richter aber einen Freispruch gefällt, wäre wieder ein Sturm der Entrüstung über sie hereingebrochen. Der Fall Elizaphan Ntakirutimana wurde auch deshalb geschichtsmächtig, weil in dem eingangs erwähnten Brief einer Gruppe von Tutsi-Pastoren seiner Kirche an ihn des Satz vorkommt: *We wish to inform you that we have heard that tomorrow we shall die with our families. We therefore request you to intervene on our behalf and talk with the Mayor.* Elizaphan Ntakirutimana hat diesen Brief dem Publizisten Philipp Gourevitch in Loredo/Texas gezeigt. In entstellender verkürzter Form hat Gourevitch diesen Satz zum Titel seines Weltbestsellers *We Wish to Inform You That Tomorrow We Will Be Killed With Our Families*[1357] verwandt und den alten Pastor als einen Tutsi-Hasser porträtiert. Wenn er das gewesen wäre, warum hätten sich die Tutsi-Pastoren vertrauensvoll an ihn gewandt? So konnte die Unterschlagung des wichtigen zweiten Satzteils zur ungerechtfertigten Verurteilung von Elizaphan Ntakirutimana wegen Komplizenschaft mit den Tutsi-Mördern beitragen.

1356 Combs 2010, S. 118.
1357 Gourevitch 1998.

67) Gérard Ntakirutimana

Biographische Angaben	Gérard Ntakirutimana wurde 1958 in der Gemeinde Gishyita in der Präfektur Kibuye als Sohn des Pastors der protestantischen Adventisten-Kirche des 7. Tages, Elizaphan Ntakirutimana, geboren. Er schloss ein Medizinstudium an der Universität Butare ab und blieb bis 1990 dort beschäftigt. Danach ging er zu einer Fortbildung in die USA. Von Laredo/ Texas aus, wo sein Bruder Eliel noch immer als Arzt praktiziert, kehrte er im März 1993 nach Ruanda zurück. Wegen der angespannten politischen Lage im ruandischen Konflikt ging er nicht wieder an die Universität Butare, sondern begann im Krankenhaus des väterlichen Kirchen-Komplexes Mugonero zu arbeiten. Nach dem Sieg der RPF ging er zusammen mit seinem Vater zu seinem Bruder nach Laredo/Texas. Dort wurden Elizaphan und Gérard Ntakirutimana 1996 verhaftet und im Jahr 2000 nach Genehmigung durch den Supreme Court nach Arusha überstellt. Am 27.6.2009 wurde Gerard Ntakirutimana zur Verbüßung seiner Strafe nach Benin verbracht. Am 29.4.2014 wurde er nach Verbüßung von 2/3 seiner Strafe per Entscheidung des Präsidenten des Residual-Mechanismus, Richter Theodor Meron, vorzeitig aus der Haft entlassen[1358], ist aber noch immer in Arusha blockiert, weil ihm die Reise zu seinem Bruder in die USA verweigert wird.
Anklage-Inhalt	Die Anklagen gegen Vater und Sohn Ntakirutimana waren identisch.
Kammer-Verfahren	**Kammer-Urteil am 21.2.2003 (zusammen mit seinem Vater Elizaphan)** **Richter:** Erik Møse (Vors.), Navanethem Pillay und Andrésia Vaz; **Anklage:** Charles Adeogun-Phillips et al.; **Verteidigung:** Ramsey Clark und David Jacobs **Inhalt** 25 Jahre Gefängnis wegen Völkermord und Mord.
Berufungs-Verfahren	**Berufungsgerichts-Urteil 13.12.2004 (zusammen mit seinem Vater Elizaphan)** **Richter:** Theodor Meron (Vors.), Florence Mumba, Mehmet Güney, Wolfgang Schomburg und Inés Mónica Weinberg de Roca; **Anklage:** James Stewart et al.; **Verteidigung:** David Jacobs, David Paciocco und Ramsey Clark **Inhalt** Bestätigung der 25 Jahre Gefängnis des Kammerurteils. Die Kammer habe die Zeugen der Anklage zu Recht für glaubwürdig gehalten.

1358 Nach Agence Hirondelle, 29.4.2014.

Kurz-Bewertung	Für den Verurteilten Gérard Ntakirutimana gilt die gleiche Bewertung wie für die Bewertung der Verurteilung seines Vaters. Obwohl niemand im Lebenslauf der beiden Angeklagten auch nur den geringsten Hinweis auf rassistische Gesinnung und Aktionen nachweisen konnte, hat man unglaubwürdigen Zeugen Glauben geschenkt. Es ist – auch vor dem Hintergrund, dass der Supreme Court der USA die beiden zur Verurteilung in Arusha „freigegeben" hatte – ein politisch motiviertes Urteil.

68) Dominique Ntawukulilyayo

Biographische Angaben	Dominique Ntawukulilyayo, Jg. 1942, wurde in der Gemeinde Mubuga/Präfektur Gikongoro geboren. Sein Berufsweg beginnt 1963 als Lehrer. 1966 wurde er Schulinspektor. 1967–1971 war er gewählter Bürgermeister von Mubuga. 1973 wurde er nach dem Habyarimana-Militärputsch wieder zum Bürgermeister von Mubuga ernannt. Zwischen 1982 und 1988 war er für die Präfektur Gikongoro Abgeordneter im damaligen Staatspartei-Parlament *Conseil National de Développement*. Vom 21.9.1990 bis zu seiner Flucht aus Ruanda im Juli 1994 war er Unterpräfekt der Unterpräfektur Gisagara/ Präfektur Butare. Er wurde am 17.10.2007 in Frankreich verhaftet und am 5.6.2008 an das Arusha-Gericht überstellt. Zur Verbüßung seiner Strafe wurde er am 3.7.2012 nach Mali gebracht.
Anklage-Inhalt	Dominique Ntawukulilyayo wurde vor allem eine Mitwirkung an den Massakern auf dem Markt von Gisagara und am Hügel Kabuye zwischen dem 20. und 25. April 1994 vorgeworfen. Die Massaker wurden von der Anklage als Ausführung der Anweisungen aus der Rede des Interimspräsidenten Sindikubwabo bei seinem Besuch in Gisagara am 20.4.1994 angesehen.
Kammer-Verfahren	**Kammer-Urteil am 3.8.2010** **Richter:** Khalida Rachid Khan (Vorsitzende), Lee Gacuiga Muthoga und Aydin Sefa Akay; **Anklage:** Charles Adeogun-Phillips et al.; **Verteidigung:** Maroufa Diabira und Dorothée Le Fraper du Hellen **Inhalt** 25 Jahre Gefängnis vornehmlich wegen seiner mutmaßlichen Involvierung in die Massaker gegen die auf den Kabuye-Hügel geflohenen Tutsi.
Berufungs-Verfahren	**Berufungsgerichts-Urteil am 14.12. 2011** **Richter:** Carmel Agius (Vors.), Mehmet Güney, Liu Daqun, Arlette Ramaroson und Andrésia Vaz; **Anklage:** Jallow et al.; **Verteidigung:** Maroufa Diabira und Dorothée Le Fraper du Hellen **Inhalt** Reduzierung der Strafe von 25 auf 20 Jahre.

Kurz-Bewertung	Liest man die Milderungsgründe in Tz.474 des Kammerurteils (incl. der Erwähnung der positiven Aussagen von Madeleine Raffin[1359]), wird deutlich, dass die Kammer ihn nur mit schlechtem Gewissen verurteilt hat. Dafür spricht auch das abweichende Votum des türkischen Richters Akay, der erklärte, er sei *unable to agree* mit einer Reihe den Schlussfolgerungen der Mehrheit. Insbesondere sei er *unable to resolve inconsistencies among the Prosecution witnesses' testimonies.* Mehrheitlich wollten aber beide Kammern um jeden Preis einen Freispruch in einem Verfahren vermeiden, bei dem es um Kirchenmassaker ging. Fazit: ein politisches Urteil.

69) Alphonse Nteziryayo[1360]

Biographische Angaben	Alphonse Nteziryayo wurde am 27. August 1947 in der Gemeinde Kibayi/Präfektur Butare geboren. Er wurde 1973 Berufsoffizier und gehörte lange der Gendarmerie an. Am 26.10.1990 wurde er Kommandeur des Militärcamps in Ngoma (Butare), später Militärchef in Kibuye. Ab September 1991 bis zu seiner Ernennung zum Präfekten von Butare durch die Interimsregierung – als Nachfolger von Sylvain Nsabimana – am 17. Juni 1994 war er im Innenministerium im Rang eines Oberstleutnants für die Kommunalpolizei zuständig. Am 3. Juli 1994 verließ er Butare und floh nach Süden. Nteziryayo wurde auf der Grundlage eines Haftbefehls des Arusha-Gerichts am 24.4.1998 in Burkina Faso verhaftet und am 21.5.1998 nach Arusha überstellt.
Anklageinhalt	Als Präfekt mit militärischem Hintergrund wurden Nteziryayo alle dem Militär und den Gemeindepolizisten nach dem 6. April 1994 angelasteten Verbrechen gegen die Tutsi-Bevölkerung zugeschrieben.
Kammer-Verfahren	**Kammer-Urteil am 24. Juni 2011 (im Rahmen des Butare-Prozesses)** **Richter:** William H. Sekule (Vors.), Arlette Ramaroson und Solomy Balungi Bossa; **Anklage:** Jallow et al.; **Verteidigung:** Titinga Frederick Pacere und Gershom Otachi Bw'Omanwa **Inhalt** Oberstleutnant Alphonse Nteziryayo wurde wegen *direct and public incitement to commit genocide* zu 30 Jahren Haft verurteilt. Er soll in einer Rede die Tutsi als Läuse bezeichnet haben, deren Eier man vernichten müsse. Man könne ihm allerdings kein Verhalten nachweisen, das direkt zu Massakern geführt habe.

1359 Madeleine Raffin hat 2012 ihre Erlebnisse nach dreißigjähriger Tätigkeit in Ruanda veröffentlicht. (Raffin 2012) Auf S. 175 schreibt sie, *„rien de ce dont on l'accusait n'a pu être prouvé"*. Auf S. 180 findet sich eine positive Charakterisierung von Dominique Ntawukulilyayo.

1360 Zum Butare-Verfahren wird auf Abschnitt 6.7.9. verwiesen.

Berufungs-Verfahren	Urteile des Berufungsgerichts im Butare-Prozess werden erst 2015 erwartet.
Kurz-Bewertung	Wie alle „Sekule-Kammer-Urteile" im Butare-Prozess: RPF-hörig und völlig unglaubwürdig.

70) Aloys Ntiwiragabo

Biographische Angaben	Oberst Aloys Ntiwiragabo ist ein ruandischer Berufsoffizier, der 1993 Nachfolger von Anatole Nsengiyumva als Chef der Aufklärungsabteilung (G2) im Generalstab wurde.[1361] Zwischen dem 4. und dem 9.4.1994 war er zusammen mit dem Verteidigungsminister Augustin Bizimana bei einer Dienstreise in Kamerun und konnte somit nicht für Taten in Ruanda in diesem Zeitraum verantwortlich gemacht werden. Am 12.4.1994 gehört er zu den Unterzeichnern einer Erklärung der Armeeführung, in der ein einseitiger Waffenstillstand der Armee zur Bekämpfung der Massaker angeboten wurde.[1362] Danach versah er seine Funktion im Generalstab gleichsam am Schreibtisch und hatte keine militärischen Befehlsfunktionen und somit auch keine Vorgesetztenverantwortung. Er verließ mit der Armee Ruanda und floh bei der Vertreibung der Flüchtlinge aus den Lagern in Ost-Zaïre nach Westen. 1997 verfasste er in Nairobi seine Stellungnahmen zur Ermordung der Premierministerin und zur Ermordung der 10 belgischen Blauhelmsoldaten am 7.4.1994.[1363] 2000 gehörte er in Lubumbashi zu den FDLR-Gründern.[1364] Nach den verfügbaren Informationen verließ er die RD Kongo nach der Ermordung von Laurent Kabila Anfang 2001. Aus seinem Versteck hat er sich 2010 mit einer ausführlichen Stellungnahme zum Mutsinzi-Bericht zu Wort gemeldet[1365]. Vom Arusha-Gericht wird er seit 2006 nicht mehr gesucht. Er steht aber noch auf Suchlisten der Kigali-Regierung.

1361 Die biographischen Informationen stammen teilweise aus einem nicht namentlich gezeichneten Artikel im Internet unter: *http://www.editions-sources-du-nil.com/article-la-delation-armestrategique-diffamatoire-du-regime-rwandais-122241848.html,* weil in dem 1997 von Richter Laïty Kama bestätigten Haftbefehl zu Geburtsort und Geburtsdatum keine Angaben vorhanden sind.

1362 Dazu kam es nicht, weil die RPF jegliche Verhandlungen dazu abgelehnt hat.

1363 Im Internet sind zu finden: a) *Investigations sur l'assassinat du Premier Ministre Madame Agathe Uwilingiyimana le 7 avril* 1994, Nairobi, 14.5.1997 und b) *Témoignage sur l'assassinat des 10 casques bleus belges au Camp Kigali le 07 avril 1994*, Nairobi, 20.5.1997.

1364 Bei seiner Erklärung vor dem Stuttgarter OLG bezeichnete ihn der Angeklagte Straton Musoni als zeitweiligen militärischen Vorsitzenden der FDLR.

1365 Auch im Internet verfügbar: *Démenti du rapport Mutsinzi sur l'Attentat du 6 avril 1994* vom 30.3.2010, 65 S. (ohne Ort).

Anklageinhalt	Belgien hat 1994 in Zusammenhang mit dem Tod der 10 belgischen Blauhelme einen Haftbefehl beantragt, ihn aber wieder aufgehoben. Als Einzelrichter genehmigte Richter Laïty Kama 22.7.1997 den Verhaftungsantrag der Anklage. Es kam nicht zu seiner Verhaftung und seither taucht sein Name in den Unterlagen des Gerichts nur gelegentlich auf. Eine Anklageschrift wurde nie erstellt.
Kammer-Verfahren	----
Berufungs-Verfahren	----
Kurz-Bewertung	Dass er nicht mehr auf der Liste der gesuchten Personen erscheint, ist erstaunlich. Man kann vermuten, dass ein Prozess gegen ihn inopportun erschien, da er zu viel Hintergrundwissen hätte preisgegeben können.

71) Bernard Ntuyahaga

Biographische Angaben	Bernard Ntuyahaga wurde 1952 in der Gemeinde Mabanza/Präfektur Kibuye geboren. Er wurde Berufsoffizier. Am 6.4.1994 war er als Major im Generalstab der ruandischen Armee in Kigali beschäftigt. Beim militärischen Sieg der RPF verließ er das Land. 1998 stellte er sich dem Arusha-Gericht freiwillig.
Anklageinhalt	Ihm wurde vorgeworfen, am Tod der 10 belgischen Blauhelmsoldaten am 7. April 1994 beteiligt gewesen zu sein.
Kammer-Verfahren	**Entscheidung der 1. Instanz am 18.3.1999** **Richter:** Navanethem Pillay (Vors.); Lennart Aspegren und Laïty Kama; **Anklage:** Mohamed Othman; **Verteidigung:** Georges Komlavi Amegadjie **Inhalt** Auf Antrag der Anklage wurde die Anklage vom Arusha-Gericht zurückgezogen und Ntuyahaga auf freien Fuß gesetzt. Die ihm zur Last gelegten Verbrechen beträfen nicht die Gerichtsbarkeit des Arusha-Gerichts, sondern den belgischen Staat. **Weiteres Schicksal** Auf Antrag aus Kigali wurde er von der tansanischen Regierung verhaftet, aber nach einem langen Verfahren nicht ausgeliefert. Er ist freiwillig nach Belgien geflogen, um sich dort einem Verfahren zu stellen. Bernard Ntuyahaga wurde in Brüssel vor dem Schwurgericht angeklagt und am 4.7.2007 für den Tod von 10 belgischen Blauhelmsoldaten am 7.4.1994 zu 20 Jahren Gefängnis verurteilt. (Vgl. Abschnitt 7.2.1).

Berufungs-Verfahren	----
Kurz-Bewertung	Nach meinem Eindruck[1366] konnte ein belgisches Schwurgericht den Fall nicht angemessen verhandeln. Die Geschworenen konnten die Vorgänge nicht verstehen und als Belgier nicht unparteiisch sein. Um die Ungereimtheiten der belgischen Haltung zum Habyarimana-Attentat zu vertuschen, musste ein Schuldiger für den Tod der belgischen Blauhelme gefunden werden. Ganz besonders unklar ist für mich der seltsame Tod von Oberst Nubaha, der den Fall hätte erläutern können. Der Ntuyahaga-Rechtsanwalt Luc de Temmerman hatte ihn im Kongo-Urwald ausfindig gemacht und auf eigene Kosten nach Brüssel geholt, wo Nubaha einige Tage später im Krankenhaus gestorben ist.

72) Pauline Nyiramasuhuko[1367]

Biographische Angaben	Pauline Nyiramasuhuko wurde 1946 in Ndora/Präfektur Butare geboren. Dort verbrachte sie ihre Jugend und blieb Butare auch danach politisch und privat verbunden. Nach dem Abschluss der Sekundarschule arbeitete sie als Sozialarbeiterin im Sozialministerium in Kigali. 1968 heiratete sie Maurice Ntahobali, der später Präsident der ruandischen Nationalversammlung und Bildungsminister wurde. In späteren Jahren machte sie einen Universitätsabschluss in Rechtswissenschaften. Sie ist Mutter von vier Kindern. Nyiramasuhuko (Mitglied der Partei MRNDD) wurde 1992 als Ministerin für Familien- und Frauenangelegenheiten in die Regierung Nsengiyaremye (MDR) berufen und gehörte in dieser Funktion auch dem Kabinett der am 7.4.1994 ermordeten Ministerpräsidentin Agathe Uwilingiyimana (MDR) an. Pauline Nyiramasuhuko wurde am 9.4.1994 Familienministerin in der Interimsregierung und machte alle Fluchtstationen dieser Regierung mit. Nach der Niederlage der ruandischen Armee Mitte Juli 1994 verließ sie mit ihrer Familie Ruanda. Sie wurde am 18.7.1997 in Nairobi verhaftet. Pauline Nyiramasuhuko wurde zusammen mit ihrem Sohn Arsène Shalom Ntahobali im Rahmen des Butare-Prozesses[1368] angeklagt.

1366 Auf Antrag von Luc de Temmerman, dem belgischen Verteidiger von Bernard Ntuyahaga, bin ich in diesem Prozess am 10.5.2007 als *témoin de circonstance* zur Rolle der „blancs menteurs“ angehört worden.

1367 Zum Butare-Verfahren wird auf Abschnitt 6.7.9 verwiesen.

1368 Im Butare-Prozess waren neben Pauline Nyiramasuhuko und ihrem Sohn Arsène Shalom Ntahobali Sylvain Nsabimana, Alphonse Nteziryayo, Joseph Kanyabashi und Élie Ndayambaje angeklagt.

Anklageinhalt	Die Anklagebehörde sah in Pauline Nyiramasuhuko eine der geistigen Urheberinnen des Tutsi-Völkermords und wurde aller möglichen Verbrechen in diesem Zusammenhang beschuldigt. Ihre Mitgliedschaft in der Interimsregierung wird als Völkermordplanung gewertet.
Kammer-Verfahren	**Kammer-Urteil am 24.6.2011 (Butare-Prozess)** **Richter:** William H. Sekule (Vors.), Arlette Ramaroson und Solomy Balungi Bossa; **Anklage:** Jallow et al.; **Verteidigung:** Nicole Bergevin und Guy Poupart. **Inhalt** Lebenslange Haft. Sie wurde wegen Völkermordplanung und auch wegen Anstiftung zur Vergewaltigung verurteilt.[1369]
Berufungs-Verfahren	Die Urteile im Berufungs-Verfahren des Butare-Prozess sollen erst im Jahr 2015 gefällt werden.
Kurz-Bewertung	Unseriös, wie alle Kammer-Urteile im Butare-Prozess unter Leitung von Richter Sekule.

73) Joseph Nzabirinda

Biographische Angaben	Joseph Nzabirinda wurde 1957 im Sektor Sahera der Gemeinde Ngoma/Präfektur Butare geboren. Er war 1994 Angestellter der Gemeinde Ngoma und war für die Jugendarbeit in seinem Heimatsektor (*encadreur de la jeunesse*) zuständig.
Anklageinhalt	Nzabirinda wurde Teilnahme an der Tutsi-Vernichtung in seiner Gemeinde incl. Vergewaltigungen vorgeworfen.
Kammer-Verfahren	**Kammer-Urteil am 23.2.2007** Nzabirinda hat mit dem Gericht am 12.12.2006 eine Schuldanerkennungsvereinbarung wegen Beihilfe und Unterlassung getroffen und sich am 14.12.2006 vor dem Gericht für schuldig im Sinne der Anklage erklärt.[1370] **Richter:** Arlette Ramaroson (Vors.), William H. Sekule und Solomy B. Bossa; **Anklage:** William Egbe et al.; **Verteidigung:** François Roux et al.

1369 Wie grotesk sich die Erörterung der Vergewaltigungsvorwürfe im Kammerurteil liest, wurde schon bei der allgemeinen Behandlung der Vergewaltigungsfrage in Abschnitt 6.6.14 geschildert.

1370 Tz. 9 des Urteils: „*On 14 December 2006, on his further appearance, Joseph Nzabirinda pleaded guilty to aiding and abetting murder, a crime against humanity, as accomplice by omission in the preparation of the commission of the crime.*"

	Inhalt Auf der Basis des Schuldanerkenntnisses ohne weiteren Prozess: 7 Jahre Gefängnis unter Anrechnung der 6 in Haft verbrachten Jahre. Nzabirinda hatte eingestanden, an Treffen teilgenommen zu haben, bei denen Verbrechen vorbereitet worden sind. Er sei ein „billigender Zuschauer" gewesen.[1371] Nach Strafverbüßung wurde er auf freien Fuß gesetzt, aber vom Gericht gezwungen mit einer kleinen finanziellen Unterstützung in einem - unbekannten - ostafrikanischen Land in der Nähe des Gerichts zu leben. Er durfte nicht zu seiner Familie reisen, die in Belgien die Staatsbürgerschaft erhalten hat.
Berufungs-Verfahren	----
Kurz-Bewertung	Dies ist ein Fall, wo sich ein unseriöses Schuldeingeständnis partiell „ausgezahlt" hat. Dass man ihn nicht zu seiner Familie nach Belgien ausreisen lässt, gehört zum zynischen Verhalten der „Sponsoren" des Arusha-Gerichts.

74) Callixte Nzabonimana

Biographische Angaben	Callixte Nzabonimana wurde 1953 in der Gemeinde Nyabikenke/ Präfektur Gitarama geboren. 1972 begann er ein Studium in Frankreich und blieb bis 1983 dort. Von 1989 bis 1991 war er Planungsminister. Im April 1992 wurde er in der ersten Mehrparteienregierung Jugendminister. Diese Funktion behielt er auch 1993 in der Regierung von Agathe Uwilingiyimana. Auch der Interimsregierung gehörte er als Jugendminister an. 1994 war er auch MRNDD-Vorsitzender in der Präfektur Gitarama. Nach dem Sieg der RPF ging er ins Exil und wurde am 18.2.2008 in Kigoma/ Tansania verhaftet.
Anklageinhalt	Ihm wurde neben vielen Einzeltaten Mitgliedschaft in einem *Joint Criminal Enterprise (JCE)* vorgeworfen.

1371 Vgl. Tz. 31 des Urteils.

Kammer-Verfahren	**Kammer-Urteil am 31.5.2012** **Richter:** Solomy Balungi Bossa (Vors.), Bakhtiyar Tuzmukhamedov und Mparany Rajohnson; **Anklage:** Jallow et al.; **Verteidigung:** Vincent Courcelle-Labrousse und Philippe Larochelle **Inhalt** Lebenslange Haft wegen Völkermord und Völkermordplanung. Er wurde für schuldig befunden, in seiner Heimatpräfektur Gitarama die Vernichtung der Tutsi-Bevölkerung betrieben zu haben.
Berufungs-Verfahren	**Berufungsurteil am 29.9.2014** **Richter:** Mehmet Güney (Vors.), William H. Sekule, Arlette Ramaroson, Khalida Rachid Khan und Koffi Kumelio A. Afanđe; **Anklage:** Jallow et al.; **Verteidigung:** Vincent Courcelle-Labrousse und Philippe Larochelle **Inhalt** Bestätigung der lebenslangen Haftstrafe, obwohl die Berufungskammer den im Kammerurteil enthaltenden Straftatbestand Völkermordplanung (conspiracy) aufgehoben hat.[1372]
Kurz-Bewertung	Das Kammerurteil nahm nochmals alle Vorwürfe gegen die Interimsregierung auf, die in späteren Berufungsurteilen als mehr oder weniger haltlos angesehen wurden. Die behaupteten Beweise für die Existenz eines JCE zur Vernichtung der Tutsi sind unglaubwürdig. Dass am Urteil der Berufungskammer Richter Sekule mitwirken konnte, dessen lebenslange Urteile im Butare-Verfahren noch im Berufungsverfahren sind, ist skandalös und müsste zu einem Aufschrei aller derer führen, die für eine rechtlich einwandfreie internationale Strafjustiz eintreten.

1372 Aus der Presseinformation ICTR/INFO-9-2-759 vom 29.9.2014: However, *the Appeals Chamber reversed Nzabonimana's convictions for direct and public incitement to commit genocide in relation to the Murambi meeting on 18 April 1994, and for conspiracy to commit genocide in relation to the establishment of a Crisis Committee and weapons distribution at Tambwe commune.*

75) Joseph Nzirorera

Biographische Angaben	Joseph Nzirorera, Jg. 1950, wurde in der Gemeinde Mukingo/ Präfektur Ruhengeri geboren. Er studierte Bauwesen und wurde schon Ende der 70er Jahre Minister für öffentliche Arbeiten. In dieser Funktion amtierte er bis Juli 1990. Danach war er bis Ende 1991 Industrieminister. Er gehörte auch dem Zentralkomitee der Staatspartei MRND als Repräsentant der „Nordleute" des Habyarimana-Regimes an. Im Rahmen der Demokratisierung des Landes wurde er 1993 als Nachfolger von Matthieu Ngirumpatse Generalsekretär der demokratischen Partei MRNDD, weil ihm von wichtigen Gruppen in der Partei der Vorsitz zugunsten von Matthieu Ngirumpatse verweigert worden war, als Staatspräsident Habyarimana 1993 den Parteivorsitz wegen des Vorwurfs der Ämterakkumulation aufgegeben hatte. Ab dem 9. April 1994 war er zugleich Vorsitzender der Interimsnationalversammlung. Am 5. Juni 1998 wurde er in Benin verhaftet und am folgenden Tag an das Arusha-Gericht überstellt. Er ist am 1. Juli 2010 im Krankenhaus des Arusha-Gerichts nach einem Zusammenbruch im Gericht am 30. Juni 2010 gestorben. Sein Leichnam wurde auf Wunsch seiner Familie nach Belgien überführt.
Anklageinhalt	Zusammen mit Edouard Karemera und Matthieu Ngirumpatse wurde Nzirorera in dem zuweilen als „MRND-Prozess" bezeichneten Verfahren angeklagt. Ihnen wurde in besonderem Maße die angebliche Planung des Tutsi-Völkermords zur Last gelegt. Sie hätten sich Anfang 1994 in einem *Joint Criminal Enterprise* zusammengefunden.
Kammer-Verfahren	**<u>Beschluss der III. Kammer am 16.8.2010</u>** Nach seinem Tod am 1. Juli 2010 wurde das Verfahren gegen Joseph Nzirorera am 16. August 2010 ohne Urteil offiziell eingestellt. Sein Verteidiger war der Amerikaner Peter Robinson.[1373]
Berufungs-Verfahren	----
Kurz-Bewertung	Sein Fall ist ein Beispiel für die internationale Vorverurteilung der als Haupttäter angesehenen Angeklagten des Arusha-Gerichts.

1373 Peter Robinson hat in einem Interview mit Phil Taylor am 25.7.2014 darauf hingewiesen, dass Nzirorera nach dem Abschuss der Habyarimana-Maschine in einem Rundfunk-Interview die Bevölkerung aufforderte, sich nicht an der Tutsi-Jagd zu beteiligen. Robinson hat auch einen Roman mit dem Titel *The Tribunal* geschrieben.

76) François-Xavier Nzuwonemeye[1374]

Biographische Angaben	Nzuwonemeye wurde am 30.8.1955 in der Gemeine Musasa in der Präfektur Kigali-Stadt geboren. 1975–1978 studierte er an der Militärhochschule in Kigali. Zum Zeitpunkt des Tutsi-Völkermordes war er im Rang eines Majors Kommandeur des Aufklärungs-Bataillons RECCE in Kanombe/Kigali. Nach dem RPF-Sieg floh er nach Frankreich, wo er am 15.2.2000 verhaftet und später nach Arusha überstellt wurde. Seit seinem Freispruch am 14.2.2014 lebt er noch immer in einem *Safe House* des Gerichts.
Anklageinhalt	Major Nzuwonemeye und dem mitangeklagten Innocent Sagahutu wurde vor allem der Mord an der Ministerpräsidentin Agathe Uwilingiyimana am 7.4.1994 und eine Mitwirkung am Tod der 10 belgischen Blauhelmsoldaten am gleichen Tag angelastet.
Kammer-Verfahren	**Kammer-Urteil am 17.5.2011 (Prozess Militär II)**[1375] **Richter:** Asoka de Silva (Vorsitz), Taghrid Hikmet und Seon Ki Park; **Anklage:** Alphonse Van et al.; **Verteidigung:** Charles Taku und Beth Lyons **Inhalt** 20 Jahre Gefängnis unter Anrechnung der im Gefängnis verbrachten Zeit seit seiner Verhaftung in Frankreich am 15.2.2000. Nzuwonemeye wurde für Mord, jedoch nicht für Völkermord, Völkermordplanung und Vergewaltigung verurteilt. Ihm wurde insbesondere die Ermordung der Ministerpräsidentin Agathe Uwilingiyimana und der 10 belgischen Blauhelmsoldaten am 7. April 1994 angelastet.
Berufungs-Verfahren	**Berufungsgerichts-Urteil am 11.2.2014 (unter Ausklammerung des Urteils gegen Augustin Bizimungu**[1376]**)** **Richter:** Theodor Meron (Vors.), Liu Daqun, Carmel Agius, Khalida Rachid Khan und Bakhtiyar Tuzmukhamedov **Anklage:** Jallow et al., **Verteidigung:** Charles Taku und Beth Lyons **Inhalt** Freisprüche für Ndindiliyimana und Nzuwonemeye und Reduzierung der Haftstrafe für Sagahutu auf 15 Jahre.[1377] Die Schuld von Nzuwenemeye am Tod der Premierministerin Agathe Uwilingiyimana am 7.4.1994 sei nicht nachweisbar.[1378]

1374 Zu diesem Verfahren wird auch auf Abschnitt 6.7.7 verwiesen.

1375 Die Angeklagten im Verfahren Militär II waren die Generäle Augustin Ndindiliyimana und Augustin Bizimungu, Major François-Xavier Nzuwonemeye und Hauptmann Innocent Sagahutu.

1376 Das Berufungsurteil gegen Augustin Bizimungu mit der Bestätigung der 30jährigen Haftstrafe wurde 30.6.2014 gefällt.

1377 Sagahutu wurde damit faktisch zu der in Haft verbrachten Zeit verurteilt und kurze Zeit später auf freien Fuß gesetzt.

1378 Vgl. Tz. 44 der Zusammenfassung des Berufungsurteils vom 14.2.2014.

Kurz-Bewertung	Sensation, war Nzuwonemeye doch im Kammer-Verfahren noch der Tod der Ministerpräsidentin Agathe Uwilingiyimana angelastet worden. Gute Arbeit der Anwälte Charles Taku und Beth Lyons. Damit ein Stein weniger in der ohnehin nicht haltbaren Tutsi-Völkermord-Planungstheorie durch „Hutu-Extremisten".

77) Tharcisse Renzaho

Biographische Angaben	Tharcisse Renzaho wurde 1944 in der Gemeinde Kigarama/Präfektur Kibungo im Südosten Ruandas geboren. Er studierte in deutschen, belgischen und französischen Militärakademien und wurde Militäringenieur. In der ruandischen Armee erreichte er den Rang eines Obersten. 1990 wurde er Präfekt der Hauptstadt Kigali. Beim RPF-Machteroberungskrieg nach dem Attentat vom 6.4.1994 organisierte er in der Hauptstadt eine Zeitlang den Widerstand gegen die Angreifer. Nach dem Sieg der RPF floh er in das damalige Zaïre. Staatspräsident Laurent Kabila half er ab dem 2.8.1998 den Widerstand gegen die Invasion der ruandischen Kabarebe-Truppen zu organisieren. 1999 wurde er Militärchef der FDLR, der ruandischen Widerstandarmee im Ost Kongo. Nach der Ermordung von Präsident Laurent Kabila lockte ihn sein Nachfolger Joseph Kabila 2002 nach Kinshasa, um ihn sofort der UNO auszuliefern, die ihn zum Arusha-Gericht brachte.[1379] Nach Verurteilung beider Instanzen zu lebenslanger Haftstrafe wurde er am 3.7.2012 zur Strafverbüßung nach Mali überstellt.
Anklageinhalt	Die am 6.2.2006 vom Chefankläger Hassan Jallow unterzeichnete Anklageschrift beschuldigte ihn aller im Statut vorgesehenen Anklagepunkte mit Ausnahme des Punktes „Conspiracy to commit genocide". Er wurde beschuldigt Teil eines *Joint Criminal Enterprise* zu sein und die vom Ankläger als Verbrechen eingestufte zivile Verteidigung organisiert zu haben. Als hoher Offizier sei er global im Sinne der Vorgesetztenverantwortung für Verbrechen an den Straßensperren verantwortlich. Wie üblich enthält auch seine Anklage den Vorwurf, nichts gegen sexuelle Übergriffe Untergebener unternommen zu haben.
Kammer-Verfahren	**Kammer-Urteil am 14.7.2009** **Richter:** Erik Møse (Vors.), Sergei Alekseevich Egorov und Florence Rita Arrey; **Anklage:** Jonathan Moses et al.; **Verteidigung:** François Cantier und Barnabé Nékuie **Inhalt** Lebenslange Haftstrafe wegen Genozid, Mord und Vorgesetztenverantwortung für Vergewaltigungen.

1379 Der Vorgang ist bei Onana 2012b, S. 120/121 dargestellt.

Berufungs-Verfahren	**<u>Berufungsgerichts-Urteil am 1.4.2011</u>** **<u>Richter</u>:** Carmel Agius (Vors.), Mehmet Güney, Fausto Pocar, Liu Daqun und Theodor Meron; **<u>Anklage:</u>** Jallow et al.; **<u>Verteidigung:</u>** François Cantier und Barnabé Nekuie **<u>Inhalt</u>** Bestätigung der lebenslangen Haftstrafe.
Kurz-Bewertung	Tharcisse Renzaho hat sich den Hass des RPF-Regimes und seiner westlichen Verbündeten auf mehrfache Weise zugezogen. Entscheidend war wohl seine Tätigkeit als FDLR-Militärchef in der Zeit von Laurent Kabila im Kongo. Dass Tharcisse Renzaho als Präfekt von Kigali Kagame 1994 die Einnahme der Hauptstadt erschwert hat, kommt hinzu. Die Renzaho-Verurteilung war aus Sicht des Gerichts wohl nötig, um später auch Edouard Karemera und Matthieu Ngirumpatse zu einer lebenslangen Haft verurteilen zu können. Renzaho war in deren Prozess als wichtiger Zeuge der Verteidigung aufgetreten. Das Kammerurteil vom 14.7.2009 enttäuscht auch, weil der Vorsitzende Eric Møse kaum ein Jahr zuvor ein viel differenzierteres Urteil hinsichtlich der Planungsfrage verantwortet hatte.[1380] Renzaho wurde zwar nicht wegen Völkermordplanung verurteilt, aber der Urteilstext kann so gelesen werden, als sei er der *Conspiracy to commit genocide* schuldig. Man hat die Hilfskonstruktion gewählt er sei Mitglied eines *joint criminal enterprise* gewesen. Die Kammer verurteilte ihn, obwohl sie feststellte, dass sich die meisten Anklagepunkte nicht hatten beweisen lassen. Die Kriegssituation bleibt unberücksichtigt. Seine Aufrufe zum Widerstand gegen die RPF-Aggression werden einfach als Aufrufe zum Töten der Tutsi-Bevölkerung interpretiert. Wenig überzeugend sind auch die Beweise für seine Vorgesetztenverantwortung für sexuelle Übergriffe.[1381] Für die nicht nachvollziehbare Nachsicht bei widersprüchlichen Zeugenaussagen folgendes Beispiel in Zusammenhang mit den Massakern im Kirchengelände von Sainte Famille am 17.6.1994:Tz. 652: *(…) the Chamber recalls that Witness BUO was incarcerated for his role in the genocide, and that his evidence should be considered with caution. However, his testimony about the attack against Sainte Famille on 17 June and Renzaho's presence there appears reliable and is corroborated by other witnesses*." (Tz. 652 des Kammerurteils). Unter diesen Gegebenheiten wundert das Berufungsurteil nicht.

1380 Der Kurswechsel von Møse scheint dem Umstand geschuldet, dass zum Zeitpunkt der Urteilsverkündung sein Wechsel zum Obersten Gericht in dem inzwischen Kagame-freundlichen Norwegen unmittelbar bevorstand.

1381 Vgl. z.B. Tz. 26 des Kammerurteils.

78) Juvénal Rugambarara

Biographische Angaben	Juvénal Rugambarara wurde 1959 in der Gemeinde Tare in der Präfektur Kigali-Land geboren. Er lebte fast immer in der Gemeinde Bicumbi in der gleichen Präfektur, wo er als Amtsarzt (Medical Officer) tätig war. Dort wurde er im August 1993 als Nachfolger von Laurent Semanza zum Bürgermeister ernannt und blieb bis zum 20. April 1994 auf diesem Posten. Er floh nach Zaïre, von wo aus er im 1. ruandischen Kongo-Krieg Ende 1996 nach Uganda ging und dort bis zu seiner Verhaftung am 11.8. 2003 unter falschem Namen lebte. Nach Verbüßung eines Großteils seiner Strafe wurde Juvénal Rugambara Anfang 2012 in Benin auf freien Fuß gesetzt. Sein heutiger Aufenthaltsort ist unbekannt.
Anklageinhalt	In der dem Urteil zugrunde liegenden, in Einklang mit seiner Schuldanerkenntnisvereinbarung geänderten Anklageschrift vom 2.7.2007 warf man ihm vor, in seiner Vorgesetztenverantwortung als Bürgermeister zwischen dem 7. und 20. April nichts für die Sicherheit der Bürger und vor allem keine Untersuchungen gegen seine Untergebenen für deren Verbrechen unternommen zu haben.
Kammer-Verfahren	**Kammer-Urteil am 16.11. 2007** **Richter:** Asoka de Silva (Vors.), Taghrid Hikmet und Seon Ki Park; **Anklage:** Charles Adeogun-Phillips; **Verteidigung:** Maroufa Diabira und Boubou Diabira **Inhalt** Nach Anerkennung der Schuldanerkenntnisvereinbarung durch das Gericht, in der er erklärte, er habe nichts unternommen, um seine Untergebenen von Straftaten abzuhalten und sie danach nicht zu bestrafen, wurde Juvénal Rugambarara ohne Gerichtsverfahren zu elf Jahren Gefängnis unter Anrechnung der vier im Gefängnis verbrachten Jahre verurteilt.
Berufungs-Verfahren	Kein Berufungs-Verfahren.
Kurz-Bewertung	Das Schuldanerkenntnisabkommen ist ein fauler Deal. Rugambarara wäre niemals in der Lage gewesen, die Kommunalbeamten in dieser Kriegssituation zu kontrollieren und zu bestrafen. Insgesamt für jemanden, der für schuldig plädiert hatte, ein relativ hartes Urteil.

79) Georges (Omar)[1382] Ruggiu

Biographische Angaben	Georges Ruggiu wurde am 12. Oktober 1957 in Verviers in der Provinz Lüttich/Belgien als Sohn eines italienischen Vaters und einer belgischen Mutter geboren. Im Alter von 17 Jahren erhielt er die belgische Staatsbürgerschaft, behielt daneben aber seine italienische bei. Er wurde Sozialarbeiter und kam in Belgien mit Anhängern von Präsident Habyarimana in Kontakt. 1993 siedelte er nach Ruanda über und wurde auf persönliche Empfehlung von Habyarimana Mitarbeiter des privaten, Habyarimana unterstützenden, privaten Radiosenders *Radio-Télévision Libre des Mille Collines* RTLM. Nach der Ermordung von Habyarimana radikalisierte sich Ruggiu mit der verbliebenen Redaktion und rief bis zur endgültigen Niederlage der ruandischen Armee im Juli 1994 über den Sender zum Widerstand gegen die RPF-Tutsi-Soldaten und die global der Komplizenschaft bezichtigten Inlands-Tutsi auf. Georges Ruggiu wurde am 23.7.1997 in Kenia verhaftet und kurz danach an das Arusha-Gericht überstellt. Ruggiu wurde im Februar 2008 in ein italienisches Gefängnis überstellt und ist am 29.5.2009 einige Monate vor Ablauf seiner Strafe von der italienischen Justiz freigelassen worden.
Anklage-Inhalt	Am 15.5.2000 schloss Ruggiu eine Schuldanerkenntnisvereinbarung[1383] mit der Anklage, in der alles enthalten ist, was die Anklage wünschte.[1384]
Kammer-Verfahren	**Kammer-Urteil am 1.6.2000** **Richter:** Navanethem Pillay (Vors.), Erik Møse und Pavel Dolenc; **Anklage:** Carla del Ponte, Mohamed Othman und William T. Egbe; **Verteidigung:** Mohammed Aouini und Jean Louis Gilissen **Inhalt** Für seine in der Schuldanerkenntnisvereinbarung aufgezählten Aktivitäten bei RTLM zwischen dem 6.4. und dem 14.7.1994 wurde er nach Anhörung von zwei anonymen *character witnesses* ohne weitere Beweiserhebung zu 12 Jahren Gefängnis unter Anrechnung der in der Haft verbrachten Zeit verurteilt.
Berufungs-Verfahren	Weder Ruggiu noch die Anklage haben Berufung beantragt.

1382 Während seiner Flucht nach dem 17.7.1994 trat Ruggiu zum Islam über und nahm dabei den Vornamen Omar an.

1383 Abgedruckt in den Textziffern 44 und 45 des Kammerurteils vom 1.6.2000.

1384 Der Vorgang ist bei Cruvellier 2010 auf S. 75 beschrieben.

Kurz-Bewertung	Es ist nicht verständlich, was Ruggiu im Sommer 1994 dazu getrieben hat, als Moderator des französischen Dienstes von RTLM rassistische Erklärungen von sich zu geben. Dafür wurde er nicht zu Unrecht verurteilt. Ruggiu hat aber einen „Weißen-Bonus" erhalten. Er trägt sicherlich psychopathische Züge. Das zeigt sich ganz besonders bei seinem Auftritt als Zeuge der Anklage im Medien-Prozess. Dort versuchte er ein imaginäres Treffen mit Ferdinand Nahimana als Realität „zu verkaufen".[1385]

80) Emmanuel Rukundo

Biographische Angaben	Emmanuel Rukundo wurde am 1.12.1959 in der Gemeinde Mukingi/Präfektur Gitarama geboren. Von 1985 bis 1991 studierte er an der Katholischen Hochschule in Nyakibanda im Westen Ruandas. Am 28.7.1991 wurde er zum Priester geweiht. Danach war er Gemeindepriester in der Gemeinde Kayanza/Präfektur Gitarama. Im Februar 1993 wurde Rukundo Militärgeistlicher der Ruandischen Streitkräfte zuerst in Ruhengeri und dann in Gisenyi. Im Mai 1994 wurde er nach Kigali versetzt. Nach dem RPF-Sieg verließ er im September 1994 Ruanda und ging ins Exil, zuerst nach Burundi und später in die Schweiz. Am 12.7.2001 wurde er in Genf verhaftet. Am 20. September 2001 wurde er an das Arusha-Gericht überstellt. Nach seiner zweitinstanzlichen Verurteilung wurde er nach Koulikoro/Mali verbracht.
Anklageinhalt	Der katholische Priester Emmanuel Rukundo wurde in der von Carla Del Ponte am 27.3.2003 unterzeichneten Anklageschrift als ein bekannter Hutu-Extremist beschrieben. In seiner Funktion als Militärgeistlicher habe er im Februar 1994 Propaganda gegen das Arusha-Friedensabkommen betrieben. Nach dem Attentat vom 6.4.1994 habe er sich an verschiedenen Orten aktiv an schweren Verbrechen gegen die Tutsi-Bevölkerung – auch Vergewaltigung[1386] – beteiligt.

1385 Diese Schlussfolgerung darf man mit Fug und Recht aus der Schilderung seiner Persönlichkeit bei Cruvellier 2010 ziehen.

1386 In absichtlich erniedrigender Weise ist in Tz.13 der Anklageschrift detailliert der ihm vorgeworfene sexuelle Übergriff beschrieben.

Kammer-Verfahren	**<u>Kammer-Urteil am 27.2.2009</u>** **<u>Richter</u>:** Asoka de Silva (Vors.), Taghrid Hikmet und Seon Ki Park; **<u>Anklage</u>:** William T. Egbe et al.; **<u>Verteidigung:</u>** Aïcha Condé und Allison Turner **<u>Inhalt</u>** 25 Jahre Gefängnis wegen Völkermord. Ein von Rukundo eingestandener sexueller Übergriff wurde als Ausdruck von rassistisch-völkermörderischer Gesinnung interpretiert.
Berufungs-Verfahren	**<u>Berufungsgerichts-Urteil am 20.10.2010</u>** **<u>Richter</u>:** Fausto Pocar (Vors.), Mehmet Güney, Liu Daqun, Theodor Meron und Carmel Agius; **<u>Anklage</u>:** Jallow et al.; **<u>Verteidigung</u>:** Aïcha Condé und Benoît Henry **<u>Inhalt</u>** Reduzierung der Strafe von 25 auf 23 Jahre. Er wurde nun nur noch der Beihilfe zum Völkermord beschuldigt. Der sexuelle Übergriff wird – gegen das Votum von Richter Pocar – nicht mehr als Ausdruck genereller Tutsi-Feindlichkeit interpretiert.[1387]
Kurz-Bewertung	Generell entspricht die Strafreduzierung durch das Berufungsgericht keineswegs der faktischen inhaltlichen Aufhebung des Kammerurteils. Mit dem Urteil wollte man wohl ein weiteres Exempel gegen die von vielen als mitschuldig am Völkermord angesehene katholische Kirche statuieren.[1388]

1387 Unter Punkt 8 des Summary des Berufungsurteils heißt es: *Accordingly, the Appeals Chamber, Judge Pocar dissenting, (...) reverses his conviction for genocide, in part, for causing serious mental harm to Witness CCH.*

1388 Der andere vom Arusha-Gericht verurteilte katholische Priester ist Athanase Seromba.

81) Léonidas Rusatira

Biographische Angaben	Leonidas Rusatira wurde im Mai 1944 in der späteren Präfektur Ruhengeri geboren. 1965 trat er in die damalige Offiziersschule in Kigali ein und wurde Berufsoffizier. Er machte schnell Karriere und war von 1970 bis 1992 im Leitungsbereich des Verteidigungsministeriums (zuerst als Kabinettchef und später im Rang eines Obersten als Kabinettdirektor) tätig. 1992 wurde er Chef der Militärhochschule. Am 12.4.1994 hat er der RPF - ohne Wissen der Interimsregierung - zusammen mit dem kurzzeitigen Generalstabschef Marcel Gatsinzi[1389] - erfolglos einen bedingungslosen Waffenstillstand angeboten. Die Interimsregierung hat ihn am 16.4.1994 noch zum Brigadegeneral befördert, beließ ihn formal auf seinem Chefposten der Militärhochschule, stellte ihn aber zunehmend kalt und schloss ihn am 11. Juli 1994 nach seiner Unterschrift unter die „Erklärung von Kigeme“[1390] sogar aus der Armee aus. Er begab sich am 13. Juli 1994 in die Obhut des Kommandos der französischen *Opération turquoise* und stellte sich später der RPF-Armee zur Verfügung. 1995 ging er ins Exil, was ihm dann den Hass von Paul Kagame einbrachte. Auf dessen Initiative und auf der Basis völlig absurder Anschuldigungen wurde er 2001 vor dem Arusha-Gericht angeklagt. Belgien ließ ihn auf dieser Basis am 12.4.2002 verhaften, überstellte ihn jedoch nicht nach Arusha. Nach internationalen Protesten zog die Chefanklägerin Del Ponte die Anklage zurück. Das Gericht gab diesem Antrag am 14.8.2002 statt und Belgien setzte ihn auf freien Fuß. Er hat seinen Fall in einem Buch dargelegt.[1391]
Anklageinhalt	In der von der Chefanklägerin Carla Del Ponte am 21. 2.2001 unterzeichnete Anklageschrift wurde Rusatira u. a. der Völkermordplanung beschuldigt.
Kammer-Verfahren	**<u>Beschluss zur Anklageaufhebung am 14.8.2002</u>** **<u>Richterin</u>:** Navanethem Pillay als Einzelrichterin; **<u>Anklage</u>:** Carla Del Ponte **<u>Inhalt</u>** Das Gericht gab dem Antrag von Carla Del Ponte statt, die Anklage zurückzuziehen und die Anklageaufhebung Belgien mit dem Ziel mitzuteilen, den Beschuldigten auf freien Fuß zu setzen.
Kurz-Bewertung	Es war völlig absurd, Rusatira anzuklagen. Allen war klar, dass es sich um einen puren Racheakt von Paul Kagame handelte.

1389 Gatsinzi wurde später Verteidigungsminister bei Paul Kagame.

1390 Nach Kigeme war die Militärhochschule verlegt worden. In der Erklärung vom 6. Juli 1994 wird der Interimsregierung faktisch die Verantwortung für den Tutsi-Völkermord zugeschrieben und ein Internationaler Strafgerichtshof gefordert.

1391 Rusatira 2005. Das Buch bietet eine sehr, vielleicht sogar eine zu persönliche, Sicht der ruandischen Dinge. Vor allem ist sein Hinweis auf S. 69, hätte man ihn gelassen, so wäre der Krieg gegen die RPF zu gewinnen gewesen, völlig außerhalb des Denkbaren.

82) Georges Rutaganda[1392]

Biographische Angaben	Georges Anderson Nderubumwe Rutaganda, so sein voller Name, ist am 28.11.1958 in der Gemeinde Gishyita/ Präfektur Kibuye geboren. Er gehörte der Adventistenkirche des 7. Tages an und hat sein Studium als Agraringenieur an der Universität Butare abgeschlossen. Später baute Rutaganda in der Präfektur Butare eine private Musterfarm auf. Im Zuge der politischen Umbrüche ging er nach Kigali, wo er schließlich ein erfolgreiches privates Handelsunternehmen (Rutaganda GmbH) betrieb. 1991 trat er der in eine demokratische Partei umgewandelten früheren Staatspartei MRNDD bei. Als die Partei beschloss, eine Jugendorganisation zu gründen, wurde er eines der 7 Mitglieder der provisorischen nationalen Führung der MRNDD-*Interahamwe*. Rutaganda floh nach dem RPF-Sieg nach Sambia, wo er 1995 verhaftet und an das Arusha-Gericht überstellt wurde. Er ist am 11.10.2010 in Benin im Gefängnis gestorben[1393].
Anklageinhalt	Die von Chefankläger Richard Goldstone am 12.2.1996 unterzeichnete Anklageschrift enthält eine große Anzahl von Einzelvorwürfen zur Unterstützung mutmaßlicher Verbrechen der „*Interahamwe*"-Milizen.
Kammer-Verfahren	**Kammer-Urteil am 6.12.1999** **Richter:** Laïty Kama (Vors.), Lennart Aspegren und Navanethem Pillay; **Anklage:** Carla del Ponte et al.; **Verteidigung:** Tiphaine Dickson (in der Anfangsphase Luc de Temmerman).[1394] **Inhalt** Lebenslange Haft. Er soll u.a. Waffen an die als „*Interahamwe*" auftretenden Milizen in Kigali verteilt haben. Zudem soll er an der Attacke auf die *Ecole Technique Officielle* beteiligt gewesen sein. Ihm wurde auch die Ermordung von einem Emmanuel Kayitare angelastet.
Berufungs-Verfahren	**Berufungsgerichts-Urteil am 26.5.2003** **Richter:** Theodor Meron (Vors.), Fausto Pocar, Claude Jorda, Mohamed Shahabuddeen und Mehmet Güney; **Anklage:** Norman Farrell et al.; **Verteidigung:** David Jacobs und David Paciocco[1395] **Inhalt** Bestätigung der lebenslangen Haftstrafe. Die Beschuldigung, den Mord an Emmanuel Kayitare begangen zu haben, wurde aufgehoben.

1392 Sein Fall und die Rolle, die Amadou Deme (vgl. Deme 2012a), dabei gespielt hat, ist in Abschnitt 6.7.5 ausführlich geschildert.

1393 Über die Todesursache gibt es kaum Informationen. Es wird vermutet, man habe ihm bewusst eine angemessene ärztliche Versorgung verweigert.

1394 Rutaganda hatte Temmerman gebeten, das Mandat niederzulegen, weil er eine etwas weniger aggressive Verteidigungsstrategie wünschte. Vgl. Cruvellier 2010, S. 35.

1395 Paciocco hat 2004 einen interessanten Aufsatz über die Schwierigkeiten der Verteidigung am Arusha-Gericht veröffentlicht (Paciocco 2004).

Kurz-Bewertung	Die Verurteilung von George Rutaganda dürfte als ein Beispiel für ein politisches Urteil par excellence in die Annalen der internationalen Strafjustiz eingehen. Er wurde verurteilt, weil er das einzige der sieben überlebenden Mitglieder des provisorischen Gründungskomitees der MRNDD-*Interahamwe* war, das nicht zu einer Kooperation mit der Anklagebehörde (d.h. zu Falschaussagen) bereit war. Mit Rutaganda sollte die falsche Darstellung des Phänomens „*Interahamwe*" ein für alle Mal im Sinne der offiziellen Lesart der Ereignisse verankert werden.

83) Vincent Rutaganira

Biographische Angaben	Vincent Rutaganira wurde 1944 in der Gemeinde Gishyita in der Präfektur Kibuye geboren. Er wurde Mechaniker und war zum Zeitpunkt des RPF-Eroberungskriegs 1994 gewählter Gemeinderat für den Sektor Mubuga der Gemeinde Gishyita. Im Juli 1994 floh er nach Zaïre. Im Jahr 2002 erließ das Arusha-Gericht einen internationalen Haftbefehl, auf dessen Basis er sich kurz danach dem Gericht freiwillig stellte. Ursprünglich sollte sein Fall in einem der großen Kibuye-Prozesse abgehandelt werden. Sein Prozess wurde aber abgetrennt. Im Dezember 2004 erreichte er mit der Anklagebehörde eine Schuldanerkenntnisvereinbarung. Nach Verbüßung seiner Strafe wurde er am 2.3.2008 aus dem Gefängnis entlassen und soll in einem afrikanischen Land leben.
Anklageinhalt	Vincent Rutaganira wurde Einfluss auf die Bevölkerung zugesprochen, den er nicht zum Schutz der Tutsi eingesetzt habe.
Kammer-Verfahren	**Kammer-Urteil am 14.3.2005** Das Gericht hatte die Schuldanerkenntnisvereinbarung vom 7.2.2004 anerkannt und deshalb ein Urteil ohne Beweiserhebung gefällt. **Richter:** Andrésia Vaz (Vors.), Flavia Lattanzi, und Florence Rita Arrey; **Anklage:** Charles Adeogun-Phillips et al.; **Verteidigung:** François Roux **Inhalt** 6 Jahre Gefängnis nach Schuldeingeständnis unter Anrechnung der Haftzeit.
Berufungs-Verfahren	–
Kurz-Bewertung	Da er wohl keineswegs als „Haupttäter" eingestuft werden kann, erstaunt, dass ihm überhaupt ein Prozess vor dem Arusha-Gericht gemacht wurde. Die anerkannte „Schuld" der Beihilfe zum Völkermord durch Unterlassung macht keinen Sinn.

84) Obed Ruzindana

Biographische Angaben	Obed Ruzindana wurde 1962 in der Gemeinde Gisovu/Präfektur Kibuye nach eigener Aussage als Sohn einer „wohlhabenden Hutu-Familie" geboren. Sein Vater war eine Zeitlang Bürgermeister der Gemeinde Mugonero, wo Obed Ruzindana aufgewachsen ist. 1986 ist Obed Ruzindana nach Kigali übersiedelt und wurde ein erfolgreicher Geschäftsmann. 1991 hat er eine Frau geheiratet, die im Prozess angab, ihre beiden Elternteile seien Tutsi, aber im Personalausweis ihres Vaters sei dennoch Hutu vermerkt gewesen. Nach der Ermordung von Präsident Habyarimana am 6.4.1994 suchte die Familie im väterlichen Haus in Mugonero Zuflucht. Am 20.9.1996 wurde Obed Ruzindana in Nairobi verhaftet und an das Arusha-Gericht verbracht. Obed Ruzindana verbüßt seine Strafe in Mali.[1396]
Anklageinhalt	Er wurde zusammen mit Präfekt Kayishema angeklagt. Dem Prozess lag die am 11.4.1997 ergänzte Anklageschrift von Chefankläger Richard Goldstone zugrunde. Obed Ruzindana werden faktisch alle Vorgänge angelastet, die auch in anderen Prozessen der Kibuye-Verfahren auftauchen.
Kammer-Verfahren	**Kammer-Urteil am 21.5.1999 zusammen mit Clément Kayishema** **Richter:** William H. Sekule (Vors.), Yakov A. Ostrovsky und Tafazzal Hossain Khan; **Anklage:** Jonah Rahetlah; **Verteidigung:** Pascal Besnier und Willem Van der Griend **Inhalt** 25 Jahre Gefängnisstrafe für Obed Ruzindana und lebenslänglich für Clément Kayishema. Ruzindana wurde des Genozids für schuldig befunden, die anderen Anklagepunkte wurden fallen gelassen.
Berufungs-Verfahren	**Berufungsgerichts-Urteil am 1.6.2001 zusammen mit Kayishema** **Richter:** Claude Jorda (Vors.), Lal Chand Vohrah, Mohamed Shahabuddeen, Rafael Nieto-Navia und Fausto Pocar; **Anklage:** Carla Del Ponte et al.; **Verteidigung:** Pascal Besnier und William van der Griend **Inhalt** Bestätigung der 25-jährigen Haftstrafe für Ruzindana und der lebenslangen Haftstrafe für Clément Kayishema. Das Berufungsgericht schloss sich der herrschenden Lehre an, eigentlich hätten normale Umstände vorgeherrscht und gegen die Massenpsychose hätte man sich wehren können.

1396 Am 26.6.2013 hat Ruzindana einen bis Ende 2014 nicht entschiedenen Antrag auf vorzeitige Entlassung gestellt, da er 2/3 seiner Strafe verbüßt und dies in anderen Fällen zur Freilassung geführt habe.

Kurz-Bewertung	Beide Urteile beruhen auf der Leugnung der wirklichen historischen Abläufe. Beide Instanzen akzeptierten die vorgegebene, aber nichtsdestoweniger falsche These einer Hutu-Globalplanung. Bei diesem Kammer-Verfahren gab Richter William Sekule seinen „Einstand“ als RPF-Freund. Claude Jorda sah sich als damaliger Vorsitzender der Berufungskammer[1397] offenbar unter dem sozialen Zwang, als Franzose ein Übersoll an *political correctness* zu erfüllen. (Auf der Kammer-Richterbank gab es niemals einen Franzosen!)

85) André Rwamakuba

Biographische Angaben	André Rwamakuba ist 1950 in der Gemeinde Gikomero/Präfektur Kigali-Land geboren. Er hat ein Medizinstudium absolviert. Er hat sich in öffentlichem Gesundheitswesen spezialisiert und wurde 1992 zum Direktor für das Gesundheitswesen in der Region Kigali berufen. Am 9.4.1994 wurde er für die Rest-MDR Minister für das Primar- und Sekundarschulwesen der Interimsregierung. Nach seiner Flucht wurde er am 2.8.1995 auf Initiative der Behörden von Namibia verhaftet, aber am 8.2.1996 wieder auf freien Fuß gesetzt, weil die Anklage des Arusha-Gerichts der namibischen Regierung mitgeteilt hat, ihre Beweise reichten nicht für ein Verfahren aus. Das Gericht ermittelte weiter und so erließ die Chefanklägerin Arbour am 21.10.1998 einen Haftbefehl, dem die namibischen Behörden stattgaben und ihn nach Arusha überstellten. Ihm sollte in einem Gruppenverfahren u.a. mit Matthieu Ngirumpatse, Joseph Nzirorera und Edouard Karemera der Prozess gemacht werden. Schließlich wurde sein Fall auf der Basis einer durch den Chefankläger Jallow ergänzten Anklageschrift in einem Einzelprozess am 5.6.2005 begonnen. Das Verfahren fand *in absentia* statt, da sich Rwamakuba aus Protest gegen die Verweigerung einer angemessenen Verteidigung weigerte vor Gericht zu erscheinen. Nach seinem Freispruch konnte er zu seiner Familie in die Schweiz reisen.
Anklageinhalt	Er wurde vor allem beschuldigt, in der Gemeinde Gikomero und auch im Universitätskrankenhaus in Butare an Tutsi-Morden beteiligt gewesen zu sein.
Kammer-Verfahren	**Kammer-Urteil am 20.9.2006** **Richter:** Dennis C. M. Byron (Vors.) , Karin Hökborg und Gberdao Gustave Kam; **Verteidigung:** David Hooper und Andreas O'Shea **Inhalt** Freispruch, weil die Kammer alle Zeugen der Anklage für unglaubwürdig erklärte.

1397 Claude Jorda schied 2003 als Richter des ICTY und damit aus der gemeinsamen Berufungskammer für beide UNO-ad-hoc-Gerichte aus.

Berufungs-Verfahren	Das Gericht hat Rwamakuba Entschädigung von 2.000 US-Dollar wegen unrechtmäßiger Verweigerung einer angemessenen Verteidigung während der ersten Monate seiner Haft gewährt. Gegen diese geringe Summe hat er Berufung eingelegt. **Berufungsgerichts-Urteil 13.9.2007** **Richter:** Fausto Pocar (Vors.), Mohamed Shahabuddeen, Liu Daqun, Theodor Meron und Wolfgang Schomburg; **Verteidigung:** David Hooper und Andreas O'Shea. **Inhalt** Das Berufungsgericht wies die Klage ab und hielt die von der Kammer gewährte Entschädigung für angemessen.
Kurz-Bewertung	Es war ein vielbeachteter Freispruch, der in Kigali zu heftigen Protesten und den üblichen Drohungen zur Kooperationseinstellung geführt hat.

86) Charles Ryandikayo

Biographische Angaben	Charles Ryandikayo soll um 1961 in der Gemeinde Gishyita in der Präfektur Kibuye geboren sein. 1994 war er Besitzer eines Restaurants im Sektor Mubuga der Gemeinde Gishyita. **Ryandikayo ist flüchtig.**
Anklageinhalt	In Ryandikayos Restaurant sollen Tutsi-Massaker geplant worden sein.
Transferverfahren	**Referral-Entscheidung am 20.6.2012** **Richter:** Vagn Joensen (Vors.), Florence Rita Arrey und Gberdao Gustav Kam **Inhalt** Da Charles Ryandikayo untergetaucht ist, beschloss das Gericht, seine Akte nach Kigali zu überstellen (Referral). Dabei wird anerkannt, dass es sich nicht um einen Haupttäter handelt, weil deren Verfahren dem Residual-Mechanismus vorbehalten sind.
Berufungs-Verfahren	----
Kurz-Bewertung	-----

87) Innocent Sagahutu[1398]

Biographische Angaben	Innocent Sagahutu, Jg. 1962, wurde in der Gemeinde Gisuma (Präfektur Cyangugu) geboren. 1981 trat er in die Militärhochschule ESM in Kigali ein, die er 1985 als Unterleutnant verließ. Er begann seinen Dienst bei der Gendarmerie in Gikongoro. 1994 war er im Rang eines Hauptmanns (captain) Chef der Gruppe A des Aufklärungsbataillons RECCE. Nach der Niederlage der ruandischen Armee floh er nach Zaïre. Am 15. Februar 2000 wurde er in Dänemark verhaftet und an das Arusha-Gericht überstellt. Am 13. Mai 2014 wurde Sagahutu von Richter Meron in seiner Eigenschaft als Vorsitzender des Residual-Mechanismus nach fast vollständiger Verbüßung seiner Strafe in Arusha aus der Haft entlassen, ist aber noch immer in Arusha blockiert, weil kein Land seiner Wahl ihm eine Aufenthaltsgenehmigung erteilte.
Anklageinhalt	Zusammen mit seinem Vorgesetzten Major François-Xavier Nzuwonemeye soll Hauptmann Sagahutu, der niederstrangige Offizier im Verfahren Militär II, an der Ermordung der ruandischen Ministerpräsidentin Agathe Uwilingiyimana am 7. April 1994 und an der Ermordung von 10 belgischen Blauhelmsoldaten am gleichen Tag beteiligt gewesen sein.
Kammer-Verfahren	**Kammer-Urteil am 17.5.2011 (im Rahmen des Gruppenverfahrens Militär II)** **Richter:** Asoka de Silva (Vorsitz), Taghrid Hikmet, Seon Ki Park; **Anklage:** Alphonse Van et al.; **Verteidigung:** Fabian Segatwa und Saidou Doumbia[1399] **Inhalt** 20 Jahre Gefängnis. Ihm wurde die Mitwirkung an der Ermordung der Ministerpräsidentin Agathe Uwilingiyimana und der 10 belgischen Blauhelmsoldaten am 7.4.1994 angelastet.[1400] Er wurde aber vom Vorwurf des Völkermords, der Völkermordplanung, und der Vergewaltigung freigesprochen.

1398 Siehe hierzu die Ausführungen zum Verfahren Militär II in Abschnitt 6.7.7.

1399 Ich bin als Experte der Verteidigung per Video-Schaltung aus Den Haag am 24. und 25.11. 2008 bei diesem Verfahren angehört worden und hatte vorher einen Bericht eingereicht.

1400 Siehe dazu die Textziffern 2253 und 2254 aus dem Kammerurteil.

Berufungs-Verfahren	**<u>Berufungsgerichts-Urteil am 11.2.2014</u>** **<u>Richter</u>:** Theodor Meron (Vors.), Liu Daqun, Carmel Agius, Khalida Rachid Khan und Bakhtiyar Tuzmukhamedov; **<u>Anklage</u>:** Jallow et al.; **<u>Verteidigung</u>:** Fabien Segatwa, Scott Martin und Wayne Jordash **<u>Inhalt</u>** Reduzierung der Strafe von 20 auf 15 Jahre. Zwar wurde seine Mitschuld am Tod der Premierministerin Agathe Uwilingiyimana aufgehoben, aber eine Beihilfe zum Tod der 10 belgischen Blauhelmsoldaten am 7. April 1994 wurde bestätigt.
Kurz-Bewertung	Die inhaltliche Verurteilung zum Tod der belgischen Blauhelme ist wohl aus dem Umstand zu erklären, dass man glaubt, der belgischen Öffentlichkeit gegenüber trotz der Verurteilung von Major Ntuyahaga am 5.7.2007 in Brüssel einen weiteren Verantwortlichen für die mehr als ungeklärten Hintergründe der Blauhelmmorde zu schulden.

88) Déogratias Sebureze

Biographische Angaben	Déogratias Sebureze hat in Deutschland Jura studiert und war bis zu seiner Scheidung mit einer Deutschen verheiratet. Er ist als Assistent Mitglied des Verteidigungsteams von Pauline Nyiramasuhuko gewesen und hat nach seiner Scheidung ihre in Deutschland lebende Tochter geheiratet. Später wurde er Anwalt im Verteidigungsteam von Augustin Ngirabatware.
Anklageinhalt	Eine anonym gehaltene Gruppe hat auf Anforderung der Kammer am 30.11.2010 einen amicus curiae-Bericht verfasst, in dem der Verteidiger Déogratias Sebureze und der Ermittler Maximilien Turinabo beschuldigt werden, zwei anonyme Zeugen der Anklage im Verfahren gegen Augustin Ngirabatware durch Bestechung zur Nichtaussage zu bewegen. Am 21. Februar 2013 hat die II. Kammer unter Vorsitz von Richter William Sekule und den Richtern Solomy Balungi Bossa und Mparany Rajohnson entschieden, aufgrund der im Amicus-Bericht erhobenen Vorwürfe, den Gerichtskanzler zu bitten, die nötigen Schritte für eine Anklage von Sebureze und Turinabo wegen Missachtung (Contempt) einzuleiten.

Entscheidungen	**<u>Entscheidung des Residual-Mechanismus am 17.7.2013</u>** Einzelrichter Vagn Joensen stellte fest, dass das Dossier nicht für eine Anklage ausreiche. Der Ankläger rief die Berufungskammer des Residual-Mechanismus gegen diese Entscheidung an. **<u>Entscheidung der Berufungskammer des Residual-Mechanismus am 5.9.2013</u>** **<u>Richter</u>:** Theodor Meron (Vors.), Bakone Justice Moloto, Christoph Flügge, Burton Hall und Liu Daqun; **<u>Anklage</u>:** Jallow et al.; **<u>Verteidigung</u>:** Christopher Gosnell und Stéphane Bourgon für Turinabo **<u>Inhalt</u>** Die Berufungskammer des Residual-Mechanismus entschied, den Antrag der Anklage abzulehnen und kein Verfahren gegen die beiden Beschuldigten in Gang zu setzen.
Kurz-Bewertung	Als Richter Sekule 2010 von den absurden Einflüsterungen erfuhr, „bestellte" er einen seltsamen Amicus curiae-Bericht. Nachdem er Augustin Ngirabatware am 20. Dezember 2012 zu 35 Jahre Gefängnis wegen Völkermord verurteilt und schon am 24. Juni 2011 im Butare-Verfahren Pauline Nyiramasuhuko zu einer lebenslangen Haftstrafe verurteilt hatte, hatte er alles Interesse, dass vor allem Déogratias Sebureze von der weiteren Verteidigung von Augustin Ngirabatware im Berufungs-Verfahren ausgeschaltet würde. Deshalb kam er in seiner letzten Amtshandlung als Richter des Arusha-Gerichts im Februar 2013 auf diesen Bericht zurück und versuchte, Sebureze auszuschließen.

89) Laurent Semanza

Biographische Angaben	Laurent Semanza wurde 1944 in der Gemeinde Musasa/Präfektur Kigali-Land geboren. Von 1974–1993 war er Bürgermeister der Gemeinde Bicumbi/Präfektur Kigali-Land. Er blieb nach seiner Ablösung als Bürgermeister immer noch Mitglied des nationalen Leitungsgremiums der MRNDD und war als MRNDD-Vertreter für das im Arusha-Abkommen vorgesehene Übergangsparlament nominiert. Am 26.3.1996 wurde er in Kamerun verhaftet. Er verbüßt seine Haftstrafe in Mali.
Anklageinhalt	Obwohl er zum Zeitpunkt der Ereignisse nach dem Attentat gegen Präsident Habyarimana nicht Bürgermeister war, wurde er in der Anklageschrift so behandelt, als sei er noch immer im Amt gewesen. Ihm wurden folglich die für einen Bürgermeister als Vorgesetzten der örtlichen Behörden üblichen Taten angelastet.

Kammer-Verfahren	**Kammer-Urteil am 15.5.2003** **Richter:** Yakov Ostrovsky (Vors.), Lloyd G. Williams und Pavel Dolenc; **Anklage:** Chile Eboe-Osuji; **Verteidigung:** Charles Achaleke Taku und Sadikou Ayo Alao **Inhalt** 25 Jahre Gefängnis.
Berufungs-Verfahren	**Berufungsgerichts-Urteil am 20.5.2005** **Richter:** Theodor Meron (Vors.), Mohamed Shahabuddeen, Mehmet Güney, Fausto Pocar und Inés Mónica Weinberg de Roca; **Anklage:** James Stewart et al.; **Verteidigung:** Charles A. Taku **Inhalt** **Verschärfung** der Strafe des Kammergerichts auf 35 Jahre Gefängnis.
Kurz-Bewertung	Politisches gegen die MRNDD gerichtetes Kammerurteil. In den frühen Urteilen wird noch jeglicher Widerstand gegen die vordringende Tutsi-Armee als rassistische Aktion behandelt. Da auch hier wieder Kirchenmassaker im Spiel waren, erklärt sich die Urteilsverschärfung durch das Berufungsgericht. Nancy Combs zitiert das Semanza-Kammer-Verfahren als Beispiel für die nachlässige (*lackadaisical*) Haltung des Gerichts den Fakten gegenüber.[1401]

90) Athanase Seromba

Biographische Angaben	Athanase Seromba, Jg. 1963,[1402] war 1994 Priester der katholischen Kirchengemeinde Nyange im Sektor Nyange der Gemeinde Kivumu/Präfektur Kibuye. Nach dem Sieg der RPF verließ er das Land, gelangte nach Italien und wurde unter dem Namen Anastasio Sumba Bura Gemeindepfarrer in der Nähe von Florenz. Er stellte sich am 6.2.2002 in Italien freiwillig dem Arusha-Gericht, als die italienische Regierung seine Verhaftung auf der Basis eines von der Chefanklägerin Carla del Ponte ausgestellten Haftbefehls veranlassen wollte. Seit dem 27.6.2009 verbüßt er seine lebenslange Haftstrafe im Akpro-Misséréte Gefängnis in Porto-Novo/Benin.
Anklageinhalt	In der Anklageschrift aus dem Jahr 2001 wurde Pater Seromba vorgeworfen, die Zerstörung der Kirche der Pfarrei Nyange und damit die Vernichtung von ca. 1500 Tutsi, die sich in der Kirche befanden, veranlasst zu haben.

1401 Combs 2010, S. 194.

1402 Weder in der Anklageschrift noch in den Urteilen sind genauere biographische Angaben zu Pater Athanase Seromba zu finden.

Kammer-Verfahren	**Kammer-Urteil am 13.12.2006** **Richter:** Andrésia Vaz (Vors.), Karin Hökborg und Gustave G. Kam; **Anklage:** Silvana Arbia et al.; **Verteidigung:** Patrice Monthé und Barnabé Nekuie **Inhalt** 15 Jahre Haft wegen Beihilfe zu den Tutsi-Massakern in der Kirche von Nyange. Er soll einen Baggerfahrer ermuntert haben, die Kirche in Nyange zu zerstören.[1403] Er wurde vom Vorwurf der Völkermordplanung freigesprochen.
Berufungs-Verfahren	**Berufungsgerichts-Urteil am 12.3.2008** **Richter:** Mohamed Shahabuddeen (Vors.), Patrick Robinson, Liu Daqun, Theodor Meron und Wolfgang Schomburg; **Anklage:** Jallow et al.; **Verteidigung:** Patrice Monthé und Sarah Ngo Bihegué **Inhalt** **Verschärfung der Strafe in lebenslängliche Haft** mit abweichendem Votum von Richter Liu Daqun.[1404] Da Seromba nach Ansicht des Gerichts gewusst habe, bei der Zerstörung der Kirche stünde das Leben von 1500 Tutsi auf dem Spiel, müsse dies zur Höchststrafe führen.[1405]
Kurz-Bewertung	Hier sollte wohl ein Exempel gegen die katholische Kirche statuiert werden. Seromba ist der einzige Priester, der zu lebenslanger Haft[1406] verurteilt wurde – und das auch erst im Berufungs-Verfahren unter dem wesentlichen Einfluss von Wolfgang Schomburg, der kurz danach sein Amt niederlegte[1407] und mit dem Seromba-Urteil eine Art Vermächtnis seiner „Rechtgläubigkeit" hinterlassen hat.

1403 Vgl. die Zusammenfassung des Kammerurteils im Berufungsurteil vom 12.3.2008.

1404 Vgl. Tz 18 des abweichenden Votums von Richter Liu Daqun, der die Ansicht vertrat, es habe vor allem kein juristischer Anlass bestanden, die Strafe zu erhöhen.

1405 Nancy Combs schreibt, dass der Zeuge FE27 erklärt hat, er habe gegen Seromba falsch ausgesagt, weil man ihm die Freilassung aus dem Gefängnis in Ruanda versprochen habe, wenn er im Sinne des Regimes aussagt.

1406 Der Priester Emmanuel Rukundo wurde letztinstanzlich „nur" zu 23 Jahren Gefängnis verurteilt.

1407 Es gibt Hinweise, dass er nicht wie behauptet aus gesundheitlichen Gründen zurückgetreten ist, sondern aus Protest dagegen, dass man Milošević im ICTY erlaubt hat, sich selbst zu verteidigen.

91) Joseph Serugendo

Biographische Angaben	Joseph Serugendo wurde im Mai 1953 in der Gemeinde Satinsyi/Präfektur Gisenyi geboren. 1994 war er Mitglied des Gründungskomitees und Technikchef von RTLM und zugleich technischer Direktor von Radio Rwanda. Zudem war er Mitglied des Nationalkomitees der MRNDD-Interahamwe und Besitzer der Bar *La Terminus* in Kigali. Er wurde erst im Jahr 2005 in Gabun verhaftet, obwohl man seinen Aufenthaltsort seit 1997 kannte. Er hat sich schuldig erklärt und ist kurz nach seiner Verurteilung am 22. August 2006 im Gefängnis in Arusha gestorben.
Anklageinhalt	Die Verurteilung basiert auf einer mit dem Gericht ausgehandelten Anklageschrift vom 15.3.2006. Damit war die weitgehende Anklageschrift vom Juli 2005 überholt.
Kammer-Verfahren	**Kammer-Urteil am 12.6.2006** **Richter:** Erik Møse (Vors.), Jai Ram Reddy und Sergei Alekseevich Egorov; **Anklage:** Jallow, Rapp, Egbe; **Verteidigung:** Cecil Maruma **Inhalt** Ohne Prozess nach Schuldanerkenntnisvereinbarung Verurteilung zu 6 Jahren Gefängnis wegen öffentlicher Anstiftung zum Völkermord. Im Urteil wird schon erklärt, dass Serugendo schwer krank sei und deshalb nicht in ein normales Gefängnis eingewiesen werden könne.
Berufungs-Verfahren	---
Kurz-Bewertung	Dieser Prozess gehört zu den rätselhaften Vorgängen um den Fragenkomplex *Interahamwe* der MRNDD bzw. der Entscheidung, alle Mörderbanden als „*Interahamwe*" zu bezeichnen. In diesem Fall hat das Gericht mit der in der Vereinbarung als Untergrenze von 6 Jahren möglichen Strafe angesichts der begrenzten Lebenserwartung des schwerkranken Angeklagten Wort gehalten. Das Urteil hat keinen Beweiswert.

92) Omar Serushago

Biographische Angaben	Der Muslim Omar Serushago wurde am 24.4.1961 in der Gemeinde Rubavu/Präfektur Gisenyi geboren. 1994 lebte Serushago in Gisenyi und gehörte offenbar zum Führungskreis der lokalen MRNDD-Interahamwe.[1408] Serushago wurde am 9.6.1998 in Abidjan/Côte d'Ivoire verhaftet. Nach Ankunft in Arusha hat er erklärt – er hat wohl auch schon mit den Vertretern der Anklagebehörde kooperiert –, er habe sich selbst gestellt. Danach hat er eine Schuldanerkenntnisvereinbarung mit der Staatsanwaltschaft ohne den Punkt Vergewaltigung ausgehandelt, die schließlich auch vom Gericht anerkannt wurde. Somit konnte das Gericht ohne weitere Verhandlung ein Urteil fällen. Später hat er sich in anderen Verfahren als Zeuge der Anklage zur Verfügung gestellt. Er wurde nach Verbüßung von 3/4 seiner Strafe am 13.12.2012 aus dem Gefängnis in Mali freigelassen, fand aber kein Aufnahmeland. Er ist – lt. einer Meldung der Agence Hirondelle vom 15.4.2014 – in Mali „einige Monate nach seiner Entlassung" im Jahr 2013 verstorben.
Anklageinhalt	Er wurde als mutmaßlicher Anführer der „*Interahamwe*"-Milizen in Gisenyi angeklagt.
Kammer-Verfahren	**Kammer-Urteil 5.2.1999** **Richter:** Laïty Kama (Vors.), Lennart Aspegren und Navanethem Pillay; **Anklage:** Bernard Muna und Mohamad Othman; **Verteidigung:** Mohamed Ismail **Inhalt** 15 Jahre Gefängnis wegen Völkermord trotz Schuldanerkenntnisvereinbarung. Für den Tatbestand „Vergewaltigung" hatte er sich nicht schuldig erklärt, der Anklagepunkt wurde auch fallengelassen.
Berufungs-Verfahren	Serushago wollte eine geringere Strafe erwirken. **Berufungsgerichts-Urteil 6.4.2000** **Richter:** Claude Jorda (Vors.), Lal Chand Vohrah, Mohamed Shahabuddeen, Rafael Nieto-Navia und Fausto Pocar; **Anklage:** Bernard Muna et al.; **Verteidigung:** Mohamed Ismail **Inhalt** Vollinhaltliche Bestätigung des Kammer-Urteils.

1408 Über seine Biographie wird auch in der Anklageschrift und den Urteilen fast nichts mitgeteilt. Bei Cruvellier 2010 heißt es auf Seite 179 (Fußnote 4 zu Kapitel 6), seine Mutter und auch sein zweite Frau seien Tutsi gewesen.

Kurz-Bewertung	Wie alle MRNDD-Interahamwe-Prozesse ist auch dieses Verfahren ein seltsamer Vorgang. Während man Dieudonné Niyitegeka hat verschwinden lassen, eignete sich dieser „kleine Fisch" offenbar gut, um der Welt die offizielle Version der „*Interahamwe*" glauben zu machen. Angesichts des Schuldanerkenntnisses und der Tatsache, dass er schon lange mit der Anklagebehörde kooperiert hat, war es eine hohe Strafe. Man war wohl daran interessiert, einen als echt eingestuften „*Interahamwe*" zu verurteilen.[1409]

93) Ephrem Setako

Biographische Angaben	Ephrem Setako, geb. am 5.5.1949 in der Gemeinde Nkuli (Präfektur Ruhengeri), war Oberstleutnant der ruandischen Armee. 1992 war er ruandischer Delegierter in der von der OAU eingerichteten Neutralen Militär-Beobachtergruppe (GOMN I) zur Überwachung des Waffenstillstandsabkommens zwischen dem ruandischen Staat und der RPF. Ab November 1993 bis zur Niederlage der ruandischen Streitkräfte diente er als Chef der Rechtsabteilung des Verteidigungsministeriums. Nach dem Verlassen des Landes beim RPF-Sieg gelangte er schließlich in die Niederlande. Er wurde am 25.2.2004 in den Niederlanden verhaftet und nach Arusha überstellt. Er verbüßt seine Haftstrafe in Mali.
Anklageinhalt	Setako sei Teil eines *joint criminal enterprise* zur Vernichtung der Tutsi-Bevölkerung gewesen. Er habe nichts unternommen, um andere Mitglieder dieses „Unternehmens" aufgrund seiner Befehlsgewalt von der Begehung von Straftaten abzuhalten. In diesem Zusammenhang habe er beispielsweise am 7. April im Haus der Mutter des damaligen MRNDD-Generalsekretärs Joseph Nzirorera in der Gemeinde Nkuli an einer Besprechung zur Planung des Völkermords teilgenommen.
Kammer-Verfahren	**Kammer-Urteil am 25.2.2010** **Richter:** Erik Møse (Vors.)[1410], Sergei Alekseevich Egorov und Florence Rita Arrey; **Anklage:** Ifeoma Ojemeni Okalis et al.; **Verteidiger:** Lennox Hinds und Cainnech Lussiaà-Berdou[1411] **Inhalt** 25 Jahre Gefängnis in Zusammenhang mit dem Tod von 30–40 Tutsi am 25. April 1994 und von 10 Tutsi am 11. Mai 1994 im Lager Mukamira.

1409 Sein Fall ist gut dargestellt in Cruvellier 2010, S. 55–57.

1410 Es handelte sich um eine kurze Mandatsverlängerung bis zum Abschluss dieses Falles.

1411 Anfangs war auch der Deutsche Stefan Kirsch Anwalt von Setako. Er legte am 16.11.2007 sein Mandat mit der Begründung nieder, andere berufliche Verpflichtungen stünden der weiteren Wahrnehmung des Mandats entgegen.

Berufungs-Verfahren	**<u>Berufungsgerichts-Urteil am 28.9.2011</u>** **<u>Richter</u>:** Patrick Robinson (Vors.), Mehmet Güney, Fausto Pocar, Liu Daqun und Carmel Agius; **<u>Anklage:</u>** Hassan Bubacar Jallow et al.; **<u>Verteidigung</u>:** Lennox Hinds **<u>Inhalt</u>** Bestätigung des Kammerurteils.
Kurz-Bewertung	Das Berufungsurteil gehört zu den fragwürdigsten Urteilen, die ich gelesen habe. Wenn man den folgenden Satz liest, kann man nicht verstehen, dass beide Instanzen sich im wesentlichen auf die Aussagen dieser beiden Zeugen der Anklage verlassen haben: *„The Chamber has noted that Witnesses SLA and SAT were released from prison in January 2003 and implicated Setako to Tribunal investigators for the first time while in solidarity camp in April 2003."* (Tz 339 Kammerurteil). Dass der norwegische Richter Møse ein solch fragwürdiges Urteil verantwortete, könnte mit der Tatsache zusammen hängen, dass Møse zu diesem Zeitpunkt schon zum Richter am Obersten Gerichtshof in Norwegen nominiert war und Arusha offiziell schon Ende 2009 verlassen hatte.

94) Charles Sikubwabo

Biographische Angaben	Er soll „in der Mitte der 40er Jahre"[1412] in der Gemeinde Gishyita/ Präfektur Kibuye geboren sein. Der Adventist Sikubwabo wurde 1993 Bürgermeister seiner Heimatgemeinde Gishyita und blieb es bis zum RPF-Sieg im Juli 1994. Ihm sollte der Prozess zusammen mit Elizaphan und Gérard Ntakirutimana gemacht werden. Er hat sich einem Prozess durch **Flucht** entzogen.
Anklageinhalt	Im Jahr 2000 wurde eine Anklageschrift gegen den flüchtigen Charles Sikubwabo erstellt. Darin wird ihm eine Vielzahl von Verbrechen gegen die Tutsi-Bevölkerung in der Präfektur Kibuye nach dem 6. April 1994 vorgeworfen, darunter auch die Morde am Bisesero-Hügel.
Transferentscheidung	**<u>Referral-Entscheidung vom 26.3.2012</u>** **<u>Richter</u>:** Vagn Joensen (Vors.), Lee Gacuiga Muthoga und Gberdao Gustave Kam **<u>Inhalt</u>** Es wurde beschlossen, das Dossier für den Fall seiner Ergreifung, für die die USA 5 Mio. $ ausgelobt haben, nach Ruanda zu transferieren.
Berufungs-Verfahren	---
Kurz-Bewertung	----

1412 Genauere biographische Angaben konnte ich nicht finden.

95) Aloys Simba

Biographische Angaben	Aloys Simba wurde am 28.2.1938 in der Gemeinde Mesebeya/ Präfektur Gikongoro geboren und wurde Berufssoldat. 1973 gehörte er zur Gruppe der Putschisten um Juvénal Habyarimana. Er wurde Informationsminister, verlor den Posten aber bald, weil man ihn verdächtigte, Habyarimana stürzen zu wollen. Er kehrte in den aktiven Armeedienst zurück und wurde 1988 im Rang eines Oberstleutnants pensioniert. Von 1989 bis 1993 war er Mitglied des Parlaments (CND). Zwischen 1991 und 1993 war er MRNDD-Vorsitzender in der Präfektur Gikongoro. Von der Interimsregierung wurde er zum Berater für die Zivilverteidigung in den Präfekturen Gikongoro und Butare ernannt. Aloys Simba wurde am 27.11.2001 im Senegal aufgrund eines Haftbefehls des Arusha-Gerichts festgenommen. Er verbüßt seine Strafe in Benin.
Anklageinhalt	Oberstleutnant Simba wurde in der ergänzten Anklageschrift aus dem Jahr 2004 vorgeworfen, ab dem 7. April 1994 im Rahmen einer kriminellen Vereinigung für die Tutsi-Morde in den Präfekturen Gikongoro und Butare verantwortlich zu sein. Da er in dieser Zeit in Uniform aufgetreten sei, sei er wie ein aktiver Offizier mit Vorgesetztenverantwortung zu behandeln. Im Einzelnen wurde er für Beteiligung an Massakern an fünf Orten – darunter in den Kirchengemeinden Cyanika und Kaduha – angeklagt.
Kammer-Verfahren	**Kammer-Urteil am 13.12.2005** **Richter:** Erik Møse (Vors.), Sergei Alekseevich Egorov und Dennis C. M. Byron; **Anklage:** Richard Karegyesa et al.; **Verteidiger:** Sadikou Ayo Alao und Beth Lyons **Inhalt** 25 Jahre Gefängnis für Beteiligung an Verbrechen an zwei der fünf von der Anklage genannten Orte.
Berufungs-Verfahren	**Berufungsgerichts-Urteil am 27.11.2007** **Richter:** Fausto Pocar (Vors.), Mehmet Güney, Liu Daqun, Theodor Meron und Wolfgang Schomburg; **Anklage:** Jallow et al.; **Verteidigung:** Sadikou Ayo Alao et al. **Inhalt** Bestätigung des Kammerurteils in vollem Umfang, wobei Wolfgang Schomburg für eine Strafverschärfung (lebenslange Haftstrafe) plädiert hatte.

Kurz-Bewertung	Insbesondere vor dem Berufungsgericht hatte Oberstleutnant Simba keine Chance. Das zeigt das abweichende Votum von Wolfang Schomburg ganz deutlich. Er hielt Simba, wie auch Bürgermeister Gacumbitsi[1413], für dessen Strafverschärfung auf lebenslänglich er im Berufungsurteil mitverantwortlich ist, für eine „ganz große Nummer" (a "primary player") im ruandischen Geschehen. Auch bei der Strafverschärfung im Fall des Priesters Athanase Seromba trägt Schomburg, der völlig von der offiziellen Lesart überzeugt war[1414], große Verantwortung.

96) Maximilien Turinabo

Biographische Angaben	Maximilien Turinabo war ein Ermittler im Auftrag der Verteidigung von Augustin Ngirabatware.
Anklageinhalt	Zum Verfahren wird auf die Schilderung des Verfahrens gegen Déogratias Sebureze verwiesen.

1413 Vgl. die Aufzeichnung zum Verfahren gegen Sylvestre Gacumbitsi.

1414 Das ergibt sich eindeutig aus einem Gespräch Schomburgs mit der *Frankfurter Allgemeinen Zeitung* vom 23.9.2009

97) Juvénal Uwilingiyimana[1415]

Biographische Angaben	Juvénal Uwilingiyimana, Jg. 1951, stammte aus der Präfektur Gisenyi im Nordwesten Ruandas. 1989 wurde er Handelsminister und 1994 Direktor der staatlichen Tourismusbehörde. Seit 1998 lebte er in Belgien. Das Arusha-Gericht hat am 13. August 2005 einen internationalen Haftbefehl wegen seiner mutmaßlichen Schlüsselrolle beim Tutsi-Völkermord gegen ihn erwirkt. Er wurde nicht verhaftet, weil er bis zu seinem Verschwinden am 22.11.2005 mit den Ermittlern des Arusha-Gerichts kooperiert hat.[1416] Am 17.12.2005 wurde seine Leiche aus dem Charleroi-Kanal in Brüssel geborgen. Die Todesumstände konnten bislang nicht geklärt werden. Der von der Anklagebehörde suggerierte Selbstmord ist unwahrscheinlich. Sie gab am 23.12.2005 (die als Anhang b folgende) Erklärung mit der Bestätigung heraus, bei dem am 17.12.2005 im Charleroi-Kanal in Brüssel gefundenen Leichnam handle es sich eindeutig um Juvénal Uwilingiyimana. Jallow bestritt jedoch, den in der Öffentlichkeit aufgetauchten (hier als Anhang a folgenden) Brief vom 5.11.2005 erhalten zu haben. In diesem Brief, dessen Authentizität nicht ernsthaft bestritten werden kann[1417], heißt es, er wolle nicht mehr mit der Anklagebehörde zusammenarbeiten, weil man ihm falsche Erklärungen aufzwingen wolle, mit denen die Planung des Tutsi-Völkermords durch hochrangige Vertreter des Habyarimana-Regimes bewiesen werden sollte. Er nennt ausdrücklich Gespräche mit Stephen Rapp, der später in der US-Administration zu hohen Ehren gekommen ist.
Anklage-Inhalt	Die vorläufige Anklageschrift wurde nicht veröffentlicht. In der als Anhang b angefügten Erklärung des Chefanklägers Jallow 23.12.2005 heißt es, Uwilingiyimana sei „der Völkermordplanung, des direkten und indirekten Aufrufs zum Völkermord, des Völkermords, des Mordes als Verbrechen gegen die Menschlichkeit" bezichtigt worden.
Kammer-Verfahren	----
Berufungs-Verfahren	----
Kurz-Bewertung	Es handelt sich hier um ein sehr finsteres Kapitel der Geschichte des Arusha-Gerichts. Die Darstellung der Anklagebehörde wird von der Familie zu Recht bestritten.

1415 Zu diesem Fall wird ganz besonders auf die Ausführungen in Abschnitt 6.7.12 verwiesen.

1416 Die Gespräche der Anklagevertreter wurden mit ihm in Nord-Frankreich geführt.

1417 Bei der Konferenz der Anwälte beim Arusha-Gericht in Brüssel erläuterte seine Tochter am 22.5.2010, der Brief sei eindeutig von ihrem Vater. Es könne sich nicht um einen Selbstmord gehandelt haben.

Anhänge zum Fall Juvénal Uwilingiyimana

a) Brief von Juvénal Uwilingiyimana vom 5. November 2005 an den Chefankläger Jallow

Monsieur le Procureur,
Je me suis entretenu à plusieurs reprises avec les représentants du TPIR que vous avez dépêchés à savoir : Richard Renaud, directeur des enquêtes, Stephen Rapp, chef des poursuites, Rejean Tremblay, enquêteur, André Delvaux, enquêteur ; vous m'avez vous-même reçu fin octobre 2005.

Il m'a été demandé au départ si j'étais disposé à donner ma contribution pour faire éclater la vérité sur le drame rwandais, j'ai répondu positivement avec enthousiasme mais plus tard quand il a été question d'entrer dans le vif du sujet, monsieur Tremblay m'a d'abord lu l'acte d'accusation que vous avez rédigé en mon encontre. Je vous épargne les détails des propos qui s'en sont suivis pour arriver à votre exigence : je dois vous aider à démolir (propre terme des enquêteurs) monsieur Zigiranyirazo Protais et tous les membres de l'Akazu dont sa sœur Agathe, démolir la tête du MRND à savoir Ngirumpatse Matthieu, Karemera Edouard et Nzirorera Joseph comme Bagaragaza Michel vient de le faire ; un homme dont les enquêteurs ne cessent de vanter les mérites et l'honnêteté !

Je ne veux pas mentir pour faire plaisir aux enquêteurs et donner du crédit à votre thèse selon laquelle le génocide rwandais a été planifié par le MRND et l'Akazu restreint et élargi. Je suis prêt à supporter toutes les conséquences telles qu'elles m'ont été précisées par les enquêteurs Tremblay et Delvaux : je serai lynché, écrasé, mon cadavre sera piétiné dans la rue et les chiens me pisseront dessus (propres termes des enquêteurs).

Monsieur le procureur, ceux qui ont planifié et mis en œuvre à partir du 1er octobre 1990 le génocide du peuple rwandais sont connus, ceux qui ont assassiné le président Habyarimana Juvénal et plongé le Rwanda dans l'horreur sont connus et ce sont les mêmes qui ont planifié et exécuté le génocide du peuple congolais.

Dans ma lettre du 06 avril 2005, deuxième rappel de ma plainte, j'attirais votre attention sur le fait que l'impunité a toujours été et sera toujours un facteur d'instabilité, elle n'a jamais été et ne sera jamais un facteur de réconciliation ni au Rwanda ni ailleurs.

Monsieur le procureur, les déclarations de Bagaragaza Michel recueillies par l'enquêteur Tremblay témoignent de l'état d'esprit d'une personne qui n'est plus elle-même depuis ses déboires financiers de 1998 et qui dit oui à toutes les propositions de réponse de monsieur Tremblay visant à démolir les personnes désignées d'avance. Pour votre information, l'armée rwandaise a disposé depuis les années

1960 d'un camp et d'un domaine militaires en plein parc de l'Akagera, elle n'avait pas besoin d'être autorisée par l'Office du Tourisme et des Parcs Nationaux pour faire ses entraînements ou entraîner qui elle voulait ; tout comme le FPR n'a pas eu besoin d'autorisation de l'Office pour déclencher la guerre et s'installer dans le parc de l'Akagera.

A travers l'acte d'accusation qui m'a été lu, l'enquêteur Delvaux me prête des capacités de dédoublement que je n'ai jamais possédées, deux officiers de la MINUAR peuvent témoigner de mon séjour à l'hôtel Ituze de Cyangugu en avril 1994 ; je ne cite que ces deux là puisque pour vos enquêteurs, les témoins hutu ne sont pas fiables.

Pour monsieur Tremblay, je suis un imbécile parce que j'ignore que monsieur Nyandwi Charles était le président des interahamwe de Kigali Rural ; je suis un imbécile parce que j'ignore la collaboration ayant pu exister entre Karera François, Renzaho Tharcisse et Charles Nyandwi lors du génocide ; je suis un imbécile parce que j'ignore que Karera François et les interahamwe de Nyandwi contrôlaient toute la préfecture de Kigali Rural pendant le génocide ; je suis un imbécile parce que j'ose dire que je n'étais pas à Kayove, ma commune natale pendant les vingt premiers jours du mois d'avril 1994 ; je suis un imbécile parce que j'ai osé porter plainte contre les chefs militaires du FPR pour l'extermination d'une partie de ma famille. Malgré deux rappels, cette plainte est restée sans suite depuis bientôt dix ans.

Ce n'est ni par l'intimidation, ni par les leçons apprises par cœur de Nkubito et de Serushago, ni par les déclarations sous pression de Bagaragaza Michel ou le C.V. fleuve de Zigiranyirazo Protais que vous allez découvrir la vérité et d'ailleurs la vérité vous la connaissez mais elle gêne ceux qui vous payent. Un jour les langues se délieront et l'histoire ne vous oubliera pas, vous et votre équipe.

J'ose espérer, monsieur le procureur, que cet appel touchera le fond de votre conscience et que tous les dossiers seront traités dans la totale impartialité, que vos enquêteurs vont enfin bouger et ne plus se contenter des déclarations de délateurs payés par le gouvernement du FPR.

Sé Uwilingiyimana Juvénal

b) Erklärung des Chefanklägers Jallow vom 23.12.2005 zum Tode von Juvénal Uwilingiyimana (ICTR/INFO-9-2-461.EN, 23-12-2005)

The Office of the Prosecutor of the International Criminal Tribunal for Rwanda (ICTR) has been informed by Belgian authorities that the body discovered in the Charleroi canal in Brussels, Belgium, on Saturday, 17 December 2005, has been positively identified as that of Juvénal Uwilingiyimana.

ICTR Prosecutor Hassan Bubacar Jallow expressed regret at this loss of life. "This individual, although an indictee of the Tribunal, voluntarily agreed to cooperate in the search for truth and justice for the Rwanda genocide of 1994. I convey my sincere condolences to his family."

According to the statement from the Office of the Prosecutor, "Uwilingiyimana was indicted by ICTR on 13 June 2005, for the crimes of Conspiracy to Commit Genocide, Direct and Public Incitement to Commit Genocide, Genocide, and Murder as a Crime Against Humanity. An International Warrant of Arrest was issued on 13 August 2005.

Subsequent to the issuance of the Warrant of Arrest, ICTR investigators were informed that Uwilingiyimana wished to cooperate with the Office of the Prosecutor. They disclosed to him the contents of the Indictment and the Warrant of Arrest. On confirmation of his willingness to tell the whole truth, it was agreed that the execution of the Warrant of Arrest would be held in abeyance to permit him to be interviewed regarding the events in Rwanda in 1994.

Mr. Uwilingiyimana signed a declaration setting forth the conditions under which he would be interviewed. In this document he indicated that he was doing so voluntarily and without having been subject to pressure, threats, or promises by the investigators. The document also provided that his statements could only be used by the Office of the Prosecutor if an agreement was thereafter finalized between him and the Prosecutor regarding his case at the ICTR.

Although indicted and subject to a Warrant of Arrest, Uwilingiyimana was never taken into custody and came voluntarily to all of his meetings with ICTR Investigators. Under this arrangement they interviewed him for several weeks, seeing him last on 18 November 2005. However, on 21 November 2005, he failed to appear for a scheduled interview session, and on 22 November 2005, his wife reported to Belgian police authorities that he was missing. To the knowledge of the Office of the Prosecutor he was never seen alive after 21 November.

Seven days after his disappearance, on 28 November 2005, a letter was published on the Internet that was said to have been addressed to the ICTR Prosecutor by Uwilingiyimana on 5 November 2005, indicating that he had terminated his cooperation because of pressures from the investigators to implicate high-level individuals. The letter was never delivered to the Prosecutor or to any representative of his office. Uwilingiyimana continued until Friday, 18 November to meet with the very investigators whom he had supposedly denounced in the letter.

In fact, the Prosecutor met with Mr. Uwilingiyimana on 29 October and the Chief of Prosecutions met with him on 2 November. He was very cordial and thanked them for what had been done to accommodate his work schedule and to protect his security. He raised no complaints about the investigators and expressed satisfaction about the progress that was being made in covering the events. However, he expressed concern, as he had often to the investigators, about the dangers that he and his family would face from powerful persons in the Rwandan exile community when he told the truth about these persons' responsibility for the Rwanda genocide.

The Prosecutor of the International Criminal Tribunal for Rwanda has been given the mandate by the United Nations to bring to justice those bearing the greatest responsibility for the genocide and other violations of international humanitarian law that were committed in Rwanda in 1994. However, many powerful individuals exercised control over the actual killers from behind the scenes. They were not present at the massacre sites where tens of thousands of men, women and children were murdered. In many cases, the documentary record of their involvement escaped with them into exile.

Proving the guilt of those bearing the greatest responsibility has often required the assistance of insiders, who themselves are guilty of involvement in the crimes. At the ICTR, the Prosecutor has generally required these individuals to plead guilty before the Tribunal or admit their guilt in a national proceeding and be sentenced to a term in prison. In the process they may receive some reduction of penalty in recognition of their essential contribution to justice and reconciliation.

However, by cooperating with the Prosecutor such individuals mark themselves forever as traitors in some parts of their community and run the risk that vengeance will be taken against them or against their families.

In this case the Office of the Prosecutor undertook extraordinary measures to provide that Uwilingiyimana could meet with the investigators in circumstances that would not reveal his cooperation to those who might wish him harm. If it is determined that he was the victim of a homicide it will be clear that the protective measures were inadequate. It will also be clear that those who come forth to assist the process of justice must have the benefit of every reasonable measure of protection that is within the capacity of this Tribunal and the member states of the United Nations.

If the cause of death is determined to be homicide, the Office of the Prosecutor expresses the fervent hope that Belgian authorities will be able to arrest and try[1418] *those responsible for a crime that obstructs justice for the victims of the Rwanda genocide.*

1418 Wie erwartbar, hat die belgische Polizei nie Schuldige gefunden.

98) Jean-Bosco Uwinkindi

Biographische Angaben	Jean-Bosco Uwinkindi ist 1951 in der Gemeinde Rutsiro/Präfektur Kibuye geboren. Er wurde Pfarrer der Pfingst-Kirche des 7. Tages. 1994 war er Gemeindepastor in Nyamata, Gemeinde Kanzenze/Präfektur Kigali-Land. Beim Vordringen der RPF verließ er das Land. Am 30. Juni 2010 wurde er in Kampala verhaftet. Sein Prozess in Kigali begann am 15.5.2014.
Anklage-Inhalt	Die Anklageschrift legt ihm zur Last, ein aktiver Mitarbeiter der „extremistischen" Partei MRND und für seinen Tutsi-Hass bekannt gewesen zu sein. Er habe eine Bande von Killern geleitet und habe bei vielen Gelegenheiten Verbrechen gegen Tutsi geplant, dazu angestiftet, befohlen und begangen. Nach seiner Flucht habe man „ungefähr 2.000 Leichen in der Nähe seiner Kirche" gefunden.
Abschiebungs-verfahren	**Transfersonderkammer-Entscheidung am 28.6.2011** **Richter:** Florence Rita Arrey (Vors.), Emile Francis Short und Robert Fremr; **Anklage:** Jallow et al.; **Verteidigung:** Claver Sindayigaya, Iain Edwards und Bettina Spilker; **Amici Curiae:** Government of Rwanda, Human Rights Watch, International Association of Democratic Lawyers, International Criminal Defence Attorneys Association, Kigali Bar Association **Inhalt** Genehmigung des Antrags der Anklage von Anfang November 2010, den Fall von Pastor Jean-Bosco Uwinkindi ohne Verfahren in Arusha nach Kigali zu transferieren.
Berufungs-Verfahren	**Berufungsgerichts-Urteil am 19.4.2012** **Richter:** Theodor Meron (Vors.), Patrick Robinson, Mehmet Güney, Andrésia Vaz und Carmel Agius; **Anklage:** Hassan Jallow, François Nsanzuwera et al.; **Verteidigung:** Claver Sindayigaya **Inhalt** Bestätigung der Transferkammer-Entscheidung und Freigabe zur Auslieferung. Am 19.4.2012 wurde Jean-Bosco Uwinkindi nach Kigali ausgeliefert, wo er vor Gericht gestellt wurde.
Kurz-Bewertung	Der Transfer kann als Triumpf Kigalis angesehen werden, denn bisher hatten alle damit befassten Stellen solche Transfers abgelehnt, weil in Kigali keine fairen Verfahren zu erwarten seien. Und daran hat sich, auch wenn die Kagame-Verbündeten das Gegenteil behaupten, bis heute nichts geändert.

99) Protaïs Zigiranyirazo

Biographische Angaben	Protaïs Zigiranyirazo wurde am 2.2.1938 in der Gemeinde Giciye/ Präfektur Gisenyi im Nordwesten Ruandas geboren. Seine jüngere Schwester Agathe Kanziga heiratete am 7.8.1963 Juvénal Habyarimana (Jg. 1937). Protaïs Zigiranyirazo wurde somit Schwager des künftigen ruandischen Präsidenten (ab 1973). Zigiranyirazo selbst war schon 1969 in der Ära des Präsidenten Grégoire Kayibanda Parlamentsmitglied geworden. 1973 wurde er zum Präfekten von Kibuye berufen und war von 1974 bis 1989 Präfekt von Ruhengeri. Als „Monsieur Z." wurde er in dieser Zeit eine bekannte Größe der ruandischen Politik.[1419] 1989 zog er sich aus der Politik zurück und begann ein Studium an der Universität von Quebec in Montreal/ Kanada. 1993 musste er auf Druck von Pro-RPF-Kreisen Kanada verlassen und kehrte als Geschäftsmann nach Ruanda zurück. 1994 verließ er beim Vordringen der RPF-Truppe Ruanda und ging nach Kenia ins Exil. Am 21. Juli 2001 wurde er am Flughafen in Brüssel mit einem falschen Pass verhaftet und von der belgischen Regierung aufgrund eines Haftbefehls des Arusha-Gerichts nach Tansania überstellt. Nach seinem Freispruch durch das Berufungsgericht 2009 wurde ihm die Einreise in Frankreich, wo seine Familie lebt, verweigert.
Anklage-Inhalt	Protaïs Zigiranyirazo wurde beschuldigt, er habe nach dem 6.4.1994 Straßensperren errichten lassen und zur Ermordung von Tutsi sowohl in Kigali als auch in Gisenyi angestiftet. Er wurde wegen Völkermord angeklagt.
Kammer-Verfahren	**Kammer-Urteil am 18.12.2008** **Richter:** Inés Mónica Weinberg de Roca (Vors.), Khalida Rachid Khan und Lee Gacuiga Muthoga; **Anklage:** Wallace Kapaya, Charity Kagwi-Ndungu u. a.; **Verteidigung:** John Philpot und Peter Zaduk **Inhalt** 20 Jahre Gefängnis wegen Völkermord. Dabei spielten Aussagen von Alison Des Forges eine Rolle, die die Existenz des Akazu und die Rolle des Angeklagten darin als erwiesen darstellte.[1420] Die Kammer hat die vorgelegten Alibi-Beweise global zurückgewiesen.

1419 Als Christophe Mfizi, ein früherer enger Mitarbeiter von Präsident Habyarimana, Ruanda verlassen hatte, verfasste er 1992 in Frankreich eine Art Demissionsschrift. Darin beschrieb er ein „Réseau Zéro" – wobei das Z für Zigiranyirazo steht. Kern dieses Netzwerks sei ein von Frau Agathe Kanziga-Habyarimana geleiteter Geheimzirkel namens Akazu gewesen. (Das Akazu ist ein in Collins 2014 genau beschriebener Mythos; vgl. Auszug in Teil F der Dokumentation).

1420 Vgl. Kammer-Urteil Tz.103.

Berufungs-Verfahren	Der Angeklagte, aber auch die Anklagebehörde hatten Berufung beantragt. Die Anklage forderte eine lebenslange Haftstrafe. **Berufungsgerichts-Urteil 16.11.2009** **Richter:** Theodor Meron (Vors.), Mehmet Güney, Fausto Pocar, Liu Daqun und Carmel Agius; **Anklage:** Jallow et al.; **Verteidigung:** John Philpot, Peter Zaduk, Fiona Gray und Kyle Gervais **Inhalt** **Einstimmiger Freispruch**. Das Berufungsgericht hielt alle vom Angeklagten vorgelegten Beweise, wonach er in den fraglichen Zeiten und an den angegebenen Orten keine Verbrechen begangen haben konnte, für bewiesen. Damit bestehe keine Basis für eine Verurteilung.
Kurz-Bewertung	Sensationeller Freispruch. Beispiel für leichtfertige Arbeit der Anklage und gute Arbeit vor allem des Verteidigers John Philpot.

C) Liste der Richterinnen und Richter des Arusha-Gerichts (ICTR) und ihre Verfahrensbeteiligung

Stand Ende 2014

Name	Biographische Angaben und nominierender Staat	Prozessbeteiligung (Beteiligung an Kammerurteilen ohne gesonderten Hinweis)
Afande, Kumelio Koffi	Jg. 1962; Togo; seit November 2013 Richter am ICTY und der gemeinsamen ICTY/ICTR Berufungskammer.	2014 Berufungsverfahren Nzabonimana; 2014 Berufung Karemera und Ngirumpatse
Agius, Carmel	Jg. 1945; Malta; Richter am ICTY seit 2001 und seit 2009 Mitglied der gemeinsamen ICTY/ICTR Berufungskammer. Seit 2014 Mitglied im Residual-Mechanismus (MICT)	2009 Zigiranyirazo-Berufung; 2011 Setako-Berufung; 2012 Gatete-Berufung; 2013 Ndahimana-Berufung; 2014 Teil-Berufungsurteil Militär II; 2014 Berufung Augustin Bizimungu (Militär II)
Akay, Aydin Sefa	Jg.1959; Türkei; seit 2009 Richter am ICTR; seit 2012 Mitglied im Residual-Mechanismus (MICT)	2010 Munyakazi; 2011 Gatete;
Arrey, Florence Rita	Jg. 1948; Kamerun; seit 2003 Richterin am ICTR; seit 2013 Mitglied im Residual-Mechanismus (MICT)	2005 Rutaganira; 2008 Bikindi; 2010 Munyakazi (Vors.); 2010 Setako; 2012 Ryandikayo-Referral; 2012 Ntaganzwa-Referral;
Asoka de Silva, Joseph Nihal	Jg. 1946; Sri Lanka; Richter am ICTR von 2004 bis 2011	2007 Rugambarara (Vors.) ; 2009 Rukundo (Vors.); 2011 Militär II (Vors.);
Aspegren, Lennart	Jg. 1931; Schweden;1995–2000 Richter am ICTR (Verzicht auf Wiederwahl)	1998 Akayesu; 1999 Rutaganda; 1999 Serushago;
Bossa, Solomy Balungi	Jg. 1956; Uganda; seit 2005 Richterin am ICTR, heute Richterin am Residual-Mechanismus (MICT)	2006 Bisengimana; 2011 Butare-Prozess; 2012 Nzabonimana (Vors.);

Name	Biographische Angaben und nominierender Staat	Prozessbeteiligung (Beteiligung an Kammerurteilen ohne gesonderten Hinweis)
Byron, Charles Michael Denis	Jg.1943; Saint Kitts and Nevis. Richter seit 2004; Präsident des Arusha-Gerichts von 2007 bis zu seinem Ausscheiden aus dem Arusha-Gericht 2011	2006 Kammer Entscheidung zum Judicial Notice im Prozess Karemera et al. (Vors.); 2006 Rwamakuba (Vors); 2007 „GAA" (Vors.); 2011 Bizimana- Preservation of Evidence (Vors.); 2012 Kammer-Urteil Karemera/Ngirumpatse (Vors.);
Daqun, Liu	Jg. 1950, VR China; seit 2000 Richter am ICTY und seit 2006 an der gemeinsamen ICTY/ICTR Berufungskammer, heute Richter am MICT	2006 Karemera, Judicial Notice Berufung; 2007 Rwamakuba-Berufung; 2007 Ndindabahizi-Berufung; 2007 Muhimana-Berufung; 2008 Seromba-Berufung; 2009 Zigiranyirazo-Berufung; 2010 Bikindi-Berufung; 2011 Setako-Berufung; 2012 Gatete-Berufung (Vors.); 2012 Ntabakuze-Berufung; 2013 Regierung II-Berufung; ; 2014 Teil-Berufungsurteil Militär II; 2014 Berufung Augustin Bizimungu (Militär II); 2014 Entscheidung Ngirabatware; 2014 MICT-Berufungsurteil Ngirabatware
Dolenc, Pavel	Jg. 1942, Slowenien, 1998 gewählt. 2003 nicht wiedergewählt, aber Mandat bis zum Abschluss des Cyangugu-Verfahrens verlängert. (Karemera schreibt, seine abweichende Voten hätten ihm Schwierigkeiten eingebracht und zu seiner Nicht-Wiederberufung 2003 geführt. (Karemera 2012), S. 415)	2003 Semanza; 2004 Ntagerura et al. (Cyangugu-Verfahren)
Egorov, Sergei Alekseevich	Jg. 1946; Russ. Föderation; seit 2003 Richter am ICTR	2004 Gacumbitsi; 2006 Serugendo; 2008 Militär I; 2010 Setako;
Fremr, Robert	Jg. 1957; Tschechische Republik; von 2006–2008 und wieder 2011–2012 Richter am ICTR (danach am ICC)	2007 Transfer Munyeshyaka; 2007 Bucyibaruta-Referral; 2008 Bikindi; 2012 Nizeyimana

Name	Biographische Angaben und nominierender Staat	Prozessbeteiligung (Beteiligung an Kammerurteilen ohne gesonderten Hinweis)
Flügge, Christoph	Jg. 1947; Deutschland; seit 2008 Richter am ICTY, seit 2011 Mitglied der Berufungskammer des Residual-Mechanismus MICT.	2014 MICT-Entscheidung Ngirabatware; 2014 MICT-Berufungsurteil Ngirabatware
Gunawardana, Asoka de Zoysa	Jg.1942; (gest. 26.11.2004); Sri Lanka. Er war ICTR-Richter von 1999 bis zu seiner Demission aus Gesundheitsgründen im Mai 2004.	2003 Medien-Prozess (Nahimana et al.)
Güney, Mehmet	Jg. 1936; Türkei. Seit 1999 Richter am Ruanda-Gericht und seit 2001 Mitglied der Berufungskammer	2003 Rutaganda-Berufung; 2004 Berufung Ntakirutimana, E. und G.; 2005 Semanza-Berufung; 2006 Ntagerura-Berufung ; 2006 Karemera et al. Berufung Judicial Notice; 2007 Berufung Nahimana et al.; 2007 Ndindabahizi-Berufung; 2007 Muhimana-Berufung; 2009 Zigiranyirazo-Berufung ; 2010 Bikindi Berufung; 2011 Setako-Berufung; 2012 Gatete-Berufung; 2012 Ntabakuze-Berufung; 2013 Berufung Transfer Munyagishari; 2014 Berufungsurteil Nzabonimana (Vors.)
Hall, Burton	Jg. 1947; Bahamas, seit 2011 Richter am Residual-Mechanismus MICT	2014 MICT-Entscheidung Ngirabatware; 2014 ;MICT-Berufung Ngirabatware
Hikmet, Taghrid	Jg. 1945; Jordanierin; ICTR-Richterin von 2003–2011	2007 Rugambarara; 2009 Rukundo; 2010 Kanyarukiga (Vors.); 2010 Hategekimana; 2011 Militär II
Hökborg, Karin	Jg.1941; Schweden, ICTR-Richterin von 2004–2007	2006 Seromba; 2006 Rwamakuba
Hunt, David	Jg. 1935; Australien; seit 1999 Richter in der gemeinsamen ICTY/ICTR Berufungskammer	2002 Bagilishema-Berufung

Name	Biographische Angaben und nominierender Staat	Prozessbeteiligung (Beteiligung an Kammerurteilen ohne gesonderten Hinweis)
Joensen, Vagn Prüsse	Jg. 1950; Dänemark; 2007 ad litem Richter am ICTR. Seit 2012 letzter ICTR-Vorsitzender; heute Richter am MICT	2007 „GAA"; 2012 Karemera/Ngirumpatse; 2011 Bizimana- Preservation of Evidence; 2012 Sikubwabo-Referral (Vors.); 2012 Ryandikayo-Referral (Vors.); 2012 Überstellungsbeschluss Ntaganzwa (Vors.)
Jorda, Claude	Jg. 1938; Frankreich; seit 1999 Richter am ICTY und Mitglied der gemeinsamen ICTY/ICTR Berufungskammer bis 2003 (danach von 2003–2007 Richter am ICC)	2000 Barayagwiza Berufung Revision (Vors.); 2000 Serushago-Berufung (Vors.); 2001 Ruzindana-Berufung (Vors.); 2001 Akayesu-Berufung (Vors.) ; 2002 Bagilishema-Berufung (Vors.); 2003 Rutaganda-Berufung;
Kam, Gberdao Gustave	Jg. 1958; Burkina Faso; ICTR-Richter ab 2003; seit 2012 Richter beim MICT	2006 Seromba; 2006 Rwamakuba; 2006 Kammer Entscheidung zum Judicial Notice im Prozess Karemera et al.; 2007 „GAA"; 2011 Bizimana- Preservation of Evidence; 2012 Karemera/Ngirumpatse; 2012 Ryandikayo-Referral; 2012 Sikubwabo-Referral; 2012 Transfer Munyagishari
Kama, Laïty	1939 – 6.5.2001; Senegal; erster ICTR-Präsident	1998 Akayesu (Vors.); 1999 Rutaganda (Vors.); 1999 Serushago (Vors.)
Khan, Khalida Rachid (Rashid)	Jg. 1949; Pakistan, ab 2003 ICTR-Richterin, seit 2012 Mitglied der gemeinsamen ICTY/ICTR Berufungskammer	2011 Regierung II (Vors.); 2011 Gatete (Vors.) ; 2013 Berufung Ndahimana; 2013 Berufung Transfer Munyagishari; 2014 Teilberufungsurteil Militär II; 2014 Berufung Augustin Bizimungu (Militär II); 2014 Berufung Nzabonimana
Khan, Tafazzal Hossain	Bangladesh; ICTR-Richter von 1995–2000	1999 Kayishema/ Ruzindana;

Name	Biographische Angaben und nominierender Staat	Prozessbeteiligung (Beteiligung an Kammerurteilen ohne gesonderten Hinweis)
Kirk-McDonald, Gabrielle	Jg. 1942, USA; von 1993–1999 Richterin am ICTY und Mitglied der gemeinsamen ICTY/ICTR Berufungskammer	1999 Berufungsverfahren Barayagwiza I (Vors.)
Lattanzi, Flavia	Jg. 1940; Italien, von 2003–2007 Richterin am ICTR (danach Richterin am ICTY)	2005 Rutaganira; 2006 Mpambara;
Maqutu, Winston C. Matanzima	Jg. 1941, Lesotho, 2001 gewählt, 2003 nicht wiederberufen. Sein Mandat wurde aber verlängert bis zum Ende der Kamuhanda- und Kajelijeli-Verfahren.[1421]	2003 Kajelijeli; 2004 Kamuhanda
Masanche, Joseph E. Chiondo	Jg. 1944, Tansania, ICTR-Richter von 2009–2011, danach beim MICT	2010 Kanyarukiga; 2010 Hategekimana;

1421 Karemera schreibt, seine abweichenden Voten hätten ihm Schwierigkeiten eingebracht und zu seiner Nicht-Wiederberufung 2003 geführt. (Karemera 2012, S. 415)

Name	Biographische Angaben und nominierender Staat	Prozessbeteiligung (Beteiligung an Kammerurteilen ohne gesonderten Hinweis)
Meron, Theodor	Jg. 1930; USA; seit 2001 Richter am ICTY und Mitglied der gemeinsamen ICTY/ICTR Berufungskammer. Seit 2010 auch Vorsitzender des Residual-Mechanismus MICT	2002 Bagilishema-Berufung; 2003 Rutaganda-Berufung (Vors.); 2004 Niyitegeka-Berufung; 2004 Ntakirutimana, E. und G.-Berufung (Vors.); 2005 Semanza-Berufung (Vors.); 2006 Ntagerura-Berufung; 2006 Karemera et al. Berufung (Judicial Notice); 2007 Berufung Nahimana et al.; 2007 Rwamakuba-Berufung; 2007 Ndindabahizi-Berufung; 2008 Seromba-Berufung; 2009 Zigiranyirazo-Berufung (Vors.) 2010 Bikindi-Berufung; 2012 Ntabakuze-Berufung (Vors.); 2013 Regierung II-Berufung; (Vors.) ; 2013 Ndahimana- Berufung (Vors.); 2013 Transfer Munyagishari (Vors.); 2014 (Vors.) Teil-Berufungsurteil Militär II (Ndindiliyimana, Nzuwonemeye, Sagahutu); 2014 Berufung Augustin Bizimungu (Militär II) (Vors.); 2014 Berufung Karemera und Ngirumpatse (Vors.); 2014 MICT-Entscheidung zum Ngirabatware-Antrag (Vors.); 2014 MICT-Berufungsurteil Ngirabatware (Vors.)
Møse, Eric	Jg. 1950; Norwegen; ICTR-Richter von 1999–2009 (heute Richter am Menschenrechtsgerichtshof in Straßburg)	2003 Ntakirutimana, E. und G. (Vors.) ; 2003 Niyitegeka; 2003 Medien; 2006 Serugendo (Vors.) ; 2008 Militär I (Vors.); 2010 (in Mandatsverlängerung bis zum Urteil) Setako (Vors.)
Moloto, Bakone Justice	Jg.1944; Südafrika, seit 2005 Richter am ICTY; seit 2012 Mitglied der Berufungskammer des Residual-Mechanismus (MICT)	2014 MICT-Entscheidung zu Ngirabatware; 2014 MICT-Berufungsurteil Ngirabatware

Name	Biographische Angaben und nominierender Staat	Prozessbeteiligung (Beteiligung an Kammerurteilen ohne gesonderten Hinweis)
Mumba, Florence	Jg. 1948; Sambia; von 2003–2008 Richterin am Berufungsgericht (später Richterin am Kambodscha-Gericht und Oberste Richterin in Sambia; seit 2013 im Ruhestand)	2004 Niyitegeka-Berufung; 2004 Ntakirutimana, E. und G.-Berufung; 2007 kurze Zeit im Nahimana Berufungsverfahren;
Muthoga, Lee Gacugia	Jg. 1945; Kenia; ICTR-Richter ab 2003, 2011 zum Richter am MICT gewählt	2007 Transfer Munyeshyaka; 2007 Bucyibaruta-Referral; 2008 Zigiranyirazo; 2011 Gatete; 2011 Regierung II; 2012 Überweisung Sikubwabo; 2012 Transfer Munyagishari (Vors.); 2012 Nizeyimana (Vors.)
Niang, Mandiaye	Senegalese; seit 1997 beim ICTR angestellt, ab September 2013 ICTR-Richter und Mitglied der Berufungskammer als Nachfolger der zurückgetretenen Richterin Andrésia Vaz.	
Nieto-Navia, Rafael	Jg. 1938; Kolumbien; seit 1998 Richter am TPIY und in der gemeinsamen ICTY/ ICTR Berufungskammer	1999 Barayagwiza Berufung I; 2000 Barayagwiza Berufung Revision; 2000 Serushago-Berufung; 2001 Akayesu-Berufung; 2001 Ruzindana-Berufung;
Ostrovsky, Yakov	Jg. 1927; Russische Föderation, ICTR-Richter von 1995 bis 2003, aber Mandatsverlängerung bis zum Abschluss des Cyangugu-Verfahrens	1999 Kayishema/ Ruzindana; 2003 Semanza(Vors.); 2004 Ntagerura, Bagambiki, Imanishimwe (Cyangugu-Verfahren)
Park, Seon Ki	Jg. 1954; Süd-Korea; seit 2004 ICTR-Richter; seit 2013 Richter am MICT	2007 Rugambarara; 2009 Rukundo; 2010 Kanyarukiga; 2011 Militär II; 2012 Überstellungsbeschluss Ntaganzwa; 2012 Transfer Munyagishari; 2012 Nizeyimana

Name	**Biographische Angaben und nominierender Staat**	**Prozessbeteiligung (Beteiligung an Kammerurteilen ohne gesonderten Hinweis)**
Pillay, Navanethem	Jg. 1941; Südafrika, 1995–2003 Richterin und Vorsitzende des Arusha-Gerichts. (Sie stellte sich 2003 nicht zur Wiederwahl für das Arusha-Gericht, weil sie schon zuvor zur Richterin am Internationalen Strafgerichtshof in Den Haag gewählt worden war.	1998 Akayesu; 1999 Rutaganda; 1999 Serushago; 2002 Beschluss zur Anklageaufhebung für Rusatira; 2003 Niyitegeka (Vors.); 2003 Ntakirutimana, E. und G.; 2003 Medien (Vors.);
Pocar, Fausto	Jg. 1939; Italien. Seit 1999 Richter am Jugoslawien-Gericht; ab 2000 Richter an der gemeinsamen ICTY/ ICTR-Berufungskammer	2000 Barayagwiza Revision der Berufung; 2000 Serushago-Berufung; 2001 Akayesu-Berufung; 2001 Ruzindana-Berufung; 2002 Bagilishema-Berufung; 2003 Rutaganda-Berufung; 2005 Semanza-Berufung; 2006 Ntagerura-Berufung (Vors.); 2007 Rwamakuba-Berufung (Vors.); 2007 Berufung Nahimana et al. (Vors.); 2007 Muhimana-Berufung (Vors.); 2009 Zigiranyirazo-Berufung; 2010 Bikindi-Berufung; 2011 Setako-Berufung; 2012 Gatete-Berufung; 2012 Ntabakuze-Berufung; 2014 Berufung Karemera und Ngirumpatse
Rajohnson, Mparany Mamy Richard	* 30.7.1948; Madagaskar; seit 2009 ICTR-Richter; seit 2013 Richter am Residual-Mechanismus MICT	2010 Munyakazi; 2012 Nzabonimana; 2012 Ngirabatware;
Ramaroson, Arlette	Jg. 1944, Madagaskar; seit 2001 ICTR-Richterin, seit 2012 Mitglied der gemeinsamen ICTY/ICTR-Berufungskammer	2004 Kamuhanda; 2006 Bisengimana (Vors.) ; 2010 Hategekimana (Vors.; 2011 Butare-Prozess; 2012 Berufung Kanyarukiga; 2012 Berufung Ntabakuze; 2013 Ndahimana-Berufung; 2013 Transfer Munyagishari; 2014 Berufung Nzabonimana; 2014 Berufung Karemera und Ngirumpatse
Reddy, Jai Ram	Jg. 1937; Fidji, von 2003–2008 Richter am ICTR	2004 Gacumbitsi; 2006 Serugendo; 2008 Militär I;

Name	Biographische Angaben und nominierender Staat	Prozessbeteiligung (Beteiligung an Kammerurteilen ohne gesonderten Hinweis)
Robinson, Patrick	Jg. 1944, Jamaica; seit 1998 Richter am ICTY, später Richter der gemeinsamen ICTY/ ICTR-Berufungskammer, heute Richter am Residual-Mechanismus	2008 Seromba-Berufung; 2010 Bikindi-Berufung (Vors.); 2011 Setako-Berufung (Vors.); 2013 Regierung II-Berufung;
Schomburg, Wolfgang	Jg. 1948; Deutschland; ab 2001 Richter am ICTY und Mitglied der gemeinsamen ICTY/ ICTR-Berufungskammer. 2008 Rücktritt. (Von 1995–2001 Richter am Bundesgerichtshof in Karlsruhe.)	2004 Niyitegeka-Berufung; 2004 Ntakirutimana, E. und G.-Berufung; 2006 Ntagerura-Berufung; 2006 Karemera et al. Berufung (Judicial Notice); 2007 Rwamakuba-Berufung; 2007 Muhimana-Berufung; 2007 (Vors.) Ndindabahizi-Berufung; 2008 Seromba Berufung
Sekule, William	Jg. 1944. Tansania; Richter seit 1995; nach Ngirabatware-Urteil Wechsel zur ICTY/ICTR Berufungskammer und zugleich Richter am MICT	1999 Kayishema/ Ruzindana (Vors.); 2004 Kamuhanda (Vors.); 2006 Bisengimana; 2011 Butare-Prozess (Vors.); 2012 Ngirabatware (Vors.); 2013 Ndahimana- Berufung; 2014 Berufung Nzabonimana
Shahabuddeen, Mohamed	Jg. 1931; Guyana Richter am ICTY und Richter an der gemeinsamen Berufungskammer seit 1997; im Januar 2009 wurde er als Richter an den Internationalen Strafgerichtshof gewählt, trat jedoch noch vor Amtsantritt am 16. Februar 2009 aus persönlichen Gründen zurück.	1999 Barayagwiza Berufung I; 2000 Barayagwiza Berufung Revision; 2000 Serushago-Berufung; 2001 Akayesu-Berufung; 2001 Ruzindana-Berufung; 2002 Bagilishema-Berufung; 2003 Rutaganda-Berufung; 2004 Niyitegeka-Berufung; 2005 Semanza-Berufung; 2006 Karemera et al. Judicial Notice –Berufung (Vors.); 2007 Berufung Nahimana et al.; 2007 Rwamakuba-Berufung; 2007 Ndindabahizi-Berufung; 2007 Muhimana-Berufung; 2008 (Vors.) Seromba-Berufung
Short, Emile Francis	Jg. 1943; Ghana. Wurde 2004 Richter und ging Ende 2010 in Pension.	2006 Kammer Entscheidung zum Judicial Notice im Prozess Karemera et al.; 2011 Regierung II;

Name	Biographische Angaben und nominierender Staat	Prozessbeteiligung (Beteiligung an Kammerurteilen ohne gesonderten Hinweis)
Tuzmukhamedov, Bakhtiyar	Jg. 1955 ; Russ. Föderation; seit 2012 ICTR-Richter und ab 2013 Mitglied der gemeinsamen ICTY/ICTR-Berufungskammer	2012 Nzabonimana; 2013 Regierung II-Berufung; 2014 Teil-Berufungsurteil Militär II; 2014 Berufung Augustin Bizimungu (Militär II); Berufung Karemera und Ngirumpatse
Vaz, Andrésia	Jg. 1944; Senegal; Richterin seit 2001, Mitglied des Berufungsgerichts seit 2005; sie ist Ende Mai 2013 zurückgetreten und wurde im September 2013 durch den Senegalesen Mandiaye Niang ersetzt	2003 Ntakirutimana, E. und G.; 2003 Niyitegeka; 2004 Gacumbitsi (Vors.); 2005 Rutaganira (Vors.); 2006 Seromba (Vors.); 2006 Ntagerura-Berufung; 2007 Berufung Nahimana et al.; 2012 Gatete-Berufung; 2013 Regierung II-Berufung; 2013 Berufung Transfer Munyagishari
Vohrah, Lal Chand	Jg. 1934; Malaysia; 1999–2005 Richter am ICTY und seit 1999 Mitglied der gemeinsamen ICTY/ICTR-Berufungskammer	1999 Barayagwiza Berufung I; 2000 Barayagwiza Berufung Revision; 2000 Serushago-Berufung; 2001 Akayesu-Berufung; 2001 Ruzindana-Berufung;
Wang Tieya	6.7.1913 - 12.1.2003 China	1999 Berufungsverfahren Barayagwiza I;
Weinberg de Roca, Inés	Jg. 1948; Argentinien; von 2003–2005 Mitglied der ICTY/ICTR-Berufungskammer; 2005–2008 ICTR-Kammer-Richterin	2004 Niyitegeka-Berufung; 2004 Ntakirutimana, E. und G.-Berufung; 2005 Semanza-Berufung; 2006 Ntagerura-Berufung; 2007 Bucyibaruta-Referral (Vors.); 2007 Transfer Munyeshyaka (Vors.); 2008 Zigiranyirazo Kammer-Urteil (Vors.); 2008 Kammer-Urteil Bikindi (Vors.)
Williams, Lloyd G.	1927–2008; Saint Kitts und Nevis; ab 2003 ICTR-Richter	2003 Semanza; 2004 Vors. im Verfahren gegen Ntagerura, Bagambiki und Imanishimwe

D) Liste der Richterinnen und Richter des Residual-Mechanismus (MICT)

Stand Dezember 2014

Vorsitzender: Theodor Meron, USA
Chefankläger: Hassan Bubacar Jallow, Gambia
Gerichtskanzler: John Hocking, Australien

Richter	**Herkunftsland**
Agius, Carmel A.	Malta
Akay, Aydin Sefa	Türkei
Antonetti, Claude	Frankreich
Arrey, Florence Rita	Kamerun
Bossa, Solomy Balungi	Uganda
Caires Batista Rosa, Ivo Nelson de	Portugal
Daqun, Liu	VR China
Emmerson, Ben	Großbritannien
Flügge, Christoph	Deutschland
Gatti Santana, Graciel Susana	Uruguay
Hall, Burton	Bahamas
Joensen, Vagn Prüsse	Dänemark
Kam, Gberdao Gustave	Burkina Faso
Masanche, Joseph E. Chiondo	Tansania
Meron, Theodor	USA
Moloto, Bakone Justice	Südafrika
Muthoga, Lee G.	Kenia
Nyambe, Prisca Matimbe	Sambia
Orle, Alphons	Niederlande
Park, Seon Ki	Südkorea
Prada Solaese, José Ricardo de	Spanien
Rajohnson, Mparany Richard	Madagaskar
Robinson, Patrick Lipton	Jamaika
Runeni N'gum, Aminatta Lois	Gambia
Sekule, William Hussein	Tansania

E) Zeittafel der Prozesse und wichtiger Ereignisse des Arusha-Gerichts

Datum	**Name/Ereignis**	**Urteil**
15.8.1994	Amtsantritt von Richard Goldstone als Chefankläger des Gerichts für das ehemalige Jugoslawien	
8.11.1994	Mit Res. 955 des UNO-SR Gründung des Arusha-Gerichts (automatische Übernahme von Goldstone als Chefankläger des Ruanda-Gerichts)	
22.2.1995	Mit Res. 977 Bestimmung von Arusha als Gerichtssitz	
Mai 1995	Wahl der ersten Richter durch VN-Vollversammlung (Lennart Aspegren/Schweden; Laïty Kama/Senegal; Eric Møse/Norwegen; Yakov Ostrovsky/Russland; Navanethem Pillay/ Südafrika; William H. Sekulé/Tansania	
Juni 1995	Richter Laïty Kama wird erster Gerichts-Präsident	
1996	Louise Arbour wird nach dem Ausscheiden von Goldstone Chefanklägerin der beiden ad-hoc-Gerichte	
9.1.1997	Erste Gerichtssitzung (Fall Akayesu)	
März 1997	Hillary Clinton besucht das Gericht	
28.8.1998	Präsident Clinton besucht im Rahmen seiner Vermittlungsbemühungen zu Burundi auch das Ruanda-Gericht	
2.9.1998	Kammerurteil Jean-Paul Akayesu	Lebenslänglich
4.9.1998	Kammerurteil Jean Kambanda	Lebenslänglich
1999	Navanethem Pillay wird neue Gerichtspräsidentin	
21.5.1999	Kammerurteil Clément Kayishema und Obed Ruzindana	Lebenslänglich für Kayishema, 25 Jahre für Ruzindana
September 1999	Carla Del Ponte neue Chefanklägerin beider ad-hoc-Gerichte nach Rücktritt von Louise Arbour	

Datum	Name/Ereignis	Urteil
3.11.1999	Freilassung von J.B. Barayagwiza durch die Berufungskammer	
6.12.1999	Kammerurteil Georges Rutaganda	Lebenslänglich
31.3.2000	Aufhebung der Freilassung von Barayagwiza durch die Berufungskammer	
1.6.2000	Kammerurteil Georges Ruggiu	12 Jahre nach Schuldanerkennung
19.10.2000	Berufungsurteil Jean Kambanda	Lebenslänglich
6.5.2001	Tod von Gerichtspräsident Laïty Kama	
1.6.2001	Berufungsurteil Jean-Paul Akayesu	Lebenslänglich
1.6.2001	Berufungsurteil Kayishema und Ruzindana	Bestätigung der Kammerurteile
7.6.2001	Kammerurteil Ignace Bagilishema	Freispruch
3.7.2002	Berufungsurteil Ignace Bagilishema	Freispruchbestätigung
22.11.2002	Sonderkammer Félicien Kabuga	Ablehnung des Antrags der Familie, nicht gegen Kabuga zu ermitteln
26.5.2003	Berufungsurteil Georges Rutaganda	Lebenslänglich (im Gefängnis in Benin verstorben)
28.8.2003	UNO-SR-Res. 1503 legt *completion strategy* für beide ad-hoc-Gerichte fest. Ende wird für 2008 anvisiert und Ruanda-Gericht soll eigenen Chefankläger erhalten (Dies bedeutet die Nichtverlängerung der Funktion als Chefanklägerin des Arusha-Gerichts von Carla Del Ponte)	Keine weiteren Anklagen mehr. Damit auch Einstellung der von Carla Del Ponte begonnen Sonderermittlungen gegen RPF-Kriegsverbrechen
September 2003	Bubacar Hassan Jallow wird Chefankläger ausschließlich für das Ruanda-Gericht.	
1.12.2003	Kammerurteil Juvénal Kajelijeli	Lebenslänglich
3.12.2003	Kammerurteil Ferdinand Nahimana, Jean-Bosco Barayagwiza, Hassan Ngeze	Lebenslänglich für Nahimana und Ngeze, 35 Jahre für Barayagwiza
25.2.2004	Kammerurteil André Ntagerura, Emmanuel Bagambiki, Samuel Imanishimwe	Freisprüche für Ntagerura und Bagambiki; 27 Jahre für Imanishimwe
17.6.2004	Kammerurteil Sylvestre Gacumbitsi	30 Jahre

Datum	**Name/Ereignis**	**Urteil**
14.3.2005	Kammerurteil Vincent Rutaganira	6 Jahre Gefängnis nach Schuldeingeständnis
23.5.2005	Berufungsurteil Juvénal Kajelijeli	Strafreduzierung auf 45 Jahre
13.4.2006	Kammerurteil Paul Bisengimana	15 Jahre nach Schuldanerkennung
16.6.2006	Historisches Urteil der Berufungskammer zur offiziellen Lesart des Tutsi-Völkermords (judicial notice)	
7.7.2006	Berufungsurteil Bagambiki, Ntagerura, Imanishimwe	Bestätigung der Freisprüche für Ntagerura und Bagambiki und Reduzierung der Haftstrafe für Imanishimwe auf 12 Jahre
7.7.2006	Berufungsurteil Sylvestre Gacumbitsi	**Strafverschärfung** von 30 Jahre auf lebenslänglich
11.9.2006	Kammerurteil Jean Mpambara	Freispruch
Mai 2007	Kammerablehnung des Transfers von Yusuf Munyakazi nach Kigali	
7.9.2007	Antrag von Chefankläger Jallow, die Fälle von Fulgence Kayishema (flüchtig), Yussuf Munyakazi, Gaspard Kanyarukiga und Ildephonse Hategekimana an Kigali abzugeben	
20.11.2007	Das Verfahren gegen Laurent Bucyibaruta wird nach Frankreich abgegeben.	
28.11.2007	Berufungsurteil Nahimana, Ngeze und Barayagwiza	Ngeze 35 Jahre, 30 Jahre für Nahimana und 32 Jahre für Barayagwiza
7.12.2007	Kammerurteil François Karera	Lebenslänglich
6.6.2008	Gericht lehnt Überstellung des Falls Gaspard Kanyarukiga nach Kigali ab	
20.6.2008	Kammerablehnung des Transfers von Ildephonse Hategekimana nach Kigali	
17.11.2008	Kammerablehnung des Jallow-Transferantrags von Jean-Baptiste Gatete nach Kigali	

Datum	**Name/Ereignis**	**Urteil**
2.12.2008	Kammerurteil Simon Bikindi	15 Jahre unter Anrechnung der Haft seit 2001
18.12.2008	Kammerurteil Bagosora, Kabiligi, Nsengiyumva, Ntabakuze	Freispruch für Kabiligi. Lebenslänglich für Bagosora, Ntabakuze und Nsengiyumva
2.2.2009	Berufungsurteil François Karera	Bestätigung lebenslänglich
27.2.2009	Kammerurteil Abbé Emmanuel Rukundo	25 Jahre
22.6.2009	Kammerurteil Callixte Kalimanzira	30 Jahre
5.11.2009	Kammerurteil Bagaragaza, Michel	8 Jahre
16.11.2009	Berufungsurteil Protaïs Zigiranyirazo	Freispruch
18.3.2010	Berufungsurteil Simon Bikindi	Bestätigung der Verurteilung zu 15 Jahren Haft
3.8.2010	Kammerurteil Dominique Ntawukulilyayo	25 Jahre
20.10.2010	Berufungsurteil Callixte Kalimanzira	Reduzierung auf 25 Jahre
20.10.2010	Berufungsurteil Priester Emmanuel Rukundo	Reduzierung der Strafe von 25 auf 23 Jahre
6.12.2010	Kammerurteil Hategekimana, Ildephonse	lebenslänglich
31.3.2011	Kammerurteil Jean-Baptiste Gatete	lebenslänglich
4.5.2011	Transferverfahren Félicien Kabuga (auf der Flucht)	Im Sonderverfahren wird für den Fall seiner Festnahme seine Überstellung nach Kigali verfügt
5.5.2011	Augustin Bizimana (auf der Flucht)	Die III. Kammer beschloss die Aufrechterhaltung des Verfahrens für den Fall seiner Festnahme
17.5.2011	Kammer-Urteil Militär II (Augustin Ndindiliyimana; Augustin Bizimungu; François-Xavier Nzuwonemeye; Innocent Sagahutu)	11 Jahre für Ndindiliyimana, lebenslänglich für A. Bizimungu, Nzuwonemeye und Sagahutu

Datum	**Name/Ereignis**	**Urteil**
27.5.2011	Richterin Khalida Rachid Khan wird Gerichtspräsidentin	
24.6.2011	Kammerurteil Butare-Prozess (Pauline Nyiramasuhuko; Arsène Shalom Ntahobali; Sylvain Nsabimana; Alphonse Nteziryayo; Joseph Kanyabashi; Élie Ndayambaje)	Lebenslänglich für Nyiramasuhuko, Ntahobali und Ndayambaje; 35 Jahre Kanyabashi; 30 Jahre für Nteziryayo und 25 Jahre für Nsabimana
28.6.2011	Die Transfersonderkammer beschließt, Pastor Jean-Bosco Uwinkindi nach Kigali zu überstellen	
30.9.2011	Kammerurteil Casimir Bizimungu, Jérôme Bicamumpaka, Justin Mugenzi, Prosper Mugiraneza	Freispruch für C. Bizimungu und Bicamumpaka, 30 Jahre für Mugenzi und Mugiraneza
14.10.2011	Mit Zustimmung der Gerichtspräsidentin Khalida Rachid Khan wurde Michel Bagaragaza in Schweden auf freien Fuß gesetzt.	
11.12.2011	Berufungsurteil Dominique Ntawukulilyayo	Reduzierung der Strafe von 25 auf 20 Jahre
14.12.2011	Berufungsurteil Bagosora und Nsengiyumva	Für Bagosora Reduzierung auf 35 Jahre; für Nsengiyumva Verurteilung auf die in Haft verbrachte Zeit und Freilassung
19.12.2011	Die Berufungskammer genehmigt den Transfer von Pastor Uwinkindi nach Kigali	
21.12.2011	Kammerurteil Edouard Karemera und Matthieu Ngirumpatse	Für beide lebenslang
22.2.2012	Entscheidung der Referral-Kammer Fulgence Kayishema im Fall seiner Verhaftung nach Kigali abzugeben	
26.3.2012	Referral-Kammer beschloss, den Fall des flüchtigen Charles Sikubwabo nach Ruanda abzugeben	
19.4.2012	Überstellung von Pastor Jean Bosco Uwinkindi nach Kigali	

Datum	Name/Ereignis	Urteil
8.5.2012	Berufungsurteil Ildephonse Hategekimana	Bestätigung lebenslänglich
8.5.2012	Berufungsurteil Ntabakuze	35 Jahre
8.5.2012	Berufungsurteil Kanyarukiga	Bestätigung der 30 Jahre
8.5.2012	Ntaganzwa (Sonderkammer gem. Rule 11 bis)	Überstellung der Akte des Flüchtigen nach Kigali
6.6.2012	Transferkammerkammerentscheidung zur Überstellung Bernard Munyagishari nach Kigali	
1.7.2012	Beginn der Arbeit die Residual-Mechanismus MICT für die beiden UN-ad-hoc-Gerichte	
9.10.2012	Berufung Gatete	Reduzierung von lebenslang auf 40 Jahre
16.12.2012	Berufungsurteil Hormisdas Nsengimana	Freispruchbestätigung
20.12.2012	Kammer-Urteil Augustin Ngirabatware	35 Jahre
4.2.2013	Berufungsurteil Mugenzi und Mugiraneza	Freispruch für beide
24.7.2013	Bernard Munyagishari nach Kigali überstellt	
11.9.2013	Mandiaye Niang ersetzt die zurückgetretene Andrésia Vaz als Richter in der Berufungskammer	
5.12.2013	Im SR kritisiert der stellv. UNO-Botschafter Olivier Nduhungirehe, dass die Berufungsurteile im Butare-Prozess erst 2015 gesprochen werden	
16.12.2013	Berufungsurteil Grégoire Ndahimana	**Strafverschärfung** von 15 auf 25 Jahre Gefängnis
11.2.2014	Teil Berufungsurteil Militär II (Augustin Ndindiliyimana; François-Xavier Nzuwonemeye; Innocent Sagahutu). Das Urteil gegen General Augustin Bizimungu wurde zurückgestellt	Freispruch für Ndindiliyimana und Nzuwonemeye und Reduzierung der Haftstrafe für Sagahutu von 20 auf 15 Jahre
12.2.2014	Verhandlung im Berufungsverfahren Karemera und Ngirumpatse	

Datum	Name/Ereignis	Urteil
8.4.2014	15 Organisationen der ruandischen Zivilgesellschaften (d.h. der ruandische Staat) beschweren sich in einer Petition an den VN-Sicherheitsrat über Richter Meron wegen der jüngsten Freisprüche durch die Berufungskammer	
30.6.2014	Berufungsurteil im Fall Augustin Bizimungu	30 Jahre Haft
30.6.2014	Berufungsverhandlung im Fall Augustin Ngirabatware vor dem MICT	
17.9.2014	General Augustin Ndindiliyimana erhält eine Aufenthaltsgenehmigung in Belgien und kann Arusha verlassen	
29.9.2014	Berufungsurteile gegen Edouard Karemera, Matthieu Ngirumpatse, Callixte Nzabonimana und Ildephonse Nizeyimana	Lebenslang für Karemera, Ngirumpatse und Nzabonimana. 35 Jahre für Nizeyimana.
4.-7.11.2014	Das Arusha-Gericht begeht den 20. Jahrestag seiner Gründung und zugleich das Ende seiner Arbeiten mit einem Kolloquium für Anklagevertreter und einem Symposion zu seinem Vermächtnis	
21.11.2014	Ablehnung eines Beweisantrags von Ngirabatware durch den Residual-Mechanismus (MICT)	
18.12.2014	MICT-Berufungsurteil Ngirabatware	30 Jahre Haft

F) Deutsche Übersetzung von Kapitel 8 aus: Barrie Collins, *Rwanda 1994. The myth of the Akazu genocide conspiracy and its consequences*[1422]

8. Die Folgen

Die falsche Darstellung der tragischen Ereignisse in Ruanda 1994 als Resultat eines von den *Akazu*-Extremisten orchestrierten Genozids muss widerlegt werden, weil sie das richtige Verständnis der Kräfte verhindert, die tatsächlich den in Frage stehenden tragischen Ereignissen zugrunde liegen. Die falsche Darstellung verschleiert völlig die Verantwortung der US-geführten Intervention für die Schaffung der Bedingungen, die die Massenmorde praktisch unvermeidbar machten. Aber das Problem beschränkt sich nicht nur auf das Verständnis dessen, was sich 1994 in Ruanda ereignet hat. Der *Akazu*-Genozid-Mythos hatte und hat noch immer verheerende Konsequenzen für die innerhalb und außerhalb der Grenzen Ruandas lebenden Menschen.

Der Mythos diente dazu, eine repressive Diktatur zu legitimieren, die unsägliches Leid innerhalb und jenseits der ruandischen Grenzen bewirkt hat. Der Mythos hat die Mehrheit der ruandischen Bevölkerung entweder als aktive oder passive an einem Völkermord Mitwirkende kriminalisiert. Er führte direkt zu politischen Schauprozessen vor dem Internationalen Strafgerichtshof für Ruanda. Und er hat einen internationalen Konsens für weitreichende westliche Interventionen im Namen der Genozid-Prävention konsolidiert.

Der Versuch, den RPF-Krieg als eine Anstrengung zur Genozid-Beendigung zu legitimieren, wurde von *Human Rights Watch* klar ausgesprochen:

> *‚Als die völkermörderischen Kräfte mit dem Morden in Kigali und anderswo begannen, warnte die RPF sofort, sie werde die Kämpfe wieder aufnehmen, sollten die Schlächtereien nicht aufhören. Als diese Warnungen überhört wurden, rückten die RPF-Soldaten vor.*‘[1423]

Tatsache ist aber, dass die RPF noch bevor irgendwelche Massaker begonnen hatten, sofort nach Erhalt der Nachricht, ihr Raketen-Angriff auf Habyarimanas

1422 Collins 2014. Der Verlag Palgrave MacMillan hat die Verwendung von Kapitel 8 (S. 205–218) des Collins-Buchs mit der Referenznummer 829954 genehmigt. Die Übersetzung enthält nur einige der 63 Fußnoten des Originals.

1423 Des Forges 1999, S. 697.

Flugzeug sei gelungen, vorrückten. Die RPF griff an, nicht um die Massaker zu stoppen, sondern um den seit Monaten präzise geplanten Krieg ohne Rücksicht auf die Zahl menschlicher Opfer wieder mit dem Ziel der völligen Übernahme der staatlichen Macht zu beginnen. Man behauptet, die ‚genozidären Kräfte' seien in der Lage gewesen, die Massaker zu lenken und hätten deshalb auch die Macht gehabt, ihr Ende zu befehlen, wenn sie das gewollt hätten. Dies ist für den Mythos zentral. Es gab aber keine zentrale Steuerung der Massaker.[1424]

Die RPF-Eroberung der Staatsmacht und die faktische Installierung einer Diktatur wurden von der westlichen Welt als notwendige Maßnahme zur Vernichtung der ‚genozidären Kräfte' legitimiert. Folglich hätte man harte Maßnahmen ergreifen müssen, um eine ‚Kultur der Straflosigkeit' für Hutu-Extremisten zu beenden. Man hätte auch aufräumen müssen mit der ‚Gehorsamskultur', der die große Mehrheit der Hutu-Zivilbevölkerung unterworfen gewesen sei und mit deren Hilfe die Extremisten sie manipuliert hätte. Der Nachdruck auf die Kultur, der den Diskurs zum ruandischen Völkermord durchzieht, verrät eine elitäre Verachtung der ruandischen Bevölkerung durch westliche Amtsträger, viele Analytiker und das neue Regime in Kigali.

Die USA haben bewusst nicht militärisch zur Beendigung der Massaker interveniert, weil sie weder das Leben von Amerikanern riskieren noch den militärischen Sieg der RPF behindern wollten. Stattdessen setzten sie mit der Errichtung eines internationalen Strafgerichtshofs, der den *Akazu*-Genozid-Mythos im internationalen Recht verankern sollte, ihre Interessen und die der RPF durch. Unter US-Druck hat die UNO ihre eigenen Untersuchungen zum Flugzeugabschuss über Bord geworfen und sichergestellt, dass jeder Richter in seinem Fall verfügte, für die Frage, ob die Angeklagten schuldig oder unschuldig sind, sei es eine irrelevante Nebensache (small matter), wer das Flugzeugattentat zur Anstachelung der Mordwelle begangen hat. In diesem Punkt scheiterten die USA schließlich aufgrund der hartnäckigen Anstrengungen des amerikanischen Verteidigers Professor Peter Erlinder, der die Vorlage des Berichts des französischen Ermittlungsrichters Bruguière zum Attentat vor Gericht erzwang. Die UNO versuchte auch mit aller Kraft sicherzustellen, dass der Bericht von Robert Gersony über die RPF-Verbrechen nicht das Tageslicht erblickt. Aber er ist dennoch in den Akten des Gerichts verfügbar.

Sieger-Justiz

Das Arusha-Gericht verlieh mit seinen lebenslänglichen Verurteilungen von wichtigen Vertretern der Regierungsseite wegen Völkermord der *Akazu*-Völkermordplanung (conspiracy) als eine über den Fakten stehende ‚größere Wahrheit'

1424 Hierzu wird im Original auf das Kapitel 4 des Collins-Buchs verwiesen.

Rechtskraft, ohne jemals zu untersuchen, ob die *Akazu*-Völkermordplanung tatsächlich stattgefunden hat. Das Gericht hat niemals den Versuch unternommen, RPF-Mitglieder strafrechtlich zu verfolgen und man darf bezweifeln, ob es jemals die Absicht dazu hatte. Als Richard Goldstone, der erste Chefankläger des Arusha-Gerichts, Jahre später gebeten wurde, die Tatsache zu kommentieren, dass das Gericht niemals zu möglichen Verbrechen der RPF ermittelte, antwortete er,

> *„... es ist ein doppeltes Problem. Erstens wäre es im wörtlichen Sinne das Ende des Gerichts gewesen, wenn man ermittelt und Anklage erhoben hätte, weil die ruandische Regierung ihre Beziehungen zum Gericht abgebrochen und es somit keine Zeugen gegeben hätte...., und zweitens war das Gericht gegründet worden, um zum Völkermord 1994 zu ermitteln. Welche Angriffe die RPF-Soldaten auch immer unternommen haben, sie waren eine Revanche für den Genozid und ich denke, es hätte vom Hauptziel des Tribunals abgelenkt, wenn es das getan hätte.* ‘[1425]

So wird klar, dass die Hauptanstrengung des Gerichts nicht dem Recht (justice), sondern dem Recht der Sieger (victor's justice) galt. Denn schließlich hatte die RPF ein internationales Strafgericht und keine internationale Interventionsstreitkräfte als angemessene Reaktion auf die Massaker gefordert. Aber internationale Gerichte werden nicht einfach gegründet, weil eine Rebellenarmee nach ihnen ruft, sondern nur dann, wenn die Interessen der Rebellenarmee mit denen von Großmächten konvergieren. Die Konvergenz dieser Interessen erklärt auch die Beendigung der Ermittlungen zur Ermordung zweier Präsidenten und die Diskreditierung von Gersonys Feststellungen.

Im Laufe seiner Arbeiten hat das Ruanda-Gericht auch niedrige juristische Standards für Festnahme und Haft durchgesetzt. Es hat illegale Methoden angewandt, als es die Angeklagten für Rekordzeiten vor und während der Prozesse festsetzte (Théoneste Bagosora wurde 1996 verhaftet und erst im Dezember 2011 rechtskräftig verurteilt) und seine Urteile nur auf Beweise vom Hörensagen gründete. Die Möglichkeit des Gerichts, Verdächtige über eine Dekade ohne Verfahren zu inhaftieren und dabei noch nicht einmal von Menschenrechtsorganisationen gerügt zu werden, ist ein Zeugnis für die Vorverurteilung auf der Basis des *Akazu*-Mythos. Bagosoras behauptete Rolle als Schlüsselarchitekt des Genozid wurde bis dahin schon so ausführlich beschrieben, dass seine Schuld eine ausgemachte Sache schien. Jedoch wurden er und seine Mitangeklagten im

1425 Interview mit Todd Benjamin für die International Bar Association. Siehe: http://www.ibanet.org/Article/Detail.aspx?ArticleUid=26b39a32-f3a2-4988-ae31-be20080268ad.

Militär-I-Prozess nach dieser Mammutermittlung für die spezielle Anklage der Völkermordplanung mangels Beweises für nicht schuldig befunden. Generell demonstrierte das Ruanda-Gericht die Unterordnung des internationalen Rechts unter die internationale Politik.

Straflosigkeit für die Sieger

Anstatt seinen Auftrag zur Beendigung der Straflosigkeit zu erfüllen, hat das Ruanda-Gericht den Siegern des Ruanda-Kriegs, die weiterhin Massaker und Morde begingen, Straflosigkeit gewährt. Am 15. April 1995 kreiste die nun von Kagame geführte ruandische Armee das interne Hutu-Flüchtlingslager in Kibeho ein. Berater haben die US-Botschaft gewarnt, groß angelegte Massaker durch die ruandische Armee stünden bevor. Tom Odom, der Militärattaché der Botschaft, gab preis, dass *‚niemand, wir in der Botschaft inbegriffen, eine andere Lösung anbieten konnte, als das was im Begriff war sich zu ereignen‘*. Was sich dann entwickelte war das bis heute schlimmste Einzelmassaker in Ruanda. Die vertriebene Bevölkerung stand oder floh im strömenden Regen und wurde 48 Stunden lang beschossen. Die Zahl der Todesopfer ging in die Tausende. Odom hat sein Gespräch mit dem schockierten Botschafter David Rawson festgehalten:

> *‚Das sind Killer! Sie haben diese Bevölkerung in die Verzweiflung getrieben‘ sagte er bevor ich ihn unterbrach. ‚Nein, David, das sind sie nicht. Diese Menschen waren schon in einer ausweglosen Lage (desperate people), als sie in diesem Lager ankamen. Viele von ihnen waren hüfttief in den Völkermord verstrickt. Das jetzt war unumgänglich. Wir müssen nun einfach damit klar kommen.‘*[1426]

Als klar wurde, dass die USA bereit waren, ‚damit klar zu kommen‘ – mit anderen Worten diplomatischen Schutz zu geben für ein Massaker an mehr als viertausend Menschen -, war Kagames Straflosigkeit gesichert. Der Weg für eine ähnliche Behandlung der Flüchtlinge durch die ruandische Armee im früheren Zaïre war geebnet.

Kagame erläuterte seine Absichten bei einem Besuch in Washington Anfang August 1996. Die Lager mit über einer Million Flüchtlingen sollten auf die eine oder andere Weise geräumt werden. Groß angelegte Massaker folgten. Wie der sog. *Mapping Bericht* [des UNO-Hochkommissariats für Menschenrechte aus dem Jahr 2010] zeigt, waren ganz besonders unbewaffnete Männer, Frauen und Kinder die Opfer. Manchmal wurden sie mit dem Versprechen auf Nahrung zu Meetings gelockt und dann mit automatischen Waffen niedergestreckt. Manchmal wurden die erwachsenen Männer ausgesondert und dann getötet. Der

1426 Odom 2005, S. 226.

größte Angriff erfolgte in Mugunga, dem damals weltgrößten Flüchtlingslager. Mugunga wurde in der Nacht vom 14. auf den 15. November 1996 sechs Stunden lang mit automatischen Waffen beschossen. Das Ergebnis war die Rückkehr von 500.000 Flüchtlingen nach Ruanda und die Vertreibung der verbliebenen 700.000 Menschen. Der Angriff erreichte auch sein zweites Ziel: der Beschluss des UNO-Sicherheitsrats zur Entsendung einer internationalen Schutztruppe für die Flüchtlinge wurde aufgehoben. Zaïre wurde zur Demokratischen Republik Kongo, nachdem eine Allianz aus ruandischen Streitkräften, Kongo-Rebellen und der ugandischen Armee Präsident Mobutu vertrieben hatte. Die Fähigkeit der ruandischen Armee, einen Krieg gegen einen Nachbarn zu führen und seine Regierung zu stürzen, der über ein 90mal größeres Territorium verfügt, ist ein Beweis dafür, was mit Unterstützung aus Washington möglich ist.

Die meisten vertriebenen Flüchtlinge flohen nach Westen. Sie wurden von der ruandischen Armee verfolgt, die der lokalen Bevölkerung sagte, diese Flüchtlinge seien *génocidaires* und man sollte kein Mitleid mit ihnen haben. Wohin auch immer die Flüchtlinge gingen, es gelang der Armee, sie zu finden und zu töten. Das Lager Tingi-Tingi war einer der bekanntesten der vielen Mordorte (killing sites).

Während dieses abscheulichen Dramas diente der *Akazu*-Mythos dazu, die ruandischen Hutu zu entmenschlichen (dehumanise).

Der Exodus aus Ruanda 1994 wurde dargestellt, nicht als rationale Reaktion von Menschen mit direkten Erfahrungen des RPF-Kriegs, sondern als Beweis für die Zauberwirkung der Völkermörder-Propaganda, die ihnen sagte, sie sollten fliehen, weil die RPF sie umbringen würde. Seit der Krieg 1990 begonnen hatte und lokale Bevölkerungen vor den RPF-Offensiven geflohen sind, haben US-Vertreter beschlossen, nicht die RPF dafür zu verurteilen, was man als ethnische Säuberungen hätte bezeichnen können, sondern die Flucht der Menschen zu rügen. Dem früheren Afrika-Staatssekretär im Department of State, Herman Cohen, zufolge, *‚demonstrierte die Massenflucht vor der RPF-Invasion wie tief die Hutu vom indoktrinierten Tutsi-Hass und der Tutsi-Furcht durchdrungen waren.'*[1427]

Seit die Flüchtlinge 1994 die Grenze überschritten hatten, erklärte man, sie würden gerne zurückkehren, sie seien aber Geiseln der *génocidaires*, die die Lager kontrollierten und sie als menschliche Schutzschilde gegenüber der ruandischen Armee benutzten. Sie hätten Leute in den Lagern zur Rückkehr nach Ruanda rekrutiert, um den Genozid zu vollenden. Diejenigen, die zurückblieben,

1427 Als Quelle bezieht sich Barrie Collins auf Cohen 2000, S. 167–168.

nachdem Mugunga angegriffen und geschlossen worden war, wurden zusammen mit ihren Familien als der harte Kern der *génocidaires* beschrieben. So wundert es nicht, dass die Entsendung einer internationalen Streitmacht zum Schutz der Flüchtlinge abgeblasen wurde. Die westliche Welt schaute weg, als Kagames Leute immer tiefer in Kongo/Zaïre eindrangen, um die Flüchtlinge zu vernichten.

Als Laurent Kabila, der neu installierte Präsident der Demokratischen Republik Kongo, sich gegen Kagame wandte, weil er sich nicht länger gegen den Vorwurf wehren konnte, er sei nur ein Statthalter (proxy) Kagames, wurde Kabila 1998 seinerseits mit einem neuen von Ruanda getragenen Krieg überzogen. Die von diesen Kriegen herrührenden Massaker, Krankheiten und Hunger forderten Millionen Tote. Aber auch eine Dekade später unterstützten die USA Kagames militärische Präsenz im Kongo, indem sie mit der erweiterten Version des *Akazu*-Mythos hausieren gingen, die Hutu-Völkermörder verfolgten noch immer die Absicht, nach Ruanda zurückzukehren, um ihr unterbrochenes Projekt zu vollenden. Der damalige stellv. US-Außenminister Robert Zoellick erklärte, *‚Ruanda hat das legitime Recht, sich gegen die Gefahr der früheren ruandischen Streitkräfte und der Interahamwe-Milizen zu verteidigen‘*. Die Mythos-Verbreiter halten eine falsche moralische Unterscheidung zwischen der Gewalt der Reste der früheren ruandischen Streitkräfte bzw. Milizen-Gangs und der Gewalt bei Missbräuchen beim Kampf gegen die Völkermörder aufrecht, d. h. sie verurteilen die Gewalt beim Völkermord und billigen die Gewalt der heutigen ruandischen Armee und der von Ruanda unterstützten Kongo-Streitkräfte.

Kriminalisierte Hutu

Hinzu kommt, dass praktisch jeder gesunde männliche Hutu, der den Krieg und die Massaker in den Flüchtlingslagern überlebt hatte und nach Ruanda zurückgekehrt ist, als Völkermordverdächtiger ins Gefängnis geworfen wurde. Carina Tertsakian, die die Ereignisse in Ruanda für *Amnesty International* intensiv beobachtet hat und danach Repräsentantin von *Human Rights Watch* in Ruanda wurde, hat ein außergewöhnliches Buch über das Leben in ruandischen Gefängnissen geschrieben. Die Gefangenen wurden gezwungen, stundenlang in überfüllten und dreckigen Gehegen aufrecht zu stehen. Bei einigen musste man die Füße wegen Wundbrand amputieren, um sie dann wieder den gleichen Bedingungen auszusetzen. Gefangene, die zu schwach und krank waren, um sich zu bewegen, starben wo sie lagen. Tertsakian hat herausgefunden, dass zwischen

September 1994 und Mai 1995 13% der Gefängnisinsassen als Folge der Überfüllung gestorben sind, *‚eine in der Welt einmalige Situation'*.[1428]

Mörderische Unterdrückung

Zuhause hat Kagame den *Akazu*-Völkermord-Planungs-Mythos zur Legitimierung seiner Verweigerung demokratischer Rechte und zur Kriminalisierung jeglicher politischer Opposition benutzt. Offiziell ist Ruanda eine Demokratie, in der sich Parteien frei organisieren und an Wahlen teilnehmen können. Als Kagame die Macht übernahm, hat er jedoch eine Fassade geschaffen und weiterentwickelt, in der seine Allmacht hinter seiner Position als Vize-Präsident mit dem Hutu Pasteur Bizimungu als Präsident kaschiert wurde. Alle Kabinettmitglieder waren Hutu, aber das Sagen hatten ihre Stellvertreter aus der Gruppe der aus Uganda zurückgekehrten und Kagame-loyalen Exil-Tutsi. Die Fassade dauerte so lange, bis der Rücktritt von Pasteur Bizimungu im März 2000 Kagame ermöglichte, selbst Präsident zu werden.

In Wirklichkeit ist der Kreuzzug des Regimes gegen die ‚Genozid-Ideologie' und gegen den ‚Divisionismus' nur Mittel zur Kriminalisierung jeglicher politischen Opposition und zur dauerhaften Absicherung der Macht für Kagame und seine wenigen Vertrauten. Erwähnungen von ‚Hutu', ‚Tutsi' oder ‚Twa' sind vorgeblich als Mittel zur Überwindung der ethnischen Spaltung verboten. Die Gesetzgebung zur ‚Genozid-Ideologie' und zum ‚Divisionismus' kann leicht als Vorwand für Anklagen verwandt werden.

Nach dem Gesetz Nr. 47 aus dem Jahr 2001 bedeutet Divisionismus *‚jegliche mündliche oder schriftliche Äußerung oder jeder Akt von Spaltung (division), der Konflikte in der Bevölkerung hervorrufen könnte.'* Das Regime in Kigali hat sich weitestgehende Vollmachten verschafft zur willkürlichen Bestimmung, wann eine Äußerung oder eine Handlung divisionistisch ist. Die ersten Wahlen in der Ära Kagame fanden 2003 statt. Das erste Opfer der Gesetzgebung zum Divisionismus war die einzig verbliebene bedeutende Oppositionspartei MDR. Die RPF-dominierte Übergangs-Nationalversammlung zwang sie zur Selbstauflösung, ihre wichtigen Mitglieder wurden verhaftet, ins Exil terrorisiert oder ‚verschwanden' ganz einfach. Als Teil der Wahlvorbereitung wurden der frühere Präsident Pasteur Bizimungu und der frühere Minister Charles Ntakirutinka, die die demokratische Partei PDR-Ubuvania gegründet hatten, inhaftiert. 2004

1428 Vgl. Tertsakian 2008, S. 19–38.

wurden sie nach einem höchst unfairen Prozess zu 15 bzw. 10 Jahren Gefängnis verurteilt.

Faustin Twagiramungu war MDR-Gründungsvorsitzender und erster Ministerpräsident unter ‚Vize-Präsident' Kagame. Er und Innenminister Seth Sendashonga brachen im August 1995 mit Kagame über die Frage der zivilen Morde durch die neue ruandische Armee. Sendashonga wurde als erstes RPF-Mitglied zu einer Zeugenaussage vor dem Arusha-Gericht erwartet, wurde aber im Mai 1998 in Nairobi ermordet. Da Twagiramungu bei den Präsidentschaftswahlen 2003 nicht für die MDR kandidieren konnte, trat er als unabhängiger Kandidat an. Er wurde beschuldigt, den Divisionismus zu fördern und belästigt. Drei seiner wichtigen Wahlkampfauftritte wurden wegen unkorrekter Beantragung (incorrect paperwork) untersagt. Viele seiner Repräsentanten wurden verhaftet und für die Zeit der Wahlkampagne im Gefängnis festgehalten. Als Ergebnis wurden Kagame 95,1% und Twagiramungu 3,6% der Stimmen zugeteilt. Weil er seine Verhaftung zu fürchten hatte, ging Twagiramungu nach Belgien zurück. Die Parlamentswahlen vom September 2009 waren nicht glaubwürdiger. Kagame gewann mit 92% der Stimmen. Kenneth Roth von *Human Rights Watch* zufolge, ‚*deuten von der Europäischen Union und ruandischen Wahlbeobachtern zusammengestellte Beweise darauf hin, dass die ruandische Regierung sogar die Oppositionsstimmen nach oben korrigiert hat, um den störenden Anschein einer Akklamation im Sowjet-Stil zu vermeiden*'.[1429]

Bei der zweiten Präsidentschaftswahl vom August 2010 schmachtete Kagames Hauptopponentin Victoire Ingabire im Gefängnis. Mit den drei verbliebenen „Oppositions"-Parteien, die faktisch von der herrschenden Koalition gegründet worden waren, teilte sich Kagame 93% der Stimmen zu. Victoire Ingabire war im Januar 2010 aus dem Exil nach Ruanda zurückgekehrt, um bei den Präsidentschaftswahlen zu kandidieren. Im April wurde sie unter Hausarrest gestellt und im Oktober 2010 neben anderen Anklagepunkten wegen Genozid-Ideologie und Divisionismus angeklagt. Zwei Jahre später wurde sie zu acht Jahren Gefängnis wegen ‚Verschwörung gegen das Land durch Terrorismus und Krieg' und ‚Völkermordleugnung' verurteilt. Im Dezember 2013 bestätigte der Oberste Gerichtshof die Verurteilung und erhöhte die Gefängnisstrafe sogar von acht auf fünfzehn Jahre. Das Gericht hielt sie für schuldig, ‚*Gerüchte zu verbreiten mit dem Ziel zum Aufruf zu öffentlichem Ungehorsam, die Sicherheit des Staates zu gefährden und den Tutsi-Völkermord 1994 kleinzureden*'.[1430]

1429 Los Angeles Times, 11.4.2009.

1430 Nach: E. Musoni, *The New Times* (Kigali), 14.12.2013.

Im Vorfeld der Wahlen war Ruanda von Furcht erfasst worden. Der frühere General Faustin Kayumba Nyamwasa, von dem Aloys Ruyenzi behauptete, Nyamwasa sei mit Kagame im Raum gewesen, als die Vorbereitungen für die Ermordung Habyarimanas beschlossen wurden, war inzwischen zum Dissidenten geworden, lebte in Südafrika im Exil und wurde dort von einem ihm bekannten Angreifer angeschossen und schwer verletzt. Ein zweiter Attentatsversuch wurde im Krankenhaus auf ihn unternommen. Ruander, die derzeit in Südafrika vor Gericht stehen, waren unter den beschuldigten Angreifern. Jean Leonard Rugambage, einer der Herausgeber der verbotenen Zeitung *Umuvugizi*, der über den Mordversuch recherchierte, wurde außerhalb seines Hauses in Kigali ermordet. Kurz danach fand man den enthaupteten Leichnam von André Kagwa Rwisereka, dem Vizepräsidenten der Democratic Green Party, an einem Flussufer in der Nähe von Butare. Jwani Mwaikusa, ein tansanischer Rechtsanwalt, der vor dem Arusha-Gericht einen prominenten Hutu-Angeklagten verteidigt hat, wurde als nächster umgebracht.

Der vergötterte (lionised) Kagame

Pragmatismus als moralischer Opportunismus

Diese letzten Wahlen und die folgenden Enthüllungen über Schlägerbanden (hit squads) sowie die Unterstützung von Rebellengruppen im Kongo haben die Vereinigten Staaten und die westliche Welt gezwungen, ihre Beziehungen zu Kagame zu überprüfen. Kagames ‚Genozid-Kredit', der ihm über ein Jahrzehnt eine völlige Straflosigkeit garantiert hat, beginnt auszulaufen. Aber Kagame fallenzulassen würde für die Glaubwürdigkeit der von Bill Clinton und Tony Blair und ihren Nachfolgern herausposaunten ethischen Außenpolitik der USA und Großbritanniens ein schweres Unterfangen sein. Der *Akazu*-Genozid-Mythos stattete diese Politiker mit einem mächtigen Gefühl moralischer Gewissheit aus, was sie an der Heimatfront schützte (eluded). Sich mit der Tragödie des ruandischen Völkermords zu identifizieren, verlieh eine gewisse Ehre der Nachdenklichkeit, die sie und viele andere westliche Politiker unwiderstehlich fanden. Ihre Entschlossenheit, den Ruanda-Krieg als einen epischen Kampf zwischen den Kräften des Guten und des Bösen darzustellen, führte zur Vergötterung von Paul Kagame. Clinton nannte ihn *‚einen der größten politischen Chefs (leader) unserer Zeit'* und Tony Blair bot der *‚visionären Führungspersönlichkeit'* seine Dienste ehrenhalber als internationaler Sekretär an. 2009 verlieh Clinton Kagame den *Global citizenship award* für *‚die Befreiung des Verstands der Völker'* (freeing people's minds). Diese Unterstützung dauerte auch unter der Obama-Administration an, wo der stellv. US-Botschafter in Ruanda feststellte, ‚*die Ruanderinnen und Ruander können sich glücklich schätzen, mit Präsident Paul Kagame einen visionären Chef zu haben, dessen Ideen einfach bewundernswert sind*'. Kagame wurde mit Ehrungen und Auszeichnungen überhäuft. Er hat Ehrendoktorate von der Pacific-, Oklahoma Christian-, Fatih- und Glasgow-Universität erhalten. 2011 erhielt er den *Chellow Foundation Humanitarian Award* für – in den Worten ihres Vorsitzenden – ‚*hervorragende leadership*'. Aber vielleicht die perverseste von allen Auszeichnungen war 2007 der *Hands of Cain Award* für die Aufhebung der Todesstrafe.

Um diese außergewöhnlichen Ehrungen zu verstehen, muss man untersuchen, warum die Vereinigten Staaten zu einem solch glühenden Förderer Kagames wurden. Die ursprüngliche Unterstützung für den RPF-Krieg war ein pragmatischer Schachzug zur Konsolidierung des Museveni-Regimes in Uganda. Wenn man die Ruander, die Museveni geholfen haben die Macht zu erobern, und die ruandischen Flüchtlinge aus Uganda entfernte, half man Museveni bei der Lösung eines seiner größten innenpolitischen Probleme. Die Förderung von Paul Kagame innerhalb Ruandas bot zudem die Möglichkeit, den amerikanischen Einfluss in Afrika zulasten Frankreichs auszuweiten. Die opportunistische Benutzung von Argumenten aus dem Menschenrechtslager zur Unterstützung des RPF-Kriegs und die Hilfe, ihr mit dem Abschluss der Arusha-Abkommen eine dominierende Position zu verschaffen, hatte den Effekt, für Ruanda international ein Narrativ als Förderer der Menschenrechte zu etablieren. Dieses Narrativ erlangte mächtige moralische Kraft, wenn man den RPF-Krieg auf einen epischen Krieg zwischen den Kräften des Bösen und des Guten reduzierte. Als RPF-Chef musste Kagame als heroischer Befreier Ruandas vom Völkermord dargestellt werden. Während die Frage des Begriffs Völkermord kurze Zeit zur Quelle von Verlegenheit wurde, als herauskam, dass die USA sich geweigert hatten, ihn zu benutzen, um Aufrufen zum militärischen Eingreifen zu widerstehen, wurde dieser Begriff dennoch Grundlage westlicher Politik für Ruanda und das Gebiet der Großen Seen Afrikas. Als man sich dafür entschuldigte, den Völkermord nicht rechtzeitig erkannt zu haben, wurde das Narrativ von der *Akazu*-Völkermord-Planung gestärkt. ‚Die USA standen bereit, während Hutu-Extremisten durch die Ausführung des Genozid den Friedensvertrag zerstörten' ist ein Narrativ, das die Unterstützung des ‚Befreiers' rechtfertigt, obwohl es die Rolle der USA bei der Schaffung der Umstände zur Entfaltung dieser Tragödie völlig verschleiert. Genozid-Prävention wurde zum Leitprinzip für US-Interventionen und Interventionen durch Statthalter (proxies) in der gesamten Region.

Die ruandische Tragödie hat westlichen Politikern ermöglicht, eine moralische Haltung herauszukehren, die in der Innenpolitik sonst viel schwerer zu beanspruchen war. Und die Position an der Heimatfront ist ein wichtiger Faktor, wenn man ihre Ruanda-Politik analysiert. Von Beginn des Narrativs an waren die Überlegungen, welche Rolle das Drama auf der innenpolitischen Bühne spielt vorrangig. Das dokumentiert eine Frage, die Susan Rice stellte, als sie im Nationalen Sicherheitsrat der USA tätig war. Als im April 1994 die Frage diskutiert wurde, ob man die Ereignisse in Ruanda als Genozid bezeichnen wolle, soll Rice gefragt haben: *‚Wenn wir das Wort «Genozid» verwenden und man sieht, dass wir nichts tun, welche Auswirkungen wird das auf die Kongresswahlen im November haben?*‘[1431]

Förderung der ‚Neue-Generation'-Diktatoren

Bei Dienstantritt kam Paul Kagame zu der von Washington hochgelobten *„Neuen Generation Afrikanischer Staatschefs"* um Yoweri Museveni, Meles Zenawi aus Äthiopien und Issayas Afewerki aus Eritrea hinzu. Diese Staatschefs sollten als Leitfiguren der US-Politik gegenüber Zentral- und Nord-Ost-Afrika dienen und spielten Schlüsselrollen in den Kriegen im Sudan, Somalia und Zaïre/Kongo.

Die gesamte Auslandshilfe für Ruanda in den ersten zwölf Jahren des Kagame-Regimes belief sich auf über fünf Milliarden US-Dollar. In den späten 90er Jahren argumentierten die Weltbank, die Europäische Kommission, Großbritannien und Schweden, *‚Ruandas besondere Umstände erforderten mehr direkte Unterstützung der Zentralregierung*‘. Direkte Auslandszuschüsse machten seither 45% des jährlichen Regierungsbudgets aus.

Der *Akazu*-Mythos diente auch zur Verurteilung der Ruanda-Politik Frankreichs. Als die am engsten mit dem Habyarimana-Regime verbundene westliche Macht, die bis 1993 die ruandische Armee unterstützt hat, wurde Frankreich moralisch auf die falsche Seite der Geschichte geworfen und mit dem Makel *génocidaires* versehen. Während die USA am Pranger standen, weil sie 1994 nicht eingegriffen haben um Menschen zu retten, erntete Frankreich kein Lob, als es gerade das getan hat. Frankreichs *Operation turquoise* traf zwar erst ein, als die Massaker ihren Höhepunkt überschritten hatten, konnte aber dennoch viele Leben retten. Desungeachtet wurde Frankreich beschuldigt, die *génocidaires* beschützt und ihre Flucht nach Zaïre erleichtert zu haben. Als sich zum *Akazu*-Mythos ein internationaler Konsens bildete, war Frankreich isoliert und

---

1431 Zitat aus: Samantha Power 2001.

diskreditiert. Präsident Nicolas Sarkozy wollte die Beziehungen zu den USA verbessern. Eine Folge dieser Absicht war Sarkozys Besuch in Ruanda, um die Beziehungen zu Kagame zu reparieren. Dort hat Sarkozy erklärt, ‚*eine Art Blindheit*' habe Frankreich daran gehindert, ‚*den genozidären Aspekt der Regierung des ermordeten Präsidenten*' zu erkennen. Ein größeres Hindernis für die französisch-ruandischen Beziehungen war der Bericht von Ermittlungsrichter Jean-Louis Bruguière, der Kagame nach achtjährigen Untersuchungen für die Ermordung von Präsident Habyarimana verantwortlich machte. Die Dinge wurden später durch die Untersuchungen der Ermittlungsrichter Marc Trévidic und Nathalie Poux etwas abgemildert, deren Vorbericht in die Richtung des von Kagame in Auftrag gegebenen Mutsinzi-Berichts ging, in dem Hutu-Chefs die Verantwortung für das Attentat zugeschrieben wird. Die Haftbefehle gegen neun Kagame-Militärchefs wurden außer Vollzug gesetzt. Sarkozys Nachfolger François Hollande änderte die Richtung erneut, als er die Suspendierung der Budgethilfe durch die Europäische Union (56 Mio. € in fünf Jahren) nach Berichten über Kagames Unterstützung der M23-Rebellen im Ost-Kongo billigte.

Jetzt isoliert sich das Vereinigte Königreich zunehmend als stärkster Helfer Kagames. In Fortführung der ‚special relationship' mit den USA lobte Großbritannien Washingtons Museveni- und RPF-Politik. Seit dem diplomatischen Flankenschutz für die Invasion aus Uganda 1990, der Ablehnung der Forderung der Habyarimana-Regierung, Ugandas Unterstützung des RPF-Kriegs zu verurteilen, der Sympathie-Bekundung zu den RPF-Anschuldigungen 1993, in Kigali ereigne sich ein Völkermord und der sofortigen Anerkennung der RPF-dominierten Regierung 1994 ist Großbritannien ein zuverlässiger Alliierter Kagames. Die Unterstützung war unter Premierminister Tony Blair und seiner Entwicklungsministerin Claire Short am stärksten. Blair und Short haben jegliche Kritik an Kagame mit dem Hinweis, er habe einen Völkermord beendet, zurückgewiesen. David Cameron hat 2007 Ruanda als Oppositionsführer zusammen mit 40 Ministern, Kandidaten und Aktivisten besucht.

Obwohl keine historische Verbindung zu Großbritannien bestand, konnte Ruanda dem Commonwealth 2009 beitreten. In diesem Jahr besuchte der britische Generalstabschef General Sir Richard Dannatt Ruanda und unterstrich die britische Unterstützung für Kagames damalige gemeinsame Operation mit dem Kongo: ‚*Wir unterstützen völlig, was Ruanda zur Erhaltung von Frieden und Sicherheit in der Region unternimmt, insbesondere mit Blick auf die negativen Einflüsse aus dem Ost-Kongo für die Sicherheit Ruandas*'. Diese ‚negativen Einflüsse' sind die *Forces Démocratiques de Libération du Rwanda* (FDLR), die über 6.000 bis 8.000 bewaffnete Dissidenten einschließlich der Reste der früheren ruandischen Streitkräfte und der Milizen verfügen sollen. Die gemeinsame ruandisch-kongolesische Operation mit dem Kodenamen *Umoja Wetu* führte zum Tod vieler FDLR-Kämpfer, zur zwangsweisen Repatriierung ihrer Familien und einer großen Zahl ziviler Opfer. Auch hier wieder: die von RPF-Soldaten verübten Gräuel werden mit dem größeren Übel der vorgeblichen *génocidaires* gerechtfertigt.

Die zweckdienliche Nutzung der Menschenrechte

Großbritannien wurde durch seine Budgethilfe Kagames größter Geber. Im Unterschied zu anderen afrikanischen Ländern ist diese britische Hilfe nicht an Bedingungen gebunden. Nach dem UN-Bericht über Ruandas Unterstützung der M23-Rebellen im Kongo wurde eine 16 Millionen Pfund-Tranche ausgesetzt. An seinem letzten Arbeitstag im September 2012 hat jedoch der Entwicklungsminister Andrew Mitchell, der Ruanda achtmal besucht hatte, diese Hilfe wieder freigegeben. Seine Nachfolgerin hat Ruanda jedoch wieder unter Beobachtung gestellt. Dennoch plante Großbritannien ab November 2012 ein Hilfspaket von 270 Millionen Pfund für die nächsten drei Jahre. Während Großbritannien das Kagame-Regime direkt finanzierte, kannte man die Operationen von Kagames Todesschwadronen genau. Ein vermutlicher Mörder wurde abgefangen und ihm die Einreise nach Großbritannien verweigert, während zeitgleich hohe Polizeioffiziere zwei in London lebende Ruander im Mai 2012 besuchten und sie informierten, *‚man habe unüberprüfbare, aber glaubhafte Beweise‘*, dass ihr Leben durch die ruandische Regierung bedroht sei. Trotz der Feststellung der Existenz von Kagames Todesschwadronen gegen Zivilpersonen auf ihrem Territorium fuhr die britische Regierung mit ihrer Hilfe und diplomatischem Schutz des Regimes fort.

Bezüglich seiner Außenpolitik demonstriert Ruanda, dass es Menschenrechte je nach Zweckdienlichkeit betrachtet. Man nutzt sie, wenn damit eigene Ziele erreicht werden sollen, oder man missachtet sie, wenn das nicht der Fall ist. Die politische Isolierung von Präsident Habyarimana und die Unterstützung des RPF-Kriegs wurden mit Menschenrechtsargumenten betrieben. Dabei wurden Menschenrechtsaktivisten auf bisher ungekanntes Einfluss-Niveau befördert. Als Leuchtturm von *Human Rights Watch*, das der US-Politik als Consultant für Ruanda und das Arusha-Gericht diente, hat sich Alison Des Forges klar zu diesem Einfluss geäußert:

> *‚Das Ausmaß, mit dem Menschenrechte zum bestimmenden Faktor der Politik wurden, ist außergewöhnlich, obwohl ich sagen muss, in machen Fällen hätte ich mir einen noch größeren Einfluss gewünscht. Generell hat die Einschätzung der Menschenrechtssituation*

durch Nichtregierungsorganisationen zur Qualifizierung oder Disqualifizierung eines Landes geführt. (...) Manchmal waren die NROs selbst von ihrem Erfolg überrascht.'[1432]

Wenn jedoch ein Machtwechsel erreicht war, unterstützten die westlichen Länder das siegreiche Regime und Feststellungen von Menschenrechtsverstößen spielten über Nacht keine Rolle mehr. Das war beim Kagame-Regime ebenso der Fall wie bei den anderen zur erwähnten Gruppe gehörenden ‚*neuen Generation afrikanischer Staatschefs*'. In einer Rede vor der Afrikanischen Union in Addis Abeba 1997 hat die damalige US-Außenministerin Madeleine Albright diese neue Generation von Staatslenkern gerühmt. Sie ‚*greifen zuweilen zu Taktiken, die die Amerikaner oft zu missbilligen pflegen, aber die Umstände ließen ihnen manchmal keine andere Wahl*', sagte sie. Ihrem Biographen Thomas Lippman zufolge sei Albright zu dem Schluss gekommen, dass die neuen Führungspersönlichkeiten ‚*nicht daran interessiert sind, aus Washington Lehrstunden über Menschenrechte zu hören*'. Sie habe ‚*Anstrengungen unternommen, sie als Gleichberechtige zu behandeln und ihre Methoden der Aufstandsbekämpfung und Massenkontrolle, die die Menschenrechtspuristen erzürnen, wenn auch nicht gerade zu billigen, so doch zumindest zu tolerieren. Sie vermied es, Staatschefs wie Museveni und Äthiopiens Meles Zenawi zur Abhaltung von Wahlen und der Regimeöffnung unter Druck zu setzen*'.

Menschenrechtsorganisationen beurteilten westliche Interventionen vor allem unter dem Aspekt, ob sie unabhängig von den politischen und humanitären Konsequenzen dieser Interventionen geeignet waren, den Lauf der Dinge im gewünschten Sinne zu beeinflussen. Der Kreuzzug gegen Präsident Habyarimana führte (zum Zeitpunkt dieser Feststellung) zu einer neunzehnjährigen Diktatur Kagame. Sollten die Enthüllungen der inneren Repression Kagames und seine Interventionen in den Nachbarländern seine westlichen Sponsoren eines Tages stören und die Verteidigung seiner weiteren Unterstützung schwieriger machen, können sich diese Organisationen leicht neu positionieren und als Kreuzzügler für neue Interventionen auftreten – diesmal gegen Kagame.

Ein eingesperrter Löwe (caged lion)

Kagames Isolation ist auf dem Gebiet des Völkerrechts am sichtbarsten. Zusätzlich zu den Haftbefehlen von Ermittlungsrichter Bruguière gegen neun von Kagames Militärchefs hat auch der spanische Ermittlungsrichter Fernando Andreu

1432 Alison Des Forges am 25.2.1995 in einem Vortrag beim Miller Center of Public Affairs der University of Virginia.

Merelles im Februar 2008 internationale Haftbefehle gegen vierzig amtierende oder frühere Kagame-Offiziere ausgestellt, darunter auch gegen den Generalstabschef James Kabarebe. Sie werden beschuldigt, für Genozid-Verbrechen, Verstöße gegen die Menschenrechte und Terrorismus verantwortlich zu sein.' Im April 2010 haben die amerikanischen Rechtsanwälte Peter Erlinder, John Zelbst und Kurt Kerns im Auftrag der Witwen des ruandischen Präsidenten Juvénal Habyarimana und des burundischen Präsidenten Cyprien Ntaryamira Anzeigen gegen Kagame und neun weitere ruandische Offiziere unter dem *Allen Tort Claims Act* in Oklahoma eingereicht und wegen der Attentate gegen ihre Ehemänner ein Schwurgerichtsverfahren wegen Verbrechen gegen die Menschlichkeit und sechs andere Anklagepunkte beantragt. Sie forderten Schadensersatz in Höhe von 250 Millionen US$ und 100 Millionen US$ Strafzuschlag zum Schadenersatz. Im August 2012 haben Mitglieder der größten Oppositionspartei FDU-Inkingi den Internationalen Strafgerichtshof in Den Haag angerufen, um Paul Kagame wegen der im UNO-Bericht enthaltenen Anschuldigungen wegen der Unterstützung der M23-Rebellen im Kongo anzuklagen.

Ob Kagame sich eines Tages vor einem internationalen Gericht verantworten muss, ist Spekulation. Gerechtigkeit für das ruandische Volk wird am besten hergestellt, wenn er aus dem Amt entfernt und in Kigali verurteilt würde. Die juristischen Bedrohungen Kagames haben zwei Konsequenzen: erstens wird Kagame alles tun, um im Amt zu bleiben. Initiativen, um die Welt an den *Akazu*-Mythos zu erinnern, werden im Zentrum der Politik der ruandischen Regierung bleiben. Zweitens wird jedes Jahr im April die kollektive Schuld der ruandischen Hutu bekräftigt. Anstatt Wunden heilen zu lassen, werden sie so immer wieder aufgerissen.

Jonathan Musonera, ein früherer Gebietskommandeur der RPF, klagt bitter über die jährlichen Genozid-Gedenkveranstaltungen. Er hat seine Eltern 1994 verloren und lebte in ihrem Haus in Nyanza in der Präfektur Butare, als er, seine Schwester und sein Bruder vom Präsidenten den Befehl erhielten, die Leichen ihrer Eltern zu exhumieren, um sie in einem Genozid-Memorial auszustellen. Sie haben sich geweigert. Der Befehl wurde 2009 erneuert. Diesmal wurden sie unterrichtet, dass Gefängnisinsassen den Auftrag erhalten würden, dies zu tun, sollten sie sich weigern. Sein Bruder und seine Schwester entschlossen sich, dem Befehl nachzukommen und übergaben den Behörden die Gebeine. Das reichte diesen nicht – sie mussten sie auch noch waschen....

Eine ethnisch bestimmte Armee hat einen Reformprozess zerstört, der zu einer demokratischen Verfassung geführt hatte und ermordeten einen Staatschef, um zu ihrem Vorteil zivile Metzeleien in ungeheurem Ausmaß zu provozieren.

Gleichsam als Kollateralschaden brachten sie auch einen zweiten Staatschef um und führten große Massaker gegen die ruandische und kongolesische Bevölkerung durch. Sie setzten Todesschwadronen gegen ihre politischen Opponenten in Gang, betreiben eines der weltweit unmenschlichsten Gefängnissysteme und genießen die Vorteile der Macht im zwanzigsten Jahr… Der Mythos der *Akazu*-Völkermordplanung ist die ausschlaggebende ideologische Säule von Afrikas erster mit moralischen Argumenten gerechtfertigten Tyrannei.

Teil III: Anhänge

a) Abkürzungen

ADAD	Association des Avocats de la Défense
AFDL	Alliance des Forces Démocratiques pour la Libération du Congo
AFOTEC	Association pour la Formation Technique
AI	Amnesty International
AIAD	Association Internationale des Avocats de la Défense (s. u. ICDAA)
ALIR	Armée de Libération du Rwanda
AMASASU	Alliance des Militaires Agacés par les Séculaires Actes Sournois des Unaristes
AMFI	American Mineral Fields International
APR	Armée Patriotique Rwandaise
ARDHO	Association Rwandaise pour la Défense des Droits de l'Homme
BMZ	Bundesministerium für wirtschaftliche Zusammenarbeit und Entwicklung
BND	Bundesnachrichtendienst
BRD	Banque Rwandaise de Développement
CDR	Coalition pour la Défense de la République
CEPGL	Communauté Économique des Pays des Grands Lacs
CIA	Central Intelligence Agency
CIRGL	Conférence Internationale sur la Région des Grands Lacs
CLADHO	Association de Défense pour les Droits de l'Homme au Rwanda
CLIIR	Centre de Lutte contre l'Impunité et l'Injustice au Rwanda
CND	Conseil National de Développement
CNDP	*Congrès National pour la Défense du Peuple*
CPPCG	Convention on the Prevention and Punishment of the Crime of Genocide
DED	Deutscher Entwicklungsdienst
DHR	Democracy and Human Rights (Internetforum)
DIA	Defense Intelligence Agency
DPKO	VN-Department of Peacekeeping Operations
EGMR	Europäischer Gerichtshof für Menschenrechte
ETO	École Technique Officielle
EURAC	European Network for Central Africa

EZ	Entwicklungszusammenarbeit
FAR	Forces Armées Rwandaises
FAZ	Frankfurter Allgemeine Zeitung
FDC	Forces Démocratiques du Changement
FDLR	Forces Démocratiques de Libération du Rwanda
FDU-Inkingi	Forces Démocratiques Unifiées-Inkingi
FIDH	Fédération Internationale des Droits de l'Homme (Paris)
FPR	Front Patriotique Rwandais
FRODEBU	Front pour la Démocratie au Burundi
GBA	Generalbundesanwaltschaft
GOMN	Groupe des Observateurs Militaires Neutres (OAU) s. auch NMOG
GTZ	Deutsche Gesellschaft für Technische Zusammenarbeit
HLKO	Haager Landkriegsordnung
Hrsg.	Herausgeber
HRW	Human Rights Watch
ICC	International Criminal Court (s. auch IStGH)
ICDAA	International Criminal Defence Attorneys Association (s. a. AIAD)
ICGLR	International Conference on the Great Lakes Region
ICTR	International Criminal Tribunal for Rwanda (franz. s. TPIR); s. auch RStGH
ICTY	International Criminal Court for the former Yugoslavia (franz. s. TPIY)
IStGH	Internationaler Strafgerichtshof (s. auch ICC)
ISTO	International Strategic and Tactical Organization
JCE	Joint Criminal Enterprise
Jg.	Jahrgang
KfW	Kreditanstalt für Wiederaufbau
KIBAT	Kigali Bataillon (belgisches UNAMIR-Kontingent zum Schutz der Hauptstadt Kigali)
KSZE	Konferenz of Sicherheit und Zusammenarbeit in Europa
LCCHCG	Loi sur les crimes contre l'humanité et les crimes de guerre (Kanada)
M23	Mouvement du 23 mars
MDR	a) Mouvement Démocratique Républicain b) Mitteldeutscher Rundfunk

MICT	Mechanism for International Criminal Tribunals (sog. Residual-Mechanismus)
MINUAR	Mission des Nations Unies pour le Rwanda (s. auch UNAMIR)
Mio.	Millionen
MONUC	Mission de l'Organisation des Nations Unies en RD Congo (United Nations Organization Mission in the Democratic Republic of the Congo)
MONUSCO	Mission de l'Organisation des Nations Unies pour la Stabilisation en RD Congo (United Nations Organization Mission for the Stabilization in RD Congo); Nachfolgeorganisation von MONUC
MPR	Mouvement Populaire de la Revolution
Mrd.	Milliarden
MRND	Mouvement Révolutionnaire National pour le Développement.
MRNDD	Mouvement Républicain National pour la Démocratie et le Développement
NAD	Netzwerk Afrika Deutschland
NATO	North Atlantic Treaty Organization
NEPAD	New Economic Partnership for Africa's Development
NGO	Non-Governmental-Organizations
NMOG	Neutral Military Observers Group (s. a. GOMN)
NRA	National Resistance Army (Uganda)
NRO	Nicht-Regierungs-Organisationen
OAU/OUA	Organisation of African Unity/ Organisation de l'Unité Africaine
ÖNZ	Ökumenisches Netz Zentralafrika
OSZE	Organisation für Sicherheit und Zusammenarbeit in Europa
OSZE	Organisation für Sicherheit und Zusammenarbeit in Europa
PDC	Parti Démocrate-Chrétien
PhD	Doctor auf Philosophy
PL	Parti Libéral
PSD	Parti Social Démocrate
RCD	Rassemblement Congolais Démocratique
RDC	République Démocratique du Congo
RDR	Rassemblement pour le Retour des Réfugiés et la Démocratie au Rwanda; später Rassemblement Républicain pour la Démocratie au Rwanda

Res.	Resolution
RFI	Radio France Internationale
RPA	Ruandische Patriotische Armee
RPF	Ruandische Patriotische Front/ Rwandan Patriotic Front
RStGH	Ruanda-Strafgerichtshof (Arusha-Gericht)
RTLM	Radio Télévision Libre des Mille Collines
RZ	Randziffer
SOMIRWA	Société Minière du Rwanda
SR	Sicherheitsrat
SWR	Südwestrundfunk
SZ	Süddeutsche Zeitung
TI	Transparency International
TPIR	Tribunal Pénal International pour le Rwanda (engl. s. ICTR)
TPIY	Tribunal Pénal pour l'Ex-Yougoslavie (engl. ICTY)
Tz.	Textziffer
UN	United Nations
UNAMIR	United Nations Assistance Mission for Rwanda s. auch MINUAR
UNHCR	United Nations High Commissioner for Refugees
UNO	United Nations Organization
UNOMUR	United Nations Observer Mission Uganda-Rwanda
UNWCC	United Nations War Crimes Commission
UPRONA	Union pour le Progrès National (Partei in Burundi)
VEM	Vereinte Evangelische Mission
VN	Vereinte Nationen
VR	Volksrepublik
VStGB	Völkerstrafgesetzbuch

b) Herangezogene Literatur

Ahlbrecht, Heiko. 1999. *Geschichte der völkerrechtlichen Strafgerichtsbarkeit im 20. Jahrhundert*. Baden-Baden. Nomos. 502 S.; ISBN 378906047X.

Albright, Madeleine. 2003. *Madam Secretary. A Memoir*. New York, N.Y. Miramax Books. xiv, 562 S.; ISBN 0786868430.

Albright, Madeleine. 2003. *Madam Secretary. Die Autobiographie*. München. Bertelsman. 672 S.; ISBN 3570007294.

Assemblée Nationale. 1998. *Rapport d'information par la Mission d'information sur les opérations militaires menées par la France, d'autres pays et l'ONU au Rwanda entre 1990 et 1994*. Paris. Assemblée Nationale. 433 S. (http://www.assemblee-nationale.fr/11/dossiers/rwanda/r1271.asp).

Balibutsa, Maniragaba. 2000. *Une archéologie de la violence en Afrique des Grands Lacs*. Libreville (Gabon). Editions CICIBA. 418 S.

Bästlein, Klaus. 1996. *Der Nürnberger Juristenprozess und seine Rezeption in Deutschland*. In: Peschel-Gutzeit, L. M. (Hrsg.). *Das Nürnberger Juristen Urteil von 1947*. Baden-Baden: Nomos-Verlag. S. 9–35. ISBN 3789045284.

Bednarek, Jerzy. 1998. „Le Rwanda était un bain de sang. Interview avec Marcel Gérin." *Africa International*, Novembre 1998 (Heft 319).

Behrendt, Urs P. 2005. *Die Verfolgung des Völkermords in Ruanda durch internationale und nationale Gerichte*. Berlin. Berliner Wissenschafts-Verlag. 383 S.; ISBN 9783830510489.

Belgique, Sénat. 1998. *Commission d'enquête parlementaire concernant les événements du Rwanda. Rapport fait au nom de la Commission d'enquête par MM. Mahoux et Verhofstadt*. Bruxelles. Ca. 600 S.

Bizimana, Edouard und *Véronique Barindogo*. 2014. *Burundi. Une vie à la sauvette. Savoir porter sa croix*. Lille. Editions Sources du Nil. 262 S.; ISBN 978-291920181.

Booh Booh, Jacques-Roger. 2005. *Le Patron de Dallaire parle. Révélations sur les dérives d'un général de l'ONU au Rwanda*. Paris. Duboiris. 207 S.; ISBN 2952231508.

Braeckman, Colette. 1994. *Rwanda. L'Histoire d'un génocide*. Paris. Arthème Fayard. 343 S.; ISBN 2213593566.

Brauman, Rony. 1994. *Devant le mal. Rwanda. Un génocide en direct*. Paris. éditions arléa. 92 S.; ISBN 978-2869592144.

Brockmeier, Sarah. 2014. *Deutschland und der Völkermord in Ruanda*. Heinrich-Böll-Stiftung. URL http://www.boell.de.

Bruguière, Jean-Louis. 2009. *Ce que je n'ai pas pu dire. Entretiens avec Jean-Marie Pontaut*. Paris. Robert Laffont. 496 S.; ISBN 978-2221114247.

Buch, Hans Christoph. 2001. *Kain und Abel in Afrika. Roman*. Berlin. Verlag Volk und Welt. 222 S.; ISBN 3353011706.

Buch, Hans Christoph. 2011. *Apokalypse Afrika oder Schiffbruch mit Zuschauern*. Frankfurt/M. Eichborn. 252 S.; ISBN 978-3821862361.

Bukeye, Joseph. 2014. Victoire Ingabire: Chronology of a Pinocht-style Case of Repression. In: Philpot, J. und S. Chartrand. (Hrsg.). *Justice belied*. Montréal: Baraka Books. S. 55–66. ISBN 978-1926824796.

Calvo-Goller, Karin Notburga. 2005. *The Trial Proceedings Of The International Criminal Court: ICTY and ICTR Precedents*. Leiden. Martinus Nijhoff Publishers. 561 S.; ISBN: 978-9004149311.

Carlsson, Ingvar. 1999. *Report of the Independent Inquiry into the Actions of the United Nations during the 1994 Genocide in Rwanda*. New York. United Nations Organization.

Chrétien, Jean-Pierre und *Jean-François Dupaquier*. 2007. *Burundi 1972. Au bord des génocides. Préface de Isidore Ndaywel*. Paris. Karthala. 494 S.; ISBN 978-2845868724.

Chrétien, Jean-Pierre, Jean-François Dupaquier, Marcel Kabanda und *Joseph Ngarambe*. 1995. *Rwanda. Les médias du génocide. Avec Reporters sans frontières. Préface de René Degni-Ségui*. Paris. Karthala. 397 S.; ISBN 2865376214.

Clarke, Richard A 2004. *Against all enemies: Der Insiderbericht über Amerikas Krieg gegen den Terror*. Hamburg. Hoffmann und Campe. 384 S.; ISBN 978-3455094783.

Clinton, Bill. 2004. *Mein Leben*. Berlin. Econ. 1472 S.; ISBN 3430118573.

Cohen, Herman J. 2000. *Intervening in Africa : superpower peacemaking in a troubled continent*. New York. St. Martin's Press. xiv, 268 S.; ISBN 0-312-23221-7.

Cohen, Jared. 2007. *One-hundred days of silence : America and the Rwanda genocide*. Lanham, Maryland. Rowman & Littlefield Publishers. xxix, 230 S.; ISBN 978-0742552371.

Collins, Barrie. 2014. *Rwanda 1994: The myth of the Akazu genocide conspiracy and its consequences.* London/New York. Palgrave Macmillan. 288 S.; ISBN 978-1137022318.

Collombat, Benoît und *David Servenay.* 2014. *„Au Nom De La France". Guerres Secrètes au Rwanda. 20 ans après le génocide.* Paris. La Découverte. 325 S.; ISBN 978-2707182760.

Combs, Nancy Amoury. 2010. *Fact-Finding Without Facts: The Uncertain Evidentiary Foundations of International Criminal Convictions.* New York. Cambridge University Press. 420 S.; ISBN 978-0521111157.

Conze, Eckart, Norbert Frei, Peter Hayes und *Moshe Zimmermann.* 2010. *Das Amt und die Vergangeneit. Deutsche Diplomaten im Dritten Reich und in der Bundesrepublik.* München. Karl Blessing Verlag. 880 S.; ISBN 978-3896674302.

Courtemanche, Gil und *Patricia Claxton.* 2003. *A Sunday at the pool in Kigali.* Toronto. A.A. Knopf Canada. 258 S.; ISBN 0676974813.

Cruvellier, Thierry. 2004. *Augustin Cyiza : un homme libre au Rwanda.* Paris. Karthala. 217 S.; ISBN 284586552X.

Cruvellier, Thierry. 2006. *Le tribunal des vaincus : un Nuremberg pour le Rwanda?* Paris. Calmann-Lévy. 269 S.; ISBN 2702136702.

Cruvellier, Thierry. 2010. *Court of Remorse: Inside the International Criminal Tribunal for Rwanda.* Madison, WI. University of Wisconsin. 189 S.; ISBN 978-0299236748.

Davenport, Christian und *Alan Stam.* 2009. *What Really Happend in Rwanda.* Miller-McCune Online Magazine, 6.10.2009 http://www.psmag.com/politics/what-really-happened-in-rwanda-3432/.

Decker 1995 siehe unter Hänssler, Friedrich.

Decker, Rudolf. 1998a. *Im innersten Afrika. Hutu und Tutsi zwischen Vernichtung und Versöhnung.* Neuhausen-Stuttgart. Hänssler-Verlag. 198 S.; ISBN 3775129596.

Decker, Rudolf. 1998b. *Ruanda. Tod und Hoffnung im Land der Tausend Hügel.* Stuttgart. Hänssler. 196 S.; ISBN 3775127097.

Deguine, Hervé. 1998. *Rwanda. Enquête sur la mort d'André Sibomana.* Paris. Reporters sans frontières. 140 S.; ISBN 290883040X.

Deguine, Hervé. 2010. *Un idéologue dans le génocide rwandais. Enquête sur Ferdinand Nahimana. Préface de Stepen Smith.* Paris. Fayard/Mille et une nuits. 462 S.; ISBN 978-2755501490.

Del Ponte, Carla mit Chuck Sudetic. 2009. *Im Namen der Anklage. Meine Jagd auf Kriegsverbrecher und die Suche nach Gerechtigkeit.* Frankfurt/M. S. Fischer. 518 S.; ISBN 978-3100139115.

Deme, Amadou. 2010. *Rwanda 1994 and the Failure of the United Nations Mission.* Xlibris Corp. 219 S.; ISBN 978-1453591390.

Deme, Amadou. 2012a. *Rwanda 1994 and The Failure Of The United Nations Mission: The Whole Truth.* Leipzig. Amazon Distribution GmbH für Create Space Independent Publishing Platform. 220 S.; ISBN 978-1481068147.

Deme, Amadou. 2012b. *Rwanda 1994. A Witness to Genocide.* CreateSpace Independent Publishing Platform. 154 S.; ISBN 978-1480265257.

Deneault, Allain. 2012. *Imperial Canada Inc.: Legal Haven of Choice for the World's Mining Industries.* Vancouver. Talonbooks. 256 S.; ISBN 978-0889226357.

Deneault, Allain, Delphine Abadie und *William Sacher.* 2008. *Noir Canada. Pillage, corruption et criminalité en Afrique.* Montréal. Editions Écosociété. 325 S.; ISBN 978-2923165424.

Des Forges, Alison. 1999. *Leave None to Tell the Story. Genocide in Rwanda. (Written by Alison Des Forges based on research by Alison Des Forges, Timothy Longman, Michel Wagner, Kirsti Lattu, Eric Gillet, Catherine Choquet, Trish Huddlestone and Jemera Rone).* New York/ Paris. Human Rights Watch (New York) und Féderation Internationale des Ligues des Droits de l'Homme (Paris). 789 S.; ISBN 1564321711.

Des Forges, Alison. 2002. *Kein Zeuge darf überleben. Der Genozid in Ruanda.* Hamburg. Hamburger Institut für Sozialforschung. 947 S.; ISBN 978–3930908806.

Des Forges, Alison et al. 1993. „Report of the International Commission of Investigation On Human Rights Violations in Rwanda". HRW/FIDH et al.

Des Forges, Alison und David S. Newbury. 2011. *Defeat is the only bad news : Rwanda under Musinga, 1896–1931.* Madison, Wis. The University of Wisconsin Press. xxxviii, 306 S.; ISBN 978-0299281441; E-book: 978-0299281434.

Desouter, Serge. 2007. *Rwanda: Le Procès du FPR. Mise au point historique.* Paris. L'Harmattan. 336 S.; ISBN 978-2296025592.

Desouter, Serge und *Filip Reyntjens.* Juin 1995."Rwanda. Les violations des Droits de l'Homme par le FPR/APR. Working Paper". Anvers. Institute of Development Policy and Management. 50 S.

Destexhe, Alain. 1994. *Rwanda, essai sur le génocide.* Bruxelles. Editions Complexe. 120 S.; ISBN 2870275382.

Dumont, Hélène und *Anne-Marie Boisvert* (Hrsg.) 2004. *La voie vers la Cour pénale internationale: tous les chemins mènent à Rome. The highway to the international criminal court: all roads lead to Rome.* Montréal. Université de Montréal. 616 S.; ISBN 2894001878.

Dupaquier, Jean-François. 2010. *L'Agenda du génocide. Le témoignage de Richard Mugenzi, ex-espion rwandais.* Paris. Karthala. 372 S.; ISBN 978-2811104139.

Eltringham, Nigel. 2004. *Accounting for Horror: Post-Genocide Debates in Rwanda.* London. Pluto Press. 232 S.; ISBN 978-0745320007.

Erlinder, Peter. 2013. *The accidental.... Genocide.* Saint Paul, Minnesota. International Humanitarian Law Institute. 552 S.; ISBN 978-1599970158.

Erny, Pierre. 2003. *Ubgenge : intelligence et ruse à la manière Rwanda et Rundi. Cahiers de sociologie économique et culturelle (Institut havrais de sociologie économique et culturelle, Le Havre (France)* (40):16.

Essoungou, André-Michel. 2006. *Justice à Arusha. Un tribunal international politiquement encadré face au génocide rwandais. Préface de Patrick de Saint-Exupéry.* Paris. L'Harmattan. 254 S.; ISBN 2296011349.

Evaluation, Joint. 1996. (Hrsg. David Millwood). *Joint Evalutation of Emergency Assistance to Rwanda. The International Response to Genocide: Lessons from the Rwanda Experience* Copenhagen. Steering Committee; ISBN 877265335-(0; 3;5; 7; 9).

Feuchtwanger, Lion. 1938. *Moskau 1937. Ein Reisebericht für meine Freunde.* Amsterdam. Querido-Verlag. 153 S.

Fofé, Jean-Pierre Djofia Malewa. 2006. *La question de la preuve devant le Tribunal Pénal International pour le Rwanda. Le cas Cyangugu.* Paris. L'Harmattan. 292 S.; ISBN 978-2747593618.

Frenzel, Markus. 2011. *Leichen im Keller. Wie Deutschland internationale Kriegsverbrecher unterstützt.* München. Deutscher Taschenbuch Verlag. 440 S.; ISBN 978-3423248761.

Gahima, Gerald. 2013. *Transitional Judicial Justice in Rwanda. Accountability for Atrocity.* London and New York. Routledge. 387 S.; ISBN 978-04155227793.

Gasana, James Kwizera. 2002. *Rwanda: Du parti-état à l'état-garnison. Préface de Ramon Arozarena.* Paris. L'Harmattan. 348 S.; ISBN 2747513173.

Giordano, Ralph. 2013. *Der perfekte Mord: Die deutsche Justiz und die NS-Vergangenheit. Mit einem Geleitwort von Bundesministerin Leutheusser-Schnarrenberger.* Göttingen. Vandenhoeck und Ruprecht. 38 S.; ISBN 978-3525300480.

Goldstone, Richard. 2000. *For humanity : reflections of a war crimes investigator.* New Haven/New York. Yale University Press. xxi, 152 S.; ISBN 0300082053.

Görtemaker, Manfred und *Christoph Safferling* (Hrsg.) 2013. *Die Rosenburg: Das Bundesministerium der Justiz und die NS-Vergangenheit – eine Bestandaufnahme.* Göttingen Vandenhoeck & Ruprecht. 376 S.; ISBN 978–3525300466.

Gourevitch, Philip. 1998. *We wish to inform you that tomorrow we will be killed with our families : stories from Rwanda.* New York. Farrar, Straus and Giroux. 355 S.; ISBN 0374286973.

Gourevitch, Philip. 1999. *Wir möchten Ihnen mitteilen, dass wir morgen mit unseren Familien umgebracht werden. Berichte aus Ruanda.* Berlin. Berlin-Verlag. 427 S.; ISBN 3827003512.

Gouteux, Jean-Paul. 2001. *La nuit rwandaise. L'implication française dans le dernier genocide du siècle.* Paris. Editions Esprit Frappeur/Dagorno 9. 531 S.; ISBN 2919919756.

Gouteux, Jean-Paul. 2007. *Un Génocide Sans Importance. La France et le Vatican au Rwanda.* Paris. Editions Tahin Party. 224 S.; ISBN 978-2912631152.

Greve, Kathrin. 2006. *Sexuelle Gewalt gegen Frauen vor internationalen Strafgerichten.* Dissertation zur Erlangung des Doktorgrades der Juristischen Fakultät der Universität Regensburg.

Gribbin, Robert E. 2005. *In The Aftermath Of Genocide. The U.S. Role in Rwanda* Lincoln, NE. iUniverse. 340 S.; ISBN 978-0595344119.

Guichaoua, André. 2005. *Rwanda 1994 : les politiques du génocide à Butare.* Paris. Karthala. 497 S.; ISBN 2845866690.

Guichaoua, André 2010. Rwanda. De la guerre au génocide. Les politiques criminelles au Rwanda (1990–1994). Préface de René Degni-Ségui Paris. Editions La Découverte. 622 S.; ISBN 978-2707153708.

Guichaoua, André en collaboration avec ISCID (Hrsg.) 2013. *Seth Sendashonga 1958–1998. Un Rwandais pris entre deux feux. Témoignages et propos. Préface de Stephen Smith.* Paris. L'Harmattan. 184 S.; ISBN 978-2343008615.

Haan, Verena. 2008. *Joint Criminal Enterprise: Die Entwicklung einer mittäterschaftlichen Zurechnungsfigur im Völkerstrafrecht.* Berlin. Duncker und Humblot. 362 S.; ISBN 978-3428127108.

Hankel, Gerd. 2003. *Die Leipziger Prozesse. Deutsche Kriegsverbrechen und ihre strafrechtliche Verfolgung nach dem Ersten Weltkrieg.* Hamburg. Hamburger Edition. HIS Verlagsges.mbH. 550 S.; ISBN 978-3930908851.

Hankel, Gerd (Hrsg.) 2008. *Die Macht und das Recht*. Hamburg. Hamburger Edition. 461 S.; 978-3936096835.

Hänssler, Friedrich (Rudolf Decker) (Hrsg.)1995. *Der Unsichtbare. Ruanda. Eine Erzählung. Tod und Hoffnung im Land der Tausend Hügel*. Neuhausen-Stuttgart. Friedrich Hänssler. 240 S.; ISBN 3775122842.

Hartmann, Florence. 2007. *Paix et Châtiment*. Paris. Flammarion. 320 S.; ISBN 978-2081206694.

Hatzfeld, Jean. 2004a. *Nur das nackte Leben – Bericht aus den Sümpfen Ruandas*. Gießen. Psychosozial-Verlag. 251 S.; ISBN 3898069338.

Hatzfeld, Jean. 2004b. *Zeit der Macheten. Gespräche mit den Tätern des Völkermordes in Ruanda*. Gießen. Psychosozial-Verlag. 315 S.; ISBN 978–3898069328.

Herman, Edward S. und David Peterson. 2010. *The Politics of Genocide. Foreword by Noam Chomsky*. New York. Monthly Review Press. 160 S.; ISBN 978-1583672129.

Herman, Edward S. und *David Peterson*. 2014. *Enduring lies. The Rwandan Genocide in the Propaganda System, 20 Years Later*. CreateSpace Independent Publishing Platform. 142 S.; ISBN 978-1500751111. (Kindle Edition:The Real News Books).

Hogard, Jacques. 2005. *Les larmes de l'Honneur. 60 jours dans la tourmente du Rwanda*. Paris. Editions Hugo et Compagnie. 140 S.; ISBN 2755600543.

Hoile, David. 2014. *Justice Denied: The Reality of the International Criminal Court*. London The Africa Research Centre. 624 S.; ISBN 978-0992803506.

HRW. 2010. *Genocide, War Crimes and Crimes against Humanity. A Digest of the Case Law of the International Criminal Tribunal for Rwanda*. New York. Human Rights Watch. 480 S.; ISBN 1564325865.

HRW. 2011. *Justice Compromised. The Legacy of Rwanda's Community-Based Gacaca Courts*. New York HRW. 144 S.; ISBN 1564327574.

ICTR, Office of the Prosecutor (Hrsg.) 2014. *Prosecution of Sexual Violence. Best Practices Manual for the Investigation and Prosecution of Sexual Violence Crimes in Post-Conflict Regions*. Arusha. ICTR (http://www.unictr.org) 82 + Annexes S.

Inchauspé, Dominique. 2012. *L'innocence judiciaire. Dans un procès, on n'est pas innocent, on le devient*. Paris. Presses Universitaires de France. 412 S.; ISBN 978-2130606994.

Jones, Bruce D. 2001. *Peacemaking in Rwanda : the dynamics of failure.* Boulder, CO. Lynne Rienner Publishers. ix, 209 S.; ISBN 1555879942.

Kajeguhakwa, Valens. 2001. *Rwanda. De la terre de paix à la terre de sang, et après?* Paris. Remi Perrin. 357 S.; ISBN 2913960081.

Kambanda, Jean. 2012. *Rwanda face à l'apocalypse 1994. Contribution aux progrès de la justice et aux efforts de réconciliation du peuple rwandais. Préface d'Alain de Brouwer.* Bruxelles/Fernelmont. E.M.E. « Sources d'Homme ». 444 S.; ISBN 978-2806607959.

Kandt, Richard. 1921 (Reprint 1991). *Caput Nili. Eine empfindsame Reise zu den Quellen des Nils.* Berlin. Reimer-Verlag (Reprint: Selbstverlag Landesmuseum Koblenz). 428 S.; Reprint ISBN 3925915265.

Karemano, Charles. 2003. *Au-delà des barrières. Dans les méandres du drame rwandais. Préface de Claudine Vidal.* Paris. L'Harmattan. 152 S.; ISBN 2747550699.

Karemera, Édouard. 2006. *Le drame rwandais. Les aveux accablants des chefs de la Mission des Nations Unies pour l'Assistance au Rwanda. Préface de Jacques Vergès.* Lille. Editions Sources du Nil 223 S.; ISBN 978-2952171229.

Karemera, Édouard. 2012. *Drame rwandais. L'autre face du génocide.* Editions Scribe. 531 S.; ISBN 978-2960111415.

Kimonyo, Jean-Paul. 2008. *Rwanda, un génocide populaire.* Paris. Karthala. 546 S.; ISBN 978-2845869868.

Kintu, Remigius. 2005."The Truth behind the Rwandan Tragedy". Prepared for ICTR/ Arusha. 20 S.

Kinzer, Stephen. 2008. *A Thousand Hills: Rwanda's Rebirth and the Man Who Dreamed It.* Hoboken, New Jersey. John Wiley and Sons. 380 S.; ISBN 978-0470120156.

Kirsch, Stefan. 2009. *Der Begehungszusammenhang der Verbrechen gegen die Menschlichkeit.* Peter Lang. 176 S.; ISBN 978-3631592342.

Kirsch, Stefan. 2013. The social and the legal concept of genocide. In: Behrens, P. und R. Henham. (Hrsg.). *Elements of Genocide.* Abingdon Oxon und New York: Routledge. S. 7–19. ISBN 978-0415504386.

Kirsch, Stefan (Hrsg.) 2005. *Internationale Strafgerichtshöfe.* Baden-Baden. Nomos. 356 S.; ISBN 3832914501.

Krop, Pascal. 1994. *Le génocide franco-africain : faut-il juger les Mitterrand?* Paris. J.-C. Lattès. 161 S.; ISBN 2709615150.

Krueger, Robert und *Kathleen Tobin Krueger*. 2007. *From bloodshed to hope in Burundi : our embassy years during genocide, Foreword by Desond Tutu*. Austin. University of Texas Press. xviii, 308 S.; ISBN 978-0292714861.

Lafourcade, Jean-Claude. 2010. *Opération Turquoise. Rwanda 1994. La vérité sur l'intervention française au Rwanda (unter Mithilfe des Journalisten Guillaume Riffaud)*. Paris. Perrin. 219 S.; ISBN 978-2262031282.

Larochelle, Philippe. 2014. The Hart of Dark Justice. In: Philpot, J. und S. Chartrand. (Hrsg.). *Justice Belied* Montréal: Baraka Books. S. 115–126. ISBN 978-1926824796.

Laughland, John. 2008. *Jean Kambanda, Convicted without Trial* . Kapitel 16 in: *A History of Political Trials from Charles I to Saddam Hussein*. Oxford: Peter Lang. ISBN 978-1906165000.

Lersner, Freiherr von. 1929. Die Auslieferung der deutschen „Kriegsverbrecher". In: Schnee, H. und H. Dräger. (Hrsg.). *Zehn Jahre nach Versailles*. Berlin.

Linguyeneza, Abbé Vénuste. 1999. „5 juin 1994. Trois évêques assassinés." *DIALOGUE* (N° 213 (Nov./Déc. 1999)):79–88.

Lugan, Bernard. 2004. *Rwanda, le génocide, l'Eglise et la démocratie*. Monaco. Rocher. 234 S.; ISBN 2268050602.

Lugan, Bernard. 2005. *François Mitterrand, l'armée française et le Rwanda*. [Monaco]. Editions du Rocher. 288 S.; ISBN 2268054152.

Lugan, Bernard. 2007. *Rwanda : Contre-enquête sur le génocide*. Toulouse. Privat. 329 S.; ISBN 978-2708968752.

Lugan, Bernard. 2014. *Rwanda : un génocide en questions*. Monaco. Editions du Rocher. 286 S.; ISBN 978-2268075792.

Lyons, Beth. 2014. Prosecutorial Failure to Disclose Exculpatory Material: A Death Knell to Fairness. In: Philpot, J. und S. Chartrand. (Hrsg.). *Justice Belied*. Montréal: Baraka Books. S. 127–142. ISBN 978-1926824796.

Malagardis, Maria. 2012. *Sur la piste des tueurs rwandais*. Paris. Flammarion. 315 S.; ISBN 978-2081250949.

Marchal, Luc. 2001. *Rwanda: La Descente aux Enfers. Témoignage d'un peacekeeper. Décembre 1993 – Avril 1994*. Bruxelles. Éditions Labor. 335 S.; ISBN 2-8040-1632-3.

Masire, Ketumile und IPEP. 2000. *Rwanda : the preventable genocide. Report by the International Panel of Eminent Personalities to Investigate the 1994 Genocide in Rwanda and the Surrounding Events (IPEP); jetzt zu finden unter* http://

www.refworld.org/pdfid/4d1da8752.pdf. Addis Ababa. African Union (former Organization of African Unity)/IPEP. xxii, 318 S.

Mbeko, Patrick. 2014. *Le Canada et le pouvoir tutsi du Rwanda. Deux décennies de complicité criminelle en Afrique Centrale* Montreal. Éditions de l'Érablière. 469 S.; ISBN 978-2981300409.

Melvern, Linda. 2000. *A people betrayed. The role of the West in Rwanda's genocide.* London New York. Zed Books. 272 S.; ISBN 1856498301.

Melvern, Linda. 2004a. *Conspiracy to murder : the Rwandan genocide.* London ; New York. Verso. 358 S.; ISBN 1859845886.

Melvern, Linda. 2004b. *Ruanda. Der Völkermord und die Beteiligung der westlichen Welt.* Kreuzlingen/München. Diederichs 384 S.; ISBN 3720524868.

Merelles, Fernando Andreu. 2008. *JUZGADO CENTRAL DE INSTRUCCIÓN Nº 4, AUDIENCIA NACIONAL, „SUMARIO 3 / 2.008 - D" A U T O, 6.2.2008.* Madrid. Administración de Justicia.

Minnaert, Père Stefaan. 2006. *De Novembre 1899 à Février 1900. Premier Voyage de Mgr Hirth au Rwanda. Contribution à l'étude de la fondation de l'Église Catholique au Rwanda.* Kigali. Les Éditions Rwandaises (Caritas Rwanda). 716 S.

Misser, François. 1995. *Vers un nouveau Rwanda? Entretiens avec Paul Kagamé.* Paris. Karthala. 168 S.; ISBN 2865375986.

Montaldo, Jean. 1994. *Mitterrand und die vierzig Räuber...* Essen/München. Bettendorfsche Verlagsanstalt. 293 S.; ISBN 38849802823.

Moynier, Gustave. 1872. *La création d'une institution judiciaire internationale, propre à prévenir et à réprimer les infractionsà la Convention de Genève.* Genève. Comité international de secours aux militaires blessés.

Mpiranya, Protais. 2010. *Rwanda, le paradis perdu. Les derniers secrets de l'ex-commandant de la Garde Présidentielle de J. Habyarimana (Préface de Faustin Ntilikina)* Lille. Editions Sources du Nil 154 S.; ISBN 2952171297.

Mucyo, Jean de Dieu (Hrsg.) 2007. *Rapport de la Commission Nationale Indépendante Chargée de Rassembler les Preuves Montrant l'Implication de l'État français dans le Génocide Perpétré au Rwanda en 1994.* Kigali. 331 S.

Mujawayo, Esther und Souâd Belhaddad. 2007. *Ein Leben mehr. Wie ich der Hölle Ruandas entkam. Zehn Jahre nach dem Völkermord.* Berlin. Ullstein. 359 S.; ISBN 978-3548368801.

Mukagasana, Yolande. 2014. *L'ONU et le Chagrin d'une Négresse.* Paris. Aviso Editions. 300 S.; ISBN 979-1093453026.

Murego, Donat. 1975. *La Révolution rwandaise 1959–1962. Essai d'interprétation.* Louvain. Université Catholique Libre (UCL). 1019 S.

Musabyimana, Gaspard. 2003. *La vraie nature du FPR/APR d'Ouganda en Rwanda.* Paris. L'Harmattan. 273 S.; ISBN 2747548473.

Musabyimana, Gaspard. 2004. *L'APR et les réfugiés rwandais au Zaïre, 1996–1997 : un génocide nié.* Paris, France. L'Harmattan. 225 S.; ISBN 2747556905.

Musabyimana, Gaspard. 2008a. *Rwanda. Le triomphe de la criminialité politique.* Paris. L'Harmattan. 290 S.; ISBN 978-2296073555.

Musabyimana, Gaspard. 2008b. *Rwanda. Mythe des mots. Recherche sur le concept „akazu" et ses corollaires.* Paris. L'Harmattan. 246 S.; ISBN 978-2296052666.

Musabyimana, Gaspard. 2011. *Dictionnaire de l'histoire politique du Rwanda.* Bruxelles. Editions Scribe. 270 S.; ISBN 978-2960111408.

Musabyimana, Gaspard und Emmanuel Neretse. 2014. *Rwanda. 20 ans de pouvoir du FPR. Quel bilan?* Bruxelles. Editions Scribe. 372 S.; ISBN 978-2930765020.

Mutsinzi, Jean (Hrsg.). 2010. Rapport d'enquête sur les causes, les circonstances et les responsabilités de l'attentat du 6/04/1994 contre l'avion présidentiel rwandais *FALCON 50 N° 9XR-NN.* Kigali. République Rwandaise. 186 S.; (http://mutsinzireport.com/wp-content/uploads/2010/01/Rapport_Francais.pdf)

Nahimana, Ferdinand. 1993. *Le Rwanda. Emergence d'un Etat.* Paris. L'Harmattan. 346 S.; ISBN 2738417167.

Nahimana, Ferdinand. 2007. *Rwanda. Les Virages ratés. (Préface de Helmut Strizek)* Lille. Editions Sources du Nil. 447 S.; ISBN 2952171246.

Nahimana, Ferdinand. 2011. *Le Combat pour la vérité.* Lille. Editions Sources du Nil. 128 S.; ISBN 978-29192010447.

Ndacyayisenga, Pierre-Claver 2013. Dying to Live, A Rwandan Family's Five-Year Flight Across the Congo (translated by Casey Roberts); Preface Phil Taylor. Montréal. Baraka-Books. 176 S.; ISBN 978-1926824789.

Ndagijimana, Jean-Marie Vianney. 2009. *Paul Kagame a sacrifié les Tutsi.* Orléans. Editions La Pagaie. 164 S.; ISBN 978-2916380070.

Ndagijimana, Jean-Marie Vianney. 2010. *How Paul Kagame Deliberately Sacrificed the Tutsi.* Orléans. La Pagaie. 183 S.; ISBN 978-2916380087.

Ndagijimana, Jean-Marie Vianney. 2012. *La France a-t-elle participé au génocide rwandais?* Orléans. Editions La Pagaie. 184 S.; ISBN 978-2916380124.

Ndanyuzwe, Noël. 2014. *La guerre mondiale africaine. La conspiration anglo-américaine pour un génocide au Rwanda. Enquête dans les archives secrètes de l'armée nationale ougandaise*. Lille. Editions Sources du Nil. 534 S.; ISBN 978-2919201204.

Neretse, Emmanuel. 2010. *Grandeur et décadence des Forces Armées Rwandaises*. Lille. Editiions Sources du Nil 315 S.; ISBN 978-2952171281.

Neubacher, Frank. 2005. *Kriminologische Grundlagen einer internationalen Strafgerichtsbarkeit*. Tübingen. Mohr Siebeck. 554 S.; ISBN 3161484770.

Neubacher, Frank und *Anne Klein*. 2006. *Vom Recht der Macht zur Macht des Rechts?: Interdisziplinäre Beiträge zur Zukunft internationaler Strafgerichte*. Berlin. Duncker & Humblot. 314 S.; ISBN 978-3428121663.

Ngirabatware, Augustin. 2006. *Rwanda. Le faîte du mensonge et de l'injustice*. Lille. Editions Sources du Nil. 612 S.; ISBN 2952171211.

Nsengimana, Innocent. 2003. *Le Rwanda et le pouvoir européen (1894–1952)*. Berlin. Peter Lang. 622 S.; ISBN 3906767183.

Nsengimana, Innocent. 2012. *Le Rwanda: la marche vers l'indépendance 1952–1962*. Lille. Editions Sources du Nil. 254 S.; ISBN 978-2919201082.

Nsengimana, Innocent. 2014. *Ruanda. Der Weg in die Unabhängigkeit (1952–1962). Ein Beitrag zur ruandischen Zeitgeschichte*. Trier. Universität. 158 S.; ISBN 978-2919201082.

Ntilikina, Faustin. 2008. *La prise de Kigali et la chasse aux réfugiés par l'Armée du général Paul Kagame. Récit du Secrétaire à l'État Major de l'ex-Armée rwandaise. Préface de Bernard Lugan*. Lille. Editions Sources du Nil. 280 S.; ISBN 978-2952171250.

Ntilikina, Faustin 2014. Rwanda, la prise de Kigali et la chasse aux réfugiés par l'armée du Général Paul Kagame. Préface de Bernard Lugan. Lille. Editions Sources du Nil 352 S.; ISBN 978-2919201198.

Odom, Thomas Paul. 2005. *Journey into Darkness. Genocide in Rwanda*. College Station, TX. Texas A&M University Press. 298 S.; ISBN 978-1585444274.

Onana, Charles. 2005a. *Les secrets de la justice internationale: enquêtes truquées sur le génocide rwandais. Préface de Pierre Péan*. Paris. Editions Duboiris. 479 S.; ISBN 978-2951315983.

Onana, Charles. 2005b. *Silence sur un attentat. Le scandale du génocide rwandais*. Paris. Editions Duboris. 118 S.; ISBN 978-2951315961.

Onana, Charles. 2009. *Ces tueurs tutsi. Au Coeur de la tragédie congolaise.* Paris. Editions Duboiris. 300 S.; ISBN 978-2916872087.

Onana, Charles. 2010. *Al-Bashir & Darfour. La contre-enquête. Menaces sur le Soudan et révélations sur le procureur Ocampo.* Paris. Editions Duboiris. 480 S.; ISBN 978-2916872117.

Onana, Charles. 2011. *Côte d'Ivoire. Le Coup d'État. Préface du président Thabo Mbeki.* Paris. Editions Duboiris. 416 S.; ISBN 978-2916872179.

Onana, Charles. 2012a. *Europe, Crimres et Censure au Congo.* Paris. Duboiris. 319 S.; ISBN 978-2916872193.

Onana, Charles. 2012b. *Europe, Crimes et Censure au Congo. Les documents qui accusent.* Paris. Editions Duboiris. 319 S.; ISBN 978-2916872193.

Onana, Charles. 2014. *La France dans la terreur rwandaise.* Paris. Editions Duboiris. 480 S.; ISBN 978-2916872216.

Onana, Charles und Déogratias Mushayidi. 2001. *Les Secrets du Génocide Rwandais. Enquêtes sur les mystères d'un président.* Paris. Editions MINSI. 189 S.; ISBN 2911150031.

Othman, Mohamed C. 2005. *Accountability for International Humanitarian Law violations: The case of Rwanda and East Timor.* New York. Springer. 384 S.; ISBN 978-3540260813.

Paciocco, David. 2004. *Defending Rwandans Before the ICTR (Défendre des accusés rwandais au TPIR).* In: Dumont, H. (Hrsg.). *La voie vers la Cour pénale internationale.* Montréal: Université de Montréal. S. 97–132. ISBN 2894001878.

Paradelle, Muriel. 2004. *Le tribunal pénal international pour le Rwanda et la réconciliation après le génocide de 1994.* In: Dumont, H. (Hrsg.). *La voie vers la Cour pénale internationale: tous les chemins mènent à Rome. The highway to the international criminal court: all roads lead to Rome.* Montréal: Editions Thémis. Université de Montréal. S. 315–26. ISBN 2894001878.

Partenariat-Intwari. 2008. *Génocide rwandais : Le peuple crie justice !* "Mémorandum adressé au Conseil de Sécurité des Nations Unies". Bruxelles. Partenariat-Intwari. 45 S.

Péan, Pierre. 2005. *Noires fureurs, blancs menteurs : Rwanda 1990–1994.* Paris. Mille et une nuits. 544 S.; ISBN 2842059298. (2. Auflage 2014 mit ISBN 978-2818504055).

Péan, Pierre. 2009. *Le monde selon K.* . Paris. Fayard. 325 S.; ISBN 978-2213643724.

Péan, Pierre. 2010. *Carnages. Les guerres secrètes des grandes puissances en Afrique.* Paris. Arthème Fayard. 562 S.; ISBN 978-2213638065.

Perraudin, André. 2003. *Un évêque au Rwanda. Témoignage. Les six premières années de mon épiscopat (1956–1962).* Saint Maurice/CH. Editions Saint-Augustin. 443 S.; ISBN 2880112958.

Peschel-Gutzeit, Lore Maria (Hrsg.) 1996. *Das Nürnberger Juristen-Urteil von 1947. Historischer Zusammenhang und aktuelle Bezüge.* Baden-Baden. Nomos. 299 S.; ISBN 3789045284.

Peskin, Victor A. 2008. *International Justice in Rwanda and the Balkans: Virtual Trials and the Struggle for State Cooperation.* New York. Cambridge University Press. 272 S.; ISBN 9780521129121.

Philpot, John. 1996. *Le Tribunal International pour le Rwanda. La justice trahie.* Etudes Internationales. Institut québécois des hautes études internationales XXVII (4): S. 827–840.

Philpot, John und Sébastien Chartrand (Hrsg.) 2014. *Justice belied. The unbalanced scales of international criminal justice.* Montreal. Baraka Books. 284 S.; ISBN 978-1926824796.

Philpot, Robin. 2003. Ça ne s›est pas passé comme ça à Kigali. Montréal, Québec. Editions Les Intouchables. 224 S.; ISBN 289549097X.

Philpot, Robin. 2005. *Rwanda 1994: Colonialism dies hard (Engl. Internet-Fassung des Buches Ça ne s'est pas passé comme ça à Kigali).* Montreal. http://www.taylor-report.com/Rwanda_1994/.

Philpot, Robin. 2007a. *Ruanda 1994. Die inszenierte Tragödie (*dt. Internet-Übersetzung von Ça ne s'est pas passé comme ça à Kigali von Klaus Madersbacher. Montreal. http://www.taylor-report.com/Ruanda_1994/.

Philpot, Robin. 2007b. *Rwanda: Crimes, mensonges et étouffement de la vérité.* Montreal. Les Intouchables. 127 S.; ISBN 978-*2895492986.*

Philpot, Robin. 2013. *Rwanda and the New Scramble for Africa. From Tragedy to Useful Imperial Fiction.* Montréal. Baraka Books. 282 S.; ISBN 978-1926824949.

Pillay, Navanethem (Hrsg.) 2010. *Report of the Mapping Exercise documenting the most serious violations of human rights and international humanitarian law committed within the territory of the Democratic Republic of the Congo between March 1993 and June 2003.* Genf. UN-High Commissioner for Human Rights.

Pottier, Johan. 2002. *Re-imaging Rwanda: Conflict, Survival and Disinformation in the Late Twentieth Century*. Cambridge, UK. Cambridge Universtiy Press; ISBN 978-0521528733.

Power, Samantha. 2001. „Bystanders to genocide. Why the United States Let the Rwandan Tragedy Happen.“ *Atlantic Monthly* 288 (2/2001/September): S. 84–108.

Power, Samantha. 2002. *„ A problem from hell „. America and the age of Genocide*. New York. Basic Books (A new Republic Book). 611 S.; ISBN 0465061508.

Prunier, Gérard. 1995. *The Rwanda crisis, 1959–1994 : history of a genocide*. Kampala. Fountain Publishers. xiv, 389 S.

Prunier, Gérard. 2009. *Africa's World War: Congo, the Rwandan Genocide, and the Making of a Continental Catastrophe*. Oxford/New York. Oxford University Press USA. 529 S.; ISBN 978-0195374209.

Raffin, Madeleine. 2012. *Rwanda: un autre regard : Trois décennies à son service*. Lille. Editions Sources du Nil. 203 S.; ISBN 978-2919201105.

Reyntjens, Filip. 1995. *Rwanda, trois jours qui ont fait basculer l'histoire*. Bruxelles, Paris. Institut africain-CEDAF, L'Harmattan. 150 S.; ISBN 2738437044.

Reyntjens, Filip. 2009a. *The Great African War. Congo and Regional Geopolitics, 1996–2006*. Cambridge, New York. Cambridge University Press, New York. xi, 327 S.; ISBN 978-0521111287.

Reyntjens, Filip. 2013. *Political Governance in Post-Genocide Rwanda*. New York. Cambridge University Press. 315 S.; ISBN 978-110704355-8.

Reyntjens, Filip. 2014. *Rwanda: Gouverner Apres Le Genocide*. Paris. Ed. Les Belles Lettres. 480 S.; ISBN 978-2251444925.

Reyntjens, Filip 2009b. *Les risques du métier. Trois décennies comme „chercheur-acteur“ au Rwanda et au Burundi*. Paris. L'Harmattan. 138 S.; ISBN 978-2296053236.

Robinson, Peter. 2004. *The Tribunal*. iUniverse. 269 S.; ISBN 978-0595307548.

Rusatira, Léonidas. 2005. *Rwanda, le droit à l'espoir*. Paris. L'Harmattan. 356 S.; ISBN 978-2747587341.

Ruhigira, Enoch. 2011. *Rwanda. La fin tragique d'un régime. Le legs démocratique gaspillé. Préface de Serge Desouter*. Orléans. Editons La Pagaie. 358 S.; ISBN 2916380094.

Rusesabagina, Paul und *Tom Zoellner*. 2006. *Ein gewöhnlicher Mensch. Die Geschichte hinter „Hotel Ruanda"*. Berlin. Berlin-Verlag. 256 S.; ISBN 3827006333.

Rutinduka, Laurent. 2002. *Histoire du Génocide des Tutsis au Rwanda (1959–1994)"*. Rom. (Wikipedia).

Ruzibiza, Abdul Joshua. 2005. *Rwanda. L'histoire secrète. Préface, notes et chronologie par Claudine Vidal. Postface par André Guichaoua*. Paris. Éditions du Panama. 494 S.; ISBN 2755700939.

Safferling, Christoph. 2011. *Internationales Strafrecht. Strafanwendungsrecht – Völkerstrafrecht – Europäisches Strafrecht*. Berlin und Heidelberg. Springer. 628 S.; ISBN 978-3642149139.

Safferling, Christoph und Stefan Kirsch (Hrsg.) 2014. *Völkerstrafrechtspolitik. Praxis des Völkerstrafrechts*. Berlin und Heidelberg. Springer. XXIX, 470 S.; ISBN 978-3642289330.

Saint-Exupéry, Patrick de. 2004. *L'inavouable : la France au Rwanda*. Paris. Arènes. 287 S.; ISBN 2912485703.

Saint-Exupéry, Patrick de. 2009. *Complices de l'Inavouable. La France au Rwanda*. Paris. Les Arènes. 313 S.; ISBN 978-2352040835.

Schabas, William. 2006 (Reprint 2008). *The UN International Criminal Tribunals: The Former Yugoslavia, Rwanda and Sierra Leone*. Cambridge. Cambridge University Press. 768 S.; ISBN 978-0521846578.

Schabas, William A. 2010. *The International Criminal Court. A Commentary on the Rome Statute*. Oxford and New York. Oxford University Press. 1259 S.; ISBN 978-0199560738.

Scheffer, David. 2012. *All the missing souls : a personal history of the war crimes tribunals*. Princeton, NJ [u. a.]. Princeton Univ. Press. 552 S.; ISBN 978-0691157849.

Schiff, Benjamin N. 2008. *Building the International Criminal Court*. New York Cambridge University Press. S.; ISBN 978-0521873123.

Schürings, Hildegard (Hrsg.) 1994. *Ein Volk verläßt sein Land. Krieg und Völkermord in Ruanda*. Köln. Neuer ISP-Verlag. 254 S.; ISBN 3929008793.

Seibert-Fohr, Anja. 2008. *Kriegerische Gewalt gegen Frauen – der Schutz vor sexueller Gewalt im Völkerstrafrecht*. In: Hankel 2008. S. 157–88.

Shimamungu, Eugène. 2004. *Juvénal Habyarimana. L'homme assassiné le 6 avril 1994*. Lille. Editions Sources du Nil. 400 S.; ISBN 2952171203.

Sibomana, André, Laure Guilbert und Hervé Deguine. 1997. *Gardons espoir pour le Rwanda : entretiens avec Laure Guilbert et Hervé Deguine*. Paris. Desclée de Brouwer. 251 S.; ISBN 2220040895.

Sibomana, André, Laure Guilbert, Hervé Deguine und Carina Tertsakian. 1999. *Hope for Rwanda : conversations with Laure Guilbert and Hervé Deguine*. London Pluto Press 224 S.; ISBN 978-0745315614.

Sirois, André. 2014. Lessons Laearned from the Bad Beginnings of The International Tribunal for Rwanda. In: Philpot, J. und C. Sébastien. (Hrsg.). *Justice Belied* Montréal: Baraka Books. S. 143–159. ISBN 978-1926824796.

Steinke, Ronen. 2012. *Politics of International Criminal Justice. German Perspectives from Nuremberg to The Hague*. Oxford and Portland. Hart Publishing. 150 S.; ISBN 978–1849463133.

Steinke, Ronen. 2013. *Fritz Bauer oder Auschwitz vor Gericht. Vorwort von Andreas Voßkuhle*. München. Piper. 352 S.; ISBN 978-3492055901.

Straus, Scott. 2006. *The order of genocide : race, power, and war in Rwanda*. Ithaca. Cornell University Press. xiv, 273 S.; ISBN 978-0801474927.

Straus, Scott und *Lars Waldorf* (Hrsg.) 2011. *Remaking Rwanda: State Building and Human Rights After Mass Violence*. Madison, Wi. University of Wisconsin Press. 382 S.; ISBN 978-0299282646.

Strizek, Helmut. 1996. *Ruanda und Burundi : von der Unabhängigkeit zum Staatszerfall : Studie über eine gescheiterte Demokratie im afrikanischen Zwischenseengebiet*. München/Köln. Weltforum-Verlag. 471 S.; ISBN 380390451X.

Strizek, Helmut. 1998. *Kongo/Zaïre, Ruanda, Burundi : Stabilität durch erneute Militärherrschaft? : Studie zur „neuen Ordnung“ in Zentralafrika. Mit einem Vorwort von Alois Graf von Waldburg-Zeil*. München. Weltforum Verlag. xiv, 245 S.; ISBN 380390479X.

Strizek, Helmut. 2002. *Linda Melvern is right, but... Short Analysis of: A people betrayed. The Role of the West in Rwanda's Genocide by Linda Melvern (2000). Internationales Afrikaforum. Weltforum-Verlag* (4/2002) S. 375–90.

Strizek, Helmut. 2003a. *Der Sieg der ‚Brandstifter': Eine Zwischenbilanz der kritischen Forschung zur zentralafrikanischen Katastrophe seit 1990. Internationales Afrikaforum, Weltforum-Verlag* (4/2003). S. 357–76.

Strizek, Helmut. 2003b. *Zur Lage der Menschenrechtre in Ruanda. Leben nach dem Völkermord*. Aachen. Missio-Aachen. 60 S.; ISSN 1618–6222.

Strizek, Helmut. 2005. *Rapport d'expertise dans le procès d'Anatole Nsengiyumva devant le Tribunal Pénal Internationale pour le Rwanda à Arusha, Mai 2005.* Berlin/Arusha. 35 S.

Strizek, Helmut. 2006. *Geschenkte Kolonien. Ruanda und Burundi unter deutscher Herrschaft. Mit einem Essay über die Entwicklung bis zur Gegenwart.* Berlin. Christoph Links Verlag. 224 S.; ISBN 978-3861533900.

Strizek, Helmut. 2007. *Le Gouvernement Intérimaire Rwandais face à un génocide provoqué. Rapport du témoin expert Helmut Strizek dans le procès contre Casimir Bizimungu et al. devant le TPIR, Novembre 2006* (English version: *Rwandan interim government faced with provoked genocide).* Bonn/Arusha. 66 S.

Strizek, Helmut. 2008. *Discréditer à jamais la population hutu. Rapport du Témoin-expert Dr. Helmut Strizek dans le procès Le Procureur vs. Innocent Sagahutu devant le TPIR (Affaire TPIR 2000-56-1)* 43 S.

Strizek, Helmut. 2009a. Das Arusha-Gericht. Die schwierige juristische Aufarbeitung einer Katastrophe. Eine vorläufige Zwischenbilanz. In: Hanf, T., H. N. Weiler und H. Dickow. (Hrsg.). *Entwicklung als Beruf. Festschrift für Peter Molt.* Baden-Baden: Nomos. S. 202–18. ISBN 978-3832949679.

Strizek, Helmut. 2009b. *The Influence of the International Background on the Creation of the International Criminal Tribunal for Rwanda (ICTR). An Historian's View.* Den Haag. 8 S.

Strizek, Helmut. 2011. *Clinton am Kivu-See. Die Geschichte einer afrikanischen Katastrophe.* Frankfurt/M. Verlag der Wissenschaften Peter Lang. 408 S.; ISBN 9783631605639.

Suhrke, Astri und *Mats Berdal* (Hrsg.) 2012. *The Peace in between. Post-war Violence and Peacebuilding.* London Routledge. 352 S.; ISBN 978-0415609326.

Tauzin, Didier. 2011. *Rwanda. Je demande justice pour la France et ses soldats. Le Chef de l'opération Chimère témoigne.* Paris. Editions Jacob-Duvernet. 224 S.; ISBN 978-2847243352.

Taylor, Christopher Charles. 1999. *Sacrifice as Terror: The Rwandan Genocide of 1994.* Oxford. Berg Publishers. 224 S.; ISBN 185973278X.

Temple-Raston, Dina. 2005. *Justice on the grass. Three Rwandan Journalists, their Trial for War Crimes, and a Nation's Quest for redemption.* New York. Free Press. 303 S.; ISBN 0743251105.

Tertsakian, Carina. 2008. *Le Château: the lives of prisoners in Rwanda.* London. Arves Books. 501 S.; ISBN 978-0955821509.

Theunis, Guy. 2011. *Mes soixante-quinze jours de prison à Kigali*. Paris. Karthala. 264 S.; ISBN 978-2811105846.

TPIR/ICTR. 2009. *Geneva Conference : International Criminal Tribunal for Rwanda*. http://genevaconference-tpir.univ-paris1.fr/integralite-des-debats,9.html?lang=fr.

Umutesi, Marie-Béatrice. 2000. *Fuir ou mourir au Zaire. Le vécu d'une Réfugiée Rwandaise. Préface de Catharine Newbury*. Paris/Montréal. L'Harmattan. 311 S.; ISBN 2738483534.

Umutesi, Marie-Béatrice. 2004. *Surviving the Slaughter. The Ordeal of a Rwandan Refugee in Zaire. Preface by Catherine Newbury*. Madison, Wi., University of Wisconsin Press. 284 S.; ISBN 978-0299204945.

Vulpian, Laure und *Thierry Prungnaud*. 2012. *Silence Turquoise*. Paris. Editions Don Quichotte. 348 S.; ISBN 978-2359490923.

Weinke, Annette. 2006. *Die Nürnberger Prozesse*. München. Beck. 128 S.; ISBN 978-3406536045.

Ziegler, Jean. 1983. *Contre l'ordre du monde: Les Rebelles*. Paris. Seuil. 417 S.; ISBN 2020064138.

Zolo, Danilo. 2009. *Victors' Justice. From Nuremberg to Baghdad*. o.O.;Verso Books. 208 S.; ISBN 978-1844673179.

c) Namens- und Sachregister

(Sachbegriffe kursiv)

A

ADAD 151, 157, 561
Adede, Andronico 157, 175
Adeogun-Phillips, Charles 382, 391, 420, 439, 440, 450, 478, 480, 481, 493, 499
Adong, Jane Anywar 382, 437
Afande, Koffi Kumelio A. 419, 463, 488
AFDL 124, 561
Afewerki, Issayas 286, 553
AFOTEC 383, 561
African Rights 94, 345
Afrika, Janvier 94, 95
Agaciro 361
Agence Hirondelle 21, 157, 163, 259, 264, 338, 391, 397
Aggressionskrieg 78, 335
Aggressionskrieg (s.a. Angriffskrieg) 78, 335
Agius, Carmel 394, 400, 402, 408, 434, 440, 444, 446, 452, 468, 481, 490, 492, 496, 504, 511, 519, 521, 523, 533
Ahlbrecht, Heiko 69, 72, 79, 85, 134, 565
Ahorugeze, Sylvère 280
AIAD 152, 561, 562
Akay, Aydin Sefa 400, 434, 445, 471, 481, 482, 523, 533
Akayesu, Jean Paul 19, 26, 38, 177, 194, 204, 219, 220, 376, 377, 378, 523, 526, 530, 535, 536
akazu 22, 26, 33, 171, 178, 179, 206, 272, 380, 381, 575
Alao, Sadikou 506, 512
Albright, Madeleine 25, 26, 37, 40, 80, 106, 113, 114, 120, 124, 125, 127, 131, 132, 140, 144, 146, 179, 186, 203, 290, 339, 340, 352, 376, 556, 565
Alfaro, Ricardo 75
ALIR 352, 561
Altit, Emmanuel 405, 468
Amanpour, Christiane 120
AMASASU 102, 166, 384, 561
Amega-Bericht 160
Amegadjie, Georges Komlavi 484
Ames, Gesine 292
Amin, Idi 348
Amnesty International 111, 219, 298, 346, 352, 356, 548, 561
Amoussouga, Roland 139, 157
Angriffskrieg 62, 69, 171, 173, 174
Annan, Kofi 25, 26, 36, 40, 106, 131, 132, 133, 140, 144, 149, 160, 161, 167, 185, 186, 235, 254, 345, 352, 353
Ansprenger, Franz 8, 23
Anthierens, Lieutenant-Colonel R. 91
Antonetti, Claude 533
Aouini, Mohammed 494
Appeals Chamber 25, 26, 27, 28, 195, 196, 197, 199, 233, 234, 241, 402, 411, 458
Arbia, Silvana 507
Arbour, Louise 72, 81, 83, 127, 140, 141, 143, 156, 161, 217, 221, 258, 376, 379, 386, 410, 501, 535
Arguin, James 446
Aron, Raymond 296
Arrey, Florence Rita 389, 420, 426, 434, 439, 445, 447, 449, 468, 473, 491, 499, 502, 510, 519, 523, 533
Asche, Helmut 282, 293

Asoka de Silva, Joseph Nihal 231, 393, 439, 451, 490, 493, 496, 503, 523
Aspegren, Lennart 225, 377, 411, 437, 484, 498, 509, 523, 535
Auer-Frege, Ilona 292
Auernheimer, Richard 288
Augustinus, Kirchenvater 33
Avouyi-Dovi, Ata Quam 401
Ayad, Christophe 341

B

Bagambiki, Emmanuel 145, 379, 380, 403, 444, 474, 475, 529, 532, 536, 537
Bagaragaza, Michel 380, 539
Bagaragaza, Thaddée 108
Bagaza, Jean-Baptiste 126, 347
Bagilishema, Ignace 225, 229, 381, 382, 422, 536
Bagosora, Théoneste 38, 143, 149, 151, 170, 177, 196, 200, 218, 228, 229, 230, 231, 256, 383, 384, 385, 393, 470, 472, 538, 539, 545
Bahati Weza, Sammy (Tarnname für Siméon Nchamihigo) 443
Bahibigwi, Brave 355
Bahuma, Jean-Lucien Ambamba 356
Bajinya, Vincent 274
Baker, James 89
Bakuramutsa, Manzi 131
Balas, Pater Laurent 124
Balibutsa, Maniragaba 45, 565
Baligira, Félicien 274
Balladur, Édouard 97, 99, 115, 118
Bandora, Charles 279
Ban Ki Moon 149, 474
Barabwiriza, Félicien 326, 327, 328
Barahira, Tito 274
Barayagwiza, Jean Bosco 39, 140, 143, 144, 146, 215, 216, 246, 247, 249, 250, 251, 273, 318, 386, 387, 388, 479, 526, 527, 529, 530, 531, 532, 536, 537
Barbeau, Marie-Pier 445
Baril, Maurice 167, 340
Barindogo, Véronique 107, 212, 565
Barletta-Caldarera, Giacomo 251, 387
Basebya (Aufständischer) 49
Basebya, Yvonne (s. auch Ntacyobatabara) 278
Bashir, Omar al 331, 332, 333
Bästlein, Klaus 70, 71, 565
Baumgartner, Elisabeth 280
Bayingana, Peter 53
Bazaramba, François 268, 269, 280, 281
Beardsley, Brent 340
Bednarek, Jerzy 188, 323, 565
Beecher Stowe, Harriet 345
Behrendt, Urs 280, 565
Belhaddad, Souâd 292, 574
Bemba, Jean-Pierre 332
Bemeriki, Valérie 263
Benimana, Jean Thiery 169
Benin 28, 39, 140, 151, 211, 221, 226, 227, 251, 367, 369, 370, 371, 372, 373, 374, 386, 389, 406, 416, 419, 443, 449, 480, 489, 493, 498, 506, 512, 536
Benjamin, Todd 545
Bensouda, Fatou 144, 331, 333
Bergevin, Nicole 420, 486
Berliner Zeitung 299
Bertodano, Sylvia de 437
Besnier, Pascal 450, 500
Bethe-Hecq-Abkommen 48
Bethe, Heinrich 47
Bettermann, Erik 297
Bianco, Marie-Claude 304
Bicamumpaka, Jérôme-Clément 149, 190, 205, 223, 234, 238, 388, 389, 395, 427, 429, 430, 459, 539
Biddle, Francis A. 66
Bihegué, Sarah Ngo 507
Biju-Duval, Jean-Marie 151, 184, 248, 442, 443

Bikindi, Simon 389, 390, 523, 524, 525, 532, 538
Biloa, Marie-Roger 357
Bimenyimana, Chrysologue 447
Bindseil, Reinhart 23
Birkett, Norman 66
Birnbaum, Michael 296
Biroli (Sergent Major) 283
Bisengimana, Paul 390, 537
Bisesero-Massaker 117, 118, 421, 448, 464
Bivugabagabo, Marcel 274
Biya, Paul 143, 249, 386
Bizimana, Augustin 191, 234, 384, 391, 392, 483, 538
Bizimana, Edouard 107, 212
Bizimana, Jean Damascène 356
Bizimungu, Augustin 115, 147, 231, 232, 233, 393, 394, 395, 429, 490, 523, 524, 526, 528, 532, 538, 540, 541
Bizimungu, Casimir 149, 163, 190, 234, 235, 236, 238, 283, 395, 396, 427, 429, 430, 539, 582
Bizimungu, Frank 352
Black, Christopher 150, 167, 232, 451, 452
Blair, Tony 26, 40, 125, 274, 339, 551, 554
Blam, Wolfgang und Jacqueline 278
BMZ 282, 286, 561
Böhm, Andrea 298
Boisbouvier, Christophe 323
Böll, Heinrich 296
Bompaka, Nkeyi 406
Bondy, François 296
Booh Booh, Jacques-Roger 106, 107, 565
Bormann, Martin 68, 320
Bosmans, Griet 352
Bossa, Solomy Balungi 238, 391, 415, 448, 450, 455, 467, 476, 482, 486, 488, 504, 523, 533
Boulé, Pierre 448
Bourgon, Stéphane 505
Boussioni, Cherif 81
Boutros-Ghali, Boutros 25, 81, 106, 114, 132, 133, 142, 203, 286
Braeckman, Colette 169, 341, 343, 344, 565
Brammertz, Serge 81
Brandstetter, Anna-Maria 293
Brandt, Willy 93
Brauman, Rony 566
Braun, Hans-Gert 294
Briand-Kellogg-Pakt 34, 62, 63, 70
Broadbent, Edward 93
Brockmeier, Sarah 207, 293, 566
Brouwer, Alain de 90, 189, 223, 572, 580
Brubacher, Martin 327
Bruguière, Jean-Louis 108, 159, 162, 163, 164, 165, 184, 223, 270, 271, 287, 301, 339, 357, 544, 554, 556, 566
Buch, Hans Christoph 121, 284, 294, 301
Bucyibaruta, Laurent 272, 396, 537
Bugingo, Sadi 279
Bukeye, Joseph 21, 127, 168, 566
Bunyenyezi, Chris 53
Bura, Anastasio Sumba 506
Bush, George sen. 41, 76, 80
Bush, George W. 254, 293
Bushnell, Prudence 115
Butare-Prozess 39, 83, 149, 156, 196, 212, 234, 237, 255, 415, 447, 448, 476, 483, 486, 523, 530, 531, 539, 540
Bygglin, Elisabeth 269
Byron, Dennis C.M. 149, 196, 197, 239, 375, 392, 408, 418, 424, 440, 444, 463, 501, 512, 524

C

Caires Batista Rosa, Ivo Nelson 533
Cantier, François 491, 492

Canuza, Santos 425
Caprivi-Zipfel 48
Carbonare, Jean 85, 93, 94, 95, 96, 98, 129, 166, 269, 270, 282, 341, 343
Carlsson-Bericht 127
Carlsson, Ingvar 127, 160, 342, 353, 566
Cassese, Antonio 81, 197
CDR 98, 100, 129, 247, 249, 367, 386, 387, 561
CEPGL 91, 561
Chadha, Bharat B. 445, 446, 453
Chalker, Lynda (Baroness) 125, 296, 339
Charbonneau, Michel Z. 276
Chartrand, Sébastien 133, 151, 220, 566, 573, 578
Châtin, Jean 341
Chéreau, Jean-Michel 116
Cholera-Epidemie 119, 120
Choquet, Catherine 568
Chrétien, Jean-Pierre 51, 156, 184, 246, 336, 341, 342
Christian Solidarity Worldwide 339
Christopher, Warren 80, 81, 150, 167, 185, 232, 428, 451, 452, 505, 582
CIA 223, 561
CIRGL 561
CLADHO 94, 561
Claes, Willy 113, 266, 339
Clarke, Richard 41, 105, 132, 140, 566
Clark, Ramsey 127, 151, 203, 478, 480
Classe, Léon Bischof 49
CLIIR 22, 187, 243, 357, 561
Cline, Cynthia 430
Clinton, Hillary 26, 38, 40, 139, 203, 220, 286, 376, 378, 535
Clinton, William (Bill) 125, 339, 551
Coe, Douglas 342
Cohen, Herman 88, 89, 547
Cohen, Jared 115, 181, 188
Cohen, William 124, 127, 340
Collectif des parties civiles pour le Rwanda 272, 273, 344
Collombat, Benoît 118, 567
Combs, Nancy 27, 37, 38, 40, 154, 197, 198, 216, 217, 224, 260, 388, 422, 432, 438, 450, 479, 506, 567
Completion Strategy 25, 133, 253, 254, 255, 536
Condé, Aïcha 151, 412, 413, 496
Constant, Raphaël 151, 384, 385
Corbin, Jane 182, 344
Corrière, Nicolas 95
Courcelle-Labrousse, Vincent 425, 488
Courtemanche, Gil 344, 567
Cox, Caroline (Baroness) 339
Cresson, Edith 270
Croteau, Michel 388
Cruvellier, Thierry 139, 140, 152, 153, 158, 175, 189, 218, 219, 222, 224, 225, 226, 256, 353, 378, 437, 438, 567
Cyiza, Augustin 158, 353, 567

D

Dahinden, Philippe 93, 158, 338
Dallaire, Roméo 99, 106, 110, 113, 167, 220, 268, 275, 340, 349, 385, 393, 565
Daniel, Jean 286
Danielson, David 251
Dannatt, Richard 554
Dante Alighieri 345
Daqun, Liu 26, 385, 390, 394, 398, 400, 420, 428, 430, 431, 434, 440, 444, 450, 452, 455, 456, 466, 468, 470, 471, 473, 481, 490, 492, 496, 502, 504, 505, 507, 511, 512, 521, 524, 533
Däubler-Gmelin, Herta 79, 324
Davenport, Christian 128, 182, 567
Debarge, Marcel 97
Decker, Rudolf 104, 123, 283, 287, 288, 567, 571
Degli, Jean Yaovi 151, 404

Degni-Ségui, René 86, 93, 129, 160, 161, 345, 566, 570
Deguine, Hervé 246, 336, 337, 567, 580, 581
Dehaene, Jean-Luc 266
Dehler, Thomas 71
Del Ponte, Carla 26, 36, 81, 82, 83, 133, 144, 166, 180, 185, 195, 203, 215, 216, 222, 250, 253, 254, 258, 318, 377, 382, 386, 397, 411, 423, 437, 464, 495, 497, 500, 535, 536, 568
Del Ponte, Carla und Chuck Sudetic 133, 144, 166, 203, 215, 216, 253, 254, 318
Deme, Amadou 28, 159, 227, 228, 233, 395, 498, 568
Deneault, Alain 568
Denis, André 275
Desaulniers, Marcel 410
Des Forges, Alison 86, 87, 93, 94, 95, 96, 108, 114, 154, 155, 166, 168, 169, 174, 180, 184, 192, 201, 205, 208, 211, 217, 230, 237, 248, 265, 266, 282, 309, 314, 321, 337, 361, 378, 398, 415, 443, 453, 520, 543, 555, 556, 568
Des Forges-Liebhafsky, Alison 155
Desouter, Serge 22, 128, 157, 169, 175, 211, 356, 568
Destexhe, Alain 343
Deutch, John M. 340
Deutsche Welle 297
Devos, Aurélia 258
DHR 22, 163, 169, 291, 337, 561
Diabira, Boubou 493
Diabira, Maroufa 382, 481, 493
Dickson, Tiphaine 151, 346, 498
Didot, Alain 349
Dieng, Adama 151, 157
Die Zeit 89, 90, 298
Di Fabio, Udo 243
Dimitri, Mylène 151, 275, 455, 456, 476
Dodinval, Pierre 93
Dolenc, Pavel 379, 403, 474, 494, 506, 524
Dönitz, Karl 68
Doumbia, Seydou 151, 379
Dreckmann, Hans-Josef 294
Dubé, Richard 400
Duclos, Pierre 410
Dumas, Roland 80
Dunant, Henry 59
Dupaquier, Jean-François 51, 246, 342, 566, 569
Dusaidi, Claude 114, 126, 127
Duval, Jean-Rémy (alias Diego) 117

E

Eagleburger, Lawrence 80
Edwards, Iain 150, 416, 519
Ega (ruandische Königsfamilie) 46
Egbe, William T. 389, 401, 494, 496
Egorov, Sergei Alekseevich 196, 384, 397, 404, 420, 425, 468, 469, 472, 491, 508, 510, 512
Eid, Ursula (Uschi) 282, 285, 286, 287, 289
Eisenhower, Dwight D. 283
Ellis, Diana 150, 442, 443
Eltringham, Nigel 51, 569
Emmerson, Ben 533
Endless, Brian 276
Erler, Brigitte 289, 290
Erlinder, Peter 22, 86, 128, 151, 179, 188, 231, 262, 313, 358, 472, 473, 544, 557, 569
Ernst, Ursula 299
Erny, Pierre 569
Escovar Salom, Ramon 81
Eser, Albin 78
Essoungou, André-Michel 158, 569
Excoffier, Laurent 176

F
FAKT 282, 298
Falco, Robert 66
Fauveau-Ivanovic, Natacha 433
FDC 87, 562
FDLR 298, 324, 325, 326, 327, 353, 423, 491, 554, 562
Fellowship Foundation 283
Ferran, André 421
Feuchtwanger, Lion 319, 569
Fischer, Josef (Joschka) 286, 297
Flittner, Karl 284
Flors Sirera, Maria 351
Floyd III, John 252, 253, 453
Flügge, Christoph 20, 148, 245, 255, 455, 456, 505, 525, 533
Fofé, Jean-Pierre Djofia Malewa 145, 150, 154, 173, 217, 260, 403, 569
Fonds de Bien-être Indigène 50
Forster, Léon-Lef 163, 164
FRANCE 24 206
Fränkel, Wolfgang 320
Freisler, Roland 67
Fremr, Robert 389, 397, 435, 444, 466, 519, 524
Frenzel, Markus 282, 298, 324, 325, 569
Frick, Wilhelm 68
Fritsche, Hans 68
FRODEBU 289, 562
Fullana, Melchior 425
Funk, Walter 68
Furuma, Alphonse 159, 188

G
GAA, anonym 367, 371, 375, 376, 412, 413, 414, 470, 471, 524, 526
Gacumbitsi, Sylvestre 199, 307, 397, 398, 513, 524, 530, 532, 536, 537
Gafarita, Émile 163, 164, 271, 354
Gahima, Gerald 114, 130, 164, 264, 265, 320, 321, 569
Gakurazo 185, 350
Gallas, Steffen C. 300, 303
Gambari, Ibrahim 113
Ganns, Harald 284, 285, 289
Gapyisi, Emmanuel 353
Garang, John 125, 339
Garreton, Roberto 124, 351
Gasana, Anastase 107, 206
Gasana, James 98, 102, 281, 391, 569
Gasana Ndoba 93, 94
Gatabazi, Félicien 87, 353
Gatarama, Tharcisse 445
Gatete, Jean-Baptiste 241, 242, 305, 318, 322, 323, 398, 399, 400, 401, 523, 526, 529, 537, 538, 540
Gatsinzi, Marcel 393, 439, 497
Gatti Santana, Graciel Susana 533
Gauthier, Alain und Daphrose (s. auch Mukarumongi) 272, 344
Gbadolite 92, 108
Gbagbo, Laurent 332, 333
Gbagbo, Simone 332
Gehring, Udo 411
Genfer Konventionen 59, 60, 173, 211
Genozid sui generis 35, 174
Genozid-Apologet 23, 328
Genscher, Hans-Dietrich 76, 80
Geraghty, Sylvia 464
Gérin, Marcel 188, 313, 323, 565
Gersony-Bericht 36, 56, 112, 125, 185, 186
Gersony, Robert 122, 125, 185, 186, 544
Gervais, Kyle 521
Gibson, Kate 400, 428
Gicanda, Rosalie 192, 465, 466
Gilissen, Jean Louis 494
Gillet, Eric 93, 345, 568
Gillier, Marin 117
Giordano, Ralph 329, 569
Giscard d'Estaing, Valéry 52
Glucksmann, André 342

Goetzen, Gustav Adolf Graf von 48
Goldstone, Richard 81, 83, 98, 142, 143, 161, 219, 376, 498, 500, 535, 545, 570
Gol, Jean 342, 343
GOMN I 92, 99, 510
GOMN II 99
Gordon, Nick 176
Göring, Hermann 68
Görtemaker, Manfred 71, 320, 329, 570
Gosnell, Christopher 428, 505
Götzen, Gustav Adolf Graf von Götzen 47
Gourevitch, Philipp 120, 167, 227, 342, 479, 570
Gouteux, Jean-Paul 345, 570
Grawert, Werner von 48
Gray, Fiona 521
Greciano, Philippe 397
Grewe, Wilhelm G. 78
Gribbin, Robert 339, 342, 570
Grill, Bartholomäus 298
Gros, Marie-France 341
Groß-Bölting, Andrea 325, 326, 328
Grund, Sabine 23
Gudowius, Eberhard 48, 49
Guichaoua, André 101, 104, 112, 119, 155, 156, 161, 193, 215, 218, 237, 238, 240, 264, 270, 323, 335, 337, 338, 356, 382, 415, 437, 448, 570, 580
guilty plea (s.a. Schuldanerkennung) 411
Guissé, Anta 408
Gumpert, Ben 331, 428
Gunawardana, Asoka de Zoysa 162, 382, 387, 442, 453, 525
Güney, Mehmet 26, 400, 402, 416, 431, 466, 473, 478, 480, 488, 492, 525
Gutzler, Ellen 292

H

Haager Konventionen 59
Haager Landkriegsordnung 59, 62, 562
Habimana, Phocas 108
Habinshuti, Jean Berchmans 277
Habyalimana, Jean-Baptiste 192, 261, 336, 427, 428, 429, 430, 467
Habyarimana, Emmanuel 181, 263
Habyarimana, Juvénal 26, 33, 37, 51, 52, 53, 54, 55, 89, 90, 91, 92, 93, 95, 96, 100, 101, 102, 103, 104, 105, 106, 107, 108, 109, 111, 112, 119, 128, 129, 132, 164, 165, 166, 167, 169, 171, 172, 181, 184, 192, 205, 206, 208, 213, 218, 221, 223, 230, 235, 246, 252, 263, 270, 277, 282, 283, 284, 288, 299, 335, 336, 337, 349, 380, 383, 399, 405, 409, 417, 426, 460, 462, 489, 494, 500, 505, 512, 515, 520, 554, 555, 556, 557, 574, 580
Habyarimana-Kanziga, Agathe 259, 272, 299, 374, 520
Haefliger, Markus M. 259
Hakizabera, Christophe 159, 353
Hall, Burton 505
Hamitentheorie 45
Hammers-Strizek, Gisela 23
Hankel, Gerd 61, 62, 292, 308, 309, 310, 313, 314, 321, 327, 328, 570, 571, 580
Hänssler, Friedrich 283, 567, 571
Harf, Marie 356
Hartmann, Florence 82, 133, 134
Hategekimana, Ildephonse 152, 401, 402, 525, 527, 530, 537, 538, 540
Hatzfeld, Jean 270, 342, 345, 571
Haupt, Wolf-Rüdiger 282
Hauschild, Annette 328
Hege, Steve 357
Heiber, Florentine 362

Heinrichs-Drinhaus, Rudolf 290
Helgoland 48
Henry, Benoît 152, 393, 444, 496
Herbert, Donald 387
Herman, Edward S. 182, 571
Hess, Rudolf 68
Hettich, Jürgen 325
Higaniro, Alphonse 266
Hikmet, Taghrid 393, 401, 416, 451, 490, 493, 496, 503, 525
Hinds, Lennox 406, 510, 511
Hinkel, Harald 293
Hirondelle News Agency 21, 147, 157, 163, 190, 229, 258, 259, 264, 274, 279, 280, 338, 391, 397, 509
Hirth, Bischof Jean-Joseph 47, 48, 574
Hitimana, Léonard 354
Hocking, John 255, 533
Hoeben, Henry C. 290
Hogard, Jacques 116, 178, 273, 571
Hoikkala, Ville 269
Hökborg, Karin 501, 507, 525
Holbrooke, Richard 81
Hollande, François 163, 554
Hooper, David 468, 501, 502
Hounkpatin, Chantal 151, 463
Hourigan, Michael 140, 159, 161, 162, 235
Huddlestone, Trish 568
Hull, Berton 455, 456
Hunt, David 382
Hussein, Abdel Raheem 332
Hussein, Saddam 76, 90, 573
Hutu-Manifest 50
Hutu-Power 106, 205, 213, 219, 427

I

I., Jean-Claude 278
Ibuka (ruandische Tutsi-Opferorganisation) 147, 175, 232, 308, 320, 362
ICC 78, 79, 273, 330, 332, 524, 526, 562
ICDAA (International Criminal Defence Attorneys Association) 152, 561, 562
Imana 46
Imanishimwe, Samuel 145, 379, 402, 403, 443, 444, 474, 475, 529, 532, 536, 537
imidugudu 44, 361
Impuzamugambi 129, 387
Inchauspé, Dominique 215, 571
Ingabire, Victoire Umuhoza 151, 168, 231, 262, 277, 278, 293, 297, 358, 362
Inglis, Oliver Michael 150, 222, 411
Inkotanyi 212, 377
Innozenz I., Papst 33
Interahamwe 111, 129, 168, 178, 183, 184, 201, 205, 207, 208, 209, 210, 213, 226, 238, 316, 389, 394, 403, 424, 426, 432, 433, 442, 498, 499, 508, 509, 510, 516
Interahamwe der MRNDD 167, 226, 369, 373, 374, 424, 498, 499, 508, 509
Interahamwe za MRND 207, 208, 209, 226, 442
Interimsregierung 36, 38, 39, 56, 103, 111, 115, 129, 142, 156, 183, 189, 190, 191, 192, 193, 201, 202, 205, 210, 221, 222, 234, 235, 236, 244, 247, 261, 284, 297, 336, 367, 368, 369, 370, 371, 372, 373, 383, 388, 391, 392, 393, 395, 396, 404, 407, 408, 409, 412, 413, 417, 419, 421, 427, 428, 429, 430, 436, 442, 448, 449, 451, 454, 463, 464, 467, 474, 482, 485, 486, 487, 488, 497, 501, 512
International Crisis Group 258
Internationales Afrikaforum 20, 294, 581
Irankunda, Innocent 362
Ismail, Mohamed 509

ISTO 223, 347, 562
Iwawa 360

J

Jackson, Robert H. 67
Jacobs, David 416, 478, 480, 498
Jäger, Martin 287
Jallow, Hassan Bubacar 19, 26, 36, 133, 140, 144, 153, 156, 185, 194, 243, 254, 255, 258, 345, 375, 380, 387, 390, 391, 392, 394, 398, 400, 401, 402, 403, 405, 406, 408, 412, 415, 416, 419, 420, 422, 428, 430, 431, 432, 434, 435, 440, 443, 444, 446, 448, 449, 452, 453, 455, 456, 463, 464, 466, 467, 468, 470, 471, 473, 475, 476, 481, 482, 486, 488, 490, 491, 492, 496, 501, 504, 505, 507, 508, 511, 512, 514, 515, 516, 517, 519, 521, 533, 536, 537
Jambonews 240, 354, 355
Jerbo Jamus, Saleh 332
Jescheck, Hans-Heinrich 71
Jeßberger, Florian 324
Jeune Afrique 90, 344, 363
Jodl, Alfred 68
Joensen, Vagn Prüsse 149, 190, 255, 260, 375, 381, 392, 405, 408, 418, 424, 439, 440, 449, 463, 473, 502, 505, 511, 526, 533
Johnson, Dominic 291, 295, 296, 297, 300, 320, 321, 326, 327
Joint Criminal Enterprise 27, 36, 38, 83, 171, 196, 197, 260, 400, 401, 444, 445, 446, 455, 487, 489, 491, 562, 570
Jorda, Claude 81, 131, 146, 177, 216, 225, 250, 377, 382, 411, 421, 437, 498, 500, 501, 509, 526
Jordash, Wayne 381, 382, 504
Judicial Notice 173, 195, 196, 464, 524, 525, 526, 528, 531
Juppé, Alain 118

K

Kabanda, Marcel 246, 566
Kabarebe, James 272, 557
Kabera, Assiel 362
Kaberuka, Donald 360
Kabila, Joseph 328, 332, 491
Kabila, Laurent-Désiré 123, 287, 294, 483, 491, 492, 548
Kabiligi, Gratien 223, 228, 404
Kabimba, Kazadi 431
Kabuga, Félicien 119, 169, 245, 247, 405, 424, 456, 536, 538
Kabuye, Rose 287
Kadji, Josette 467
Kagame, Paul 26, 37, 40, 46, 53, 54, 55, 56, 57, 74, 87, 91, 92, 94, 97, 101, 104, 109, 110, 111, 112, 113, 114, 115, 116, 118, 119, 120, 122, 123, 124, 126, 131, 132, 133, 140, 142, 143, 144, 151, 153, 157, 158, 159, 160, 162, 163, 164, 165, 174, 176, 177, 178, 183, 184, 185, 187, 188, 193, 209, 218, 219, 221, 223, 225, 227, 230, 236, 237, 245, 251, 252, 254, 258, 259, 261, 262, 264, 265, 277, 283, 284, 285, 286, 287, 288, 290, 293, 297, 298, 299, 300, 301, 321, 323, 329, 332, 335, 336, 337, 338, 339, 340, 344, 345, 347, 348, 349, 350, 351, 352, 353, 354, 355, 356, 357, 359, 360, 362, 363, 435, 465, 466, 472, 492, 497, 546, 548, 549, 550, 551, 552, 553, 554, 556, 557, 575, 576
Kagwi, Charity 442
Kagwi-Ndungu, Charity 520
Kajeguhakwa, Valens 252, 572
Kajelijeli, Juvénal 406, 407, 527, 536, 537
Kajuga, Robert 209
Kaka, Sam 121
Kalimanzira, Callixte 407, 408, 538

Kaltenbrunner, Ernst 68
Kama, Laïty 148, 177, 220, 222, 225, 228, 377, 410, 411, 437, 484, 498, 509, 535, 536
Kambanda, Jean 38, 90, 103, 104, 111, 115, 141, 142, 144, 150, 189, 192, 195, 201, 202, 209, 210, 216, 221, 222, 223, 224, 226, 234, 236, 237, 263, 409, 410, 411, 417, 467, 535, 536, 572, 573
Kam, Gberdao Gustave 196, 375, 381, 392, 408, 418, 424, 433, 440, 444, 449, 463, 501, 511
Kamuhanda, Jean de Dieu 190, 244, 375, 376, 412, 413, 414, 454, 470, 527, 530, 531
Kanas, Melissa 466
Kandt, Richard 43, 44, 47, 48, 50, 572
Kanguka 252, 452
Kangura 252, 452
Kanimba, Alphonse 210
Kanjogera, Königin-Mutter 46
Kanyabashi, Joseph 156, 237, 238, 414, 415, 448, 476, 539
Kanyarengwe, Alexis 54, 101, 104
Kanyarukiga, Gaspard 152, 416, 445, 447, 525, 527, 529, 530, 537, 540
Kanzage-Rwabukombe, Nadja Céline 303
Kapaya, Wallace 381, 455, 468, 520
Kapoor, Dev Nath 453
Karadžić, Radovan 80, 82, 253
Karamira, Frodouald 143, 213, 218, 219, 261
Karegeya, Patrick 159, 164, 318, 337, 355
Karegyesa, Richard 318, 379, 397, 398, 400, 403, 425, 434, 471, 474, 512
Karemano, Charles 572
Karemera, Édouard 99, 127, 128, 130, 139, 140, 142, 145, 148, 149, 150, 153, 156, 189, 191, 194, 195, 196, 197, 202, 215, 220, 222, 225, 234, 239, 240, 241, 260, 349, 411, 417, 418, 419, 424, 462, 463, 489, 492, 501, 515, 523, 524, 525, 526, 528, 530, 531, 532, 539, 540, 541, 572
Karera, François 419, 537, 538
Karisimbi 43
Karnavas, Michael 377
Karugarama, Tharcisse 118
Katanga, Germain 330, 331
Katyn 68, 302
Kaul, Hans-Peter 78, 79
Kavanagh, Feargal 464
Kavaruganda, Joseph 113
Kayibanda, Grégoire 45, 50, 51, 223, 520
Kayijaho, Josué 362
Kayishema, Fulgence 152, 225, 422, 445, 537, 539
Kayser, Christiane 291
Kay, Steven 225, 331, 437
Keating, Colin 127
Keiner, Helmut 291
Keitel, Wilhelm 68
Kelliher, Steven 420
Kempner, Robert 68
Kengo wa Dondo, Léon 123
Kenyatta, Uhuru 225, 331
Kerns, Kurt 151, 281, 557
Khan, Khalida Rachid 149, 234, 237, 388, 394, 396, 400, 401, 428, 430, 431, 446, 450, 452, 471, 481, 488, 490, 504, 520, 539
Khan, Shaharyar 186
Kibeho 120, 121, 123, 175, 284, 294, 351, 546
Kibeho-Massaker 121, 123
Kimenyi, Alexandre 53, 88, 212, 340
Kimonyo, Jean-Paul 181, 572
Kinihira 98, 102, 206, 349
Kinkel, Klaus 80, 182, 285

Kintu, Remigius 98, 176
Kinyamateka 336
Kinzer, Stephen 345, 572
Kirchenmassaker 191, 303, 306, 307, 398, 401, 402, 412, 417, 420, 422, 434, 448, 482, 506
Kirk, Jonathan 428
Kirk-McDonald, Gabrielle 81, 146, 215, 250, 386, 527
Kirsch, Stefan 79, 148, 152, 195, 260, 280, 313, 315, 322, 323, 572, 580
Kivu-See 19, 43, 44, 87, 168, 278, 310, 312, 582
Kläntschi, Simon 292
Klingebiel, Stephan 286
Kluge, Alexander 294
Knoops, Geert-Jan Alexander 381
Knoops, Gerardus 381
Kobagaya, Lazare 269, 281
Kobler, Martin 327
Köhler, Horst 287, 288, 294, 299, 300, 301, 329
Kohl, Helmut 75, 282, 284
Kolbach, RA 315
Koller, Christoph 307, 309, 310, 311
Konitz, Michel 450
Kony, Joseph 333
Koppe, Victor 278
Kornblum, John C. 286, 296
Kouchner, Bernard 57, 118, 163, 270, 344
Koulikoro 209, 220, 222, 237, 249, 252, 401, 402, 410, 452, 472, 495
Krabbe, Günter 181, 295
Krop, Pascal 270, 572
Krueger, Robert und Kathleen 348, 573
Krupp von Bohlen und Halbach, Gustav 67
Kubohoza 399
Kunath, Wolfgang 296
Kuypers, Willy 94

L

Labelle, Huguette 358
Lafourcade, Jean-Claude 116, 117, 573
Lahousen, Erwin von 67, 221
Lake, Tony 40, 113
Landler, Mark 114
Lang, Ricarda 326
Larochelle, Philippe 151, 276, 388, 488, 573
Lasky Melvin 296
Lattanzi, Flavia 425, 439, 499, 527
Lattu, Kirsti 568
Laughland, John 409, 573
Lawrence, Geoffrey 66
LCCHCG 562
Leader, Joyce 201, 349
Leblanc, Nathalie 444
Le Fraper du Hellen, Dorothée 481
Leipziger Prozesse 61, 62
Lemkin, Raphaël 73
Leopold II. (belgischer König) 48
Léotard, François 115, 116, 118
Lersner, Kurt Freiherr von 61, 573
Lewentz, Roger 288
Ley, Robert 67
Libération 341, 344
Limbach, Jutta 148
Linguyeneza, Vénuste (Abbé) 351, 573
Litwinow, Maxim M. 63
Lizinde, Théoneste 354
Lochbihler, Barbara 289, 298
Longman, Timothy 237, 268, 276, 568
Lotin, Thierry 110
Lugan, Bernard 86, 116, 128, 156, 170, 202, 228, 257, 302, 336, 342, 356, 393, 573, 576
Lurquin, Vincent 379, 380, 451, 452
Lussiaà-Berdou, Cainnech 510
Luther, Martin (stellv. Staatssekretär) 68
Lynch, Loretta 413
Lyons, Beth 22, 151, 259, 490, 491, 512
Lyons, James 161

M

Mabille, Catherine 391
MacArthur, Douglas 69
Madrazo Osuna, Manuel 351
Madsen, Wayne 88, 163
Magsam, Dieter 152, 308, 310, 320
Maier, René und Gilda 349
Majola, Bongani 157, 259
Makonene, Gustave Sharangabo 358
Makwaia, Holo 416, 437, 445
Malagardis, Maria 344, 573
Mali 145, 209, 220, 222, 237, 249, 307, 367, 368, 369, 370, 371, 372, 373, 374, 376, 383, 390, 397, 401, 402, 410, 412, 421, 433, 436, 442, 452, 462, 463, 472, 481, 491, 495, 500, 505, 509, 510
Mandela, Nelson 81, 142, 289
Mangain, Bernard 163
Maniragaba, Bernard 209
Mao Tse-Tung 340
Mapping Exercise 351, 357, 578
Maqutu, Winston C. Matanzima 406, 412, 413, 414, 527
Marchal, Luc 106, 110, 160, 167, 209, 266, 350, 393, 573
Marchand, Michel 415
Marchessault, Carmelle 151, 250, 251, 386, 420
Marcil, Alexandra 151, 152, 396, 415
Marquis, Normand 476
Martel, René 453
Martens, Wilfried 90
Martin, Scott 504
Maruma, Cecil 375, 508
Masanche, Joseph E. Chiondo 401, 416, 527, 533
Masire-Bericht 160, 165, 170
Masire, Ketumile 176
Masure, Bruno 95
Matata, Joseph 22, 176, 187, 243, 356
Maurer, Franz 213, 290
Mayuya, Stanislas 283, 469
Mbanenande, Stanislas 279
Mbangura, Daniel 412
Mbaraga, Paul 297
Mbarushimana, Callixte 273, 299, 333, 423
Mbarushimana, Emmanuel 268
Mbarushimana, Eugène 209, 210, 424
Mbattang, Anne Ngatio 397, 398
Mbattang, Kouengoua 397, 398
Mbaye, Dior Diagne 418
Mbeko, Patrick 93, 126, 223, 347, 574
Mbida, Marie Louise 403
Mbonerane, Albert 289
Mchami, Ronilick 449
MDR 87, 88, 99, 100, 104, 205, 206, 213, 218, 376, 409, 445, 463, 485, 549, 550, 562
Mecklenburg, Adolf Friedrich Herzog zu 48
Mehler, Andreas 286
Melvern, Linda 95, 155, 182, 230, 342, 574, 581
Menthon, François de 67
Merelles, Fernando Andreu 112, 119, 124, 159, 162, 163, 175, 177, 295, 300, 339, 350, 357, 557, 574
Merkel, Angela 300
Meron, Theodor 19, 20, 26, 28, 81, 133, 146, 147, 148, 171, 190, 191, 194, 230, 232, 234, 240, 241, 244, 248, 255, 380, 382, 385, 387, 390, 394, 398, 403, 408, 413, 419, 420, 428, 429, 430, 434, 440, 443, 444, 446, 447, 450, 452, 453, 455, 456, 463, 464, 466, 468, 470, 473, 475, 478, 479, 480, 490, 492, 496, 498, 502, 503, 504, 505, 506, 507, 512, 519, 521, 528, 533, 541
Mettraux, Guénaël 455, 456
Meyer, Carsten 294

Mfizi, Christophe 206
Mibambwe IV. (Mwami) 46
Michel, Charles 343
Michel, Louis 343
Michler, Walter 23, 294
Micombero, Jean Marie 180
Micombero, Michel 51, 52
MICT (siehe auch Residual-Mechanismus) 19, 25, 27, 28, 83, 144, 146, 148, 149, 171, 191, 199, 211, 224, 225, 244, 245, 253, 255, 385, 405, 455, 523, 524, 525, 526, 527, 528, 529, 530, 531, 533, 540, 541, 563
Millerand, Alexandre 61
Milošević, Slobodan 80, 82, 127
Minnaert, Stefaan 47, 574
MINUAR 105, 110, 516, 563, 564
Misago, Augustin 290
Misser, François 270, 341, 344, 574
Mitterrand, François 52, 53, 89, 90, 93, 95, 97, 100, 269, 283, 284, 342, 572, 573, 574
Mladić, Ratko 80, 82, 253
MLC 332
Mobutu Sese Seko, Joseph-Désiré 89, 92, 108, 119, 123, 125, 286, 547
Moi, Daniel arap 132
Moloto, Bakone Justice 20, 28, 148, 150, 171, 245, 455, 456, 462, 505
Mols, Gérard 411
Molt, Peter 22, 582
Momo, Jean de Dieu 389, 401, 402
Monasebian, Simone 162, 247, 248, 337, 442, 453
Monde diplomatique 341
Montaldo, Jean 270, 574
Monthé, Patrice 377, 507
Moose, George 185, 186
Moran, Tom 430
Moriceau, Philippe 421, 433
Møse, Erik 27, 37, 149, 155, 170, 177, 196, 225, 229, 238, 382, 384, 387, 404, 420, 442, 450, 453, 464, 468, 469, 472, 478, 479, 480, 491, 492, 494, 508, 510, 511, 512, 528, 535
Moulins, François 302
Moynier, Gustave 34, 59, 574
Mpambara, Jean 199, 425, 537
Mpambara, Joseph 277
Mpiranya, Protaïs 112, 201, 231, 426, 574
MPR 89, 563
MRND 52, 98, 99, 207, 208, 209, 226, 237, 240, 303, 380, 406, 419, 432, 441, 442, 463, 489, 515, 519, 563
MRNDD 39, 98, 99, 100, 102, 103, 191, 206, 207, 208, 226, 240, 270, 349, 380, 399, 406, 417, 419, 429, 432, 433, 441, 462, 463, 485, 489, 498, 505, 506, 563
Mucyo, Jean de Dieu 97, 118, 179, 574
Mucyo-Bericht 97, 118, 179
Mudacumura, Sylvestre 326
Mudahinyuka, Jean-Marie 210
Mugabe, Jean-Pierre 164
Mugenzi, Justin 88, 147, 149, 152, 154, 190, 191, 192, 213, 234, 241, 262, 318, 331, 335, 336, 395, 401, 427, 428, 429, 430, 440, 447, 539, 540, 569
Mugesera, Léon 96, 262, 276, 429
Mugimba, Jean-Baptiste 279
Mugiraneza, Prosper 147, 149, 190, 191, 213, 234, 241, 395, 401, 427, 428, 429, 430, 440, 447, 455, 539, 540
Muhayimana, Claude 273
Muhimana, Mikaeli 225, 431
Mujawayo, Esther 291, 292, 304, 342, 574
Mukabutera, Julienne (Soeur Maria Kisito) 266
Mukagasana, Yolande 342, 575
Mukakibibi, Saidath 263
Mukangango, Consolata (Soeur Gertrude) 266

Mukarumongi, Daphrose 272, 344
Mukayiranga, Speciosa 344
Müller, Gerd 282
Müller, Karin 300
Mulroney, Brian 93
Mulvaney, Barbara 384, 404, 469, 472
Mumba, Florence Ndepele Mwachande 406, 413, 464
Muna, Bernard 157, 221, 222, 383, 411, 454, 509
Mungwarere, Jacques 275
Munyagishari, Bernard 152, 262, 432, 525, 526, 528, 529, 530, 532, 540
Munyakazi, Yussuf 152, 225, 433, 523, 530, 537
Munyandekwe, Anastase 205
Munyaneza, Charles 274
Munyaneza, Désiré 275
Munyarubuga, Gratien 352
Munyarugama, Pheneas 434
Munyazeza, Faustin 202
Munyenyezi, Béatrice 281, 476
Munyeshyaka, Wenceslas 271, 435
Munyuza, Dan 119
Munzihirwa, Christophe Mwene Ngabo 351
Murego, Donat 213, 290
Murwanashyaka, Ignace 275, 298, 299, 300, 324, 326
Musabyimana, Gaspard 21, 212, 214, 219, 257, 346, 357
Musabyimana, Gaspard und Emmanuel Neretse 107, 257, 258, 264, 265, 346, 348, 355, 356, 357, 360, 361, 362
Musabyimana, Innocent 273
Musabyimana, Samuel 436
Musangamfura, Sixbert 164, 165
Musema, Alfred 204, 224, 225, 331, 436, 437, 438
Museveni, Yoweri 26, 52, 53, 54, 78, 88, 89, 90, 91, 97, 99, 104, 109, 123, 125, 126, 127, 172, 235, 282, 283, 284, 296, 330, 333, 335, 339, 347, 348, 552, 553, 554, 556
Mushayidi, Déogratias 128, 160, 263, 358, 577
Musinga (Mwami) 46, 47, 49, 568
Musonera, Jonathan 557
Musoni, Straton 275, 298, 324, 325, 326, 550
Mutabaruka, Célestin 274
Mutabazi, Jackson R. 119
Muthoga, Lee Gacuiga 388, 396, 397, 400, 428, 430, 431, 433, 435, 466, 471, 481, 511, 520
Mutsinzi, Jean 109, 160, 575
Muvunyi, Tharcisse 439, 440, 465
Muyizere, Lin 277
Mwaikusa, Jwani Timothy 434, 551
Mwami (König) 46, 47, 50
Mwange, Jean de Dieu 399
Mwene, Songa James 351

N

Nahimana, Ferdinand 92, 108, 142, 143, 156, 184, 200, 246, 252, 330, 336, 337, 342, 441, 452, 495, 536, 567
Nakonz, Christian 283
Nashi, Emmanuel Murhula-Amisi 291
National Prayer Breakfast-Bewegung 283, 289, 342, 355
nazisme tropical 341, 342
Nchamihigo, Siméon (s. auch Bahati Weza) 443, 444
Ndadaye, Melchior 101, 105, 107, 183, 212, 213, 218, 262, 289, 336, 427, 463
Ndagijimana, Jean-Marie Vianney 22, 100, 111, 116, 128, 171, 172, 177, 179, 186, 209, 349, 359, 575, 576
Ndahimana, Grégoire 147, 225, 445, 446, 447, 523, 526, 528, 530, 531, 540
Ndahiro, Danny 122
Ndala, Mamadou 355

Ndanyuzwe, Noël 53, 113, 126, 192, 267, 339, 347, 576
Ndasingwa, Landoald 88, 112, 336, 427
Ndayambaje, Elie 447
Nderitu, Wilfred Ngunjiri 389, 445
Ndiaye, Bacre Waly 86, 128, 129, 345
Ndimbati, Aloys 448, 449
Ndindabahizi, Emmanuel 191, 449, 450
Ndindiliyimana, Augustin 39, 141, 147, 167, 168, 231, 232, 241, 393, 451, 452, 490, 528, 538, 540, 541
Nduhungirehe, Olivier 540
Ndungutse (Aufständischer) 49
Ndungutse, François 192
Ndungutse, Télesphore 445
Nékuie, Barnabé 434, 491
NEPAD 563
Nerenberg, Marc 86, 416
Neretse, Emmanuel 257, 346, 357, 426, 575
Neubacher, Frank 34, 62, 67, 69, 70, 72, 73, 576
Neudeck, Rupert 298
Neue Zürcher Zeitung 259
Neurath, Konstantin Frhr. von 68
Newbury, Catharine 361, 583
New York Times 114
Ngango, Félicien 113
Ngarambe, Joseph 246, 566
Ng'arua, Paul 388, 396, 428, 430
Ngbanda, Honoré 108
Ngenzi, Octavien 274
Ngeze, Hassan 39, 246, 251, 252, 253, 452, 453, 536, 537
Ngirabatware, Augustin 19, 20, 28, 39, 83, 128, 142, 148, 150, 152, 191, 196, 199, 234, 241, 243, 244, 245, 255, 275, 315, 373, 405, 412, 414, 432, 454, 455, 456, 457, 458, 459, 460, 461, 504, 505, 513, 524, 525, 528, 530, 531, 540, 541, 576
Ngirumpatse, Matthieu 108, 148, 149, 239, 240, 241, 417, 418, 419, 462, 463, 489, 492, 501, 515, 523, 524, 526, 528, 530, 532, 539, 540, 541
Ngoga, Martin 303, 434
Ngulinzira, Boniface 113
Niang, Mandiaye 529, 532, 540
Niebel, Dirk 282, 288, 361
Nieto-Navia, Rafael 197, 250, 377, 411, 421, 437, 500, 509, 529
Nikittschenko, Iona Timofejewitsch 66
Niyitegeka, Dieudonné 209, 210, 226, 442, 510
Niyitegeka, Eliézer 190, 225, 234, 463
Niyonteze, Fulgence 280
Nizeyimana, Ildephonse 465, 541
Nkezabera, Ephrem 210
Nkezabera, Jean-Marie 205
Nkubito, Alphonse-Marie 130, 516
Nkundabatware, Laurent 291
Nkundiyaremye, Alype 175
Nkuranyabahizi, Eugène 279
Nöldner, Klaus 285
Norouzi, Ali B. 324
Nour, Salua 8, 23, 124
Nsabimana, Déogratias 108, 168
Nsabimana, Sylvain 192, 212, 237, 428, 429, 430, 467, 476, 482, 539
Nsanda, Elisa 303, 304
Nsanzimana, Sylvestre 100, 462
Nsanzuwera, François 519
Nsele 91, 92, 172
Nsengimana, Hormisdas 468, 540
Nsengimana, Innocent 21, 45
Nsengimana, Nkiko 413
Nsengiyaremye, Dismas 92, 96, 100, 129, 202, 206, 388, 399, 427, 449, 485
Nsengiyumva, Anatole 21, 155, 229, 230, 231, 384, 469, 473, 483, 581
Nsengiyumva, Hyacinthe Rafiki 274
Nshogoza, Léonidas 375, 470, 471

Ntabakuze, Aloys 86, 151, 167, 229, 231, 384, 385, 472, 473, 530, 538, 540
Ntacyobatabara, Yvonne (s. Basebya) 278
Ntaganda, Bernard 263, 359
Ntaganda, Jean-Bosco 332
Ntaganzwa, Ladislas 473
Ntagerura, André 145, 190, 234, 236, 259, 379, 403, 474, 475, 524, 529, 532, 536, 537
Ntahobali, Arsène Shalom 237, 476, 485, 539
Ntahobali, Maurice 238, 485
Ntakirutimana, Elizaphan 151, 225, 371, 477, 479, 480
Ntakirutimana, Gérard 225, 477, 480, 481, 511
Ntakirutinka, Charles 549
Ntamabyariro, Agnès 261, 336
Ntaryamira, Cyprien 26, 107, 109, 557
Ntaryamira, Cyprien 26
Ntashamaje, Antoine 108, 112
Ntashamaje, Gérard 108
Ntawukulilyayo, Dominique 481, 538, 539
Ntezimana, Vincent 266
Nteziryayo, Alphonse 237, 467, 476, 482, 539
Nteziryayo, Emmanuel 274
Ntilikina, Faustin 119, 124, 128, 574, 576
Ntiwiragabo, Aloys 109, 110, 160, 201, 268, 483
Ntuyahaga, Bernard 110, 266, 267, 268, 313, 484, 504
Nubaha, Laurent 267, 485
Nußberger, Angelika 280
Nyaberi, Justry P. L. 250
Nyambe, Prisca Matimbe 533
Nyamwasa, Faustin Kayumba 121, 159, 164, 337, 354, 355, 551
Nyanduga, Bahame Tom 405
Nyarushishi (Tutsi Flüchtlingslager) 116
Nyerere, Julius 53, 347
Nyetera, Antoine Théophile 207, 474
Nyiginya-Adel 46, 50
Nyiginya-Dynastie 46
Nyiramasuhuko, Pauline 39, 191, 204, 234, 237, 281, 371, 399, 455, 476, 485, 486, 504, 505, 539
Nyiramilimo, Odette 226
Nyirinkwaya, Yves 358
Nyombayire, Vénuste 274
Nyungura, Émile 108, 112, 201
Nzabirinda, Joseph 486, 487
Nzabonimana, Callixte 191, 487, 523, 525, 526, 530, 531, 532, 541
Nzamurambaho, Frédéric 87, 113, 467
Nzirorera, Joseph 167, 239, 394, 406, 418, 424, 462, 489, 501, 510, 515
Nzuwonemeye, François-Xavier 110, 147, 231, 232, 241, 259, 267, 385, 393, 490, 491, 503, 528, 538, 540

O

OAU 105, 171, 176, 247, 510, 562, 563
Obama, Barack 40, 125, 274, 280, 362
Ocampo, Luis Moreno 81, 330, 332, 333, 423, 577
Odink, Rein 93
Odom, Thomas Paul 40, 121, 546, 576
Oehring, Otmar 20, 290
Ogata, Sadako 28, 185
Ogetto, Kennedy 151, 155, 219, 230, 469, 470
Ojemeni, Ifeoma 406, 510
Okalis, Ifeoma Ojemeni 510
Olympio, Sylvia 151, 157
Omaar, Rakiya 94, 345
Onana, Charles 21, 88, 91, 96, 97, 98, 116, 128, 151, 157, 158, 160, 161, 163, 165, 179, 208, 223, 263, 313, 332, 333, 340, 341, 342, 351, 357, 576, 577
Opération Amaryllis 115

Opération turquoise (Operation Türkis) 90, 97, 115, 116, 117, 118, 120, 178, 344, 497
Orle, Alphons 533
O'Shea, Andreas 389, 390, 501, 502
Ostrovsky, Yakov 145, 379, 403, 410, 474, 506, 535
Otachi, Gershom Bw'Omanwa 151, 469, 470, 482
Othman, Mohamed C. 250, 484, 494, 509, 577
Ouattara, Alassane 333
Ouédraogo, Halidou 93

P
Pacere, Titinga Frederick 482
Paciocco, David 132, 150, 173, 478, 480, 498, 577
Papen, Franz von 68
Papst Johannes Paul II. 89, 98, 290
Paradelle, Muriel 132
Paradis, André 93
Parker, John A. 66
Park, Seon Ki 393, 416, 433, 451, 466, 473, 490, 493, 496, 503
Partenariat-Intwari 263, 577
Paschke, Karl 157
Passeron, Nathalie 391
Péan, Pierre 22, 96, 117, 128, 156, 177, 181, 313, 339, 341, 342, 343, 344, 357, 576, 577, 578
Peltner, Arndt 293
Perez de Cuellar, Javier 76
Perras, Richard 275
Perraudin, André (Erzbischof) 50, 336, 578
Perry, William 124, 340
Peskin, Victor 79, 80, 131, 132, 140, 143, 144, 219, 578
Peterson, David 128, 182, 571
Philpot, John 133, 151, 220, 377, 466, 520, 521
Philpot, Robin 22, 96, 127, 133, 142, 158, 160, 168, 177, 203, 227, 321, 343, 378
Pillay, Navanethem 124, 144, 148, 150, 170, 225, 246, 248, 251, 285, 295, 351, 377, 387, 411, 437, 438, 442, 443, 453, 464, 478, 480, 484, 494, 497, 498, 509, 530, 535, 578
Pinard, Guy 351
Pinsky-Ndasingwa, Helen 88
Pirard, Magali 450
PL 87, 100, 192, 218, 427, 563
Pocar, Fausto 82, 377, 380, 382, 385, 387, 390, 400, 402, 403, 406, 408, 411, 416, 419, 420, 421, 431, 437, 440, 443, 444, 453, 463, 470, 471, 473, 475, 492, 496, 498, 500, 502, 506, 509, 511, 512, 521, 530
POLE Institute 291, 296, 298, 345
Poos, Jacques 76
Pottier, Johan 46, 579
Poulain, Marie-Pierre 400
Poupart, Guy 486
Poux, Natalie 163, 164, 271, 354, 355, 554
Powell, Colin 203
Power, Samantha 35, 74, 553
Prada Solaese, José Ricardo de 533
Prendergast, John 342
Pronk, Jan 98, 277, 285, 340
Prosper, Pierre-Richard 147, 190, 191, 203, 234, 254, 369, 377, 395, 427, 429, 430, 455, 539
Proxmire, William 74
Prunier, Gérard 28, 116, 119, 124, 337, 351, 579
PSD 87, 88, 99, 100, 192, 218, 223, 347, 414, 449, 450, 467, 563
Puts, Jean-Paul 163

R

Radbruch, Gustav 71
Radek, Karl 319
Räder, Erich 68
Radio Muhabura 92, 95, 103, 202, 247, 441
Raffin, Madeleine 415, 482, 579
Rajohnson, Mparany 434, 455, 488, 504, 530, 533
Ramaroson, Arlette 238, 241, 391, 401, 406, 412, 415, 416, 419, 446, 447, 448, 463, 466, 467, 473, 476, 481, 482, 486, 488, 530
Ramsay, Hans von 47
Range, Harald 323
Rapp, Stephen 242, 243, 258, 387, 442, 453, 508, 514, 515
Rawson, David 104, 121, 130, 188, 546
Reagan, Ronald 75
RECCE-Aufklärungsbataillon 231, 490, 503
Reddy, Jai Ram 196, 384, 397, 404, 425, 469, 472, 508
Reemtsma, Jan-Philipp 308, 309
Rehse, Hans Joachim 329
Reinke, Annette 67
Renzaho, Tharcisse 468, 491, 492
Reporters sans frontières 246, 336, 566, 567
Residual-Mechanismus (siehe auch MICT) 19, 25, 35, 83, 144, 146, 148, 171, 189, 191, 199, 211, 224, 225, 244, 245, 253, 255, 385, 391, 405, 426, 434, 455, 456, 480, 502, 503, 505, 523, 525, 528, 530, 531, 533, 540, 541, 563
Rety, Hamuli 474, 475
Rever, Judi 176, 186, 187
Reyntjens, Filip 94, 124, 141, 145, 154, 155, 156, 160, 168, 170, 175, 218, 238, 239, 256, 266, 280, 337, 344, 345, 346, 347, 352, 354, 355, 356, 362, 415, 568, 579
RFI (Radio France Internationale) 323, 564
Ribbentrop, Joachim von 68
Ribes, Auguste Champetier de 67
Rice, Susan 26, 40, 124, 340, 553
Riester, Walter 324
Riffaud, Guillaume 573
Ritscher, Christian 152, 308, 310, 313, 319, 322, 323, 325, 328
Robardey, Michel 95, 282
Robbe, Reinhold 289
Robinson, Patrick Lipton 82, 230, 385, 390, 402, 416, 428, 430, 434, 440, 444, 470, 471, 507, 511, 519
Robinson, Peter 489
Rocard, Michel 270, 341
Romkema, Hans 327
Rone, Jemera 568
Rörig, Peter 328
Rosenberg, Alfred 68
Rosier, Jacques 116
Roth, Kenneth 155, 174, 254, 337, 550
Roux, François 225, 382, 435, 486, 499
Rubin, James 120, 168
Rudahigwa (s. auch Mutara III). 49
Rudahigwa s. auch Mutara III. 466
Rudasingwa, Théogène 164, 320, 337
Rudenko, Roman A. 67
Rugambage, Jean-Léonard 354, 551
Rugambarara, Juvénal 493, 523, 525, 529
Ruggiu, Georges 28, 40, 442, 494, 536
rugo 43
Rugomboka, Jean-Damascène 279
Ruhigira, Enoch 104, 160, 209, 221, 409, 579
Ruhumiriza, Phénéas 209
Rukara (Rebell) 49
Rukundo, Emmanuel 495, 496, 523, 525, 529, 538
Runeni N'gum, Aminatta Lois 533

Rusatira, Léonidas 497, 530, 579
Rusesabagina, Paul 227, 579
Russell, Bertrand 51
Russell-Brown, Sherrie 406
Rutaganda, Georges 28, 39, 209, 210, 211, 226, 227, 228, 233, 251, 498, 499, 523, 526, 530, 536
Rutaganira, Vincent 499, 537
Rutinduka, Laurent 181, 580
Ruto, William 331
Ruyenzi, Aloys 159, 165, 183, 184, 551
Ruzibiza, Abdul Joshua 111, 112, 119, 156, 159, 165, 178, 183, 338, 350, 351, 352, 355, 580
Ruzindana, Obed 224, 278, 421, 500, 535
Rwabukombe, Onesphore 23, 25, 37, 91, 152, 188, 213, 217, 242, 243, 274, 300, 302, 303, 304, 305, 306, 307, 308, 309, 310, 312, 316, 318, 319, 320, 321, 362, 398
Rwabukumba, Seraphim 205
Rwahama, Jackson 119, 169
Rwamakuba, André 501, 524, 525, 526
Rwamucyo, Eugène 273
Rwarakabije, Paul 264
Rwigema, Pierre-Célestin 53
Rwigyema, Fred 53, 87, 90, 100, 212, 235, 348
Rwisereka, André Kagwa 263, 358, 551
Ryandikayo, Charles 225, 502

S

Sáenz-Diez, Margarita 183
Safferling, Christoph 69, 70, 71, 78, 79, 82, 152, 171, 172, 197, 256, 257, 260, 280, 302, 313, 320, 322, 323, 329, 570, 580
Sagahutu, Innocent 110, 231, 232, 233, 393, 490, 503, 528, 538, 540, 582
Sagatwa, Elie 108
Sagebiel, Thomas 307, 311, 315, 316, 317, 318
Sahinkuye, Mathias 431
Saint-Exupéry, Patrick de 117, 118, 158, 270, 344, 569
Saint-Laurent, Gilles 107, 151
Saint-Laurent, Michelyne 163
Sandström, Emil 75
Sarkozy, Nicholas 57, 118, 163, 270, 344, 435, 554
Sauckel, Fritz 68
Schabas, William 76, 80, 93, 94, 95, 96, 156, 164, 166, 219, 282, 321, 330, 343, 580
Schacht, Hjalmar 68
Scharping, Rudolf 288
Scheen, Thomas 295
Scheers, Johan 222, 223, 377, 411
Scheffer, David 127, 142, 580
Scherrer, Christian 285, 286
Schiff, Benjamin 330
Schirach, Baldur von 68
Schlindwein, Simone 326
Schomburg, Wolfgang 26, 148, 191, 194, 380, 398, 403, 413, 414, 431, 440, 447, 450, 464, 465, 475, 478, 480, 502, 507, 512, 513, 531
Schuldanerkennung (guilty plea) 141, 189, 209, 216, 242, 318, 375, 391, 411, 486, 536, 537
Schulz-Asche, Kordula 282
Schürings, Hildegard 118, 278, 580
Schuster, Werner 289
Sebanetsi, Jean-Pierre 210
Sebudandi, Gaëtan 297
Sebureze, Déogratias 455, 504, 505, 513
Segatwa, Fabien 503
Seibert-Fohr, Anja 204, 580
Sekule, William Hussein 20, 27, 149, 171, 196, 199, 224, 237, 238, 244, 255, 345, 391, 406, 407, 412, 415, 421, 447, 448, 454, 455, 466, 467, 476, 477, 482, 486, 488, 500, 501, 504, 505, 531, 533

Seltzer, William 180
Semanza, Laurent 173, 493, 505
Sendashonga, Seth 101, 112, 115, 122, 158, 295, 335, 338, 352, 354, 550, 570
Seromba, Athanase 417, 445, 447, 450, 468, 506, 507, 513, 525, 526, 531, 532
Serubuga, Laurent 273
Serugendo, Joseph 209, 210, 508, 524, 528, 530
Serushago, Omar 442, 509, 516, 523, 526, 530
Servenay, David 118, 567
Setako, Ephrem 152, 510
Seye, Abdoulaye 394
Seyß-Inquart, Arthur 68
Shahabuddeen, Mohamed 26, 194, 250, 377, 382, 387, 398, 406, 411, 413, 420, 421, 431, 437, 440, 443, 450, 453, 464, 498, 500, 502, 506, 507, 509
Shattuck, John 130, 188
Shawcross, Hartley 67
shebuja 46
Shimamungu, Eugène 21, 128, 157, 212, 213, 389, 580
Shoah 36, 174, 342
Short, Claire 125, 339, 554
Short, Emile Francis 196, 388, 396, 428, 430, 431, 519
Sibomana 336, 567
Sikubwabo, Charles 511, 529, 539
Simard, Claude 351
Simba, Aloys 512
Simbeye, Yitiha M. Z. 392
Simbikangwa, Pascal 171, 271, 272, 273, 344
Sindayigaya, Claver 416, 448, 455, 519
Sindikubwabo, Théodore 191, 212, 213, 236, 247, 317, 428, 429, 430, 439, 441, 448, 467, 481
Sirois, André 182, 258, 259, 378, 581
Skolnik, Paul 151, 275, 404
Smith, Gayle 340
Smith, Stephen 183, 206, 357, 570
SOMIRWA 52, 282, 564
Songa, Nyabirungu 431
Soudan, François 344, 363
Sow, Moussa Félix 418, 419
Speer, Albert 68
Spilker, Bettina 519
Spoel, Tjarda van der 411
Stalin, Josef 302, 346
Stam, Alan 182, 567
Stein, Carola 288
Steinke, Ronen 70, 71, 72, 78, 79, 81, 329, 581
Stein, Martine 326
Steinmeier, Frank-Walter 287
Stercken, Hans 289
Stewart, James 406, 478, 480, 506
St-Laurent, Michelyne C. 396
Stolla, Francis K. 473
Straus, Scott 33, 144, 178, 261, 361, 570, 581
Strauss, Ekkehard 299
Strauß, Walter 71
Straw, Jack 254
Streicher, Julius 68
Strizek, Helmut 19, 20, 39, 47, 87, 89, 109, 111, 113, 124, 125, 128, 140, 155, 159, 162, 168, 180, 186, 193, 201, 202, 208, 218, 230, 232, 235, 247, 290, 310, 311, 321, 328, 339, 352, 575, 581, 582
Ströbele, Hans-Christian 287
Survie (NRO) 93, 270, 343
SWR 299, 564

T

Tadić, Duško 38, 82, 197, 199
tageszeitung (taz) 292, 293, 295, 296, 297, 300, 302, 304, 320, 321, 326, 327, 328, 331, 344

Taku, Charles 490, 491, 506
Tappe, Joachim 288, 289
Taubira, Christiane 57, 164, 363
Tauzin, Didier 97, 116, 117, 118, 582
Taylor III, William 439, 440
Taylor, Telford 67
Tegera, Aloys 291, 345
Tegera, Pierre 273, 274
Temmerman, Luc de 150, 226, 267, 485, 498
Temple-Raston, Dina 159, 184, 247, 248, 251, 252, 253, 582
Tenet, George 253
Téolis, Isabelle 400
Terras, Christian 345
Tertsakian, Carina 261, 357, 548, 549, 581, 582
Thatcher, Margret 76, 80
Theunis, Guy 265, 286, 582
Thiam, Doudou 75, 76
Thielke, Thilo 298
Tiangaye, Nicolas 377
Tkalec, Maritta 299
Touré, Amadou Toumani 220, 376
Tovar, Sr. Margret 300
Townsend, Tim 357
Trachte-Mugakasana, Bernadette 272
Trachte, Pierre 272
Transparency International 358, 564
Treffinger, Elvira 308, 361
Tremblay, André 151, 377, 473, 515, 516
Trévidic, Marc 163, 164, 271, 354, 355, 554
Tshisekedi, Étienne 125
Turatsinze, Abubakar alias Jean-Pierre 167, 168
Turatsinze, Théogène 354
Turcotte, Denis 444
Turinabo, Maximilien 504, 505, 513
Turner, Allison 151, 471, 496
Tuzmukhamedov, Bakhtiyar 240, 381, 394, 419, 428, 430, 445, 452, 463, 488, 490, 504, 532
Twagiramungu, Bernard 326, 327
Twagiramungu, Faustin 54, 55, 87, 99, 104, 107, 112, 115, 123, 130, 165, 167, 206, 213, 221, 284, 285, 335, 388, 409, 463, 550
Twagiramungu, Innocent 22

U

Ubgenge/ubwenge 569
ubuhake 46
uburetwa 46
Ugirashebuja, Celestin 274
Unac, Helen 382
UNAMIR 99, 105, 106, 111, 114, 120, 159, 267, 350, 563, 564
UNO-Charta 131
UPRONA 107, 564
urgwagwa 44
US-Committee for Refugees 88, 340
Uwamutara, Claire 122
Uwibajije, Sylvestre 107
Uwihanganye, Jean-Bosco 326
Uwilingiyimana, Agathe 107, 110, 112, 201, 202, 206, 221, 232, 277, 335, 384, 385, 427, 485, 487, 490, 491, 503, 504
Uwilingiyimana, Juvénal 28, 242, 243, 514, 515, 516
Uwimana, Agnès 263, 359
Uwinkindi, Jean 152, 262, 519, 539
Uzcudun Pouso, Isidro 352

V

Vabres, Henri Donnedieu de 66
Valdivia, Andrea 396
Vallmajó, Joaquim 351
Valtuena Gallego, Luis 351
Van, Alphonse 393, 444, 451, 490, 500, 503
Van der Griend, Willem 500

Vaz, Andrésia 380, 387, 397, 400, 402, 403, 408, 416, 428, 430, 434, 443, 453, 464, 468, 471, 475, 478, 480, 481, 499, 507, 519, 529, 532, 540
Veil, Simone 292
Vercken, Arthur 408, 425
Vergewaltigung 38, 135, 139, 203, 204, 220, 225, 238, 244, 275, 292, 376, 377, 378, 380, 393, 397, 399, 401, 402, 406, 431, 432, 435, 437, 438, 439, 455, 456, 465, 468, 476, 477, 486, 490, 491, 495, 503, 509
Verhofstadt, Guy 343, 565
Verlinden, Peter 357
Verschave, François-Xavier 270, 343
Verwiel, Anne-Marie 381
Vidal, Claudine 337, 572, 580
Virunga-Vulkankette 44
Vjecko, Curic 352
Vogel, Hans-Jochen 289
Vorgesetztenverantwortung 38, 141, 147, 170, 200, 201, 205, 229, 230, 232, 234, 238, 248, 251, 330, 336, 379, 384, 385, 387, 394, 396, 397, 401, 402, 403, 408, 415, 443, 451, 452, 467, 483, 491, 492, 493, 512
Vulpian, Laure de 344, 583

W
Wagner, Michel 568
Waldburg-Zeil, Alois Graf von 20, 22, 284, 289, 294, 581
Waldorf, Lars 144, 261, 361, 581
Wang Tieya 197, 250, 532
Wannsee-Protokolle 68
Warren, Rick 345
Webster, Don 418, 463
Weinberg de Roca, Inés Mónica 190, 389, 397, 406, 413, 414, 435, 464, 478, 480, 506, 520, 532
Weinke, Annette 62, 65, 67, 78, 583
Weizsäcker, Ernst von 70
Weizsäcker, Richard von 70
Weledji, Pierre Tientcheu 467
Weltbank 53, 172, 360, 553
Westerwelle, Guido 190, 259, 300
Weyl, Frédéric 150, 463
White, Drew 466
Wieczorek-Zeul, Heidemarie 286
Wiesel, Elie 342
Wilhelm II. (Deutscher Kaiser) 34, 60
Wilkitzki, Peter 78
Williams, Lloyd G. 379, 403, 474, 506
Wilson, Woodrow 60
Winter, Roger 53, 88, 340
Wistinghausen, Natalie von 152, 304, 308, 309, 310, 313, 318, 320, 321
Witness TA-Lach-Affäre 477
Wladimiroff, Michail 437
Wolchkow, Alexander F. 66
Wolff, Jürgen H. 286
Wörner, Manfred 266, 339
Woweries, Kersten 308, 313, 317, 320, 321

Z
Zacklin, Ralph 167
Zaduk, Peter 416, 520, 521
Zelbst, John 151, 557
Zenawi, Meles 219, 553, 556
Ziegler, Jean 281, 338, 583
Zigiranyirazo, Protaïs 151, 205, 206, 241, 259, 515, 516, 520, 529, 532, 538
Zivilverteidigung 156, 191, 201, 202, 512
Zoellick, Robert 548
Zolo, Danilo 72, 583
Zuber, Walter 288
Zwangsarbeit 264, 357
Zypries, Brigitte 324

BERLINER STUDIEN ZUR POLITIK IN AFRIKA UND ASIEN

Hrsg. v. Franz Ansprenger und Jürgen Domes

Band 1 Michael Burisch: Nationale Entwicklungsplanung in Tropisch-Afrika. Die Erfahrungen der ersten Entwicklungsdekade. 1975.

Band 2 Heinz-Willi Beuth: Bestimmungsfaktoren der Außenpolitik Kameruns. 1975.

Band 3 Heide Traeder: Panafrikanismus und Staatsnationalismus. 1975.

Band 4 Margherita Goltzsche: Gesellschaft und Politik bei den Ibo um 1900. Die Rolle völkerkundlicher Studien als Quellen zur afrikanischen Geschichte. 1976.

Band 5 Au Duong The: Die Vietnampolitik der USA - von der Johnson- zur Nixon-Kissinger Doktrin oder: Die Neuorientierung der amerikanischen Außenpolitik. 1979.

Band 6 Tamene Bitima & Jürgen Steuber: Die ungelöste nationale Frage in Äthiopien. Studie zu den Befreiungsbewegungen der Oromo und Eritreas. 1983.

BERLINER STUDIEN ZUR POLITIK IN AFRIKA

Hrsg. v. Franz Ansprenger und Salua Nour

Band 7 Bärbel Teubert-Seiwert: Parteipolitik in Kenya 1960-1969. 1987.

Band 8 Dagmar Simon: Internationale Abhängigkeit und nationale Entwicklung seit der Unabhängigkeit: am Beispiel Zaire. 1987.

Band 9 Hildegard Lingnau: Frankreichs Sozialisten: tiersmondistische Theorie und neokoloniale Praxis. Die Entwicklungspolitik der sozialistischen Partei Frankreichs (PS). Programmatischer Anspruch und praktische Ausführung. 1989.

Band 10 Franz Ansprenger: Freie Wahlen in Namibia. Der Übergang zur staatlichen Unabhängigkeit. 1991.

Band 11 Klaus Voll: Politik und Gesellschaft in Kenia. Zur Evolution einer afrikanischen Gesellschaft während der britischen Kolonialherrschaft. 1995.

Band 12 Albrecht Isert: Die Homeland-Politik in Südafrika. Die Entwicklung und Kontrolle der territorialen, demographischen, politischen und ökonomischen Ressourcen der Großen Apartheid zwischen 1950 und 1990. 1997.

Band 13 Nike Durczak: Der Versuch einer Vergangenheitsbewältigung in Südafrika durch die Wahrheits- und Versöhnungskommission. Analyse von einigen Aspekten aus der Opferperspektive. 2001.

Band 14 Habibatou Sow Dia: État et société civile au Sénégal. 2007.

Band 15 Elke Grawert: Departures from Post-Colonial Authoritarianism. Analysis of System Change with a Focus on Tanzania. 2009.

Band 16 Oliver Stuke: Islamismus am Horn von Afrika. Al-Shabaabs Rolle für die Entwicklung Somalias. 2011.

Band 17 Nico Beckert: Nachhaltiger Tourismus in Subsahara-Afrika. Anspruch und Wirklichkeit eines neuen Konzepts zur Armutsminderung. Das Beispiel Namibia. 2014.

Band 18 George M. Kiyu: Politics and Slum Upgrading in Kenya. A Case Study on the Influence of Politics on Slum Upgrading in Kibera. 2014.

Band 19 Helmut Strizek: Der Internationale Strafgerichtshof für Ruanda in Arusha/Tansania. Eine politisch-historische Bilanz. 2015.

www.peterlang.com